目　录

一、推进司法文明的诉讼法探索

二、诉讼制度理论及实践的基础议题

三、司法文明引领诉讼制度的改革方向

四、学术漫谈:诉讼制度与司法文明

一、推进司法文明的诉讼法探索

中国司法文明发展的轨迹(2014～2018)*

——以中国司法文明指数为分析工具的研究

张保生　王殿玺**

引　言

司法文明是人类社会在长期的司法活动中所积累、创造的精神成果、物质成果和政治成果的总和,包括时代进步与社会发展以及人类理性对秩序与正义追求的一切司法成果。[1] 现代司法文明系法治文明和政治文明的基本标志,是一个国家法治文明的指示器,[2] 体现着法治国家先进的司法理念、司法制度,公正的司法运作和理性的司法文化。近年来,在实施全面依法治国的大背景下,中国司法文明建设的步伐不断加快。2012 年《刑事诉讼法》的正式施行,构成了中华司法文明乃至世界司法文明新的里程碑。[3] 2014 年,党的十八届四中全会《关于全

---

* 基金项目:本文系国家社科基金重大项目“司法评估的理论与方法研究”(17ZDA129)以及国家社科基金重大委托项目“创新发展中国特色社会主义法治理论体系研究”(17@ZH014)的阶段性研究成果。

** 张保生,中国政法大学证据科学教育部重点实验室、司法文明协同创新中心教授;王殿玺,中国政法大学博士后研究人员。

〔1〕 参见张中秋:《传统中国司法文明及其借鉴》,载《法制与社会发展》2016 年第 4 期。

〔2〕 参见张文显:《司法文明新的里程碑——2012 刑事诉讼法的文明价值》,载《法制与社会发展》2013 年第 2 期。

〔3〕 参见张文显:《司法文明新的里程碑——2012 刑事诉讼法的文明价值》,载《法制与社会发展》2013 年第 2 期。

面推进依法治国若干重大问题的决定》(以下简称《若干问题决定》),把“保证公正司法,提高司法公信力”作为全面推进依法治国的重要任务之一,提出了“完善确保依法独立公正行使审判权和检察权的制度”“优化司法职权配置”“推进严格司法”“保障人民群众参与司法”“加强人权司法保障”“加强对司法活动的监督”共六大任务,是提高司法公信力的主要途径和司法文明建设的主要内容(详见表1),并成为中国司法文明建设的纲领性文件。党的十九大报告强调“全面依法治国是中国特色社会主义的本质要求和重要保障”,为进一步加强社会主义司法文明建设绘制了更加宏伟的蓝图。

表1　党的十八届四中全会《若干问题决定》内容与中国司法文明指数指标对照

司法文明各测量指标	党的十八届四中全会《若干问题决定》相关内容
司法权力	(1)“完善确保依法独立公正行使审判权和检察权的制度”;(2)“完善司法体制,推动实行审判权和执行权相分离的体制改革试点”;(3)“探索实行法院、检察院司法行政事务管理权和审判权、检察权相分离”。
当事人诉讼权利	(1)“强化诉讼过程中当事人和其他诉讼参与人的知情权、陈述权、辩护辩论权、申请权、申诉权的制度保障”;(2)“对人民法院依法应该受理的案件,做到有案必立、有诉必理,保障当事人诉权”;(3)“切实解决执行难……依法保障胜诉当事人及时实现权益”;(4)“落实终审和诉讼终结制度,实行诉访分离,保障当事人依法行使申诉权力”;(5)“完善对涉及公民人身、财产权益的行政强制措施实行司法监督制度”。
民事司法程序	(1)“坚持以事实为根据、以法律为准绳,健全事实认定符合客观真相、办案结果符合实体公正、办案过程符合程序公正的法律制度”;(2)“切实解决执行难,制定强制执行法,规范查封、扣押、冻结、处理涉案财物的司法程序”。
刑事司法程序	(1)“加强人权司法保障,健全落实罪刑法定、疑罪从无、非法证据排除等法律原则的法律制度”;(2)“完善对限制人身自由司法措施和侦查手段的司法监督,加强对刑讯逼供和非法取证的源头预防,健全冤假错案有效防范、及时纠正机制”;(3)“推进以审判为中心的诉讼制度改革,确保侦查、审查起诉的案件事实证据经得起法律的检验”。

续表

司法文明各测量指标	党的十八届四中全会《若干问题决定》相关内容
行政司法程序	(1)“强化对行政权力的制约和监督”;(2)“完善行政诉讼体制机制,合理调整行政诉讼案件管辖制度,切实解决行政诉讼立案难、审理难、执行难等突出问题”;(3)“完善对涉及公民人身、财产权益的行政强制措施实行司法监督制度”。
证据制度	(1)“健全落实罪刑法定、疑罪从无、非法证据排除等法律原则的法律制度”;(2)“全面贯彻证据裁判规则,严格依法收集、固定、保存、审查、运用证据,完善证人、鉴定人出庭制度,保证庭审在查明事实、认定证据、保护诉权、公正裁判中发挥决定性作用”。
司法腐败遏制	(1)“坚决破除各种潜规则,绝不允许法外开恩,绝不允许办关系案、人情案、金钱案”;(2)“对司法领域的腐败零容忍,坚决清除害群之马”。
法律职业化	(1)“推进法治专门队伍正规化、专业化、职业化,提高职业素养和专业水平,完善法律职业准入制度,健全国家统一法律职业资格考试制度,建立法律职业人员统一职前培训制度”;(2)“建立从符合条件的律师、法学专家中招录立法工作者、法官、检察官制度,畅通具备条件的军队转业干部进入法治专门队伍的通道,健全从政法专业毕业生中招录人才的规范便捷机制”;(3)“加快建立符合职业特点的法治工作人员管理制度,完善职业保障体系,建立法官、检察官、人民警察专业职务序列及工资制度”;(4)“建立法官、检察官在基层法院、检察院任职,上级人民法院、人民检察院的法官、检察官一般从下一级人民法院、人民检察院的优秀法官、检察官中遴选”;(5)“建立健全司法人员履行法定职责保护机制。非因法定事由,非经法官程序,不得将法官、检察官调离、辞退或者作出免职、降级等处分”。
司法公开	(1)“构建开放、动态、透明、便民的阳光司法机制,推进审判公开、检务公开、警务公开、狱务公开,依法及时公开执法司法依据、程序、流程、结果和生效法律文书,杜绝暗箱操作”;(2)“加强法律文书释法说理,建立生效法律文书统一上网和公开查询制度”。
司法文化	“必须弘扬社会主义法治精神,建设社会主义法治文化,增强全社会厉行法治的积极性和主动性,形成守法光荣、违法可耻的社会氛围,使全体人民都成为社会主义法治的忠实崇尚者、自觉遵守者、坚定捍卫者”。

随着司法改革的不断扩展和深化,中国司法文明发展水平也经历了深刻的流变,司法改革的实践构成了司法文明进步的动力。从实证测量的角

度来看,司法文明是民众对司法在发挥维护公平正义根本功能和实现人权保障基本价值方面之先进性的评价,〔1〕司法文明水平主观评价的高低反映了特定社会法律文化和法律运行的制度化、规范化和程序化水平,所以,我们借助量化指标评价工具可以测量司法文明水平的现实状况,通过量化的综合指数来反映全国各地的司法文明发展水平。因此,在社会深刻变迁以及司法改革进程持续深化的现实语境下,对司法文明指数调查不同年份截面数据进行时序分析,探索 2014 ~ 2018 年中国司法文明整体水平和不同测量指标维度的变化,从而刻画和表达在这五年期间中国司法文明水平的变迁轨迹和显性特征,不仅对于深化关于中国司法发展逻辑的认识,具有重要的学术价值;而且,对于识别我国司法文明建设的现实重点、阶段成效、未来发展方向和路径选择,也具有重要的实践意义。此外,对司法文明发展水平的研究,亦有利于中国司法评估模式的建构,有助于形成科学有效的司法评估机制和方法体系。

一、分析工具:中国司法文明指数(China Justice Index,CJI)

鉴于司法文明是抽象层次较高的概念,我们难以得到有关司法文明结构及演变过程的内在事实,只能用代表司法文明水平的外在事实来加以表示,从而将抽象的司法文明概念转化为可供观察的具体指标。换言之,我们需要对司法文明的概念维度具体化,以便进行操作化测量,建构司法文明的测量指标体系,进而形成用以采集数据的调查问卷,并根据调查数据结果,建立司法文明综合测量指数。

对于司法文明状况的评价,不能仅从单一的维度进行考察,而应考虑从制度、运行、公共利益或公众主观感知等多维视角展开,〔2〕如"世界法治指数"就运用了复杂的指标体系,对各国法治状况进行监测,得出关于法治的一系列综合指标,用于评估各国在实践中坚守法治的程度。〔3〕 本质上,司法文明水平的评估是在考虑司法机构运作的体制环境下,衡量司法体系对公平、正义及法律适用正当性等法治价值的实践程度,而其目的在于通过对

〔1〕 参见张保生:《"司法文明指数 2015"评估方案和排名分析》,载《证据科学》2016 年第 1 期。

〔2〕 Botero Carlos, Alejandro Ponce, *Measuring the Rule of Law*, SSRN Electronic Journal, Vol. 3, No. 2, pp. 269 – 280(2011).

〔3〕 Agrast, Mark, *WJP Rule Law Index* 2012 – 2013, Washington D. C., The World Justice Project, 2013, p. 3.

现有司法体系的运行质量进行准确评估以促进司法系统的不断进步。[1]

当前,世界各国的司法评估存在三种方法论倾向或模式:第一种是基于结果的评估方法,即以司法绩效结果作为棱镜来评估司法状况,[2]如以法官审理案件的数量和时间作为绩效评估结果等,这种评估方法经常在法官绩效考核和选举投票中采用。第二种是基于行为的评估方法,即将司法主体的司法行为和司法运行过程作为基点考察司法质量。如美国律师协会发布的《司法绩效评估指南》,即是遵循"基于行为的量度"方法来开展的司法评估。[3] 第三种是结果与行为相结合的评估方法,该方法不仅关注司法行为与决策的现实结果,而且也将司法实践过程纳入考量,这一方法往往在大型司法评估调查中被采用,如世界法治指数与中国司法文明指数调查等。

中国司法文明指数是按照上述第三种思路建构的综合法治量化评估工具,其由"2011 计划"司法文明协同创新中心开发,通过实地访问普通民众和法律职业群体的亲身经历和感受,调查和评估可能影响人民群众日常生活和诉讼活动的司法文明现状,以反映人民群众对本地司法文明状况的满意度,为全国各地加强司法文明建设提供一面可供自我对照的"镜子",从而在"保证公正司法,提高司法公信力"方面发挥一种咨询作用。[4]

中国司法文明指数具有如下特点:一是综合性,能够显示全国各地司法文明建设的全景或全貌。二是独立性,调查结果完全源于"司法文明指数项目"每年独立收集的新数据。三是实践性,试图通过考察实际的司法运作,来衡量全国各地司法机关在司法实践中对法治的坚守。四是亲历性,综合了全国各地普通民众和法律职业群体严谨的投票意见,确保了调查结果反映被调查者亲身经历的情况和直接感受。五是可借鉴性,调查结果能够显示出各地司法文明不同测量指标的强项和弱项,可为解决各地司法文明建

---

〔1〕 Mitu Gulati, Stephen J. Choi & Eric A. Posner, *Judicial Evaluations and Information Forcing: Ranking State High Courts and their Judges*, Duke Law Journal, Vol. 58, No. 7, p. 1313 – 1381 (2011); Richard Mohr, Francesco Contini, *Judicial Evaluation in Context: Principles, Practices and Promise in Nine European Countries*, European Journal of Legal Studies, Vol. 1, No. 2, p. 1 – 40 (2007).

〔2〕 Rebecca Kourlis, *Judicial Performance Evaluation*, Wayne Law Review, Vol. 56, No. 2, p. 765 (2010).

〔3〕 *American Bar Association*. 2005. *Guidelines for the Evaluation of Judicial Performance with Commentary*. Chicago: America-n Bar Association. Available at: http://www. americanbar. org/content/dam/aba/publications/judicial_division/aba_blackletterguide lines jpe_wcom. authcheckdam. pdf.

〔4〕 张保生:《司法文明指数是一种法治评估工具》,载《证据科学》2015 年第 1 期。

设中的具体问题提供借鉴。[1]

中国司法文明指数的测量指标体系由 10 个一级指标和 32 个二级指标构成,其中一级指标包括司法权力、当事人诉讼权利、民事司法程序、刑事司法程序、行政司法程序、证据制度、司法腐败遏制、法律职业化、司法公开以及司法文化等;32 个二级指标用来具体化所对应的一级指标,如图 1 所示。

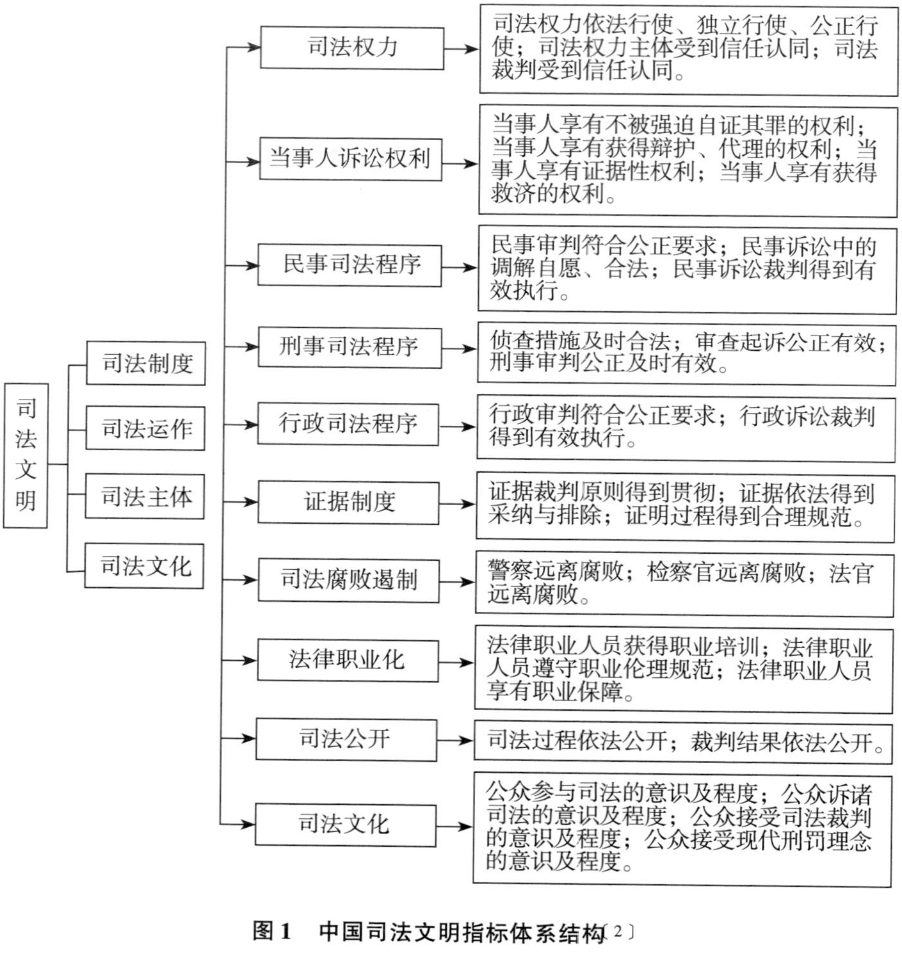

图 1　中国司法文明指标体系结构[2]

---

〔1〕 参见张保生、张中、吴洪淇等:《中国司法文明指数报告 2018》,中国政法大学出版社 2018 年版,第 5~6 页。

〔2〕 参见张保生、张中、吴洪淇等:《中国司法文明指数报告 2018》,中国政法大学出版社 2018 年版,第 5~6 页。

司法文明测量指标体系主要回答如下问题:司法权力在一个地区是否依法、独立、公正行使?当事人是否享有必需的诉讼权利?民事诉讼和行政诉讼能否得到及时受理并符合公正等要求?刑事司法程序是否及时、公正、有效?证据裁判原则能否得到贯彻?警察、检察官和法官是否远离腐败,人民群众对这三个群体的总体满意程度如何?公众参与和诉诸司法的意识和程度如何?公众接受司法裁判和现代刑罚理念的意识和程度有多高?[1] 司法文明指数主要根据受访者对32个二级指标的打分并以一定的权重聚合而成,从而得到全国各省、自治区、直辖市司法文明水平的综合测量数值,以代表全国各地司法文明的实际水平。

本文将以中国司法文明指数为工具,分析2014～2018年全国各地司法文明的整体水平和动态变化,从而尝试描绘中国司法文明水平的变迁轨迹。

二、总体提升:中国司法文明水平的整体变迁

借助司法文明指数调查的年度数据,分析五年来中国司法文明水平的时序变迁,可以发现近年来中国司法文明的整体变化。图2呈现了2014年到2018年,中国司法文明指数的纵向变化情况。从图2中可以发现,在这五年间,中国司法文明指数值从2014年的65.4上升到了2018年的69.3。尽管在不同的调查年份,司法文明指数值存在有升有降的起伏变化,但上述结果表明,这五年来,中国司法文明水平的变化轨迹总体呈现向上的变化趋势,司法文明发展程度在变化起伏中稳步提升。从原因来分析,司法文明水平的阶段提升,离不开中国司法体制改革的整体进程,司法改革的制度红利可能是促进中国司法文明水平向更高阶段梯级衍化的重要动力。特别是自党的十八大以来,党中央全面推进依法治国,深化司法体制改革,逐渐构建了全方位、整体性、深层次的司法体制改革新格局。[2] 因此,与中国司法改革同步,司法文明指数也呈现整体上升的变化过程,表明中国司法体制改革的内在效力逐渐显现,司法文明发展程度向更高水平演化。

---

〔1〕 参见张保生、张中、吴洪淇等:《中国司法文明指数报告2018》,中国政法大学出版社2018年版,第5～6页。

〔2〕 参见陈卫东:《十八大以来司法体制改革的回顾与展望》,载《法学》2017年第10期。

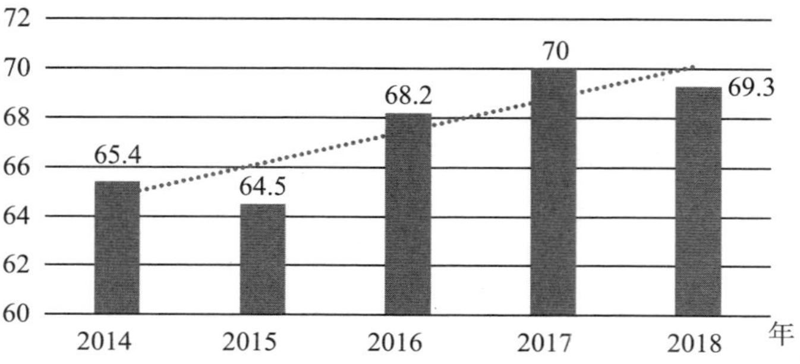

图2　中国司法文明指数的整体变化(2014～2018年)

三、不同步性与非均衡性:我国司法文明发展的区域差异

从省际维度对司法文明发展水平的区域差异及其历时性向度进行考察,表2、表3显示了不同省、自治区、直辖市司法文明指数的5年变化情况。从中可以发现:一方面,不同省、自治区、直辖市的司法文明程度存在显著的差异,表现为其司法文明指数值的差异,一些省份的司法文明指数值要高于其他省份,如2018年,上海市司法文明指数值高于全国其他省份,而甘肃省司法文明指数数值最低;同时,从司法文明指数5年均值来看,各省、自治区、直辖市司法文明指数平均值存在显著差别,其中,上海市平均指数值最高,黑龙江省平均指数值最低。另一方面,2014～2018年,不同省、自治区、直辖市司法文明指数值的时序变化趋势并不一致,有的省份司法文明指数值一直保持增长态势(如江苏省),有的省份司法文明指数值表现出先降后升的趋势(如广东省),而有的省份司法文明指数值则呈现出先上升后平稳的过程(如吉林省)。上述特征表明,基于省际比较的视角,不同省、自治区、直辖市间的司法文明发展水平及变化轨迹存在不均一性,这表现在:一是截面比较上,不同省、自治区、直辖市的司法文明发展水平具有显著的差异,存在司法文明发展水平在省际维度的不一致性;二是从时序变化上,不同省、自治区、直辖市司法文明水平的发展轨迹不同,具有司法文明发展轨迹的不同步性,在一定程度上反映了司法改革进程及效果的省际差别。概括而言,通过5年来不同省、自治区、直辖市司法文明指数值的分析,有如下几点值得特别注意与反思:一是司法文明水平存在显著的省际差异;二是北京市和重庆市两个直辖市,以及我国经济较发达的广东省排名仅处于中间位置,司法文明程度与经济发展水平并未保持同步性,令人深思;三是5年

来，大多数省、自治区、直辖市的司法文明年度指数值均未达到70分的“良好”水平，说明全国各地司法文明建设尚有很大的努力空间。

表2　不同省、自治区、直辖市司法文明发展水平及其时序变化

年份	北京	天津	上海	重庆	河北	山西	辽宁	吉林	黑龙江	江苏	浙江	安徽	福建	江西	山东	河南
2014	65.8	—	69.1	—	—	—	—	63.9	—	—	—	—	64.8	—	—	—
2015	64.3	—	66.6	63.8	—	64.3	—	64.8	62.8	65.0	65.8	64.9	65.3	—	64.7	—
2016	69.7	69.8	70.5	68.1	69.9	67.4	69.5	69.1	65.6	69.2	68.0	67.4	69.0	67.3	68.4	64.9
2017	68.7	69.1	71.5	69.4	70.3	69.1	69.8	71.0	68.6	71.2	73.1	70.3	70.0	69.7	71.1	69.2
2018	70.6	69.7	71.4	70.6	68.7	68.6	67.4	68.5	68.5	70.7	69.6	70.7	69.7	69.8	69.7	70.4
均值	67.8	69.5	69.8	67.9	69.6	67.4	68.9	67.5	66.4	69.0	69.1	68.3	67.8	68.9	68.5	68.2

注：由于中国司法文明指数项目团队在2014年和2015年分别只对9个省市和20个省市进行了调查，故2014年、2015年部分省市的数据缺失，在表2和表3中用“—”表示。

表3　不同省、自治区、直辖市司法文明发展水平及其时序变化

年份	湖北	湖南	广东	海南	四川	贵州	云南	陕西	甘肃	青海	内蒙古	广西	西藏	宁夏	新疆
2014	64.5	—	65.7	66.9	65.1	—	—	—	—	65.2	—	—	—	—	—
2015	63.4	—	64.2	63.7	64.8	63.0	65.1	—	—	63.5	65.4	—	—	65.6	—
2016	67.9	66.6	69.3	68.4	68.9	67.8	69.7	63.8	66.5	68.2	68.3	66.3	68.4	70.3	70.0
2017	67.4	67.6	69.7	76.2	68.7	68.9	71.9	69.7	69.9	71.0	69.8	67.9	67.8	71.4	69.0
2018	69.2	66.4	70.5	69.5	70.6	68.4	70.7	69.6	65.2	69.1	67.8	68.0	69.9	70.2	69.8
均值	66.5	66.9	67.9	68.9	67.6	67.0	69.4	67.7	67.2	67.4	67.8	67.4	68.7	69.4	69.6

若进一步按照东中西部区域来分析，如图3所示，2014～2018年，东部经济发达地区的司法文明指数值一直处于领先位置，明显高于中部和西部地区。根据不同区域司法文明指数值的5年总平均值来看，在整体上，东部地区的总平均值（68.28）要高于中部地区（66.74），而中部地区的平均值要高于西部地区（65.41），即东部地区的司法文明水平要领先于中部和西部地区。而令人意外的是，在一些年份，西部地区的司法文明指数值要略高于中部地区，这可能与近年来国家重视加快西部地区的司法改革进程有关，但总体上看，东部、中部、西部存在司法文明发展程度的区域不均衡性。

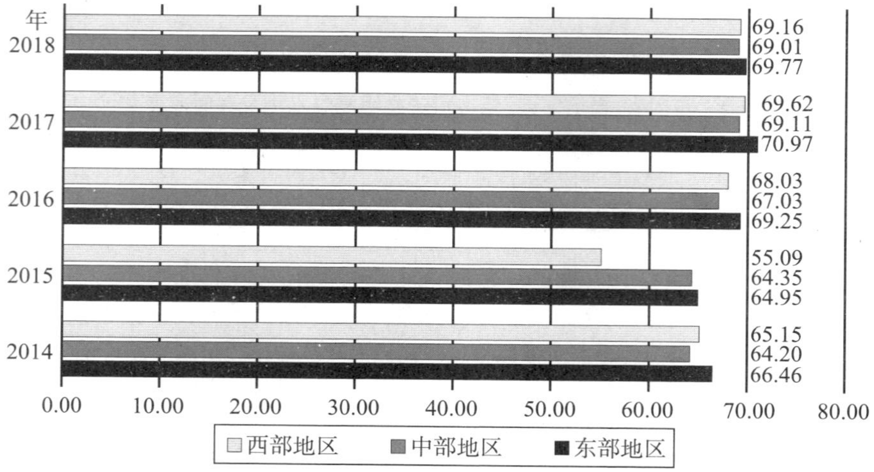

图 3　中国司法文明指数的区域差异(2014 ~ 2018 年)

注:本研究对东中西部地区的划分,依据国家统计局标准,详见 http://www.stats.gov.cn/tjzs/cjwtjd/201308/t20130829_74318.html。东部、中部、西部地区的司法文明指数值为所包含省、市、自治区指标数值的平均值。

综上所述,从省际比较的维度来看,不同省、自治区、直辖市在司法文明 5 年时序演变轨迹的变化方面并不完全一致,存在司法文明发展轨迹在省级单位上的差级化格局;而从区域比较的角度来看,5 年来,尽管东中西部地区在司法文明程度上的区域差异在不断缩小,但是,东部经济发达地区的司法文明水平一直处于领先位置,要明显高于中部地区和西部地区,存在司法文明发展的区域差异。这表明,尽管东中西部地区的司法文明发展水平在渐近缩小,但仍能看到东部、中部、西部地区司法事业发展的区域不均衡性。

四、差序结构与梯级变化:司法文明不同测量维度的时序演变

司法文明发展水平往往通过不同维度的各项指标来测量和显现,即借助指标工具来衡量司法文明发展程度。如上所述,司法文明指数调查通过司法权力、当事人诉讼权利、三大诉讼程序、证据制度、司法腐败遏制、司法公开、法律职业化、司法文化等 10 个维度的一级指标以及 32 个二级指标来

测量司法文明的实际发展水平,[1]而这一指标体系代表着司法文明的内在理论逻辑。因此,根据司法文明不同测量维度的内在变化,即司法文明水平的一级测量指标值与二级测量指标值在不同年份的变化情况,可以分析司法文明不同测量指标的时序演变,判断司法文明发展过程中的强项指标与弱项指标。

(一)司法文明一级测量指标的时序变化

从司法文明10个一级测量指标来看,2014~2018年,每个测量维度均有不同幅度的变化。由图4和图5可见,5年来,司法权力一级指标从2014年的65.7上升到了2018年的70.9,指数值在起伏中整体有所上升,经历了先上升后下降再上升的曲线变化轨迹;这似乎表明,司法公权力的外部约束和自我约束取得了一定的效果。当事人诉讼权利一级指标从2014年的64.6上升到了2018年的68.9,指标值略有上升;这应该是反映了近年来中国司法人权保障取得的成果。三大诉讼程序一级指标都经历了一个由低向高的发展轨迹,其中,民事司法程序这个一级指标从2014年的65.3上升到了2018年的70.6,刑事司法程序一级指标从2014年的64.5上升到了2018年的70.4,行政司法程序这个一级指标从2014年的66.3上升到了2018年的70.2。证据制度一级指标从2014年的69.4下降到了2018年的67.5,指标值在起伏中有所降低;司法腐败遏制一级指标从2014年的69.7下降到2018年的66.6,总体呈现下降的趋势;这说明上述两个领域的司法文明建设还任重道远。司法公开一级指标从2014年的69.9上升到了2018年的76.1,基本表现出逐年上升的趋势,表明人民群众对司法公开取得了比较一致的认可;法律职业化一级指标从2014年的65.2上升到了2018年的65.6,指标值的交替变化幅度较小,这即可解读为相对稳定,也可解读为止步不前;这说明法官、检察官员额制改革和司法责任制改革的效果还不够明显。司法文化一级指标从2014年的55.9上升到了2018年的67.2,指标值的上升幅度较大,经历了显著上升再到基本平稳的变化过程。这并不出乎我们的意料,因为,随着全面依法治国和更高水平社会主义司法文明建设的不断推进,法治理念和司法文明理念正在逐步深入人心。

总体来看,2014~2018年,司法权力、司法文化一级指标具有类似的变

〔1〕 参见张保生、张中、吴洪淇等:《中国司法文明指数报告2018》,中国政法大学出版社2018年版,第6页。

化轨迹，大致经历了由低到高再到平稳的过程；司法公开指标表现为逐年上升的整体趋势。相比之下，司法腐败遏制、法律职业化指标则均经历了由高到低再到平稳的过程；当事人诉讼权利、行政司法程序指标经历了先下降再上升而后略微下降的过程；民事司法程序、刑事司法程序指标则经历了先平稳再上升而后略微下降的过程；司法文化指标则经历了先上升后平稳的过程。总之，一级测量指标之间具有不同的时序变化方向，不同一级测量指标呈现差序性变化趋势，代表着司法文明的内在结构或理论维度在时序变化上的差序格局，而这一变化格局进一步说明司法文明不同内在维度存在发展的不平衡性，需要协同司法文明不同领域的建设，如图 4、图 5 所示。

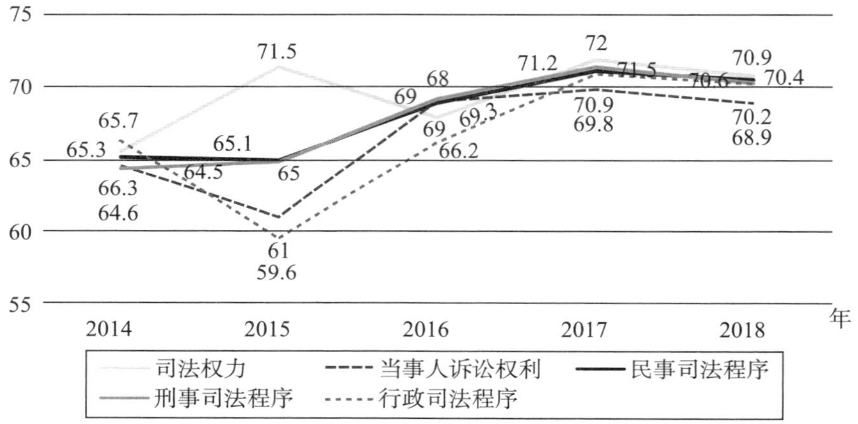

图 4　司法文明一级测量指标的变化（2014～2018 年）

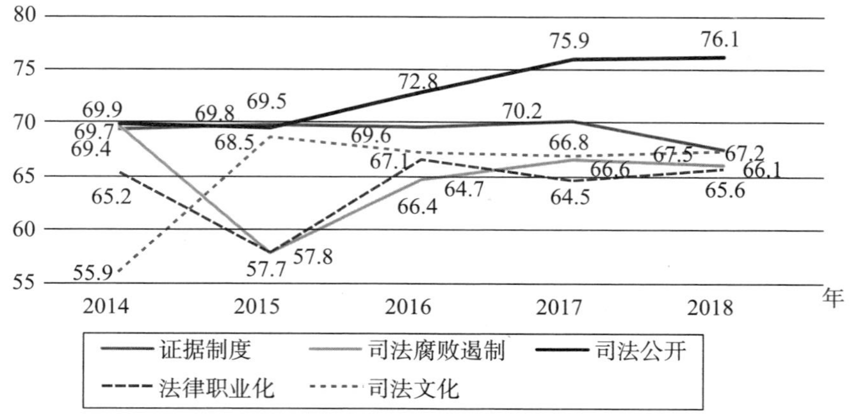

图 5　司法文明一级测量指标的变化（2014～2018 年）

（二）司法文明二级测量指标的时序变化

在10个一级测量指标的基础上，司法文明指数被进一步操作化为32个二级测量指标，图6至图15描述了二级测量指标的时序变化轨迹。

图6　司法权力一级指标变化趋势

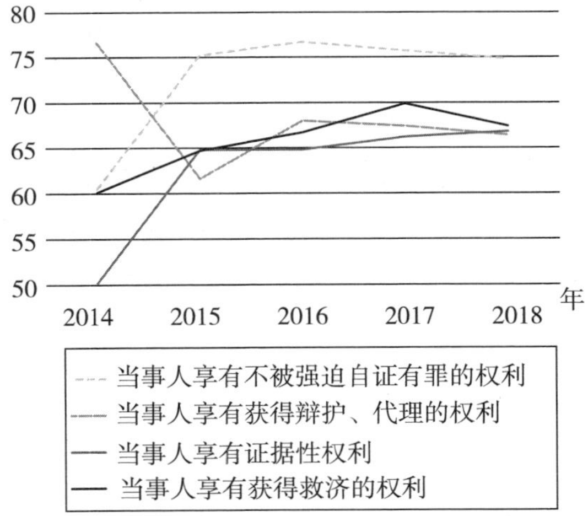

图7　当事人诉讼权利一级指标变化趋势

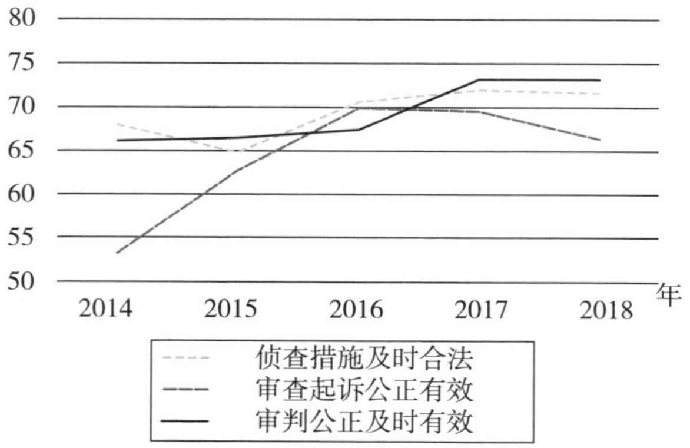

图 8　民事司法程序一级指标变化趋势

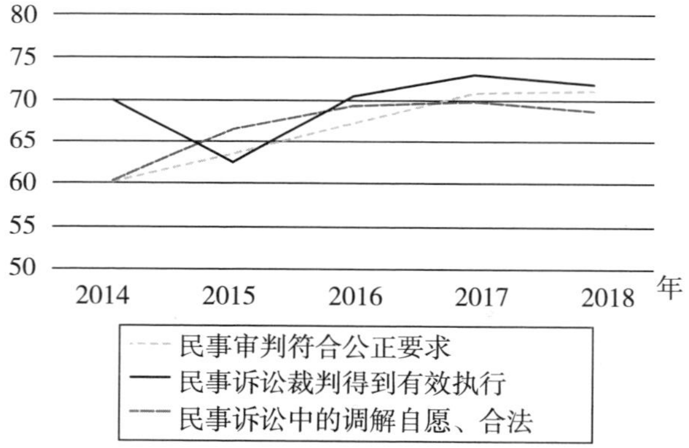

图 9　刑事司法程序一级指标变化趋势

图 10　行政司法程序一级指标变化趋势

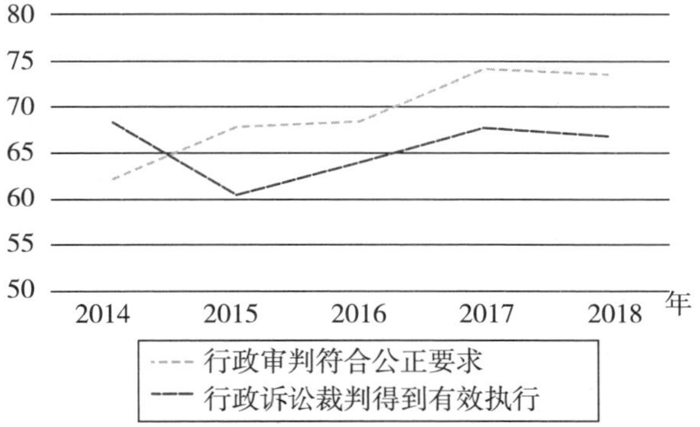

图 11　证据制度一级指标变化趋势

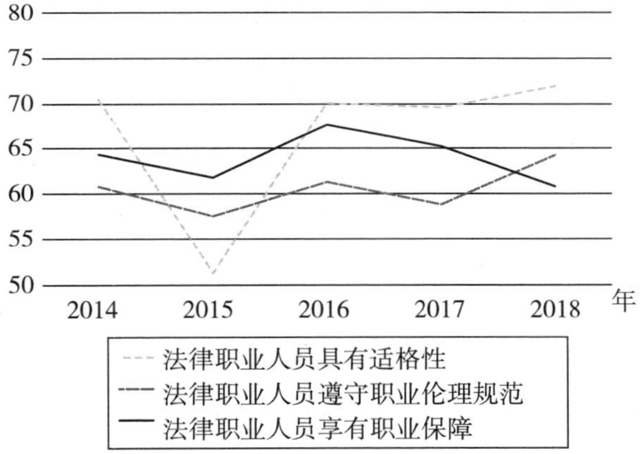

图 12　司法腐败遏制一级指标变化趋势

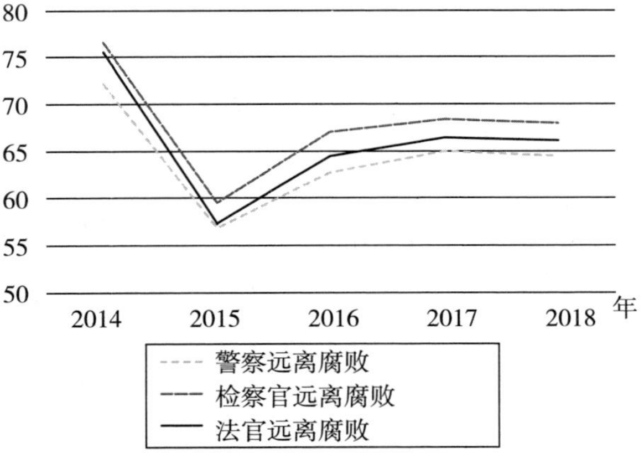

图 13　法律职业化一级指标变化趋势

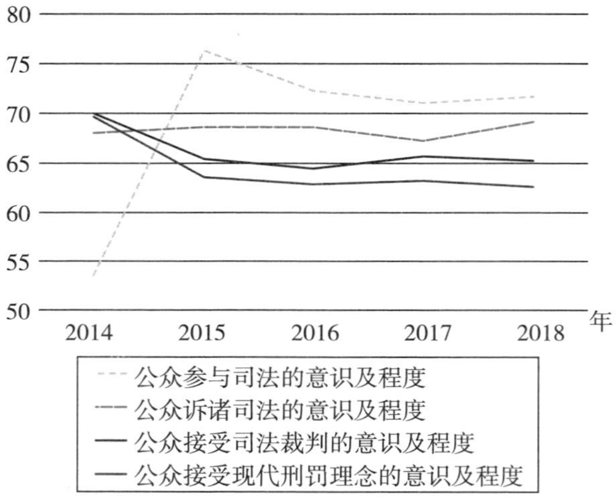

图 14　司法公开指标变化趋势

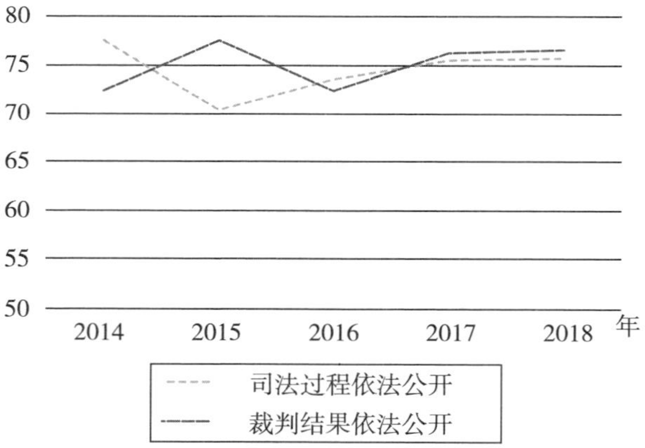

图 15　司法文化指标变化趋势

就司法权力的 5 个二级指标而言，从 2014 年到 2018 年，司法权力独立行使、司法权力公正行使、司法权力主体受到信任与认同、司法裁判受到信任与认同等二级测量指标的数值，大致经历了先上升、后略微降低的变化过程，而司法权力依法行使指标则呈现出逐年下降的趋势。同时，司法权力独立行使这个二级测量指标的数值整体较低，使其成为司法权力一级指标值拉低的主要影响因素。

从当事人诉讼权利的二级指标来看，当事人享有不被强迫自证其罪的权利、当事人享有证据性权力、当事人享有获得救济的权利三个指标的数值,均表现为先上升、再平稳变化的轨迹;而当事人享有获得辩护、代理权利这个二级指标则经历了相反的过程,即表现为先下降、再平稳的变化趋向。

就三大诉讼程序而言,在民事司法程序的3个二级测量指标中,民事审判符合公正要求这个测量指标的数值,基本上表现出逐年上升的变化历程;民事诉讼中调解自愿、合法这一测量指标则经历了先上升再略微下降的过程;而民事诉讼裁判得到有效执行这个测量指标,则经历了先下降再上升再略微下降的复杂变化轨迹。就刑事司法程序的3个二级测量指标而言,侦查措施及时合法这个测量指标的数值,经历了先下降再上升平稳的过程;审查起诉公正有效这一测量指标的数值,经历了显著上升再下降的变化轨迹;而审判公正及时有效测量指标的数值,则经历了平稳上升的历程。就行政司法程序所属的二级测量指标而言,行政审判符合要求这一测量指标的数值,经历了由低到高的逐年上升趋向,行政诉讼裁判得到有效执行测量指标的数值,则表现为先下降再上升再到略微降低的过程。

以证据制度的二级指标来看,证据裁判原则得到贯彻这一测量指标,表现为逐年下降的趋势,证据依法得到采纳与排除这一测量指标,经历了先下降再上升再降低的过程,而证明过程得到合理规范则测量指标,则经历了先下升再下降的变化路径。

就司法腐败遏制的二级指标而言,警察远离腐败、检察官远离腐败、法官远离腐败三个测量指标具有一致的变化趋向,三者均呈现先下降再上升平稳的变化曲线。

就法律职业化的二级指标而言,法律职业人员具有适格性这个测量指标表现为先降低再上升的变化历程,法律职业人员遵守职业伦理规范这一测量指标经历了先降低再上升再降低的演变进路,而法律职业人员享有职业保障测量指标,经历了先降低再上升再降低再上升的起伏演变过程。

就司法公开的二级指标而言,司法过程依法公开测量指标表现为先下降再上升的轨迹,而裁判结果依法公开测量指标经历了先上升再降低再上升的过程。

就司法文化的二级指标而言,公众参与司法的意识及程度指标经历了先上升再平稳的变化路线,公众诉诸司法的意识及程度指标的变化比较平稳,公众接受司法裁判的意识及程度、公众接受现代刑罚理念的意识及程度这两个指标则表现为先下降再平稳的发展轨迹。

总体而言,从司法文明水平二级测量指标的五年变化来看,不同二级测量指标的演化路径并不完全相同,各二级测量指标值不仅体现出变化方向的不一致性,而且表现为指标年度数值间的起伏性与波动性,呈现随时间演进而梯级变化的历史轨迹。换言之,无论是上升型的起伏曲线,还是下降型的变化曲线,不同年度的二级测量指标值大致显现梯度变化的过程。司法文明二级测量指标的变化特征进一步表明:司法文明的进步可能不是直线式的变化过程,在不同年度或阶段之间可能会出现反复和退步,其发展更可能是在曲折变化中不断累积上升的过程,因而需要持续不断地加强司法文明的建设。

基于上述论述,我们可以总体判断 2014 ~ 2018 年这 5 年中国司法文明发展的主要领域(强项指标)与可能方向(弱项指标)如下:

第一,司法权力、当事人诉讼权利、民事司法程序、刑事司法程序、行政司法程序、司法公开,这六个一级指标的提升幅度较大,构成了司法文明进步的主要维度,成为近年来司法文明发展的强项指标。其中,对于司法权力一级指标而言,司法权力主体受到信任与认同、司法裁判受到信任与认同、司法权力公正行使等二级指标,是该一级指标中的强项指标;相比之下,司法权力依法行使、司法权力独立行使二级指标成为该一级指标值拉低的主要因素;对于当事人诉讼权利一级指标,当事人享有获得救济的权利是该一级指标中的强项指标,而当事人享有证据性权力二级指标则拉低了该一级指标的整体水平;而对于三类诉讼程序一级指标来说,行政司法执行拖累了三大诉讼程序的排名,但民事审判符合公正要求、刑事审判公正及时有效、行政审判符合公正要求等二级指标则构成了三大诉讼程序指标的强项;司法公开一级指标也是司法文明建设的强项指标。

第二,证据制度、司法腐败遏制这两个一级指标,在起伏变化中整体有所降低,形成了司法文明进程中的弱势指标,特别是贯彻证据裁判原则、依法采纳与排除证据、合理规范证明过程、警察远离腐败等二级指标,成为未来司法文明建设需要突破的重要方面。

第三,法律职业化、司法文化这两个一级指标的提升幅度相对较小,尤其是法律职业人员遵守职业伦理规范、公众接受司法裁判的意识及程度、公众接受现代刑罚理念的意识及程度等二级指标则需要进一步加强,为司法文明水平的进一步发展提供了可能的空间。

五、主体异质性:不同法律职业群体的主观评价差异

在司法文明指数调查过程中,我们根据调查对象的差别将问卷分为以普通民众为调查对象的公众卷和以法官、检察官、警察、律师为调查对象的专业卷。通过2014~2018年专业卷调查数据的分析,我们可以获得不同法律职业群体对司法文明状况的主观评价水平及时序变动趋势。

图16呈现了法官、检察官、警察与律师司法文明主观评价的5年变化情况,从中可以发现,从2014年到2018年,法官、检察官、警察、律师四类职业群体的主观评价均经历了由低到高的上升转变过程。但是,比较而言,5年来,四类群体主观评价的时序变化趋势存在异质性,法官对司法文明水平的主观评价最高,其次为检察官,再次为警察,而律师对司法文明水平的主观评价最低,即四类法律职业群体对司法文明水平的主观评价具有层次性,呈现司法文明主观态度的差级结构。上述发现表明,不同法律职业群体在司法文明的主观评价上存在群体差异,四类法律从业人员对司法文明状况的主观感知具有职业部门间的异质性,而这种部门间的异质性或区隔性,可能源于司法制度设计层面的司法系统内部职责分工差别以及不同法律部门迥异的职业环境、文化语境和组织样态,这些因素共同塑造了不同法律职业部门从业人员在司法文明主观感知和态度上的差异形态。

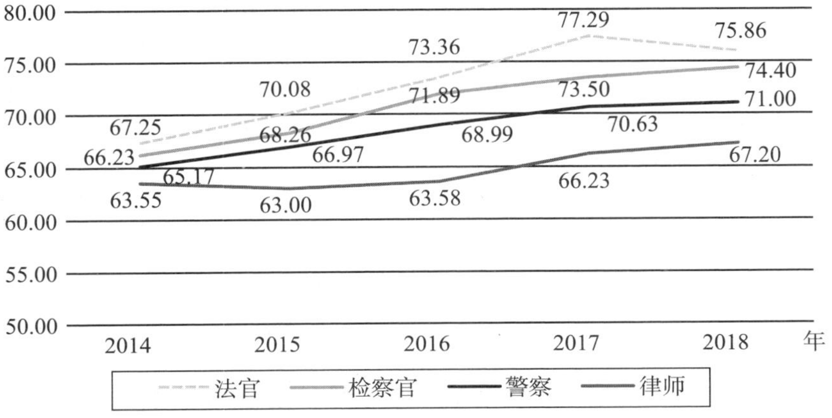

图16　不同法律职业群体的司法文明主观评价情况(2014~2018年)

注:图中四类职业群体的司法文明主观评价水平根据司法文明指数调查专业卷中的系列测量问题计算平均值得到,值越高代表评价越高。

综上所述，从2014年到2018年，法官、检察官、警察与律师对司法文明水平的主观评价显著上升，但不同法律职业群体在司法文明的主观评价上存在部门间的异质性。尽管这种异质性只是法律从业人员在司法文明主观感知上的差别，但是却能在一定程度上反映出司法系统不同部门在司法文明总体水平或者司法文明不同领域上的不平衡性，也体现了不同司法职业部门在司法文明建设或法治化轨道上的主体性差别。因而，基于不同司法职业部门司法文明建设上的差异性情境，促进不同司法职业部门在司法文明路径上的协调共进就尤为重要。作为国家司法机关，法院、检察院、公安机关的职责尽管有所不同，但在司法文明建设中，三者均具有不可替代的角色和任务，共同构成了法治规范化建设的主体，成为司法现代化转型的主力军。特别是党的十八届四中全会提出“保证公正司法，提高司法公信力”的要求，把建设更高水平的社会主义司法文明放在了突出位置。因此，一方面，有必要加强法院、检察院、公安机关等职业部门的司法规范化建设，促进公正的司法运作，强化执法监督，不断提升司法公信力；另一方面，有必要缩减法院、检察院、公安机关在司法文明建设中的主客观差距，保证严格执法、文明执法、公正司法，协调司法部门间的规范化建设进程，形成均衡并进的司法文明发展格局。同时，市场化的发达律师职业系统作为现代司法文明的重要标志，[1]亦是司法文明建设的参与要素，对于司法文明建设具有重要的外部促进作用。因此，也需要充分发挥律师中法治建设及法律普及中的作用，培养和造就高素质的律师队伍，作为法治社会建设的重要力量。综上所述，司法文明建设需要保持司法体系不同角色主体在司法文明建设中的同步性，形成法律职业部门在司法文明建设中的合力效应，不断提升司法系统的司法公信力和司法文明程度。

六、司法文明建设的重点与未来方向

（一）全面深化司法体制改革

司法体制改革是国家对司法组织体系和司法制度的自我完善过程，旨在建设中国特色社会主义现代司法体系和司法制度，努力创造更高水平的社会主义司法文明。司法体制改革与司法文明具有共生关系，两者相辅相

---

〔1〕 参见兰薇：《论西方法律职业共同体的发展模式》，载《中南民族大学学报（人文社会科学版）》2014年第3期。

成、相互促进,司法体制是司法权力架构的出发点,司法权力的合理配置是司法文明建设的前提。[1] 持续性的司法改革实践,必然能够在一定程度上提升促进司法文明的整体水平,而对当前司法文明状况的准确判断也有利于发现识别司法文明建设的阶段性成就和现实不足,为下一步的司法改革工作提供指针和方向,然则司法改革的全面展开又会孕育更高水平的社会主义司法文明。换言之,司法体制改革是司法文明建设的重要内容或题中之意,司法体制改革的功能性在于通过制度的创新与理念的弘扬促进司法体制的现代转型,从而培育现代性的社会主义司法文明。

社会转型期,与社会的整体变迁相契合,中国司法体制亦随之在不断调整和变革,在国家和地方两个层面的司法实践中,司法改革的脚步从未停歇。特别是自 2013 年以来,在全面推进依法治国的背景下,全方位的司法体制改革开始铺陈开来,并在司法管理体制改革、人权司法保障机制建设、司法权运行机制改革、执法司法便民利民服务等四个方面取得突破性进展。[2] 最高人民法院 2019 年工作报告总结了近年来司法体制改革的基本成就包括:全面落实司法责任制,推进了司法体制综合配套改革;加强最高人民法院巡回法庭建设,健全了法院组织体系;深化以审判为中心的刑事诉讼制度改革,完善了诉讼制度;加强审判流程、庭审活动、裁判文书、执行信息四大公开平台建设,持续深化司法公开;全面建设智慧法院,不断探索互联网司法新模式等。[3] 与此同时,司法改革的效果亦在司法文明指数调查数据中"有迹可寻",从司法文明指数调查数据的分析中,可以印证近年来司法改革的显著成效。例如,近年来大力开展的司法公开措施,在改革实践中取得了良好的效果,而司法文明指数 5 年调查数据也显示,从 2014 年到 2018 年,司法公开一级指标值逐年提升,深化司法公开成效显著;又如,党的十八届四中全会以来,以审判为中心的刑事诉讼制度改革得到不断深化,诉讼制度改革成果明显,而这一显著成就在司法文明指数调查数据中也有所体现,由 2014 年到 2018 年,三大诉讼程序一级指标值均经历了由低向高的上升过程,改革成果得到认可。

---

〔1〕 参见吴洪淇:《司法文明建设的方向与路径》,载中国法学会网,https://www.chinalaw.org.cn/Column/Column_View.aspx? Column ID = 1109&InfoID = 24668,2019 年 9 月 5 日访问。

〔2〕 参见姜伟:《司法体制改革在四方面取得突破性进展》,载国务院新闻办公室网,http://www.scio.gov.cn/xwfbh/xwbfbh/wqfbh/2015/33456/zy33461/Document/1449565/1449565.htm,2019 年 9 月 26 日访问。

〔3〕 参见周强:《最高人民法院工作报告——在第十三届全国人民代表大会第二次会议上》,载中国法院网,https://www.chinacourt.org/article/detail/2019/03/id/3791943.shtml,2019 年 9 月 26 日访问。

但是,通过对司法文明指数五年调查数据的分析发现,在当前司法改革的一些重要领域,仍需要进一步完善和强化,也是未来深化司法改革的侧重点。例如,作为司法体制改革的重要举措之一,近年来推行的法官、检察官员额制改革,有效地促进了法律职业化的进程。然而,司法文明指数调查数据显示,5 年来,法律职业化一级指标值在低水平上稳定徘徊(2014 年为 65.2 分,2016 年为 66.4 分,2018 年为 65.6 分),上升幅度较小。这表明尽管法律职业化建设的效果已然显现,但是仍有很大的提升空间,需要继续深化法官、检察官员额制改革、司法责任制改革以及完善相关的配套改革措施。又如,党的十八大以来,司法腐败遏制取得了突出的效果,确保了司法系统的有序运行,维护了司法机关的公信力。但是,司法文明指数调查 5 年数据显示,司法腐败遏制一级指标在 2014 年到 2018 年的 5 年间,总体呈现下降的趋势,表明仍需继续打击和遏制司法腐败。此外,从 2014 年到 2018 年,证据制度一级指标值在起伏中也有所降低,说明证据制度建设仍任重道远。总体而言,上述这些指标维度或是当前司法文明建设的弱项方面,或是与当前司法文明建设相矛盾的地方,是未来司法体制改革过程中要重点考虑的领域。

因此,在当前情势下,进一步深化司法体制改革,即是要在继承前有司法文明成果的基础上,对当前司法实践进行更为全面深刻的检视,进而改革与法治文明建设相悖、相冲突的制度、规定、机制与做法,促使司法制度、司法运作、司法主体、司法文化等各个方面符合现代社会主义司法文明的内在要求,从而培育高水平的社会主义司法文明。由此可见,建设更高水平的社会主义司法文明离不开司法改革的深度实践,司法改革的目的也正在于剥离与司法文明建设不合拍的要素,司法改革红利的逐渐释放也必然会进一步促进社会主义司法文明的进步。

(二)不断缩小司法文明建设的区域差异

通过司法文明指数调查数据的时序分析发现,5 年来,不同省、自治区、直辖市的司法文明水平差异明显,且东部地区的司法文明发展程度一直领先于中部和西部地区,这表明中国司法文明水平存在省际间的不同步性以及东中西区域间的不均衡性,司法文明发展格局的空间分布呈现区隔性。尽管现有研究较少关注这种区隔性,但是从司法文明指数调查数据来分析,这种现象确实存在,亟待引起我们的重视和关注。

司法文明水平的省际差异以及区域不均衡,在一定程度上可能与经济发展水平相关,因为司法改革的创新实践需要一定的经济成本,经济发展水平的差距可能在一定程度上影响不同区域司法文明发展程度的不同。同时,司法文明发展程度的省际差异与区域不均衡性,亦可能存在历史、文化等方面的原因,在改革开放以来的社会转型和司法建设中,上海等发达省市率先开展了司法改革的创新措施,司法体制改革的步伐走在全国前列,司法文明建设处于领先位置。这可能是其司法文明指数值5年最高的原因。但是,即使近年来一直处于领先位置的上海市,其司法文明建设也存在一定的短板,从2014年至2018年,司法文化、法律职业化以及司法腐败遏制三个一级指标一直处于落后位置,是上海市司法文明建设的弱项领域。比如,2017年,在十个一级指标中,上海市排名最后三位的一级指标分别是司法腐败遏制(66.8)、法律职业化(66.3)以及司法文化(65.0),其中司法文化指标未达到31个省、自治区、直辖市的平均分(66.8);2018年,排名后三位的一级指标仍然是司法腐败遏制(68.9)、法律职业化(68.8)和司法文化(68.7),上述三个弱项指标的表现在一定程度上拉低了上海市司法文明的整体水平。这些表明,在未来的司法文明建设中,我们需要在注重弥合司法文明发展区域不平衡的同时,提升中国司法文明的整体水平至关重要。因而,提升中国司法文明的整体水平与缩小司法文明发展的省际与区域差异需要统筹同步进行,并行不悖。

基于不同区域司法文明水平的显性差异的判断,未来的司法文明建设需要在提升中国司法文明整体水平的基础上,注重缩减司法文明水平的地区差异,打破司法文明建设不平衡的现实格局。因此,首先,须从全局的角度出发,统筹提升中国司法文明的整体水平,全面促进司法文明各个领域、维度的建设,通过司法文明整体水平的进阶,弥合司法文明建设的维度不平均与区域不平衡;其次,需要重视不同区域、省、自治区、直辖市之间的司法文明发展的差异,加强司法改革的顶层设计,统一和协调不同区域、省、自治区、直辖市司法改革的步伐,在司法改革领域开展区域和省际间的交流与合作,如开展不同省、自治区、直辖市司法部门间的互助和帮扶,通过司法改革与司法文明建设举措、经验的分享与传递,将司法文明建设先进地区的改革实践经验移植和推广到落后地区,形成司法改革效果和红利的扩散效应,从而不断缩小区域间和省、自治区、直辖市间的司法文明发展水平差距;最后,需要中西部地区各省、自治区、直辖市政法委、法院、检察院系统通过有效的司法改革措施,加快本地区的司法文明建设步伐,如扩大中西部地区律师队伍的数量、推进中西部地区司法人员的职业化和规范化建设、强化司法公正和司法公开、强调司法人员要将法律中的秩序与正义落实到对案件和纠纷的处理上、[1]提升公众参与司法的意识及程度以及切实保障当事人的诉讼权利等,从而促进司法文明建设滞后省份和地区的法治现代化转型。总之,我们应当通过协调司法体制改革的步调,着力加强司法文明落后省区的司法现代化水平,不断缩小司法文明发展程度的省际差距,破除司法文明发展水平的区域不均衡格局。

(三)重点加强司法文明弱项指标的建设

司法文明指数的功能之一在于反映全国各地司法文明建设的"长项"和"短项"。[2] 透过对司法文明指数五年调查数据的分析发现,在一级指标体系中,法律职业化、司法文化、司法腐败遏制、当事人诉讼权利、行政司法程序等指标的数值相对较低,所以,必须重视和强化上述弱项指标的建设,而对这些弱项指标的建设,也应该成为未来司法文明发展的重点领域和主要方向。基于这样的判断,司法文明建设的现实路径也得以明晰,即可以从如下方面加强司法文明弱项指标的建设:

1. 着重加强法律职业化建设

法律职业人员的职业化水平是衡量一个国家司法文明程度的重要内容,[3]加强法律职业化建设是司法文明建设的必要途径。

首先,建立常态化的法律职业培训机制是法律职业化建设的首要任务。在进入职业门槛后,法律职业人员需要通过不断的培训,确保自身具备行使相应法律职责的基本技能和法律知识,这也是世界各国对法律职业人员的通行要求。[4] 我国现行法律也对各类法律职业人员获得职业培训的权利作了明确规定,如《法官法》第31条第1款规定,对法官应当有计划地进行政治、理论和业务培训;《律师法》第46条规定,律师协会应当履行组织律师业务培训的职责。因此,接受职业培训是对法律职业主体的常态性要求,是法律从业人员职业技能提升的重要路径,也理应是法律职业化建设的重要内容。但是,司法文明指数调查数据显示,法律从业人员所获得的职业培训并

〔1〕 参见张中秋:《传统中国司法文明及其借鉴》,载《法制与社会发展》2016年第4期。

〔2〕 参见张保生:《司法文明指数是一种法治评估工具》,载《证据科学》2015年第1期。

〔3〕 参见吴洪淇:《法律人的职业化及其实现状况——以九省市实证调查数据为基础》,载《证据科学》2015年第1期。

〔4〕 参见张保生、张中、吴洪淇等:《中国司法文明指数报告2018》,中国政法大学出版社2018年版,第12页。

不充足。例如,司法文明指数调查询问了"在过去三年,法律职业人员所获得的业务培训总时长"情况,根据调查数据分析发现,2015 年,获得一周以内(含没有获得培训)培训的占到 27.8%,而接受过 4 周以上培训的也仅占 29.4%;2016 年,获得一周以内(含没有获得培训)培训的占到 25.7%,而接受过 4 周以上培训的占到 31.1%;2017 年,获得一周以内(含没有获得培训)培训的占到 25.2%,而接受过 4 周以上培训的占 29.5%,2018 年,获得一周以内(含没有获得培训)培训的占到 24.3%,而接受过 4 周以上培训所占的比例相比 2015 年有所上升,但也仅占到 34.1%。上述数据分析结果进一步说明,法律从业人员接受职业培训的情况并不好,法律从业人员的培训作为法律职业化的一项重要指标落实得并不理想,很多法律从业人员并没有接受充足的职业培训。因而,需要通过建立科学的专业人才培养体系、严格的职业准入制度、完善的职业培训机制,加强法律职业主体的适格性建设,落实和强化法律从业人员的职业培训,促进法律从业人员接受职业培训的制度化和常态化,不断培养职业素质高的法律专门人才队伍。

其次,法律职业人员遵守法律职业伦理规范的状况,既是衡量法律职业化程度的重要指标,也是反映各地司法文明程度的重要数据。[1] 我国现有的《法官职业道德基本准则》、《检察官职业道德基本准则》和《律师执业行为规范(试行)》等法律职业伦理规范,明确要求法律职业人员应遵守职业伦理规范。因此,法律职业伦理精神在法律职业化进程中具有重要的作用,是法律职业系统良性运行的道德基础。而根据司法文明指数调查数据分析发现,对法律职业伦理精神的培育需要进一步加强,比如,2017 年公众卷调查显示,民众认为律师可能(含有可能、很可能与非常可能,下同)存在虚假宣传的比例为 62.7%,认为律师可能存在虚假承诺的比例为 65.5%,认为律师可能存在尽职尽责为委托人服务的比例为 88.6%;2018 年专业卷调查显示,法律职业人员认为律师可能存在虚假宣传的比例为 75.2%,认为律师可能存在虚假承诺的比例为 76.4%,认为律师可能存在尽职尽责为委托人服务的比例为 88.8%。上述结果表明,无论是普通公众,还是法律专业人士,对法律职业人员遵守职业伦理规范的主观评价均比较低,故强化法律职业人员的职业伦理精神就尤为必要,需要通过制定从业守则和规范、加强职业伦

---

〔1〕 张保生、张中、吴洪淇等著:《中国司法文明指数报告 2018》,中国政法大学出版社 2018 年版,第 26 页。

理教育以及明确违反职业操守的后果等,培育法律职业人员崇尚正义、忠于法律、珍视荣誉的职业伦理精神。[1]

再次,职业保障机制是法律职业化建设的基础性环节。2017 年上半年,全国法院 12 万名法官审结 888.7 万件案件,法官平均办案数量提升至 2008 年的近 3 倍。[2] 然而,在如此繁重的审判任务面前,法律职业人员的职业保障作为法律职业化的一项重要指标却落实得并不理想。根据司法文明指数调查数据的分析,从 2015 年到 2018 年,法律职业人员对职务晋升前景不满意的比例分别为 29.3%、26.1%、18.8%、16.6%,对职业待遇不满意的比例分别为 27.4%、20.3%、20.1%、17.1%,对履行法定职责保护机制不满意的比例分别为 33.2%、31.3%、21.5%、20.2%。上述数据发现表明,法律职业人员的职业保障力度有所不足,亟待提升。特别是随着法官、检察官员额制改革的深入推行,在办案数量和效率显著提升的情况下,法官的职业保障就变得尤为重要,因此,需要从职业待遇、职业晋升、职业培训、职业安全与救济等方面健全法律从业人员的职业保障体系,并确保职业保障体系切实覆盖到所有法律职业人员。

2. 弘扬理性精神,加强社会主义司法文化建设

司法文化是人类司法文明的历史积淀,反映了公众对司法制度及其司法公信力的认识、评价和期待,影响着司法效力和司法制度的进步。[3] 因而,弘扬社会主义法治理念和理性精神,建设社会主义司法文化,对于司法文明的发展具有重要的意义。但是,通过司法文明指数调查数据的分析发现,司法文化指标的表现并不如意。由于司法文化作为司法文明的一级测量指标,可以进一步操作化为公众接受现代刑罚理念的意识及程度、公众接受司法裁判的意识及程度、公众参与司法的意识及程度等维度,故本研究从这几个维度进行论述。在公众接受现代刑罚理念的意识及程度方面,公众对强调人权和人道主义的现代刑罚理念和方法的认识和接受程度,反映了司法文化走向文明的程度。然则,通过司法文明指数调查数据发现,公众对现代刑罚理念和方法的接受程度还不强。比如,根据司法文明指数调查数

[1] 参见贲国栋:《论法律职业化的伦理精神》,载《江海学刊》2010 年第 6 期。

[2] 《最高法:法官平均办案数量提升至 2008 年的近 3 倍》,载中国新闻网,http://www.chinanews.com/gn/2017/08-01/8292304.shtml,2019 年 9 月 28 日访问。

[3] 参见张保生、张中、吴洪淇等:《中国司法文明指数报告 2018》,中国政法大学出版社 2018 年版,第 13 页。

据,2015年,公众坚决支持在公共场所举行公捕、公判大会的比例占到了26.4%,一定程度上支持的占到了39.2%,而不太支持和强烈反对的仅占到了23.7%;2018年,公众坚决支持在公共场所举行公捕、公判大会的比例占到了23.6%,一定程度上支持的占到了38.8%,而不太支持和强烈反对的也仅占到了20.8%,从而表明公众接受现代刑罚理念的意识并不强。在公众接受司法裁判的意识及程度方面,公众对司法裁判的接受程度反映了司法文明的程度,是司法文明建设的重要方面。而当前,公众接受司法裁判的意识及程度还不强,如司法文明指数调查数据显示,当被询问"如果法院审判程序没有问题而判决结果对己不利,尊重裁判的可能性"时,从2015年到2018年,分别约有22.0%、22.8%、34.9%、21.1%的受访者选择非常有可能和不太可能尊重裁判,这说明仍需向公众普及现代司法价值和理念。在公众参与司法的意识及程度方面,公众参与司法是司法改革的一个重要方面,对于司法公信力建设和司法品质提升具有重要的作用,[1]而司法文明指数调查数据表明,从2015年到2018年,不愿意参加陪审团的比例分别为11.2%、15.5%、15.8%、15.3%,而参加意愿一般的比例分别为25.8%、31.4%、33.1%、32.1%,这在一定程度上表明公众参与司法的主观意愿并不高,现代型的司法参与模式尚未形成。综上所述,有必要通过加强司法文化宣传和鼓励群众参与,提升公众参与司法的能力和接受现代司法理念的意识,进而培育形成现代司法理念和文化氛围。

3. 继续遏制司法腐败

司法腐败遏制的强度及效果是司法文明的重要风向标,直接反映了司法系统有序运行的可能及限度。[2] 通过司法文明指数5年调查数据分析,司法腐败遏制需要进一步强化。例如,在公众对法官、检察官以及警察三类司法职业群体收受贿赂可能性的主观评价中,从2015年到2018年,认为法官很可能与非常可能收受贿赂的合计百分比分别为35.5%、27.5%、34.1%、33.1%,认为检察官很可能与非常可能收受贿赂的合计比例分别为32.2%、34.8%、21%、20.4%,认为警察很可能与非常可能收受贿赂可能性的合计比例分别为36.4%、33.4%、29%、26.5%;在法律职业人员对三类司

〔1〕 参见陆洲:《我国公众参与司法的价值挖潜及短板补救》,载《甘肃社会科学》2018年第5期。

〔2〕 参见施鹏鹏:《我国司法腐败的现状与遏制——以20个省、自治区、直辖市的实证调查为分析样本》,载《证据科学》2016年第1期。

法职业群体办“关系案”的可能性调查中，从2015年到2018年，认为法官很可能与非常可能办“关系案”的合计比例分别为20.6%、18.9%、16.7%、17.6%，检察官办“关系案”的合计比例分别为15.2%、14.8%、13.4%、14.2%，警察办“关系案”的合计比例分别为24.8%、22.1%、18.7%、20.4%。从上述结果可以发现，对三类职业群体远离腐败的评价并不一致，其中警察远离腐败的打分最低，故有必要加强警察群体的职业意识和腐败预防。因而，在司法腐败遏制领域，需要通过制度和机制创新，有效预防司法腐败行为的衍生，建立公正、公开的司法环境。

4. 加强证据制度建设

证据是法治的基石。[1] 而证据裁判原则作为法治国家的基本司法原则，[2]是诉讼制度发展到新阶段的代表性特征，是国家司法文明进步的重要标志和内在要求。特别是在当前以审判为中心的诉讼制度改革中，全面贯彻证证据裁判制度更是其中的关键，现实的改革需要呼唤建立完善的证据制度。但是，我国证据制度的发育还不够完善，证据意识较淡薄。比如，通过司法文明指数5年调查数据分析发现，在证据裁判原则得到贯彻方面，法律职业人员在回答“当认定被告人有罪的证据不足，法院‘宁可错放，也不错判’的可能性”时，从2015年到2018年，回答不太可能与非常不可能的合计百分比分别为22.9%、24.8%、18.5%、21.9%；而公众在回答“您所在的地区‘打官司就是打关系’”的可能性时，从2015年到2018年，回答很可能与非常可能的合计百分比分别为46.2%、24.6%、23.3%、25.8%。在证据依法得到采纳与排除方面，法律职业人员在回答“辩护律师向法庭申请排除非法口供，并履行了初步证明责任，而公诉人未证明取证合法的，法官排除该证据的可能性”时，从2015年到2018年，回答很可能与非常可能的合计百分比分别仅为29.2%、29.7%、37.5%、34.3%。在证明过程得到合理规范方面，法律职业人员在回答“律师调查取证权行使受到限制的可能性”时，从2016年到2018年，回答很可能与非常可能的合计百分比分别为23.7%、27.5%、33.4%。这些数据结果表明，无论是在证据裁判原则贯彻，还是在证据采纳与排除，抑或是在法律推理与证明过程中，均存在表现不理想的弱项

〔1〕 参见[美]Ronald J. Allen：《刑事诉讼的法理和政治基础》，张保生等译，载《证据科学》2007年第15卷第1~2期。

〔2〕 参见樊崇义：《证据裁判是严格公正司法的基石》，载《人民法院报》2019年8月1日，第2版。

指标,说明当前的证据制度建设还需要进一步提升。因此,从司法文明发展的角度看,必须重视证据制度建设,建立起一个以相关性为逻辑主线,以证明责任和证明标准为证明端口,以举证、质证和认证为法定阶段,以准确、公正、和谐和效率为价值基础的证据法律体系,[1]从而将证据制度的完善和发展作为加强司法文明建设的重要路径。

5. 加强司法人权保障

人权保障是司法文明的核心标志,也是司法文明建设的强大动力。[2]

首先,在当事人享有不被强迫自证其罪的权利方面,《刑事诉讼法》第52条规定:"不得强迫任何人证实自己有罪。"当事人享有不被强迫自证其罪的权利构成了当事人诉讼权力保障的重要维度。根据司法文明指数调查数据,当询问法律职业人员"在您所在地区的侦查讯问中,警察要求犯罪嫌疑人自证其罪的可能性"时,从2015年到2018年,回答有可能、很可能与非常可能的合计百分比分别为31.2%、28.8%、32%、33.6%,这说明保障当事人享有不被强迫自证其罪的权利仍需进一步落实。

其次,在当事人享有获得辩护、代理的权利方面,《宪法》第130条第2句规定:"被告人有权获得辩护。"十八届四中全会《关于全面推进依法治国若干重大问题的决定》进一步强调"强化诉讼过程中当事人和其他诉讼参与人的知情权、陈述权、辩护辩论权、申请权、申诉权的制度保障"。保障当事人享有获得辩护、代理的权利也是确保当事人诉讼权力的重要维度之一。根据司法文明指数调查数据,当询问法律职业人员"律师行使辩护权得到保障的可能性"时,2015年到2018年,回答不太可能、非常不可能的合计百分比分别为61.5%、70.9%、60%、57.1%;当询问公众"被告人如果请不起律师,他/她得到免费法律援助的可能性"时,从2015年到2018年,回答不太可能、非常不可能的合计百分比分别为24.2%、29.7%、24.4%、25.4%,这表明在当事人获得辩护、代理的权利保障方面仍有很大的进步空间。

再次,在当事人享有证据性权利方面,十八届四中全会《关于全面推进依法治国若干重大问题的决定》指出,"严格依法收集、固定、保存、审查、运用证据,完善证人、鉴定人出庭制度"。根据司法文明指数调查数据,当询问法律职业人员"在您所在地区的刑事审判中,如果被告人要求证人出庭作

---

[1] 参见张保生:《审判中心与证据裁判》,载《光明日报》2014年11月5日,第13版。

[2] 参见张文显:《人权保障与司法文明》,载《中国法律评论》2014年第2期。

证,法官传唤该证人出庭作证的可能性”时,从2015年到2018年,选择不太可能、非常不可能的合计百分比分别为14.3%、17.9%、14.7%、13.9%,而选择很可能与非常可能的合计百分比分别为32.3%、33%、35.8%、37.5%,说明对当事人证据性权利的保障还不到位,亟待加强。

最后,在当事人享有获得救济的权利方面,十八届四中全会《关于全面推进依法治国若干重大问题的决定》强调,“强化诉讼过程中当事人和其他诉讼参与人的知情权、陈述权、辩护辩论权、申请权、申诉权的制度保障”。《刑事诉讼法》第110条第2款规定:“被害人对侵犯其人身、财产权利的犯罪事实或者犯罪嫌疑人,有权向公安机关、人民检察院或者人民法院报案或控告。”可见,保障当事人享有获得救济的权利是人权保障的重要方面,也是现代司法文明的重要体现。在司法文明指数调查数据中,当询问法律职业人员“对确有错误的民事案件生效判决,法院启动再审程序予以纠正的可能性”时,从2015年到2018年,选择不太可能、非常不可能的合计百分比分别为16.9%、15.3%、11.5%、13.5%;当询问法律职业人员“对确有错误的刑事案件生效判决,法院启动再审程序予以纠正的可能性”时,从2015年到2018年,选择不太可能、非常不可能的合计百分比分别为18.6%、17.2%、13.2%、16%;当询问法律职业人员“对确有错误的行政案件生效判决,法院启动再审程序予以纠正的可能性”时,从2015年到2018年,选择不太可能、非常不可能的合计百分比分别为22.7%、20.5%、16.1%、19.3%,这显示在保障当事人享有获得救济的权利方面,仍有可改善的余地。从上述可以发现,在当事人不被强迫自证其罪的权利、获得辩护和代理的权利、证据性权利以及获得救济的权利等方面还存在一定的改进空间,因而,需要通过保障当事人享有不被强迫自证其罪的权利、获得辩护和代理的权利、证据性权利以及获得救济的权利等,确保当事人充分行使法律赋予的各项诉讼权利,从而保证司法程序的公正公开,维护社会主义法治秩序。

总体而言,上述领域代表了当前司法文明建设的短板,故有必要从上述方面寻求重点突破,弥补弱项指标,进一步强化司法文明全领域的建设。

(四)不断完善司法评估机制

司法文明建设离不开科学、有效的评估机制,对阶段性司法改革的效果进行评估,识别司法改革与司法文明建设的长项短项,可以为下一阶段的司法体制改革提供方向和目标,激发制度变革动力,[1]故完善司法改革评估机制理,应该成为司法文明建设的重要任务。本研究试图根据司法文明指数调查专业卷的分析,在司法文明建设的背景下,提出司法评估机制的完善路径。司法文明指数调查显示,不同法律职业群体在司法文明的主观评价上存在部门间的异质性,这反映了不同法律职业群体对司法文明的主观判定并不相同。正是由于法律职业群体对司法文明主观评价的差异性,对司法评估的样本选择提出了新的课题,即未来的司法评估调查应加强何种法律职业群体的主观评价。换言之,在采集法律专业人员对司法文明状况的主观态度时,是对法官、检察官、警察和律师这四种法律职业群体均等配样,还是有所侧重,如果有所侧重,应该向哪个职业群体增加样本配额?同时,作为司法评估调查对象的主要来源,法律职业群体与民众之间的差异性,需要我们考虑在司法评估实践中应如何兼顾职业性和平民性的双重标准。[2]

在传统型司法评估模式下,评估的组织者主要是司法行政部门,而评估内容往往涉及上级对下级的效绩考核或获得群众满意度评价,[3]律师并不是司法评估的主要参与者。然而,在当前司法评估实践中,司法评估开始出现转向,主要体现在评价主体的多元化、评价内容的多维性以及评估方法的多样性。党的十八届三中全会和十八届四中全会先后提出"建立科学的法治建设指标体系和考核标准"和"司法改革要引入第三方评估",因而,司法评估的科学化与客观化,不仅需要评估组织者来自不同的社会领域或部门,而且要求评估组织者采用科学的指标设计,以充分采集社会各方对司法运行的意见和态度。一般而言,当前司法评估的采样对象主要包括两个方面,即法律专业人士和普通民众,前者包括法官、检察官、警察和律师,后者则主要包括不同人口学特征的非法律专业人士。由于法官、检察官和警察职业群体的权力主体地位,如果在司法评估过程中,将此三类职业群体作为主要的采样对象,似乎难逃价值涉入之嫌;同时,普通民众由于法律专业知识的不足,在司法评估调查问题的理解上则可能存在理解偏差,产生被调查者误差的可能性则比较大。律师职业作为脱离于司法行政体系的市场化职业系

[1] 参见高志刚:《司法体制改革试点评估运作机制研究——兼以法院员额制试点改革为样本》,载《北方法学》2017年第1期。

[2] 参见孙笑侠:《司法职业性与平民性的双重标准——兼论司法改革与司法评估的逻辑起点》,载《浙江社会科学》2019年第2期。

[3] 参见钱弘道、杜维超:《法治评估模式辨异》,载《法学研究》2015年第6期。

统,并未嵌入司法行政权力场域,而似乎是存在于司法行政系统与普通民众之间的"第三种力量",其对司法运行环境的理解和感知比普通大众要更为深刻和敏锐,或能够避免将法官、检察官和警察等权力主体作为司法评估主要调查对象所产生的价值涉入立场。基于这样的语境,将市场主体的律师作为司法评估调查的主要对象则具有了合理性,而这种合理性主要来源于以下两个方面:一是价值考量,即将律师吸纳为司法评估调查对象是对社会调查价值无涉原则的依循,增加了评估结果的中立性和有效性;[1]二是科学立场,向律师评价的转变有利于吸收律师的专业意见,确保了调查样本配比的多样性和评估结果的科学性。因此,基于司法评估模式科学化的现实考量,未来司法评估的调查对象应该更为多元化,更加注重不同群体态度之间的异质性建构,特别是扩大律师群体在司法评估调查样本中的配额,可能成为改进当前司法评估实践的路径选择之一。

结　语

司法现代化转型是社会变迁的重要组成部分,当代中国正走在司法现代化转型场域之中,力求建构更高水平的社会主义司法文明。在这一过程中,回溯转型变迁过程中司法文明发展的轨迹,对于推动中国司法文明建设尽快跻身世界司法文明先进行列,具有反思意义。

以司法文明指数作为综合测量工具,分析中国司法文明水平的变迁轨迹,可以发现,2014~2018年,中国司法文明发展整体呈现出一种向上的变化趋势,但存在省际不同步与区域不均衡的格局。从司法文明的测量维度看,司法文明10个一级指标值曲线具有不同的时序变化形态,变化方向具有差序性,内在理论结构在时序变化趋势上呈现差序格局;二级测量指标的演化并不相同,不仅具有指标年度数值间的起伏性和波动性,而且表现为变化方向的不一致,总体呈现随时间演进而梯级变化的轨迹。5年来,司法权力、当事人诉讼权利、民事司法程序、刑事司法程序、行政司法程序和司法公开的指标,构成了司法文明进步的主要维度;而证据制度、司法腐败遏制、法律职业化与司法文化的指标,则是司法文明建设中的弱项。

近年来,与中国司法改革进程不断加快相伴随,司法文明水平总体上在

---

〔1〕 Rebecca D. Gill, *Implicit Bias in Judicial Performance Evaluations: We Must Do Better Than This*, Justice System Journal, Vol. 35, No. 3, pp. 301-324(2014).

不断提升,但还有很大的进步空间。通过对中国司法文明指数5年数据的分析,我们认为,今后中国司法文明建设的主攻方向包括以下6个方面:一是不断缩小司法文明建设的区域差异,改善司法文明水平不均衡的格局;二是全面提升司法人员的职业素质,加强法律职业化建设;三是继续强化司法腐败遏制,确保司法公正;四是积极推进先进司法文化建设,树立现代司法理念;五是大力加强证据制度建设,全面贯彻证据裁判原则;六是加强人权司法保障,切实保障当事人的诉讼权利。

本研究还存在一定的局限性,一是由于司法文明指数调查指标体系的变化性,一些指标在特定的年份缺失,并未完全揭示司法文明测量的全景维度;二是由于数据的可得性,本研究所用的数据为2014年到2018年的截面调查数据,如果能够拥有更长时间跨度的数据资料,可能会更为完整地识别中国司法文明的变迁轨迹;三是本研究只揭示了5年来中国司法文明的全景变迁,但尚未深入探究司法文明变迁的内在动因。这些问题,还有待于更多的研究者以后对转型期中国司法文明变迁的动力机制开展进一步深入的研究。

改革开放四十年中国司法改革的回顾与展望*

陈卫东**

一、从“法制建设”到“依法治国”再到“法治中国”

1949 年，新中国的成立开启了中国法治建设的新纪元。在中国共产党的领导下，中国人民成功地走上中国特色社会主义道路。尤其是进入改革开放时期，司法改革也经历了从“法制建设”到“依法治国”再到“法治中国”的多个阶段，这昭示着我国法治水平不断得到提升，我国正走向法治国家、法治政府、法治社会一体建设的新阶段。可以说，在国家治理现代化转型的关键时期，我国正在经历一场全面依法治国的深刻革命。

（一）拨乱反正后的民主法制建设

1978 年，党的十一届三中全会对民主和法制问题进行了认真的讨论，着重提出了健全社会主义民主和加强社会主义法制的任务。[1]《中国共产党第十一届中央委员会第三次全体会议公报》强调坚决保障宪法规定的公民权利，应当把立法工作摆到全国人大的重要议程上来，检察机关和司法机关要保持应有的独立性，要忠实于法

---

* 本文发表于《中外法学》2018 年第 6 期。

** 陈卫东，中国人民大学刑事法律科学研究中心教授。

〔1〕 参见本书编写组编著：《中国共产党简史》，人民出版社、中共党史出版社 2001 年版，第 169 页。

律和制度、保证人民在自己的法律面前人人平等。

1979年,第五届全国人大二次会议通过了《关于修正宪法若干规定的决议》等决议,并制定了多部法律,包括《中华人民共和国刑法》《中华人民共和国刑事诉讼法》《中华人民共和国地方各级人民代表大会和地方各级人民政府组织法》《中华人民共和国全国人民代表大会和地方各级人民代表大会选举法》《中华人民共和国人民法院组织法》《中华人民共和国人民检察院组织法》。当年,中共中央又作出《关于坚决保证刑法、刑事诉讼法切实实施的指示》,其核心就在于适当区分党的领导与保证法律实施、保障司法机关独立行使职权的关系,即党对司法工作的领导,主要是方针、政策的领导。加强党对司法工作的领导最重要的一条,就是切实保证法律的实施,充分发挥司法机关的作用,切实保证人民检察院独立行使检察权,人民法院独立行使审判权,使之不受其他行政机关、团体和个人的干涉。

(二)从“法制建设”到“依法治国”

我国社会主义事业发展的新时期最鲜明的特点就是改革开放,它从十一届三中全会起步,十二大以后全面展开。在这期间,中国共产党提出一系列“两手抓”的战略方针,将抓民主法制建设与抓经济建设对应起来同等对待,高度重视并继续健全社会主义法制。也正因如此,目前国内比较一致的看法是,中国真正意义上的司法改革始于20世纪90年代。[1]

1997年,党的十五大报告《高举邓小平理论伟大旗帜,把建设有中国特色社会主义事业全面推向二十一世纪》确立依法治国作为一项基本方略,提出建设社会主义法治国家的基本目标,由此实现了中国司法进步从“法制”到“法治”的现代化转变,意味着我国司法改革进入制度创新和机制创新的全面发展阶段。

特别是党的十五大还首次提出“推进司法改革”。推进司法改革的重心是从制度上保证司法机关依法独立公正地行使审判权和检察权,建立冤案、错案责任追究制度。加强执法和司法队伍建设。深入开展普法教育,增强全民的法律意识,着重提高领导干部的法制观念和依法办事能力。法制建设同精神文明建设必须紧密结合,同步推进。可以说,虽然在此之前我国已经在探索进行针对司法机关的改革活动,但是,司法改革被正式纳入中央视野并成为国家发展战略层面的话题,真正的时间节点应当始于党的十五大。

---

〔1〕 参见陈卫东:《改革30年中国司法之回顾与前瞻》,载《人民司法》2009年第1期,第45页。

2002年,党的十六大报告《全面建设小康社会,开创中国特色社会主义事业新局面》明确提出了全面建设小康社会的奋斗目标,在论及"政治建设和政治体制改革"时,在"依法治国"的基础上第一次提出"推进司法体制改革",首次专门将"推进司法体制改革"作为一个独立问题用较大篇幅进行论述,明确提出了司法体制改革的目标和任务,指出要"完善司法机关的机构设置、职权划分和管理制度,进一步健全权责明确、相互配合、相互制约、高效运行的司法体制"。同时,十六大报告格外提到了要在2010年形成中国特色社会主义法律体系的法制建设目标,可谓是将司法改革问题提升到新的高度。推进政治体制改革,发展社会主义民主政治,最根本的是要把坚持党的领导、人民当家作主和依法治国有机统一起来。宪法和法律是党的主张和人民意志相统一的体现。在随后一段时间里,我国司法体制改革集中在以下领域展开:(1)按照公正司法和严格执法的要求,完善司法机关的机构设置、职权划分和管理制度,进一步健全权责明确、相互配合、相互制约、高效运行的司法体制;(2)从制度上保证审判机关和检察机关依法独立公正地行使审判权和检察权;(3)完善诉讼程序,保障公民和法人的合法权益;(4)切实解决执行难问题;(5)改革司法机关的工作机制和人财物管理体制,逐步实现司法审判和检察同司法行政事务相分离;(6)加强对司法工作的监督,惩治司法领域中的腐败;(7)建设一支政治坚定、业务精通、作风优良、执法公正的司法队伍。对此,要格外留意的是,党的十六大报告还首次提及了关于"司法机关的人财物管理体制"的改革。

2004年3月14日,第十届全国人民代表大会通过宪法修正案,首次将"人权"概念引入宪法,明确规定"国家尊重和保障人权"。至此,"尊重和保障人权"由中国共产党和中国政府文件的政策性规定上升为国家根本大法的一项原则。

(三)从"全面落实依法治国基本方略"到"全面推进依法治国"

2007年,党的十七大报告《高举中国特色社会主义伟大旗帜,为夺取全面建设小康社会新胜利而奋斗》提出了要全面落实依法治国基本方略的要求,并指出"深化司法体制改革"的目标,核心在于优化司法职权配置,规范司法行为,建设公正高效权威的社会主义司法制度,保证审判机关、检察机关依法独立公正地行使审判权、检察权。可见,党的十七大突出强调社会主义司法制度公正、高效、权威之核心特征。同时,深化司法体制改革还要注重:其一,加强政法队伍建设,做到严格、公正、文明执法;其二,深入开展法制宣传教育，弘扬法治精神，形成自觉学法守法用法的社会氛围；其三，尊重和保障人权，依法保证全体社会成员平等参与、平等发展的权利；其四，各级党组织和全体党员要自觉在宪法和法律范围内活动，带头维护宪法和法律的权威。

2012 年，党的十八大《坚定不移沿着中国特色社会主义道路前进，为全面建成小康社会而奋斗》提出了关于全面深化改革的战略部署。随后，在 2013 年，十八届三中全会颁布的《中共中央关于全面深化改革若干重大问题的决定》在第九部分“推进法治中国建设”中，指明“建设法治中国，必须坚持依法治国、依法执政、依法行政共同推进，坚持法治国家、法治政府、法治社会一体建设。深化司法体制改革，加快建设公正高效权威的社会主义司法制度，维护人民权益，让人民群众在每一个司法案件中都感受到公平正义”。2014 年，党的十八届四中全会颁布的《中共中央关于全面推进依法治国若干重大问题的决定》更是在肯定全面推进依法治国是国家治理领域一场广泛而深刻的革命的基础上，提出建设法治中国的宏伟目标。

2017 年，党的十九大报告《决胜全面建成小康社会夺取新时代中国特色社会主义伟大胜利》提出中国特色社会主义进入了新时代，坚持全面深化改革、坚持全面依法治国，是新时代中国特色社会主义思想之精神实质和丰富内涵的有机组成部分。全面依法治国是中国特色社会主义的本质要求和重要保障。发展中国特色社会主义法治理论，坚持依法治国、依法执政、依法行政共同推进，坚持法治国家、法治政府、法治社会一体建设，坚持依法治国和以德治国相结合，依法治国和依规治党有机统一，深化司法体制改革，提高全民族法治素养和道德素质。习近平总书记在党的十九大报告中强调了要“深化司法体制综合配套改革，全面落实司法责任制，努力让人民群众在每一个司法案件中都能感受到公平正义”。[1] 解决司法体制问题、畅通司法权的运作则是正常发挥司法功能的途径。党的十八大报告提出“进一步深化司法体制改革”，十八届三中全会提出“建设法治中国，必须深化司法体制改革”，可谓是准确切中了法治中国建设的脉搏。

二、从摸索试点到统筹兼顾的“四梁八柱”改革逐渐成型

以党的十八大为标志，以党的十八届三中全会、四中全会确立的内容为

---

〔1〕 本书编写组编著：《党的十九大报告辅导读本》，人民出版社 2017 年版，第 38 页。

改革的重点,构成了当下这一轮司法改革的总体框架。[1] 伴随全局性的政治、社会等各个领域的综合改革,从20世纪90年代至今,我国司法改革也逐渐从点到面推广开来,时至今日,已经步入攻坚克难的"深水区"。司法改革也开始从一般层面的"司法改革"发展到"司法体制改革",折射出我国数十年来改革脉络、改革重心领域变化的趋向。总体而言,从进程上看,我国的司法改革主要经历了起步、展开、推进、深化等几个阶段,并且每一阶段都具有其特点。值得期待的是,进入2018年以来,在我国,全方位深层次的政法改革新格局正在形成。

(一)起步阶段:改革视角趋于微观

在20世纪90年代前后,《中华人民共和国民法通则》《中华人民共和国民事诉讼法》《中华人民共和国行政诉讼法》等一系列重要的法律相继被制定并颁布适用,我国社会主义法律体系被逐步建立健全起来。这段时期国内经济领域改革相对丰富,推动我国社会生活局面日新月异,只不过司法改革仍旧处于缓慢前进过程中。其实,在20世纪90年代的前5年,司法改革的讨论主要集中在刑事诉讼方面,尤其集中在法院刑事审判方式的改革上。1996年《刑事诉讼法》的重大修改,许多理论观点、主张及实践中的做法被法律采纳,我国的刑事审判方式由此发生了极大的变化。

1992年,全国政法工作会议提出积极改革政法管理体制,1995年第17次全国法院工作会议明确了审判方式改革、法院体制改革等方面的任务,1996年第一次全国审判方式改革会议系统地提出了审判方式改革的目标和要求,审判方式改革逐渐从民事经济领域向刑事审判领域扩大,进而延伸至整个司法体制领域,即公正、高效司法的实现问题。同时,1996年最高人民检察院也印发《关于地方各级人民检察院机构改革意见的实施意见》,提出通过机构改革、强化法律监督职能、加强检察机关上级领导关系以及合理配置职能、设置机构、编制人员等举措,实现建立和完善与社会主义市场经济体制相适应的检察体制的总目标。

我们应该清醒地认识到,在此阶段,我国的司法改革起初带有自发的性质,相应的改革更多是自我摸索展开的。最初一段时间的司法改革是司法机关"自身内部"的事情,有关机关所提出的"改革纲要""改革实施意见"等也都是在其内部进行的改革。而且即使是在改革力度最大的法院与检察院

[1] 参见陈卫东:《十八大以来司法体制改革的回顾与展望》,载《法学》2017年第10期,第3~17页。

两家机关,也没有体现司法改革目标的同质性和改革进程的同步性。这种由各家自查自改的状况难免会出现两家因扩大自身权力、限制对方权力而引起的冲突,事实也正是如此。此种状况严重影响了司法改革的进度和力度,影响了改革目标的实现。考虑到司法改革的目标是要通过改革以实现司法公正,它所涉及的领域存在的问题不是司法机关自身所能够解决的,司法改革需要司法机关之外的力量介入。

(二)展开阶段:改革方向、任务更加明确

随着“依法治国”被确立为党的一项基本治国方略,中央首次提出推进司法改革,即“推进司法改革,从制度上保证司法机关依法独立公正地行使审判权和检察权”,建设社会主义法治国家,从此司法改革进入制度、机制创新的全面发展阶段,这意味着司法改革已经上升到中央层面并达到国家战略高度。

这时期的改革主要包括法院、法官制度的改革、审判制度改革,以及检察机关办案方式、检察官制度、检察组织的改革。同时,从改革的对象来看,注重发挥法律共同体的作用。一系列文件的发布体现了这一阶段的改革成果。在当时的社会条件下,因为社会主义市场经济体制的逐步确立,社会对法律规则的依赖日益增强,人们的法律意识也有了极大的提高。

1999 年,最高人民法院根据党的十五大关于推进司法改革的要求,制定并发布了《人民法院五年改革纲要》,对 1999 年至 2003 年全国法院的司法改革作了统一部署。法院第一个“五年改革纲要”提出了涉及七个方面的 44 项改革措施。改革围绕进一步深化审判方式改革展开,包括建立符合审判工作规律的审判组织形式、科学设置法院内设机构、深化法院人事管理制度改革等方面。2000 年最高人民检察院印发《检察改革三年实施意见》,作为 2000 年至 2002 年检察改革的指导性文件,提出了实现七项改革目标的 35 项改革措施,其目标包括改革检察业务工作机制、改革检察机关的机构等组织体系、改革检察官办案机制、改革检察机关干部人事制度、改革检察机关内外部监督制约机制、改革检察机关经费管理机制等方面。

(三)推进阶段:强化党对司法改革的领导

党的十六大进一步提出推进司法体制改革并将其提升到新的高度,要在全社会实现公平正义,通过完善机构设置、保障依法独立行使职权,健全权责明确、配合制约、高效运行的司法体制,解决执行难问题,改革工作机制

和人财物管理体制,惩治司法腐败。

在加强顶层设计的同时,“顶层领导”得到强化。2003 年,中央司法体制改革领导小组成立,明确改革的指导思想、工作方法以及改革任务。各部门根据中央统一部署分别制定改革计划,主要集中在制度改革层面。到了 2004 年末,中共中央转发了《中央司法体制改革领导小组关于司法体制和工作机制改革的初步意见》。在上述文件的影响下,2005 年 9 月,最高人民检察院印发《关于进一步深化检察改革的三年实施意见》,提出 2005 年至 2008 年检察改革的 6 项改革任务共 36 项改革措施,从提高检察机关法律监督能力、适应构建社会主义和谐社会的实际需要出发,重点解决当前制约检察工作发展的体制性、机制性问题,努力做到检察体制更加合理,检察工作机制更加完善,检察工作保障更加有力,检察人员素质进一步提高,全面增强检察机关法律监督能力,发展完善中国特色社会主义检察制度。随后,2005 年 10 月,最高人民法院发布了《人民法院第二个五年改革纲要(2004 - 2008)》。该纲要涉及 8 个方面 50 项改革措施,旨在全面推进审判程序、审判机制、执行机制以及审判管理、司法政务管理、司法人事管理、内外部监督制约机制等各方面改革。这一轮司法改革以完善诉讼制度为重点,其中,最高人民法院颁布的这一纲要涉及司法制度建设、人财物等司法保障机制建设等方面,是一个较为全方位的方案。只不过,比较遗憾的是,相应试点纲要和文件没能实质性地推动司法机关人财物管理体制等司法体制改革,部分举措也只能停留在司法工作机制领域。

(四)深化阶段:改革成果转化为立法

党的十七大以后,司法改革逐步走向深化阶段,这一阶段格外强调重视深化司法体制改革,以此规范司法行为,保证审判机关、检察机关依法独立公正行使职权。中央司法体制改革领导小组《中央政法委员会关于深化司法体制和工作机制改革若干问题的意见》(以下简称《司法改革意见》)提出加强诉讼监督、改革执行体制、防止司法行政化等 60 项改革任务,最高人民法院、最高人民检察院、公安部、司法部分别根据《司法改革意见》作出具体部署。在这一时期,一些制度改革成果相继入法,例如,2012 年《刑事诉讼法》修改增加的刑事和解、社区矫正、量刑规范化等制度即是体现。

2009 年 3 月,最高人民法院发布《人民法院第三个五年改革纲要(2009 - 2013)》(以下简称《三五改革纲要》)。《三五改革纲要》以促进社会和谐为主线,以加强权力制约和监督为重点,涵括优化人民法院职权配置、落实宽严相济刑事政策、加强人民法院队伍建设、加强人民法院经费保障和健全司法为民工作机制等5个方面的内容。同时,2009年8月,最高人民检察院印发《2009－2013年全国检察信息化发展规划纲要》提出大力推进检察信息化,列明检察信息化发展的总体目标与主要任务,包括检察业务信息化、检察办公信息化、检察队伍信息化、检务保障信息化、信息化基础建设5个方面。

(五)进一步深化阶段:四梁八柱的体制性改革的关键时期

2012年,党的十八大报告提出进一步深化司法体制改革,并将体制改革作为本次改革的重心,抓住了体制改革的"牛鼻子"——司法责任制。继而,十八届三中全会提出改革司法管理体制,将完善司法人员分类管理、完善司法责任制、健全司法人员职业保障、人财物省级统管作为司法体制改革中四梁八柱性质的改革明确标注出来,抓住了我国司法体制改革中最核心、最基础的问题,即司法的职业化问题、专业化问题以及依法独立性问题。党的十八届四中全会更是首次以"依法治国"为主题,审议通过了《中共中央关于全面推进依法治国若干重大问题的决定》,专门就全面推进依法治国作出部署,以建设中国特色社会主义法治体系,建设社会主义法治国家为总体目标。从这一轮司法改革的目标可以看出,我国的司法改革已步入体制性改革的关键时期。[1]

与以往司法改革由中央政法委主导不同,这一轮司法改革由中央顶层设计并统一部署,通过中央的顶层设计,改革形成了清晰的改革目标和路线图,顶层设计确保了改革的整体性。2013年12月30日,中央层面成立中央全面深化改革领导小组,中共中央总书记习近平任组长,自2014年1月举行第一次会议以来,司法体制改革一直是小组议事工作的重要内容。可以说,在这一轮司法改革的设计与推进实施中,党中央将司法体制改革纳入了直接领导的范围,改革方案必须经中央深化改革领导小组讨论通过。同时,除了保证改革方案的顶层设计,根据中央精神和习近平总书记的讲话精神,这一轮司法体制改革突出强调了司法体制改革的合法性。一方面,本轮改革强调改革必须在现行法律框架内进行;另一方面,如果改革需要突破现行的法律框架,则需要先立法、修法或获得全国人大常委会的授权。

在中央顶层设计的谋篇布局之下,我国这一轮司法改革无疑触及了体

〔1〕 参见李少平:《全面推进依法治国背景下的司法改革》,载《法律适用》2015年第1期,第2～3页。

制性改革,力克司法体制层面的地方化、行政化痼疾,进入了司法改革的“深水区、攻坚区”,并且在深化司法体制改革方面提出了具体的应对方案。[1]例如,对于人民法院、人民检察院依法独立行使职权这一核心体制问题,本轮司法体制改革提出了很多应对举措,包括:建立领导干部干预司法活动、插手具体案件处理的记录、通报和责任追究制度,完善惩戒妨碍司法机关依法独立行使职权、拒不执行生效裁判和决定、藐视法庭权威等违法犯罪行为的法律规定,建立健全司法人员履行法定职责保护机制等。特别是针对司法实践中比较突出的司法地方化问题,本轮司法改革进行了大刀阔斧的改革,包括改革司法管理体制,推动省以下地方法院、检察院人财物统一管理;建立与行政区划适当分离的司法管辖制度等。这些改革举措触及了司法改革的核心问题,解决好这些问题有望为其他司法改革奠定良好的体制基础。

具体而言,在当前进一步深化司法改革的阶段,顶层设计者高度强调从以下领域全面地推进依法治国的系统工程:其一,完善以宪法为核心的中国特色社会主义法律体系,加强宪法实施,包括健全宪法实施和监督制度、完善立法体制、深入推进科学立法与民主立法、加强重点领域立法;其二,深入推进依法行政,加快建设法治政府,包括依法全面履行政府职能、健全依法决策机制、深化行政执法体制改革、坚持严格规范公正文明执法、强化对行政权力的制约和监督、全面推进政务公开;其三,保证公正司法,提高司法公信力,包括完善确保依法独立公正行使审判权和检察权的制度、优化司法职权配置、推进严格司法、保障人民群众参与司法、加强人权司法保障、加强对司法活动的监督;其四,增强全民法治观念,推进法治社会建设,包括推动全社会树立法治意识、推进多层次多领域依法治理、建设完备的法律服务体系、健全依法维权和化解纠纷机制;其五,加强法治工作队伍建设,包括建设高素质法治专门队伍、加强法律服务队伍建设、创新法治人才培养机制;其六,加强和改进党对全面推进依法治国的领导,包括坚持依法执政、加强党内法规制度建设、提高党员干部法治思维和依法办事能力、推进基层治理法治化、深入推进依法治军从严治军、依法保障“一国两制”实践和推进祖国统一、加强涉外法律工作。

尤其值得关注的是,在牢牢抓住司法责任制这一改革“牛鼻子”的同时,党的十八届四中全会提出推进以审判为中心的诉讼制度改革,是中央在全

---

〔1〕 参见徐昕等:《中国司法改革年度报告(2015)》,载《政法论坛》2016年第3期,第104~119页。

面推进依法治国背景下作出的重大司法改革部署，对刑事诉讼制度改革创新具有基础支撑作用。[1] 2016 年 6 月，中央全面深化改革领导小组第 25 次会议审议通过了《关于推进以审判为中心的刑事诉讼制度改革的意见》，10 月，最高人民法院、最高人民检察院、公安部、国家安全部、司法部联合发布了《关于推进以审判为中心的刑事诉讼制度改革的意见》，2017 年初，最高人民法院发布了《关于全面推进以审判为中心的刑事诉讼制度改革的实施意见》。根据现有改革文件的指引，构建以审判为中心的诉讼制度的改革涵盖的内容十分丰富，辐射至侦查、起诉、审判、辩护、法律援助、司法鉴定等各个领域，有针对性地从贯彻证据裁判要求、规范侦查取证、完善公诉机制、发挥庭审关键作用、尊重和保障辩护权和当事人诉讼权利义务等方面提出了改革举措。

而且，中央推进改革，注重改革的互动性，尤其是将其纳入政治体制改革的大布局之中，以国家监察制度的宪法化最具代表性。2016 年 11 月中央办公厅印发《关于在北京市、山西省、浙江省开展国家监察体制改革试点方案》，提出在试点地区设立监察委员会、改革监察体制，这标志着国家监察体制改革这场事关全局的重大政治改革正式拉开了帷幕。直至 2018 年 3 月 11 日，第十三届全国人民代表大会第一次会议通过了《中华人民共和国宪法修正案》，随后，2018 年 3 月 20 日第十三届全国人大一次会议表决通过了《中华人民共和国监察法》，标志着国家监察体制改革步入了新的发展阶段。在这一背景下，我国司法体制改革也将随之发生重大变化，特别是国家权力的宪治架构、检察机关的宪法定位及其权力、检察制度与监察制度的连通，以及监察法与刑事诉讼法的衔接适用等方面，无不面临着改革调整的机遇和挑战。

此外，这一轮司法体制改革也极为重视改革方案与现代科技的应用结合。最高司法机关相继出台了一系列方案文件，如最高人民检察院《检察大数据行动指南（2017）》等，引导着法院、检察院等办案机关深度运用大数据、云计算、人工智能等现代信息技术而形成“智慧审判”“智慧检务”。各地政法机关把体制机制改革与现代科技应用深度融合起来，把司法机关内部挖潜与有效利用社会资源结合起来，有助于进一步优化司法资源配置，实现办

---

〔1〕 参见陈卫东：《以审判为中心：当代中国刑事司法改革的基点》，载《法学家》2016 年第 4 期，第 3～4页。

案质量效率的飞跃和司法公信力的不断提升。顶层设计者强调,办案机关提升运用新知识、新技术破解司法工作难题的能力,才能平衡司法公正与司法效率之间的矛盾、放权与监督之间的矛盾,在遵循司法规律的基础上不断完善中国特色社会主义司法制度。

(六)全方位深层次阶段:形成政法改革的新格局

2018 年 3 月,中共中央根据《深化党和国家机构改革方案》将原中央全面深化改革领导小组改成中国共产党中央全面深化改革委员会,作为直属决策议事协调机构。可以说,中央深改委员会作为司法体制改革的最高领导者,可以跳出部门利益、地方利益的拘束,确保了改革的系统性、协调性,是当下正在进行的全面深化司法改革的宝贵经验之一。

特别是到了 2018 年 5 月,中央政法委书记郭声琨主持召开政法口机构改革专项协调小组会议暨中央司法体制改革领导小组会议时,提出形成全方位深层次的政法改革新格局,要通过"四个统一""五个统筹"健全政法改革组织实施机制,增强改革系统性、整体性、协同性,着力构建优化协同高效的政法机构职能体系、权责一致的司法权运行新机制。"四个统一"分别是指顶层设计与基层创造相统一、改革与法治相统一、解决思想问题与解决实际问题相统一、抓部署与抓落实相统一;"五个统筹"是指统筹推进政法组织体系改革、统筹推进跨军地改革、统筹推进司法责任制和综合配套改革、统筹推进刑事和民事诉讼制度改革、统筹推进体制改革和科技创新。[1]

三、中国司法改革的经验

总体来看,改革开放至今的四十多年来,中国司法改革经历了起步阶段、全面展开阶段、统一推进阶段、逐步深化阶段直至全面深化阶段,是一场不断积淀、越发深入的改革历程。特别是当下正如火如荼开展的体制改革,其面临的客观形势可谓是"四个前所未有":改革面临的司法形势复杂程度前所未有、改革难度前所未有、改革触碰利益的波及广度前所未有、改革所处的时代机会前所未有。那么,当下这一轮司法改革的特点也可以被概括为"四个中国":改革方向直面中国问题、改革方案契合中国实际、改革方法

〔1〕 参见刘子阳:《郭声琨在政法口机构改革专项协调小组会议暨中央司法体制改革领导小组会议上强调:统筹推进政法口机构改革和司法体制改革,形成全方位深层次的政法改革新格局》,载《法制日报》2018 年 5 月 19 日,第 1 版。

具有中国特色、改革成果展示了中国智慧。

(一)始终坚持党的领导

在中央三中全会、四中全会的顶层设计及中央深改组的持续推进过程充分说明了中央推进司法体制改革的力度前所未有。尤其是当前正在进行的司法改革,是涉及制度层面的根本性变革,处于全面深化改革的关键性位置,充分地显示了以习近平同志为核心的党中央推进司法改革的坚强决心。[1] 中央的率先垂范与高度重视在各地形成了良好的引领作用,地方各试点省市的党委对本地的司改工作给予了充分支持。党对司法改革工作的领导与统筹主要是通过中央政法委与地方政法委的工作加以具体落实,各级政法委推进司改落地的实际行动,再次生动诠释了在中国这样一个矛盾多发、发展极不均衡、司法公信力基础欠佳的大国,党是如何有力、有序推进司法改革的。每一项重大体制性改革方案的统筹论证、每一项改革政策的协调落地、每一项改革措施在实施中的督导推动都离不开中央政法委及地方政法委的积极主动作为。

(二)科学的改革方法论

本轮司法体制改革中的四项基础性改革措施坚持试点先行、总结完善、全国推进的改革方法,通过试点的改革方法论将顶层设计与地方探索有机结合,符合司法改革的工作规律。本轮司法改革的基础性改革举措采取了分批试点、总结推广的改革方法,避免了草率大范围推开改革举措引发的不良后果。正因如此,根据司法体制改革的部署,本轮司法体制改革将全国31个省、市、自治区、直辖市暨新疆生产建设兵团分成了三批试点地区,根据可复制、可推广的要求进行试点,试点后再总结经验,逐步推向全国。当然,试点模式的改革方法也符合本轮改革的实际情况,四项基础性改革在我国的司法史上前所未有,由于没有任何的先例可供遵循,在“摸着石头过河”的改革中需要通过试点探索符合国情的改革举措。[2] 试点式的改革能够充分调动试点地方的积极性,形成百家争鸣、取长补短、竞相创新的改革氛围,通过实践磨合与总结统筹找到解决中国问题的有效路径。

---

〔1〕 参见陈卫东:《中国司法体制改革的经验——习近平司法体制改革思想研究》,载《法学研究》2017年第5期,第9～11页。

〔2〕 参见葛洪义:《顶层设计与摸着石头过河:当前中国的司法改革》,载《法制与社会发展》2015年第2期,第7～14页。

（三）改革方向兼顾司法规律与中国国情

司法改革的总目标无疑应当是习近平总书记提出的“让人民群众在每一个司法案件中都能感受到公平正义”，即司法改革的目标是实现司法公正。[1] 司法的运作过程从本质上看包括三大要素：法律规定、实施机制与司法者。前两者分别通过立法完善和法律实施的配套机制加以实现，而相对于前两项要素，司法者这一主体要素决定着法律能否真正得到公正、严格的实施，“徒法不足以自行”的古语讲的就是这个道理。尤其是新一轮司法体制改革着眼于司法主体这一核心要素，强调政法队伍职业化、专业化、责任化和司法机关的人财物管理体制改革，通过触碰、调整人的既得利益，从而对整个司法体制产生改革效果。以人为核心的改革目标设定，抓准了当下中国司法体制的主要弊端，回应了人民群众的普遍关切，找准了真正推动改革的着力点，避免重走过去多年改革中将机制改革湮没于细枝末节中而最终收效甚微的曲折改革道路。

四、改革开放40年中国司法改革的启示

改革开放40年来，中国司法改革取得的成绩是有目共睹的。当然，改革过程也并非总是一帆风顺的，而是存在这样或那样的问题。总结、反思这些问题对于我国当前推进的司法体制改革具有重要的启示意义。

（一）实现从“司法改革”到“政法改革”的转变

中国的司法改革，最初是从法院、检察院内部自发自生的法院审判方式改革、检察院办案方式改革开始的，这是法院、检察院内部自生自发的、相互独立的改革。2003年，中央宣布成立中央司法体制改革领导小组后，才把法院、检察院的改革纳入到统一的“司法改革”中，在中央司法体制改革领导小组的指导下，统筹推进。把法院、检察院的改革纳入司法改革范畴并统一推进是有积极意义的。法院和检察院的工作具有较多的关联，在公诉、民行检察、检察监督等诸多方面，都会涉及法、检两家，因此，法、检两家的很多改革都会涉及对方，如果不将两家的改革统一起来，容易导致各自为政，不仅改革举措相互抵触、彼此脱节，也容易使改革受到部门利益的束缚，无法触及根本性问题。

[1] 参见张文显：《治国理政的法治理念和法治思维》，载《中国社会科学》2017年第4期，第55页。

但遗憾的是,我国随后多年推进的司法改革大多就此止步于检、法两家的改革,对于公安改革以及现在正在进行的监察改革则并未纳入其中,对于司法行政改革也并未给予足够重视。当然,这并不是说实践中不存在公安改革、监察改革或司法行政改革,而是说,我国并未从整体上一体推进法院改革、检察院改革、公安改革、监察改革以及司法行政改革。在以往的改革中,法院、检察院只能在各自领域进行改革,对于其他国家机关的组织体制、权力配置等关系到全局性的问题,法院、检察院的改革无法涉及。[1] 这导致法院、检察院的改革和公安改革、监察改革以及司法行政改革不配套,也难以从实质上推进司法改革。例如,侦查权和检察权的关系多年来一直没有捋顺。以往的改革中,大多是检察机关单方面提出改革的举措,但往往得不到公安机关的积极回应。问题的核心便在于公安机关的改革没有一体推进,没有中央的协调、推动,这样的改革实际上无法进行。当前,我国进行了监察体制改革,如何把监察改革和法院改革、检察院改革有效衔接起来也是当前面临的重大课题。

美国学者对本国一些地方司法改革的研究显示,在封闭状况下进行改革设计是导致改革失败的一个重要原因。一个错误的认识是:因为存在不同的工作安排和文化冲突,很难让警察、缓刑部门、假释部门、检察机关、法院、辩护律师等按照同一个想法进行改革,而采取局限于某一机构的小部分内部人员的改革。但是,这样的改革往往会因为创新措施的发起者的离任而变得举步维艰。[2]

对我国的司法改革而言,如何让不同的主体统一到司法改革中,并获得这些主体最大限度的合作是改革中需要注意的问题。对此,笔者注意到,在2018年5月召开的政法口机构改革专项协调小组会议暨中央司法体制改革领导小组会议上,中央政法委书记郭声琨指出,要从更高层次上系统谋划、统筹推进政法口机构改革和司法体制改革,形成全方位深层次的政法改革新格局。[3] “政法改革”包括很多的内容,其中一项重要的内容就是与司法

---

〔1〕 参见陈卫东:《司法改革十年检讨》,载陈卫东:《程序正义之路》(第一卷),法律出版社2005年版,第475页。

〔2〕 参见[美]格雷曼·伯曼、奥布里·福克斯:《失败启示录:刑事司法改革的美国故事》,何挺译,北京大学出版社2017年版,第193页。

〔3〕 参见刘子阳:《郭声琨在政法口机构改革专项协调小组会议暨中央司法体制改革领导小组会议上强调:统筹推进政法口机构改革和司法体制改革,形成全方位深层次的政法改革新格局》,载《法制日报》2018年5月19日,第1版。

体制改革相关的其他政法机关的改革，也就是说，把其他政法机关的改革统一纳入政法改革中，与司法体制改革一体统筹推进，实现从“司法改革”到“政法改革”的转变。这是一个重大且有积极意义的转变。当然，后续的改革举措和推进效果还有待进一步观察。

（二）坚持体制改革和顶层设计，也要调动地方和被改革者的积极性

与司法改革相伴的是中国改革开放40年来的经济改革。我国的经济改革采取的是“自下而上”的“迂回式”的改革。这种改革路径被实践证明是正确的。但是，司法改革则不同。司法改革有其自身的制度逻辑，改革必须直面体制问题，而不能像经济体制改革那样采取“迂回”的绕道策略。否则，改革将只能是技术层面的简单修补，实质性的司法改革将难以进行。〔1〕以前的司法改革实践已经表明，单纯的内部的技术革新和原有的制度框架内的有限调整，并不能反映司法改革的主要方面，也没有触及制度和体制本身，并不能从根本上解决我国司法实践中的问题，司法改革的真正展开有赖于以司法体制为内容的制度创新。〔2〕2003年成立了中央司法体制改革领导小组，但具体改革方案的设计、推动却是由各有关机关在自己的管辖范围内进行的。〔3〕如最高人民法院起草、设计审判制度的改革，最高人民检察院起草、设计检察制度的改革，公安部则主导警察制度的改革。这种碎片化的改革不仅导致了改革举措的琐碎、冲突和脱节，也使改革方案局限于某一主体内部，难以在全局范围内解决司法体制中存在的问题，可能更有甚者，容易使一些机关部门借改革之名，行扩权之实。〔4〕

因此，中国的司法改革必须坚持体制改革，而且必须走“由上而下”的顶层设计改革道路。在这两个方面，党的十八大以来的司法体制改革取得了积极进展。下一步还应继续坚持：一方面，体制革新需要继续坚持；另一方面，在顶层设计中，要注意摆脱部门利益的牵绊，在具体改革方案的起草、设计方面，应当由中央层面统一起草、论证、设计。

需要注意的是，在坚持体制改革和顶层设计的同时，也要注意调动地方

---

〔1〕参见张少凯：《司法改革若干问题的反思》，载《法律适用》2005年第1期，第58页。

〔2〕参见顾培东：《中国司法改革的宏观思考》，载《法学研究》2000年第3期，第16页。

〔3〕参见夏锦文：《当代中国的司法改革：成就、问题与出路——以任命法院为中心的分析》，载《中国法学》2010年第1期，第20页。

〔4〕参见秦前红：《当前司法改革存在的五大隐忧》，载中国法学网，http://www.iolaw.org.cn/showNews.aspx?id=44967，2018年10月28日访问。

和被改革者的积极性问题。《最高人民法院关于人民法院全面深化司法改革情况的报告》指出,有的法院存在领导干部对改革认识不到位,决心不坚定,理解有偏差,存在不担当、不作为、慢作为的情况,导致有些地方改革进度滞后,发展不平衡;有的法院则存在落实改革举措不到位,在科学配置法官员额、落实院庭长办案、实现有效放权和有力监督等方面执行改革要求打折走样、政策不落地等问题。[1] 这实际上反映了地方和被改革者的积极性未能被充分调动起来。美国一些地方刑事司法改革的教训表明,改革必须获得被改革者的参与和支持,完全自上而下的改革路径会招致一线实务人员的愤恨甚至彻底的破坏,机构里面底层的人和顶层的人一样重要。[2] "最好的想法最终却失败的原因常常是因为未能获得实际从事这项工作的人的认可。在过去,有一些很棒的想法最终胎死腹中,原因是一线实务人员听到这些想法后说'我们不认为这是个好主意,所以,我们不打算这么做',或者说'我们知道如果我们拖延一下,新的领导来了以后会有一套新的想法'。"[3]美国的教训应该引起我们的重视。

下一步的改革,需要在调动地方和被改革者的积极性方面有所作为。可能的举措是:其一,地方和被改革者需要参与到改革方案的起草、设计中来,在改革方案的设计上获得最大限度的共识;其二,在制度设计上应设置有效的激励措施。例如,司法责任制改革强调"让审理者裁判、让裁判者负责",在取消院、庭长签发裁判文书后,如何避免法官主动寻求院、庭长的审批,不仅需要追责措施,在制度激励措施上可能也需要有所作为。

(三)改革必须抓住"去行政化的管理模式"这一核心问题

中国的司法改革已经持续进行了几十年,一个不得不回应的问题是司法改革为什么一直持续进行,为什么一而再、再而三地进行改革。一个可能的回答是,我国处于社会转型时期,随着经济社会发展和法治进步,人民群众对司法公正的要求是在不断变化的,当然需要司法进行不断地改革。但原因并不止于此。例如,从党的十五大到党的十七大,都提出要从制度上保

---

〔1〕 参见周强:《最高人民法院关于人民法院全面深化司法改革情况的报告》,2017 年 11 月 1 日在第十二届全国人民代表大会常务委员会第三十次会议上。

〔2〕 参见[美]格雷曼·伯曼、奥布里·福克斯:《失败启示录:刑事司法改革的美国故事》,何挺译,北京大学出版社 2017 年版,第 195 页。

〔3〕 Greg Berman, *Learning from Failure: A Roundtable on Criminal Justice Innovation*, Journal of Court Innovation, Vol. 1, No. 1, 2008, p. 107. 转引自[美]格雷曼·伯曼、奥布里·福克斯:《失败启示录:刑事司法改革的美国故事》,何挺译,北京大学出版社 2017 年版,第 195 页。

证审判机关、检察机关依法独立行使审判权、检察权,党的十八大又提出要“确保”审判机关、检察机关依法独立公正行使审判权、检察权。这不仅说明中央对这个问题很重视,也表明这个问题需要从根本上予以解决。有学者指出,没有解决的原因之一在于在解决问题的方式上,只看到了问题的表象,采取的是“头痛医头、脚痛医脚”的改革方式,没有看到现象背后的深层次问题,也没有抓住问题的核心。[1]

什么是司法改革面临的深层次问题?有学者以检察改革为例指出,司法改革的深层次问题是行政化的管理模式问题。以主诉检察官办案责任制为例,本身很好的制度设计,最后却推行不下去,原因是多方面的,包括竞争上岗、晋升提拔的时候,主诉检察官的身份关系不是核心的考量因素,主诉检察官办案的积极性不高;主诉检察官增加补贴后,各个部门相互攀比,都要增加补贴;核心的原因则是没有进行去行政化管理模式的改革。“在行政化的管理模式下,能干的不能干的分不出来,干多干少,干好干坏,看不到区别,没有打破平均主义,所以很难推行这样一个制度。”[2]也有学者对法院的行政化的管理模式进行了分析。在司法组织结构中,存在等级机构和同等机构。在等级结构中,实行的是纵向的上下沟通,是一种顺从型互动,而不是合作型互动。在这个组织结构中,有一条权威性的命令链。而在同等结构中,实行的是横向沟通,组织成员的行为具有协作、互相配合的特征。在我国,法院实行的是以等级结构为主的组织结构,造成所有进入法院的人的行为表现为以垂直指向、纵向沟通和服从型互动为主,审判权可以被内外各种等级结构中的主体分享,造成“审”与“判”的分离。因此,中国法院改革的核心问题是,将以等级结构为主的组织机构变为以同等结构为主,将法院内能够与审判分离的等级结构因素从法院中分离出来。[3]

笔者认同上述判断。行政化的管理模式不仅存在于审判权、检察权的运作之中,也存在于人财物等司法行政事务的管理之中。无处不在的行政化管理模式正是我国司法改革中诸多问题改了又改、改完之后又死灰复燃的根本原因。中国几十年的司法改革表明,不突破行政化的管理模式,中国的司法改革将很难获得实质性突破。

---

〔1〕 参见张智辉:《司法改革:问题与思考》,载《国家检察官学院学报》2013年第5期,第167页。

〔2〕 参见张智辉:《司法改革:问题与思考》,载《国家检察官学院学报》2013年第5期,第169页。

〔3〕 参见张洪涛:《司法之所以为司法的组织结构依据——论中国法院改革的核心问题之所在》,载《现代法学》2010年第1期。

当前,党的十八大以来推进的司法体制改革在推进去行政化管理模式上采取了很多举措。在审判权、检察权的去行政化上,以司法责任制为"牛鼻子"进行了改革;在人财物的管理上,一方面推行了人财物的省级统管改革,另一方面则推进司法人员的分类管理和单独职务序列的规划建设,此外还推动跨行政区划的司法机关的设置。这些举措对于从根本上改革行政化的管理模式是有积极意义的,改革的方向应该继续坚持。

(四)重视改革的整体性、计划性和系统性

司法改革所针对的是既有的制度安排,在打破旧的制度的同时,也应构建起有效的新制度。否则,只有"破"而无"立",改革的目的无法达成。只有具有整体性、计划性、系统性的改革,才能实现旧有制度和司法改革之间的平稳过渡。应该承认,以往的司法改革在这方面存在着或多或少的问题。

在整体性方面,法院、检察院的改革和公安侦查改革、监察改革、司法行政改革等相互之间不协调、不统一,改革缺乏整体、宏观性的设计。而且,在改革举措的设计上,也缺乏整体性的思维。例如,有学者指出,在以往的司法改革中,本来为遏制司法腐败而出台的人大个案监督制,却由于本身违背司法规律而在一定程度上对法院依法独立行使职权构成威胁,本来为维护司法公正的"法官等级制"与"院长辞职制",反过来强化了法院的行政化色彩。[1]

在计划性方面,司法改革的目的性、规范性和有序性较差。例如,根据学者的观察,在以往的司法改革中,最高人民法院虽然出台了改革的纲要,但是改革的安排大多属于粗线条,容易导致改革措施被误读或者曲解,导致各地法院在贯彻执行改革措施中做法不一,影响了改革的整体效果。而且,在改革措施的出台方面,一是改革措施频频出台,如2002年后各地出台的改革措施多达100多项,包括证人宣誓、辩诉交易、法官后语、量刑答辩等;二是改革措施没有经过论证和评估就仓促出台,比如立案庭负责对案件进行调查取证、审调分离等。[2] 这些改革中的绝大多数,在今天看来都是未有成效的。

在系统性方面,以往的司法改革也有值得反思的地方。司法改革是一

[1] 参见万毅:《转折与展望:评中央成立司法改革领导小组》,载《法学》2003年第8期,第32页。

[2] 参见夏锦文:《当代中国的司法改革:成就、问题与出路——以任命法院为中心的分析》,载《中国法学》2010年第1期,第20页。

项系统工程,牵扯诸多的因素,这些因素相互交叉、错综复杂,共同作用于司法改革。多年的司法改革实践表明,对于制度背后的运行环境如果不加以改革的话,改革举措的实施效果往往会大打折扣。例如,上文提到的检察官办案责任制改革,最后改革不了了之的原因就在于配套改革措施没有跟进,对于主诉检察官,没有相应的激励措施,在推行主诉检察官制度时,检察官的晋升提拔依靠的还是行政级别。又如,在以前的检察官序列改革中,本来改革的意图是做行政的做行政,做业务的专心做业务,只要检察官业务素质好、专业性强、办案能力高、办案质量高,就可以晋升为更高级别的检察官,但是,改革过程中,检察官晋升的依据却是行政级别,行政级别上去了,检察官的等级也就上去了。而且,2010 年检察系统出台了一个规定,导致当时全国 16 万名检察官中的 8.4 万名都要降级,基层检察院的检察官原本可以晋升到四级高级检察官的,按照新的规定也不可以了,因为新规定要求高级检察官必须是副处级,基层检察院检察官的行政级别很难达到这个要求。[1]在行政化的管理环境下,检察官不可能安心做业务。

自党的十八大以来,中央对司法体制改革进行了顶层设计,对司法改革方案进行了认真审议研究,特别是党的十九大报告在十八大报告提出的"进一步深化司法体制改革"的基础上提出要深化司法体制综合配套改革,将配套改革作为改革的重心来抓。这是党的报告中首次将配套改革作为一个时期司法改革的重要内容,体现了对配套改革的重视,也凸显了配套改革的重要性。这对于保证党的十八大以来确定的改革举措的落地生根具有重要意义。

当然,下步的司法体制改革在改革的整体性、计划性和系统性方面也还有很多工作要做。例如《最高人民法院关于人民法院全面深化司法改革情况的报告》中指出:省以下地方法院人财物统管改革有待进一步加强制度设计;跨行政区划法院改革需要继续加强研究论证和顶层设计;实施法官单独职务序列后,原与行政职级挂钩的住房、医疗、差旅等待遇保障如何落实尚无明确文件依据;绩效考核奖金是否纳入养老保险缴存基数有待进一步研究论证;以审判为中心的刑事诉讼制度改革,需要进一步加强公检法配合制约,加强跨部门数据交换;各地法官单独职务序列等级晋升工作开展不平衡,一些地方至今没有落实法官等级按期晋升要求;人员分类管理和内设机构改革后,受职务职级核定等因素影响,综合行政部门人员晋升空间受限,

---

〔1〕 参见张智辉:《司法改革:问题与思考》,载《国家检察官学院学报》2013 年第 5 期,第 170 页。

相关配套举措有待跟进；省级财物统管改革后，一些地方经费保障不足，法院资产管理和历史债务等问题有待配套解决；等等。[1] 在检察系统，也存在一些问题，如《最高人民检察院关于人民检察院全面深化司法改革情况的报告》中指出，如何实现对入额检察官和案件质量的双重监督，亟需健全新机制；检察官单独职务序列、检察官助理和书记员职务序列相关配套政策亟需明确；员额检察官退出、交流任职、司法行政人员转任等机制有待完善等。[2] 此外，在监察和刑事诉讼的衔接机制方面也需要进一步跟进，捋顺办理职务犯罪案件的程序机制。

（五）树立理性的司法改革观

司法改革推行了几十年，除了改革的方式、方法之外，树立理性的司法改革观也是对我们下一步司法改革的一个重要启示。

在以往的司法改革中，存在一些不同程度的非理性的认识和做法。例如，第一，对改革抱有不切实际的期待，希望司法改革能够“毕其功于一役”。在党的十八大之前，司法改革已经进行了几十年，但每次改革过程中，一些地方的领导基于政绩的考量，存在非理性的认识，希望改革能够一次就取得成功。第二，与此相关的是，在改革过程中没有自我纠正、自我调适机制的建设。因为希望改革能够一次成功，一些地方司法机关的领导对于改革中出现的问题没有表现出足够的正确认识。第三，改革过程中忽视专家学者的作用，不重视改革的外部参与，在改革方案上不论证，在改革中缺乏外部的独立评估机制，等等。

经历过这么多年的司法改革，我们应该认识到，对司法改革我们切记不能抱有不切实际的期待，更不能希望毕其功于一役，要积极推进，但又要保持理性认识，避免欲速不达。有学者指出，尽管改革过程中有些改革举措的大方向是正确的，但在职业保障、待遇提高、司法民主化等方面，都会遇到职业攀比、财政支撑、司法民粹化等难题，存在异化的风险。[3] 在这方面，值得称赞的是，在党的十八大提出深化司法体制改革之后，党的十九大提出了深化司法体制综合配套改革。这实际上体现的就是一种理性的司法改革态

---

〔1〕 参见周强：《最高人民法院关于人民法院全面深化司法改革情况的报告》，2017年11月1日在第十二届全国人民代表大会常务委员会第三十次会议上。

〔2〕 参见曹建明：《最高人民检察院关于人民检察院全面深化司法改革情况的报告》，2017年11月1日在第十二届全国人民代表大会常务委员会第三十次会议上。

〔3〕 参见马长山：《司法改革中可能的“异化”风险》，载《法制与社会发展》2014年第6期，第31页。

度:改革并不是一蹴而就的,需要长时间的持续推动。正如习近平总书记所说的,要有“功成不必在我”的境界,要重在打基础、谋长远。当然,这种理性的司法改革政绩观在司法改革实践中的普及推广还任重道远,也还有很多的工作要做。

在改革的自我调适机制建设方面,美国的教训启迪我们,未能进行反思是导致改革失败的最难补救的一种因素,改革者应当不停地问自己什么是有效的,什么是无效的,以及为什么。[1] 这应当引起我们的注意。当然,在党的十八大开启的司法体制改革中,笔者注意到有两个方面的变化:一个是最高人民法院、最高人民检察院就司法改革的进展情况和存在的问题及时向全国人民代表大会常务委员会作了报告;另一个是一些地方进行了独立的第三方司法体制改革评估。这些举措对于及时反思改革,发现改革中的问题,进行改革的调整是有积极意义的,在下步的改革中应当坚持,更应有所发展。笔者认为,应当在中央层面统一组织、实施司法改革评估;司法改革评估不仅应当在事后进行,更应当在改革之前和改革之中进行;应采取科学的评估方式、方法,不仅有定性分析,也应有定量分析;还应当保证评估者的客观性、中立性。

此外,在司法改革的过程中,必须重视外部参与,特别是专家学者的参与。专家学者的思考代表的是一种专业思考和理性认知,其中立地位和知识积累有助于专家学者对司法改革提供智识支撑;而社会民众的诉求代表的则是改革的最终归宿,社会民众的参与可以使改革不脱离改革的初衷,最大限度地体现民众的合理诉求。有学者指出,中国司法改革在1995年之前基本上是学者主导,其后五六年学者扮演了非常重要的角色,但后来学者的角色逐渐边缘化。[2] 专家学者的参与度尚且较低,更遑论普通社会民众的参与度了。对此,未来的司法改革应当最大限度地强化外部参与,吸收社会公众和专家学者的参与,在改革方案的起草论证、改革过程中的评估、改革举措的监督落实方面,专家学者和社会公众都存在广泛的参与空间。

五、结　语

我国的司法改革历经几十载,正在风雨兼程地迈向改革的“深水区”,并

---

〔1〕 参见[美]格雷曼·伯曼、奥布里·福克斯:《失败启示录:刑事司法改革的美国故事》,何挺译,北京大学出版社2017年版,第187页。

〔2〕 参见李亮:《“创新”还是“突围”:中国法学向何处去》,载《法制日报·周末》2009年7月9日。

随着改革开放的进程而渐次展开,逐步从程序改革发展到制度、工作机制的改革,再到体制改革。无论是制度性文件的精神还是具体的工作部署,都充分彰显了中国共产党带领全国人民全面推进依法治国、深化司法体制改革的决心。以习近平同志为核心的党中央深刻把握司法改革的定位与方向,从“四个全面”与推进国家治理体系与治理能力现代化的高度统筹推进司法体制改革,中国的司法改革迎来了“史上最佳时期”,经过近四年的砥砺前行,司法体制改革基于改革的深度与广度,已经成为一场影响深远的“司法革命”。

中国刑事诉讼法学40年：观察与思考[*]

左卫民[**]

毫无疑义，当代中国刑事诉讼制度发展与相关研究直接发轫于改革开放。中共中央1978年12月提出改革开放，1979年第一部《刑事诉讼法》旋即出台即是证明。可以认为，当代中国刑诉制度的建设和研究由此步入正轨。换言之，中国刑事诉讼法制发展和研究是与改革开放的历史进程相伴而生的，那么，经过40年的变化和发展，中国刑诉制度形态与研究道路发生了什么变化？这其间有何值得反思和总结之处？这一系列问题亟待回答，笔者拟结合个人研究经历作一初步解读。

一、观察刑诉研究与制度建设的整体角度

1978年12月，中共十一届三中全会决定实行改革开放，尔后1979年7月《刑事诉讼法》颁布并于1980年1月1日正式实施。刑诉制度的研究和发展与整个改革开放的历程基本上相契合。如何整体看待近40年的刑诉制度与研究建设，笔者认为可以从以下几个方面着眼：

---

* 本文发表于《四川师范大学学报(社会科学版)》2018年第6期。

** 左卫民，四川大学法学院教授。

(一)本土化的学术立场

在对刑事诉讼法学研究与制度建设进行宏观的历史回顾时,一个容易陷入的悖论是:研究者过多借助自己的生活体验和局限的研究视角,展开片面甚至过激的分析与批评,但如果脱离了自己的生活、研究体验,则很容易失去批判的价值尺度和认知立场。在理论基点阙如的情况下,往往会借助外来的价值标准进行评价,从而与本土的实际情况出现一定的出入:因为这种外部标准并没有经过充分的讨论与证成,或者说并没有成为中国语境下的社会共识。[1] 有的研究者从民主与人权的角度评价刑事诉讼制度建设的进步程度,[2]有的参考域外法治的标准看待中国刑事诉讼制度建设状况。[3]可以说,相关研究所仰赖的外部标准都具有一定的价值理性,但任一标准都不是超验、唯一的,很难说具有充分社会共识性。因此,用外部的、他者化的标准回顾和评价中国刑事诉讼法学研究与制度建设40年的发展历程,虽然具有一定的价值,但亦存在缺陷。需要特别提及的是,一些理论研究者与法律实务工作者对中国刑事诉讼制度的认知持一种批判的态度,所生成的结论不仅不是基于一种内部研究、本土研究的角度,反而以外部化、他者化的角度认识中国,对于中国刑事诉讼制度往往有很多的高标准、严要求,而这种"高标准、严要求"无疑是值得谨慎对待的。例如,在事实认定方面,"疑罪从轻、疑罪从挂"这些实践做法在西方的角度看来无疑是有问题的,但如果将其置于中国长期的制度建设历史语境中看,则不能否认其曾经具有一定的合理性。如果用现在的标准衡量,历史上一些案件存在误判的可能。何以不能简单否定生成这些案件判决的制度?因为一个制度合理性的评价必须从复杂性、整体性、历史性的角度加以理解,而不能简单地援用当下的标准进行比附。因此,就制度的合理性而言,如果缺乏本土化、内部化的视角,则无法从正面对其加以理解,更容易陷入片面化和过度批判化的误区。

(二)大历史的研究观念

认识中国刑事诉讼制度的历史发展,需要树立一种"大历史"观。

---

〔1〕 科特瑞尔在研究哈特的法哲学思想时,附随性地指出共同体观念是实在法的价值标准和效力来源的重要维度。参见[英]罗杰·科特瑞尔:《法理学的政治分析:法律哲学批判导论》,张笑宇译,北京大学出版社2013年版,第23页。

〔2〕 代表性研究如:汪建成:《〈刑事诉讼法〉的核心观念及认同》,载《中国社会科学》2014年第2期;易延友:《刑事诉讼人权保障的基本立场》,载《政法论坛》2015年第4期。

〔3〕 相关研究参见徐静村:《走向程序法治》,载《现代法学》2003年第4期。

第一，评判一项现行制度如何，至少要从改革开放40年的历史纵深加以检视。40年之前与40年后的制度面相有何殊异之处，40年间由此及彼经历了何种变化，何以有此变化。在40年前，中国公众对法律的印象即是惩罚与专政，民众很少能够认识司法的基本运作，普通案件的发生也未必会如现在的很多案件那样引起社会的广泛关注。彼时无法预料40年后信息高度发达，互联网技术普及，法治建设取得长足进步，甚至依法治国成为国家建设的基本方略，促进了社会治理方式的重大变迁。总而言之，40年前完全无法想象40年后的变化，就个人体验而言，40年前后之间的中国法治化程度尤其是刑事诉讼制度的发展存在巨大的差异。

第二，从1949年中华人民共和国成立开始，观察70年间某一制度有无变化。笔者研究的一个项目是抽样某基层法院从1949年至今的刑事诉讼档案，借此观察这70年间中国的刑事诉讼发生了何种变化。通过检视20世纪五六十年代的案卷，笔者发现很多在今天看来非常不可思议的事但在当时非常普遍的司法现象。彼时由于没有系统的刑事法典，定罪、量刑的实体形成及其适配的刑事程序都具有较强的随意性。例如，当时的罪名、刑期等往往由法官甚至上级政法机构根据案件情况临时生成，不具有法定性、稳定性，遑论预测性与公平性。同时也要看到，现行刑事诉讼的某些制度，在当时就已经颇具雏形。如1954年全国人大常委会颁行的《中华人民共和国逮捕拘留条例》中规定的逮捕、拘留、监视居住和取保候审等刑事强制措施，与当下的刑事强制措施体系相比并无显著差异，后来的刑事诉讼法典也基本延续了这一规范体系。所以，从70年的历史纵深来看，刑事诉讼制度形成了一个既有延续也有断裂的过程。

第三，更长远地看，从清末开启中国法律制度现代化进程之时起，110年来中国刑事诉讼制度发生了何种变化。因为这100余年是中国现代国家与现代制度催生、成熟，遭受挫折却又不断前行的进程。笔者于1995年在《法律科学》上发表了《中国刑事诉讼法制现代化历程论纲》，重点探讨了从清末到20世纪80年代中国刑事诉讼制度的变迁。笔者认为，回应国内外矛盾的强烈需求和深植于民众观念中的传统法文化、法价值是塑造中国刑诉法制现代化历史面相的共同因素，这些因素之间的张力和冲突在一定程度上造成了中国现代刑诉制度发展的延续、断裂和曲折。[1]

---

〔1〕 参见左卫民、王凌：《中国刑事诉讼法制现代化历程论纲》，载《法律科学》1995年第1期。

第四,更遥远的是从整个中国历史(两千多年)的角度看待中国法律制度的谱系。只有通过检视漫长而非短期的历史发展进程,才能发现其中的制度延续与断裂,思考延续和断裂的深层原因。就此而言,笔者认为当下中国刑事诉讼制度变迁与学术研究中存在一些激进化的问题。刑诉理念、制度和实践运行都呈现一种“一万年太久、只争朝夕”的热闹场景。但是,如果从“大历史”的角度审视问题,就会发现许多制度因素并非是决策者、实践者的主观期待、有意设计的结果,也并非一直(应当)处于急剧变革之中。因此,笔者认为,“大历史”是看待中国刑事诉讼非常重要的一个角度。

(三)中外比较的研究向度

认识中国的制度,要有一个充分、全面的比较。其中,最重要的是要找准比较的对象。在既有研究中,往往只将中国现行制度与发达国家进行比较、与当下进行比较,尤其是只针对发达国家比较良善的制度、学者认为或想象中比较良善的制度进行片面性比较,而没有与发达国家的全面、实际情况进行比较。笔者欣赏帕卡的《刑事制裁的界限》,这是一本把实践的复杂性、多样性与丰富性解释无碍的经典理论著作。阅读这本著作,让笔者第一次感觉到刑事诉讼富有理论张力,而且相关理论能够回应实践。帕卡的著作让笔者发现,对美国刑事诉讼制度的研究不能只用一种——正当程序(人权保障)——角度看待,美国的刑事诉讼也有犯罪控制的一面。[1] 此外,美国学者菲利的《程序即是惩罚》也带来了类似启迪:中国学者对于美国刑事诉讼制度的研究,往往可能将其视作一种权利保障程序,但是这本著作让笔者看到了美国刑事诉讼程序的日常场景、司法的日常面孔——制裁。[2] 一些中国刑事诉讼法学研究者习惯以权利保障的理想场景想象西方国家刑事司法运行的实践逻辑,再按照这种“关于权利的想象”要求和评价中国的刑事诉讼制度。但是,人权保障只是在某些特定、少数司法场景下所强调的,并不能代表域外刑事司法实践的主流情境。换言之,既有研究对于中国刑诉制度与美国以及西方国家的比较,在一定程度上是有限比较、选择性比较甚至是想象的比较,进而以此观察中国、批判中国,甚至试图改造中国。除此以外,没有与发展中国家、欠发达国家进行比较,这些国家的制度及其运

〔1〕 参见左卫民:《冲突与竞合:刑事诉讼的模式分析——读帕克教授的〈刑事制裁的界限〉》,载《政法论坛》2017年第6期。

〔2〕 参见[美]马尔科姆·M.菲利:《程序即是惩罚:基层刑事法院的案件处理》,魏晓娜译,中国政法大学出版社2014年版。

行机制究竟如何？很明显，学界对这一问题缺乏深入了解，对于制度实践缺乏一种全球场域中的定位，导致的后果就是制度自信不足。这在中国刑事诉讼法学研究中已然成为一种或隐或显的长期病症，其对学术研究和制度变革有相当影响。

（四）社会和政治的研究广度

无论是就制度看制度，还是从社会和政治的角度观察刑事诉讼制度，这也是一个非常重要的问题意识。笔者曾写过一篇关于达玛斯卡《司法与国家权力的多种面孔》的书评。[1] 达玛斯卡何以能给笔者如此大的震撼？原因在于他从社会和政治的角度观察诉讼与司法制度。例如，政治的角度是，以科层制和同位模式为基本框架对司法组织结构进行观察；社会的角度是，从能动型与回应型两个方面阐释司法目的。笔者认为，达玛斯卡的理论之所以有如此强大的穿透力，原因在于他运用政治和社会的知识资源创建自己的理论体系，再借助这一理论体系分析包括英美法系和大陆法系在内的整个西方刑事诉讼制度。当下，很多学者在方法论层面主张法教义学，笔者并不反对这一做法，因为它在大多数时候能够准确地指导法律适用。但是问题在于如果没有以社会和政治的角度去理解法律和法律条文，则会使法教义学方法的作用有限化、低效化。例如，在理解非法证据排除规则在中国司法实践中何以频繁“遇冷”这一问题时，法教义学者往往将之归诸现行证明标准规范高标化及法官在事实认定中对证明力规则的偏好。[2] 但实际上更为根本的原因在于：中国的非法证据排除规则在本质上是一种“权力本位规则”，在制度运行中存在国家权力与个人权利的博弈，从而造成了司法机关适用这一规则动力不足、当事人及其律师适用这一规则能力不足的局面。[3] 由此可以发现，相较于“控、辩、审”三方结构的规范性分析框架，国家权力—个人权利这样的政治性分析框架对中国刑事诉讼的实践问题更具解释力，影响更加深刻。因为事实上中国法律长期以来是按照社会、政治的逻辑运作的，与政治、社会密不可分，由社会、政治因素所决定。因此，社会、政治从某种程度上而言是研究法律制度和实践最重要的基础之一。

---

〔1〕 参见左卫民：《认真对待达玛斯卡》，载《读书》2011 年第 9 期。

〔2〕 参见陈瑞华：《以限制证据证明力为核心的新法定证据主义》，载《法学研究》2012 年第 6 期。

〔3〕 参见左卫民：《“热”与“冷”：非法证据排除规则适用的实证研究》，载《法商研究》2015 年第 3 期。

二、改革开放与刑事诉讼制度发展、研究

(一)改革开放与刑事诉讼制度的关系

基于上述角度,笔者对改革开放40年以来刑事诉讼制度的发展存在以下看法。一方面,改革开放直接催生了刑事诉讼制度。改革开放决定与第一部《刑事诉讼法》制定、实施在时间维度上的接近,在一定程度上暗示了二者之间的密切关系。在党的十一届三中全会上,邓小平指出,为了社会主义民主,必须加强社会主义法制建设。[1] 法制建设是改革开放的一个必然、重要的内容。《刑事诉讼法》的颁布则是相应的法制建设中的重要内容,1979年7月通过了7部法律,其中4部都与刑事法有关,即《刑事诉讼法》、《刑法》、《人民法院组织法》以及《人民检察院组织法》。因此,可以说,改革开放直接催生了中国刑事诉讼制度并不为过。另一方面,《刑事诉讼法》的颁布也产生了许多以其为工作对象的法律职业群体。这为刑事诉讼的运行提供了人才保障,从而为《刑事诉讼法》从"文本中的法"迈向"行动中的法"创造了重要的基础和前提。总之,就某种程度而言,包括刑事诉讼在内的刑事法制建设在决策者看来是应当有改革开放后实践的首批制度,刑事法制对于改革开放而言也具有极其重要的保障意义。

(二)改革开放与刑诉法学研究的关系

毫不夸张地说,没有改革开放就没有中国刑诉制度建设,没有刑诉制度建设就没有注释法学或者法教义学。前不久,笔者在检视《法学研究》20世纪80年代所刊载的刑事诉讼法学文章时发现,这一阶段的文章基本上都采用了注释法学的研究方法,关注刑诉法条文应当如何理解。此外,在证据法领域,整个80年代出现了不少有关于证据三性的探讨。从这一角度而言,刑事诉讼制度的建设催生了刑事诉讼注释法学或法教义学的产生。改革开放还催生了改革法学的产生和兴起。通过分析20世纪90年代的刑事诉讼法学文章可以发现,大部分论文都是关于《刑事诉讼法》修改的,与80年代注释法学文章相比存在巨大的差异。关键原因在于1978年定调的改革开放,到了90年代则体现为全面依法治国,这意味着大规模的制度建设已经完成,制度的反思、调整与改造开始受到关注。因此,在1996年前后,中央开始提

---

〔1〕《邓小平文选》(第二卷),人民出版社1994年版,第381页。

出司法改革，并写入了十五大的报告，成为官方话语，晚近20年司法改革包括刑诉制度改革成为主调，刑事诉讼法学研究也由注释法学转向了改革法学。另外，改革开放还促进了比较法学的兴起。在比较法学方兴未艾之时，相关的资料较为缺乏。张子培先生1982年主编的一本刑事诉讼法的统编教材中关于职权主义、当事人主义的只言片语，竟然成为当时年轻学子了解域外刑事诉讼制度的重要来源。[1] 此后，陈光中教授出版了《外国刑事诉讼比较研究》，[2]这是改革开放以后第一本系统地介绍外国刑事诉讼制度的著作。中国刑事诉讼学界对于域外的比较研究真正开始是在20世纪80年代后期，特别是进入21世纪以后。[3] 在笔者看来，这些文章和著作尽管具有填补空白的意义，但还不算完美。因为很多翻译外国著作的专家学者无法深入了解域外刑事诉讼制度的实际运行情况。

三、若干反思

当前中国刑事诉讼制度建设和法学研究存在什么问题？笔者认为主要有如下四大方面：

其一，制度构建者与研究者自信不足。当前立法者、司法者、学界、媒体甚至公众在一定程度上都直接或间接地认为中国刑事诉讼制度存在一定的问题，但对于既有制度合理性尚无充分、适当的认识。我们在刑事诉讼制度层面倡行改革，但很多制度的存在是有历史合理性的。例如，在很长时间内，中国的刑事诉讼制度只有一种审判程序，并未实现繁简程序的类型化，学者认为此制度设计有缺陷——要么不够简单迅速，要么不够复杂。基于此，中国的刑事诉讼进行了繁简两大向度的改革：就简化程序而言，要进行简易程序改革，于是，后来出现简易程序与普通程序简易化，再到后来出现刑事速裁程序；就复杂化的程序而言，主要是强化控辩对抗、促进庭审实质化。实际上，中国这种一般化的审判程序是相对中间化的，既不复杂也不简单，且可以由法官调长调短，具有制度的灵活性、适应性。然而，我们始终认为中国的刑事审判制度存在根本问题，但从较长历史的角度而言，这些问题未必如想象的那么严重。但是，基于他者化、外部化的角度，就会认为这一

---

〔1〕 参见张子培：《刑事诉讼法教程》，群众出版社1982年版。

〔2〕 参见陈光中：《外国刑事诉讼程序比较研究》，法律出版社1988年版。

〔3〕 相关研究如：程味秋：《两大法系刑事诉讼模式之比较》，载《比较法研究》1997年第3期；王国枢、项振华：《中外刑事诉讼简易程序及比较》，载《中国法学》1999年第3期。

制度存在很大的问题,进而要求改革。所以,笔者认为,若干改革是缺乏自信导致的过度改革。

其二,制度与实践的差异性。无论是建设还是改革,都存在的问题是:制度如何较好落实到实践层面上。这在某种程度上成为研究者十分苦恼的问题,因为理论往往无法精准地描述实践,也不能精确地表述制度,甚至关于制度的法教义学也时常是无意义的。如果从法教义学的角度精细地研究某一问题,就会发现某些问题意识在现实中其实并不存在或者缺乏价值。笔者曾写过关于指定监视居住和一般监视居住的文章,检视了几乎所有关于监视居住的文章、立法以及司法解释,其间笔者再次深感要想做好法教义学研究实属不易。[1] 此外,通过法教义学研究得出的结论,其他人通过对实践的观察同样也能取得。更重要的是:整体上,中国的刑事诉讼法教义学对于制度和实践尤其是后者的指导力、影响力有限。

其三,不同主体对刑事诉讼制度该如何推进与建设存在分歧。具体表现在:学者和实务操作者的分歧、立法者与操作者的分歧以及诉讼参与者之间的差异。例如,控方和辩方的差异,控方强大于辩方,法官中立却常常难以把控。从这个意义上可以发现,当前刑诉实践主体之间在主题、行为模式、价值取向以及制度目标等方面有时存在严重的分化,对于制度该如何操作、达到何种效果存在认知差异。例如,就证人是否出庭而言,学术界、辩护律师甚至不少公众认为,证人出庭能够促进控辩平等、查明事实真相并保障人权,但在司法人员尤其是检察官看来,证人证言的书面审查模式更有利于在确保诉讼经济的基础上查明事实真相,维护司法一体化原则。[2] 基于此,当下和未来将会长期存在矛盾和冲突。类似的冲突在 20 世纪 80 年代或 90 年代基本上难以见到,但在当下却成为一个时代的象征,这也会在某种程度上推动改革。

其四,体系化的刑事诉讼理论还远远没有完成。中国刑法研究者构建了不少体系化的理论,但对于刑诉法学而言,几乎没有学者创建属于自己的完整理论体系。即使有,也仅是关于中国刑诉的应然看法,而不是关于实然的看法,甚至这种“应然”都不是建立在对制度与实践观察与审思的基础上,

---

〔1〕 参见左卫民:《指定监视居住的制度性思考》,载《法商研究》2012 年第 3 期;左卫民:《反思监视居住:错乱的立法与尴尬的实践》,载《学习与探索》2012 年第 8 期。

〔2〕 参见左卫民、马静华:《刑事证人出庭率:一种基于实证研究的理论阐述》,载《中国法学》2005 年第 6 期。

只是“笔者认为”而不是中国的实践“是什么”、“为什么”以及“能够做到什么”。所以，刑诉理论的体系化程度远未完成。同时，理论对于实践和立法的解释力、指导力相对不足。例如，有学者认为，司法人员违反刑事诉讼程序后承担的实体法律责任制度存在缺陷，因此，应当建立替代性的程序性制裁机制，包括程序性裁判、程序性辩护、程序性上诉等。[1] 但是，根据前述非法证据排除规则这一程序性制裁机制在实践中遭遇的困境来看，由于深植于刑事诉讼中国家权力与个人权利的张力以及长期以来中国“重实体，轻程序”的法律传统，对违法程序的否定性评价并不足以从根本上发生程序违法行为，最重要的还是要调整制度所依存的政法生态和社会结构。此外，在刑诉法中，鲜有法律条文是根据某一理论而制定的，实践中所处理的问题也没有或者是很少根据刑诉理论得以解决，所以在司法实践中往往很难看到关于程序方面的基于理论的专家论证。那么，对于刑诉法学研究有何期许？笔者认为，刑诉制度将会是一个长期存在变化的过程。在笔者最初研习法律的时候，不知道在今天法律会变得如此热门。站在今天，也许 5 年、10 年以后的场景可以想象，但是，20 年、30 年甚至是 40 年以后呢？无法想象彼时法学的发展面相，但唯一可以确定的是，这将是一个长期变化的过程，同时这种长期的变化是渐进的。笔者在 10 年前撰写的《中国道路与全球价值》一文中赞扬了 1979 年的《刑事诉讼法》，原因在于后来数次修改，都没有变动首部刑事诉讼法所建立的框架。[2] 笔者的观点是，1979 年的《刑事诉讼法》是一部犹如拿破仑主持制定的刑事诉讼法典一般，在中国法律制度历史上具有划时代的意义。可以说，这种变动是渐进的，特别是框架和方向性的保留将会是长期的，在基调和底色方面还将朝着打击犯罪而努力。对此，达玛斯卡曾借用弗洛伊德关于“本我”和“超我”的理论分析刑事诉讼，认为打击犯罪就是刑事诉讼的“本我”，权利保障则是刑事诉讼的“超我”，没有“本我”就没有“超我”，只有“本我”没有“超我”也难以实现制度运作的良善。最后，笔者认为关于中国刑事诉讼理论的体系化、共识化和实践化，在未来需要长期打造。在一项关于《法学研究》所发表的刑诉法学文章引证情况的研究中，笔者认为，刑诉法学是最缺乏学术规范的部门法学之一，基本上没有一篇文章进行系统的文献综述，包括一些具有重要影响力的学者都不甚

[1] 参见陈瑞华：《程序性制裁理论》（第二版），中国法制出版社 2010 年版。

[2] 参见左卫民：《中国道路与全球价值：刑事诉讼制度三十年》，载《法学》2009 年第 4 期。

关注与自己同时代的一些被引率很高的作者的研究动态。[1] 这是一个值得反思的问题,说明当下刑事诉讼研究群体普遍缺乏严格的学术规范、实质化的学术对话特别是争鸣,学术共同体远未形成。此外,刑诉法学研究面对立法和司法,没有理论权威性,或者说这种权威性不如民法、刑法等实体法。民法、刑法的学科体系就是立法体系、实践体系。中国刑事诉讼法学研究中一些具有重要影响力学者的理论体系,既不是立法的体系,也不是实践的体系,这是未来需要解决的一个问题,否则如何能建立起面对立法和司法的知识权威呢?

〔1〕 参见左卫民:《从引证看中国刑事诉讼法学研究》,载《法学研究》2013年第5期。

中国式法治与司法:从传统到当代的轨迹

张建伟[*]

法治是一种国家或者社会治理方式,具有多义性。我国社会主义法治有以下主要特征:人民性、坚持党的领导、建立完善的法律体系、实现法律适用的平等性、法律具有权威性、尊重并保护人权、具有保障遵守并执行法律的司法机制。法治与司法制度存在密切关系,第一,司法应保障法律的正确实施;第二,司法应严格遵循正当的法律程序;第三,司法机关依法独立行使职权,处理好司法权的独立行使与党的领导的关系;第四,司法对人权应当切实起到保障作用;第五,司法权对行政权的制约功能应得到进一步发挥。

第一部分　中国语境下的法治

在中国,“法治”并不是一个陌生的概念,但这个词所表达的真正含义是什么以及它与现代西方法治是不是相同,并不是每个人都清楚。在当代,我国政府提出了“社会主义法治理念”,这里的“法治”实际上与西方资产阶级

* 张建伟,清华大学法学院教授。

法治的含义不尽相同,需要加以探讨乃至澄清。

一、中国古代专制时期的法治和法治思想

在我国古代,先秦时期已经提出"法治"的概念。这里的"法治"与"礼治"相对称,礼治的实质是君子之治、贤人之治,也就是人治。无论法治与礼治,都是把法律当作治理天下的工具,国君运用法律,目的在于定国安邦,维护自己的统治。[1]

谈到法治思想,在我国起源甚早,在管仲、子产时,法治思想就已经萌芽。不过,到成为一个有系统的学派,还是经历了较长时期的演变过程,法治思想最初是从儒、道、墨三家的学说嬗变而形成的。[2] 儒家、道家[3]和墨家提出的"法",最初是自然法则的意思,三家认为自然是人类不可违背的法则,并以自然法则(自然法为广义的法)为标准来确定人类的行为规范。法家在自然法理的基础上加以扩大,形成具体而具有强制力的人为法(人为法是狭义的法)。[4]

对于法治与人治的关系,我国古代有两种基本主张:

1. 人治重于法治。主张者注重个人的德行,强调修身以提高道德水平,认为贤明的君主及其属臣可以通过自己的端正行为影响社会,使社会整体道德水准得到提升,进而实现人民自觉遵守法律政令局面,不必用法治就可以达到这样的效果;法治反而难以达到这样的效果。孔子认为,人存政举、人亡政息,显然认为人是重要的。荀子继承儒家传统思想,指出:"有治人,无治法。羿之法非亡也,而羿不世中;禹之法犹存,而夏不世主。故法不能独立,类不能自行;得其人则存,失其人则亡。法者,治之端也;君子者,法之原也。故有君子,则法虽省,足以遍矣;无君子,则法虽具,失先后之施,不能应事之变,足以乱矣。"[5]不过,荀子并非不重视法治,他虽然主张人治重于法治,也就是说,更重视人治,但他并不主张弃绝法治,而是认为法治与人治可以并行不悖。

---

〔1〕 参见王洁卿:《中国法律与法治思想》,台北,三民书局1982年版,第248页。

〔2〕 参见王洁卿:《中国法律与法治思想》,台北,三民书局1982年版,第16页。

〔3〕 管仲的政治学说即源于道家,认为法原出于道,道为法治之本,无为之治乃法治的最高理想。参见王洁卿:《中国法律与法治思想》,台北,三民书局1982年版,第247页。

〔4〕 参见王洁卿:《中国法律与法治思想》,台北,三民书局1982年版,第16~17页。

〔5〕 王洁卿:《中国法律与法治思想》,台北,三民书局1982年版,第180页。

2. 法治重于人治。主张此论者往往反对人治而主张法治，认为法治才是强国之道，如慎子认为治天下之事，唯有奉法而已，法立而君王或者百官不贤可也。[1] 他认为："君人者，舍法而以身治，则诛赏予夺从君心出矣。然则受赏者虽当，望多无穷；受罚者虽当，望轻无已。君舍法而以心裁轻重，则同功殊赏，同罪殊罚矣，怨之所由生也。是以分马者之用策，分田者之用钩，非以钩策为过于人智也，所以去私塞怨也。故曰：大君任法而弗躬，则事断于法矣。法之所加，各以其分，蒙其赏罚，而无望于君也。是以怨不生而上下和矣。"[2]这就是说，事断于法，实行法治，才能上下亲和。管子也有类似观点，他认为："虽有巧目利手，不如拙规矩之正方圆也。故巧者能生规矩，不能废规矩而正方圆。虽圣人能生法，不能废法而治国。故虽有明智高行，倍法而治，是废规矩而正方圆也。"至于商鞅、韩非等法家人物更是主张任法，唯法而治。黄宗羲认为："论者谓有治人无治法，吾以为有治法而后有治人。"[3]

值得注意的是，在法治与人治的主张之外，也有人主张调和两种观点，实行人法兼治。人法并治论者认为法治与人治各有偏失，应当实行法治与人治兼顾的政治治理方策。如孟子认为"徒善不足以为政，徒法不足以自行"，人治与法治不可偏废，这近乎一种人法兼治的主张。[4] 宋代王安石同样兼重人治与法治，认为"制而用之存乎法，推而行之存乎人"。王洁卿先生指出："以王氏之意，守天下之法者，吏也，吏不良，则有法而莫守；法不善，则有财而莫理。故'徒善不足以为政，徒法不足以自行，'盖此意也。故善吾法而择吏以守之，虽尧舜之世，莫不以此为先急也。"[5]不过，孟子和王安石等人毕竟从儒家的观点、立场看问题，人治的色彩更重于法治，人法并治论也并没有成为政治主张的主流。

我国先秦以后，人们对于法治与人治多有论述，直到清代晚期，西方法治观念传入中国，法治思想才进一步产生了由传统思想向现代思想的转型。

在我国政治制度中，按照哲学家贺麟先生的划分，就起码有三种法治：一是先秦法家的法治；二是以儒者的仁德改良过的法治；三是近代民主式的

---

[1] 参见王洁卿：《中国法律与法治思想》，台北，三民书局1982年版，第341页。

[2] 《慎子·君臣》。

[3] 王洁卿：《中国法律与法治思想》，台北，三民书局1982年版，第813页。

[4] 参见王洁卿：《中国法律与法治思想》，台北，三民书局1982年版，第180页。

[5] 王洁卿：《中国法律与法治思想》，台北，三民书局1982年版，第686页。

法治。我国法律发展的历史，提供了研究法治不同类型的便利。在我国，现代法治出现前。实际曾存在过如下两种法治类型：[1]

一是先秦法家的法治，这种类型的法治的特点是：严格执行铁的纪律，在组织方面有严格的要求，急功近利，希望借助法治迅速达到富国强兵的功效，人民被当作实现功利政策的工具，法律成为贯彻武力征服或强权统治的手段，以奖赏为引诱人图功的甘饵，以刑罚为压迫人就范的利器。这种法治有时虽然可以收到明显而迅速的效果，但实践的结果表明，它上养成专制的霸主，中养成残忍的酷吏，下养成敢怒不敢言的顺民，或者激起揭竿而起的革命，造成统治的覆灭。秦国迅速成长壮大吞并六国，但也迅速地激起民变，遭到覆亡的命运，足以证明这种法治可以收一时之效却不能用以长治久安。

二是以儒者的仁德改良过的法治，这种法治吸取了申韩式法治的教训，形成了自身的特征：既确立严格的法度，整饬纲纪，又充满了儒者的仁德，与残酷不近人情的先秦式法治大不相同。陈寿在《三国志》中指出："诸葛亮之相国也，抚百姓，示仪轨。约官职，从权利。开诚心，布公道。尽忠益时者，虽仇必赏。犯法怠慢者，虽亲必罚。服罪输情者，虽重必释。游词巧饰者，虽轻必戮。善无微而不赏，恶无纤而不贬。刑政虽峻而无怨，以其用心平而劝戒明也。"陈寿道出了儒者仁德的法治的特点。这种法治用仁德来化解民众的怨恨，用严守法度约束民众使他们不逾越自己的本分，在长期治理国家中展示了实效。

上述两种法治，看起来有一个共同点，就是都很尊崇法律制度，重视法律的制定和公布，鼓励人民知晓法律和遵守法律。不过，需要指出的是，无论上述哪一种法治，人治的色彩都比较浓，它们都是在人治下确立法律制度，依据这种法律制度来治吏和治民，法律之上尚有皇权或者王权作为更高权威，当法律需要应用于治吏或者治民的时候，能够严格贯彻这些法律便是理想的法治状态。但最高权力者可以根据自己的好恶随时变更法制，实行"言出法随"的统治模式，也就是说，除非自我克制，否则，没有什么机制能够保证其遵守法制，当法制限制了其权力的时候更是如此。所以从现代标准

---

〔1〕 参见贺麟：《文化与人生》，商务印书馆1988年版，第45～50页。贺麟在该书序言中又指出：除这三种类型外，"就今天来说，也应该包括社会主义法治或人民民主专政式的法治"。但对于后者的特征，贺麟并没有进一步阐述。

来衡量旧式的法治，只能说那是有法制而无法治。

实际上，人治与实质意义或者现代意义上的法治的关系，正是专制与民主的关系。为专制统治服务的，即使存在健全的法律制度，仍然是人治；为民主服务的，即使法律未臻完美，也不失法治的实质。

二、中国的社会主义法治

新中国成立以后，社会主义法制建设成为国家制度建设的一项紧迫内容。1953 年 3 月 14 日，彭真为政务院政治法律委员会党组起草向毛泽东并中共中央的报告，提出“必须加强正规的革命法制建设，从根本上健全司法制度”。尽管在 20 世纪 50 年代人们通常使用“法制”一词，但也有人使用“法治”一词讨论新中国的法制建设，如杨兆龙曾指出：“这些非物质建设中特别值得注意的是社会主义的法治（有人用法制这个名称，与苏联及人民民主国家学者的一般说法不符合，故不采用）和社会主义的民主。”他认为：两者“是不可分割的，构成一个有机的统一体的东西。因为社会主义法治是社会主义民主的构成部分，同时也是它的体现；社会主义民主是社会主义法治的指导原则，同时也是它的内容。”[1]不过，这种讨论只是昙花一现，接下来的历史发展轨迹，并没有沿着依法治国的道路向前发展，反而走了许多弯路，大大延缓了中国社会主义法治的进程。[2]

法治的首要条件是要有完备的法典，法律不仅形式上要完整并经正式的立法手续加以公布，而且在实质上要处处适合一国的民族性，适应环境，顺应时代，接近民众的公共意识。20 世纪 50 年代，主要是 1954 年到“整风反右”之前，我国制定了若干具有社会主义特色的法律，尤其是 1954 年制定的《中华人民共和国宪法》，为实行依法治国打下了初步基础，但随之而来的以阶级斗争为纲的各种政治运动，使制定法律的步履放慢直至基本停顿。直到 1978 年以后，我国提出建立和完善社会主义法制的口号，并着手制定刑法、刑事诉讼法、民法通则、民事诉讼法等多部法律，许多人期盼法制逐步完善，为实现依法治国提供条件。1979 年中共中央《关于坚决保证刑法、刑事诉讼法切实实施的指示》提出“社会主义法治”的概念，并指出，法律“能否严

---

〔1〕 杨兆龙：《杨兆龙法学文选》，中国政法大学出版社 2000 年版，第 19 页。

〔2〕 参见全国人大常委会办公厅研究室编：《人民代表大会制度建设四十年》，中国民主法制出版社 1991 年版，第 102 页。

格执行,是衡量我国是否实行社会主义法治的重要标志”。[1] 邓小平的民主法制思想也集中体现在这个阶段,这些思想的提出对立法和司法工作都起到了指导和推动作用。邓小平认为:“要通过改革,处理好法治和人治的关系,处理好党和政府的关系。”[2]

从20世纪70年代末开始,我国理论界就展开了“法治”与“人治”的讨论。这场讨论由1979年1月26日《人民日报》发表的一篇题为《人治和法治》的文章所引发,该文章主张法治,引起热议。最初的讨论是围绕这两种治国方式的选择而展开,议论的话题涉及“权与法”“党的政策与法”“民主与法制”等。讨论文章结集为《法治与人治问题讨论集》,1981年由群众出版社出版。

在这一时期,邓小平、彭真等党和国家领导人提出社会法制原则,这个原则被概括为“有法可依,有法必依,执法必严,违法必究”。彭真指出:“健全社会主义法制,一要有法可依,二要依法办事,缺一不可。有法不依,等于无法。”[3]他还强调:“维护社会主义法制的尊严,增强法制观念,严格依法办事,是我们的根本任务之一。”党的十一届三中全会明确提出建立和完善法制,《中国共产党第十一届中央委员会第三次全体会议公报》指出:“为了保障人民民主,必须加强社会主义法制,使民主制度化、法律化,使这种制度和法律具有稳定性、连续性和极大的权威,做到有法可依,有法必依,执法必严,违法必究。从现在起应当把立法工作摆到全国人民代表大会及其常务委员会的重要议程上来。”同时提出:“要保证人民在自己的法律面前人人平等,不允许任何人有超于法律之上的特权。”1979年9月9日,中共中央颁布《中共中央关于坚决保证刑法、刑事诉讼法切实实施的指示》(中发〔1979〕64号)明确提出,刑法和刑事诉讼法“能否严格执行,是衡量我国是否实行社会主义法治的重要标志”。有学者指出,这是党内文件第一次使用“法治”这一概念。[4]

20世纪90年代以来,有关“法治”与“人治”的讨论,很多涉及“法治”与“法制”两个词语的语义。从法制到法治,体现了政治与法律观念的转变和深化。有学者指出:“‘法制—法治’的辨析,并不完全是概念的纯语义学诠

---

〔1〕 刘海年等主编:《依法治国,建设社会主义法治国家》,中国法制出版社1996年版,第46页。

〔2〕《邓小平文选》(第三卷),人民出版社1993年版,第177页。

〔3〕《彭真文选》,人民出版社1983年版,第666页。

〔4〕 参见李步云、黎青:《从“法制”到“法治”二十年改一字》,载《法学》1999年第7期。

释,它反映更为深刻的政治、经济、文化的语言背景,表明学者们已不满足于形式主义的法律制度的设计,而呼唤与市场经济和现代化建设协调发展的法律精神和新的法律体系,要求推行中国法律的现代化,使之与国际上通行的法律规则相接轨。于是,与法治建构相关的论题,如法律本位/法律精神、法律/法制的现代化和国际化、法律的移植、借鉴或继承,法制改革或法律体系的重构、法律文化、法律价值,等等,逐渐成为学者间谈话的主要话题。这些不同论题向度的拓延,展现出中国法治建构的不同层面、结构,也揭示出中国法治的特别式样和它所将要经历的变迁的复杂性。"[1]

随着我国经济发展和社会的进步,依法治国,已经成为是我国人民的共同愿望,成为历史发展的大势所趋和必然选择,国家提出"建设社会主义法治国家"并以"法治"作为国家治理方式的时机已经成熟。

在我国,"法治"是用"依法治国"这个词来表达的,法治几乎是"依法治国"的同义词。另外,法治是用"社会主义法治"一词来表达的,中国的社会主义法治继承了中国古代治理国家的思想中与现代法治契合的部分,将法治与德治有机结合起来,如在建设社会法治国家的过程中,也进行社会主义荣辱观教育;同时充分吸收了西方代表了人类文明进程成果的法治思想,社会主义法治与现代法治有着相同点,那就是都注重公平正义,在一些具体制度的建构上,西方法制发达国家的许多法治经验和具体制度安排,对我国法治都有着借鉴意义,例如,确立法律的权威、强化司法公正、加强人权保障等,都是我国法治进程中需要解决或者完善的问题。

当然,社会主义法治与通行西方的法治相比,有着自己的社会主义特色,我国的社会主义法治与西方法治还是有着原则性的区别的,主要表现在经济基础不同、政治体制不同和文化背景不同三个方面。这几个方面的差异决定了我国社会主义法治有别于西方法治的特色。可以说,社会主义法治既包含了社会主义法制建设的基本理想,也在民主与法制的基础上有所发展。

"社会主义法治"是一种新的法治类型,在构成社会主义法治理念的各个要素中,依法治国是社会主义法治的核心内容;执法为民是社会主义法治的本质要求;公平正义是社会主义法治的价值追求;服务大局是社会主义法

〔1〕 刘海年等主编:《依法治国,建设社会主义法治国家》,中国法制出版社 1996 年版,第 380 ~ 382 页。

治的重要使命;党的领导是社会主义法治的根本保证。

我们认为,我国社会主义法治有以下主要特征:

1. 人民性。在我国,治理国家的主体是人民。依法治国乃是广大人民群众依照宪法和法律规定,通过各种途径和形式管理国家,管理经济文化事业,管理社会事务,保证国家各项工作都依法进行。社会主义法治必然以社会主义民主为前提,没有民主,也就没有现代意义上的法治。依法治国,不仅需要提高全民的法律意识,让人民了解法律、遵守法律、自觉运用法律维护自己的合法权益,而且需要人民监督法律的正确、统一实施,维护法律的尊严,同时需要为人民提供参与立法过程的机会,使人民的意志能够有效转化为国家法律,使法律反映人民的愿望和根本利益。

2. 党的领导。"社会主义法治"的一项基本要求是"从制度上和法律上保证党的基本路线和基本方针的贯彻实施,保证党始终发挥总揽全局、协调各方的领导核心作用"。[1] 党的领导,这一特征标志着中国社会主义法治与西方现代法治有着原则性区别,与通行西方的法治不能完全画等号,这是显而易见的。在我国,实现社会主义法治,需要调整好法治与党的领导的关系。这个关系实际上已经由《中国共产党党章》宣告的"党必须在宪法和法律的范围内活动"加以明确。党在宪法和法律的范围内活动,意味着党应当遵守法制,不具有凌驾和逾越宪法和法律的权威。在建设社会主义法治国家的过程中,既要坚持党的领导,也要改善党的领导,例如,在司法领域,党的领导主要体现为大政方针和组织人事方面的领导,应当将具体案件交给司法机关去处理,各级党委应当保证落实宪法规定的人民法院、人民检察院依法独立行使审判权、检察权原则,为司法权的正确行使扫清障碍、创造条件。

3. 完善的法律体系。完善的法律体系是建设社会法治国家的基本前提,失去这个前提,社会主义法治就成为一句空话。在我国改革开放之初,"有法可依"成为特别急迫的问题,社会主义法制建设就是以此为目标展开的。经过近30年法制建设,已经基本建构起社会主义法律体系。如今要实行法治,不但需要有完整的法律体系,而且这个法律体系内容上应当体现"以人为本"的精神,形式上应当是严谨的,协调一致的,不应彼此重复和相

---

〔1〕 江泽民:《高举邓小平理论伟大旗帜　把建设有中国特色社会主义事业全面推向二十一世纪——在中国共产党第十五次全国代表大会上的报告》。

互矛盾。

4. 法律适用的平等性。我国《宪法》规定，中华人民共和国公民，不论民族、种族、性别、职业、家庭出身、宗教信仰、教育程度、财产状况、社会地位，在法律上一律平等，不允许任何人拥有超越法律之上的特权。这一宪法原则在社会主义法治中必须得到体现。在社会主义法治国家，对于一切公民要在适用法律上一律平等，在法律面前，不允许有任何特权，这就要求做到法律对于全体公民同等适用，不存在任何例外，不容许有不受法律约束的特殊公民，也不容许对某些公民进行歧视性适用。法律的平等适用，要求法律不折不扣地适用于有关个人和单位，不能以种种借口肆意剥夺法律赋予他们的权利，也不允许在责任分配上进行歧视性安排。

5. 法律具有权威性。胡锦涛同志提出"宪法法律至上"，这正是法治的核心内容。在我国，法律至上理应成为社会的共识。法治是被人格化的法律发挥统治功能，这就要求法律具有至高的权威性，这种法律至高的权威性是用"法律至上"一词来表达的。法律没有权威，成为可以随意捏拿的橡皮泥，就不能有效发挥国家和社会治理功能，就可能让位于有法制的人治。法律的权威性体现为法律得到严格的遵守和执行，有学者指出："法治主要的不是指完备的法律制度，它更要求完备的法律制度在社会中得到切实施行。"[1]法治的实行，首先要做到法律的正确、统一实施。如果法律尚且不能得到严格遵守和执行，法律成为一纸空文，成为不能落实的标语口号，就谈不上法治。在我国当前的法治建设中，要求一般民众养成遵守法律的习惯固然重要，更重要的，是掌握国家权力的政府机关及其人员遵守法制。法治的基本精神是以法制限制国家权力，将国家权力的行使限制在必要和合理的范围内，如果政府机关及其人员无视法律，不受惩罚地任意破坏法制，就不可能实现法治。

6. 尊重并保护人权。法治具有保障人权的功能。可以说，正是由于这个功能，法治才成为现代国家的必然选择。在当代，尊重与保障人权成为一个国家应有的职责。实行法治，不但要有完整和完善的法律体系，而且法律应当尊重与保障人权。法律若不尊重与保障人权，法治的存在就成为不可想象的事情。我国《宪法》明确规定了要尊重和保障人权，宪法的这一要求，必然要在我国社会主义法治中体现出来，这是社会主义法治文明性和先进

---

〔1〕 张文显主编：《法理学》，高等教育出版社、北京大学出版社2007年版，第396页。

性的表现。

7. 具有保障遵守并执行法律的司法机制。法律要得到遵守和执行，需要有特定的司法机制起到守护和保障作用。构成这一司法机制重要组成部分的，是执掌审判权的法院。要保障遵守并执行法律，司法应当只服从法律，不受其他权威机构和人员的干预。司法公正既包括实体公正也包括程序公正，公正的司法才能令人信服，由此开辟的公力救济的渠道才能通畅，法律才能受到信赖，法治国家或者法治社会才能形成。

第二部分　社会主义法治之下的司法

如果说，建设中国特色社会主义法治国家是一项伟大的系统工程，那么司法制度则是其中极为重要的子工程。司法实现法治，司法体现法治，要做到这一点，我国社会主义司法应着力保障法律的正确实施，严格遵循正当的法律程序，依法独立行使职权，保障公民的基本人权，制衡并监督行政权的行使。

一、司法保障法律的正确实施

如前所述，现代法治国家将法律置于至上地位，在法律之上没有更高的权威，任何社会活动主体都必须服从法律、遵守法律的规定，不能超越法律；任何权力都必须接受法律的约束，受到法律的制约。实现法律的至上地位，首先需要确保法律得到切实的贯彻和正确的实施。保障法律的实施是司法与生俱来的功能，司法是保障法律正确实施的最重要机制。

我们认为，司法要保障法律的正确实施，应当结合中国司法实际处理好以下几个方面的关系：

（一）形式理性与实质理性的关系

对形式理性与实质理性的理解离不开对德国著名社会学家马克斯·韦伯有关思想的探究。马克斯·韦伯区别“形式”和“实质”，又将其分为“理性的”和“非理性的”。在此基础上，作出如下分类：（1）理性的，包括形式理性和实质理性；（2）非理性的，包括形式非理性和实质非理性。

按照马克斯·韦伯的划分，“形式理性”与“价值理性”相对称，指的是为实现目标和最大限度地获取价值而选择最有效和最合适方法的能力。马克斯·韦伯提出的“形式理性”的概念，又称“目的理性”和“工具理性”，它反映的是在追求任何功利目的中将特定目的、各种可能采取的手段和可能的结果都一一加以考虑、计算的态度。价值理性是指行动自觉地与特定的价值或者行为准则保持一致,它反映的是相信一定行为具有无条件的价值而不计后果都要加以完成的态度。

形式理性不仅包括手段的选择,还包括对行为的目的之自觉思考和选择。它意味着:可能存在几种目的;以某种标准为根据,在不同的目的中进行选择;选择实现所选定的目的的手段(效率和效果需要在这个过程中加以考虑);进行行动;客观确定目的实现的程度。价值理性不是不考虑手段的选择,相反只有手段才是价值理性自觉考虑的对象,而目的则被赋予了绝对性、终极性,不能客观地考虑选择哪一个目的,也不对行为的效果进行合理的思考。所以,是否选择某些手段不是价值理性和形式理性的本质区别,区别在于这种手段的选择是与选择的目的和预期效果相联系的还是与不容置疑的某种绝对价值相联系的。

一些学者借助马克斯·韦伯提出的这些概念,认为法律创制者或发现者有意识遵循某种一般原则时,属于实体理性。这些原则可以是宗教或伦理等。形式理性法是指把每个诉讼当事人都以形式上的“法人”对待并使之在法律上具有平等地位,它只依据法律条文对确凿无疑的法律事实做出解释和判定,而不考虑其他伦理的、政治的、经济的实质正义的原则,同时还要排除一切宗教礼仪的、情感的、巫术的因素。形式理性法又可分为两个类型:附带的理性法和逻辑的理性法。附带的理性法是指固守法律形式主义,僵守规定的语言和文件表面形式。逻辑的理性法是另一类型的形式主义法律,它是从逻辑分析的角度来解释法律与相关事实的特征。法律理性化的最高阶段是逻辑的理性法。

从上文对形式理性的解读,可知法的形式理性化要求有两个方面:第一,要求表现形式理性化,即要求法律规范具有严密性、确定性以及法律规范的完整和谐性;第二,要求制定法的权威性,即法律一旦确定就不得违反,无论是善意的,还是恶意的,如果违反了,该行为就会在法律上引起消极的后果,如行为无效、行为人受到相应的制裁等。如果制定出来的法律没有权威性和执行力,那么,无论其体系多么严密、结构多么完整,都只不过是文字的堆砌。[1]

---

〔1〕 参见汪海燕:《形式理性的误读、缺失与缺陷》,载《法学研究》2006年第2期。

但形式理性所关注的法的周延性和法的权威性,只是法治的必要条件,并非充分条件。法治除了要求法的形式化外,还对法的实施提出了严格的标准或者要求。形式理性法并不关注实质正义和其他实质价值,更不关注实质正义或者其他实质价值能否得到实现以及如何得到实现。而且,法的周延性也是相对的概念。由于法律制定主体认识能力和条件的有限性,不可能在立法时将所有应当由法律调整的社会关系或者诉讼行为纳入法律体系之中,而且社会也是向前发展的,也不能苛求立法者预测到将来可能发生的一切情况。所以,司法人员不应也不可能成为"自动售货机",而须将"情""理""法"三者有机结合。

需要指出的是,对于当代社会来说,形式理性的膨胀造成价值理性的失落,存在不少弊端。马克斯·韦伯揭示了资本主义发展的奥秘,但对于技术理性并不是一味赞赏的,技术理性给人类及其生存环境带来的困境甚至灾难,还需要价值理性进行调整。

因此,我们认为,在中国法治实践中,应着力将形式理性和实质理性统一起来,两者不可偏废。司法机关处理案件时,应首先严格适用法律,不得因部门利益、私人利益或者其他非理性因素将法律束之高阁,法律一旦制定并生效,任何机关和个人均应切实贯彻执行。同时,当法律存在弹性或者出现漏洞时,司法人员理应根据法律的基本原则、精神和理念作出裁决,确保法律得到正确的实施。

在刑事审判中,法院行使量刑裁量权时应将形式理性与实质理性结合,做到"情""理""法"三者的统一。我国 1997 年修订的《刑法》明确规定了罪刑法定原则。我国的罪刑法定原则包括两方面的基本内容:一是犯罪法定化,即对犯罪的概念、犯罪的种类、犯罪的构成要件等,都必须由刑法明文加以规定;二是刑罚法定化,即用以惩罚犯罪的刑罚方法的种类、各种具体犯罪可以适用的刑种和刑度、如何裁量刑罚、哪些情节能够对量刑产生何种影响等也须由刑法明文规定。所以,法官在对犯罪行为量刑时,应在法定刑的限度内予以裁量。依据犯罪行为的刑种和刑度是否确定,可将法定刑分为绝对确定的法定刑、相对确定的法定刑和绝对不确定的法定刑。我国刑法分则条文中的法定刑绝大多数为相对确定的法定刑,或仅规定最高限度的法定刑,或仅规定最低限度的法定刑,或同时规定法定刑的最高限度和最低限度。因此,即使在法律规定的刑罚幅度内,法院仍享有较大的自由裁量权。法官在遵守法定刑和法定量刑情节的前提下,还应考虑现阶段的宽严相济刑事政策、检察官的量刑建议以及当事人双方和解的情况。如果案件有特殊情况,根据《刑法》规定,经最高人民法院核准后,法院也可以在法定刑以下判处刑罚。

（二）法律与司法解释之间的关系

在法律实施过程,还应当正确处理好法律与司法解释之间的关系。在我国,司法解释由审判解释和检察解释两部分组成。依据《人民法院组织法》和全国人民代表大会常务委员会《关于加强法律解释工作的决议》（1981年6月10日通过）,最高人民法院和最高人民检察院享有司法解释权。20世纪80年代以来,司法解释在我国得到了空前的发展,甚至已经超越法律而成为司法人员处理案件最基本的依据。我国司法解释不仅对法律条款的文字含义和文字表达作技术性的阐释,而且逐步扩大到整个法律文本,最后演变成脱离及至背离原有的法律文本甚至文件系统所指向的法律调整框架和调整范围的“准立法行为”。[1] 因此,司法解释与全国人大及其常委会制定的法律之间的冲突渐显。我们认为,正确处理司法解释与法律之间的关系,应从以下几个层面来把握:

1. 从法律层面上看,最高人民法院只能对“人民法院在审判工作中具体应用法律的问题”进行解释;最高人民检察院只能对“检察工作中具体应用法律的问题”进行解释。根据1981年全国人民代表大会常务委员会《关于加强法律解释工作的决议》、《人民法院组织法》以及最高人民法院、最高人民检察院关于司法解释问题的有关规定,最高人民法院、最高人民检察院只能对具体应用法律的问题进行解释。而且,根据《宪法》第67条和《立法法》第45条的规定,我国的法律解释权专属于全国人民代表大会常务委员会,其他任何机关和个人均无权行使法律解释权。全国人大常委会的“法律解释”是一种抽象的、具有普遍约束力的、完全类似于立法的法律解释。最高人民法院和最高人民检察院的解释则只能是一种具体的解释,它具有法律约束力,但它应当只对个案具有约束力,不具有普遍约束力。

2. 最高人民法院和最高人民检察院进行抽象解释或者规范解释仍具有一定的合理性。所谓规范解释,是指司法机关在诉讼活动中就适用法律普遍存在的问题作出的抽象性、规范性解释。此解释与普通法系国家法官不得脱离具体案件对法律进行抽象解释不同,也与大陆法系一些国家法官至

---

〔1〕 参见袁明圣:《司法解释“立法化”现象探微》,载《法商研究》2003年第2期。

多只能充当具体案件立法者的规定各异,而是最高人民法院和最高人民检察院在充分调查研究和审判实践基础上,针对法律实施中提出的大量问题和下级请示作出的抽象性解释。这种抽象解释“虽有解释之名却无解释之实”,[1]因为这类解释中只是引用了被解释法律的名称,在具体的解释内容中既没有原法律的条文,也不明确被解释的法律用语,而是脱离原法律另搞一套。然而,在很长的一段时间内,我国立法奉行“宁疏勿密”“宜粗不宜细”的原则,以致现行多数法律显得较为粗疏。而且我国的司法人员成分相当繁杂,既有来自部队的,也有来自社会招干的,还有来自机关分流的,业务能力较差,法学理论素养与法律基础较差。因此,由最高人民法院和最高人民检察院对适用法律中普遍存在的问题进行规范解释或者抽象解释仍有一定的合理性。

3. 最高人民法院和最高人民检察院制定司法解释时必须根据法律和有关立法精神进行,确认并深化立法原意,而无权制定与原有法律存在明显冲突的解释。当两者出现矛盾或者不一致时,司法人员应当严格执行法律。

(三)法律效果与社会效果的关系

“法律效果与社会效果的有机统一”的提法自产生以来颇有生命力,上至最高人民法院、最高人民检察院下至基层法院、检察院,无论在最高人民法院和最高人民检察院的文件中,还是在地方各级人民法院、检察院的工作报告、经验汇报等材料中,都将“法律效果与社会效果统一”作为指导思想和重要任务进行部署,或作为重要经验进行总结。

一般认为,司法的法律效果,是人们对司法过程及其结果是否合法的一种认识和评价。实现司法的法律效果,必须做到司法人员的诉讼活动有充分的法律依据,包括事实认定合法、责任划分合法、司法程序合法、证据裁判合法、裁判结果合法。司法的社会效果,是司法活动对社会产生的影响和作用,包括直接的影响作用和间接的影响作用。实现司法的社会效果,就是要充分发挥和着力延伸司法的职能作用,不断追求和扩大司法的积极效果,尽量减少和避免司法的消极效果,使司法服务于党的中心工作、服务于国家经济社会发展大局、服务于广大人民群众的根本利益,适应时代要求,体现人民意志,努力赢得社会的普遍认同和尊重,最大限度地发挥服务、促进、引导社会科学发展的作用。[2]

---

[1] 董皞:《司法解释论》,中国政法大学出版社 1999 年版,第 16 页。

[2] 参见张军:《努力追求法律效果与社会效果的有机统一》,载《法制资讯》2008 年第 4 期。

在通常情况下,法律付诸正确实施后,其法律效果和社会效果能达到和谐统一,两个效果虽各有侧重,但它们在本质上是统一的,互为因果关系。法律效果是社会效果的体现,法律是整个社会意识的体现。但是,在实践中也时常出现两者不协调的情形:或者法律效果不好,社会效果却很好,如所谓的“良性违宪”[1]和“良性违法”;或者法律效果好,社会效果不好,如证据不足、指控的犯罪不能成立的无罪判决,被害人和部分社会民众不接受、不认同。造成法律效果与社会效果不协调的原因是多方面的,主要有以下两点:第一,人民群众法制观念淡薄,有待进一步提高,进而对司法结果形成正确认识。第二,法律总是滞后于社会的发展,在新法律未出台时,当用“过时”的法律调整新的社会事务和法律关系时,必然出现法律效果与社会效果不统一现象;或者是有的法律规范在立法上确实存在失误和缺陷,在适用中产生不好的社会后果。[2]

我们认为,追求法律效果与社会效果的有机统一,既是中国式司法的主题,也是中国和谐司法的需要。但如果两种效果难以兼顾时,司法人员必须严格贯彻法律,确保法律的正确实施。此时,我们只能通过修改法律使之与社会发展保持尽可能地一致以及加大普法力度、提高公民法律意识实现法律效果与社会效果的和谐统一。

二、司法活动应当严格遵循正当的法律程序

在人类社会的法治化进程中,法治与程序形影相随。程序为法治的有序化和理性化提供了强有力的控制机制。法治一旦脱离了程序的轨道必将造成社会的动荡、国家权力的失控、公民权利被肆意践踏和侵犯,最终将导致社会停滞不前乃至倒退崩溃。从一定意义上讲,依法治国就是依法定的正当程序治国,评价一国或者地区法治的发达程度就必须关注一国或者地区法律程序的安排是否正当和合理。尽管在当前的法治实践中出现了程序的烦琐和复杂,但“如果我们想继续享有法治的保护,同时捍卫自由与平等,那么我们就别无选择,只能同慢节奏和在程序统治之下所出现的这样或者那样的弊端共存,这就是为法律进入我们之间的日常关系所付出的代价”。[3]

---

〔1〕 郝铁川:《论良性违宪》,载《法学研究》1996年第4期。

〔2〕 参见王发强:《不宜要求“审判的法律效果与社会效果统一”》,载《法商研究》2000年第6期。

〔3〕 [德]约瑟夫·夏辛、容明德编著:《法治》,阿登纳基金会译,法律出版社2005年版,第51页。

从程序主体的角度来看,法律程序可以视为“人们进行法律行为所必须遵循或者履行的法定的时间或者空间上的步骤和方式”;从程序结果上的角度来看,法律程序“主要体现为按照一定的顺序、方式和手续来作出决定的相互关系”。[1] 法律程序的普遍形态是:在利益关系各方的共同参与下,按照特定的标准和要求整理争议的焦点,公平地听取各方的意见,并在各方均可理解或者认可的情况下作出最后决定。在现代纷繁复杂的社会里,任何法律裁决或者决定均有可能受到来自社会各方面的干扰和控制。平衡利益对于一个社会的和谐发展固然重要,但是如果要照顾到各方面却是非常困难的,成本也变得相当昂贵,而且这样的决定过程极易被力量对比关系所左右。因此,需要法律程序来创造一个相对独立的、自治的“法的空间”。这种“法的空间”被视为社会生活中为了缩减复杂性或者不确定性的一种言说或者“话语”,[2] 以保证结果决定的公正性、合理性。

按照法律行为的内容及性质的不同,可将法律程序分为立法程序、行政程序、司法程序、调解与仲裁程序、选举程序等。其中最重要、最典型的是司法程序,因为司法程序不仅存在最完整的程序要素,而且它还关系到公民人身权利、财产权利及至生命权的限制或者剥夺,关系到社会公平正义的维护,更彰显程序价值的魅力。

司法必须严格遵守的法定程序,必须具有民主、科学的内涵,必须与公正性结合起来。程序公正的要求,最早源自自然正义原则。这一原则包含两个方面的内容:一是任何人都不得作自己案件的法官;二是应当听取双方当事人的意见。后世的学者根据这两项原则进一步阐释和发展了程序公正的标准。我们认为,程序公正标准的确定,可以考虑从形式与实质两个方面进行。就形式方面而言,程序公正的标准有两个方面的内容:一是程序法定;二是法定的程序应该被严格地遵守,任何违反法定程序的行为都应该在程序上受到制裁。就实质方面而言,程序公正的标准应当包括裁判者中立、诉讼双方平等、程序公开、当事人程序权利的有效保障、程序及时和终局等内容。

在我国,“重实体轻程序”的错误观念广泛存在于三大诉讼立法中,在司

---

〔1〕 季卫东:《法治秩序的建构》,中国政法大学出版社 1999 年版,第 12 页。

〔2〕 参见[日]谷口安平:《程序的正义与诉讼》,王亚新、刘荣军译,中国政法大学出版社 2002 年版,第 10 页。

法实践中更是“有过之而无不及”。诉讼立法中不少程序保障规定在实践中都受到不同程度的架空和规避,不少条款的实施也没有达到立法者的初衷。如在刑事审判中,从被告人及其辩护律师的辩护意见来看,存在“刑讯逼供”“超期羁押”“剥夺律师会见权”等问题的案件呈现大规模发展的趋势。在二审程序中,很多被告人及其辩护人还提出一审法院“违反回避制度”“违反公开审判原则”“剥夺被告人质证权利”“剥夺被告人或者辩护人辩护的机会”“采纳侦查人员非法取得的证据”等方面的问题。在民事审判中,先定后审、审而不判、判而不审、开庭审理走过场、强迫调解、自调自记、超期立案、超期送达、随意延长审限、不告知当事人诉讼权利义务等程序性违法行为也大量存在。

我们认为,造成实践中肆意践踏程序的原因是多方面、多层次的。中国几千年“重人治轻法治”“重实体法轻程序法”的司法传统,造成诉讼的政治化倾向,司法的政策功能大大扩张。在立法层面,程序性制裁的缺失则是司法实践中大量程序性违法现象横行的重要原因。在法理学上,法律规范大致有“授权性规范”“义务性规范”“禁止性规范”三大类。不管是哪种法律规范,都应具备“假定—处分—制裁”的逻辑结构或者“行为模式—法律后果”的双重构造。其中“制裁”是指侵犯他人权利、不履行义务或者违反禁令的人所承担的消极性法律后果。任何一法律规范,如果缺乏“制裁”要素,则其至多是一种“口号”,而不具备实施的前提和条件。但是我国程序法中,程序性违法行为没有相应法律后果的情形随处可见,对于侵犯被告人辩护权的行为却没有规定相应的制裁措施等,都是造成程序被蔑视的原因。

三、司法依法独立行使职权

我国《宪法》第 131 条规定:“人民法院依照法律规定独立行使审判权,不受行政机关、社会团体和个人的干涉。”第 136 条规定:“人民检察院依照法律规定独立行使检察权,不受行政机关、社会团体和个人的干涉。”因此,我国确立了“司法机关依法独立行使职权”的宪法原则。法治国家要求得到有效、公正实施,这就需要公正的司法。而依法独立行使职权又是公正司法的重要保证。

四、司法保障人权

法治是保障人权的前提条件。没有法治,就不能充分尊重和保障民主、平等、自由等基本人权。权利是制定宪法和法律的根据。人权作为一个权利体系，会随着实践的发展而不断发展完善，这对创设和发展法律权利和义务关系有很大的影响。因此，法治与人权唇齿相依、密不可分。诚如巴里·海格所言："法治的法律理论发展的奠基石之一，是个人权利的存在以及衍生的政府必须尊重此类权利的原则概念。"[1]

人权，又称"自然权利"，是所有的人都应享有的、不受国家干涉的根本权利。人权体现为人仅仅因为他是人而具有的一系列自由和权利，这些自由和权利被认为是与生俱来、不证自明的。按照英国学者米尔恩的观点，人权包括七项权利，即生命权、公平对待的公正权、获得帮助权、在不受专横干涉这一消极意义上的自由权、诚实对待权、礼貌权以及儿童受照顾权。法治在保障人权方面的作用体现在多个方面。在刑事司法领域，法治原则通过一系列程序权利的设置，要求"确保国家在对罪犯予以定罪和惩罚时，完全遵守整个社会普遍同意的公平和正义的程序"。不仅在刑事司法领域，"在民法和经济法方面，法治的要求同样能够防止国家损害个人的经济和财产权利"。"在此过程中，此类民事的和刑事的程序权利和规则成为个人的实质性人权的保证。"[2]

审视我国司法制度，要加强对人权的保障，需要对现有制度进行相应改革。在刑事诉讼中，嫌疑人、被告人是权利最容易受到损害的群体，加强对他们的保护，就会在整体上提升刑事诉讼的人权保障水平。我国《刑事诉讼法》就犯罪嫌疑人、被告人的人权保障问题已经作出了一系列规定。

五、司法制约行政权的行使

法治思想的因素之一是通过分权建立防范措施来防止权力滥用和腐败。孟德斯鸠曾言："一切有权力的人都容易滥用权力，这是万古不易的一条经验……要防止滥用权力，就必须以权力约束权力。"[3]"政府本身必须接受法律约束的概念就是西方对法治学说的贡献的核心。"[4]为了使政府及其

---

〔1〕［美］巴里·海格：《法治：决策者概念指南》，曼斯菲尔德太平洋事务中心译，中国政法大学出版社2005年版，第76页。

〔2〕［美］巴里·海格：《法治：决策者概念指南》，曼斯菲尔德太平洋事务中心译，中国政法大学出版社2005年版，第81页。

〔3〕［法］孟德斯鸠：《论法的精神》，张雁深译，商务印书馆1982年版，第154页。

〔4〕［美］巴里·海洛：《法治：决策者概念指南》，曼斯菲尔德太平洋事务中心译，中国政法大学出版社2005年版，第39页。

行为受到法律约束，作为掌管、运用和执行法律的司法，必须约束和制约政府和行政的行为。

综观世界各主要发达法治国家，司法权制约行政权的模式主要有两种：一是英美法系国家的司法审查制度；二是大陆法系国家的行政诉讼制度。两种制度形式各有特色，相互区别。

行政诉讼的设计及其运行无不涉及行政权与司法权的关系，如何平衡和协调两者之间的关系是行政诉讼面临的首要问题。在行政诉讼中，行政权与司法权的关系大体可以分为两个方面，即横向关系和纵向关系。横向关系集中在行政诉讼受案范围上，受案范围的宽窄直接反映了司法权对行政行为的审查范围和监督力度，是行政权与司法权关系十分重要的方面。而纵向关系主要体现在行政行为一旦被纳入行政诉讼之后，法院如何对其进行审查、审查到何种程度的问题，即行政诉讼的审查强度。行政诉讼受案范围与审查强度规范的对象和重点存在许多区别，前者所要解决的是行政机关的哪些行为属于行政行为，何种行政行为可以纳入行政审判范围之内，哪些行政不能进入司法监督的范围之中；后者所要解决的问题是已经进入司法程序的行政行为将面临司法机关何种程度的监督和检查。两者都涉及行政诉讼的核心问题，即司法权与行政权之间的关系。〔1〕

在我国，司法权对行政权的制约主要是借助行政诉讼这一载体来实现的。在古代，我国法律制度"诸法合体"，司法与行政不分，行政长官在行使行政权力的同时，还执掌着司法权。新中国成立后，高度集中、统一的计划经济体制模式使得政府权力无限扩大，司法权对行政权的制约监督功能难以发挥。改革开放后，法治思想逐渐深入人心，尤其是随着行政诉讼法的颁布实施，司法权对行政权的监督制约功能有所体现，但由于司法权对行政权仍存在一定程度的依附性（如经费等），致使"能动不足、克制有余"。在我国行政诉讼中，起诉量不大，胜诉率不高、上诉率高、改判率高成为突出问题。

现阶段，中国处于社会转型期，新旧社会关系互动纠缠，催生出大量的行政诉讼案件。这为司法权制约行政权提供了广阔的空间。因此，应从依法治国、建设社会主义法治国家的角度出发，提高司法机关的地位，扩大司法权审查的范围，强化司法权制约行政权的强度。这不仅有利于促进行政机关依法行政，而且有利于维护公民的正当权益。

---

〔1〕 参见杨伟东：《行政行为司法审查强度研究》，中国人民大学出版社2003年版，第5～9页。

刑事诉讼制度40年

——法律援助制度的发展与完善

叶　青　程　衍*

一、我国法律援助制度的运行模式

当下我国法律援助制度呈现三元运行模式，包括指派式、申请式以及值班律师。指派式与申请式仅在法律援助获取方式上存在不同，而值班律师则在整体运行程序上与前二者有本质差别。

（一）指派式法律援助

1. 指派式法律援助的建立与发展

指派式法律援助是我国最早也是最为传统的法律援助形式。早在1954年，新中国成立之初，指派式法律援助就被当时的《中华人民共和国人民法院组织法》所确立，其中第7条第2款规定："被告人除自己行使辩护权外，可以委托律师为他辩护……人民法院认为必要的时候，也可以指定辩护人为他辩护。"这也可以被看作新中国指派式法律援助的最早来源。拨乱反正之后，1979年新中国第一部《刑事诉讼法》颁布，第27条规定："公诉人出庭公诉的案件，被告人没有委托辩护人的，人民法院可以为他指定辩护人。被告人是聋、哑或者未成年人而没

---

* 叶青，华东政法大学诉讼法学研究中心教授；程衍，华东政法大学科学研究院助理研究员。

有委托辩护人的，人民法院应当为他指定辩护人。”这是对1954年法律援助制度的确认且增加了强制性指派援助的案件类型，只是当时在法律层面还未出现“法律援助”的字眼。

1996年《刑事诉讼法》经过修改，第34条规定：“公诉人出庭公诉的案件，被告人因经济困难或者其他原因没有委托辩护人的，人民法院可以指定承担法律援助义务的律师为其提供辩护；被告人是盲、聋、哑或者未成年人而没有委托辩护人的，人民法院应当指定承担法律援助义务的律师为其提供辩护；被告人可能被判处死刑而没有委托辩护人的，人民法院应当指定承担法律援助义务的律师为其提供辩护。”由此，“法律援助”在法律层面得以确认，且指派范围得到了扩张。

20世纪后半叶我国法律援助制度经历了长足发展，但是存在模式单一的缺陷，仅包括法院指派一种，此外在适用案件范围以及律师指派程序上也有不足。尤其是由法官负责指派的法律援助提供模式，更是广受诟病。例如，法官是否有足够精力分析案情，进而为不同的被追诉人指派更加合适的律师；法官是否会存在私心，为了尽快结束审判而有意指派更愿意配合的律师；以及法官指派是否存在效率低下，浪费诉讼资源等问题。这些问题的存在严重阻碍了法律援助制度的有效运行，并且也逐步得到了立法者的关注。

2. 指派式法律援助的运行程序

最初指派式法律援助以法官为指派主体，适用阶段局限于审判。2003年国务院《法律援助条例》，以及2012年《刑事诉讼法》对于指派式法律援助进行了大幅度的完善，其运行程序具体包括以下内容：

首先，法律援助机构指派，律师承接。2003年国务院《法律援助条例》颁布后，全国各省、自治区、直辖市广泛建立了法律援助机构，其是司法行政机关之下的政府部门，专门负责法律援助相关事务的运行和管理。2012年《刑事诉讼法》规定，在相应的案件中人民法院、人民检察院和公安机关应当通知法律援助机构指派律师为被追诉人提供辩护，因此，指派式法律援助的提供方法，是由公、检、法机关在其所负责的诉讼阶段，通知法律援助机构提供法律援助。具体承接法律援助案件的是援助律师，其由地方法律援助机构挑选并制作成援助律师名册。每有案件发生，法律援助机构会综合考虑案件性质、律师能力以及时间安排等选择合适的律师承接案件。

其次，指派式法律援助适用的案件范围。依据1996年《刑事诉讼法》第34条的规定，法院应当指派法律援助的案件范围仅包括，被告人是盲、聋、哑的；被告人是未成年人的；被告人可能被判处死刑的。而 2012 年《刑事诉讼法》修改之后，应当指派的范围被扩大，在原有的基础上增加了以下主体作为应当指派的对象：可能被判处无期徒刑的犯罪嫌疑人、被告人；尚未完全丧失辨认或者控制自己行为能力的精神病人；强制医疗程序中依法不负刑事职责的精神病人。

最后，指派式法律援助发生的诉讼阶段。依照 1996 年《刑事诉讼法》的规定，法律援助是由法院负责指派的，其对象仅限于被告人。因此当时只有审判阶段才能够提供法律援助，审前阶段贫困者很难得到律师的帮助。然而在我国司法实践中，审前阶段往往至关重要，侦查机关收集的证据在很大程度上左右了判决结果。惩罚犯罪始终是侦查机关的首要任务，以治罪为目的的侦查行为也多少会带有偏私。从某种程度上讲，辩护律师在审前阶段的介入有着更加重要的意义，在维护犯罪嫌疑人诉讼权利的同时保证审前程序的正当性。如果将法律援助的实施阶段局限在审判阶段，相当于剥夺了贫困者在审前阶段的律师辩护权，既影响犯罪嫌疑人行使诉讼权利，也不符合正当法律程序的价值理念。因此，2012 年《刑事诉讼法》的修改将法律援助时间提前到了审前阶段，依据第 34 条的规定，指派式法律援助的责任主体由之前的法院，增加为公安机关、检察院以及法院。也就是说，在不同的诉讼阶段无论是审前抑或是审判，相应的专门机关都有责任通知法律援助机构，为被追诉人提供法律援助。

（二）申请式法律援助

1. 申请式法律援助的建立与发展

1996 年《刑事诉讼法》规定，法院指派法律援助，此单一模式难以满足司法实践需求，因此备受诟病。2003 年国务院《法律援助条例》应实践需求增加了申请式法律援助，其中规定：凡是因为经济困难而无力支付法律服务费用的我国公民，有权向法律援助机构申请法律援助。可以说申请式法律援助在司法实践中发挥了重要的作用，贫困者借此能够主动行使法律援助的相关权利，不再被动等待和接受法院的指派。

2012 年《刑事诉讼法》修改，从法律层面确定了申请式法律援助，第 34 条第 1 款规定："犯罪嫌疑人、被告人因经济困难或者其他原因没有委托辩护人的，本人及其近亲属可以向法律援助机构提出申请。对符合法律援助条件的，法律援助机构应当指派律师为其提供辩护。"由此申请式法律援助在法律层面得以确立。

2. 申请式法律援助的运行程序

司法实践中,申请式法律援助一般按照如下程序运行:首先,由申请者填写“法律援助申请表”和“经济状况证明表”,并将其交予当地法律援助机构。如果申请人被羁押则可以通过对其进行讯问的侦查人员、检察人员提出申请,并由相应的公安、检察机关转交给法律援助机构。其次,由法律援助机构对申请人资格进行审核。具体的审核标准主要是被追诉人的贫困程度。对于不符合法律援助条件的申请者,法律援助机构将向其出具“不予法律援助决定书”,申请者有权就此向该法律援助机构的主管司法行政机关申请重新审议。再次,对于符合法律援助条件的申请者,法律援助机构将向其出具“准予法律援助决定书”,随后指派法律援助律师为相关人员提供辩护。或者通知律师事务所,要求其挑选律师承担相应的法律援助任务。最后,相关法律援助人员在接到指派后,持法律援助公函会见当事人。至此申请式法律援助即告完成,而法律辩护关系也正式开始。

(三)值班律师制度

1. 值班律师制度的建立与发展

值班律师起源于英国,是在有限的财政预算与逐步扩大的法律援助需求之间寻求平衡的结果。[1] 我国值班律师制度始建于2006年9月,当时联合国开发技术署和我国商务部、司法部共同确定的首个法律援助值班律师参与试点项目,在河南省焦作市修武县试行,经过近一年半的运行取得了很好的效果,[2]但是,之后值班律师相关制度渐渐归于沉寂,并没有在全国范围内得到推广。

直到近几年随着刑事速裁程序、认罪认罚从宽改革的兴起,刑事诉讼程序对于辩护律师的需求变得越来越迫切。值班律师制度凭借其自身的优点,被改革者寄予厚望。因此,2014年党中央做出了全面推进司法改革的决定,其中包括将“值班律师”制度推向全国试点。[3] 随后一系列改革文件逐步厘清了制度内容,2014年《关于在部分地区开展刑事案件速裁程序试点工作的办法》、2015年《关于完善法律援助制度的意见》、2016年《关于在部分地区开展刑事案件认罪认罚从宽制度试点工作的办法》(以下简称《认罪认

〔1〕 参见张泽涛:《值班律师制度的源流、现状及其分歧澄清》,载《法学评论》2018年第3期。
〔2〕 参见王淑华、张艳红:《探索建立中国法律援助值班律师制度》,载《法律援助》2009年第5期。
〔3〕 参见董红民、麻伟静:《构建法律援助值班律师制度实证探析》,载《法律服务》2016年第10期。

罚办法》),三项规定初步明确了值班律师制度的运作模式与功能定位,并且明确区分了值班律师所提供的法律帮助与刑事辩护的区别,表明值班律师并非辩护人。2017 年 8 月 29 日,最高人民法院、最高人民检察院、公安部、国家安全部、司法部发布《关于开展法律援助值班律师工作的意见》(以下简称《值班律师意见》),就值班律师的权利、义务与职责作出了详细规定,进一步将值班律师与辩护人相区别。2018 年《刑事诉讼法》修改,值班律师制度在法律层面得以确认。

2. 值班律师制度的运行程序

目前我国“值班律师”制度的运行程序,是由各地法律援助机构指派承担值班任务的律师到法庭、看守所等机关,为需要法律帮助的犯罪嫌疑人或被告人提供即时性法律帮助。值班律师与传统申请式和指派式法律援助的最大区别是其即时性特点。在指派和申请法律援助模式下,各援助律师以辩护人的身份,全程为贫困者提供法律辩护。可以说只要案件没有终结,那么律师的法律援助职责就不会停止。值班律师则不然,其仅在特定的看守所、法院等场所为被追诉人提供法律咨询。咨询过后,值班律师对于相关案件的法律援助任务即告终结。

依据《刑事诉讼法》第 36 条、第 37 条的规定,值班律师的诉讼职能包括会见犯罪嫌疑人、被告人,并为其提供法律咨询、程序选择建议、申请变更强制措施、对案件处理提出意见。但在实践中,值班律师的最主要职能是以问答的形式为出现于其值班场所的犯罪嫌疑人、被告人提供法律咨询和程序建议,而申请变更强制措施等以各专门机关为对象的诉讼行为则少有实施。此外,值班律师在当下改革中的另一项重要职能是见证犯罪嫌疑人签署认罪认罚具结书。

二、法律援助制度的实践运行困境

在探索中我国法律援助制度被不断完善,但就实践现状而言其仍在模式设计、责任理念和专门机关配合等方面存在不足。

(一)运行模式设计的合理性问题

1. 指派式援助的阶段分离

指派式法律援助模式下,在公、检、法机关各自通知援助之后,法律援助机构为相应诉讼阶段分别指派律师,因此便呈现阶段式分离的运行困境,一桩完整的案件往往由3名援助律师分别负责侦查、审查起诉和审判阶段。阶段分离在很大程度上影响了法律援助效果。

首先,阶段性援助造成了分阶段通知的司法现状。而这也最终导致了实践中通知不及时,甚至不通知的困境。其次,刑事诉讼是一个连续的过程,各阶段之间都有着密切的联系。如果以分段负责的方式为被追诉人提供多个辩护人,那么这种被割裂的刑事辩护很难发挥最好的效果。庭审辩护人对于案件的了解仅限于书面案卷材料,很可能因为没有参与之前的诉讼阶段而遗漏了重要的辩护信息。最后,这种阶段式短暂的法律援助模式,将疏远辩护人与犯罪嫌疑人、被告人的关系。站在被追诉人的角度,其很难充分信任多个辩护律师。毕竟将自己涉嫌犯罪的信息分享与众人,几乎没有人愿意这么做。而彼此间的不信任阻碍了重要信息的交流,最终妨碍了辩护行为的实施。对于援助律师来说,阶段负责的模式削弱了其对被追诉人的责任感。"与被追诉人的关系如同车间里的工人面对流水线上的产品:仅需完成个人所负责之阶段,缺乏对被追诉人的个人关怀。"[1]责任感的缺失将极大影响辩护人对于案件的投入与执着,损害法律援助效果。

2. 申请式援助的标准设定僵化

就申请制法律援助来说,其中关于贫困的认定标准并不合理。依据我国《刑事诉讼法》的规定,犯罪嫌疑人、被告人因为经济困难而无力聘请律师的,可以申请法律援助。实践中,经济状况就成为法律援助资格审查的一项重要内容。但是学者的调研结果显示,各地普遍将贫困的标准设置过高,很多情况下即使被追诉人在经济上难以承担辩护费用,其法律援助申请也不会得到批准。例如,根据东南某省法律援助条例的规定,经济困难的标准参照申请人所在地县级人民政府公布的城乡居民最低生活保障标准执行。其中某一地级城市,在2019年公布的城乡居民最低生活保障标准为每月685元人民币。也就是说,如果法律援助申请人,每月收入超过685元,就会被排除到法律援助的适用范围之外。这一标准显然不合理,严重阻碍了大多数被追诉人获得法律援助的权利。

---

〔1〕 Carrie Leonetti, *Painting The Rose Red: Confessions of a Recovering Public Defender*, 12 Ohio St. J. Crim. L. 371 (2014－2015).

3. 值班律师的法律帮助效果不彰

实践中，值班律师为初次会见的犯罪嫌疑人、被告人提供法律帮助，在简单听取案情介绍之后即要履行提供法律咨询、程序选择建议、申请变更强制措施、对案件处理提出意见等职责。依据学者调研，虽然法律赋予了值班律师阅卷权，但实践中基本处于空置状态，因此，所提供的法律帮助也明显缺乏针对性。大部分值班律师仅仅起到见证讯问过程合法性的作用，缺乏对罪名及量刑情节等与定罪量刑有关内容的帮助。[1] 有学者对其功能异化作出了总结，称其为：法制宣传教育的协助人；认罪协商的见证人；控诉活动的辅助人。[2] 更有学者将实践中的值班律师称为“站台律师”，以表示其援助效果的缺失：“值班律师不需要对案件进行实质性参与，只需在一些比较重大的场合证明办案机关办案程序的合法性，其形式意义大于实际价值。”[3]

（二）政府责任理念偏差下的资源保障问题

法律援助案件由职业律师承担，而律师是自负盈亏的市场经济主体，依靠为他人提供法律服务赚取收益。有限的时间和精力，决定了其仅能为少数委托人提供服务，出价高者必然能够获得更加优质的法律辩护。但是，就我国目前的司法实践来说，政府给予援助律师的经济补偿相对较低。2013年全国范围内平均法律援助的办案补贴是479元/案。例如，在河南，法律援助每个诉讼阶段补贴仅300～750元。[4] 2019年3月，司法部、财政部联合印发《关于完善法律援助补贴标准的指导意见》，规定了法律援助经济补贴的计算方法，补贴数额有了一定的提升，例如，广东省湛江市，在2019年5月1日新的补贴办法出台后，刑事案件审判阶段案件从原来的每宗补贴700元提高到2000元。[5] 补贴的提升值得肯定但是幅度较低，相较于委托辩护费用仍有明显差距。相比而言，值班律师的经济补偿同样微薄且地区间差异明显。在上海市，各区值班律师经济补偿从半天200元到700元不等，平均在300元左右。在山东省，有地市值班律师的补偿是半天100元，还有地市

---

〔1〕 参见中国政法大学课题组、樊崇义：《值班律师制度的规范化——湖北省武汉市汉阳区值班律师试点工作纪实》，载《人民检察》2018年第10期。

〔2〕 参见詹建红：《刑事案件律师辩护何以全覆盖——以值班律师角色定位为中心的思考》，载《法学论坛》2019年第4期。

〔3〕 参见姚莉：《认罪认罚程序中值班律师的角色与功能》，载《法商研究》2017年第6期。

〔4〕 参见王迎龙：《值班律师制度研究——实然分析与应然发展》，载《法学杂志》2018年第7期。

〔5〕 资料来源：http://news.gdzjdaily.com.cn/zjxw/content/2019－04/15/content_2375699.shtml。

则是半天50元。

相较于私人代理案件中动辄几万元甚至几十万元的经济收益,法律援助经济补偿微乎其微。律师承担了法律援助案件也就意味着大量经济收入的流失。因此,在被动接受了法律援助的指派之后,一些律师所考虑的并不是如何能够出色地完成辩护任务,最大限度地保障被追诉人诉讼利益。其所关注的是如何能够以最少的精力投入,在最短的时间内处理掉案件,只有这样法律援助对其造成的经济损失才能被降到最小的范围之内。如此辩护态度,最终导致了援助律师的消极辩护行为——不会见、不调查、不阅卷,仅有格式化的辩护意见陈述于法庭。

经济投入不足是制约我国法律援助制度发展的最根本原因之一,其源头在于政府责任理念的偏差,即政府并没有以责任人身份切实承担起法律援助职责,而是更多的作为管理者将法律援助任务推给律师行业:其以指派辩护或者安排值班的方式将法律援助案件交予律师,并辅以惩戒措施和象征性的经济补偿。在我国,法律援助责任主体发生了错位,政府责任难以落实则经济投入亦不能到位。在一些案件中,甚至由于政府的拒绝支付,援助律师自己承担起了相应案件的辩护开销。这违背了法律援助的政府责任属性,政府也似乎有转嫁责任的嫌疑。

(三)各专门机关的消极履职问题

援助律师虽是接受国家机关的委派,代政府履行法律援助职责,但就诉讼功能而言仍然与追诉机关相对立。实践中,律师的介入往往会影响追诉职能的发挥并且在审判阶段延缓诉讼进程,因此,各专门机关对法律援助通常具有消极态度。

指派模式需要法院、检察院和公安机关通知法律援助机构指派律师。申请模式则需要公、检、法机关告知相关权利,并转交申请。可以说,法律援助制度的有效运行与各机关的积极配合密不可分。但在司法实践中,侦查、检察机关往往对法律援助持消极态度,主要表现在延迟履行关于法律援助的告知义务,或者延迟转交被追诉人的法律援助申请。依据学者的调研,很多情况下援助律师在开庭前两到三天才接到案件。[1] 仓促准备之下,法律援助效果大打折扣,被追诉人诉讼权利难以保障。

[1] 参见刘方权:《刑事法律援助实证研究》,载《国家检察官学院学报》2016年第1期。

三、法律援助制度完善的对策建议

法律援助制度之完善应从运行模式、政府责任理念以及相关法律规定的刚化做起。

(一)运行模式之完善

1. 改阶段式指派为个案负责

个案负责模式下,法律援助机构在审核并批准申请之后,将律师直接分配到具体案件,自法律援助关系确立直至案件终结均由同一名辩护人负责,实践中依申请获得援助之案件多采用此种模式。个案负责模式在案情信息的获取、整体诉讼局势的把握以及信任关系的形成等方面,都较阶段式指派更优。而阶段式指派的实践现状完全是由于《刑事诉讼法》第 34 条、第 35 条,依据诉讼阶段对于刑事辩护与法律援助的割裂式规定。事实上,刑事诉讼是一个连贯而前后衔接紧密的程序,虽然各诉讼阶段有着不同的功能定位,但是就辩护行为而言其功能和目标是一致的,人员和行为的阶段式割裂将会妨害辩护效果。因此,今后改革应当取消阶段式指派模式而完全采用个案负责模式,即侦查机关在侦查阶段要求指派律师后,该律师即全程负责相应案件的法律援助,后续诉讼阶段不再另行指派。

2. 设置综合性审批标准

当下我国很多地区的法律援助审核采用的是机械化的数字标准,即完全以经济收入判断。如此标准设计的优点是简化了审核过程——固定数值的审核客观而简单。但简化的过程却导致了人性化的缺失,很多情况下,虽然申请人的工资收入要高于法律援助的提供标准,但由于个人的特殊情况仍然难以负担高昂的律师费用。比如,申请者家中有老人需要赡养并且每月需要承担高昂的医药费用,那么聘请律师就会对其家庭生活造成严重的影响。对于上述情况,如果仅仅因为当事人不符合法律援助的形式要件就否定了其相关权利,可以说是严重违背了法律援助的设立初衷,缺乏人性关怀。

相比之下,美国很多州县所采用的是综合性动态标准,即综合考虑多项指标由审核官自由裁量是否给予法律援助。有学者就美国 300 个郡县进行调研,发现各地区的具体考核指标不一,但最重要的包括以下几项,[1]如表1所示。

表1　给予法律援助的参考因素的地区统计

参考因素	将该因素纳入判定标准的郡县数目(个)
被追诉人的工资收入	245
被追诉人不动产拥有情况	235
汽车以及其他有价财产的拥有情况	229
股票、债券以及银行存款	214
社保以及其他社会救济资金	154
父母或配偶的经济情况	132
其他亲属的经济情况	93

我国法律援助的审批标准过于僵化和单一,应借鉴美国经验设计综合性的动态审判标准,以适应实践中的多元化需求。本文认为,法律援助申请的审批应以上一年度职工年均收入的一半作为经济收入标准,并在此基础上综合考量其他因素。这里的其他因素可借鉴美国经验,各地根据实践情况予以确定。

3. 认罪认罚值班律师的强制性阅卷制度

在制度的发源地英国,值班律师的功能定位是弥补刑事辩护的空白地带,解决刑事辩护的"最初一公里"问题。在犯罪嫌疑人刚到案的最初一段时间没有辩护人在场,因为无论是聘请律师还是法律援助指派,都不能实现即时性。而值班律师则是在辩护人未到位之前为犯罪嫌疑人、被告人提供相对简单的法律帮助,弥补这一时间空白,其首要价值追求是即时性效率而非实际诉讼效果。如此功能定位下,值班律师可仅依靠有限信息提供简单法律帮助,而阅卷并非必要,因为首先后续自有律师提供辩护,其次阅卷会消耗时间将与即时性效率价值相冲突。

就我国而言,当下刑事辩护率仅不到30%,为实现律师辩护全覆盖目标则需为剩余70%的案件提供法律援助,这意味着人、财、物的巨大投入,短时

[1] Lee Silverstein, *Defense of The Poor in Criminal Cases in American State Courts A Field Study and Repor* 1965, American Bar Foundation Library of Congress, 1965.

间难以实现。实践中,值班律师仅以问答的方式为被追诉人提供简单法律咨询,是以降低个案法律援助质量为代价换取援助效率,进而实现了扩大法律援助范围的目标。因此,改革者借值班律师制度,以折扣版的法律帮助取代法律辩护,推动律师辩护全覆盖目标的实现,[1]以此为功能定位则值班律师阅卷亦非必需。

但是,值班律师制度在我国并非仅为推动律师辩护全覆盖改革,在认罪认罚从宽案件中其承担着确保认罪自愿性与明智性的职责。认罪认罚从宽制度改革是以克减被追诉人诉讼权利为代价追求诉讼效率,认罪后大部分程序性保障均被省略。在诉讼程序被大幅度简化的情况下,极易发生错案,而被追诉人基于追诉重压以及法律知识欠缺很容易作出不恰当认罪。因此在认罪认罚案件中,值班律师发现诉讼真实的职能发挥实则非常重要,那么值班律师在认罪认罚案件中则不能以效率为首要价值追求,法律帮助效果应优先。如何能够提升法律帮助效果以保证认罪认罚的明智性——值班律师充分了解案情至关重要。因此,在认罪认罚案件中值班律师阅卷既是权利更是义务,应建立值班律师强制阅卷制度,以保证法律帮助效果,保证认罪认罚的正当性与明智性。

(二)强化政府责任理念增加财政投入

面对司法改革的重重压力,我国法律援助制度在近些年来愈加完善。从法律援助机构的建立到值班律师制度的推广,再到最高人民法院、司法部《关于开展刑事案件律师辩护全覆盖试点工作的办法》的出台,步步为营持续发展着。但是,所有这些进步仅涉及制度上的革新,在最本质的责任理念上并无发展:政府始终扮演着管理者的角色,以指派辩护或者安排值班的方式将法律援助案件交与律师,仅给予象征性的经济补偿且辅以惩戒措施。凭借政府的有效监管,法律援助质量能够得到一定的保障。但这并不能成为法律援助制度长久发展的方向。对此,政府应当切实履行法律援助职责,转变其中角色:由监管者转为责任人。

首先,增加政府财政投入。在世界范围内,各国政府对于法律援助事业的财政投入,一般能够占到政府总财政收入的0.1%到1%之间。英国政府对于法律援助的投入有着最高的比例,其大约占整个中央财政收入的1%左右。在日本,虽然法律援助制度的建设起步较晚,但发展到今天,英国政府

[1] 参见程衍:《论值班律师制度的价值与完善》,载《法学杂志》2017年第4期。

的相关财政投入也达到了总收入的 0.11%。在我国,政府对于法律援助事业的财政投入不足。据统计,2011 年政府对法律援助相关事项的投入,仅占全年中央财政总收入的 0.0122%。[1] 可以说,这一比例非常之低,如此有限的财政投入,也在很大程度上限制了我国法律援助事业的发展。2017 年,全国法律援助经费总额 23.5 亿元,占当年度全国一般公共预算收入总额的 0.014%。[2] 相较于 2011 年,法律援助经费在全国财政收入占比有所提升,但距法治发达国家和地区水平还有一定距离。就人均而言,2017 年我国人均法律援助经费仅为 1.69 元,[3] 与法治发达国家相比差距明显。因此,政府应增加法律援助财政投入,参考市场价格提升法律援助经济补偿数额。

其次,在经济发达地区探索建立公设辩护人制度。公设辩护人模式具有完全的政府责任属性:在政府行政系统内部建立公设辩护人办公室,并以政府公务人员的名义招聘公设辩护人专职为贫困者提供法律援助。其最大的特点即是公职性。[4] 公设辩护人制度的建立使法律援助不再依靠律师行业,可有效解决因经济补偿不足而导致的法律援助律师消积履职问题。但是政府需建立一整套行政体系,支持公设辩护人的法律援助工作。美国、英国、加拿大等法治发达国家均建有公设辩护人系统,且承担了很高的法律援助案件比例。[5] 我国可率先在经济发达地区试点建立公设辩护人系统,推动法律援助模式的多元化发展,充分贯彻法律援助政府责任理念。

(三)增加法律援助通知的刚性规定,落实程序性制裁

各专门机关的消极态度导致了实践中法律援助的延迟甚至缺失,究其原因,在于法律及各司法解释就法律援助的通知问题缺乏刚性规定。《刑事诉讼法》第 34 条,《公安机关办理刑事案件程序规定》第 44 条,《人民检察院刑事诉讼规则》(试行)第 41 条规定侦查、检察人员对于符合指派辩护情形的犯罪嫌疑人,应当及时通知法律援助机构。而“及时通知”难以准确界定,

---

[1] 参见陈永生:《刑事法律援助的中国问题和域外经验》,载《比较法研究》2014 年第 1 期。

[2] 参见詹建红:《刑事案件律师辩护何以全覆盖——以值班律师角色定位为中心的思考》,载《法学论坛》2019 年第 4 期。

[3] 资料来源:《2018 中国统计年鉴》,载国家统计局官网,http://www.stats.gov.cn/tjsj/ndsj/2018/indexch.html,2020 年 1 月 10 日访问。

[4] Gregory S. Bell, *The Organization and Financing of Public Defender System*, U. III. L. F. 451 (1974); Foster, *The Public Defender and Other Suggested System for the Defense of Indigents*, 52 Judicature 247 (1969 - 1970).

[5] 参见吴羽:《比较法视域中的公设辩护人制度研究——兼论我国公设辩护人制度的建构》,载《东方法学》2014 年第 1 期。

这给了公、检、法机关过大的自由裁量空间。今后的立法完善,可借鉴拘留后通知家属之规定,要求各专门机关在24小时之内通知法律援助机构。

对于因各专门机关延迟通知而导致的法律援助缺位的情况,应严格贯彻程序性制裁。《刑事诉讼法》第35条第2款规定:“犯罪嫌疑人、被告人是盲、聋、哑人,或者是尚未完全丧失辨认或者控制自己行为能力的精神病人,没有委托辩护人的,人民法院、人民检察院和公安机关应当通知法律援助机构指派律师为其提供辩护。”因此,对于特定案件,如果在侦查、审查起诉、审判阶段,由于各专门机关怠于履行法律援助通知职责进而导致辩护人缺位,则应构成程序性违法,二审法院应严格依照《刑事诉讼法》第238条规定撤销原判。

新中国70年民事诉讼大数据解读

——以第一审案件为对象

李　浩*

一、案件数

表1　1950～1959年全国法院民事一审案件数量统计　　单位：件

年　份	收案数量	结案数量
1950	659, 157	616, 649
1951	865, 700	843, 459
1952	1, 432, 762	1, 356, 912
1953	1, 755, 122	1, 755, 122
1954	1, 216, 920	1, 265, 090
1955	959, 726	297, 356
1956	739, 213	749, 640
1957	840, 286	823, 215
1958	433, 197	513, 044
1959	384, 553	471, 291

* 李浩，中国民事诉讼法学会常务副会长，南京师范大学法学院教授。

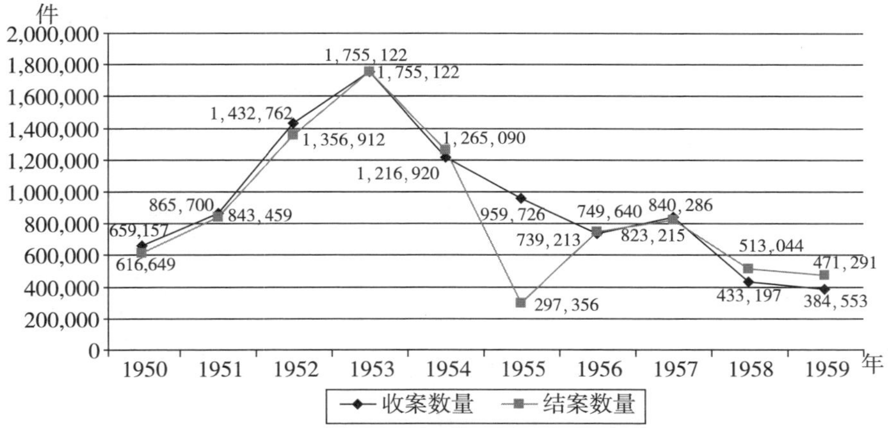

图1　1950～1959年全国法院民事一审案件数量统计

表2　1960～1969年全国法院民事一审案件数量统计　　单位:件

年　份	收案数量	结案数量
1960	308, 024	299, 182
1961	617, 478	547, 123
1962	832, 290	818, 046
1963	778, 881	783, 953
1964	633, 617	604, 828
1965	551, 971	539, 260
1966	353, 867	336, 804
1967	223, 274	218, 173
1968	89, 122	100, 411
1969	62, 507	55, 193

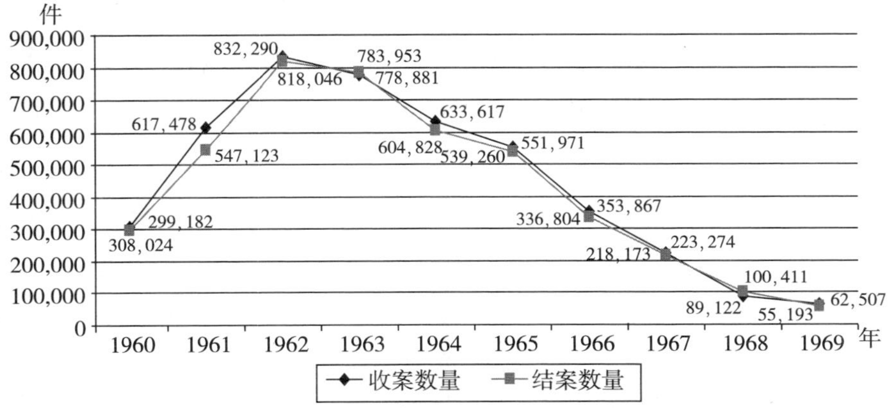

图2　1960～1969年全国法院民事一审案件数量统计

表3　1970～1979 年全国法院民事一审案件数量统计　　单位:件

年　份	收案数量	结案数量
1970	103, 293	102, 443
1971	155, 602	134, 217
1972	102, 900	89, 721
1973	269, 047	250, 563
1974	286, 145	299, 383
1975	248, 623	271, 832
1976	225, 679	233, 651
1977	232, 645	245, 359
1978	300, 787	284, 411
1979	389, 943	367, 369

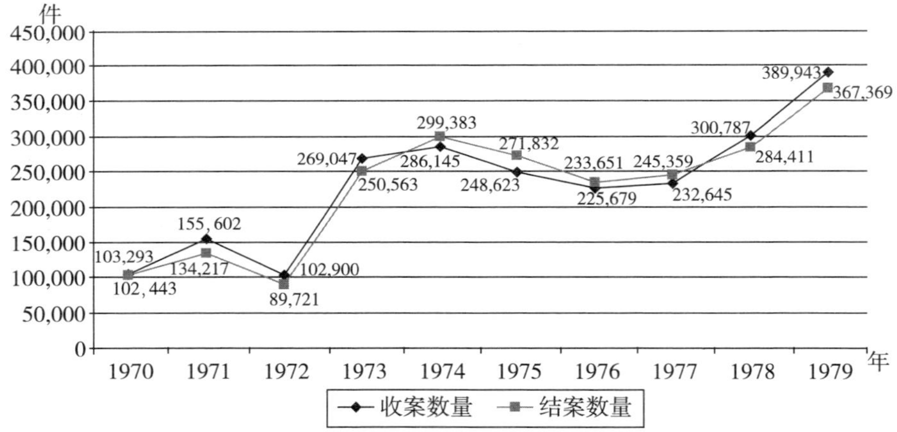

图3　1970～1979 年全国法院民事一审案件数量统计

表4　1980～1989 年全国法院民事一审案件数量统计　　单位:件

年　份	收案数量	结案数量
1980	565, 679	555, 078
1981	673, 926	662, 800
1982	778, 941	778, 358
1983	756, 436	751, 723
1984	838, 307	855, 179
1985	846, 391	852, 436

续表

年　份	收案数量	结案数量
1986	989, 409	978, 990
1987	1, 213, 219	1, 196, 494
1988	1, 455, 130	1, 519, 056
1989	1, 815, 385	1, 808, 538

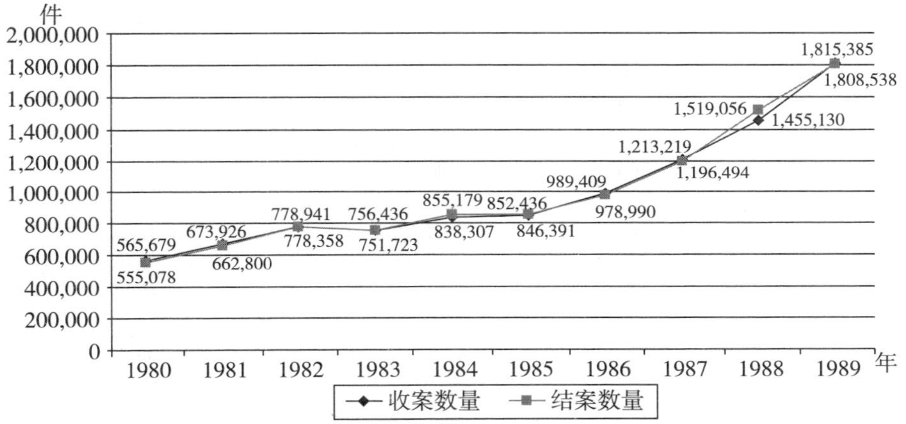

图4　1980～1989年全国法院民事一审案件数量统计

表5　1990～1999年全国法院民事一审案件数量统计　　单位:件

年　份	收案数量	结案数量
1990	1, 851, 897	1, 849, 697
1991	1, 880, 635	1, 910, 013
1992	1, 948, 786	1, 948, 949
1993	2, 089, 257	2, 091, 651
1994	2, 383, 764	2, 382, 174
1995	2, 718, 533	2, 714, 665
1996	3, 093, 995	3, 084, 464
1997	3, 277, 572	3, 242, 202
1998	3, 375, 069	3, 360, 028
1999	3, 519, 244	3, 517, 324

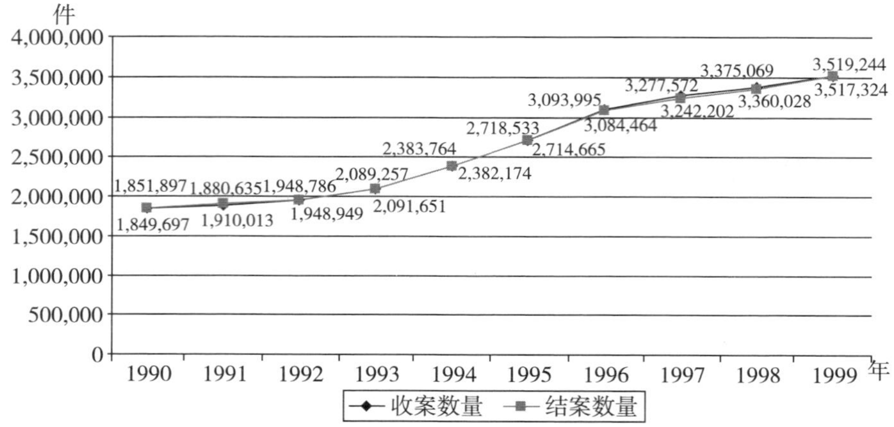

图 5　1990～1999 年全国法院民事一审案件数量统计

表 6　2000～2009 年全国法院民事一审案件数量统计 单位:件

年　份	收案数量	结案数量
2000	3, 412, 259	3, 418, 481
2001	3, 459, 025	3, 457, 770
2002	4, 420, 123	4, 393, 306
2003	4, 410, 236	4, 416, 168
2004	4, 332, 727	4, 303, 744
2005	4, 380, 095	4, 360, 184
2006	4, 385, 732	4, 382, 407
2007	4, 724, 440	4, 682, 737
2008	5, 412, 591	5, 381, 185
2009	5, 800, 144	5, 797, 160

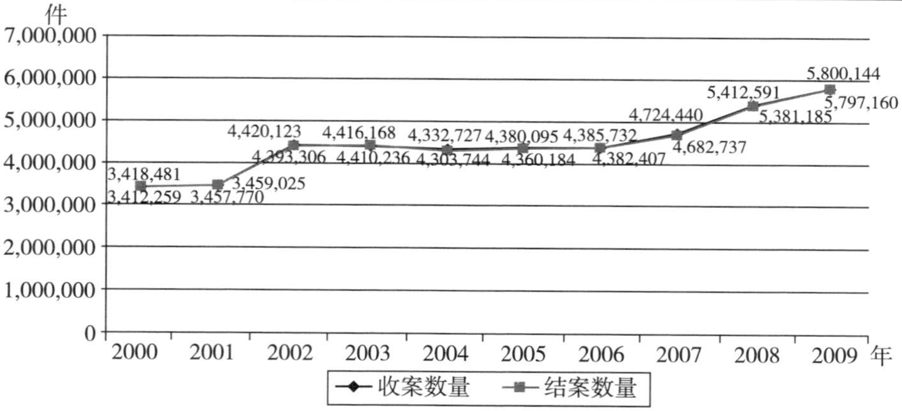

图 6　2000～2009 年全国法院民事一审案件数量统计

表7　2010～2018年全国法院民事一审案件数量统计　单位:件

年　份	收案数量	结案数量
2010	6, 090, 622	6, 112, 695
2011	6, 614, 049	6, 558, 621
2012	7, 316, 463	7, 206, 331
2013	7, 781, 972	7, 510, 584
2014	8, 307, 450	8, 010, 342
2015	10, 097, 804	9, 575, 152
2016	10, 762, 124	10, 763, 889
2017	11, 373, 753	11, 651, 363
2018	12, 449, 685	12, 434, 826

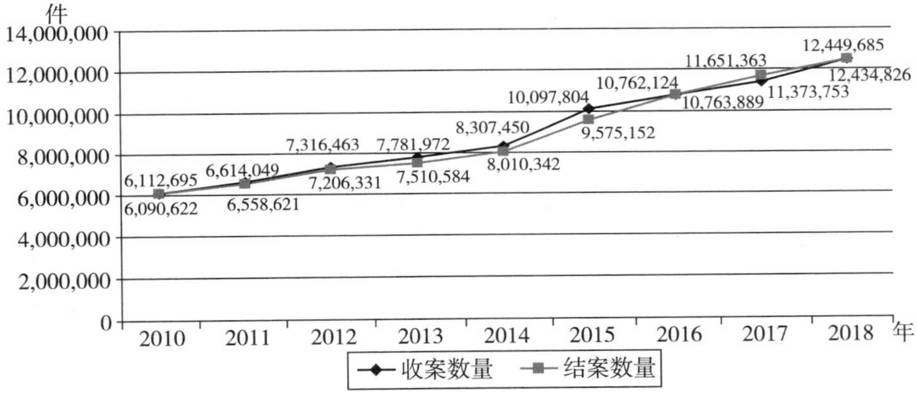

图7　2010～2018年全国法院民事一审案件数量统计

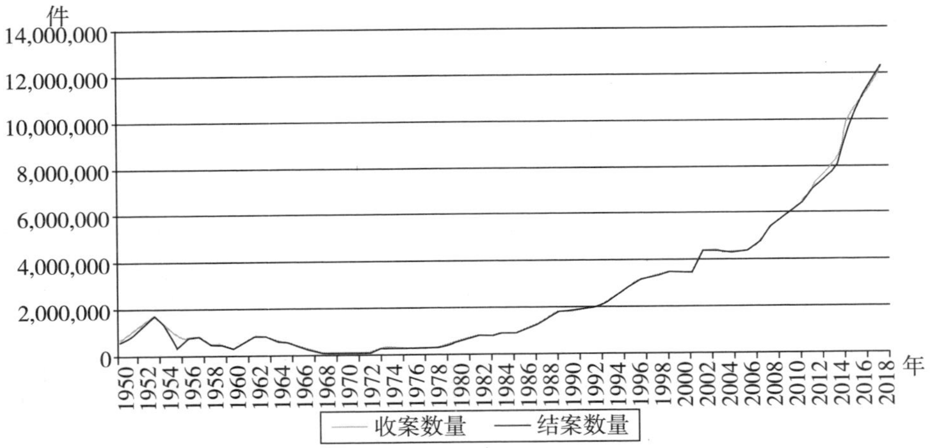

图8　1950～2018年全国法院民事一审案件数量统计

二、民事案件的类型

表 8　1950 年民事一审案件类型统计　单位:件

类　别	收　案	结　案
婚姻纠纷	281,049	262,841
继　承	24,188	21,983
劳资纠纷	12,573	12,030
土地纠纷	62,140	56,410
房屋纠纷	76,612	73,403
工商业纠纷	18,416	16,924
债　务	146,689	143,569
损害赔偿	9882	9191
其　他	27,608	20,296
合　计	659,157	616,649(616,647)

表 9　1960 年民事一审案件类型统计　单位:件

类　别	收　案	结　案
离婚纠纷	275,144	266,683
其他婚姻纠纷	5332	5200
债务纠纷	5756	5815
赔偿纠纷	2989	2969
扶养纠纷	6515	6437
房屋纠纷	5339	5212
合同纠纷	967	961
其　他	5982	5905

表 10　1970 年民事一审案件类型统计　单位:件

类　别	收　案	结　案
离　婚	73,582	70,021
离婚后财产、生活费	1503	1660
抚　养	2411	2324
房　屋	4934	4619

续表

类　别	收　案	结　案
赔　偿	1566	2219
继　承	900	864
山林水利纠纷	1437	904
其　他	16, 960	19, 832

表11　1980年民事一审案件类型统计　单位:件

类　别	收　案	结　案
离　婚	272, 311	270, 324
离婚后财产、生活费	3443	3446
抚　养	10, 486	10, 483
赡　养	20, 251	19, 705
房　屋	82, 864	79, 328
债　务	10, 612	10, 106
赔　偿	60, 052	59, 268
继　承	14, 753	14, 271
山林、水利	5243	5172
其　他	85, 664	82, 975
合　计	565, 679	555, 078

表12　1990年民事一审案件类型统计　单位:件

类　别	收　案	结　案
婚姻家庭	938, 586	935, 831
房　屋	55, 704	58, 095
继　承	19, 589	20, 529
债　务	569, 494	567, 926
赔　偿	171, 128	169, 839
土　地	31, 004	31, 555
林　木	5425	5458

续表

类　别	收　案	结　案
水　利	737	696
知识产权	301	275
人身权	3032	2922
特别程序	685	633
其　他	56, 212	55, 768
合　计	1, 851, 897	1, 849, 527(1, 849, 697)

表 13　1990 年经济纠纷一审案件类型统计

单位:件

类　别	收　案	结　案
经济台同纠纷(国内)	543, 613	553, 540
涉外涉港澳台经济纠纷	533	467
经济损害赔偿纠纷(国内外)	1169	1134
劳动争议	516	521
其他经济纠纷	42, 312	42, 655
合　计	588, 143	598, 317

表 14　2000 年民事一审案件类型统计

单位:件

类　别	收　案	结　案
婚姻家庭	1, 347, 027	1, 347, 606
继　承	14, 114	14, 244
房　屋	165, 799	166, 225
土地等不动产	31, 376	31, 366
相邻关系	27, 775	27, 596
赔　偿	387, 069	388, 168
债	1, 322, 656	1, 327, 763
知识产权	1496	1534
人身权	11, 763	11, 596
特别程序	3184	2987
其　他	99, 996	99, 190
合　计	3, 412, 259	3, 418, 481

表15　2000年经济纠纷一审案件类型统计　单位:件

类　别	收　案	结　案
经济合同	1,184,613	1,203,410
损害赔偿	4491	4428
经济权属	797	758
企业破产	7219	5255
铁路运输	1352	1329
航空运输	488	479
公路运输	4194	4222
水路运输	334	329
海事海商	6645	6995
其　他	87,710	88,200
合　计	1,297,843	1,315,405

表16　2010年民事一审案件类型统计　单位:件

类　别	收　案	结　案
婚姻家庭、继承纠纷	1,423,180	1,428,340
合同纠纷	3,222,555	3,239,740
权属、侵权纠纷	1,444,887	1,444,615
合　计	6,090,622	6,112,695

表17　2018年民事一审案件类型统计　单位:件

类　别	收　案	结　案
人格权纠纷	176,046	178,847
婚姻家庭、继承纠纷	1,808,787	1,814,441
物权纠纷	324,162	329,220
合同、无因管理、不当得利纠纷	7,972,100	7,952,001
知识产权与竞争纠纷	283,414	273,945
劳动争议、人事争议	452,289	450,589

续表

类　别	收　案	结　案
海事海商纠纷	15,784	16,181
与公司、证券、保险、票据等有关的民事纠纷	262,552	252,647
侵权责任纠纷	1,096,130	1,112,755
其　他	58,421	54,200
合　计	12,449,685	12,434,826

三、两点认识

(一)第一审民事案件数量和类型的变化反映了新中国成立70年的社会变迁,反映了新中国法治建设的发展

从案件的数量看,70年间前30年案件数量是逐步减少,1950年约为66万件,1960年约为30万件,1970年约为10万件;后40年案件数量呈现增加的态势,1980年为56.6万件。1990年约为185.2万件。2000年约为314.2万件,2010年为609万件,2018年约为1245万件。

- 案件数量的变化,与我国政治、经济状况有很大的关系。
- 前30年的大部分时间中,政治运动频繁,发展经济未受到应有的重视。
- 如1957年之后的三年案件数量急剧减少,与当时的"反右"扩大化有很大的关系。
- 1968年~1970年是法院受理民事案件数量非常少的年份,1969年最少,全国只有62,507件,1968年为89,122件,1970年为103,293件。原因是从1966年中国进入了"文化大革命",而从1968年到1970年,是闹腾得最厉害的几年,一些地方还出现了严重武斗。
- "文化大革命"结束后,中国不再搞政治运动,一心发展经济,尤其是走向社会主义市场经济后,经济快速发展,经济总量不断提升。与此同时,对公民的财产权、人身权的保护也日益重视。
- 在这一时期,诉讼到法院的案件数量也持续增加。
- 原因是民事纠纷原本是关于财产权和人身权的纠纷。
- 案件类型的变化也反映了我国社会的发展与变迁。
- 如1950年的案件类型有劳资纠纷、工商业纠纷,到了1960年的案件

类型，就没有这两类了。

• 在1950年到1980年的30年间，案件类型少，且都是传统的民事案件，包括婚姻、继承、赡养、抚养，山林水利、借贷等纠纷，但到了1990年，案件类型中出现了知识产权，原因在于1980年之后的这段时期内，我国开始重视对知识产权的保护，开始了知识产权的立法。

• 案件数量、类型的变化除了与我国政治、经济状况的变化密切相关之外，还同我国法治的发展息息相关。

• 法律的数量与案件的数量、类型是正相关关系。法律越多、受法律调整的社会关系就越多，法律上的纠纷也就越多，诉讼到法院的案件和案件类型也就越多。

• 例如《公司法》颁布后，出现了股东知情权诉讼、股东代位权诉讼、解散公司诉讼等公司类诉讼。2012年修改《民事诉讼法》后，增加了公益诉讼、第三人撤销之诉、司法确认、实现担保物权案件。

（二）法治发展带来的新问题

• 大量案件涌向法院使我国的司法面临着严峻的挑战。

• 案多人少既伤害了当事人又伤害了法官。

• 立案难可能死灰复燃、案件质量下滑。

• 法官身心健康受损。

• 改革开放初期，人民调解曾解决了大量民事的纠纷。据1980年全国不完全统计，人民调解委员会共调解纠纷612万余件，大致相当于同期基层人民法院受理一审民事案件的10.8倍。近年来，人民调解委员会每年解决的纠纷约为900万件。

• 重塑非诉纠纷解决机制。

新中国成立 70 年来我国犯罪治理模式的变迁、经验与未来[*]

张 健[**]

近现代中国，社会变迁之深莫过于新中国成立以后，国家权力对社会的持续改造与建设。从长历史时段来看，它是应对晚清以来国家分崩离析，社会危机持续加深的产物，由此也改变了自秦汉以来，国家政权建设仅达至郡县一层的结构。1949 年中华人民共和国成立后，以现代化为目标的国家治理正是在这一逻辑下展开的。犯罪治理是国家治理体系的重要部分，也深刻地打上了国家治理模式转型的印记。在新中国 70 年的发展进程中，犯罪治理的历史变迁也呈现诸多阶段性特征，表现为不同的治理模式。当然，这些模式并非断然分割，泾渭分明，而是存在一定程度的交叉与重叠。不过，通过理想类型的研究方法，我们大体可以把握 70 年来犯罪治理的变迁轨迹。

* 本文系笔者主持的国家社科基金青年项目“基于龙泉司法档案的基层刑事诉讼实证研究”（16CFX011），中国博士后科学基金第 65 批面上资助项目（2019M651224）的阶段性成果之一。

** 张健，吉林大学法学院博士后，江苏大学法学院副教授，硕士生导师。

一、改革开放前30年:革命与运动治理模式

学术界一般使用"士绅乡绅模式"或者"地方精英模式"来描述传统中国社会的治理模式。[1] 这一模式的特征是"皇权不下县、县下行自治"官民两便的"双轨政治"。对于广阔疆域内的基层社会,国家权力的介入相当有限。[2] 以士绅为主体的乡村领袖、族长、保甲长与诸如行会组织构成了国家与地方政治相连接的桥梁。在国家法以外是相对自治的空间。这一利用准官员解决纠纷,进行地方犯罪治理的方式被黄宗智称作国家治理的"简约模式"或"简约主义"。[3] 从此种意义上来看,传统中国的治理模式显得极为粗放。近代以来,基层社会被纳入国家政权建设的轨道,但这一进程在清末民国时期并没有取得成功,一度因为国家政权建设的"内卷化"产生了治理危机。[4] 1949年以后,新中国通过基层政权与各种群众性组织建立,初步完成了真正意义上的国家政权建设。这主要体现在两个方面:一是国家权力的下沉。基层社会不再是单纯的"基层自治",社会公共事务被纳入国家治理的范围。二是规划性变迁。犯罪治理不再是依赖民间力量的"无为而治",而是纳入了国家治理体系之中,开始纳入制度化建设的轨道。

第一,犯罪治理的社会背景:"总体性社会"的建立。

新中国成立之后,伴随着土地改革等运动的开展,传统中国基层社会存在的乡绅阶层、宗族、家族等非正式制度被摧毁。[5] 传统中国的"双轨政治"彻底终结。城市人口被纳入单位,农村人口被纳入人民公社。国家对社会结构彻底整合,集体户替代了传统的家户生产模式。传统的宗族和家族势力被国家定为有害于人民公社集体团结的封建残余。学者们通常将这种国

---

〔1〕 参见吕德文:《乡村治理70年:国家治理现代化的视角》,载《南京农业大学学报(社会科学版)》2019年第4期。

〔2〕 参见[美]马若孟:《中国农民经济——河北和山东的农业发展,1890—1949》,史建云译,江苏人民出版社1999年版,第2页。

〔3〕 参见黄宗智:《集权的简约治理——中国以准官员和纠纷解决为主的半正式基层行政》,载《开放时代》2008年第2期。

〔4〕 参见[美]杜赞奇:《文化、权力与国家:1900—1942年的华北农村》,王福明译,江苏人民出版社2008年版,第51页。

〔5〕 参见周雪光:《从"黄宗羲定律"到帝国的逻辑:中国国家治理逻辑的历史线索》,载《开放时代》2014年第4期。

家全面控制下的社会结构称为“总体性社会”。[1] 在总体性社会中，实现了对犯罪治理的有效治理，也由此强化了国家的动员能力。因为社会相对封闭，社会关系简单，这一时期全国发生的刑事案件数量与犯罪率较低，犯罪治理效能总体上在低水平上徘徊。

第二，常规性的犯罪治理。

1952 年司法改革结束以后，原有司法机关中旧有的司法人员在划分政治身份与阶级话语以后被悉数清除。与此同时，与革命斗争相联系的军人进入法院并占据主导地位，而人民法庭的建设则将国家的权力渗透到边远的乡村。它强化了大众对国家权威的认同和忠诚，巩固了国家政权的合法性基础。中华人民共和国成立后，“革命时期大规模的急风暴雨式的群众阶级斗争基本结束，但是阶级斗争还没有完全结束”。[2] 与国家本位相适应，诞生了国家本位的刑事诉讼体制。在国家本位的刑事诉讼体制中，打击乃至消灭犯罪是国家刑事诉讼最主要的职能。整个犯罪治理模式，从侦查、逮捕、起诉再到审判，如同流水作业一般，尽可能确保对被告人有罪判决。集权型的诉讼模式表现为权力的集中性、程序的反理性、程序的工具性。在改革开放前 30 年相当长的时间内，公安机关主导了犯罪治理模式的运作，这不仅表现在新中国成立初期的基层社会，公安机关相当长一段时间承担了侦查与起诉的双重角色，[3] 而且在后期，公安机关更是将刑事诉讼的批捕与审判的空间进一步压缩。为了最大限度地打击犯罪，诉讼程序被工具化。在这里，国家机关权力集中且权能混淆。权力高度集中于侦控机关手中，缺乏有效的制约与平衡。犯罪治理模式重实体，轻程序。诉讼程序带有工具主义的色彩，诉讼程序的独立性与自治性不足。

改革开放前 30 年的犯罪治理与政治运动紧密相关。运动与革命构成了新中国成立初期犯罪治理的主色调。强调国家主义至上，处理犯罪与解决刑事纠纷的权力由国家垄断，尽管群众在运动中被广泛发动起来，但被动参与的色彩浓厚。其特征有以下几个方面：第一，国家垄断了犯罪治理的所有权力，成为唯一主体，民间社会被完全排斥在外；其二，党的路线政策是刑事司法裁判以及治理犯罪的唯一标准，民间规则被排除；第三，在控制犯罪的

---

〔1〕 参见孙立平：《社会转型：发展社会学的新议题》，载《社会学研究》2005 年第 1 期。

〔2〕 参见毛泽东：《关于正确处理人民内部矛盾的问题》，载《人民日报》1959 年 6 月 19 日，第 1 版。

〔3〕 参见高其才、左炯、黄宇宁：《政治司法：1949—1961 年的华县人民法院》，法律出版社 2009 年版，第 158 页。

手段上，强调重刑主义，“消灭阶级、消灭犯罪”，认为打击消灭犯罪必须使用重刑；[1]第四，国家垄断了刑罚的执行权。

第三，政治运动与群众动员。

反复出现的群众运动是新中国成立初期30年独特的政治现象。在某种程度上，新中国成立初期30年犯罪治理的历史就是一部群众运动的历史。刑事司法中的群众运动不仅表现为群众集体举报控告起诉，收集证据，参与审判，其意见左右审判结果，管制刑的刑罚执行由群众负责监督。[2] 更为重要的，通过广泛的群众动员对那些可能会对新政权造成危害或者潜在危害者形成震慑，造成高压态势，最大限度地消除隐患，使任何有过历史污点者在心理上成“过街老鼠”，不敢轻举妄动。[3] 尽管群众运动纷繁复杂，但一般都要经过准备、政治动员、正式组织与全面铺开与总结等数个过程。新中国成立以后，通过政治运动进行犯罪治理具有多方面原因。首先，这与战争时期中国共产党的革命动员传统一脉相承，它是战争时期革命与运动动员模式的延续与保留。其次，群众运动与新中国成立后百废待兴的国情有关。在短时期内，新中国的常规性治理机制难以迅速适应新中国成立初期严峻的治安形势，犯罪治理资源比较贫乏，大规模的群众性运动构成了对制度运作的有效补充。最后，群众运动之所以能够被广泛地发动起来也与国社一体的体制有关。

这时的群众运动治理方式与传统中国借助非正式制度治理方式不同。其一，后者存在于国家对社会简约治理。其二，尽管两种治理模式的制度化程度都比较低，但前者除了依靠政治指令以外，还可以诉诸意识形态约束、评比竞赛、树立典型等手段，而传统中国诸如乡绅、士绅等非正式制度参与治理，主要是出于经济、声誉等因素的考虑。其三，群众运动治理方式依赖政策与命令。传统中国非正式制度治理主要依赖的是基层社会的礼治秩序，尽管偶有国家法，但不多见。[4]

---

〔1〕 参见马锡五：《换了人间》，载《人民司法》1959年第19期。

〔2〕 参见惠远达：《发挥审判威力，打击管制分子的反动气焰》，载《人民司法》1958年第14期。

〔3〕 参见李连荣：《批判个人主义、本位主义，发扬共产主义大协作的风格》，载《中南财经政法大学学报》1958年第7期。

〔4〕 参见徐忠明：《清代中国司法类型的再思与重构——以韦伯“卡迪司法”为进路》，载《政法论坛》2019年第2期。

如图1所示,改革开放前30年的政治运动给这一时期的刑事司法带来了极为深刻的影响。在1950年、1961年与1973年分别出现了三个小高峰。[1] 在1950年,为了巩固新政权,普通的刑事案件少见,大量的刑事案件主要以各类土匪、特务、反革命、恶霸和不法地主案为多。1961年出现高峰

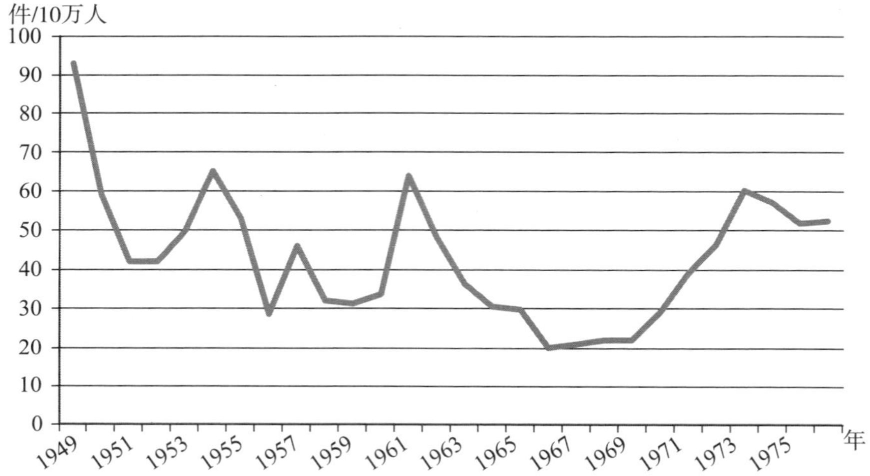

图1　新中国成立初期近30年刑事立案率

是"三年自然灾害"的结果,人们为了生存不得不冒险越轨,这一时期国家为了维护治安也加大了打击力度。1973年的犯罪率为60.3件/10万人。这一年出现高峰的原因在于1973年各地的公检法机关开始尝试恢复,并且由于"文革"阶段公检法机关被砸烂,前一阶段的统计数据存在缺失。

这一时期,政治运动主导了犯罪治理的逻辑旋律,而群众运动之所以能够有效运作,关键在于国社一体的体制。尽管新中国初期革命与运动式治理具有一定的历史必然性,但这种排斥程序化、制度化的治理方式最终带来了消极影响。首先,以阶级斗争与群众大规模参与为主要特征的革命运动式治理阻碍了国家的常规制度化建设。其次,群众运动的盲目性与非理性弱化了治理程序的合法性,革命运动式治理中狂热的群众在后期给国家带来了巨大的灾难,常规化治理不得不取而代之。革命运动式治理模式之所以失败,是因为群众运动是一种被动的、非理性的参与,存在较大的负面效

〔1〕 参见吴鹏森:《中国刑事犯罪60年:犯罪与社会的互动——兼论当代中国犯罪历史分期》,载《安徽师范大学学报》2012年第3期。

应,与现代政治秩序所需要的理性化与制度化相冲突。

二、改革开放初期:犯罪综合治理模式

20世纪70年代末期开启的改革开放使中国社会结构发生了深刻变革,伴随社会转型而来的是犯罪活动日加增长,国家犯罪治理面临巨大挑战。如图2显示,改革开放后,尽管出现波动,但是刑事犯罪呈直线上升趋势。尤

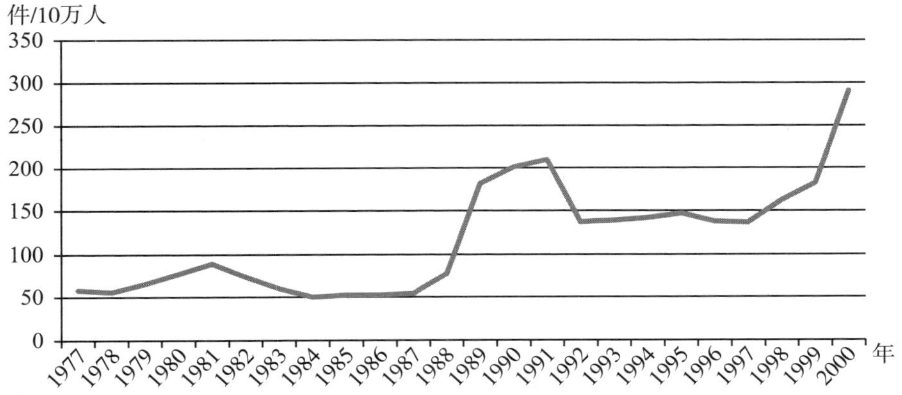

图2 1977～2000年刑事立案率

其是1989年与1999年连续两年出现大幅跳跃式上升。[1] 面对严峻的犯罪形势,1991年《关于加强社会治安综合治理的决定》出台,文件对加强社会治安作出了详细的规定。这是中央首次以综合治理为主题在全国范围内发出的正式文件,犯罪综合治理模式也因此而诞生。可以说,综合治理模式正是为了应对改革初期社会急剧转型产生的犯罪治理危机而生。它力图构建新的治理方式以回应复杂的治安犯罪态势。综合治理模式强调各种手段的综合运用,强调国家、社会的统一行动。它隐含了其对秩序与自由之间的价值权衡,强调秩序价值优先,以回应党和国家一再强调的"发展为第一要务""稳定压倒一切"等政策主张,所以,综合治理模式的"维稳"价值导向强烈,目的在于打击犯罪,恢复被破坏的社会秩序,为经济建设创造安定的社会环境。[2] 它有以下几个特征:

---

[1] 参见卢建平:《中国犯罪治理研究报告》,清华大学出版社2015年版,第933页。

[2] 参见邓小平:《邓小平谈改革开放与和平发展问题》,载《瞭望周刊》1986年第11期。

第一,常规治理机制的恢复与群众运动的有限退出。

犯罪综合治理模式强调了常规性机制的运用,改革开放以后,国家加快推进法治建设,相继制定出台与修改《刑事诉讼法》《刑法》等法律法规。犯罪综合治理模式不再从单纯依靠党和国家政策,开始进入规范化与制度化轨道。此外,国家政法系统得以迅速恢复和重建,1979 年重新制定的《人民法院组织法》《人民检察院组织法》为司法体系的重建奠定了基础。司法人员大幅增编。综台治理模式强调打击犯罪的同时,对犯罪的防范、教育、管理、建设、改造等工作都也开始纳入法治化范围,强调有法可依、有法必依、执法必严、违法必究。[1] 从这一层面来看,尽管综合治理模式是政策主导,但是以法律化面目出现,一定程度上提升了国家治理的效果,显然是对此前革命与运动式犯罪治理模式的纠偏。

与此同时,政治运动逐步从犯罪治理中淡出。这种淡出表现在两个方面。首先是领域的收缩。改革后常规性的犯罪治理得到了加强。虽然国家的常规性治理资源与治理目标存在一定差距,这迫使国家在改革开放后依旧经常诉诸群众动员,然而,伴随国家的制度建设不断推进,常规性犯罪治理能力的加强使国家越来越少地使用群众动员。其次是群众动员的变化与异化。虽然群众动员方式的治理在后革命时代依旧存在,但它后期转为一种“制度化动员”。这种动员往往是暂时性地强化某种激励,在时间上,它是有限的和可预期的;在目标上,它目的在于达到某种实际效果,而不是促成群众意识形态的转变;在范围上,它只针对特定的目标人群;在强度上,它并不鼓励针对非目标人群为对象作出瓦解性行动,只是利用广泛的宣传对大众观点形成影响,20 世纪 80 年代出现治安联防制度即是典型例证。治安联防制度既在一定程度上替代了群众路线,又在相当程度上缓解了地方政府的财政约束与正式警力缺乏的压力。

第二,主体与措施的综合性。

犯罪综合治理模式强调对社会总体力量的动员与组织,层层加码,步步强化。组织与动员全社会的力量,运用政治、法律、经济、行政、文化、教育等多种手段,对违法犯罪问题实行预防为主,打防结合,标本兼治,综合性整治,从根本上预防与减少违法犯罪,保障社会稳定。[2] 犯罪综合治理模式强

〔1〕 参见张文显:《法治与国家治理现代化》,载《中国法学》2014 年第 4 期。

〔2〕 参见刘复之:《坚决打击刑事犯罪,争取社会治安根本好转》,载《中国法学》1984 年第 1 期。

调各部门与各单位齐抓共管,形成"谁主管,谁负责"的治理格局;落实责任,形成群防群治的治理网络。它与改革开放前 30 年所秉持的犯罪消灭论不同,犯罪综合治理模式所坚持的犯罪预防理论更为理性。这一时期的治理手段除了"严打",也强调预防、教育、管理与建设等多种措施与手段的综合运用。同时,犯罪综合治理模式也关注长远的治本效果,即在预防层面下功夫,"打防结合、预防为主",多管齐下,运用多种策略与手段预防与减少犯罪,实现对犯罪的有效治理。此外,综合治理模式比革命运动式治理的进步之处还在于其对组织与制度建设的重视,因为犯罪综合治理模式的根本在于执政党主导的组织化调控,所有模式措施的最终落实都必须依靠组织与制度建设,它构成了犯罪综合治理模式体系有效运作的基础。

综合治理模式强调主体综合性的同时,更强调党和国家的领导,尤其强调通过党的权威来协调各方资源,统一认识与统一行动。[1] 在党委的领导下,以国家体制为主导,通过制定与实施政策,依靠政府组织或政府附属组织来落实,保证各部门各司其职、齐抓共管,形成严密的工作链条与工作责任网络。这是综合治理模式工作的特色,它强调一个中心权威与自上而下的权威,调动各方力量,形成合力。

第三,运动式治理与压力维稳。

改革开放以后,政治运动开始退出舞台,但以集中整治、"严打"与专项治理为基本内容的"从重从快"运动式打击严重刑事犯罪在一定程度上保留了新中国成立初期革命与运动治理的某些特征。不过,"严打"背后的运动式治理与新中国成立初期通过政治运动进行的犯罪治理存在的一个重要区别是,新中国成立初期的革命运动式治理强调政治运动,全体动员,革命色彩浓烈;综合治理模式的"严打"则更多依靠体系内资源的总动员。尽管综合治理模式强调多方参与,但政法部门是"严打"运动的主力军。它是在政法委的组织协调下,公安机关、检察院、法院对重大案件提前介入,快批捕、快起诉、快审判。运动式治理的优势在于其具备较高的效率,借助国家强大的组织动员能力,快速集中有限的法治资源,对特定时期内某一类比较严重的刑事犯罪迅速展开打击,短时间里取得显著的社会效果。然而,"严打"的缺陷也值得重视。其一,运行成本高。"严打"往往以大会战、专项治理、集中整治等非常规方式进行,运动式治理的效果取决于资源的投入多少。这

[1] 参见任建新:《关于今后人民法院的工作任务》,载《人民司法》1993 年第 5 期。

需要国家投入巨大的人力、物力、财力用于其中。其二，治理效果有限，具有反弹性，运动式治理的确能够达到立竿见影的效果，但是治理结果却有反复性。治理效果的反复与反弹不仅导致治理资源的浪费，而且对政府威信带来挑战。其三，权力行使不规范，导致常规制度运行扭曲，“严打”追求行动高效，必然要打破常规制度，谋求非程序化运作，这存在负面影响，例如，不合理的绩效考核使司法人员疲于奔命，甚至出现一些刑讯逼供等现象；司法裁判不公侵蚀司法公信力等。其四，“严打”在运作机理上与以法治为核心表征的常规化治理存在较大差距。

犯罪综合治理模式本质上为一种压力维稳型治理，在犯罪治理问题上采取压力维稳型的犯罪治理模式。这种犯罪治理模式是在国家场域中的管治与服从理念的主导下，通过一套自上而下的高压控防运作体制，实现对违法行为和普通犯罪的常规治理以及对严重犯罪的应急性打击。综合模式产生于改革开放初期，计划经济色彩仍然较重，它实际上是运用计划经济的手段把各种治理资源作出统一调度。它是一种适用于计划经济的犯罪治理模式，而非适用于市场经济。此一时期，国家开始把犯罪治理问题纳入科层化的组织体系，并且通过具有可预期性的法律体系来推进治理。综合治理意味着犯罪治理主体开始多元化，也是中国式的多元化治理与合作治理模式的最初样式。综合治理机制是一种相对有效的资源动员机制，构成了转型时期中国社会犯罪治理的主导模式。

三、新时期：迈向多元化犯罪治理模式

伴随改革的深入，尤其是党的十四大确立市场经济体制，进入21世纪以后，经济与社会的巨大发展引发社会结构整体性、深层次的变革。社会的自由空间加大，公民自由、平等与独立性意识日益呈现。在基层社会，原来由国家作为单一治理主体的格局出现变化，国家治理越来越基于社会与市场自身发展的逻辑与需要，让利于市场，一定程度放权给社会，建立起政府、市场和社会三者有机参与共治的新型治理格局。以社会重建与成长为核心的社会变革推动了国家治理的革新，国家之外的社会力量开始以新的方式塑造犯罪治理模式。伴随学术界与实务界对20世纪80年代治理模式反思的展开，长期以来存在的“孤立的个人反对统治关系的斗争”犯罪理论，以国家垄断对犯罪追诉权为基础的国家追诉主义开始受到质疑。具体到犯罪治理方面，在不破除国家主导的情况下，犯罪治理注重多元主体之间

民主协商机制的建立与社会资本的培育,强调国家、市场与社会形成合作治理网络。

第一,社会力量参与犯罪预防与刑罚执行。

诸如居民自发的治安巡逻、对罪犯的帮教、对刑满释放人员的帮扶、保安业、治安承包、社区警务等社会力量的介入很大程度上缓解国家正式力量的犯罪防控压力。[1] 以治安承包为例,转型期,面对严峻的犯罪形势,犯罪治理在供给与需求方面存在结构性矛盾。一方面,受到财政限制,长期以来,正规警力不足与艰巨繁重的治安任务不相适应的矛盾愈加突出,社会安全的整体供给呈现短缺的情形;另一方面,社会经济的发展导致民众对社会安全的需求出现了多样化的特征。为了解决这一结构性难题,“治安承包”应运而生。“治安承包”数十年来,取得了较好的社会效果。“治安承包”呼应与显示了全球范围内兴起的统治向治理的转变趋势。在这种趋势中,社会力量与市场机制被引入。私法上的契约以及与契约相伴而生的市场价值观念融入到传统的公法里,属于国家传统职能的最核心部分出现了市场化与社会化的趋势,国家犯罪治理模式的单一治理变成多元共治。

在刑罚执行阶段,以社区矫正与刑事和解为例。2002年8月,上海市启动社区矫正试点工作以后,逐渐在全国范围内铺开。社区矫正是在开放的环境中,注重运用社会力量教育改造罪犯。这有效地降低了刑罚的执行成本,反映了行刑社会化与刑罚经济化的趋势。社区治理正打破传统的国家一体化统管局面,在犯罪多中心治理方面发挥重要作用。

第二,社会力量参与立法修改。

在刑事诉讼立法与司法方面,近年来,刑事诉讼法与刑法修改的透明度与社会参与程度大幅提高。公民与社会组织积极参与立法,这种参与不仅形式多样,而且具有一定程度的批判性,立法过程与内容也具有回应性。这表明刑事立法工作开始从单方面的国家意志转变成为社会各方关注并参与、博弈的社会工程。[2] 在诉讼方面,人民陪审员、人民监督员等制度日益完善,社会力量参与贯穿于司法诸多环节之中,它让国家司法权以外的社会力量充分、有效地分享、协助或者监督刑事司法权的运行。此外,2012年《刑

---

〔1〕 参见樊鹏:《中国社会结构与社会意识对国家稳定的影响》,载《政治学研究》2009年第2期。

〔2〕 参见左卫民:《从国家垄断到社会参与:当代中国刑事诉讼立法的新图景》,载《清华法学》2013年第5期。

事诉讼法》修改将公诉案件刑事和解程序写入立法，反映了犯罪治理多元化趋势，成为社会力量进入犯罪治理的新举措。社会力量参与犯罪治理模式实践既节约了司法资源，同时也兼顾了国家利益与个人利益，[1]在一定程度上改变了传统犯罪治理模式坚持国家主义与集体主义至上的理念，弥补了国家单向度追诉模式下忽略被害人权益保护的缺点，反映了国家独占司法权开始向社会让渡。

第三，以审判为中心的诉讼改革。

新时期，刑事诉讼法的工具观念逐渐被摒弃，权力集中、国家本位的立法理念在一定程度上得以消解。早在1996年，《刑事诉讼法》修改对此前的立法所确定的职权主义模式进行了重大修正，吸收了对抗式诉讼的措施。确立了"疑罪从无"原则，扩大了辩护权，加大了控方的举证责任，吸收了对抗制主义庭审阶段交叉询问的方法以及对证据的核查与辩论程序。[2] 2012年《刑事诉讼法》修改，突出了惩罚犯罪与保障人权并重的观念。《刑事诉讼法》第2条写入了"尊重和保障人权"的内容，对整个刑事司法活动的制度与程序发挥了统领作用。在具体措施方面，更是体现了其对人权的保障：规定了不得强迫任何人自证其罪，完善了非法证据排除制度，强调了对正当程序的尊重，继续强化了控审分离、控辩平等对抗、裁判者中立的正三角形诉讼构造。[3] 党的十八届三中全会提出了"以审判为中心"的诉讼改革，它对改变我国刑事诉讼架构具有划时代的意义。"以审判为中心"的诉讼改革与2018年《刑事诉讼法》修改强调了落实庭前会议制度，推进庭审实质化改革，贯彻证据裁判规则，完善刑事诉讼构造，落实非法证据排除规则，贯彻疑罪从无等，以发挥庭审防止错判、保护无辜的功能。

总之，新时期的犯罪治理模式呈现出多元化、民主化趋势。具体展开表述包括以下几点：第一，国家仍然是犯罪治理的主体，不过同时，市场与社会组织也拥有一定的刑事犯罪的治理权。换句话说，重罪仍旧是国家的专属领域，而对于轻微犯罪则可以诉诸"民间主义"的方式解决。它构成了国家与社会合作治理犯罪的开放空间。这不仅有效地缓解了国家治理犯罪的压力，而且也实现了国家与社会的有效互动，推动国家治理现代化。第二，更

---

〔1〕 参见陈瑞华：《刑事诉讼的私力合作模式——刑事和解在中国的兴起》，载《中国法学》2006年第5期。

〔2〕 参见樊崇义：《〈刑事诉讼法〉再修改的理性思考》（上），载《法学杂志》2008年第1期。

〔3〕 参见孙锐：《中国社会的转型与〈刑事诉讼法〉的修改》，载《法学杂志》2012年第8期。

加注意社会关系的恢复。新时期的犯罪治理更加强调犯罪是社会冲突的表现形式,强调当事人之间的意愿,更有效地恢复社会内生秩序,这与传统的国家主义犯罪治理理念存在巨大区别。第三,在行刑上,国家依旧是行刑权的最重要主体。然而,在某些领域,民间社会也分享了一部分犯罪的执行权。这不仅降低了国家执行刑罚的成本,而且更利于犯罪人重新回归社会。〔1〕 在价值理念上,由国家场域的惩罚与管治开始向社会场域中的多元与协商演进。犯罪治理模式越来越显示出多元化协商治理合作的特征。当前,社会力量参与的范围主要集中于犯罪的防范与消解阶段,社会力量参与犯罪治理仍有相当大完善的空间。

相较于犯罪综合治理模式,多元化治理意味着社会与市场的独立性增强,对国家的依附弱化,这符合国家治理现代化的发展趋势,毕竟现代社会理应是一个国家、市场、社会的三元建构。在多元合作治理机制中,国家本位的刑事政策模式得到转变,形成国家与社会在犯罪治理场域的良性互动,与社区、市场、公民等力量融为一体。同时,在制度化建设方面,由于综合治理模式诞生于改革开放初期,常规性治理刚刚恢复,对制度规范的遵从还没有成为习惯,国家主要依靠执政党主导的组织化网络,更多的是强调组织建设,执政党与国家主导的组织化网络吸纳了社会与市场的力量。而多元治理模式以制度化与法律化的面目呈现出来,制度化水平进一步提高。一定意义说,综合治理模式为组织之治,多元化治理模式是法律之治。

四、新中国犯罪治理的逻辑嬗变与影响因素

(一)新中国国家犯罪治理的逻辑嬗变

自元明清以来,中国就面临着超大型国家的有效治理问题。国家在中央集权与地方治理之间存在深刻矛盾,如何在保证中央集权的前提下实现对地方的有效治理一直是历史难题。〔2〕 新中国成立后,作为一个超大型后发展中国家,国家治理的复杂性一直贯穿这一过程。新中国70年的犯罪治理模式经历了从“统治”、“管理”到“治理”的演进轨迹。在革命运动治理模

---

〔1〕 参见张健:《龙泉司法变迁及其对当代中国基层刑事司法的借鉴》,载《苏州大学学报(法学版)》2016年第3期。

〔2〕 参见彭勃、张振洋:《国家治理的模式转换与逻辑演变——以环境卫生整治为例》,载《浙江社会科学》2015年第3期。

式下，治理主体是党与国家，犯罪治理的理念是消灭犯罪，治理侧重于阶级专政，路径是阶级斗争与政治运动。在综合治理模式中，国家强调以经济建设为中心，治理治理主体仍然是党和国家，治理理念是对秩序稳定的追求，强调稳定压倒一切，治理的路径是常规治理与运动式治理。在多元化治理模式中，在国家治理现代化的语境中，治理主体不再仅是党和国家，还包括市场力量、社会组织与个人，犯罪治理理念是在顶层设计下各主体通过法治协商多元参与治理。如表 1 显示的，70 年来犯罪治理模式变迁轨迹主要表现在以下几个方面。

表 1　犯罪治理模式的变迁

时段	治理模式	治理背景	治理方式	治理理念
新中国成立初期 30 年	革命与运动治理	国社一体	国家机构扩张、群众运动	打击消灭犯罪
改革开放初期	综合治理	国家部分退出、公社单位制解体式微	国家机构重建、行政动员与激励	预防为主，打防结合，综合治理
新时期	多元化治理	社会市场力量发展	国家机构改革、多元化参与	协商多元

第一，治理目标：从“秩序为本”到“以人为本”。

新中国成立 70 年犯罪治理的从“秩序为本”转为“以人为本”。新中国成立后，全能主义国家治理坚持“阶级斗争为纲”，强调对犯罪分子等被统治阶级专政的政治秩序。综合治理模式中，稳定在国家治理中至关重要的地位，维稳因此也就成为颇具中国特色的概念，其实质就是追求社会秩序的稳定。在多元治理模式中，国家治理的目标发生变化，从追求“稳定”转向追求“有序”，倡导“以人为本”，注重激发社会活力，促进社会公平正义，突出人的价值，彰显了开放性、包容性和广泛的社会参与性等特征。这就要求国家摆正位置，保护私人尤其是犯罪嫌疑人与被告人的权利，并对公权力的有效监督与制约，消除特权思想与特权行为。这不仅需要完备的法律制度加以规范，更需要细化措施加以落实。[1]

第二，治理主体：从单一到多元。

在治理主体上，犯罪治理模式经历了从单一主体到多元主体的变迁过

〔1〕 参见王岩、魏崇辉：《协商治理的中国逻辑》，载《中国社会科学》2016 年第 7 期。

程。70年来,我国的犯罪治理模式由原来的党和国家单一主体治理的全能主义发展为将公民、市场与社会组织纳入治理主体的架构中,实现了“多元主体”的治理。在改革开放前30年,全能主义的国家治理模式下,个人依附于国家,党与国家作为唯一的治理主体拥有绝对的话语权。改革开放后,国家与市场、社会出现了结构性分离,社会组织大量涌现,政府、社区、市场、居民等力量参与多元共治构成了目前犯罪治理的显著特征。〔1〕不过需要指出的是,70年来,“国家始终在场”是犯罪治理的主基调,国家依然是目前最主要的犯罪治理主体。在犯罪治理体系中,国家依旧具有主导性地位,这不仅是因为国家拥有强大的技术能力与资源做支撑,而且,犯罪治理与社会秩序的公共属性决定了国家必须占据最重要的位置。

第三,治理方式:“统治”“管理”再到“治理”。

新中国成立70年来,中国的犯罪治理模式经历了由“统治”、“管理”再到“治理”演变的三个阶段。改革开放前30年,犯罪治理主要依靠国家权力,改革开放之后,从“阶级斗争”转向“经济建设”,综合治理模式尽管强调常规性治理与制度建设,但依旧呈现政策主导的格局,政策也因具有灵活性、权威性等优势成为治理的有力工具。此后,“法治”话语逐渐兴起并成为社会秩序重建的强大话语,在“加强社会主义法制建设”的号召下,犯罪治理模式致力于推进构建法治秩序,实现治理的现代化与法治化,限制公权力,保障私人权利。〔2〕犯罪治理制度是以法律化的面目呈现出来的。

第四,治理内容:从政治运动转向犯罪本身。

总体上看,新中国成立70年来犯罪治理的重心逐渐从政治运动转向犯罪本身。在新中国成立初期30年一元体制的社会里,长期对“斗争哲学”与“革命理想”的强调对犯罪治理产生了极为深远的影响。打击与消灭犯罪就是对阶级敌人进行斗争,它是在一种你死我活、疾风骤雨式的阶级斗争氛围中开展的。依靠群众斗争来消灭犯罪主导了改革开放前30年来刑事司法的运作,犯罪治理的政治色彩浓烈,政治运动主导犯罪治理。伴随国家治理模式的转型,犯罪的社会性呈现出来。强调犯罪是对健康人际关系的冲突与破坏,是人们日常生活中发生的强烈纠纷与矛盾。传统的“国家—犯罪人”

---

〔1〕参见程栋、周洪勤、郝寿义:《中国区域治理的现代化:理论与实践》,载《贵州社会科学》2018年第3期。

〔2〕参见葛洪义:《多中心时代的“地方”与法治》,载《法律科学(西北政法大学学报)》2016年第5期。

刑事法律关系二元结构转变为“四元结构”，即犯罪人、被害人、社区构成三角关系，而国家则处于这个三角关系之外。[1] 在这一结构中，公民可以通过理性沟通、协商等方式解决纠纷，迈入更为有效的治理轨迹之中。

第五，治理理念：由“自上而下”向“上下互动”转型。

自上而下的、命令与控制为特征的治理模式强调秩序与稳定，却往往忽视了大众的权利诉求与社会的有效回应。70 年来，犯罪治理模式由权威服从向民主协商转型，逐步从压制型治理转换成为回应型治理。国家行动不单独依赖于等级化的治理，而是因地制宜、因时制宜地引入市场治理与社群治理，而如何激活社会，增进市场力量，促进多元化治理的发展，这正是国家治理体系创新的核心所在。

(二)70 年来犯罪治理模式变迁的影响因素

犯罪治理模式是一个历史范畴，不同历史时期，犯罪治理所处的环境、历史使命各有差异，导致其主体、对象、方式也千差万别，它们之间内部的关系、结构与运作机制也不一样。不同的犯罪治理模式是由特定社会环境塑造而来，它们之间并无优劣之分，如图 3 所展现的 60 余年犯罪率的变动轨迹类似于“S”形。它总体上与国家治理模式转型，尤其是经济体制的变革紧密相关。经济体制是影响当代中国刑事犯罪变迁的基础性要素，同时，各种政治运动、经济危机、社会动乱、刑事政策变化等也一定程度上影响到了 70 年来犯罪态势的变化。在新中国成立初期 30 年，刑事犯罪虽小幅波动，然而总体平稳，而在市场经济建立转型过程中，犯罪不可逆的快速增长，在可预见的未来，将长期处于高位维持状态。本文将犯罪治理的变迁放在历史视角下讨论，初步总结出以下三个影响犯罪治理模式变迁的因素。

第一，国家治理理念。传统中国，儒家治理理念“不生事扰民”遏制了国家对基层事务的过多介入。传统中国非正式制度介入犯罪治理，国家不仅“不能”而且“不愿”铲除这些非正式制度。这种治理模式在很大程度上出自国家的治理理念。这种依靠非正式制度介入犯罪治理的方式就是上文提到的“简约治理”。晚清开始，清政府开始推行国家政权建设，由此拉开了国家权力下沉的序幕。至新中国成立，全能主义治理模式建立，民国时期存留的非正式制度彻底被铲除，国家承担了类似“家长”的角色。国家在组织架构、

---

〔1〕 参见杜宇：《犯罪观的“交锋”：“刑事和解”与传统犯罪理论》，载《浙江大学学报(人文社会科学版)》2010 年第 2 期。

资源供给以及社会动员等方面拥有其他主体难以比拟的优势,从而使其自身实现了对犯罪治理的全方位主导。改革开放以后,全能主义模式逐渐解体,国家简政放权,全能型政府色彩淡化,犯罪治理方面减少国家微观干预,

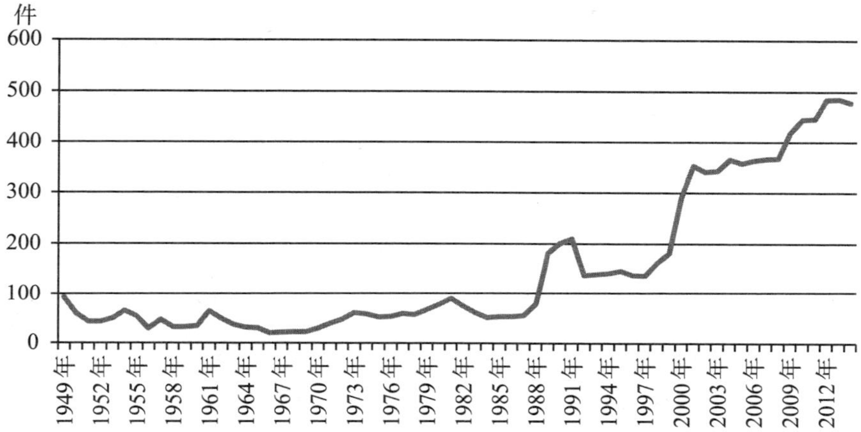

图3　新中国成立60余年来犯罪率变迁轨迹

建设法治政府,鼓励社会自治,促进社会协同治理的格局正在形成。

第二,经济转型与社会结构。社会结构的改变会影响到国家在犯罪治理中所依靠的力量与所采取的方式。不同的社会结构影响了国家实现犯罪治理目标的能力,在传统中国乃至民国时期,国家不得不更多地依靠各种非正式制度甚至“土豪劣绅”。新中国成立初期,国家实现了对社会经济的全部管控,国家就可以完全铲除对非正式制度的依赖,并且通过广泛发动群众来协助其实现犯罪治理的目标。改革开放后,全能主义国家收缩,国家对社会的全面控制削弱,面对新的挑战,国家开始诉诸于基层群众、自治组织、志愿者以及市场等新生社会力量。也就是说,不同的犯罪治理模式是国家根据其社会结构做出的选择,随着社会结构的变化,国家会相应地调整犯罪治理的方式,进而做出理性的选择。

第三,国家治理能力:财政汲取与财政供给。在传统中国,农业为主的经济的有限税收很难支撑起庞大的国家组织运转,更难以将政权组织下沉到郡县以下,国家依赖非正式制度来完成庞杂的犯罪治理等事务。晚清民国时期,国家开始推动政权建设,然而,组织机构的增加需要足够的财政供给做支撑,当财政不足以支撑国家机构运作的时候,就会转而依赖非正式制

度，所以，在国民党统治时期，尽管国家政权试图强力进入基层社会，但是，基层的自治性力量并未由此而断裂，社会力量参与犯罪治理的情景依旧变化不大。[1] 新中国成立后，财政供给依旧是限制国家向基层社会延伸，推动正规化建设重要的因素。国家必须依靠广泛发动群众动员来解决基层社会犯罪治理问题，这不仅出于意识形态的考虑，更是源于财政的限制。至今，财政供给仍然国家犯罪治理的限制性因素，面对“案多人少”的问题，不能仅寄希望于大量扩充编制与增加法官人数等制度资源的简单化扩张。多元化犯罪治理模式主张社会、市场多元共治，可以有效克服传统治理模式的缺陷，是当前犯罪治理模式转型的必经之路。

五、结　语

本文将犯罪治理模式的变迁放置于历史进程中考察，描述了犯罪治理变迁的历史图景与轨迹。新中国成立 70 年来，经历了改革开放前 30 年、改革开放初期以及新时期三个阶段，国家权力在基层社会也经历了一个逐步下沉、全面渗透与向上回抽的过程，与此相适应，犯罪治理模式发生多次变革，形成了革命与运动治理模式、综合治理模式与多元化治理模式。这三种犯罪治理模式既有区别又有联系，在深层次上遵循了一脉相承的内在逻辑。犯罪治理模式变迁深受国家的治理理念、社会结构以及国家财政供给与财政汲取等诸多因素影响，与政治、经济、文化、社会等方面的变革紧密联系，这些错综复杂的因素合力所产生的推动作用，形成了犯罪治理模式变迁的轨迹，这拉长了历史的视野，从而使我们更为清晰地认识到当今中国犯罪治理所面临的挑战与变革的路径，而对于犯罪治理变迁影响因素与微观机制的剖析，还需要更为细致的经验分析。

---

〔1〕 参见张健：《晚清民国刑事和解的第三领域——基于龙泉司法档案刑事案件官批民调制度的考察》，载《中国刑事法杂志》2013 年第 4 期。

二、诉讼制度理论及实践的基础议题

刑民交叉案件中的事实认定与证据使用*

龙宗智**

在现实生活中，大量刑事案件，尤其是造成财产权益损害的案件，会引致一定的民事法律后果，因此，刑事案件与民事案件的交叉关联，是司法实践中的常见现象。然而，我国的法律供给、司法运作、法学研究呈典型的二元分离格局——分别且独立地应对刑事诉讼和民事诉讼——就两类案件的交叉问题，尚未发展出合理、有效且较为成熟的应对体系与学理。此项判断亦适用于交叉案件中的一个基本问题，即事实认定的交互影响以及诉讼证据的交互使用。对这一问题，仍需深化理论研究，进一步探索实践规制的方式与方法。

一、问题界定与考量因素分析

事实认定的交互影响，是指生效刑事裁判的事实认定对后续民事案件事实认定的影响，以及生效民事裁判的事实认定对后续刑事案件事实认定的影响。诉讼证据的交互使用，是指刑事案件中收集的证据在民事诉讼中的使用，以及民事案件中收集的证据在刑事诉讼中的使用。其中，事实认定的交互影响，即事实认定的预决效力

---

* 本文发表于《法学研究》2018 年第 6 期。

** 龙宗智，四川大学法学院教授。

问题,是需要探讨的主要问题。

(一)事实认定预决效力的概念界定与内涵厘清

生效裁判的预决效力,即生效裁判已判定的内容在后续诉讼中未审先定的法律效力。此种预决效力也被称为"生效裁判的拘束力",简称"既判力"。由于既判力理论诠释力的局限,又有"争点效"(附带禁反言)理论予以补充。不能否认,生效裁判事实认定的预决效力,与裁判的既判力以及争点效有密切联系。在特定条件下,甚至可以用"既判力"或"争点效"来表达"生效裁判事实认定的预决影响"这一意思。然而,也应当看到,事实认定的预决效力与既判力、争点效又存在一定的区别,不能简单、无条件地将前者纳入后二者的问题域。

众所周知,既判力作为裁判效力理论的基本概念,是指生效裁判中,以确定当事人实体权利义务为主要内容的裁判主文,对后续诉讼的约束力。[1]生效裁判中的事实认定,是裁判主文确定实体权利义务的基础和根据,但其并非既判力的载体本身。不过,裁判主文不能脱离事实基础,因此,主文的约束力必然会推及事实认定的约束力,但其效力程度、条件与机理有别于既判力。而且,既判力主要界定同类诉讼生效裁判的预决效力,因此,一般遵循既判力相对性原则,即既判力的产生以前后两诉是"同一诉讼主体、同一诉讼标的、同一诉讼原因"为前提。而"三同一"通常仅存在于前后两诉为同类型诉讼的情况下,刑事公诉案件以国家为原告,通常与后续民事诉讼的诉讼主体有区别。因此,如果不作适度变通,如改变应用条件、扩大应用范围,在诉讼性质不同且诉讼条件与规则不同的情况下,既判力规则将难以适用。

也许是考虑到裁判主文所承载的内容有限,不足以概括生效裁判应当具有的预决效力,又有关于裁判主文成立根据的争议点判定对后续诉讼的效力的理论,即所谓争点效理论。争点效,亦称"争点遮断效""争点排除效",即英美诉讼制度中的"附带禁反言"(collateral estoppel),是指"相同当事人间之争点在前此审判中既经事实上之判断,即禁止在后来之诉讼中再事争执之原则"。[2] 但是,诉讼争点是法院在裁判理由中对原被告诉讼争议点的概括及评判,以及对裁判主文正当合法性及理由充分性的论证;其中对事实性质的概括以及对事实争议点的评判,无疑会凝练事实、确认关键事

〔1〕 参见翁晓斌:《我国民事判决既判力的范围研究》,载《现代法学》2004 年第 6 期,第 78 页。

〔2〕 林朝荣、林芸沣:《既判力与二重危险之研究》,台北,一品文化出版社 1998 年版,第 151 页。

实;这种高度抽象性的事实认定,不能包含判决中事实认定的全部内容,甚至可能不会包含要件事实的全部内容。因此,裁判理由包括争点评判产生的效力,虽与生效裁判事实认定对后续裁判的效力有十分紧密的联系,但二者亦不能等同。[1]

在上述分析的基础上,本文研究的预决效力应被界定为:与既判力、争点效等概念既有联系又有区别的生效裁判事实认定对后续诉讼的证明效力。不过,生效裁判事实认定的证明效力,其中的事实认定可能具有两种涵义,即单纯的客观事实认定与法律事实的认定。前者系生效裁判中事实认定部分的内容;后者则系裁判认定事实与法律规范相结合,从而赋予客观事实以法律性质的事实认定。在刑事裁判中,法律事实的认定包含裁判文书对案件事实即案件发生过程的认定、被告构成犯罪以及罪名的认定。而法律事实认定的效力,与既判力及争点效具有更为紧密的联系。为了准确界定问题及有效展开应对性研究,在特定的研究中,对两种事实认定亦需作出必要区分,以免出现概念混淆。[2]

(二)设置事实认定预决效力以及证据交互使用制度的考量因素

其一,司法的统一性与诉讼的独立性。司法的统一性,表现在司法权的统一行使和程序机理及证据法则的协调统一。前者是指无论民事诉讼还是刑事诉讼,均由法院统一行使审判权,遵循法制统一原则。这种司法权的统一性,既表现于司法权运行内部机制的协调自洽,更表现于外部尤其是裁判上的协调一致及无冲突。程序机理和证据法则的协调统一,则是指无论刑事案件还是民事案件,均以三方组合的诉讼方式,即控辩双方或原被告双方平等对抗、法院居中裁判的方式展开。就事实认定,均遵循证据裁判原则、证据能力与证明力审查原则,遵循证据真实性、相关性、合法性审查确认的基本规范,要求定案证据必须经法庭质证与辩论,限制法庭超越控辩双方或

---

〔1〕 如在美国,生效裁判事实认定对后续诉讼事实认定的证明效力,首先需依据传闻证据例外规则明确其证据资格与证明效力。在此基础上,再依据禁反言规则及争点排除原则确定生效裁判事实认定的预决效力。即传闻证据例外规则并不涉及该先前判决的可能约束力问题,"这一问题要根据间接的禁止反言或争点排除原则来解决"。参见[美]罗纳德·J.艾伦等:《证据法——文本、问题和案例》,张保生等译,高等教育出版社2006年版,第614页。

〔2〕 如在美国,生效裁判事实认定对后续诉讼事实认定的证明效力,首先需依据传闻证据例外规则明确其证据资格与证明效力。在此基础上,再依据禁反言规则及争点排除原则确定生效裁判事实认定的预决效力。即传闻证据例外规则并不涉及该先前判决的可能约束力问题,"这一问题要根据间接的禁止反言或争点排除原则来解决"。参见[美]罗纳德·J.艾伦等:《证据法——文本、问题和案例》,张保生等译,高等教育出版社2006年版,第614页。

原被告双方的事实主张来认定案件事实,以及实行法官自由心证等。司法权的统一性,为刑事诉讼与民事诉讼的相互尊重与肯认提供了制度基础,而基本程序机理和证据法则的协调统一,为这种尊重与肯认提供了技术根据。

然而,司法的统一性并不否定诉讼的独立性。这种独立性首先表现在刑事诉讼与民事诉讼具有不同的任务和功能,因此形成有区别的程序制度和证据规则。其次表现在无论刑事法庭还是民事法庭,均有独立的裁判权。这种独立性要求每一个案件的裁判需以本案的举证、质证与辩论为基础,以个案审判过程形成的法官心证为根据,要求承审法官对个案事实认定和法律适用承担审理与裁判责任。因此,案件的独立审理与责任承担,不允许简单地以司法统一性为由推卸个案的审判责任。这就要求,处理事实认定与证据使用的刑民交叉问题,需要寻找司法统一性和裁判独立性的适当结合点,划出合理的界限。

其二,诉讼效率与司法公正。普通法学者认为,先前判决是否具有证据价值,关系到司法审判效率与法律公平正义之间的平衡。[1] 承认先前裁判对已判断事实的证明作用,即预决效力,可避免对同一事实再行审理和裁判,可节约诉讼资源、提高司法效率。对他案证据在本案中允许使用,亦有同样效用。然而,追求效率不能妨碍司法公正。如果因新的证据以及本案当事人抗辩,发现先前判决认定的事实有误或可能有误,即可否定先前判决的事实认定,并重新作出事实判定。因此,考虑到效率与公正的平衡,即使承认先前判决事实认定的预决效力,也应当承认其相对性而否定其绝对性,以应对新的诉讼中新的情况和问题。

证据使用亦同。在证据资源有限的情况下,对于已收集的证据,允许其被配置于其他诉讼的攻防体系并交付法庭判断,有其必要性,但也需按照其他诉讼的程序法及证据规则进行审查,而不承认其当然的、不受审查的证据能力。例如,刑事案件中已收集的证据(通常是国家机关依职权收集的证据)被运用于相关的民事诉讼,也需按照《民事诉讼法》对证据的来源、形式和内容进行审查,并由此确认其证据能力和证明力。

其三,事实认定的刑事优先与民事诉讼的自身规律。如果刑事犯罪和民事侵权或违约基于同一法律事实,则应首先进行刑事诉讼,这是由司法解

[1] 参见齐树洁主编:《英国证据法》,厦门大学出版社2002年版,第655页。

释和实践确认的交叉案件刑事优先原则。[1] 当然,这一原则的适用是有条件的。某些情况下,两种诉讼可并行不悖;而就一些特殊类型的、民事法律关系复杂的案件,甚至可以先行审理民事部分,经民事确权后再审查是否构成犯罪。然而,虽需考虑具体情形调整先后顺序,刑事优先作为一般原则却不可否认。

刑事优先原则的成立,受三点法理支撑:一是法益考量的社会优先。民事诉讼主要保护个体法益,刑事诉讼则重在保护社会法益。两益相权取其重,从而确立刑事应对的一般优先地位。二是法律责任的举重明轻。刑事责任涉及财产、人身自由乃至生命的限制与剥夺,相比民事赔偿及合同违约责任,显然更为重大。而刑事责任的落实,可能附带解决民事责任,或者可为同一或关联事实导致的民事责任认定提供事实和法律上的基础和条件。反之,民事责任并不一定导致刑事责任,民事诉讼也无力"附带"刑事诉讼。三是事实认定的刑事优位。为保护社会及个人法益,防止认定刑事责任时发生偏误,刑事诉讼的事实认定较之民事诉讼采用更高的证明标准,并通过公权力依法介入、扩张证明手段,使之更有利于查明案件事实。基于这些理由,就交叉案件的事实认定和证据使用,亦应承认民事诉讼与刑事诉讼有别,并确认刑事优先的一般原则。

然而,民事诉讼与刑事诉讼毕竟有不同的诉讼目的、诉讼手段和程序,亦有独立的个案审判权,因此也需遵循民事诉讼自身规律。与刑事诉讼相比,民事诉讼有三个突出特点:一是程序权利、诉讼资料的可处分性;二是当事人平等,即诉讼当事人的法律地位平等与诉讼手段对等,包括证明责任的平衡分配;三是事实认定一般不需要达到排除合理怀疑的程度,证明标准相对较低。这些特点决定了,民事案件的证据资料使用及案件事实的认定较为灵活,对部分刑事诉讼不能认定的事实,亦不妨依据民事诉讼的程序原则与证明标准予以认定。而对于不符合民事诉讼取证程序基本要求的刑事证据,应考虑排除使用。

其四,我国司法制度与诉讼机制的特殊性。前述三点因素是刑民交叉案件在事实认定与证据使用上需普遍关注的问题,对这些因素的适当考量

---

〔1〕 参见1998年4月《最高人民法院关于在审理经济纠纷案件中涉及经济犯罪嫌疑若干问题的规定》、2007年12月《最高人民法院关于审理民事纠纷案件中涉及刑事犯罪若干程序问题的处理意见》等司法解释的相关规定。

与权衡，是维系相关诉讼程序正当性与有效性的基本要求。但在我国的司法框架下斟酌刑民交叉案件的相关制度，不能简单照搬国外学理和应对方式，而应注意我国诉讼机制的特殊性，从而作出与之相适应的制度安排。

再就我国诉讼法律关系进行比较分析，可以发现一个突出特性——刑事诉讼中强势的国家职权主义。在国际诉讼程序视野中作程序比较，似可发现一个现象：我国民事诉讼的原则和程序与现代各国民事诉讼仅有技术差异而无实质区别，但我国刑事诉讼的基本原则、制度和程序则可能具有较大的本国特色。这种特色突出表现在强势的国家职权因素的介入，由此形成控诉方与审判方互相配合的诉讼构造（根据《刑事诉讼法》的规定，公检法三机关在刑事诉讼中应当“分工负责，互相配合，互相制约”），形成起诉机关同时充当审判的监督者的角色混同，形成嫌疑人作为诉讼主体同时承担供述义务、书面证言具备证据能力、鉴定权单方面配置，以及侦查行为不可诉等制度安排。鉴于此，思考刑民交叉案件的事实与证据问题，需要注意我国刑事诉讼中强势的国家职权主义影响，在承认刑事优先一般原则的同时，也应注意遵循诉讼规律、坚守程序正义底线，警惕强势的国家职权主义可能给司法公正带来的负面影响。[1]

二、刑事裁判事实认定对民事诉讼的效力及其界限

刑事裁判的事实认定对民事诉讼具有证明效力，这无论在大陆法系还是英美法系国家均获认可，在我国亦不例外。但问题在于，这种证明效力的适用条件、效力范围及强度。不同的制度安排，可以形成从弱势影响强势作用再到不可质疑的不同效力类型。本部分拟在比较研究的基础上，探讨我国在事实认定上刑事影响民事的效力边界。

（一）刑事裁判事实认定证明效力典型机制的比较

刑事裁判的事实认定对后续民事诉讼的影响，可以概括为以下几种典型机制：

1. 原则上不承认有罪判决事实认定对后续民事诉讼的效力。这是普通

---

[1] 我国民事诉讼法学界虽未专题研究刑事诉讼强势国家职权主义可能对民事诉讼的影响，但已有学者注意到，在事实认定与证据运用上，应正确处理公权力与私权利的关系，限制公权力对私法领域的侵入，防止公权力的滥用。参见张卫平：《论讯问、询问笔录在民事诉讼中的证据效力》，载《清华法学》2011 年第 5 期，第 25 页。

法的传统法律规则。一种观点认为先前的有罪判决是意见证据，另一种观点则认为是传闻证据。总之，定罪判决作为证据的可靠性仍然是可疑的，尤其不能用于对抗案外第三人。典型案例如英国 1943 年的霍灵顿(Hollington)案，该案否定有罪判决事实认定对后续民事诉讼的预决效力，认为先前有罪裁判所依据的事实，在其后的诉讼中不具有证据上的可采性，尤其不能对抗案外第三人。[1] 但该案确立的法律规则，在此后的司法实践中受到有违公正等批评，并为英国制定法所改变。

2. 将定罪判决作为传闻证据排除之例外的可采证据，允许在民事诉讼中采纳。典型如美国证据法的规定。根据《美国联邦证据规则》第 803 条第 22 项(美国各州证据规则也有类似规定)，符合若干条件的"终局定罪判决证据"，可作为传闻证据排除之例外的可采证据。这些条件包括：其一，该判决是在审判后或者有罪答辩后作出的，但被告作不抗辩答辩后所作出的判决不适用；其二，该判决系重罪案件判决，即针对可判处死刑或者一年以上监禁刑的罪行；其三，定罪判决在后续诉讼中被采纳，是用以证明对于该判决"至关重要"(essential)的事实；其四，该判决在后续诉讼中如用于针对刑事被告人以外的其他人时，只能将该判决用作质疑(弹劾)证据，而不能作为认定事实的依据。[2]

3. 将定罪判决规定为可采证据，但严格限制适用范围，同时赋予法官使用该证据的裁量权。如根据澳大利亚 1995 年《证据法》第 92 条第 2 项的规定，在民事程序中，定罪判决证据具有可采性，但其仅可被用以反对被定罪之当事人或者该当事人通过其提出主张的人，而不能对抗第三方之人。这是因为第三方很难就该定罪判决提出反对，被定罪之人则有机会就争议问题进行抗辩、提出证据、进行交叉询问、上诉。同时，赋予定罪判决的证明力将取决于具体情况，如果其证明力很低，法官可以适用该法第 135 条或者第

---

[1] 参见齐树洁主编：《英国证据法》，厦门大学出版社 2002 年版，第 661 页。

[2] 根据美国学者的分析，《美国联邦证据规则》第 803 条第 22 项反映了这样一种信任，即刑事重罪案件中的有罪判决是支持该判决的关键事实的可靠证据，而证明的高标准(排除合理怀疑)可能是支持这种可靠性的最有力的论据。但该条文的适用，需由法官或陪审团决定何为"至关重要"的事实。该条文不适用于被告人作不抗辩答辩后所作出的判决，因为经法院同意的不抗辩答辩，是用以节省审判耗费，或用于被告人承认有罪时解决刑事问题的。在后续诉讼中，定罪判决如针对被告人之外的人，就只能用于质疑，而不能用于判定事实，这是为尊重当事人的对质权以及对重要证人进行交叉盘问的权利。参见[美]罗纳德·J. 艾伦等：《证据法——文本、问题和案例》，张保生等译，高等教育出版社 2006 年版，第 614 页。

136 条将其排除或限制其使用。[1] 上述规定未将定罪判决视为免去当事人证明责任的推定,因此定罪判决在民事诉讼中的证明效力较为有限。

4. 有罪判决所依据的事实被推定为真实,同时设置反驳机制。如英国 1968 年《民事证据法》第 11 条规定:"一个被宣判有罪的人,一旦他的有罪判决被证实,应被推定为已实施了该罪,除非相反的情况得到证明。"据此,丹宁勋爵认为,在诉讼中,先前的有罪判决虽然不能作为结论性证据,但它不仅产生转移举证责任的后果,而且它本身也是证据的重要组成部分。[2] 将有罪判决事实推定为真实,是不少国家应用的机制。其意义在于,有利于平衡诉讼效率与诉讼公正,维系法制的统一性及个案裁判的独立性、灵活性。

5. 有罪判决作为公文书,确认其很强的证明力。根据《德国民事诉讼法》第 417 条的规定,由官署制作的载有公务上的命令、处分或判决的公文书,对于其中的内容,提供完全的证明。对于要件文书,法律推定其为真实,但是允许当事人提出相反证据推翻此推定。德国法的特点是:首先将定罪判决作为特别可信的公文书,强调其证明效力(对于文书内容作"完全的证明"),再将其纳入推定机制,并允许当事人反驳。

6. 以刑事裁判的权威性,强调其对后续民事诉讼事实认定的普遍适用效力。此种机制以法国为典型。在法国,尽管没有法律明文规定,但法院判例自 19 世纪以来一直确认一个原则:"刑事司法裁判决定在民事方面具有既决事由的权威效力。"确认这一权威效力的主要依据,是刑事法官特有的查明案件真实的手段,以及刑事诉讼的公共秩序性质(不过,对此性质有判例持不同见解)。法国机制的突出特点,是确认刑事判决既决事由预决效力的绝对性。即刑事裁判的决定,不受标的、原因、当事人"三同一"原则的约束,对参与民事诉讼的"所有的人"具有权威效力,无论其是否曾经参加先前的刑事诉讼。同时确认,只有刑事裁判中"确定的""必要的"认定事项,才具

---

[1] 澳大利亚 1995 年《证据法》第 135 条规定了"排除证据的一般自由裁量权":"如果证据的证明价值将会为下列危险所严重超过,则法院可以拒绝采纳该证据:(a)该证据可能给一方当事人造成不公平的损害;或者(b)该证据可能具有误导性或者迷惑性;或者(c)该证据可能导致或者造成不合理的时间耗费。"第 136 条规定了"有限使用证据的一般自由裁量权":"如果证据的具体使用可能造成下列危险,则法院可以对其使用进行限制:(a)给一方当事人造成不公平的损害;或者(b)具有误导性或者迷惑性。"

[2] 参见齐树洁主编:《英国证据法》,厦门大学出版社 2002 年版,第 666 页。

有这种权威性的预决效力。[1]

综上所述，现代各国证据制度和民事诉讼制度，虽然普遍承认定罪判决事实认定在民事诉讼中的证明效力，但其证明强度、适用条件、范围以及作用机制存在明显区别。[2]

（二）最高人民法院司法解释确定的效力机制及其特点

我国民事诉讼法并未规定生效裁判包括刑事生效裁判在民事诉讼中的效力问题。根据最高人民法院《关于适用〈中华人民共和国民事诉讼法〉的解释》（以下简称《民事诉讼法解释》）第93条的规定，已为法院发生法律效力的裁判所确认的事实，当事人无须举证证明，但是当事人有相反证据足以推翻的除外。由此，我国民事诉讼采用的生效裁判事实认定预决效力机制，可称为“免证事实”机制。

理解免证事实机制，应注意以下几点：一是将生效裁判的预决效力问题，作为涉及当事人举证责任的免证事实，纳入证据法范围内进行处理。虽然学界有从既判力、预决效力及争点效等不同角度解读此种规定的学理（包括解读作为该司法解释规定渊源的《最高人民法院关于民事诉讼证据的若干规定》第10条），[3]但从法解释学的角度看，虽然该规定的基础可能涉及既判力、争点效等学理，但其本身仍属证据法上的证明和免证问题。二是发生预决效力的裁判，未区分民事与刑事，因此，未特别强调定罪判决的证明作用。三是将生效裁判认定的事实作为免证事实，但其证明效力较之同为免证事实的推定事实更为强大。因为根据《民事诉讼法解释》第93条第3项、第4项，法律推定与事实推定的事实亦属免证事实，但就推定事实，“当事人有相反证据足以反驳的除外”；而对于生效裁判所确认的事实，则是“当事人有相反证据足以推翻的除外”。这就为否定生效裁判所确认的事实，设定了更严格的条件。四是主张生效裁判发生免证效力的事实是其“确认的”事实，因此，不限于“要件事实”或“至关重要的事实”，但显然不包括未确认的事实。五是生效裁判确认事实的适用范围，未明确设定诉讼主体的约束

---

〔1〕 所谓“确定的认定”，是指刑事法官以确定的方式明文表述的认定；所谓“必要的认定”，是指刑事裁判决定的“必要的依托”，如对犯罪行为事实存在或不存在的认定、对罪名的认定、对犯罪加重情节的认定等。

〔2〕 需要说明的是，所谓典型机制，是因其处置机制不同而形成不同类型，并在某一法例中得到体现，而不意味着某国诉讼仅采用此种机制。

〔3〕 参见王亚新、陈晓彤：《前诉裁判对后诉的影响——〈民诉法解释〉第93条、第247条解析》，载《华东政法大学学报》2015年第6期，第6页以下。

条件。因此,无论两诉主体是否同一,只要两诉针对同一法律事实,均可能发生已生效裁判事实认定的免证效力。

从以上五点分析可知,《民事诉讼法解释》第 93 条确立的生效裁判事实认定的预决效力规则,具有两个特点:一是国外同类机制一般仅强调定罪裁判事实认定的预决效力,且对事实范围及是否对抗案外第三人有严格限制;与之相较,第 93 条确立的机制属于更为强调生效裁判事实认定的预决效力,从而更为注重维护司法统一性的一种类型。二是将生效裁判认定事实作为可推翻的免证事实,这虽然总体符合生效裁判事实认定机制的一般原理,且适用面广,但又比较笼统粗略,未能区别情况限定适用条件,针对不同问题形成合理而可适用的具体规则。因此,对其应作进一步的学理探讨、实践分析,并在此基础上完善相关规则。

(三)确认刑事裁判事实认定的特别效力

虽然《民事诉讼法解释》未能区别先前生效裁判的性质,但在司法实践中,更为重视刑事裁判事实认定的预决效力,是普遍的认识和做法。这一点与国外的制度和实践有一致性,其原因主要体现在两个方面:一方面,刑事裁判强调实质真实,而不仅仅追求形式真实,因此,具有更高的证明标准、更为有效的查明案件事实的手段;另一方面,我国司法解释和司法实践所确认的交叉案件实行刑事优先的一般程序原则,实已预设刑事裁判事实认定的优越性和特殊的预决效力。

确认刑事裁判事实认定的特别效力,主要体现在两个方面:其一,刑事裁判事实认定的效力,不受主体同一性原则约束,可用于对抗刑事被告之外的第三人。例如,张三与李四共同盗窃,生效刑事裁判确认了这一事实,但李四作为从犯被免于追诉,仅作为证人参与刑事诉讼。然而,生效裁判确认的李四共同盗窃事实,在后来发生的针对李四的相关民事诉讼中作为免证事实,不受李四未接受刑事诉讼审判、未行使辩护权(包括质证权)的影响。刑事裁判认定的事实被用于对抗案外第三人,对该第三人而言,存在抗辩权保障不足从而有欠公正的问题。但是,在我国强调司法统一性以及公共秩序维护的理念和体制背景之下,重视刑事裁判事实认定的权威效力,与我国的司法体制较为协调,有一定的合理性。同时,虽然确认其权威证明作用,但仍提供反驳推翻机制,不承认刑事裁判事实认定的绝对性,这亦可在一定程度上弥补程序正当性瑕疵。不过,基于程序正当性的要求,可以设定一种规则:考虑到第三人未能在先前的刑事诉讼中行使抗辩权,为补偿其诉讼权利，对于其提出的推翻原判事实认定主张的证明标准，在实际把握上，较之刑事诉讼当事人可以有所降低。

其二，推翻刑事裁判的事实认定，应设立更高的标准。有学者主张，对于先前生效裁判事实认定的效力，应形成差别标准，刑事有罪判决应具有绝对免证的效力：在该刑事裁判被撤销或变更之前，不允许当事人加以争执。[1] 笔者不赞成这一观点。因为，虽然肯定刑事裁判的权威证明效力，但由于各方面的原因，例如，我国刑事诉讼中的权利保障机制不够充分，仍然存在错判的可能，并且因国家公权力机关之间彼此配合而导致的纠错困难，如果否定民事诉讼的独立性，一味依赖刑事机制纠错，将严重妨碍民事诉讼的私权保护。因此，亦应设置民事诉讼中对刑事裁判事实认定的推翻机制。不过，考虑到刑事裁判的权威证明效力，在实际操作中，对“足以推翻”的证明标准应有更高要求。即实行证明标准一致性原则，要求当事人提供的反对证据所证明的事实，须达到刑事诉讼事实认定的同样要求：证据确实、充分，并足以排除合理怀疑。相比之下，对民事裁判事实认定提供“足以推翻”的证据，只需达到民事诉讼的证明标准，即优势证据标准。

足以推翻刑事裁判事实认定的证据事实，主要包括：(1)刑事裁判生效后，部分事实发生变化，如被害人死亡；(2)当事人发现新的确凿证据，足以推翻裁判认定事实或其中部分事实，如实际作案人被发现、据以定罪的关键证据被证明是伪造的等；(3)证据证明原刑事诉讼中存在司法人员舞弊，诉讼合法性丧失等。在实际操作中，必须是当事人提供重要证据或证据事实，民事法庭才能启动审查。并且，经法庭举证、质证和辩论，确认存在足以推翻原判事实认定的证据，才能否定刑事裁判事实认定的效力。

不过，应当注意的是，具有权威证明效力的刑事裁判，并非全部刑事裁判，而应限于具有刑事诉讼基本特征，即经过严格证明而产生的裁判。这主要是指经刑事普通程序而形成的裁判。这些裁判经过举证、质证与辩论程序，达到刑事案件证明标准，由此获得权威证明效力。而对于刑事简易程序裁判，亦应认为具备刑事裁判的基本特征。因为根据《刑事诉讼法》(2018年修正)第214条的规定，简易程序的适用条件是“案件事实清楚、证据充分”，“被告人承认自己所犯罪行，对指控的犯罪事实没有异议”，而且“被告

[1] 参见纪格非：《“争点”法律效力的西方样本与中国路径》，载《中国法学》2013年第3期，第119页。

人对适用简易程序没有异议”。同时,还排除了被告人存在生理或心理缺陷等不适用该程序的情况。简易程序审理案件,可能判处3年有期徒刑以下刑罚的,可以组成合议庭审理;可能判处的有期徒刑超过3年的,应当组成合议庭审理。在审理中,亦允许控辩双方进行辩论。可见,简易程序的诉讼条件,基本达到刑事诉讼程序正当性及证明严格性的要求。

反之,经刑事速裁程序而形成的裁判,未能达到上述刑事程序正当性及证明严格性的底线要求,不应被视为具有权威证明作用的刑事裁判;其证明及免证效力,仅能等同于生效民事裁判。这是因为:其一,速裁程序的适用以被告人认罪认罚为前提,即要求被告人不仅认罪,而且对检察机关的刑罚建议无异议。从实际操作的角度看,其间不可避免会出现一定程度的控辩协商,从而使刑事诉讼程序“软化”,使之接近于民事诉讼的协调程序及权利处分。其二,速裁程序的适用虽然亦有“案件事实清楚,证据确实、充分”的原则性要求,但其特别突出效率价值,案件审理一般不进行法庭调查和法庭辩论,而且速裁程序均实行法官独任审判。

(四)适当限定刑事裁判事实认定证明效力的范围

刑事裁判认定的事实,就其对定罪量刑的作用看,有主要事实,也有次要事实,还有辅助事实。就其认定方式和内容看,有确认的事实,其中包括肯定其存在的事实以及否定其存在的事实,也有未确认的事实。适当限定具有证明效力的刑事裁判事实认定的范围,是正确适用该项证据规则的重要前提。

1. 关于“必要事实原则”

规范的刑事裁判中的事实认定包括相对完整的案件叙事,即所谓“七何”要素——何时、何地、何人、何事、何原因、何过程、何结果。然而,并非裁判叙事的全部要素均发生证明效力,只有构成刑事裁判必不可少的主要事实,即确定刑事责任、影响定罪量刑的“必要事实”,才是发生预决证明效力的事实,其中包括犯罪构成要件事实及量刑事实。因为此类事实属于刑事诉讼严格证明的对象,刑事诉讼程序为其证明提供了必要的攻防条件。而对于那些不影响刑事责任的事实,即使因事实叙述完整性的需要,属于“七何”要素中的事实内容,也不应具备免证效力。

就必要事实的范围,有两个问题可能发生争议。其一,推定为真实并免除举证责任的事实,是否包括刑事裁判对当事人罪责(构成犯罪)及罪名(犯罪性质)的认定。罪责与罪名是法律适用问题,在民事诉讼中确认刑事裁判事实认定中的法律评价，涉及既判力和争点效（附带禁反言）的法理。笔者认为，事实证明与法律评价虽然属不同问题，但在司法实践中两者紧密联系，难以截然分开。前述构成要件事实与责任事实虽系案件事实，但已由法律筛选裁判，必然产生法律规范评价效果。而罪责与罪名是刑事裁判的关键，当然应对后诉包括后续的民事诉讼产生评价约束。因此，发生证明效力的刑事裁判认定的事实，应当被理解为法律事实，包括案件事实及其法律评价。这也是各国刑事裁判对民事诉讼的效力制度中的普遍解释。依此确定《民事诉讼法解释》第 93 条关于免证事实的范围，应属符合司法实践要求的适当解释。

其二，"被告之外的原因对案件发生作用"是否属于必要事实。刑事裁判时常表述案件发生过程中被告之外的原因对案件发生的作用，如并非本案被告的共同作案人的教唆、共谋、参与，被害人的过错，第三人的过错，案件发生有某种客观原因等。此类事实认定是否属于有约束力的必要事实，在法理上亦需探讨。对此，有的国家予以否定。如法国的法院判例对于有关被害人过错、第三人过错或不可抗力等外部原因的表述，认为是"并非必要的"事实认定，留给民事法官自由评判。笔者认为，在外部原因会影响被告刑事责任的有无、性质以及轻重的情况下，按照前述确定必要事实的标准，这些有关外部原因的事实认定同样发生免证效力，民事法官对其并无自由评判的余地。

2. 关于"确定事实原则"

对后续民事诉讼发生免证效力的事实，应当是刑事裁判"确认的"事实，即要求裁判事实被确定，而且其事实认定应达到"事实清楚"的要求。这也是各国裁判效力原则的普遍要求。因为，如果先前诉讼的事实认定模糊，不仅达不到刑事诉讼的标准，也会使后续诉讼的法官无所适从。而事实未获确认，当然亦无拘束力。被确认的事实，包括裁判确认的犯罪及有责事实（积极事实），也包括裁判明确否定的事实（消极事实）。但是，消极事实中的一种，即因证据不足而在裁判中被否定的事实，系"对不确定事项做出的确定的认定"，对其约束力应区别情况处理。首先，应确认此项否定的约束力，即"对刑事法官已经以肯定的方式表示其有疑问的问题，民事法官不得自行做出宣告'没有任何疑问'"。同时，民事法官亦应根据刑事裁判确认，相关证据未能达到认定该项事实的刑事证明标准。其次，由于该项否定是基于刑事证明标准，并未排除民事诉讼以其自身标准来认定同一事实，所以应当允许民事诉讼当事人就证据是否达到民事诉讼证明标准提出主张和抗辩，并允许民事法官依据民事诉讼证据标准作出评判和认定。[1]

三、民事裁判事实认定对刑事诉讼的效力

与前一问题有别，民事裁判的事实认定对刑事诉讼的效力，是一个理论上较少探讨、制度上较少规制的问题。其主要原因是，人们普遍认为，民事裁判对刑事诉讼并无预决效力。然而，在一定程度上，正是由于在制度上未承认民事裁判对刑事诉讼的作用、效力，在我国刑事诉讼中，如何看待民事裁判的事实认定，以及如何处理相关的刑民交叉问题，学界与实务界颇有争议，并造成部分此类案件的处置不协调、不合理。

（一）民事裁判的事实认定具有证据作用，但不具备预决效力

1. 民事裁判事实认定预决效力的限制。各国和地区的刑事诉讼制度一般不承认民事判决的事实认定对刑事诉讼有预决效力。如我国台湾地区学者曾引述判例称："刑事法院审理犯罪事实，并不受民事判决之拘束……不得以民事确定判决所为之证据判断，径援为刑事判决之基础。"[2]否定此种预决效力的主要原因是，民事判决认定事实采用的证明标准较低。如澳大利亚法律改革委员会的报告指出：民事判决不能被采纳用来证明其所依据的事实，是因为与刑事定罪判决相比，其证明力显然较低。"它是在当事人选择的证据基础上判定的，他们不像公诉人那样有义务提供所有已知的相关证据。此外，其证明标准仅仅是依据的概率权衡，因此在原告提起的成功诉讼与不成功诉讼之间，（其证明）没有什么太大区别。"[3]

民事裁判事实认定的预决效力受到限制，也是由于受到当事人处分诉讼资料与诉讼利益原则的影响。如美国学者所称："如果所涉及的利益很小，诉讼当事人可能就不会有足够的兴趣来投入维护其地位所必需的资源。即使人们想将重大民事案件的判决包括进来承认其约束力，但在大小案件

---

〔1〕 由于证明标准不同，刑事诉讼中不成立的事实，在民事诉讼中有可能成立。因为该项事实的证明虽然达不到刑事证明标准，却可能达到民事证明标准。不过，民事诉讼中亦有少量事实的证明标准等同于刑事诉讼，如对欺诈、胁迫、恶意串通事实的证明，以及对口头遗嘱或者赠与事实的证明（参见《民事诉讼法解释》第109条）。此类事实，如果在刑事诉讼中不能认定，在民事诉讼中亦不能认定。

〔2〕 参见周叔厚：《证据法论》，台北，三民书局2000年版，第750页。

〔3〕 Australia Law Reform Commission, ALRC 26, Vol. 1, para. 781. 转引自澳大利亚司法部编：《澳大利亚证据法典》，王进喜译，中国法制出版社2013年版，第410页。

之间作出区分的任何努力似乎都是相当武断的。”[1]

2. 我国刑事诉讼中,民事生效裁判可以作为刑事案件书证被纳入证据体系。法律虽然不承认民事裁判事实认定的预决效力,但就同一事实所作的民事裁判可以作为书证,即公文书之一种,由当事人提供或由法庭依职权调取,从而作为刑事诉讼证据被纳入刑事案件证据体系,交由刑事法庭判断。

民事生效裁判作为书证,其证明效力和证明特点是:其一,证明同一事实的民事部分已由生效民事裁判作出判断和处理;其二,可以将民事法庭认定的事实,作为质疑诉讼对方提出的证据或事实主张的证据来提出,即作为弹劾证据来提出;其三,可以将民事裁判认定的事实,作为支持刑事裁判的实质证据来提出。对于这三点,可能发生争议的主要是第三点,对此需作进一步分析说明。民事裁判的事实认定对刑事案件并不产生预决效力,然而,经过举证、质证、辩论即法庭审理过程并经民事法庭作出裁断的事实,就其中民事部分,如产权关系、合同关系及侵权行为等法律事实的认定,由于经过正当法律程序并由司法确认,对于刑事案件的事实判断,具有可采纳、可引用的效力。这意味着:其一,民事裁判的事实认定不具有预决效力,只具有一种可采纳、可引用的证据作用。其采纳和引用应当经过刑事案件的审理,即举证、质证和辩论,然后由法院作出判断。其二,刑事法庭认可并采纳民事裁判的事实认定,应当在裁判文书中说明理由,即简略论证该事实认定的可采性。如果控辩一方将民事裁判作为举证内容及立论依据提出,而法院认为该民事裁判事实认定不当或与本案无关,亦应说明理由。

(二)刑事法庭就民事诉讼已判定或可能判定的同一事实,应慎用“穿透原则”

与证据标准的不同相关,民事法官与刑事法官在证据判断与事实认定上的思维方式也有一定区别。这种区别主要表现在两个方面:其一,事实认定是看重形式还是看重实质。在当事人意思表示真实的情况下,民事法官更注重以法律关系的形式要素来取舍证据、判断事实。例如,公司股权交易,只要由合法的主体基于真实的意思,采取合法的交易形式,且交易内容合法,此项事实即为依照公司法与合同法进行的股权交易,并认定为合法的

---

[1] [美]罗纳德·J. 艾伦等:《证据法——文本、问题和案例》,张保生等译,高等教育出版社 2006 年版,第 615 页。

法律事实。然而,刑事法官更注重行为的实质,即“穿透”法律关系的形式要件作实质的事实认定及性质判断。例如,对于以土地使用权为公司主要财产的股权交易,如果发生纠纷,民事法官依据交易主体、交易形式、交易内容合法等法律要件,会判定该股权交易合法有效。[1] 但在近年的刑事司法实践中,当事人亦可能因此项交易而受到刑事追诉。因为公安、检察人员及刑事法官可能会将同一交易事实,甚至经生效民事裁判确认的合法交易事实,认定为《刑法》第 228 条规定的非法转让、倒卖土地使用权的事实,并评价为犯罪。

其二,民事法官的事实判断常以书证为中心,刑事法官的事实判断常以人证为中心。与形式思维相关,民事法官通常以合同、借据、银行票据、工商登记等书证作为讼争法律关系是否成立的判断依据,至于当事人陈述及当事人提供的证言等人证,因其主观性和当事人性,除偶有当事人自认不利事实从而免除对方的证明责任外,通常其证明作用很低。而与实质思维相关,刑事法官大量依靠口供、证言、被害人陈述来认定案件事实,因为这些人证不仅普遍存在,而且常常可能反映涉案行为的实质。

应当看到,在实质真实的证明标准之下,刑事法官就案件法律事实的认定作实质性判断,采用“穿透原则”,有其必要性与正当性。例如,受贿官员收受所谓“干股”,往往由他人代持股,而根据行受贿双方的交代,并由代持人证言等证据佐证,穿透代持关系,认定行受贿事实是必要而且合理的。但另一方面,也要注意防止另一种倾向,即忽略法律行为要件,将民事法律关系与刑事法律关系分割开来甚至对立起来,同时依据某些不可靠的人证轻率认定刑事案件法律事实。

例如,前述以土地使用权转让为内容的股权交易案例。虽然刑事证据中一般包括转让双方关于交易目的是获得土地使用权的陈述,但从交易行为看,公司股权转让符合法律规定,而且法律并没有对持有土地使用权的公司设置任何股权转让限制。加之转让公司股权并未改变土地使用权的权利主体(土地使用权仍然登记在该公司名下),只是改变了实际权利享有人。根据民事法律关系认定,此系合法有效的公司股权交易事实。但在某些刑

〔1〕 最高人民法院先后在(2013)民一终字第 138 号民事判决书和(2016)最高法民终 222 号民事判决书中,对此类公司股权转让的合法性予以确认,认为现行法律并无效力性强制性规定,禁止以转让房地产项目公司股权形式实现土地使用权或房地产项目转让的目的,因此该类协议依法应认定合法有效。

事案件中，以其中的土地使用权实质易手为据，对其作出非法买卖土地使用权的事实认定与法律评价并予以刑事处罚。这种将民事与刑事法律关系分割并对立起来的法律事实认定，否定了市场交易制度的有效性和可预期性，就个案处理而言也是不公正的。

综上所述，刑事裁判为追求客观真实，穿透民事法律关系的形式要件，对案件的实质进行事实认定和法律评价是必要的，但这种穿透仍应十分慎重：一是不能简单地以人证否定书证等已成为法律关系客观记载的证据。口供、证言等人证的主观性很强，办案机关比较容易按照自己的意愿去获得人证，因此对其可靠性要保持警惕，对其效用须作适当限制。二是如果民事法律关系的合法性及有效性仍然成立，原则上不能将同一事实认定为刑事犯罪；只有在以充足理由否定民事法律关系合法有效及相关民事裁判（如果存在）的正确性以后，才能确认同一行为系犯罪行为。

（三）为维护司法统一性和权威性，刑事裁判否定民事裁判应采用适当形式

2009 年 12 月，内蒙古鄂尔多斯市鄂托克旗法院一审以职务侵占罪判处被告郝某某有期徒刑 7 年。判决认定，郝某某侵害了王某某等人出资 928 万元对价收购的股权。而在此前，郝某某已就涉案的公司股权问题与王某某等人进行了 3 年多的民事诉讼。2007 年 6 月、2009 年 6 月，鄂尔多斯市中级人民法院和内蒙古高级人民法院均判决确认此股权归郝某某所有。

该案的民事、刑事判决显然是矛盾的。民事生效裁判确认郝某某合法拥有该宗股权，之后的刑事裁判却对同一行为作了截然不同的事实认定与法律评价，认定郝某某利用购股代理人身份，故意隐瞒出资真相，擅自到工商部门变更登记，将股权登记于个人名下，从而否定其股权持有的合法性，判决其构成职务侵占罪。据媒体所作案情介绍，民事裁判以书证为据，因起诉主张股权的王某某等人不能提供盖然性优势书证而判决其败诉。刑事裁判则主要通过刑事侦查所获取的人证，证明王某某等出资 928 万元收购股权，而郝某某仅为内部代理人；在完成收购后，郝某某利用王某某等人系股权买受人的证据不足，而将股权转到本人名下，同时称与王某某等存在借款关系。

该案的实体问题，即股权归属及其依据，不属于本文探讨的对象，这里仅分析所涉及的刑民交叉案件的处理方式与程序问题。民事裁判以书证及举证责任是否完成为依据，判决郝某某胜诉，符合民事诉讼证明责任原理和

证明标准;而刑事诉讼以口供和证言等为依据,“穿透”书证材料,证明郝某某只是购股代理人,登记股权在自己名下系职务侵占行为,亦符合刑事诉讼的证明要求。由此观之,两类裁判均可能系合法有据的裁判。出现裁判冲突的原因,是两类诉讼的证明标准和证明手段不同。而且,民事裁判在前、刑事裁判在后,前者对后者并无预决效力,刑事裁判否定民事裁判认定的事实,即使是基层法院否定其上级法院的裁判,也没有违反法律及司法解释的规定。然而,该案出现的裁判矛盾,当时却引起媒体和法学界的普遍关注,纷纷质疑鄂托克旗法院“以下犯上”,认为下级法院否定上级法院生效裁判的做法荒谬,损害了裁判的安定性和上级法院的权威性,也威胁了法律所维护的个体自由的法益。〔1〕

为何在程序法与证据法上也许并无违逆的裁判,在社会上却引起普遍质疑?这的确值得思考。法院作出民事与刑事裁判,不仅要考虑实体法与程序法的依据,还要考虑司法制度上的正当性与适当性。我国的司法审判权由法院统一行使,法院的司法活动必须维护法制的统一与自身权威。为此,首先需保证裁判统一。此种统一并不排斥因诉讼性质不同而出现裁判差异,但不应允许对同一事实的判定自相矛盾。前者例如,就伤害行为提起损害赔偿诉讼,因证据达到优势证明标准而判决原告胜诉;但就同一行为提起故意伤害刑事自诉,则可能因达不到刑事证明标准而判决被告无罪,此系诉讼性质不同而产生的判决差异。后者则例如前述案件的情况。虽然因原告证据不足而判被告胜诉,即承认其持股合法有效,但因新发现的证据而认定其构成职务侵占,就出现对同一事实的两种认定与评价,彼此相互矛盾。对同一行为的两种事实认定以及相互冲突的合法性判断不能并存,因此,对此类案件应当推行矛盾裁判的协调程序:或者在刑事裁判之前,向民事案件审判法院提供新的证据启动再审;或者在刑事裁判之后,由民事法庭对原案进行再审。当然,如果刑事裁判的定罪依据不足,则应通过刑事上诉审或发回重审撤销有罪判决。

(四)刑事诉讼对某些特殊类型案件应尊重民事诉讼的结果和判断,并将其作为预决事实

对一些民事法律关系较为复杂、法律事实判断专业性较强的案件,如部

---

〔1〕 参见杨万国:《鄂旗法院“以下犯上”折射司法乱象》,载《新京报》2010 年 2 月 8 日,第 18 ~ 19 版。

分知识产权案件，刑事程序的推动需以民事上的权利确认及法律关系判断为基础；对此，不妨将民事诉讼作为前置程序，然后以民事诉讼的裁断作为刑事程序推进的依据。对于这类案件，在民事法律关系的当事人已经提起或可能提起民事诉讼的情况下，刑事办案机关宜采谦抑态度，允许“先民后刑”，尊重法院民事审判的事实认定与法律关系判断，并在此基础上决定是否启动刑事调查和追诉。此时，民事裁判认定的事实，可能成为刑事案件的预决事实。但此种预决效力不是由法律或司法解释赋予的，而是根据个案情况决定的，因此，将民事裁判认定的事实作为预决事实的刑事办案机关，应当在其法律文书中说明赋予其预决效力的理由。

不过，此种“先民后刑”以及民事裁判事实认定预决效力的设定，只能采取个案判定的方式，很难事先锁定案件类型。因为刑事调查手段确有查明事实的优越性，有些复杂的民事案件，在刑事调查介入后，有助于澄清事实、查明真相，并从中发现犯罪。因此，“先民后刑”仅适用于那些事实比较清楚，但法律关系比较复杂或技术问题难以判断的案件。

四、诉讼证据的交互使用

刑民交叉案件中，诉讼证据的交互使用，是指刑事诉讼收集的证据在民事诉讼中的使用，以及民事诉讼收集的证据在刑事诉讼中的使用等问题。证据资源有限是证据学的基本原理，因此，扩张证据用途，实现两类证据的交互使用，对于实现两类诉讼的功能和目的，均具有积极意义。

（一）证据交互使用，应当区别不同情况适当确定其证明效力

在我国刑事及民事诉讼中，依法或不违反法律的禁止性规定收集的证据，均可用来证明案件事实。其中包括源于其他法律程序的证据，如同一诉讼类型的其他案件、不同诉讼类型的案件以及行政执法程序等。对于源于其他类型诉讼的证据，欲在本诉讼程序中使用，应首先进行证据能力审查，确定其是否可在本案中使用。在确认其证据能力的前提下，再作证明力判断，以用于证明本案事实。

对源于其他诉讼程序的证据，进行证据能力和证明力审查，应当注意三个区别：

一是区别裁判已生效案件和未生效案件。裁判已生效案件的事实认定已确定，并可能发生对后续诉讼中同一事实判定的约束力。而已经由生效

裁判确定的事实,其根据是支持该事实认定的证据体系。虽然生效裁判确认的事实会产生约束力,但它所依据的证据对后续诉讼的事实认定并无约束力。然而,生效裁判确认的事实是由其证据体系支撑的,故不能将事实认定与证据体系全然割裂。也就是说,尊重生效裁判的事实认定,将波及其证据支持体系。另一方面,正处于诉讼中如二审中的案件,因事实认定尚不确定,其个别证据及证据体系的效力尚不确定,因此,其效力与生效裁判中的证据有一定区别。

二是区别定案根据与非定案根据。对于裁判已生效案件中的证据,其效力审查还应区别定案根据与非定案根据。所谓定案根据,是证明法律要件事实以及影响法律责任有无及大小的事实情节的证据。无论是刑事还是民事裁判文书,均须载明认定案件事实依据哪些证据,这些证据即为定案根据。其中又可划分为主要证据和辅助证据(旁证);主要证据,尤其是其中的关键证据,是生效裁判事实认定的主要根据,较之其他证据,其证明效力更为突出。不过,在自由心证的前提下,不同证据证明力的大小由法官自由判断,区分主要证据与辅助证据,虽有引导证据分析的意义,但其实际作用较为有限。

三是区别人证与物证。不同类型诉讼证据的交互使用,主要是指其中的实物证据,包括物证、书证、电子数据、视听资料等。对这些证据,只要经合法主体收集,且收集程序不违背法律的禁止性规定,原则上就可以交互使用。而对人证,即言词证据,包括当事人陈述、证人证言、专家意见等,则应按照诉讼程序和取证规则严格审查,限制其使用。区别人证与物证的原因,首先,可靠性不同。实物证据又称客观证据,较为客观稳定,而言词证据即所谓主观证据,受作证人主观立场、认知、记忆、表达等主观能力因素影响较大,可靠性与稳定性较低。其次,证据方法不同。实物证据可以在法庭直接出示并作证据调查;而民事诉讼中使用刑事案件中收集的人证,其提交方式是各类笔录证据。但是,人证举证的适当方式是当事人或证人直接出庭作证,接受质证及法庭审查。以陈述笔录为载体的人证,难以接受有效质证,法庭也无法对原始人证进行直接审查,并且笔录制作不一定能够准确表达作证人的原意。因此,在学理上,笔录类材料属传闻证据,其证据能力和证明力受到严格限制。对于此类证据材料用于其他类型诉讼,亦应受到严格限制。[1]

(二)民事诉讼使用刑事诉讼中形成的人证,应当遵循民事诉讼规律

刑民交叉案件实行刑事优先的一般原则,即对同一法律事实,在刑事案件判定后再进行民事诉讼,因此,刑事案件使用民事诉讼证据的情况较为少见,民事诉讼使用刑事证据的情况则较为常见。而且,刑事案件使用民事诉讼证据,主要是使用民事诉讼中的书证、物证、视听资料、电子数据等实物证据。参照《刑事诉讼法》(2018 年修正)第 54 条第 2 款的规定使用这些证据,实践中似无突出障碍。另一方面,民事诉讼使用刑事诉讼中的实物证据,通常亦无争议。然而,对于民事诉讼使用刑事诉讼中嫌疑人及被告人口供、被害人陈述、证人证言等言词证据,则存在一些不同的认识和做法,而且相关法律和司法解释并无明确规范,需要进一步探讨。

1. 关于刑事侦查中获取的口供笔录和证言笔录的使用

对于刑事侦查机关制作的嫌疑人及被告人口供笔录、证人证言笔录以及被害人陈述笔录,能否在民事诉讼中用作当事人陈述和证人证言,有不同的看法和做法。有的认为,这些笔录经公安、检察机关依法获取,可以直接用于民事诉讼作为证据,并视为当事人陈述和证人证言。另一种观点则反对使用这些笔录,认为使用这些笔录作为民事诉讼证据,不符合民事诉讼程序要求。[2]

由于刑事裁判的事实认定对民事诉讼有预决效力,作为刑事裁决依据的证据,一般可用生效裁判的事实认定代替其使用,因此,所谓刑事案件笔录证据在民事诉讼中的使用,主要是指尚未作出生效裁判的刑事案件中的人证笔录的使用,或者刑事裁判虽已生效,但人证内容未获裁判事实确认(此类人证或人证的相关内容未成为生效裁判的依据),因而这些人证仍可能具有使用价值的情况。下面,笔者仅针对这些并非生效裁判定案依据的笔录证据,进行分析。

应当看到,公安、检察机关收集的人证笔录具有双重属性。一方面,由

---

〔1〕《刑事诉讼法》(2018 年修正)第 54 条第 2 款规定:“行政机关在行政执法和查办案件过程中收集的物证、书证、视听资料、电子数据等证据材料,在刑事诉讼中可以作为证据使用。”此规定中所指证据类型,主要指实物证据。可见,在证据使用上区分言词证据与实物证据,亦为现行法的立法精神。

〔2〕《刑事诉讼法》(2018 年修正)第 54 条第 2 款规定,“行政机关在行政执法和查办案件过程中收集的物证、书证、视听资料、电子数据等证据材料,在刑事诉讼中可以作为证据使用”。此规定中所指证据类型,主要指实物证据。可见,在证据使用上区分言词证据与实物证据,亦为现行法的精神。

于刑事追诉的严肃性以及证据调查的国家职权特性,这种人证笔录较之普通民事诉讼中获取的当事人陈述或证言,往往较少受到当事人及证人诉讼立场的影响,更为客观真实。[1] 因此,在证据资源有限的民事诉讼中,舍弃这类证据材料,不利于发现客观真实。正是基于这一原因,民事诉讼中允许使用刑事诉讼笔录证据,是民事诉讼实务,甚至最高人民法院典型案例所认可的主导性实践。[2]

另一方面,这些笔录在学理上仍属传闻证据,使用这些笔录作为民事诉讼证据,可能存在不符合诉讼规律包括民事证据规则之处。这是因为,审前获取的笔录证据,存在调查人不能客观全面反映作证人真实意思的可能性。因此,证人作证的法定方式应当是证人直接出庭,以言辞方式作证,以便有效质证,也有利于法庭辨别证言真伪。我国《民事诉讼法解释》和《最高人民法院关于民事诉讼证据的若干规定》确认证人出庭作证是获取证言的法定方式,而未确认证言笔录的效力(除非对方当事人认可)。即使在刑事诉讼中,目前推进的以审判为中心、庭审实质化等改革,也强调有争议的重要证人应出庭作证。因此,对刑事侦查过程中形成的人证笔录,在未经刑事法庭审查并经生效裁判确认的情况下,对其在民事诉讼中的使用应持谨慎态度,不应当然确认其证明效力,而应区别情况处理。

首先,应当审查侦查笔录是否合法收集,包括强制措施是否合法,讯问、询问程序是否合法等。违反法律的禁止性规定,采用刑讯逼供、非法拘禁、威胁、引诱、欺骗等方法获取的口供与证言笔录,在民事诉讼中不具有证据能力。在实际操作中,鉴于民事法庭对刑事诉讼证据合法性的审查能力有限,合法性审查通常只需作形式审查。如果当事人或证人本人对侦查笔录的合法性提出异议,主张使用此类证据的一方不能有效说明证据的合法性,则此类笔录不能使用。

其次,诉讼对方如对侦查笔录内容的真实性有异议,应当要求证人或当事人出庭作证,并接受质证。根据质证情况,确定是否采纳其当庭陈述或采

---

〔1〕 此系一般情况,但也不能排除另一种情况:由于后果严重且举证责任在控方,嫌疑人或者有利害关系的证人为避免刑事后果,陈述时避重就轻、避实就虚或者作虚假陈述;反之,民事诉讼中作证仅导致民事责任,当事人或者证人反而可能如实陈述。

〔2〕 此系一般情况,但也不能排除另一种情况:由于后果严重且举证责任在控方,嫌疑人或者有利害关系的证人为避免刑事后果,陈述时避重就轻、避实就虚或者作虚假陈述;反之,民事诉讼中作证仅导致民事责任,当事人或者证人反而可能如实陈述。

纳侦查笔录。由于侦查笔录的作证人已经出庭接受质证，在学理上，侦查笔录不再属于未经法庭质证的传闻证据，从而获得诉讼证据乃至定案依据的资格。[1]

最后，证人或当事人不出庭时，对方有异议的侦查笔录在民事诉讼中原则上仅能作为弹劾证据来使用，而不能成为认定事实的依据。弹劾证据即质疑证据，用以质疑对方当事人的事实主张或质疑其他证据的真实性。例如，当事人主张某一有利于己的事实，对方可以用该当事人在刑事侦查中的口供笔录，反驳其主张的事实的真实性。由于原始人证未出庭，此类笔录原则上不能成为证明案件事实的实质证据，但可承认特殊情况下可以例外地作为实质证据来使用，赋予其证据能力。由于这种侦查笔录实系传闻证据，其例外性的使用应当符合传闻证据例外使用的两项条件：一是必要性，即当事人或证人确有正当理由不能出庭，如证人死亡等；二是可靠性，即有证据证明该笔录是证人或当事人的真实意思表示，如有全程录音录像证明制作笔录的程序合法与内容真实。

2. 关于刑事案件鉴定意见的使用

刑事诉讼中的鉴定意见，是公检法机关依法聘请鉴定机构和鉴定人，对案件有关的专门性问题进行鉴定而形成的结论性意见。鉴定意见也是人证，但较之当事人和普通证人，鉴定人具有中立性和专业性，因此，对于案件有关专门性问题的解决，鉴定意见具有重要作用。而且，由于证据法发展的科学化趋势，鉴定意见在诉讼中的作用日益凸显。

刑事案件办理过程中形成的鉴定意见，也可能被应用于民事诉讼，但是，应如何审查、应用，目前认识还不太明确。正是由于鉴定意见的专业性及鉴定人的中立性，加之在刑事诉讼中鉴定人为侦查、检察和审判机关所聘请，因此，在实践中刑事案件中的鉴定意见通常被允许在民事诉讼中使用，法院对其的审查和限制也较少。然而，笔者认为，同样是聘请专家对专业性问题提供意见，刑事诉讼并不一定优于民事诉讼，反而会因为我国刑事诉讼的特点，部分鉴定意见达不到民事鉴定的要求，因此，应当限制其应用于民事诉讼。

---

〔1〕 此系一般情况，但也不能排除另一种情况：由于后果严重且举证责任在控方，嫌疑人或者有利害关系的证人为避免刑事后果，陈述时避重就轻、避实就虚或者作虚假陈述；反之，民事诉讼中作证仅导致民事责任，当事人或者证人反而可能如实陈述。

我国刑事鉴定与民事鉴定的最大区别,是突出职权性而缺乏诉讼当事人的参与及抗辩。司法鉴定是解决刑事诉讼中专业性问题的必要证据方法,但在现行刑事司法制度及刑事鉴定制度中,鉴定是否启动、鉴定的对象和内容以及鉴定机构和鉴定人的聘请,通常由侦查机关单方面决定。诉讼的另一方,即嫌疑人及其辩护人,既无启动权亦无鉴定参与权。而在此种鉴定制度中,尤其影响鉴定准确性和全面性的情况是,供鉴定用的检材通常由侦查机关单方面提供,而且鉴定意见初步形成后并不征求利益关联方,即嫌疑人、被害人及其律师的意见。《刑事诉讼法》(2018 年修正)第 148 条第 1 句规定:“侦查机关应当将用作证据的鉴定意见告知犯罪嫌疑人、被害人。”但在实际操作中,告知程序基本沦为“走过场”。[1] 可见,目前我国以鉴定权的职权配置和单方配置为特点的刑事鉴定程序,与以当事人参与及抗辩保障为条件的民事鉴定程序,有较大区别。

刑事鉴定权的单方配置,虽然有利于提高打击犯罪的效率,但可能对鉴定的准确性与全面性造成不利影响。如果将此种鉴定所形成的鉴定意见不加审查地用于民事诉讼,则可能损害一方当事人的权益。因此,在民事诉讼中,对当事人提供或法院依职权调取获得的刑事鉴定意见,法院应当根据民事诉讼法和民事证据规则进行审查。为此,有必要区分鉴定意见的类型作区别对待。指纹、声纹、笔迹、枪支、毒品等刑事科学技术鉴定以及法医学鉴定等,是刑事司法特有的鉴定,通常须由国家机关依职权决定并推进,对此类鉴定,如当事人不能提出有理有据的反对意见,可以确认鉴定意见的证据能力。而工程造价、资产评估、知识产权、质量事故、司法会计等鉴定,则属于刑民通用的司法鉴定,对这些鉴定意见的形成,应当审查是否符合民事诉讼关于鉴定程序的要求。对于欠缺当事人参与和抗辩,因而不符合民事诉讼程序正当性基本要求的鉴定意见,如果一方当事人对其使用提出异议,原则上应否定其证据能力。如果相关专业性问题仍需鉴定,则应按照《民事诉讼法》及司法解释规定的程序组织重新鉴定。

---

〔1〕 因为不是在鉴定意见初稿形成时,而是在鉴定报告作出后告知,嫌疑人、被害人即使提出意见,对鉴定意见的形成已无影响。加之嫌疑人通常身处羁押状态,受条件所限,很难对鉴定意见提出质疑。而且在实践中,“告知”通常被理解为告知结论意见,嫌疑人无权取得副本嗣后研读。而对于被害人,实践中很少履行这一告知程序。

刑事诉讼法与监察法的衔接难题与破解之道*

程　雷**

一、问题的提出

2018年3月20日第十三届全国人民代表大会第一次会议通过的《中华人民共和国监察法》(以下简称《监察法》),作为"中国特色监察体制的体制创制",从立法体例到立法内容都具有诸多创新之举,其中随着"职务犯罪侦查权"更名为"职务犯罪调查权"并统一由监察机关行使,职务犯罪调查终结后移送司法机关处理的办案程序也必须进行相应的调适,衔接《监察法》亦成为《刑事诉讼法》第三次修正的重要动因。2018年10月26日第十三届全国人民代表大会常务委员会第六次会议通过的《全国人民代表大会常务委员会关于修改〈中华人民共和国刑事诉讼法〉的决定》(以下简称《刑事诉讼法修正案》),旨在实现职务犯罪案件司法程序与《监

* 本文发表于《中国法学》2019年第2期。

** 程雷,中国人民大学刑事法律科学研究中心副教授。

察法》的顺畅衔接,虽解决了不少衔接中的关键问题,[1]但因为监察委的设立完全是一种“体制创新”,它与司法的衔接是过去未曾遇到的新课题。[2]既有的刑事诉讼法理论无法给予充分回应,导致许多问题在《刑事诉讼法修正案》中处于留白状态,法法衔接仍然存在制度设计上的硬伤,制约着监察案件的正常起诉及审判进程。

《刑事诉讼法》与《监察法》衔接的第一个环节就是监察案件移送检察机关审查起诉,因此,起诉环节上的衔接问题最为重要,实践中呈现的实践难题也最为突出,本文的研究遂集中于审查起诉程序中的衔接问题。在《监察法》起草与通过的立法过程中,最高人民检察院就与中央纪委围绕改革后职务犯罪案件办理的衔接程序和证据标准,研究并起草了相关制度。[3] 2018年4月16日中共中央纪委办公厅、国家监察委员会办公厅、最高人民检察院办公厅联合印发了《国家监察委员会与最高人民检察院办理职务犯罪案件工作衔接办法》(以下简称《衔接办法》)《国家监察委员会移送最高人民检察院职务犯罪案件证据收集审查基本要求与案件材料移送清单》,旨在“促进国家监察委和最高人民检察院在办理职务犯罪案件过程中实现纪法贯通、法法衔接,建立权威高效、衔接顺畅的工作机制”。然而,上述规范性文件存在固有缺陷,对于《监察法》执法过程中出现的法法衔接问题难以充分应对。影响其效用发挥的主要问题有如下几个方面:首先,这些规范性文件起草与适用的时间节点是在《监察法》生效前,未经《监察法》法律适用进程的检验,对于执法实践中面临的问题与挑战无法准确把握;同时,上述规范性文件中规定的起诉环节上的衔接机制由于起草时间较早,并未与《刑事诉讼法修正案》形成良好的关照与互动,不少衔接工作方法与《刑事诉讼法修正案》的规定直接冲突。其次,上述两份规范性文件规范的对象为国家监察委调查的案件,其对地方各级监察委办理的案件如何实现与司法程序的衔

---

〔1〕《刑事诉讼法修正案》衔接《监察法》的相关规定主要包括:调整检察机关职务犯罪侦查权的管辖范围以区别于监察委调查权的管辖(《刑事诉讼法修正案》第2条);明确了检察机关对于监察机关移送起诉的案件如何采取强制措施以及审查起诉过程中的退回补充调查、自行补充侦查(《刑事诉讼法修正案》第12条)。此外,《监察法》对于监察机关与检察机关在起诉环节上的衔接也作出了一定的制度安排,主要包括:明确了检察机关退回补充调查的次数与期限、检察机关对于监察机关移送起诉的案件不起诉决定须上一级人民检察院决定(《监察法》第47条);监察证据在刑事诉讼中的使用(《监察法》第32条);监察案件中的认罪认罚制度(《监察法》第31条)等。

〔2〕参见龙宗智:《监察与司法协调衔接的法规范分析》,载《政治与法律》2018年第1期。

〔3〕参见中共中央纪律检查委员会、中华人民共和国国家监察委员会法规室编:《〈中华人民共和国监察法〉释义》,中国方正出版社2018年版,第2页。

接并未加以规定,实践中,地方各级监察委面临着衔接性规范依据不足的难题,各地亦只能遵循本省地方性规定,[1]在执法实践中呈现出对同一部法律执法各自为政的局面。再次,国家监察委与最高人民检察院联合出台的规范性文件仅规范了国家监察委调查的大案要案,当地方监察委将其“临摹”至本地衔接规定当中时,由于基层监察委办理的职务犯罪案件与中央办理的大案要案之间存在诸多差异,衔接机制不匹配、挂一漏万问题比较突出。最后,中央与地方出台的诸多有关衔接机制的规范性文件,涉及职务犯罪嫌疑人人身权、诉讼权利保障的内容,在《刑事诉讼法修正案》中未进行法律保留授权的情形下,根据《立法法》第 8 条之规定,[2]上述规范性文件乃至司法解释均无权作出规定,从这一角度观之,上述一系列规范性文件的法理正当性存在重大缺陷。

基于《监察法》施行近一年的执法实践,笔者将起诉环节中暴露的突出问题概括为三项:第一,监察机关移交审查起诉的案件(以下简称“监察案件”)是否需要办理刑事立案手续;第二,退回补充调查期间的强制措施如何衔接;第三,监察证据在刑事诉讼中是否适用非法证据排除规则。上述三项难题的出现均与监察调查权的创设直接相关,尽管刑事诉讼法理论界对于监察调查权的正当性、程序合法性等问题提出诸多质疑,但对于监察调查权、调查程序给刑事诉讼法学理论研究提出的新命题,学界却鲜有回应。比如监察机关移送审查起诉的案件是否需要办理刑事立案手续,涉及刑事立案的本质功能与犯罪嫌疑人的产生起点这两大重要的理论命题;退回补充调查过程中的强制措施变更则涉及诉讼阶段的界定、刑事案件的内涵及退回补充调查的性质等问题。这些实务操作难题背后隐藏着的理论难题,刑事诉讼法学界迄今为止缺少深入、系统的分析论证,相应的理论储备严重不足,直接导致了立法机关在此次立法过程中对上述实操问题无法充分回应、有效解决。这些问题的出现亦凸显出刑事诉讼法学界长期以来严重依赖比较法与实证研究等研究方法形成的理论发展局限,特别是缺乏对中国式问题的理论回应能力。

---

〔1〕 在写作本文的过程中,笔者对各地出台的监察机关与检察机关之间的衔接配合规定在互联网上进行了检索,发现包括天津、上海、四川、湖北、重庆、青海、河北等省市在内的许多省份都出台了地方性衔接规定,在地市与县区一级的基层检察机关与监察委员会也陆续出台了各自办案中需要遵循的地方性规则。

〔2〕 该条规定对于限制人身自由的强制措施、诉讼制度等重大事项只能制定法律。

二、难题之一：监察案件是否应当办理刑事立案手续

（一）实践困境与学理质疑

监察机关向检察机关移送审查起诉时，检察机关是否需要对监察委移交的案件办理刑事立案手续，对这一问题，《监察法》与《刑事诉讼法修正案》均未明文规定。[1]《监察法》的起草者在其权威释义书中明确指出，对监察机关移送的案件，应由检察机关作为公诉机关直接依法审查、提起公诉，具体工作由现有公诉部门负责，不需要检察机关再进行立案。[2]《国家监察委员会与最高人民检察院办理职务犯罪案件工作衔接办法》第 21 条规定，对国家监察委移送的案件，最高人民检察院案件管理部门认为具备受理条件的，应及时进行登记，并立即将案卷材料移送公诉部门办理。根据这一规定的文义用语，检察机关只需登记并办理受案手续，无需进行刑事立案。《监察法》生效后，执法司法实践中基本按照国家监察委的上述观点进行操作，从媒体报道的各地监察案件移送起诉的监察第一案的办案流程来看，检察机关案管部门在接收监察机关移送起诉案件时均办理受案手续，并未办理刑事立案手续。实务中无需再次办理立案手续的理由为，监察机关在启动职务犯罪调查工作时已经根据《监察法》的规定进行了立案，当调查终结移送检察机关审查起诉时，《监察法》所要求的证明标准为“犯罪事实清楚，证据确实、充分”，这一证明标准已经远远高于刑事立案所要求的“认为有犯罪事实需要追究刑事责任”的证据门槛，在这种证明标准的差异状态下，检察机关进行重复立案审查，显属多余。基于此种认识，实务界基本上都参照受理公安机关移送审查起诉的做法，对起诉的案件办理受案手续而非立案手续。

理论界对于受案而非立案的操作实践提出了不少质疑，主张检察机关应当对接收的案件办理刑事立案手续的观点认为，刑事诉讼的“立案”开启了诉讼程序，缺少立案程序刑事诉讼在逻辑上是无法成立的；刑事立案程序所立之案件乃侦查与审查起诉的对象，没有案件，侦查与审查起诉的基础便

---

〔1〕 参见《监察法》第 45 条第 4 项与《刑事诉讼法修正案》第 12 条，即修正后的《刑事诉讼法》第 170 条之规定。

〔2〕 参见中共中央纪律检查委员会、中华人民共和国国家监察委员会法规室编：《〈中华人民共和国监察法〉释义》，中国方正出版社 2018 年版，第 207 页。

不存在了；职务犯罪监察调查程序并无刑事立案这一程序，其移送检察机关的“起诉意见书”“被调查人、案卷材料、证据”也不自动形成案件，检察机关更无法依此进行审查起诉，因此，在审查起诉之前，检察机关必须依职权对监察机关移送之“监察案件”予以转化，按照管辖范围进行刑事立案，唯有如此，审查起诉方有依据，职务犯罪案件的刑事诉讼程序才能依次进行。[1] 亦有观点认为，立案最为突出的意义，是为强制侦查（调查）提供合法依据，经过立案这一程序阶段，强制侦查之门即开启，一切对人、对物的强制措施方可实施。监察程序中实行立案制度，既针对职务违法又针对职务犯罪，将造成明显的程序不协调问题，建议实行监察立案与刑事立案的二元制及可合并制度。该种观点也强调对于涉嫌职务犯罪的案件适用刑事立案程序。[2]

（二）理论阐释与破解之道

修正后的《刑事诉讼法》第170条规定，监察机关调查终结移送起诉的案件，检察机关依法进行审查起诉，对于已采取留置措施的案件，人民检察院应当对犯罪嫌疑人先行拘留，并随后决定是否采取逮捕、取保候审、监视居住。根据该条规定，监察案件直接进入审查起诉程序，且要求检察机关对犯罪嫌疑人必须采取拘留等强制措施。这一制度带来的法理难题在于，未经刑事立案的案件能否进行审查起诉程序并采取强制措施。这一问题显然属于监察机关与监察体制创设过程中立法者创造的一个新问题。显而易见，在传统刑事诉讼程序的框架下，刑事案件发生后，由公安机关先立案再侦查，侦查终结后移送审查起诉，检察机关接收已经由公安机关立案和侦查的案件时，只需要办理受案手续，[3] 刑事案件和犯罪嫌疑人自公安机关立案和侦查时即已产生，检察机关在接收侦查机关移送审查起诉的案件时只需决定是否继续采取相应的强制措施即可。监察法通过后，职务犯罪案件的侦查程序被监察机关的调查程序所取代，调查的对象为被调查人，监察调查程序处理的对象并非刑事案件，而系监察案件，随之而来的新问题就是刑事案件和犯罪嫌疑人的产生起点，法律上未有明确规定，法理上也缺乏深入论

---

〔1〕 参见陈卫东：《职务犯罪监察调查程序若干问题研究》，载《政治与法律》2018年第1期。

〔2〕 参见龙宗智：《监察与司法协调衔接的法规范分析》，载《政治与法律》2018年第1期。

〔3〕 《人民检察院刑事诉讼规则》第七章“案件受理”部分专门规定了人民检察院对于侦查机关移送的审查逮捕、审查起诉等案件由案管部门办理受理手续，其中第158条规定的受理程序为，案件管理部门对接收的案卷材料审查后，认为具备受理条件的，应当及时进行登记，并立即将案卷材料和案卷受理登记表移送相关部门办理。

证。而这一新问题的处理对于刑事程序的正当性影响巨大,刑事案件系刑事司法机关依法行使职权的基本依据,也是国家动用刑事司法权的前提条件,明确职务犯罪类刑事案件的产生起点是检察机关乃至后续审判机关行使起诉权、审判权的时间前提,而犯罪嫌疑人的产生起点更是事关公民的基本权利保障,[1]《刑事诉讼法》明文规定的强制措施等各类限制、剥夺公民权利的刑事司法权力的适用对象仅能为犯罪嫌疑人或被告人,没有犯罪嫌疑人的产生,就不得适用强制措施。

传统诉讼法理论认为,立案作为刑事诉讼开始的标志,是每一个刑事案件都必须经过的法定阶段,没有立案程序,便不能开始刑事诉讼程序。[2] 监察体制改革创制了未经侦查程序直接进入审查起诉程序的案件流程,那么移送起诉的监察案件从审查起诉阶段作为起点开始刑事诉讼程序,是否也应当坚持"没有立案程序便不能开始刑事诉讼程序"的传统规则?笔者认为,仍然应当遵循上述规则,理由不仅仅是维系传统刑事诉讼理论的自洽性与合理性,更为重要的是,其乃维持刑事诉讼法律体系自身协调一致的基本要求。现行《刑事诉讼法》对于未经侦查而直接进入审判的自诉案件明确要求人民法院应当进行刑事立案后方可开启刑事诉讼程序,[3]这一立法规定明确肯定了"没有立案程序便不能开始刑事诉讼程序"的法律原理。监察案件移送审查起诉后,与自诉案件类似,均未经过侦查程序,作为刑事案件的起点,应当办理立案手续,唯此方能与既有的《刑事诉讼法》保持一致。

监察案件在调查阶段虽有监察立案程序,但监察立案与刑事立案之间存在诸多差异,根据《监察法》第 39 条规定的监察立案条件及程序,监察立案属于以人立案,所处的程序阶段与刑事立案的初期阶段并不相同,更为重要的是监察立案的证明标准系"监察对象涉嫌职务违法犯罪,需要追究法律责任",这一证据门槛显然高于刑事立案所要求的证明标准。[4] 监察立案的

---

〔1〕 尽管理论界对犯罪嫌疑人的确认时点与确认程序存在一定争议,但对于非现行犯的案件,犯罪嫌疑人只能在刑事立案后产生这一结论并无分歧与异议,现行犯的情形下,犯罪嫌疑人的身份确认程序以对其采取到案措施为标志,关于这一问题的讨论可参见刘方权:《论犯罪嫌疑人身份的确认与撤销》,载《中国人民公安大学学报(社会科学版)》2009 年第 4 期。

〔2〕 参见《刑事诉讼法学》编写组编:《刑事诉讼法学》,高等教育出版社 2017 年版,第 258 ~ 260 页。

〔3〕 参见《刑事诉讼法》第 112 条、第 114 条、最高人民法院《关于适用〈中华人民共和国刑事诉讼法〉的解释》(以下简称《刑事诉讼法司法解释》)第 320 条之规定,上述规定明确要求对于自诉案件,人民法院应当办理立案手续。

〔4〕 参见程雷:《"侦查"定义的修改与监察调查权》,载《国家检察官学院学报》2018 年第 5 期。

对象既包括职务犯罪行为,也涵盖了职务违法行为,其适用范围也显然宽于刑事立案。从上述各个方面来看,监察立案不能取代刑事立案,仅有监察立案而无刑事立案的情形下,刑事诉讼程序的开启缺乏合法依据,被调查人也无法转为犯罪嫌疑人,起诉权的行使与犯罪嫌疑人权利保障均无法适用《刑事诉讼法》规范。

对于实务界的操作困境与理论上的质疑,弥合两者分歧的破解之道应从立案程序自身的设计着手,增设起诉阶段的刑事立案程序,并对立案的审查与决定程序根据监察体制改革后的新情况作出相应的调整。申言之,刑事立案程序仍应进行,但鉴于起诉阶段的立案对象为已经过调查程序并达到证据确实充分的证明标准之案件,在监察案件移送至人民检察院审查起诉之时,经过相应的调查程序后,其证据条件早已远远超出刑事立案所要求的"认为有犯罪事实需要追究刑事责任"的证明门槛,因此援引现行《刑事诉讼法》规定的立案实体条件已无必要,仅需进行形式审查即可。立案形式审查的模式与程序可参照《刑事诉讼法》第 186 条规定的法院受理起诉案件时的审查标准与程序进行,[1] 主要审查管辖、法律文书、移送证据材料和涉案款项等形式内容。形式审查式的监察案件刑事立案程序可以折中化的均衡考量刑事程序正当性与监察案件调查与移送起诉的实践需求,在完善法法衔接机制的相关法律或者出台司法解释的过程中宜加以确认。

三、难题之二:退回补充调查期间强制措施如何衔接

(一)衔接难题与实务困惑

《监察法》与《刑事诉讼法修正案》均规定了对于监察机关移送审查起诉的案件,人民检察院审查后认为需要补充核实的,应当退回监察机关补充调查,补充调查的案件应当在一个月内补充调查完毕,补充调查以二次为限。[2] 两部法律对补充调查期间的强制措施衔接问题均未加以规定。国家监察委与最高人民检察院的《衔接办法》第 38 条规定,补充调查期间,犯罪嫌疑人沿用人民检察院作出的强制措施,被指定的人民检察院应当将补充

---

[1] 《刑事诉讼法》第 186 条规定人民法院对提起公诉的案件进行审查后,对于起诉书中有明确的指控犯罪事实的,应当决定开庭审判。理论界通常将该条规定解读为"凡诉必审"式的公诉受理模式,即法院不得对公诉案件的实体证据问题进行审查,只能进行形式审查。形式审查的内容与处理方式可参见《刑诉法解释》第 218 ~ 219 条之规定。

[2] 参见《监察法》第 47 条、《刑事诉讼法修正案》第 12 条,即《刑事诉讼法》第 170 条之规定。

调查情况书面通知看守所，国家监察委员会需要讯问被调查人的，被指定的人民检察院应当予以配合。根据这一规范性文件，补充调查期间，原刑事强制措施继续沿用，被逮捕的犯罪嫌疑人继续羁押于看守所之中，补充调查期间犯罪嫌疑人的羁押期限相应延长，监察机关补充调查重新移送人民检察院后，人民检察院重新计算审查起诉期限。

理论界亦有观点提出该衔接难题，认为退回补充调查时应当适用何种强制措施，乃至羁押地点是否需要转换，需要研究解决，也就是说，留置转为逮捕，已将嫌疑人从留置场所转押至看守所，如果退回补充调查，是在看守所继续羁押、计算逮捕时限，还是退回留置场所、计算留置时间，这是程序衔接需要解决的问题。〔1〕该观点认为由于逮捕对于留置而言具有程序递进关系，逮捕后不宜再退回留置状态，如退回留置，又可能需要改变羁押场所，待补充调查终结后还需要重新办理逮捕手续，移送犯罪嫌疑人，程序烦琐且缺乏实际意义。〔2〕上述观点与目前的司法实务操作规范是一致的。

现有的操作模式及理论论证过程忽视了审查起诉羁押期限以及程序倒流过程中的衔接难题，根据《刑事诉讼法》对羁押期限的安排，审查起诉与审判环节上的羁押期限与审查起诉、审判的办案期限是重合的，即审查起诉和审判期限也是指的羁押期限。〔3〕《刑事诉讼法》仅规定了逮捕后的侦查羁押期限，对起诉与审判的羁押期限未作单独规定，而是规定了相应的审查起诉期限和审限，后者并非单纯指向办案期限，而是专指羁押状态下审查起诉期限和审限。当被追诉人未被羁押时，实际上法律并未明确规定审查起诉和审判的期限。〔4〕

在退回补充调查时，案件由起诉阶段回流到调查阶段，此时强制措施继续沿用检察机关在起诉阶段依法适用的逮捕或者其他强制措施，根据现行法的规定，欠缺法理上的正当性。退回补充调查的案件从诉讼阶段的角度

---

〔1〕参见龙宗智：《监察与司法协调衔接的法规范分析》，载《政治与法律》2018 年第 1 期。

〔2〕参见龙宗智：《监察与司法协调衔接的法规范分析》，载《政治与法律》2018 年第 1 期。

〔3〕参见郎胜主编：《〈中华人民共和国刑事诉讼法〉修改与适用》，新华出版社 2012 年版，第 203 页。

〔4〕这一立法精神可通过《刑事诉讼法》第 98 条之规定推演出来，该条规定："犯罪嫌疑人、被告人被羁押的案件，不能在本法规定的侦查羁押、审查起诉、一审、二审期限内办结的，对犯罪嫌疑人、被告人应当予以释放；需要继续查证、审理的，对犯罪嫌疑人、被告人可以取保候审、监视居住。"根据该条规定，当审查起诉的办案期限届满时，只要将逮捕变更为非羁押性强制措施，案件仍可继续办理，办案期限在变更后的强制措施期间内就不存在超期问题，进一步推论，如果犯罪嫌疑人未被采取取保候审措施，针对其进行的审查起诉是没有办案期限要求的。

看,已然回到了监察调查阶段,即离开了刑事司法程序转回至监察法规范的调查程序当中,对被调查人沿用刑事强制措施直接违反了刑事诉讼法对强制措施只能适用于犯罪嫌疑人之明确规定。从更为宏观的视角观之,该项内部规定及制度安排还存在违反宪法精神之嫌疑,因为根据《宪法》第37条之规定,公民的人身自由不受侵犯,禁止非法拘禁和以其他非法方法剥夺或限制公民的人身自由,此乃人身自由权的法律保留条款。《立法法》第8条亦明确确认上述宪法原则,规定"限制人身自由的强制措施"只能制定法律。在退回补充调查期间的一个月时间内沿用检察机关决定的逮捕措施系对公民羁押期限的延长,唯有通过《监察法》抑或《刑事诉讼法》的明文规定方具有法理上的正当性。

如果我们对比原有刑事诉讼中退回补充侦查案件的程序回流过程,则可以更为清晰地审视衔接困境。对于公安机关侦查的案件,审查起诉过程中检察机关退回补充侦查时,案件回流至侦查程序,检察机关通知看守所办理换押手续。[1] 换押手续的主要目的在于明确案件所处的诉讼阶段及办案机关,以便清晰地计算羁押期限和明确办案责任主体。退回补充侦查的案件由检察机关换押给侦查机关,之后侦查机关作为办案主体可以在看守所对犯罪嫌疑人进行提审等诉讼行为,案件的羁押期限转为最长一个月的侦查羁押期限,当然此处的"一个月"之期间系《刑事诉讼法》明文授权延长的合法之羁押期限,侦查机关补充完毕后重新移送审查起诉时,看守所再次在公安机关与检察机关之间进行换押,案件也再次进入审查起诉阶段,审查起诉阶段的办案期限重新计算。上述流程在同为刑事案件进程的刑事司法系统间是运转良好的,但当案件退回至刑事司法系统之外的监察机关时,监察机关由于并不具备刑事羁押权,根本无法在看守所办理各类衔接手续包括换押手续,当然也无法对犯罪嫌疑人进行提审讯问。正是为了克服这一衔接障碍,《衔接办法》第38条规定监察机关对于退回补充调查的案件,需要讯问看守所在押的被调查人时,需要人民检察院的配合。此处"配合"实际上是由于监察机关并无法定权限与资格在看守所办理换押手续,在押的犯

---

〔1〕 换押制度,是指公检法机关在办理刑事案件过程中,对被羁押的犯罪嫌疑人、被告人,随着诉讼阶段的变化和办案单位的更替,新承办单位须以书面形式通知看守所的制度,参见李积国:《换押制度存在的问题与解决对策》,载《人民检察》2010年第9期。关于换押的相关规范性文件可参见最高人民法院、最高人民检察院、公安部《关于羁押犯罪嫌疑人、被告人实行换押和羁押期限变更通知制度的通知》(2014年3月3日印发,公监管〔2014〕96号)。

罪嫌疑人仍然属于人民检察院办案的对象。《衔接办法》将退回补充调查状态下的当事人称之为“被调查人”,“被调查人”却关押在看守所中,名义上仍属于检察机关为办案单位的犯罪嫌疑人,这种逻辑矛盾与法律手续衔接上的冲突凸显衔接机制上的重大疏漏。

(二)理论阐释与破解之道

退回补充调查中强制措施的衔接难题源于立法者将调查程序与刑事司法程序进行的切割,切割两者的原有关联过程中仅考虑了案件正向流转中的制度自洽与概念解释逻辑,但忽视了刑事程序存在反向流转的倒流机制。为应对起诉与调查之间的程序倒流难题,中央与地方监察机关在其《衔接办法》或地方性规范文件中都试图采用分离人与证据的折中方法处理这个两难问题,即退回的案件仅仅是退回的案卷材料与证据材料,而对案件的另一核心要素被追诉人却被留在刑事司法系统当中。[1]

上述割裂现象的产生与我国刑事诉讼理论中对诉讼客体或诉讼标的概念及法理研究粗疏不无关系。时至今日,无论是《刑事诉讼法》文本还是刑事诉讼法学对于刑事诉讼的对象——“刑事案件”这一概念缺乏理论上的充分论证,理论界与实务界对于何为“刑事案件”这一问题缺乏足够的思考与界定。无论是民事、刑事或行政诉讼,诉讼对象,基本上由“人”和“事”两个部分组成,缺一不可;就刑事诉讼而言,既然是确定国家对于特定被告所犯特定犯罪事实之具体刑罚权存在或不存在的程序,诉讼对象便是“案件”,组成案件之人与事即为“特定被告”与“特定犯罪事实”。[2] 在我国传统刑事诉讼理论的研究中,对诉讼客体的界定存在多种学说,也有观点将诉讼客体的概念界定为“案件说”,然而由于诉讼客体理论移植至我国的主要立论目的系适用控审分离与一事不再理两项原则,理论演绎的主要着眼点在于规范起诉变更、罪名变更与重复追诉问题,[3] 对于当前法法衔接中遇到的“人”“案”割裂分离的难题基本上无法予以回应。

回应与解决退回补充调查阶段的强制措施衔接问题,恰恰为我国刑事

---

〔1〕 笔者之所以使用更为中性的“被追诉人”,是因为退回补充调查时,职务犯罪的被追诉人应当被称之为“被调查人”,但其又被继续关押于看守所当中且处于检察机关的主管之下,从后者的角度看,只能将其称为犯罪嫌疑人。

〔2〕 林钰雄:《刑事诉讼法》,台北,元照出版有限公司 2015 年版,第 285 页。

〔3〕 关于诉讼客体的理论讨论过程可参见宋英辉主编:《刑事诉讼法学研究述评(1978—2008)》,北京师范大学出版社 2009 年版,第 28 ~ 31 页;张小玲:《我国刑事诉讼客体再探究》,载《政法论坛》2010 年第 1 期;刘仁琦:《论我国刑事诉讼客体内容的确定》,载《法律科学》2012 年第 5 期。

诉讼法学理论弥补诉讼客体理论研究的滞后状态提供了良好的契机。笔者认为,当我们探索诉讼客体理论在审前程序应用时至少有两个角度值得深入思考与挖掘:

第一,需要认识到诉讼客体理论在刑事审前程序引入时应对其既有的诉讼模式土壤"诉讼阶段论"的纵向构造加以充分考量,同时强制措施衔接难题的出现也为理论界再次认真对待"诉讼阶段论"提供了全新视角。

诉讼阶段论源于苏联的刑事诉讼理论,从诉讼阶段论的视角看,诉讼活动从开始到终结是一个向前运动、逐步发展的过程,这个过程中循序进行、相互连接而又各自相对独立的各个部分,称之为"刑事诉讼阶段"。[1] 根据苏联诉讼理论,刑事诉讼阶段的特点是:"这种诉讼阶段并不是审判机关和检察机关个别的行为或若干行为的结合。每一个诉讼阶段都是完整的,有其自身的任务和形式的一个整体。"[2] 诉讼阶段论强调立案、侦查、审查起诉、审判和执行等各个诉讼阶段均为相互独立乃至十分封闭的部分,各部分具有各自的诉讼任务并接续前后流转,这种纵向的诉讼结构也被形象的概括为"线形结构"或"流水作业式"的行政治罪结构。[3] 诉讼阶段论被视为审判中心主义的对立面,[4] 其区别于审判中心主义的显著差异之一即为侦查程序与审查起诉程序的封闭性,公安机关负责侦查程序及各项强制权的决定与实施,除逮捕需经人民检察院批准外,其他各项强制性措施的司法审查缺失,检察监督介入侦查程序的空间有限,侦查程序出现了"空档"。以侦查终结程序为界,案件移送审查起诉后,侦查机关对后续程序也不再参与,案件流转至检察机关控制与主导之下,检察机关再次对案件的办理形成排他式的局面。

传统上的诉讼阶段论经常被作为审判中心主义的对立面加以讨论,这一着眼点关注刑事诉讼的纵向构造因而是具有理论价值的,然而,研究视域仍然是将审前程序视为一个整体,对侦查与起诉两个阶段的关系缺乏足够

---

〔1〕 张建伟:《审判中心主义的实质内涵与实现途径》,载《中外法学》2015 年第 4 期。

〔2〕 [苏]切里佐夫:《苏维埃刑事诉讼》,中国人民大学刑法教研室译,法律出版社 1955 年版,第 56 页,转引自张建伟:《审判中心主义的实质内涵与现实途径》,载《中外法学》2015 年第 4 期。

〔3〕 参见陈瑞华:《刑事诉讼的前沿问题》,中国人民大学出版社 2000 年版,第 128 页。

〔4〕 正是从这个意义上看,提倡审判中心主义者都会对诉讼阶段论展开批判,特别是晚近司法改革中提出"以审判为中心的诉讼制度"改革以来,对诉讼阶段论的反思成为倡导审判中心论的基础,这方面的论述可参见左卫民:《审判如何成为中心:误区与正道》,载《法学》2016 年第 6 期;陈瑞华:《论侦查中心主义》,载《政法论坛》2017 年第 2 期。

的关注。监察体制改革后出现的退回补充调查中强制措施的衔接难题,是在诉讼阶段论的诉讼模式土壤中形成的,在诉讼阶段论模式下形成的侦查或调查程序与审查起诉程序的明确分立、前后相连的案件流转方式,导致案件退回补充调查期间,案件本身回流至审查起诉程序之外的监察调查环节,而退回补充调查的"案件"指代的应该是起诉的对象,或者说诉讼客体,根据上述对诉讼客体理论之整理,"案件"是指控犯罪事实与犯罪嫌疑人的组合体,两者不可分离。这一判断结论从现行《刑事诉讼法》条文的规范分析角度也具有充足的支撑依据。例如,检察机关审查起诉后对于犯罪嫌疑人没有犯罪事实的案件如何处理,1996 年《刑事诉讼法》未作规定,实践中往往退回公安机关,由其根据关于"不应对犯罪嫌疑人追究刑事责任的,应当撤销案件"的规定,作撤销案件处理。[1] 2012 年《刑事诉讼法》修改时,明确规定对此种情形,起诉机关不得再退回公安机关作撤销案件处理,而是应当根据修改后的 2012 年《刑事诉讼法》第 173 条之规定,直接作不起诉处理。该条规定修改的深层次原因是对"刑事案件"本质认识的深化,对于犯罪事实存在但并非犯罪嫌疑人所为的特定情形,立法者认为,检察机关在起诉环节上对案件的界定应当坚持"人""事"合一的立场,只有"人""事"兼具方可作出起诉决定。2012 年《刑事诉讼法》第 173 条的修改过程表明,起诉环节上的刑事案件包括不可分离的犯罪事实与犯罪嫌疑人两个要素。至于侦查环节上的案件如何界定其内涵还有进一步讨论的空间,根据《公安机关办理刑事案件程序规定》第 183 条之规定,对于经过侦查,发现有犯罪事实需要追究刑事责任,但不是被立案侦查的犯罪嫌疑人实施的,应当对有关犯罪嫌疑人终止侦查,并对该案件继续侦查。从这一规定来看,侦查程序上的案件涵义与起诉程序中的案件界定存在明显差异,"人"与"事"两个要素在侦查案件中是可以分离的,而在起诉的案件中则不可分离。

按照上述结论,当检察机关将案件退回监察机关补充调查时,所退案件应当同时涵盖指控犯罪事实与犯罪嫌疑人两个要素,两者缺一不可,"指控犯罪事实"主要载体即为案卷,"犯罪嫌疑人"部分也应当通过强制措施的变更及附带的看守所换押手续加以体现。案卷与犯罪嫌疑人一并退回监察机关是诉讼客体理论与现行《刑事诉讼法》诉讼阶段论模式的必然要求,如果按照目前《衔接办法》规定的人、案分离的模式退查,案件退回后,犯罪嫌疑

---

〔1〕 参见郎胜主编:《中华人民共和国刑事诉讼法修改与适用》,新华出版社 2012 年版,第 312 页。

人仍然处于审查起诉期间，最长45日的审查起诉期限仍然持续计算，一个月的补充调查结束并重新移送起诉前，审查起诉阶段的羁押期限势必超期，这会引发更为严重的程序违法问题。

第二，从犯罪嫌疑人权利保障的视角观之，退回补充调查期间犯罪嫌疑人的羁押时间相应延长且重新移送起诉后，最长45日的审查起诉期间的羁押期限再度延长，补充调查以二次为限，总体上看羁押期限可最长被延长150日或5个月。而现有实践操作中的衔接模式，监察机关只收回案卷，犯罪嫌疑人仍然维系原有的逮捕措施与羁押期限。在这种操作模式中，犯罪嫌疑人人身自由权完全附属于案件办理的便利，其本人对于案件的回流与羁押期限的延长没有任何辩护、质疑的机会与权利，严重违背了《刑事诉讼法》人权保障的基本价值与《宪法》关于人身自由权保护的基本精神。权利意识的缺失也凸显了诉讼客体与诉讼阶段论这两大传统理论的固有缺陷，诉讼客体理论集中关注起诉权对审判权的制约，规制两种司法权之间的关系是理论设计的出发点与落脚点；诉讼阶段论更被称之为纵向诉讼结构，将被追诉人视为犯罪处理生产线上的“产品”。总体上看，两项理论更多关注公权力之间的司法权配置问题，但对于人权保障这一现代刑事诉讼发展中重要驱动力的关注极为有限，这一制度设计的观念偏差应当加以革新与纠正。

从权利保障的视角出发审视退回补充调查环节的衔接机制，尤其应当关注犯罪嫌疑人或被调查人的人身自由权保障问题。人身自由权应当被视为独立于诉讼权利的一类实体性权利，德国学说与我国台湾地区的研究已逐步强调强制处分除具有传统上诉讼行为之属性外，就实体权利而言，羁押处分拘束受羁押人的自由权，干预人民的基本权利，其在性质上应兼具程序与实体双重属性，刑事诉讼法甚至应当根本放弃强制处分的传统用语，改以“刑事诉讼上之基本权干预”替代，如此才能精确描述这种公法行为的特性。〔1〕《刑事诉讼法》将逮捕等五类强制措施单列于总则之中，并将“强制措施”章与分则各诉讼阶段分列的立法体例旨在强调被追诉人的人身自由权具有独立的保护价值。〔2〕虽可根据保障诉讼进程之需要经法定程序适用

---

〔1〕 参见林钰雄：《刑事诉讼法》，台北，元照出版有限公司2015年版，第302页。

〔2〕 无独有偶，联合国《公民权利和政治权利国际公约》中对人身自由权的保障条款与公正审判权也是分列的，分别规定在第9条与第14条，这种权利清单的列举方式也凸显出人身自由权独立的法益保护价值。

各类强制措施，但强制措施不能成为附属性措施，更应反对为诉讼便利任意采取强制措施，将强制措施滥用为“定罪的前奏”“刑罚的预支”。目前实务操作中沿用检察机关审查起诉期间采取的强制措施之做法，显属缺乏法律明确依据的情形下延长羁押期限，系片面配合“法法衔接顺畅”而忽视人身自由权独立价值的错误做法。

总体看来，“人案分离、只退卷不退人”的衔接模式欠缺法理上的正当性，显然不应作为衔接选项，需要继续讨论的问题是何种衔接模式是现行法律框架下最优的选项。衔接的难题显然不是案卷而是对犯罪嫌疑人的强制措施，难题出现的根本原因在于《监察法》自身的已有规定：一是《监察法》将监察调查程序从刑事程序中剥离，退回补充调查意味着案件离开刑事司法系统，看守所作为刑事羁押场所显然无法继续执行羁押措施，在羁押管理系统中起诉机关也无法与一个非刑事司法机关进行被羁押人管理权限的交接；二是《监察法》通篇没有设置强制措施章节，具备强制措施实质的留置措施在形式上作为一种调查措施规定在“监察权限”与“监察程序”两章中。[1]《监察法》中关于强制措施体系的空白状态，会导致案件被检察机关退回后监察机关无从采取强制措施进行衔接。

就衔接难题的解决之策来看，一种解决方案为退回补充调查期间，案件回流到监察调查环节，监察机关根据退回案件的不同情况逐案决定是否需要采取留置措施，符合《监察法》第 22 条规定的留置条件的，可以重新采取留置措施，期限不得超过补充调查为期一个月的时长。未来《监察法》进行完善修正时，也可考虑增设限制被调查人自由的各类非羁押性强制措施，在现行法律框架下，对于不需要留置的被调查人也可在非留置状态下进行补充调查。从目前退回补充调查的实践状况来看，多数退回补充调查的案件与被调查人的口供关系不大，而多数退回需要补充调查的证据材料与鉴定意见、主体身份等问题相关，对这些个别证据的调查核实工作完全可以在不采取留置措施的状况下顺利展开。

另外一种解决对策可以作为上述第一种解决方案的配套措施予以考虑，即如果监察机关认为不需要或者无法采取留置措施的情形下，可以考虑适用《监察法》与《刑事诉讼法修正案》规定的“必要时可以自行补充侦查”

---

〔1〕 参见中共中央纪律检查委员会、中华人民共和国国家监察委员会法规室编：《〈中华人民共和国监察法〉释义》，中国方正出版社 2018 年版，第 133 页。

之规定。检察机关不再退回补充调查，继续适用《刑事诉讼法》规定的强制措施而选择自行补充侦查，在补充侦查过程中，监察机关负有配合义务。[1]自行补充侦查期间，审查起诉期限到期时，应当根据《刑事诉讼法》第 98 条的规定将逮捕措施变更为监视居住或取保候审。

根据"人案合一"的诉讼客体理论，第一种方案中案件回流到调查程序中，而第二种方案下，案件仍然处于审查起诉阶段。第一种方案的弊端在于其势必限缩被追诉人的律师帮助权，因为案件回流到调查阶段后根据监察法的规定，办案机关可以再次排除律师的介入；第二种方案的弊端为变相增加了犯罪嫌疑人起诉阶段最长一个月的审前羁押期限。在探索解决方案的过程中需要在两种方案间进行利弊权衡，目前衔接办法中给出的解决方案事实上既变相增加了犯罪嫌疑人的审前羁押期限，也令案件处于监察机关的掌控之下从而排除了律师介入，从公民权利保障的视角观之，属于典型的显失公平，且严重违反"人案合一"的诉讼客体理论，势必引发衔接工作中的无序。本着利弊兼顾的公平原则，监察机关与检察机关只能在现行法律框架下从上述两种方案中选择其一。

四、难题之三：监察证据是否适用非法证据排除规则

（一）模糊的法律文本与实务困惑

尽管《监察法》将调查的性质设置为非刑事司法行为，但理论界对于监察证据应当适用非法证据排除规则几无争议。从司法实务界的角度来看，这一问题远比理论推演要复杂，不少地方的法院、检察院对监察证据适用非法证据排除规则存在不少困惑，不敢排、不愿排的观念浓重，谨慎排除、先报告后排除等做法在一定范围内存在。[2] 笔者分析造成这一困境的原因至少有两个方面：

第一，《监察法》与《刑事诉讼法修正案》的法律文本对此问题的表述过于模糊，法官很难依据法律的文义表述以及文义解释得出排除规则适用于监察证据的明确结论。《监察法》第 33 条第 3 款规定："以非法方法收集的证据应当依法予以排除，不得作为案件处置的依据。"该款规定仅明确了监

---

〔1〕《监察法》第 4 条规定，监察机关办理职务犯罪案件应当与检察机关互相配合、互相制约。

〔2〕参见佚名：《山西运城中院：监察委所办案件非法证据的排除要谨慎、要报告》，载黄河新闻网，https://www.thepaper.cn/newsDetail_forward_1742416，2018 年 10 月 17 日访问。

察机关自我排除非法证据的义务，对于检法两院在后续刑事司法程序中能否排除非法证据并不明确。《刑事诉讼法修正案》对于监察证据的排除也并未作出清晰的衔接规定，而继续沿用《刑事诉讼法》第56条关于排除范围的规定时，则必然面临文义解释的难题。《刑事诉讼法》第56条规定的排除对象为“刑讯逼供等非法方法收集的犯罪嫌疑人、被告人供述”，监察调查中非法获取的“被调查人供述”能否视为《刑事诉讼法》第56条所言的“犯罪嫌疑人供述”显然是需要进一步解释的问题。如果单纯从文义解释的方法入手，“犯罪嫌疑人”是刑事立案后法律赋予被追诉对象的规范性角色，监察调查环节中的被调查人从现行法律规范的层面很难被认定为犯罪嫌疑人，其供述的证据种类也就很难归为“犯罪嫌疑人供述”这一证据种类。此外，“刑讯逼供”这一《刑事诉讼法》非法证据排除规则的主要排除对象在《监察法》中根本就从未明确表述过，这或许会导致排除对象在监察证据中出现盲区，《监察法》通篇均回避使用“刑讯逼供”一词，且在第40条中将“刑讯逼供”的语义替换表述为“严禁侮辱、打骂、虐待、体罚或者变相体罚被调查人和涉案人员”。〔1〕

第二，《宪法》与《监察法》对监察机关的定位及其与司法机关关系的制度安排形成了监察机关整体上优位于司法机关的格局。尽管《宪法》第127条及《监察法》第4条均规定监察机关办理职务犯罪案件应当与审判机关、检察机关互相配合，互相制约，但由于监察机关为政治机关的基本定位，〔2〕以及从监察权限的实际对象来看，检法两院及其司法人员均属于其监督、调查、处置的对象，其法律地位上的优势格局势必对司法机关开展非法证据排除工作形成潜在的压力。

国家监察委与最高人民检察院联合下发的《衔接办法》第27～32条对国家监察委移送审查起诉的案件在起诉环节上适用非法证据排除规则问题进行了明确、细化的规定。首先，《衔接办法》明确肯定了检察机关在起诉环节上有权依照《刑事诉讼法》规定的程序对非法监察证据进行调查、核实与排除。其次，从具体的排除程序上看，《衔接办法》与《刑事诉讼法》及司法解释的规定存在一定差异，整体上看对于排除问题的处理要求检察机关更加

---

〔1〕 与之相对应，《刑事诉讼法》第52条的表述为“严禁刑讯逼供和以威胁、引诱、欺骗以及其他非法方法收集证据”。

〔2〕 参见中共中央纪律检查委员会、中华人民共和国国家监察委员会法规室编：《〈中华人民共和国监察法〉释义》，中国方正出版社2018年版，第62页。

慎重,比如根据上述规定,被指定承办案件的人民检察院认为可能存在非法取证行为,需要调查核实的,应当报最高人民检察院批准;最高人民检察院认为需要调取与指控犯罪有关并且需要对证据合法性进行审查的讯问录音录像,可以同国家监察委沟通协商后予以调取;被指定的人民检察院认为需要国家监察委对证据收集的合法性作出书面说明或者提供相关证明材料的,应当报最高人民检察院,由最高人民检察院同国家监察委沟通协商;被指定的人民检察院对非法证据调查完毕后,应当提出排除或者不排除非法证据的处理意见,报最高人民检察院批准决定,最高人民检察院经与国家监察委沟通协商后,作出决定。

总体上看《衔接办法》确定了“沟通协商”与“谨慎排除”的政策方向,明确了司法机关排除非法证据的固有权限,《刑事诉讼法修正案》本应在此基础上进一步明确法律依据,但遗憾的是排非问题并未纳入此次法律修改的议程之内,这就在法律规范层面产生了衔接上的障碍,加之监察机关与司法机关在法律地位上的差距,司法人员的排非观念上存在浓重的观望、犹豫情绪,这势必导致司法实务中监察证据排非实践裹足不前。

(二)理论阐释与破解之道

监察证据适用非法证据排除规则的理论依据应当进一步精确推敲,特别是在《监察法》将调查与原职务犯罪侦查概念明确区分之后,更应对调查行为的本质作出进一步的分析。笔者认为,法律的上述调整改变不了调查和侦查都是取证过程这一结论,监察调查的本质系证据收集、固定、保全之过程。[1] 非法证据排除规则针对的对象,表面上看是针对侦查行为,实际上作为一项证据规则,其排除的对象是使用非法方法的各类取证行为,调查行为的本质为取证行为当无异议,理应成为非法证据排除规则的适用对象。

从立法政策角度观之,联合国《禁止酷刑和其他残忍、不人道或有辱人格的待遇或处罚公约》(以下简称《联合国反酷刑公约》)对于我国政府的拘束力,应作为监察证据适用排非规则的直接立法依据。1988 年第八届全国人大常委会第三次会议批准加入的《联合国反酷刑公约》明确要求缔约国在

---

〔1〕 参见程雷:《“侦查”定义的修改与监察调查权》,载《国家检察官学院学报》2018 年第 5 期。

国内法中必须确立非法证据排除规则,[1]其适用范围并未局限于刑事司法领域,《监察法》所规定的调查行为完全应当纳入该公约的适用射程之内。[2]立法机关有义务在《刑事诉讼法》衔接《监察法》的过程中落实《联合国反酷刑公约》的缔约国义务,在法律中明确监察证据应当适用非法证据排除规则。

破解这一衔接难题的对策唯有再次修改《刑事诉讼法》的相关规定,对《刑事诉讼法》第56条、第57条进行调整以明确排非规则对监察证据的适用效力。[3]《刑事诉讼法》第56条可修改为"采用刑讯逼供等非法方法收集的被调查人、犯罪嫌疑人、被告人供述",明确将被调查人供述这一证据类型纳入非法证据排除的范围。同时对"刑讯逼供等非法方法"在司法适用过程中应当坚持既有的一系列解释方案以涵摄《监察法》中表述的"严禁侮辱、打骂、虐待、体罚或者变相体罚"各类非法取证手段。在监察非法取证方法的范围界定上,既然《监察法》采用了实质性描述方式,刑事诉讼中的解释方法也应当坚持实质解释的进路,即从绝对禁止酷刑、遏制刑讯逼供、防范冤假错案的立法目的出发,遵循《刑事诉讼法司法解释》第123条确立的排除范围之规定,[4]将带来物理上疼痛的刑讯逼供或变相刑讯逼供与产生精神上痛苦的威胁、引诱、欺骗等非法取证方法均纳入排除范围之内。

《刑事诉讼法》第57条规定了检察机关在核实非法取证行为过程中对侦查人员的调查,由于该条明确表述了"侦查人员",为涵盖对监察人员取证

---

[1] 《联合国反酷刑公约》第1条规定,酷刑是指为了向某人或者第三者取得情报或供状,为了他或第三者所做或涉嫌的行为对他加以处罚,或为了恐吓或者威胁他或第三者,或为了基于任何一种歧视的任何理由,蓄意使某人在肉体或精神上遭受剧烈疼痛或痛苦的任何行为,而这种疼痛或痛苦是由公职人员或以官方身份行使职权的其他人所造成或在其唆使、同意或者默许下造成的,纯因法律制裁而引起或者法律制裁所固有或附带的疼痛或痛苦不包括在内。另外,第15条明确规定,每一缔约国应确保在任何诉讼程序中,不得援引任何业经确定系以酷刑取得的口供为证据,但这类口供可用作对被控施用酷刑者刑讯逼供的证据。

[2] 参见程雷:《"侦查"定义的修改与监察调查权》,载《国家检察官学院学报》2018年第5期。

[3] 笔者亦认为,解决监察证据适用非法证据排除规则的问题不属于《立法法》第45条规定的可以通过法律解释的方式加以解决的问题,该条规定当法律的规定需要进一步明确具体含义或者法律制定后出现新的情况,需要明确适用法律依据时,由全国人大常务委员会解释法律。目前监察证据能否适用非法证据排除规则的问题属于典型的立法漏洞填补,已经超出了法律解释所能实现的任务范畴,宜通过立法过程解决上述问题。

[4] 《刑事诉讼法司法解释》第123条对"刑讯逼供等非法方法"的解释路径系参照《联合国反酷刑公约》中酷刑的界定方式形成的,既强调物理上的疼痛,也关注精神上的痛苦,该条规定:"使用肉刑或者变相肉刑,或者采用其他使被告人在肉体上或者精神上遭受剧烈疼痛或者痛苦的方法,迫使被告人违背意愿供述的,应当认定为《刑事诉讼法》第54条规定的'刑讯逼供等非法方法'。"

行为合法性的调查核实,法律的表述在“侦查人员”之后应增加“调查人员”的表述,从而授权检察机关对监察机关取证行为之合法性进行审核。当然本条规定引发的附带问题远比增加“调查人员”更为棘手,即该条的立法基础系检察机关的法律监督权之延伸。立法者之所以赋予检察机关对侦查人员非法取证的调查权,理论依据为检察机关应当对侦查阶段证据收集活动是否合法进行监督,[1]而《监察法》并未明确赋予检察机关对监察调查活动进行法律监督的权限,恰恰相反,《监察法》规定监察机关对检察机关及其公职人员进行监察。《刑事诉讼法修正案》在调整检察机关自侦权范围过程中明确将检察机关的职责定位于诉讼监督机关,仅对诉讼活动实现法律监督中发现司法工作人员利用职权实施的特定犯罪罪名行使侦查权。监察调查活动并非诉讼活动,监察人员显然也不属于司法工作人员。而根据《刑事诉讼法》第57条的表述,只要检察机关接到关于非法取证的报案、控告、举报或者发现相关线索,就应当进行调查核实,对于确有以非法方法收集证据的,应当提出纠正意见,构成犯罪的还应当依法追究刑事责任。这一规定表明,在对监察证据适用非法证据排除规则时,根据《刑事诉讼法》的现有规定,检察机关的调查时点并非限于审查起诉阶段,即使案件处于监察调查阶段,检察机关亦有权开展调查核实工作。这一作法触及了法律监督与监察机关监察权之间的复杂关系,理论上与法理上有必要加以证成。

2018年《宪法》修改过程中维持了检察机关法律监督机关的宪法定位,《刑事诉讼法修正案》在处理检察机关自侦权的保留范围问题过程中,明确将其自侦权限于诉讼监督领域内并首次凸显出检察机关主要职责系“诉讼监督”。[2]《宪法》第123条将各级监察委员会定位为国家的监察机关,但宪法并未明确监察监督与检察机关法律监督的关系。《宪法》第127条进一步规定,监察机关办理职务犯罪案件应当与审判机关、检察机关、执法部门互相配合、互相制约。本条规定强调了就职务犯罪案件的办理过程而言,监察调查结束后的职务犯罪案件移送审查起诉,进入司法程序转为诉讼案件办理,检察机关作为诉讼监督机关依照法定职权对诉讼案件调查中的非法取证行为进行监督调查,这种法律解释方案符合《宪法》、《监察法》与《刑事诉

---

[1] 参见郎胜主编:《中华人民共和国刑事诉讼法修改与适用》,新华出版社2012年版,第125~126页。

[2] 参见《刑事诉讼法修正案》第2条,即《刑事诉讼法》第19条之规定。

讼法》的立法精神。但由于非法证据排除规则中的诉讼监督依托于具体诉讼案件的办理,在监察机关决定将监察案件作为诉讼案件移送司法程序前,检察机关的诉讼监督并无案件基础。换言之,在监察调查阶段,检察机关无法基于报案、控告或举报启动非法证据的调查监督程序。在《宪法》与《监察法》对检察机关与监察机关的关系作出进一步修改或解释之前,当下现行《刑事诉讼法》第 57 条应对监察案件非法证据的排除作出过渡性安排,比如可以增列一款单独规定,在审查起诉过程中,人民检察院接到报案、控告、举报或者发现调查人员以非法方法收集证据的,应当进行调查核实。对于确有以非法方法收集证据的,应当提出纠正意见;构成犯罪的,依法移送有关部门追究刑事责任。

五、结语

《监察法》中由于规定了大量关于职务犯罪调查与移送司法程序的相关内容,其本身就成为《刑事诉讼法》的法律渊源之一,监察体制改革引发的中国式问题为刑事诉讼法理论的完善也提出了许多新命题。对于这些中国式的问题,长期依赖移植改良模式发展起来的刑事诉讼法学理论逐渐凸显出诸多研究盲区,从这个意义上讲,《监察法》的出现应当成为刑事诉讼法学理论自我审视、自我发展的一次契机。

本文中笔者尝试提出了若干理论分析进路以回应法法衔接中出现的中国式问题,包括形式性立案审查、人案合一的诉讼客体理论、调查行为的本质为取证行为进而属于我国政府批准的《联合国反酷刑公约》所要求的非法证据排除规则的射程范围等。尽管理论论证的深度、样式仍显初步,但期冀这些理论分析对法法衔接的司法实践能够有所裨益。

我国法律职业共同体建设的实践、问题与对策*

谭世贵　曾宇兴**

法律职业共同体是否健全是衡量一个国家法治水平的重要标准。我国法律职业共同体随着国家统一司法考试制度的确立和实施而逐步发展起来。经过近二十年的持续建设,我国法律职业共同体得到了很大的发展,特别是党的十八届四中全会通过的《中共中央关于全面推进依法治国若干重大问题的决定》(以下简称《决定》)对法律职业共同体的范围、交流与发展作了明确和新的要求,为我国法律职业共同体的建设指明了方向。但是,也要看到,我国法律职业共同体的建设还存在诸多问题。本文拟对我国法律职业共同体建设的实践与模式及存在的问题进行梳理和分析,并提出相应的对策建议,以期对法律职业共同体的建设和发展有所裨益。

一、我国法律职业共同体建设的实践与模式

(一)我国法律职业共同体建设的实践

近二十年来,我国法律职业共同体建设在职业准入、

---

* 基金项目:国家社会科学基金重大专项项目(17VZL010)。

** 谭世贵,法学博士,华南师范大学法学院教授,博士生导师,主要从事依法治国理论、诉讼法学、司法制度与改革的研究;曾宇兴,法学硕士,广东信达律师事务所律师。

互动机制、伦理规范等方面进行了积极的探索，并取得了一定的成效。

1. 完善法律职业准入制度

1986 年司法部开始组织全国律师资格考试，1995 年法院系统和检察院系统开始组织初任法官、初任检察官资格考试。2001 年 6 月 30 日，第九届全国人大常委会第 22 次会议修订《法官法》《检察官法》，明确规定国家对初任法官、初任检察官和取得律师资格实行统一的司法考试制度，这被学界公认为我国法律职业共同体开始启动建设的标志。但经过十多年的实施，统一司法考试制度也暴露了一些问题，如考试客观题比重偏大、试题与实践相脱节、允许非法学专业背景的人员报考等，不利于法律职业共同体的形成和发展。于是，在 2018 年，国家将司法考试改为法律职业资格考试，由一年一考改为一年两考，缩小客观题比重，加强试题与司法实践的联系度，从而进一步完善了法律职业准入制度。

2. 建立法律职业互动机制

一段时期里，法律职业之间的流动呈单向性，即大多是法官、检察官辞职做律师或进入法学院校从事教学研究，而鲜有律师、法学学者进入法院、检察院从事审判或检察工作。曾经，最高司法机关也组织过相关考试面向其他法律工作者招考法官、检察官，[1] 但实行的时间并不长，没有建立起长效机制。2016 年 6 月 2 日，中共中央办公厅印发《从律师和法学专家中公开选拔立法工作者、法官、检察官办法》，明确了从律师、法学专家中选拔法官、检察官的原则、条件、要求与程序。2019 年 4 月 23 日，第十三届全国人大常委会第 18 次会议再次修订《法官法》《检察官法》，明确规定人民法院、人民检察院可以根据审判、检察工作需要，从律师或者法学教学、研究人员中公开选拔法官、检察官，并对参加公开选拔的律师和法学教学、研究人员应当具备的条件作了具体要求。由此，我国的法律职业互动机制得以正式确立。

3. 形成法律职业各自独立的伦理规范

法律职业伦理规范是法律职业共同体建设的重要内容。我国至今尚未建立起所有法律职业统一的伦理规范，但是，法律职业各自独立的伦理规范

---

〔1〕 1999 年 3 月，最高人民法院决定从社会高层次法律人才中公开招考 10 名高级法官人选，招考对象为一级律师、法学教授、法学研究员和立法机关、政法机关、行政执法机关中正处级以上法律工作者，要求具有法律专业的研究生学历或硕士以上学历和北京市户口。2000 年 3 月，最高人民法院再次发布公告，决定面向全国公开招考 15 名高级法官，但对招考对象已无北京市户口限制。2011 年 6 月，最高人民检察院决定首次面向社会公开招考 20 名检察官人选，招考对象为具有 5 年以上法律工作经历，从事国家或地方立法、审判、检察、公安、国家安全、监狱管理、律师、法律教学研究以及党的政法委员会和政府法制工作的人员。

已经形成。2001 年 10 月,最高人民法院印发《法官职业道德基本准则》,后于 2010 年 12 月进行修订,对法官应当遵守的道德规范予以明确。2005 年 11 月,最高人民法院发布《法官行为规范(试行)》,后于 2010 年 12 月进行修订,对法官的行为进行规范和约束。2002 年 2 月,最高人民检察院颁布《检察官职业道德规范》;2009 年 9 月,最高人民检察院印发《检察官职业道德基本准则(试行)》,对检察官应当遵守的道德规范予以细化;2016 年 11 月,最高人民检察院制定新的《检察官职业道德基本准则》。自 1996 年 10 月以来,全国律协先后发布了《律师职业道德和执业纪律规范》《律师执业行为规范(试行)》《律师职业道德基本准则》等多项有关律师执业规范和职业道德建设的文件。由此,法律职业共同体中三大主要职业的伦理规范已经形成。

(二)我国法律职业共同体的建设模式

我国法律职业共同体在建设过程中,经过中央和地方、机关和高校、学术团体以及各法律职业系统自身的积极探索,逐渐形成了具有中国特色的多样化的建设模式。

1. 顶层设计模式

近年来,中央层面对法律职业共同体建设所进行的顶层设计推动着我国法律职业共同体不断向前发展。2013 年至 2017 年,教育部、中央政法委、最高人民法院、最高人民检察院等部门共同实施高校与法律实务部门人员互聘"双千计划",有力地加强了高校与法律实务部门的合作;2014 年 10 月 23 日,党的十八届四中全会通过的《中共中央关于全面推进依法治国若干重大问题的决定》(以下简称《若干重大问题决定》)对法治队伍建设、人才培养机制等方面进行顶层设计,推动了中央对法律职业共同体建设各项政策的制定与执行。2016 年 3 月 22 日,中央全面深化改革领导小组审议通过的《关于从律师和法学专家中公开选拔立法工作者、法官、检察官的意见》,进一步畅通了法律职业交流互动的渠道,2019 年 4 月修订的《法官法》《检察官法》将这一顶层设计法律化,必将有利于我国法律职业共同体的长远发展。

2. 区域建设模式

在中央进行顶层设计的同时,各地也充分发挥主观能动性,创新法律职业共同体的建设方式,促进了区域法律职业共同体的发展。经过梳理,我们发现区域法律职业共同体建设主要有以下三种方式:

一是建设职业共同体的"有序规范方式"。例如,2010 年 4 月,浙江省法官协会与省律师协会共同签署了《关于建立法官与律师良性互动机制的意见》,其内容涵盖组织机制、互动原则、业务交流、信息资源共享、重视发挥律师作用、加强相互配合监督等六大方面,为促进法官与律师的良性互动奠定了基础。2013 年 12 月,宁波市中级人民法院、宁波市司法局、宁波市法官协会和宁波市律师协会联合召开“加快法官与律师共建法律职业共同体”主题新闻发布会,共同签署了《关于加快共建职业共同体的倡议书》(以下简称《倡议书》)和《关于加快共建职业共同体的合作框架》(以下简称《合作框架》)。其中,《倡议书》提出了信仰互守、素养互信、职业互尊、业务互建、过错互纠、廉政互督、工作互评、改革互动、责任互担等 9 项倡议;《合作框架》是对《倡议书》的细化,包括共同增进职业相互尊重、共同加强工作配合、共同实现工作互评互议、共同开展学术业务交流等 11 个部分。而且,为推动这两个文件的具体落实,该四家单位还制订了任务分解方案。

二是促进沟通、交流与提升的“共同研讨方式”。2009 年 4 月,上海市举办以“规范法官与律师相互关系”为主题的研讨会,围绕“法官和律师良性正当关系的构建”“法官和律师在司法诉讼中的关系”“法官和律师在业务学习中的交流”等议题展开热烈讨论,达成了广泛共识。2010 年 4 月,北京市律师协会召开“探索构建法官与律师良性互动机制”座谈会,与北京市第一中级人民法院的法官们进行了广泛而深入的讨论。2019 年 9 月,广州市法官协会、女法官协会与广州市律师协会联合举办广州启德“法·律”论坛,就整合大湾区丰富的司法资源,助力律师商事争议解决中心、法律服务集散区以及法治广州建设展开了交流与探讨。[1]

三是增强配合、制约与认同的“相互评议方式”。2017 年 8 月,温州市中级人民法院和市司法局联合出台《法官与律师互评工作实施办法(试行)》,确定借助信息化平台进行法官与律师网上互评活动。法官对律师的评议,主要体现在出庭纪律、出庭仪容、讼词水平等十项内容上;律师对法官的评议也有十项内容,包括司法便利为民、廉洁纪律作风、化解纠纷能力等。[2]这一机制的建立促进了法官与律师间的相互监督与良性互动。

3. 机关高校合作模式

除中央和地方积极推动法律职业共同体建设外,有关国家机关与高等

---

〔1〕 李莉:《广州启德“法·律”论坛启幕! 打造“法官—律师”职业共同体“广州模式”》,载“广州政法”微信公众号,gzooart,2019 年 9 月 27 日发布,2019 年 10 月 4 访问。

〔2〕 和静钧:《法官与律师互评互动 努力培育法律职业共同体》,载《深圳特区报》2019 年 1 月 21 日,第 A2 版。

院校也在紧密合作,为法律职业共同体的建设添砖加瓦。

其一,法学学者挂职司法机关。2012 年 7 月,最高人民法院出台了《关于建立人民法院与法学院校双向交流机制的指导意见》,建立起法学学者挂职人民法院的制度,搭建了法官与法学学者的互动交流平台。2012 年至 2017 年,最高人民法院共接收了三批 19 名学者挂职。[1] 法学学者挂职司法机关,推动了司法机关与法学院校及科研机构的沟通与交流,也增强了司法官与法学学者的交流与互信。

其二,建立法律研修与法律实习制度。2015 年 7 月,最高人民法院先后颁布了《关于建立法律研修学者制度的规定》《关于建立法律实习生制度的规定》,由此建立起法律研修与法律实习制度。该两项制度不但创新了法律人才培养模式,而且促进了法律职业间的互动与交流。

其三,签订合作协议。例如,2011 年 3 月,北京市高级人民法院与中国人民大学、中国政法大学等院校分别签订了《双向交流合作协议书》,确定由法院聘请院校教师对法官进行培训和由院校聘请优秀法官给学生授课,以及双方合作进行课题研究等。这种方式,有利于提高司法实务人员的培训水平和法律人才的培养质量,同时促进课题的实证研究和成果应用。

4. 学术团体协同推进模式

1982 年 7 月,中国法学会正式成立。根据 2018 年 12 月学会官网信息显示,中国法学会设有 55 个专门研究会,下属共有地方法学会 2780 个,其中省一级法学会 32 个。法学会是共产党领导的人民团体,也是法学界、法律界的全国性或地方性群众团体和学术团体。法学会及各专门研究会由从事法学教学、研究工作以及从事审判、检察、律师工作的广大会员组成,是法律职业共同体的重要组织形式,其广大会员通过学术研讨、课题研究、优秀人才与成果评审等各种方式进行合作交流,有利于扩大法律职业的影响力,增强法律职业的凝聚力,协同推进法律职业共同体建设。

二、我国法律职业共同体建设存在的主要问题

经过近二十年的建设,我国法律职业共同体得到了很大的发展,为我国的法治建设做出了积极贡献。但是,我们也要清晰地认识到,我国的法律职

---

[1] 刘婧:《深化院校合作交流　培养卓越法治人才——最高人民法院法学专家学者挂职工作综述》,载《人民法院报》2017 年 5 月 6 日,第 1 版。

业共同体建设还存在诸多问题。概括起来，具体表现在以下几个方面：

（一）法律职业共同体的范围界定不统一

法律职业共同体的范围决定着共同体建设的方向、政策与措施，但是，自“法律职业共同体”这个概念被提出以来，对其范围的界定就一直众说纷纭，没有形成共识。有学者认为，法律职业共同体包括法官、检察官和律师；[1]也有学者认为，法律职业共同体包括法官、检察官、律师和法学学者；[2]还有学者认为，狭义的法律职业共同体包括法官、检察官、律师和公证员。[3] 党十八届四中全会通过的《若干重大问题决定》提出了“法治工作队伍”的新概念，并将其范围确定为法治专门队伍（包括立法、执法、司法队伍）、法律服务队伍（包括律师、基层法律服务工作者、人民调解员）、涉外法治人才队伍（包括涉外律师）和法学家队伍（包括法学学科带头人、法学骨干教授队伍）。[4] 由此可见，无论是学术界还是决策层面，对法律职业共同体范围的界定是不统一的，其中，学术界对法官、检察官和律师属于法律职业共同体成员没有疑义，但对于法学学者、公证员是否应归入法律职业共同体则意见不一；而决策层面由于采用“法治工作队伍”这一新概念，使法律职业共同体的范围大大超出了学术界的界定，也超越了人们对法律职业共同体范围的既有认知。毫无疑问，这个问题的存在，将使法律职业共同体的建设难以进行科学规划和有效的资源投入，进而严重影响共同体的整体建设和协调发展，亟待研究解决。

（二）法律职业组织的自治度不高

我国的法官、检察官、律师、法学教师职业分别成立了全国和地方的法官协会、检察官协会、律师协会以及法学教育研究会。1994 年 5 月 7 日，中国法官协会、中国女法官协会在北京同时宣告成立；1996 年 6 月 27 日，中国检察官协会在北京成立（其前身是 1988 年 10 月 3 日成立的中国检察协会）；1986 年 7 月 7 日，中华全国律师协会在北京成立；随后，各省、自治区、直辖市和许多设区的市也先后成立了地方律师协会。2001 年 9 月 25 日，中国法学会法学教育研究会正式成立，2011 年经民政部批准，更名为中国法学教育

---

〔1〕 孙笑侠：《法理学》，中国政法大学出版社 1996 年版，第 221 页。

〔2〕 张文显、卢学英：《法律职业共同体引论》，载《法制与社会发展》2002 年第 6 期，第 20 页。

〔3〕 王公义：《论法律职业共同体》，载《中国司法》2016 年第 1 期，第 34 页。

〔4〕 参见刘作翔：《法律职业共同体的范围、差异及其解决》，载《人民法院报》2017 年 2 月 17 日，第 7 版。

研究会。作为法律职业共同体的重要组织形式，上述行业组织或群众团体、学术团体在联结各法律职业、促进法治建设等方面发挥了积极作用，但是也存在不少问题：

第一，部分法律职业组织的官方色彩浓厚。例如，法官协会、检察官协会的负责人大都由所属法院、检察院的主要负责人担任，而主要负责人的行政事务十分繁重，以致用于协会组织、管理和与其他法律职业进行合作交流的时间相对较少，不可避免地会影响到协会自身以及法律职业共同体的建设和发展。而且，这种情况还使协会过分依附于所属机关，从而具有浓厚的官方色彩。

第二，法律职业组织的任务或职责失之于“虚”。例如，根据法官协会章程和检察官协会章程的规定，该两个协会的任务主要是：组织和推动法官、检察官开展理论研究、进行专题调研，交流审判、检察工作经验；定期组织法官、检察官业务培训，编辑出版学术书刊、资料，推动法官、检察官司法能力的提升；努力维护法官、检察官的合法权益，反映法官、检察官的意见和要求；开展法律咨询和法制宣传教育，增强公民的宪法和法律意识；建立和加强与国内其他有关的团体、组织的联系，积极开展交流与合作；组织并开展对外学术交流、业务合作和友好交往活动等。由此可见，无论是检察官协会还是法官协会，其职责限于组织开展理论研究、培训、维权、法律咨询、对外交流等几个方面，失之于“虚”，缺乏比较刚性的任务，如无权制定职业伦理规范并对违反者进行惩戒等。又如，律师协会的职责主要限于总结、交流律师工作经验等方面，[1]与司法行政机关的行政管理相比，律师协会的行业管理空泛无力，缺乏作为自律性组织应有的权威。

第三，法律职业组织之间缺乏普遍性、实质性的合作与交流。近年来，虽然一些地方的法官协会和/或检察官协会和律师协会订立了建设职业共同体的意见或方案，但并未达到普遍的程度；在全国层面，中国法官协会、中国检察官协会、中华全国律师协会等全国性的法律职业组织既未订立共建法律职业共同体的意见或方案，也未开展相互间的交流与合作；中国法学会

---

〔1〕《律师法》第46条规定：“律师协会应当履行下列职责：（一）保障律师依法执业，维护律师的合法权益；（二）总结、交流律师工作经验；（三）制定行业规范和惩戒规则；（四）组织律师业务培训和职业道德、执业纪律教育，对律师的执业活动进行考核；（五）组织管理申请律师执业人员的实习活动，对实习人员进行考核；（六）对律师、律师事务所实施奖励和惩戒；（七）受理对律师的投诉或者举报，调解律师执业活动中发生的纠纷，受理律师的申诉；（八）法律、行政法规、规章以及律师协会章程规定的其他职责。”

作为我国法学界、法律界的全国性学术团体，其工作任务侧重于组织法学理论研究和国内外学术交流，而对于法律职业之间的交流、流动与合作则较少涉及，更谈不上通过制定规则和标准来促进全国性、多层次、宽领域的法律职业间的交流与合作。

（三）法律职业共同体成员间的认同感低

正常情况下，法律职业共同体成员拥有共同的教育背景、知识结构、法律技能、法律伦理、职业利益和法律信仰，从而相互之间应当具有高度的认同感。但在现实生活中，法律职业共同体成员之间的认同感并不强，这在律师与法官、检察官之间表现得尤为明显。

律师与法官同为法律职业共同体的成员，应当在各自的领域维护法律的尊严，促进法治事业的发展。但是，近年来律师与法官之间的关系比较紧张，冲突不断。一方面，存在法官不尊重律师、限制乃至剥夺律师权利的情况。另一方面，律师不尊重法官，存在“闹庭”事件，在刑事庭审中，辩护律师大多以自己的权利诉求没有得到满足为由当庭抗议法官甚至未经允许直接退庭。这样的冲突无疑严重损害了司法权威和法律职业共同体形成的基础。

律师与检察官同为法律职业共同体的成员，由于职责的不同而具有天然的对抗性，但是，两者对抗也应仅限于对案件的事实认定和法律适用观点不同，而不涉及其他方面。但在司法活动中，律师与检察官的这种对抗很容易转化为非理性的对立：有的检察官由于绩效考核以及外部压力等原因，想把每一起案件都顺利办好，因而对律师的申辩意见不予理睬，甚至因为律师调查取得对控方不利的证据而将律师以“妨碍作证”等罪名予以追诉从而达到将案件办好办实的目的。此种情况下，由于律师自身的弱势，从而导致其心理的不平衡，所以，在对检察官提出相关诉求被驳回时就会产生更大的偏见，进而利用非理性的民意对检察官进行攻讦，加深两者之间的裂痕，造成检律之间紧张的状态。

（四）法律职业间的互动交流量少质弱

在健全的法律职业共同体中，各法律职业间应当互动有序、交流顺畅，建立起良好的互动交流机制，但实际上我国目前法律职业间在互动交流方面的问题颇多，存在量少质弱的情况。具体表现在：

首先，法律职业间的交流较少。正常情况下，律师与法官、律师与检察官作为诉讼活动的主体，其交流应当是比较频繁的，但实际上有的法官或检察官视律师为其承办案件的绊脚石，非常不情愿与律师打交道，也不愿与律师进行交流。有的地方为了防止司法腐败，甚至在法官与律师、检察官与律师之间设置“防火墙”，阻碍法官、检察官与律师的正常接触。另外，有的地方法院、检察院甚至规定法官、检察官未经批准不得参加法学院校或律师协会举办的学术会议，即使是在节假日举行的会议也不例外。这无疑增加了律师、法学学者与法官、检察官的交流难度，更无助于法律职业共同体的形成和发挥作用。

其次，法律职业间逆向流动明显。正常情况下，法律职业间的正向和逆向流动[1]应当是均衡的，但是，在我国则呈现逆向流动远远高于正向流动的现象。以广州市法院系统的互动情况为例，2013 年 1 月 1 日至 2016 年 6 月 30 日，广州市两级法院法官辞职共 53 人，其中辞职后从事律师工作的有 29 人，到企业工作的有 12 人。[2] 同期，广州市甚至广东省并没有实行从律师、法学学者中遴选法官的机制，直至 2017 年广东省才第一次公开从律师、法学学者中遴选法官。[3] 由此可见，我国法律职业正、逆向流动差别巨大，造成法律职业间良性互动的严重不足。

最后，法律职业互动的品质不良。实际上，我国法律职业之间不仅呈逆向流动之势，而且从法检系统辞职的大都是常年从事司法一线工作、具有丰富经验的年富力强的法官与检察官，他们辞职后充实到律师队伍中，提高了律师职业的整体水平，但是，具有丰富的诉讼经验和社会阅历的律师以及理论功底深厚的法学学者却很难进入司法队伍，即使进行遴选，每次一般也只有少数几位能够进入法检系统，这对基数庞大的法官、检察官队伍而言只是“杯水车薪”，无法带动其整体素质的提升，所以，相比数量上的逆向流动，质量上的逆向流动是更为严重的问题。

（五）各法律职业的伦理规范差距较大

如前所述，我国的法官、检察官、律师等法律职业已经形成各自独立的

---

〔1〕 法律职业的正向性流动是律师向法官、检察官的流动；逆向性流动是法官、检察官向律师的流动。参见谭世贵、王建林：《法律职业互动：现状、困境与出路——以法官、检察官、律师为样本的分析》，载《杭州师范大学学报（社会科学版）》2013 年第 2 期，第 98 页。

〔2〕 舒扬：《法官离职现象评析——以广州法院为样本》，载《法治论坛》2016 年第 4 辑，第 385 页。

〔3〕 陈虹伶、刘智迪：《广东首次从律师和法学专家中选拔法官》，载《人民法院报》2017 年 1 月 19 日，第 4 版。

职业伦理规范，对规范其职业行为、推动各法律职业的发展起到了积极的作用。但是，如果我们认真考察这些法律职业各自的伦理规范，就会发现，这些规范在内容、结构、文字、篇幅等方面存在较大差距。例如，《法官职业道德基本准则》共分七章30条约2000余字，其将法官职业道德的核心确定为“公正、廉洁、为民”；《检察官职业道德基本准则》只有5条60个字，其将检察官职业道德明确为“忠诚、为民、担当、公正、廉洁”；而《律师职业道德基本准则》也仅有6条600余字，其将律师职业道德归纳为“忠诚、为民、法治、正义、诚信、敬业”。法官、检察官和律师同为法律职业共同体的成员，其职业伦理规范从形式到内容差距如此之大，实在超出一般人的想象，这也从另一方面说明法律职业共同体建设仍然任重而道远。

三、深化法律职业共同体建设的对策建议

针对我国法律职业共同体建设存在的问题，并根据法律职业共同体建设的实际情况，我们就深化法律职业共同体建设提出以下对策建议：

（一）合理界定法律职业共同体的范围

如前所述，我国对法律职业共同体范围的界定不统一，影响法律职业共同体的建设和发展。根据一些学者的观点以及中央关于“法治工作队伍”的界定，我们认为可以对法律职业共同体作狭义、中义和广义的划分。

狭义的法律职业共同体仅指法官、检察官、律师与法学学者。法官、检察官、律师具有相同的教育背景和统一的职业准入制度，是司法活动中联系最紧密的三个法律职业，也是法律职业共同体中最典型的三个法律职业，将其归入狭义的法律职业共同体理所当然。

广义的法律职业共同体包括所有从事法律职业的人员，即指一切受过法律专业训练、从事法律工作的人员。[1] 党的十八届四中全会通过的《若干重大问题决定》将“法治工作队伍”划分为法治专门队伍、法律服务队伍、涉外法治人才队伍和法学家队伍。这些队伍人员或多或少都受过法律专业训练（包括正规的高等法律教育或法律方面的培训），且均在自己的岗位上从事着与法律有关的工作，因此，将他们纳入广义的法律职业共同体亦具有一定的依据和积极意义。但是，将立法、执法队伍纳入法律职业共同体，却存

---

〔1〕 谭世贵等：《法律职业良性互动研究——以法官、检察官、律师、法学教师为对象》，中国人民大学出版社2016年版，第9页。

在范围过宽、成员分散、建设任务过重以及建设工作由于涉及立法、行政系统将难以协调等问题；将基层法律服务工作者、人民调解员纳入法律职业共同体，则与共同的知识结构、共同的教育背景和共同的准入标准等法律职业共同体的基本要求不相一致；仅将法学学科带头人、法学骨干教授队伍纳入法律职业共同体，而将其他非法学学科带头人、非法学骨干教授队伍（如普通的法学教授、副教授、讲授等）排除在法律职业共同体之外，则是一种将法学教师队伍人为分割开来加以不同对待的做法，并不科学与合理。因此，不宜将“法治工作队伍”简单地等同于法律职业共同体。

我们认为，共同的知识结构、教育背景、准入条件、职业技能和伦理规范等是法律职业共同体的基本要求和重要特征，因此能够成为法律职业共同体的人员必须符合这些基本要求或者重要特征。在我国，根据法官法、检察官法、律师法、公证法、仲裁法的有关规定，担任初任法官、初任检察官和取得律师及公证员资格，不仅必须在高等法律院校法律本科或硕士、博士毕业，而且必须通过国家法律职业资格考试；担任审判员满 8 年和从事律师工作满 8 年以及从事法律研究、教学工作并具有高级职称的人员，可以被聘任为仲裁员；人民法院、人民检察院可以根据审判或检察工作需要，从律师或者法学教学、研究人员等从事法律职业的人员中公开选拔法官或检察官。由此可见，法官、检察官、律师、公证员、仲裁员和法学学者或者具有相同的教育背景和准入条件，或者依照法律规定可以实行职业互换，因而应当纳入职业共同体的范围（其范围在狭义与广义之间，因此，我们将其称为“中义的法律职业共同体”）。这不仅有利于发挥这些职业在定分止争、维护法律正确统一实施、维护社会公平正义和保障人权等方面的职能作用，而且有利于资源的统一、高效配置，加强各法律职业之间的相互制约与相互配合，进而促进法律职业共同体的集约化建设和高质量发展。

（二）加强法律职业共同体建设的顶层设计

1978 年至 2012 年，我国的改革基本上采取“从下到上”“先地方后全国”“先试点后铺开”的方式进行，摸着石头过河，循序渐进，稳扎稳打。党的十八大以来，随着一些全局性、深层次的矛盾和问题不断暴露出来，党中央适时调整改革方式，实行全面深化改革，将改革重心放在顶层设计上，推出一系列具有根本性、全局性的重大改革措施，取得了显著成效。适应这一时代要求，我国的法律职业共同体建设也应当加强顶层设计、全面推进。主要设想如下：

1. 制定《关于加强法律职业队伍建设的决定》。1999 年 4 月,中共中央作出《关于进一步加强政法干部队伍建设的决定》。该决定着眼于全面提高政法干部队伍的政治业务素质以及加强各级政法部门的领导班子建设,与法律职业队伍建设的内涵和要求有较大的区别,且该决定的执行已超过 20 年,各方面的情况发生了重大变化,有必要根据出现的新情况和新问题作出新的规定。我们认为,法律职业队伍建设是法治建设的重要组成部分,因此应当由中央全面依法治国委员会办公室牵头,协调中央组织部、中央政法委、全国人大监察和司法委员会、最高人民法院、最高人民检察院、司法部、教育部等机关和部门,起草《关于加强法律职业队伍建设的决定》,提交中央全面依法治国委员会和中央政治局审议通过后实施。

2. 设立全国法律职业联合会和地方法律职业联合会。如前所述,中国法学会和地方法学会是学术团体,其任务侧重于开展法学理论研究和国内外学术交流,其所属研究会的人员构成主要是高等学校法学院系和科研机构的教学研究人员。以中国刑事诉讼法学研究会为例,其第二届理事会(2016 年 8 月选举产生)共有理事 152 人,其中高等学校法学院系和科研机构的教学研究人员(包括期刊编辑)有 113 人,法官、检察官和律师等实务部门人员共计 39 人,分别占理事总数的 74.3% 和 25.7%。由此可见,法学会及其所属的研究会作为学术团体难以承担主要负责法律职业共同体建设的重任。为此,应当考虑设立全国和地方法律职业联合会,其中地方法律职业联合会设在省(自治区、直辖市)和省辖市。法官协会、检察官协会、律师协会、法学教师协会(新设)的会员为法律职业联合会的当然成员,公证员协会、仲裁员协会经申请加入法律职业联合会的,其会员也为法律职业联合会的成员。法律职业联合会理事会由各协会选派 7 ~ 10 人组成,并由其选举会长、副会长、秘书长和若干名常务理事组成常务理事会,下设办公室负责日常事务。法律职业联合会的职责应当包括:制定联合会的章程以及法律共同体的建设规划和年度工作计划;制定统一的法律职业伦理规范并对其执行情况进行检查监督;协调与党委政法委、人大相关机构、法律实务部门以及教学与研究单位的关系,落实法律职业共同体建设的各项措施;设立法律职业联合会官方网站,公开法律职业联合会的机构设置、规章制度、奖励惩戒等相关信息和法律职业共同体建设的进展情况,促进各法律职业的交流与合作;召开法律职业联合会年会,总结法律职业共同体建设的经验,为法律职业共同体建设出谋划策;每年定期举行法律年度开启典礼等。

3. 由全国性法律职业组织制定共建方案或签订合作协议。改变以往仅由地方法律实务部门和法律职业组织签订共建方案或合作协议的模式，更多地应当由全国性法律职业组织之间制定共建方案或签订合作协议，如由中国法官协会和中华全国律师协会共同制定《关于建立法官与律师良性互动机制的意见》，由中国法官协会、中国检察官协会和中华全国律师协会共同制定《关于加快共建法律职业共同体的倡议书》《关于加快共建法律职业共同体的合作框架》，由中国法官协会或中国检察官协会和中国法学教育研究会签订《双向交流合作协议书》等，以全方位、宽领域推进法律职业共同体建设。

（三）提高法律职业共同体组织的自治度

法律职业共同体作为法律人的联合体，应当具有较高的自治度，以充分发挥其自我管理、自我约束、相互促进、共同提高的职能，并实现其维护共同的职业利益和塑造共同的法律信仰的目标。针对目前法律职业共同体组织的自治度普遍不高的状况，应当考虑采取以下两项措施：

其一，淡化法律职业共同体组织的官方色彩。针对法官协会、检察官协会官方色彩浓厚的问题，可以借鉴律师组织的改革经验，[1]将其性质明确为法官、检察官的自律组织，即将其明确为法官、检察官进行自我管理、自我约束的自律性群众组织。为此，应当改革法官协会、检察官协会的设置、组成和改变其领导成员的身份属性：首先，法官协会、检察官协会只分全国、省（自治区、直辖市）、省辖市三级设立，县、区一级不设法官协会和检察官协会。这是因为，这样设置既可以避免法官协会、检察官协会与法院、检察院产生机构重叠，造成资源浪费，也可以提高法官检察官交流的广度和深度，扩大法官检察官的视野，进而增强其整体素质。其次，法官协会、检察官协会应当分别由现职法官检察官、候任法官检察官（包括法官助理、检察官助理）和部分自愿参加的退休法官检察官组成，以加强现职法官、候任法官、退休法官之间以及现职检察官、候任检察官、退休检察官之间的沟通和交流，

---

〔1〕《中华全国律师协会章程》第2条规定："中华全国律师协会是由律师、律师事务所组成的社会团体法人，是全国性的律师自律组织，依法对律师行业实施管理。"第16条第2款规定："本会理事会成员应从具有良好的职业道德，较高的业务水平，执业三年以上，具有奉献精神，热心律师行业公益活动的执业律师代表中选举产生。"第18条第1款规定："理事会全体会议选举会长、副会长及常务理事若干名组成常务理事会。"从律师协会的性质以及律师协会会长、副会长由执业律师担任的规定可以看出，律师协会的官方色彩较淡。

实现相互促进、共同提高的目的。最后，法官协会、检察官协会的会长副会长应当由资深的法官检察官（包括退休的法官检察官）担任。为保证法官协会、检察官协会真正成为法官、检察官的自律组织，使会长、副会长有充分的时间和充足的精力进行协会的管理工作，法院和检察院的负责人不宜兼任会长、副会长职务。换言之，法院和检察院的负责人一旦被选为法官协会、检察官协会的会长、副会长，便不能再担任法院、检察院的领导职务，而应专注于法官协会或检察官协会的管理工作。

其二，赋予法律职业共同体组织某些刚性的工作任务。包括法官协会、检察官协会、律师协会在内的各法律职业组织作为群众性自律组织，应当被赋予以下一些刚性的工作任务，以解决一直以来其职责过于“虚化”的问题：(1)总结、交流审判、检察或律师工作经验，评选优秀法官、优秀检察官或优秀律师，并予以公开表彰和物质奖励。(2)组织审判、检察或律师业务培训和职业伦理教育，并将培训后的考试（考核）成绩作为奖惩、晋升或调整工作岗位的依据。(3)对法官、检察官遴选委员会、惩戒委员会拟遴选或惩戒的对象提出书面答询意见。(4)受理对法官、检察官或律师违反职业伦理规范行为的投诉并进行调查。经调查属实的，有权依据职业伦理规范给予调查对象纪律处分；对于涉嫌违法犯罪的调查对象，应当移送主管机关追究法律责任（包括刑事责任）。(5)依法维护法官、检察官或律师的合法权益。对于侵害法官、检察官或律师人身自由、人格尊严和财产权利等合法权益的行为，有权要求有关主管机关进行调查并及时公布调查和处理情况；要求不被接受的，有权向该主管机关的上级机关提出意见。

（四）优化法律职业间的互动交流机制

互动交流量少质弱是阻碍我国法律职业共同体发展的重要因素，虽然我们采取了一些措施来促进法律职业之间的良性互动，但是效果不尽如人意，需要进一步优化法律职业间的互动交流机制。

一是加大从律师、法学学者中选拔法官、检察官的力度。目前，我国虽然已经建立起从律师、法学学者中选拔法官检察官的制度，但是每次选拔的人数过少，[1]既与离职的法官、检察官的数量不成比例，也使希望参加选拔的律师或法学学者觉得选上的可能性不大而望而却步。为此，应当加大选

〔1〕 例如，2019年，陕西省、浙江省、江苏省公开从律师、法学学者中选拔法官、检察官分别只有9名、8名、5名。

拔力度,增加遴选数量,以提高律师、法学学者参加遴选的积极性。例如,各省、自治区、直辖市法官、检察官遴选委员会每年在遴选初任法官、初任检察官人选时,应考虑拿出遴选名额的20% ~30%用于从律师、法学学者中选拔法官、检察官,以使我国业已建立的从律师、法学学者中选拔法官、检察官的制度真正发挥作用,切实提高具有律师、法学学者身份的人员在司法队伍中的比重,为建设高度认同、良性互动的法律职业共同体奠定坚实的基础。

二是健全法官、检察官制度和相关机制。我国1995年制定的《法官法》《检察官法》就已规定,国家将根据审判、检察工作特点,建立法官、检察官退休制度。但至今二十多年过去了,仍未对此作出专门规定。而对此尽快作出具体规定,如延长法官、检察官的退休年龄,保障法官、检察官的退休待遇等,将不仅有利于法院检察院留住人才、减少法官检察官辞职做律师的情况发生,而且能够吸引更多的律师、法学学者加入法官、检察官队伍。此外,随着依法治国的全面推进,应当考虑在各级人大代表、政协委员中适当增加法官、检察官的比例(长期以来,一般只有法院院长副院长、检察院检察长副检察长能够被选为各级人大代表、政协委员),以使普通法官、检察官也有机会参与国家或地方重大事务的讨论决定,从而充分地发挥法律职业人员在国家治理中的重要作用,同时也提升法官检察官的尊荣感,逐步解决法律职业的"逆向性流动"问题。

三是完善法律职业共同体的交流机制。由于缺乏多样化、多层次的沟通交流机制,导致法律职业共同体成员之间缺乏了解、隔阂较大、认同度低。因此,应当多管齐下,不断完善法律职业共同体的交流机制:(1)通过法官协会、检察官协会、律师协会等自律组织之间的定期或不定期交流,增进法官、检察官、律师之间的沟通和理解;(2)发挥全国和地方法律职业联合会的作用,通过举办业务培训、工作交流和理论研讨等活动增进法律职业共同体成员之间的了解,形成互尊互信的良好氛围;(3)利用大数据平台和互联网技术加强交流,如仿照温州模式建立法官、检察官、律师三方互评互动平台,将问题摆在明面上,增强法检律三方的互信,减少误解和对立情绪。

(五)构建统一的法律职业伦理体系

法律职业伦理对于培养法律职业共同体成员的法律信仰、职业精神和规范其行为至关重要。因此,要建设和发展法律职业共同体,必须构建统一的法律职业伦理规范。

1. 制定统一的法律职业伦理规范

虽然目前法官、检察官、律师、公证员等法律职业已经制定了各自的职业伦理规范,但其内容差异较大,既难以有效保障国家法律的正确统一实施,也不利于促进法律职业共同体的健康协调发展,因此,制定统一的法律职业伦理规范非常必要。统一的法律职业伦理规范应当包括对内和对外两个层面的内容。其中,在共同体内部,法律职业成员之间应当遵循互相认同与尊重、互相支持与配合、互相监督与制约的基本准则及其相应的行为规范;在共同体外部,法律职业成员在职业活动中,应当遵循忠于宪法和法律、维护社会公平正义、尊重和保障人权、维护司法公正、勤勉尽责、清正廉洁、谨言慎行的基本准则及其相应的行为规范。笔者认为,统一的法律职业伦理应当由各全国性法律职业组织共同制定,或者由将来设立的中国法律职业联合会审议通过。当然,在统一的法律职业伦理规范下也不排斥各法律职业根据自身的情况制定体现各自职业特征的伦理规范,但不得与统一的法律职业伦理规范相抵触。

2. 加强法律职业伦理的教育培训

在制定统一的法律职业伦理规范以后,还应加强对法律职业共同体成员的法律职业伦理教育培训:一是要加强对法学院校在校生的法律职业伦理教育。法学在校生是法律人的来源,未来他们中的大部分会成为法律人,因此对在校生进行法律职业伦理教育将起到事半功倍的作用。目前,国家教育部已经将法律职业伦理列为法科学生的必修课之一,法学院校及任课教师应创新教学方法,除了专门讲授法律职业伦理外,还应当将法律职业伦理贯穿于法学教学的整个过程,在潜移默化中使学生养成遵守法律职业伦理的习惯。二是加强对法律职业人员的法律职业伦理培训。要对法律职业人员开展经常性的法律职业伦理培训,通过讲座、演讲、辩论、征文、警示教育等多种形式增强培训效果,使法律职业伦理变成其自觉遵守的行为规范。

3. 开展法律职业伦理执行情况的监督

在加强对法律职业人员进行法律职业伦理教育的同时,应当建立健全法律职业共同体的监督体系,开展行之有效的检查监督活动:一是各法律职业组织要开展经常性的检查监督活动,切实发挥自治组织的约束职能,同时各法律职业组织之间也要互相监督,以在共同体内部形成既互相配合又互相制约的环境和氛围,通过监督发现有违反法律职业伦理的行为时要及时予以惩戒;二是全国和地方的法律职业联合会要建立投诉机制和平台,接受当事人和社会公众对法律职业人员违反法律职业伦理的投诉,然后移交相关的法律职业组织进行调查;对各法律职业组织调查处理投诉的情况进行跟踪并将处理结果及时在平台上予以公布,以保证法律职业伦理真正发挥作用。

公安侦查体制改革研究

毕惜茜　刘明辉*

一、改革背景

自改革开放至20世纪90年代中期，侦查机关按照案件的性质和大小来划分机构和职能，形成了派出所侦查一般案件、分县局侦查重大刑事案、市地公安机关侦查特大刑事案件的三级侦查体制。这种体制在当时对侦查破案起到了很大作用。但是，随着社会经济的发展和犯罪形势的变化，这种制度的弊端也暴露出来，表现为分工不明、职责不清、形成了“大锅饭”。侦查中这种“大锅饭”有两种情况：一种是侦查部门和派出所一起吃“大锅饭”，派出所承担了百分之七八十的侦查任务，有的地方甚至重大案件的侦查也要派出所参加；另一种是侦查部门内部的“大锅饭”，侦查人员没有明确的职责分工，破案了人人有功，案件没有侦破人人无过，影响了侦查工作的效率和质量。为了提高侦查破案的能力和质量，必须对三级侦查体制进行改革。1997年公安部开始进行了刑侦改革，当时改革的思路是：“刑事侦查部门是破案的主力军，承担全部破案责任，科学划分责任区，建立覆盖社会面的刑警队，实现侦审一体化，落实工作责任制，努力提高破

---

* 毕惜茜，中国人民公安大学侦查与反恐怖学院副院长、教授、博士生导师；刘明辉，博士，中国人民公安大学侦查与反恐怖学院讲师。

案水平，建立公安机关统一指挥、快速反应、各警种各地区密切配合、紧密协作的打击犯罪整体作战格局。"[1]据此，全国各级公安机关开始建立覆盖社会面的刑警队，"根据本辖区行政区域面积、人口数量、治安状况科学划分若干个侦查责任区，每个责任区建立一个刑警队，一般由10～15人组成，承担责任区的侦查破案任务，这是侦查部门最基层的战斗实体"。[2] 区、县侦查部门还可根据需要设立刑事技术、犯罪信息等工作队，地市侦查部门负责侦查重大刑事案件。此次改革还有一项重大的举措即改革侦查预审分设的体制，实行侦审一体化。自此，全国刑侦部门自上而下实行了队建制，绝大部分地方实行了侦审合一，侦查专业化建设得到了加强。自1997年刑侦改革至今已经过去了十几年，刑事犯罪的形势发生了新的变化，犯罪的流动性、智能性、隐蔽性更加突出，新型犯罪不断涌现，进一步加大了侦查工作的难度，侦查工作中存在的问题和矛盾也越来越凸显，这些问题集中表现为警力不足、层级增多、侦查职能不能充分发挥、侦查效率不高、多发性常见的小案件破案率不高，侦查体制越来越不适应现实任务的需要。具体来说表现为：

(一)警力不足，警种划分越来越细，警力稀释

总体来看，我国刑事犯罪数量总量在增大，2013年全国共立刑事案件650余万起，是1997年的4倍。虽然，我国警力已达200万人，刑警16万余人，但侦查力量与犯罪形势明显不对称，警力不足的问题已成为当前制约刑事侦查工作的"瓶颈"。以河北省SJZ市为例，2007年以来，全市总警力增加了2000名，刑侦警力1421名，占总警力的12.9%。以该市QX分局为例，该区常住人口82万，暂住人口30万，全区民警总数1051人。分局设有刑警大队及刑事技术部门，下设9个责任区刑警队，并在29个街头警务站和21个派出所派驻人员，每个责任区刑警队12～13人左右。据了解，每个责任区刑警中队每年接报案在1000起左右，逮捕犯罪嫌疑人60人左右，责任区刑警队由于人少只能应付日常接出警工作，一般案件的侦破都很难做到，遇到电信诈骗等专业性强的案件由于人员紧张无法展开侦查。该省XT市NG县(市)人口50多万，市公安局在编在岗民警只有70多人，类似的情况在全国具有一定的普遍性。

[1] 杨屹泰等：《改革刑侦工作建立新的侦查机制》，载《人民公安》1997年第6期。

[2] 杨屹泰等：《改革刑侦工作建立新的侦查机制》，载《人民公安》1997年第6期。

随着侦查专业化的要求，专业分工也越来越细，有的地方从治安管理业务中分解出其他警种，如反扒、食品安全、扫黄、环保等，分别设立了相应的犯罪侦查大队，同时，各大队又内设综合科、专业中队、责任区中队，由于警种越分越多、越划越细，摊薄了有限的警力。SJZ 市公安局食药支队于 2012 年 6 月 26 日成立，编制民警 15 人，实际民警 11 人，下设三个大队，包括食品大队、药品大队、综合管理大队，平均每个大队 4 人，警力少，只能应付一些日常工作，无法办理一些大案，也无法进行专业化侦查的运行。目前，我国公安机关侦查部门的设置大多是按照上下对口、按照刑法罪名来设置警种，基层公安机关出现了有一种职责就会建成一个专门部门或警种的情况，不断分解增设新的机构。造成每个部门人员越来越少，警力分散、稀释，资源配置越来越薄。

(二)机构层级多，职能交叉重叠

以 HB 省为例，全省刑警 8533 人，公安厅 94 人，公安厅设置 25 个警种部门，大部分与市、县对应。SJZ 市约 1000 万人口，全市刑警 1421 人，市局刑警 138 人，下设 10 个大队，包括刑侦基础工作大队、信息侦查大队、侵财犯罪侦查大队、有组织犯罪侦查大队等，从 SJZ 市 QX 分局看，刑侦部门从分局到派出所共设有五个层级，要将分局主要领导的警令传递到民警，要经过局长、分管副局长、所队长、所队副职，然后才到基层民警。传递环节烦琐，行政层级增多，执行效率低，尾大不掉，致使指挥不灵，警令不畅，应急反应迟缓，侦查实战功能削弱。上述侦查部门职能交叉重叠，使有的工作相互推诿，有的交叉重复，造成资源浪费。例如，就诈骗案件而言，虽然刑侦部门负责侦办普通诈骗案件，经侦部门负责侦办合同诈骗及金融诈骗案件，但是实际办案中刑侦和经侦部门仍然不时存在案件管辖上交叉而发生争议。又如，就假冒注册商标生产、销售假冒伪劣商品案件而言，经侦部门负责侦办侵犯知识产权的案件，食药部门负责侦办生产、销售假冒伪劣商品案、生产、销售假药案、生产、销售劣药案等 8 类案件，可见，经侦部门与食药部门在案件管辖上也会存在交叉。另外，从信息情报机构的设置来看，全国各省级公安机关大多设有技侦、网安、信息中心等部门，刑侦、经侦、禁毒等部门也各自都设置了自己的信息情报部门，这些部门各自为政、部门壁垒、信息壁垒问题突出，影响了侦查效率。

(三)侦查手段已经无法应对当前的犯罪形势

由于资源与任务不配套，仅靠刑侦部门已很难应对大范围流窜作案和不断涌现的新型犯罪，侦查手段已经不适应当前打击犯罪的需要。如电信诈骗以每年20%～30%的比例上升，诈骗金额高达100个亿，公安部门多次打击效果并不理想；跨地域性职业犯罪案漏人，人漏罪的情况普遍；多发性侵财犯罪案件频发，但破案率低，形成了“犯罪无边界，侦查有壁垒”，一地对多地，一地对多点的局面，侦查工作处于劣势。可见，传统的计划经济下的静态侦查无法对付市场经济下的动态犯罪形势。

新时期必须建立强大的公安队伍以维护国家安全和社会治安，有步骤地增加队伍编制仍然是十分重要的。多年来，国家对公安队伍建设有了很大的投入，但就警察和人口比例而言我国在世界范围仍属于低水平的警民比例，大幅度增加警察数量不现实。英国警察学家约翰·安德逊提出了“无增长改善论”，其核心是警察所需要的人力资源远远超过了社会经济能力所允许的范围，警力无增长改善是优选之路。也就是在没有外力的情况下，将各种力量融合成新的力量，产生“1＋1＞2”的效果，正如美国警学家沃克指出：“警力不是多少人，而是这些人在干什么。”近些年，有的地方通过瘦身、警力下沉等办法来解决警力不足的问题，有的地方通过扩编、改善装备、提高待遇等方法缓解警力不足的矛盾，这些办法只能缓解一时之急，是治标之策，究其根源，这些办法也仅仅是对警力的一种有代价的空间转移。改革的核心是优化配置资源和合理设置机构，通过侦查方式变革提高侦查效率，通过侦查体制改革实现警力无增长改善。

二、侦查体制改革情况及分析

（一）侦查体制改革概况

近年来，各地公安机关侦查部门积极推进体制改革和调整，全国各市、县改革进度、模式不一，总体来看有以下两种情况：

1. 警种整合，压缩层级，实行扁平化管理。在充分考量原有相关内设机构在侦查职能上的关联性以及公安实战需求的基础上，整合警种，压缩层级，实现扁平化管理，在大侦查框架下，进行“三合一”或“多合一”整合。多层级的管理模式在20世纪八九十年代计划经济时代发挥了重要作用，然而在市场经济时代，多层级的管理模式的弊端显现出来，即决策速度慢，信息沟通迟缓，运行成本上升，管理效率低下，扁平化管理是一种以提高效率为主要特征的管理模式，它对于上下沟通，提高运转效率，明确职责具有明显的优势。为此,一些地方将原刑侦、禁毒、经侦、网安合并。如浙江省浦江县公安局将本单位原有的24个内设机构合并精简为了3个处、2个中心、2个分局、2个大队共9个内设机构。浙江省嘉兴市南湖公安分局将刑侦、禁毒、经侦、网安合并,建立刑事犯罪侦查局。大庆市将市区10个分局、70个派出所整合为20个分局,行使县级公安机关和派出所的职权,新分局辖区小于原来的区,但明显大于原来的派出所,实现了扁平化管理。

2.从侦查模式上进行改革。公安机关的核心资源就是警力,当前公安机关反映最突出的问题也是警力不足的问题。虽然招警扩编是解决警力不足的一种主要解决途径,但大幅度扩编不现实,因此,科学配置警力十分重要,实现无增长改善势在必行。针对当前侦查手段已经不适应当前打击犯罪的需要,一些地方在侦查手段和模式上进行了改革,实现从传统警务向现代警务转型,向科技要警力。湖南省怀化市公安局提出了"三级一体"警务改革,对各警种"性质类似、关联紧密、相互交叉"的职能进行重新梳理。

一是组建中心。在市局将分散于各警种的职能按性质类别进行整合,组建联合指挥中心、侦查实战中心、治安防控中心、情报信息中心等十个中心,中心按业务流程划分工作区域;县局组建指挥、侦查、防控、情报、执法管理等七个中心;城区、城关派出所推行"一二三"勤务模式,即警务合成中心,社区警务中队、治安管理中队,勤务接待室、矛盾纠纷调解室、执法管理室;农村派出所实行"四联四到村"模式,即将侦查、防控、情报、便民服务四个中心联通至农村派出所,民警包保责任到村、安全防范宣传到村、治安联防群防群治组织到村、便民服务延伸到村。

二是集约警力。市局层面警力构成是中心成员单位抽调人员常态集中,成员单位领导定时集中,重大警务活动成员单位全员统筹三种模式。县局层面,在机构不撤、职务不变、职数不减的情况下,对部门进行实体整合,实行"三集中一统一",即集中警力、集中办公、集中保障、统一指挥。此外,力推民警能力合成,确认部分民警多警种身份,授予多系统平台使用权限,实现一警多能。

三是整合平台。依托警综平台、PGIS平台、情报平台、视频监控应用平台等,自主研发合成作战、治安防控、指挥调度等10个中心工作平台。通过工作平台,将市局自主搭建的53个信息系统和上级公安机关布建的24个信息系统进行归集、整合。湖南省在怀化"三级一体"改革成功试点的基础上,在全省公安机关全面推进警务机制改革。

（二）改革评析

可以看出各地改革取得了一定成效，主要体现在以下几个方面：

1. 情报信息深度整合。情报中心归口管理全局各警种部门情报信息，突破情报信息分散化、碎片化的状况。将原从属不同部门的信息平台和手段整合，实现资源共享，为侦查破案提供实时服务。

2. 资源手段高度融合。整合刑侦、经侦、禁毒等警种侦查职能，推进多侦联动、合成作战，有效解决基层线索不多、警力不够、经费不足、忙闲不均问题。

3. 侦查力量广度聚合。建立日常办案协作机制，细化分解警种部门集群化作战职责和流程，在信息研判应用、缩小侦查范围、确定侦查方向、锁定嫌疑人等方面实现信息互通、优势互补、警力互助。建立重大案件刑侦、刑技、图侦、技侦"四侦同步"上案机制，侵财犯罪案件实行"按需上案、常态合成"机制，打击网络电信诈骗专案经营机制。

但是，改革中也遇到一些困难和问题：

1. 职数有限的困境。目前，区、县级公安机关领导职数非常有限，多一个机构就能多任命几个干部，多解决几个民警的政治经济待遇，这也是当前体制下从优待警的一条途径。一些地区体制改革出现反弹，其根本原因还是考虑领导职数问题。大侦查体制格局势必会影响一些人的位置和利益，由于职数的限制，有的地方对改革不积极，有顾虑。

2. 考核的困境。由于目前改革仅限地市两级，按照"上下对口"的要求，县级公安机关一直遵循高低对口的要求来设置内设机构和专业警种。尽管县级公安机关于2009年底完成了机构改革，但实行新"三定方案"后一段时间里，上级公安机关各警种以工作不对应，不便管理考核为由，仍然要求县级公安机关设置对口机构。目前的改革如果仅限地市两级，就会造成谁改革谁的考核排名靠后的现象。笔者在浙江省浦江县调研时当地就显现了这一问题。因此，在改革的同时，还应出台相关配套政策和措施，以强化业务指导和合作为主，弱化警种考核。

3. 警种职能分工出现模糊地带，影响"大侦查"的界定。随着社会的发展，犯罪形势的变化，一些部门警种职能分工出现了模糊地带，不同层级公安机关之间、不同部门警种的职责交叉重合，有的地方由于地区之间的差异导致对警种职能认识有差异。由于认识上的分歧，各地"大侦查"的格局不统一，有的地区将刑侦、经侦、禁毒三警合并称为"大侦查"，有的还将技侦、网安也合并进来为“大侦查”,但有的地区认为经侦专业性强,应当单列,还有的地区毒情严重,认为禁毒应当单列。如浙江浦江、南湖改革布局基本相似,而贵州省江口县把出入境、网络安全保卫并入治安部门,把经侦、有组织犯罪侦查并入刑事犯罪侦查。虽然各地情况不一样,不能要求完全一致,如果各地大侦查体制格局相差太大,容易造成上下级业务指导不对口,各地业务协作无法对接的情况。

4. 配套方案和措施未跟上,造成新体制运行不畅。侦查体制改革涉及方方面面,包括人事部门、政工部门、后勤部门、各警种之间,等等,如果改革仅限于侦查部门,而没有相应的配套措施,改革就不彻底,运行易出现问题。例如为了解决职数有限问题,应建立职务序列套改方案予以配套,对此有的地方根据机构整合、警力增加等情况,采取调整机构规格、主要领导高配或合署办公等的方式,保证领导职数不因机构改革而减少,[1]还有的地方适当扩大非领导职数的比例来解决这一问题。又如,对于考核问题,可相应调整考核指标和办法,使改革后无考核排名之忧。再如,应建立相应的激励机制,设置侦查岗位专业津贴,打通民警晋升通道,拓展民警职业发展空间,以激发民警活力和战斗力。

5. 事权划分不明确,警力资源配置缺乏科学性论证,有的地方体制改革仅仅是部门间的简单的物理相加。目前对公安事权的划分并不明确,警力资源的配置大多未进行充分论证。要科学合理的配置警力资源应根据本地区面积、人口数量、警力情况、案件及治安情况等因素配置警力资源。以大庆为例,从大庆公安以往的经历来看,增人扩编的努力始终没停止过,警察数量整体也逐年在增长。原大庆萨尔图分局辖区实有人口 35 万,警力编制 671 人,实有 576 人;原让胡路公安分局辖区人口 50 万,警力编制 646 人,实有 565 人。两区在辖区人口、治安情况、实有工作量差距很大,但警力编制基本相同。[2] 经过论证,从其他部门调整了 197 人到让胡路地区 6 个分局,缓解了该区警力不足的问题。

三、侦查体制改革之思考

中国共产党第十七次全国代表大会中首次提出了“大部制”的概念,提

---

〔1〕 参见《公安部关于县级公安机关机构设置的指导意见》,载新浪博客,http://blog.sina.com.cn/s/blog_4cb18b5f0100b6zh.html,2020 年 10 月 12 日访问。

〔2〕 参见曹力伟:《公安改革——全方位探索》,中国人民公安大学出版社 2011 年版,第 69 页。

出“规范垂直管理部门和地方政府的关系，加大机构整合力度，探索职能有机统一的大部门体制”。所谓大部制简言之就是把政府中职能相近，业务相似的职能部门进行裁撤和合并。一方面可以进一步明确政府各职能部门的责任归属，防止部门之间因权力和责任划分不明确所出现的扯皮和打架现象。另一方面通过部门之间的整合，可以减少中间机构在各部门之间协调所消耗的成本，从而有效提升政府部门的服务效率。[1] 现代意义上的“大部制”作为一种组织形态肇始于西方的公共管理运动之初，20 世纪 70 年代初英国政府开始在内阁“超级部门”，将内容相近或者相联系的公共事务放在一个更大范围的部门进行管理。公安机关内设机构包含综合管理部门和执法勤务机构，而后者被习惯称为“警种”。因而，公安机关大部门制改革从执法勤务部门改革的视角也可称为“大警种”制改革。

科学的“大警种”应该是职能、机构、编制在内核上的并联式整合，而不是职能、机构、编制在模块上串联式位移。[2] 通过现代人力资源管理理论科学测算“事”“岗”“人”的数量，保证应有的机构和人员编制。要因事设职、适度扩大岗位职责范围，根据部门整合的实际情况，进行人员的精简与定编。“大警种”改革的真正意义并非是人员编制在数量上的减少，编制的增减也并非在不同模块之间的横向移动，更为重要的意义是编制的移动带来的整合后模块更为有效的运转。结合我国侦查工作实际情况，笔者认为，应将承担相同相近职能的内设机构归并，即成立“大侦查”部门，科学测算警力人员配置标准，核定“大侦查”部门具体机构编制和人才结构模型，并同时明确事权划分，并建立相应的配套措施，保证侦查高效率进行。

（一）将承担相同相近职能的内设机构归并，形成“大侦查”格局

在公安机关的内设机构中，各地出于专业化的考虑一般都将刑侦、经侦、禁毒等警种单列，各地侦查技术力量也被“一分为三”或“一分为四”甚至“一分为五”，大多数公安机关的信息、网安、技侦等也都是各自独立的部门，它们与刑事侦查各部门平行运行。由于警种分工过细，影响了侦查合力的形成，影响了侦查与技术的融合，导致在当前面对新的犯罪形势时不得不将侦查力量再一次整合，即开展“合成战”。目前，构建“大侦查”的呼声很高，

---

〔1〕 参见毕惜茜、赵旭辉：《公安侦查体制改革的理论与实践》，载《山东警察学院学报》2016 年第 7 期。

〔2〕 参见石亚军、于江：《大部制改革：期待、沉思与展望——基于对五大部委改革的调研》，载《中国行政管理》2012 年第 7 期。

将刑侦、经侦、禁毒合并已得到大多数人认可。“2010 年 6 月，河南省新乡市公安局将 19 个科室整合成指挥部、政治部、警务保障部、监督部等四大部，将 14 个支队整合成国内安全与反恐怖、犯罪侦查、治安管理与出入境、交通管理、特殊警务、网络安全与技术侦察、监所管理等 7 个支队。”[1] 而技侦、网安等技术部门是否合并，各地做法不一，理论和实务界看法也不统一。目前“合成战”的做法已经取得了成效，而“合成战”就是将相关警种合并，其中也包括网安等技术部门，因此，“大侦查”应将技侦和网安等合进来。有人提出科学的分工应该是“大侦查”下设不同的技术部门，如刑事科学技术、技术侦查、网络安全等。[2] 笔者上文所阐述的两种改革模式其本质是相同的，即精简机构，压缩层级，解决职能交叉重叠，解决警力分散，信息壁垒的问题。以日本为例，其警察机关的构建体现了“大部门、大警种”的格局。在国家警察厅下设六大局：长官官房、生活安全局、刑事局、交通局、警备局、信息通信局。刑事局对应我国公安机关侦查部门，包括刑侦、经侦、刑事技术、网安、技侦等。

（二）科学测算警力人员配置标准，核定“大侦查”部门具体机构编制和人才结构模型，最大限度的发挥侦查效益

科学的警力资源配置能够解决或缓解警力不足的问题。笔者以通过调研收集的数据做了测算，试图通过科学的测算和精细化的精力资源的配置，达到改革后侦查效能的提高。样本包括三个省级公安机关（A1、A2、A3）、两个省会市公安局（B1、B2）、一个地级市公安局（B3）和两个分局的刑侦数量（C1、C2），数据包括当地的立案数、常住人口、GDP 数据。从每位刑警对应立案数来看，作为地级市的 B2 和 B3，其数量大约为每位刑警处理 27 起案件。对于区级单位的 C2，此指标为 32，与上述数值大致相当，而则 C1 达到 55，约是 27 起的两倍。地级市 B1 的该指标达到 84，这在一定程度上能够说明 B1、C1 的警力配置有提高的空间，如表 1 所示。

表 1　多地刑警配置情况一览

样本	刑警数量（件）	立案数（件）	立案数/刑警数
A1	4200	700, 000	166. 7

〔1〕 赵旭辉：《日本警察管理体制及其事权划分之启示》，载《北京警察学院学报》2015 年第 3 期。

〔2〕 参见李双其：《再论公安体制改革》，载《中国人民公安大学学报》2015 年第 3 期。

续表

样本	刑警数量(件)	立案数(件)	立案数/刑警数
A2	8533	220, 000	25. 8
A3	4362	300, 000	68. 8
B1	769	64, 819	84. 3
B2	1421	38, 700	27. 2
B3	484	13, 331	27. 5
C1	122	6752	55. 3
C2	165	5304	32. 1

在 A1、A2、A3 三个省份,每位刑警所对应的立案数更多的体现该省的刑事立案效率,这可能与该省的人口总量、经济科技发展水平相关。

从人口角度考察,A2 省人口数量约为 A1 省的 1. 34 倍、A3 省的 1. 09 倍,其配置的刑警数量自然应该有相应的提高。我们以每 10 万人口对应刑警数量为指标,可以计算得到 A1 省、A2 省、A3 省三省的该指标分别为 7. 63、11. 56 和 6. 47,A2 省的指标大约是 A3 的 2 倍,远高于其人口间倍数(1. 09)。而 B1、B2 两个省会城市,因其特殊的地理位置和作用,其对应的每 10 万人口刑警数量分别为 11. 45 和 13. 86,稍高于省级平均值是合理的(见表 2),常住人口数与刑警数量呈正相关,但相关性不显著。

表 2　三省二市人口数量与刑警警力配置情况

样本	刑警数量(件)	人口(万人)	刑警数量/10 万人口
A1	4200	5508	7. 63
A2	8533	7384	11. 56
A3	4362	6737	6. 47
B1	769	671. 41	11. 45
B2	1421	1024. 93	13. 86

从 GDP 水平看,我们将立案数与 GDP 作以对比,可以看出两者存在一定的相关性,我们利用 Excel 软件的回归分析工具进行计算,得到其相关系数为 0. 90,F 显著性统计量 P 值为 0. 035,说明两者具有较高的正相关性。从单位 GDP 对应立案数来看,B1、B2 两个地级市基本相当,大约为每亿元

GDP对应7~8个立案数,而A1为17,明显高于前两者,如表3、图1所示。

表3　三省二市立案数与GDP关系

样本	立案数(件)	GDP(亿元)	立案数/GDP
A1	700,000	40,173	17.42
A2	220,000	29,421.2	7.48
A3	300,000	27,037.3	11.10
B1	64,819	7824.81	8.28
B2	38,700	5170.27	7.49

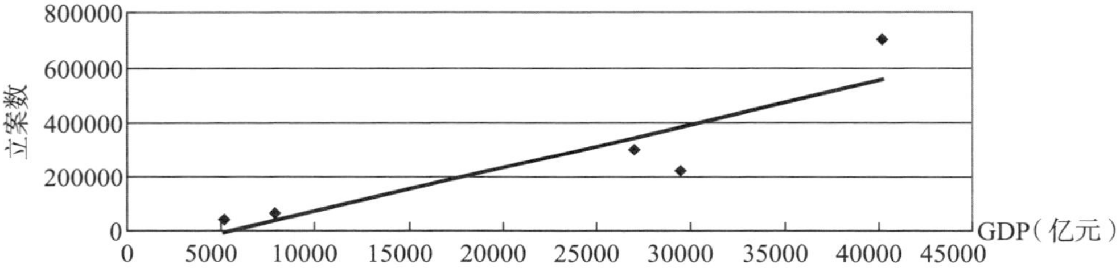

图1　立案数与GDP关系

从人口和GDP综合来看,A1省的立案效率都是比较高的,与A2省相比,其每10万人口对应刑警数量为7.63,是A2省的2/3,而其每亿元GDP对应的立案数为17件,约为A2省的2.4倍,两方面的共同作用结果是A1省的平均每位刑警立案数远远领先。另一方面也说明,A1省平均每位刑警所承担的任务量居于高位,应根据其管辖人口数量和立案数量适当增加警力。我们以三个省份总的10万人口对应刑警数量(8.71)为基数,大致估算得出三省所需的刑侦人数,如表4所示。

表4　估算三省所需刑侦人数　　单位:人

样本	现有刑警人数	估算刑警人数
A1	4200	4797
A2	8533	6431
A3	4362	5867

（三）明确事权划分，将公安机关涉及侦查的部门统一归口

“事权”是指各级政府及其组成部门提供公共产品、处理公共事务的权力与职责。公安事权主要是指各级公安机关在履行职能中所享有的权力与承担的责任，是警察权的重要组成部分。公安部与地方公安机关为中央与地方公共安全各自不同利益的代表。中央公安事权，指由中央公安机关（公安部）领导指挥的全国性的公安工作。主要包括全国公安工作战略、方针、政策的制定与监督落实；全国性警务工作协调；侦破处置全国性意义上的重大案（事）件和群体性事件、全国范围内的基础信息支持等。省级公安机关事权，指由省级公安机关领导指挥的全省范围内的公安工作。主要包括对全国公安工作战略、方针、政策制定落实实施方案并开展监督检查；省域内警务工作协调；全省范围内的基础信息支持等。市级、县级公安机关事权，指由市级公安机关和县级公安机关开展的警务工作。主要包括对公安工作政策的落实，涉及本地区的打击犯罪、维护社会治安秩序稳定的各项警务事务、警务基础信息的收集、上报。

按照事权进行划分，应将公安机关涉及侦查的部门统一归口，将危害国家安全犯罪、跨区域、跨国犯罪侦查、严重暴力犯罪等划为中央事权，将普通刑事犯罪侦查划为地方事权。目前，我国公安机关拥有侦查办案权的部门较多，除了刑侦，经侦、禁毒，还有技术侦查、国保、网络监察、边防、消防、交管、治安等，可以看出，各警种都有侦查办案权，表面上看似是一种符合专业化的运行机制，但从实际情况考察，办案部门设置过多其实是影响侦查专业化的，同时办案质量也得不到保证。而且，侦查办案权过于分散还会造成不必要的重复建设，资源浪费。因此，应将危害国家安全犯罪、有组织犯罪、严重暴力犯罪、跨国境、跨省等重大刑事案件都划归侦查，并作出分级分类、权责明晰的事权划分。在机构设置上，建议按照“精简司政后、指挥扁平化、分工不分家”的思路，将分散在公安机关各警种、部门的刑事司法职能剥离出来，横向上集中行使刑事案件管辖权，纵向上压缩指挥层级、推动警力下沉，以建立指挥畅通、合成高效、保障有力的侦查工作格局。

国（境）外刑事警察的机构设置，根据刑事案件管辖权是否集中行使，可以分为集中型与分散型，以集中型居多。集中型以英国、德国、日本及我国香港、澳门特别行政区以及我国台湾地区为代表。[1] 德国联邦刑事警察局

〔1〕 参见毕惜茜、赵旭辉：《公安侦查体制改革的理论与实践》，载《山东警察学院学报》2016年第4期。

负责侦查危害国家安全、走私毒品、武器弹药、爆炸物以及制售假币、洗钱等严重犯罪,恐怖活动犯罪、有组织犯罪、网络犯罪以及跨州、跨国刑事犯罪,开展技术侦察、刑事鉴定等工作,并为各地警察提供侦查协助和教育培训。德国地方警察由各州内政部统一管理,各州侦查机构设置因地制宜,并不完全一致,但也有规律可循,例如,打破行政区划,根据警情、社情需要设置;"精简司政后,分工不分家",即侦查部门内设机构存在业务分工,但行政管理及后勤保障等机构设置相对集中。[1]

(四)建立配套制度,保证大侦查改革的有效运行

大侦查体制改革是一项综合性改革,必须有相应的配套制度。刑事侦查是公安机关的中坚力量,必须在人员、经费、事权上予以充分保障,并相应提高经济待遇,以充分补偿其职业危险性,一些地方改革效果不好,改革运行不畅,也是因为配套措施没有跟进。一是建立主办侦查员制度,完善办案责任制,并通过该制度的建立提高刑事办案质量、优化侦查工作体制、促进侦查队伍良性发展。二是建立科学、公平的侦查绩效考评机制。近年来,各级侦查部门的目标管理办法大多实行量化打分考核。虽然客观上对推动公安工作起到了一定作用,但也存在一些问题,主要问题在于容易形成"考核什么干什么""什么分多干什么"的现象,这样势必造成基础工作弱化,同时,在打分评比排名中会不可避免地出现不实、弄虚作假的情况。因此,要改变量化打分的考核办法,将侦查工作岗位责任落实和履行责任的情况作为考评的主要内容,对完成各项工作的过程进行监督、对办案质量进行检查,[2]还要注重对岗位技能的评价,并与职务提拔挂钩。三是加强侦查教育培训,形成完整的培训体系。在当前侦查体制改革的大背景下,有必要了解国外教育培训理念、体系和课程设置,并着力打造适合我国侦查工作实际情况的培训机制和体系,为大侦查体制改革侦查人员角色和任务的调整、侦查能力的提升提供服务。

---

〔1〕 参见赵旭辉:《国(境)外刑事警察事权划分及其配套制度之启示》,载《贵州警官职业学院学报》2015 年第 6 期。

〔2〕 参见马振海、崔学洲:《警务管理的变革与发展方向》,载《辽宁警专学报》2003 年第 5 期。

论刑事诉讼非法证据排除规则的虚置

——行政证据与刑事证据衔接的程序风险透视*

张泽涛**

笔者通过调研以及法院裁判文书上显示，行政证据在刑事诉讼中使用面临两大问题：一是虽然立法者以及司法解释者的本意是行政证据在刑事诉讼中的使用范围仅限于物证、书证、视听资料、电子证据四种实物证据，但检索北大法宝网案例库中所有判决书显示（现实比判决书中反映出的问题更加严重），在审判实践中，行政证据中的实物证据无一起被排除适用的实例，作为言词证据类型的鉴定意见有且只有一起被排除适用，证人证言、违法嫌疑人陈述等言辞证据也是被大量采信；二是由于立法者以及司法解释中要求行政证据转换为刑事证据只要符合行政执法程序的规定即可。在目前的行政执法实践中，大量存在行政执法机关（包含公安机关的治安部门）通过行政执法程序替代刑事侦查取证的现象。这样一来，势必虚置了刑事诉讼非法证据排除规则。

实际上，自20世纪90年代，行政证据在刑事诉讼中使用一直就存在乱象，刑诉学界对此也是颇多非议：立法

* 本文系作者主持的国家社科基金："公安机关刑事侦查与行政执法衔接机制研究"（18BFX071）和司法部国家法治与法学理论研究项目："审判中心视角下刑事涉案财物处理机制研究"（16SFB2025）资助。

** 张泽涛，广州大学法学院教授、博士生导师。

上没有规定行政证据在刑事诉讼中可以使用;行政执法机关的取证程序规避严苛的刑事诉讼程序控制。对此,2012 年修改时《中华人民共和国刑事诉讼法》(以下简称《刑事诉讼法》)第 52 条第 2 款(2018 年《刑事诉讼法》第 54 条第 2 款)规定:“行政执法机关在行政执法和查办案件的过程中收集的物证、书证、视听资料、电子数据等证据材料,在刑事诉讼中可以作为证据使用。”最高人民法院、最高人民检察院、公安部各自制定的司法解释以及农业部、环保部、国家工商总局等部委颁布的所有涉及“两法”衔接的行政规章中,均规定了行政证据在刑事诉讼中的使用。除最高人民法院《关于适用〈中华人民共和国刑事诉讼法〉的解释》(以下简称《刑事诉讼法司法解释》)与《刑事诉讼法》条文以及立法者本意保持一致以外,其他文本中均对行政证据转换为刑事证据的种类范围作了程度不一的扩张性解释。

刑诉学界对于刑事诉讼非法证据排除规则问题进行了深入研究,虽然有个别学者意识到行政证据转换为刑事证据会导致一些乱象,其中之一就是行政执法机关以行政执法替代刑事侦查,或者将刑事侦查手段前置到行政执法程序中,从而规避刑事程序与非法证据排除规则的约束,然后将行政证据转换为刑事证据,〔1〕但截至目前,尚无一篇专门探讨行政证据转换为刑事证据所可能导致的虚置刑事诉讼非法证据排除规则的文章。如何健全行政执法与刑事司法衔接机制,一直就是行政法学界与刑法学界探讨的热点话题,但刑诉学界却关注不多。《中共中央关于全面推进依法治国若干重大问题的决定》中提出要“健全行政执法和刑事司法衔接机制”,有学者甚至认为“健全和完善行刑衔接机制已成为非常迫切的国家战略任务”。〔2〕对于刑诉学者而言,探讨如何健全行政执法与刑事司法衔接机制,最值得研究的就是行政证据在刑事诉讼中的使用问题。但由于“刑事诉讼法对于侦查程序的规定虽然较为详细,但在涉及两法衔接问题、技术侦查问题以及非法证据排除规则上均缺乏警察权的整体性设计,而留下了大量的法律空缺”。〔3〕实际上,行政执法程序规避刑事侦查的适用,通过证据转换从而虚置刑事诉讼非法证据排除规则的问题,涉及《刑事诉讼法》、《刑事诉讼法司法解释》、《人民检察院刑事诉讼规则(试行)》(以下简称《检察院诉讼规则》)、《公安机关办理刑

---

〔1〕 参见陈义兴:《行政执法与刑事司法衔接机制的构建和完善》,载《中国检察官》2007 年第 7 期,第 7 ~ 11 页。

〔2〕 练育强:《行刑衔接视野下的一事不再理原则反思》,载《政治与法律》2017 年第 3 期,第 123 页。

〔3〕 蒋勇:《基本权利干预视角下我国警察强制措施的立法完善》,载《环球法律评论》2017 年第 4 期,第 171 页。

事案件程序规定》(以下简称《刑事案件程序规定》)、《关于办理刑事案件严格排除非法证据若干问题的规定》(以下简称《排非规定》)、《中华人民共和国警察法》(以下简称《警察法》)、《公安机关办理行政案件程序规定》(以下简称《行政案件程序规定》)、《关于改革完善受案立案制度的意见》(以下简称《立案意见》)、《行政执法机关移送涉嫌犯罪案件的规定》(以下简称《移送犯罪案件规定》)、《中华人民共和国治安管理处罚法》(以下简称《治安处罚法》)《关于在行政执法中及时移送涉嫌犯罪案件的意见》(以下简称《关于移送涉嫌犯罪案件意见》)、《关于加强行政执法机关与公安机关、人民检察院工作联系的意见》(以下简称《工作联系意见》)、《人民检察院办理行政执法机关移送涉嫌犯罪案件的规定》以及工商、税务、环保、质检、海关、审计署等部委单独或者联合制定的关于"两法"衔接的规范性文件,上述近百部法律、法规以及规范性文件中,存在明显的模糊与矛盾之处,也因此导致了实践中行政证据转换刑事证据时虚置刑事诉讼非法证据排除规则的现象。鉴于此,本文拟采用交叉学科的研究方法,在大量实证调研的基础上,分析行政证据转换刑事证据所导致的虚置刑事诉讼非法证据排除规则的弊端及其成因,从"两法"衔接的角度提出防止虚置刑事诉讼非法证据排除规则的制度设想。

一、行政执法程序替代刑事侦查,法院在刑事诉讼中采信行政证据、虚置刑事诉讼非法证据排除规则的实践形态

下文中,以北大法宝案例库的数据采集为主线,对法院在刑事诉讼中采信行政证据的实证数据进行归类统计,综合笔者 2017 年 3 月至 2018 年 7 月在贵州、北京、广东、湖北、河北、天津等地调研的实证情况,对行政执法程序替代刑事侦查取证以及法院在刑事诉讼中采信行政证据、虚置刑事诉讼非法证据排除规则的实践形态进行分析。

(一)法院在刑事诉讼中采信行政证据的实证数据及其统计分析

笔者以《刑事诉讼法》第 54 条第 2 款的内容("行政机关在行政执法和查办案件过程中收集的物证、书证、视听资料、电子数据等证据材料,在刑事诉讼中可以使用")作为关键词,在北大法宝案例库中进行检索,截至 2018 年 11 月 20 日,共搜集相关案例 108 篇,经筛选剔除重复的案例、部分属于纪委所办案件之外,最终汇集案例 94 篇,其中属于公安机关行政治安程序办理的案件 33 篇,其他行政执法机关行政执法办理的案件 61 篇。笔者需要特别指出的是,上述数据反映出来的问题只是冰山一角:实践中,除一些违法嫌疑人陈述和申辩、证人证言等言辞证据之外,法院采信行政证据基本上是畅通无阻的,真实的情况远远比表格上所反映数据更加严重。

表 1　公安机关行政治安证据在刑事诉讼中的使用及法院采信情况

（单位：次/%）

行政证据类型〔1〕	刑事证据类型〔2〕	《刑事诉讼法》第54条第2款规定的证据	出现频次〔3〕	一审		二审〔4〕		一、二审均采信	一审采信二审排除	一、二审均不采信
				采信	排除	采信	排除			
（一）物证	（一）物证	物证	4	4	—	3	—	3	—	—
（二）书证	（二）书证	书证	9	9	—	6	—	6	—	—
（三）被侵害人陈述和其他证人证言	（三）证人证言	—	32	10	22	2	5	1	5	1
	（四）被害人陈述		2	1	1	1	—	1	—	—
（四）违法嫌疑人的陈述和申辩	（五）犯罪嫌疑人、被告人供述和辩解	—	3	1	2	—	1	—	1	—
（五）鉴定意见	（六）鉴定意见	—	1	1	—	1	—	1	—	—

〔1〕 由于衔接的规范性文件中，各部委对行政执法证据种类的划分可谓五花八门：如《环境保护行政执法与刑事司法衔接工作办法》第20条规定的行政证据的种类包括：物证、书证、视听资料、电子数据、检测报告、认定意见、鉴定意见、勘验笔录、检查笔录等，为了避免所列证据种类上所可能造成的混乱，表格中以《行政案件程序规定》第26条规定的行政证据种类进行分类。

〔2〕 综合《刑事诉讼法》第50条规定、《刑事案件程序规定》第56条规定的刑事证据种类进行分类。

〔3〕 频次的统计有两种计量方法，一种以案件量为标准，仅统计该证据在某一案件中是否出现，即某一类案件只要在某一个案件中出现，即计量为1，未出现为0；另一种是以证据出现的具体次数为标准，如某一案件中出现了14位证人证言，按照“案件量标准”统计仅为1次，但按具体次数为标准，即为14次。事实上，这种统计方式与我们统计辩护率时采取的“以案件量为标准”或“以被告人人数为标准”的两种方式在逻辑层面是一样的。就统计科学性的角度而言，以第二种方式即“以证据出现的具体次数为标准”进行统计更为合理、精准，本文即采取这种统计方式。

〔4〕 需要说明的是，本表统计的裁判文书并非所有都有二审裁判文书，故其数据与一审之间存在不一致。

续表

行政证据类型	刑事证据类型	《刑事诉讼法》第54条第2款规定的证据	出现频次	一审		二审		一、二审均采信	一审采信二审排除	一、二审均不采信
				采信	排除	采信	排除			
(六)勘验、检查、辨认笔录,现场笔录	(七)勘验、检查、侦查实验、搜查、查封、扣押、提取、辨认等笔录	—	3	1	2	—	1	—	1	—
(七)视听资料、电子数据	(八)视听资料、电子数据	视听资料、电子数据	1	1	—	1	—	1	—	—
未标明具体证据[1]	—	—	4	4	—	—	—	—	—	—
实物证据[2]总计			14/100%	14/100%	—	9/100%	—	9/100%	—	—
言词证据[3]总计			41/100%	14/34.1%	27/65.9%	4/36.3%	7/63.7%	3/27.3%	7/63.6%	1/9.1%

〔1〕 未标明种类的裁判文书中,一般用的表述是“行政执法证据”或“行政机关在执法或办案中获取的证据”这么一个概要性的表述。但事实上,从实践来看,凡是行政执法或办案获取的证据几乎都存在的言词证据。

〔2〕 实物证据包括指《刑事诉讼法》第54条第2款规定的物证、书证、视听资料、电子数据。

〔3〕 言词证据包括《刑事诉讼法》第50条规定的物证、书证、视听资料、电子数据之外的其他证据,包括勘验、检查、辨认笔录,现场笔录等。

表 2　行政机关行政执法证据在刑事诉讼中的使用及法院采信情况

（单位：次/%）

行政证据类型	刑事证据类型	《刑事诉讼法》第54条第2款规定的证据类型	出现频次	一审		二审		一、二审均采信	一审采信二审排除	一、二审均不采信
				采信	排除	采信	排除			
（一）物证	（一）物证	物证	7	7		2	—	2	—	—
（二）书证	（二）书证	书证	17	17		6	—	6	—	—
（三）被侵害人陈述和其他证人证言	（三）证人证言	—	29	2	27	1	—	1	—	—
	（四）被害人陈述		—	—	—	—	—	—	—	—
（四）违法嫌疑人的陈述和申辩	（五）犯罪嫌疑人、被告人供述和辩解	—	2	—	2	—	—	—	—	—
（五）鉴定意见	（六）鉴定意见	—	18	18	—	9	1	9	1	—
（六）勘验、检查、辨认笔录，现场笔录	（七）勘验、检查、侦查实验、搜查、查封、扣押、提取、辨认等笔录	—	10	10	—	2	1	2	1	—
（七）视听资料、电子数据	（八）视听资料、电子数据	视听资料、电子数据	4	4	—	2	—	2	—	—
未标明具体证据	—	—	14	14	—	—	—	—	—	—
实物证据总计			28/100%	28/100%	—	10/100%	—	10/100%	—	—
言词证据总计			59/100%	30/50.9%	29/49.1%	12/85.7%	2/14.3%	12/85.7%	2/14.3%	—

通过上述图表以及笔者的实证调查情况可以得出以下的分析结论：

1. 刑事审判实践中，对于行政执法机关搜集的物证、书证、视听资料、电子证据无一例被排除适用。

2. 作为言词证据种类的鉴定意见，有且只有一例在一审中被采信、二审中被排除适用的情形，其余所有鉴定意见在一审、二审中均予以采信。一审被采信、二审被排除的案例是张某某销售伪劣产品，该案中法官不予采信鉴定意见的理由是：首先，检测报告严重违反了《中华人民共和国食品安全法》《中华人民共和国行政处罚法》《产品质量监督抽查管理办法》中关于行政鉴定程序的规定，且刑事诉讼是对犯罪嫌疑人、被告人定罪量刑的过程，对鉴定程序的要求更为严格；其次，检材来源依据不足，检验数据和结论有失客观、公正，导致本案诸多疑点无法排除。

3. 对于违法嫌疑人的陈述和申辩、被侵害人陈述和其他的证人证言，公安机关行政治安中收集的证据，一审中被采信的占 34.1%，若案件提起了上诉或者抗诉，二审法院采信的比例为 36.%；行政执法机关收集的言辞证据，一审中被采信的占 50.9%，若案件提起上诉或者抗诉，被采信的比例高达 85.7%。

4. 除张某某销售伪劣产品案，在其余所有其他案件中，无论是否采信行政证据，法院的理由均是根据《刑事诉讼法》第 54 条第 2 款规定，某某证据属于（不属于）行政证据在刑事诉讼中可使用的范围，并无任何其他的说理分析。

5. 从笔者实证调查的情况来看，北大法宝案例数据库中的上述数据只是反映了实践中法院采信行政证据时所存在问题之冰山一角，采信行政证据的案例远远不止表格上反映出来的数量。其一，在审判实践中，如果被告人及其辩护律师没有提出不予采信每个具体行政证据的辩护理由，法院在判决书中不会予以体现。其二，笔者与一些刑辩律师、检察官和法官交流中了解到，绝大多数律师、检察官和法官认为采信行政证据是理所当然的事情。这与此前有些学者调研的情况基本上是一致的：实践中对于行政证据在刑事诉讼中使用频率不高，造成这个现象的主要原因是由于多年来行政证据在刑事诉讼中使用是以一种“不假思索”的方式直接使用，《刑事诉讼法》修订以后，司法实务人员尚未转换这种惯性思维，对第 54 条第 2 款的意义和规定不明确、不敏感，仍然坚持既往的直接使用方法。[1] 其三，对于行政执法中收集的言辞证据，公安机关绝大多数情况下会重新讯问犯罪嫌疑人，询问证人、被害人，在侦查阶段已经将行政证据转换为刑事证据了。《检察院诉讼规则》第64条第3款规定，在检察院自行立案侦查的案件，对于行政执法机关收集的涉案人员供述和相关人员的证言、陈述，应该重新予以收集。虽然《刑事案件程序规定》中没有作出与《检察院诉讼规则》类似的规定，但是，实践中公安机关绝大多数情况下均会对行政证据中的言词证据进行重新取证。无疑，侦查阶段的言词证据转换，将会大幅度降低刑事审判中采信行政执法中言词类证据数量。其四，实践中大量存在公安机关的行政治安程序替代刑事侦查、行政执法机关的行政执法程序替代刑事侦查取证的现象。

（二）行政执法程序替代刑事侦查取证的实践形态

无论是公安机关还是行政执法机关，均存在大量通过行政执法程序替代刑事侦查程序的现象，结合笔者的调研情况，从公安机关的行政治安和行政执法机关的行政执法程序两个层面予以说明。

1.公安机关的行政治安程序替代刑事侦查的实践形态

在我国，公安机关肩负追究行政违法行为和刑事犯罪的双重职责，即奉行违法/犯罪二元一体的追究制度。根据2008年最高人民检察院、公安部《关于公安机关管辖的刑事案件立案追诉标准的规定（一）》，公安机关内设的治安部门承担106种刑事案件的侦查，除杀人、放火、抢劫等严重危害社会治安的犯罪由刑侦部门负责之外，绝大多数案件都是由治安部门侦查。与刑事诉讼程序相比，行政治安程序中公安机关取证的约束要宽松、便捷得多。在公安机关的执法实践中，通过行政程序替代刑事侦查取证，一直以来就是一种较为常见的现象。

（1）通过留置、口头传唤、盘问检查等行政强制措施替代拘传、取保候审、监视居住、拘留和逮捕等刑事强制措施，通过行政检查和治安检查替代人身搜查和场所搜查等刑事侦查措施。实践中，公安机关办理刑事案件往往在两种程序之中择一适用："刑事立案——行政治安调查和行政强制措施取证——证据转换"和"受案——治安调查和行政强制措施取证——刑事立案——证据转换。"一些行政调查与行政强制措施的法律文书大多时候又不装载于侦查卷宗，对于公安机关行政执法程序中违法取证现象，即使犯罪嫌

[1] 程龙：《行政证据在刑事诉讼中使用问题研究》，法律出版社2018年版，第30页。

疑人、被告人及其辩护律师提出异议,实践中,公安机关往往以“情况说明”进行补正。[1] 有学者的调研显示,在当前中国公安机关的侦查实践中,《刑事诉讼法》上的搜查很少被运用,公安机关更多的是根据相关行政法规的授权,通过人身搜查、场所检查等方式来达到本应通过搜查措施的适用才能实现的目的——查获犯罪人,或者发现犯罪证据。这种行政检查和治安检查替代适用刑事侦查措施的比例超过了90%。[2] 对于拘传、拘留和逮捕等刑事强制到案措施,通常则被《警察法》中的留置、口头传唤等行政强制措施所替代。[3] 这样一来,侦查机关提前介入行政治安案件中已经是一种较为常见的现象。[4] 虽然近年来公安机关的执法程序已经有所改善,但实践中还是大量存在以行政执法替代刑事侦查的现象。2017 年 3 月至 2018 年 7 月,笔者在北京、广东、湖北、湖南、贵州、河北等地的调研显示,全国各地公安机关仍有不少于二分之一的刑事案件前期存在行政治安替代刑事侦查的情形。

导致公安机关通过行政治安程序替代刑事侦查的原因,主要是行政证据可以转换为刑事证据,而行政取证程序与刑事程序相比,适用起来便捷易行,对公安机关权力行使的程序控制极为宽松。以盘问检查为例,根据《行政案件程序规定》和《警察法》规定,对于涉嫌违法人员(是否涉嫌违法完全由公安人员自由裁量)公安人员可以当场盘问、检查,并带至公安机关继续盘问 12 小时,12 小时之内难以排除或者证实其违法嫌疑的,可以延长至 24 小时,特殊情形下还可以延长至 48 小时。上述盘问检查只需派出所负责人批准即可。而即使是刑事诉讼中最轻微的拘传,实体上必须达到“认为有犯罪事实需要追究刑事责任”,程序上必须附上有关材料,填写呈请拘传报告书,报送公安机关负责人审批,且拘传的时间不得超过 12 小时。

(2)以治安拘留替代刑事拘留。刑事拘留是剥夺犯罪嫌疑人人身自由的较为严厉的刑事强制措施,更是一种获取犯罪嫌疑人供述和辩解,并以此收集其他犯罪证据的最为有效的侦查措施。因为“犯罪嫌疑人在被拘留的第一时间对于警察查明案情而言是最为重要的,对于犯罪嫌疑人而言,此刻

---

〔1〕 参见陈刚、蒋勇:《公安机关“两法衔接”中的证据转化隐忧——以警察行政强制权为视角》,载《中国人民公安大学学报(社会科学版)》2014 年第 3 期,第 30 页。

〔2〕 参见左卫民:《规避与替代——搜查运行机制的实证考察》,载《中国法学》2007 年第 3 期,第 116~119页。

〔3〕 参见马静华:《侦查到案制度比较研究》,载《中国法学》2009 年第 5 期,第 137~139 页。

〔4〕 参见陈义兴:《行政执法与刑事司法衔接机制的构建和完善》,载《中国检察官》2007 年第 7 期,第 10 页。

也是心理压力最大的,其感觉也是最无助的阶段”。[1] 英国学者在考察《1984 年警察与刑事证据法》的实施情况也指出:“由于逮捕目的和拘留目的的转变,与决定大多数案件有关的有意义的事件发生在警察所内而非法庭上。”[2]《刑事诉讼法》第 84 条对拘留阶段的讯问犯罪嫌疑人进行了严格程序限定。其一,办案场所与刑事拘留场所分离,讯问过程中必须录音录像。根据《刑事诉讼法》规定:被刑事拘留的犯罪嫌疑人必须立即送交看守所,特殊情况下不得超过 24 小时。在讯问犯罪嫌疑人时,对于一些特殊类型的案件,应当或者可以采取全程录音录像。同时,2014 年 9 月 5 日公安部颁布的《关于印发〈公安机关讯问犯罪嫌疑人录音录像工作规定〉的通知》指出:即使是在执法条件最薄弱的地区,也必须在 2017 年底对所有讯问犯罪嫌疑人过程实行录音录像全覆盖。从笔者实证调研的情况来看,北京、广东、湖北、贵州、湖南、上海等地公安机关在 2015 年底之前均已经实现讯问犯罪嫌疑人录音录像全覆盖。其二,侦查阶段的律师辩护或者值班律师帮助制度。犯罪嫌疑人在侦查阶段即可委托律师辩护,以保障其合法权利。对于没有委托辩护律师或者法律援助机构没有指派律师为其提供辩护的,《刑事诉讼法》第 36 条专门规定了值班律师的权利和义务。但是,公安机关适用治安拘留时,对涉嫌违法行为的性质轻重、证据标准以及程序控制而言,则宽松简便。关押的场所是拘留所,讯问涉嫌违法人员时既无律师介入,也无需同步录音录像,讯问的场所、时间、程序均无严苛约束,也无检察院监所检察室的监督。实证数据显示,盗窃、诈骗、吸食毒品、寻衅滋事、伤害等案件中,大多数案件存在上述情形。笔者检索北大法宝案例库,大约有 8700 起刑事案件的被告人曾被治安拘留,此前与本案无关而被治安拘留的只占极少数。[3]

2. 行政执法机关(公安机关的行政治安除外)过程中虚置刑事诉讼程序控制的实践形态

如果考察《移送犯罪案件规定》《关于移送涉嫌犯罪案件意见》以及数十部“两法”衔接的行政法规,可以看出,行政执法机关在查处涉嫌犯罪的案件时,公安机关提前介入行政执法机关的查处过程是有制度依据的。同时,从行政

---

〔1〕 John Narrington, “police detention of suspects”, 3 Wm. & Mary L. Rev. 395 1961 – 1962, provided by Berkeleylaw Library, Content downloaded/printed from Heinonline, Tue Jul 20:31:01 2017.

〔2〕 [英]埃德·凯普:《被告人的审前帮助与咨询》,刘为军译,载[英]麦高伟、杰弗里·威尔逊主编:《英国刑事司法程序》,姚永吉等译,法律出版社 2003 年版,第 92 页。

〔3〕 参见北大法宝网案例库,查阅时间:2018 年 11 月 15 日 17 时。

执法机关的实践来看,公安机关提前介入行政执法过程,收集行政证据之后再作为刑事案件予以立案,从而虚置刑事诉讼程序的现象也是普遍存在的。

第一,目前系列的“两法”衔接的行政规范性文件中均赋予了公安机关提前介入行政执法机关查处涉嫌犯罪案件的权力。《关于移送涉嫌犯罪案件的意见》第10条规定了公安机关可以提前介入行政执法机关查处的可能涉嫌犯罪的行政违法案件,如第16条还规定:行政执法机关在查办行政违法犯罪案件时,公安机关、监察机关、行政执法机关、人民检察院应该建立联席会议、情况通报、信息共享机制等机制,加强联系,密切配合,各司其职,保证准确有效地执行法律。行政执法机关单独颁布的行政规章中也均有类似规定,如国家质量监督检验检疫总局、公安部《关于在打击制售假冒伪劣商品违法犯罪中加强行政执法与刑事司法衔接工作的通知》(2011年7月8日,国质检执联〔2011〕336号)第4条指出:“质检部门和公安机关要积极调动各自资源,充分发挥合成优势,努力探索形成打击制售假冒伪劣商品违法犯罪的整体合力。……对于暴力、胁迫等方式阻碍之间部门依法执行公务,构成违法犯罪的,公安机关应当严格依法查处。对于案情重大、复杂、疑难的案件,质检部门、公安机关可以联合组成工作组,必要时邀请有关司法机关和行政执法部门参加,共同研究案情,会商打击对策,开展联合打击工作。”《关于加强工商行政执法与刑事司法衔接配合工作若干问题的意见》(工商法字〔2012〕227号)第6条第3款和第4款、《食品药品行政执法与刑事司法衔接工作办法》第31条、《环境保护行政执法与刑事司法衔接工作办法》第27条中均有类似规定。

第二,公安机关行使立案裁量权时规避刑事诉讼程序的适用。《刑事诉讼法》第112条规定了立案的条件:认为有犯罪事实,需要追究刑事责任。《公安机关受理行政执法机关移送涉嫌犯罪案件的规定》第5条指出:“公安机关审查发现涉嫌犯罪案件移送处理不全、证据不充分的,可以就证明有犯罪事实的相关证据要求等提出补充调查意见,商请移送案件的行政执法机关补充调查。必要时,公安机关可以自行调查。”《立案意见》第2条规定:“刑事案件立案审查期限原则上不超过3日;涉嫌犯罪线索需要查证的,立案审查期限不超过7日;重大疑难复杂案件,经县级以上公安机关负责人批准,立案审查期限可以延长至30日。”“侦查人员拥有很大的自由裁量权”[1]是各国普遍面临的问

〔1〕 See National Research Council *Fairness and Effectiveness in Policing*:*The Evidence*. Ed. W. Skogan & K. p. 3. Washington, DC: National Academies Press, 2004.

题，对于行政执法机关移送的涉嫌犯罪案件的立案审查，公安机关至少有两种选择途径：其一，延长立案审查期限，通过初查的方式自行调查，待证据事实调查核实清楚之后再作为刑事案件予以立案；其二，将案件退回行政执法机关，由行政执法机关再行调查或者会同行政执法机关共同调查，待案件关键事实调查清楚之后再予以刑事立案。且这种退回调查可以来回反复，这样还可以规避刑事侦查期限的规定。有学者指出，实践中"某案件最开始是行政案件，后来作为刑事案件立案，再后来因为证据不足撤销刑事案件转为行政案件，这样的情况并不少见，实际情况比这种假设要复杂得多。"〔1〕

二、行政执法程序规避与虚置刑事侦查的成因分析

实践中之所以大量存在行政执法程序规避刑事侦查取证，从而虚置刑事诉讼非法证据排除规则的现象，既有立法、司法解释、行政规章制度设置上的疏漏，也有案件本质性质以及学理上探讨不足等诸多诱因。

（一）行政证据与刑事证据衔接的规范性文本的制度缺陷及其解读

1. 行政证据种类范围在刑事诉讼中的使用范围的扩大化，是目前制度层面分歧最大的问题。除《刑事诉讼法》《刑事诉讼法司法解释》中将范围限定在"物证、书证、视听资料、电子数据等"实物证据之外，《检察院诉讼规则》《刑事案件程序规定》以及所有涉及"两法"衔接的行政规章中，均对此作了扩张性规定，范围涵盖到鉴定意见、证人证言等言词证据中。至于《刑事诉讼法》第54条第2款的立法本意，具体负责拟定《刑事诉讼法》修改条文的全国人大刑法工作室指出：该款"涉及的证据材料范围是物证、书证、视听资料、电子数据等实物证据，不包括证人证言等言词证据。"〔2〕时任全国人大常委会法制工作委员会主任郎胜在阐述立法原意时的表述也是于此相同："该款规定涉及的证据材料范围是物证、书证、视听资料、电子证据等实物证据，不包括证人证言等言词证据。"〔3〕《刑事诉讼法司法解释》第65条第1款与《刑事诉讼法》第54条第2款完全保持了一致。虽然最高人民法院在起草改款时理解分歧较大："有意见认为，应当理解为'等内'，即只包括物证、书

〔1〕 周汉华：《误读与被误读——从公安机关刑事执法信息公开看〈政府信息公开条例〉》，载《北方法学》2016年第3期，第14页。

〔2〕 全国人大常委会法制工作委员会刑法室：《关于修改〈中华人民共和国刑事诉讼法〉的决定条文说明、立法理由及相关规定》，北京大学出版社2012年版，第49页。

〔3〕 郎胜主编：《中华人民共和国刑事诉讼法修改与适用》，新华出版社2012年版，第120页。

证、视听资料、电子数据等实物证据；也有意见认为，应当理解为包括物证、书证、视听资料、电子数据等非言词证据；还有意见认为，应当理解为'等外'，即包括物证、书证、视听资料、电子数据等实物证据以外的言词证据。”但《刑事诉讼法司法解释》的制定者明确将“等”字的理解范围限定在“'物证、书证、视听资料、电子数据等证据材料'，将言词证据排除在外。”〔1〕但是，《检察院诉讼规则》第65条将范围扩大至鉴定意见、勘验和检查笔录。同时该条第三款还规定在有些情形下，行政执法过程中收集的涉案人员供述或者相关人员的证言、陈述，也可以在刑事诉讼中使用；《刑事案件程序规定》第60条则增加了检验报告、鉴定意见、勘验笔录、检查笔录等证据材料。“两法”衔接的行政规章中均也是大幅度扩张了行政证据的使用范围，且所列举的证据种类更是五花八门。如《食品药品行政执法与刑事司法衔接工作办法》第18条规定：“食品药品监管部门在行政执法和查办案件过程中依法收集的物证、书证、视听资料、电子数据、检验报告、鉴定意见、勘验笔录、检查笔录等证据材料，经公安机关、人民检察院审查，人民法院庭审质证确认，可以作为证据使用。”《环境保护行政执法与刑事司法衔接工作办法》第20条规定：“环保部门在行政执法和查办案件过程中依法收集制作的物证、书证、视听资料、电子数据、检测报告、检验报告、认定意见、鉴定意见、勘验笔录、检查笔录等证据材料，在刑事诉讼中可以作为证据使用。”

综上，除《刑事诉讼法司法解释》之外，所有规定行政证据在刑事诉讼中使用的司法解释、行政规章均对此作了程度不一的扩张性解释。与此相似地，刑诉学界除个别学者之外，对于行政证据在刑事诉讼中的使用范围，也是作的扩张性理解。〔2〕 这样一来，必将导致行政执法机关、公安机关、检察院、法院在收集、审查和采信证据的实践乱象。

---

〔1〕 参见江必新主编：《〈最高人民法院关于适用《中华人民共和国刑事诉讼法》的解释〉理解与适用》，中国法制出版社2013年版，第48页。

〔2〕 完全按照《刑事诉讼法》和《刑事诉讼法司法解释》的规定，对行政证据在刑事诉讼中使用的范围限定在实物证据的学者是樊崇义教授，参见樊崇义主编：《公平正义之路——刑事诉讼法修改决定释义与专题解读》，中国人民公安大学出版社2012年版，第22页。将使用范围扩充到言词证据的学者有龙宗智：《新刑事诉讼法实施：半年研判》，载《清华法学》2013年第5期，第138页；郝爱军、殷宪龙：《行政机关收集证据在刑事诉讼中运用的疑难问题解析》，载《中国刑事法杂志》2013年第9期，第76页；万毅：《刑事证据法适用中的解释方法略析》，载《人民检察》2014年第22期，第11～12页；郭泰和：《行政证据与刑事证据的程序衔接问题研究——〈刑事诉讼法〉(2012年)第52条第2款的思考》，载《证据科学》2012年第6期，第670～672页。

2. 行政证据转换刑事证据时不受刑事诉讼非法证据排除规则的约束。行政证据在刑事诉讼中使用时，是否应受刑事诉讼非法证据排除规则约束的问题，《刑事诉讼法》上没有作出明确规定。《刑事诉讼法司法解释》第65条指出：行政证据的"收集程序符合有关法律、行政法规"即可。对此，负责制定《刑事诉讼法司法解释》的江必新副院长的解释是：行政机关在行政执法和查办案件过程中，尚不知晓所涉案件是否达到犯罪程度、是否会进入刑事诉讼程序，无法也不应适用刑事诉讼程序的规定，只能依照法律、行政法规关于行政执法和查办案件的相关规定。[1] 上述规定及其理由也是与刑诉学界的观点保持了一致："既然证据衔接规范的目的是要认可依照行政法律、法规收集的行政证据与刑事证据之间的某些差异，就不能再以刑事证据的严格要求去审视这些特定的行政证据，而应当按照行政法律、法规的规定对行政证据的合法性进行判断。"[2]

综上，由于《刑事诉讼法司法解释》已经明确行政证据在刑事诉讼中使用的前提就是取证程序符合有关法律、行政法规的要求即可，这样就意味着行政证据在刑事诉讼中使用时不受刑事诉讼非法证据排除规则的约束。同时，无论是从学理上还是《刑事诉讼法》《排非规定》等法律和司法解释来看，除法律法规有特别规定的情形外，刑事诉讼非法证据排除规则只是约束侦查取证行为，以防止侦查人员违反刑事诉讼程序规定取证。制度层面既然已经规定行政证据在刑事诉讼中可以使用，也就是确认了行政执法人员取证的适格地位；其取证程序并不要求符合刑事诉讼相关程序的规定，也就意味着了行政证据在刑事诉讼中使用时不受刑事诉讼非法证据排除规则的约束。另外，从审判实践来看，除张某某销售伪劣产品案［(201)吐中刑终字第66号］中的鉴定意见不予采信是因为严重违反行政法规规定的取证程序的要求外，无一例未被采信的言辞类证据是与取证程序有关。

---

〔1〕 江必新主编：《〈最高人民法院关于适用《中华人民共和国刑事诉讼法》的解释〉理解与适用》，中国法制出版社2013年版，第49～50页。

〔2〕 杜磊：《行政证据与刑事证据衔接规范研究——基于刑事诉讼第52条第2款的分析》，载《证据科学》2012年第6期，第663页；高通：《行政执法与刑事司法衔接中的证据转化》，载《证据科学》2012年第6期，第651页。

(二)行政执法取证与侦查取证相比简便易行、缺乏严苛的程序控制,这是公安人员借助行政程序规避刑事侦查的主观动因

任何国家的警察在行使执法权的时候,都充斥着裁量权,而这种"裁量的运用不仅存在于案件或问题的最终处置方面,而且存在于每个中间步骤当中;并且中间的选择远多于最终的选择。裁量并不限于实体性的选择,而且还扩展到程序、方法、形式、时限、强调的程度以及其他许多附属性的因素。"[1]对于公安人员而言,通过裁量权的行使借助行政执法程序取证,从而规避刑事取证程序的严苛控制是其主观动因。

1. 避免《刑事诉讼法》严苛的程序控制。与行政执法程序相比,对刑事侦查的程序控制要严苛周密得多。虽然《治安管理处罚法》《行政案件程序规定》《行政处罚法》《行政强制法》以及其他的规范行政执法机关取证的规章中,对行政取证作了一些程序性规定,但是均是寥寥数条,对取证主体的权力约束宽松,而《刑事诉讼法》及其司法解释对公安机关侦查行为则作了严苛周密的规定。这样一来,公安机关一旦借助行政执法程序替代刑事侦查,就不受《刑事诉讼法》及其司法解释中程序控制,适用起来便利宽松。

2. 可以摆脱检察机关的监督。对于公安机关的侦查活动,从立案、取证以及强制措施等各个环节都受到来自检察机关的监督。最高人民检察院2010年到2017年的年度工作报告显示,八年间检察机关纠正公安机关违法侦查行为最低年度是2010年,共34,180起,2013年是最高年度,为72,718件。[2]《刑事诉讼法》第19条还保留了14种司法人员利用职权实施侵,侵犯公民权利、损害司法公正的犯罪的侦查权。虽然对于行政执法行为,检察机关最近正在"探索建立健全行政违法行为监督制度",《治安管理处罚法》第114条也规定,"公安机关办理治安案件接受检察院监督",但对于行政执法行为的监督,并不是检察机关监督业务的主要内容,实践中也很少见到检察机关监督行政违法行为的实例。

(三)立法、司法解释中赋予了公安机关在行政执法和刑事司法之间过大的自由选择权

1. 公安机关享有较大的刑事立案裁量权,且受案材料是否达到立案标

---

[1] [美]肯尼斯·卡尔普·戴维斯:《裁量正义》,毕洪海译,商务印书馆2009年版,第2~3页。

[2] 数据来源:最高人民检察院网站,http://www.spp.gov.vn,2010年至2017年最高人民检察院年度工作报告。

准又往往难以判断。《刑事诉讼法》第112条规定的立案条件是“认为有犯罪事实需要追究刑事责任”,刑事立案的程序功能是:“就像过滤器一样,从刑事诉讼一开始,就把罪与非罪、应否追究刑事责任区别开来。”〔1〕而在受案之初,即要求公安人员判断“是否存在犯罪事实需要追究刑事责任”显然有一定难度。美国学者认为,“在很多情况下,侦查人员往往没有掌握什么具有线索价值的信息,即使有信息,也是被淹没在其他一些充满矛盾或可疑的信息之中。”〔2〕在德国,“在开始侦查时,司法人员其实不是真的清楚他们到底在做什么。”〔3〕在我国的立案阶段尤其如此。

2. 司法解释与行政规章中赋予了公安机关在行政执法和刑事司法之间的宽松的转换权。对此,可从两个方面予以分析。

首先,公安机关在治安程序和刑事程序之间可以自由选择。《行政案件程序规定》第51条和第147条第6款分别规定:“对发现或者受理的案件暂时无法确定为刑事案件或者行政案件的,可以依照行政案件的程序办理。在办理过程中,认为涉嫌构成犯罪的,应当按照《公安机关办理刑事案件程序规定办理》。”“违法行为涉嫌构成犯罪的,转为刑事案件办理或者移送有权处理的主管机关、部门办理,无须撤销行政案件。”目前,公安机关的执法实践中,绝大多数的治安案件和刑事案件均是由治安部门处理,治安案件转刑事案件时,也是由同一公安人员处理,无需任何审批程序。这就使公安机关通过行政治安替代刑事侦查就享有几乎不受任何制约的程序选择权。

其次,对于行政执法机关移送涉嫌犯罪的案件,公安机关也可借助行政执法程序替代刑事侦查。《移送涉嫌犯罪案件意见》第5条规定:“对行政执法机关移送的涉嫌犯罪案件,公安机关应当及时审查,自受理之日起十日以内作出立案或者不立案的决定;案情重大、复杂的,可以在受理之日起三十日内作出立案或者不立案的决定。”由于“在不同的执法部门之间,程序差异相当之大,通常缺乏一个大家都可接受的标准”,〔4〕这样一来,对于行政执法机关移送过来的涉嫌犯罪的案件,公安机关如果希望借助前期的行政执

〔1〕 刘根菊:《刑事立案论》,中国政法大学出版社1994年版,第2页。

〔2〕 See Innes, M., Investigating Murder: Detective Work and the Police Response to Criminal Homicide, Oxford: Oxford University Press, 2003.

〔3〕 [德]托马斯·达斯史戴特:《失灵的司法——德国冤错案启示录》,郑惠芬译,法律出版社2017年版,第49页。

〔4〕 [美]丹·西蒙:《半信半疑——刑事司法中的心理学》,刘方权、陈晓云译,上海交通大学出版社2017年版,第350页。

法收集更加充分的犯罪证据，就可以依据上述规定将案件退回行政执法机关补充调查。同时，鉴于两法衔接文件中没有对公安机关这种提前介入的权力进行程序性、方式以及边界进行限定，公安机关甚至可以通过侦查手段提前介入到行政机关的行政执法中，这样更会导致刑事侦查行政执法化。

（四）我国特有的行政违法与刑事犯罪的划分标准及其追究模式容易导致公安机关通过行政执法替代刑事侦查

1. 对于行政违法行为与刑事犯罪的划分标准，我国采行的质量差异立法模式为公安机关通过行政治安替代刑事侦查提供了适用前提。如何区分行政违法行为和刑事犯罪，是一个世界性难题："从中世纪至今的各种法学学派，在寻找刑罚惩罚和警察处罚之间的界限的努力毫无结果。现在，对于法学家们在无奈中制定的区别，也不能可靠地执行。"〔1〕当今大多数国家的立法模式中，对于行政违法行为与刑事犯罪的区分标准采取质的差异理论、量的差异的理论、质量差异理论。我国学者和立法模式基本上采用的质量差异理论。〔2〕即行政违法行为与刑事犯罪在构成要件上往往具有同一性，但只有行为达到了"具有严重程度的社会危害性"时才构成犯罪。判断是否达到严重社会危害性的程度，具体的标准往往是实施违法行为的次数以及涉案金额的数量。目前基层公安机关受理的绝大多数刑事案件，如伤害、盗窃、吸毒、诈骗、寻衅滋事等，往往在受案之初难以判断社会危害性是否达到严重程度，这样一来，实质上就为公安机关在受案之初选择适用行政治安程序提供了认识前提。

2. 我国特有行政违法与刑事犯罪二元一体的追究模式为公安机关通过治安程序替代刑事侦查提供了制度支撑。在其他国家和地区，往往对警察进行了专业分工："警察呈现专业化分工，即侦查与治安（或一般性警察职责的分离）。目前负责犯罪侦查的刑事警察和负责维护治安的巡逻警察已成为绝大多数警察机构中最主要的两部门。"〔3〕当然，在受案之初，案件性质属于治安类还是刑事类往往存在界限不清，也会因此致导致两权混淆甚至规避适用的情形。

〔1〕转引自王世洲：《罪与非罪之间的理论与实践——关于德国违反秩序法的几点思考》，载《比较法研究》2000 年第 2 期，第 185 页。

〔2〕参见孙国祥：《行政犯违法性判断的从属性和独立性研究》，载《法学家》2017 年第 1 期，第 49～51 页。

〔3〕何家弘：《外国侦查制度试析》，载《中国人民公安大学学报》1992 年第 2 期，第 10 页。

在我国,公安机关的治安部门既负责处理行政治安案件,也基本上垄断了所有刑事案件的侦查。笔者在实证调研过程中了解到,在具体的公安执法实践中,除了杀人、放火、抢劫等恶性案件由公安机关的刑侦部门负责侦查之外,其他绝大多数刑事案件都是由基层派出所在治安部门的指导下负责侦查。如有些学者所言就是,“在实际运行中,派出所已经成为刑事侦查的有生力量。”[1]这样一来,由于行政违法与刑事犯罪往往交织在一起,在受案之初更是难以区分,而基层派出所又肩负行政治安与刑事侦查双重职责,通过行政治安替代刑事侦查就有了体制支撑。

(五)制度设计者和学界在比较和借鉴其他国家和地区的立法和实践经验方面尚存不足

对于警察或者行政执法机关的行政执法程序所取得的证据,在刑事诉讼中使用时是否受非法证据排除规则的约束,各个国家和地区还是存在较大差异的。

第一,在英美法系国家中,对于刑事诉讼中使用行政执法证据,是否受刑事诉讼非法证据排除规则的约束也有一些细微差别。在美国,警察虽然没有类似于我国治安处罚权,但还是可以基于行政法上的“合理根据”进行行政搜查,不过,行政搜查的“合理根据”比刑事侦查的标准要低。[2] 行政搜查也必须遵循令状主义,且必须载明检查项目与范围,以防止行政执法人员侵害公民隐私。[3] 美国将证据种类划分为物证和人证。对于人证,美国原则上奉行传闻证据排除规则,以防止控诉方根据执法机构在犯罪发生时进行观察的传闻报告提起控诉。[4] 无论是在行政执法还是刑事侦查中,对于非法搜查所获得的物证,按照联邦宪法修正案和联邦最高法院的判例,必须予以排除。只不过对于行政程序中收集的物证,由于是按照行政法的“合理根据”为标准,对启动程序的标准相对低一些。[5] 英国作为英美法系的另一代表性国家,传统习惯上认为警察为预防或侦查犯罪,可以进行“stop and

〔1〕 周欣:《我国侦查权配置问题研究》,中国政法大学2009年博士学位论文,第119页。

〔2〕 参见[美]约书亚·德雷勒斯、艾伦·迈克尔斯:《美国刑事诉讼法精解(第一卷·刑事侦查)》,吴宏耀译,北京大学出版社2009年版,第137~138页。

〔3〕 参见王兆鹏:《美国刑事诉讼法》,北京大学出版社2005年版,第293页。

〔4〕 参见[美]乔恩·R.华尔兹:《刑事证据大全》,何家弘等译,中国人民公安大学出版社2004年版,第157~159页。

〔5〕 参见马明亮:《非法证据排除规则与警察自由裁量权》,载《政法论坛》2010年第4期,第135~136页。

search”，即“阻留搜查”（也就是行政盘查），这被视为是警察的传统权力。但实践中却往往无法控制警察的侦查活动或者其他的行政询问。为了防止警察过大的行政盘查权，1984 年英国颁布了《警察与刑事证据法》，对于警察所有的权力行为，包括截停、盘问等行政强制行为，均纳入该法的调整范围，均受刑事诉讼非法证据排除规则的约束。[1]

第二，在有大陆法系传统的国家和地区，通过行政程序替代刑事侦查程序取证，从而规避刑事诉讼的程序控制也一直是困扰司法实践和学界的难题。“对于某些富有自由主义气息的大陆法规定，要想现实地评估其实践效果，往往需要进一步探究，调查活动的主体部门已经从正式的司法评估或者检察官主导的调查，转化为经常性的非正式行政警察调查。如果这一转变确有其事，而且由后者负责收集至关重要的证据，那么，正式调查阶段设置的大量程序保障制度，对于被告人也没有多少实践价值。”[2] 在日本，如何避免警察借助行政手段滥行犯罪侦查权，从而架空刑事诉讼法的程序约束，一直是学界关注的重要课题。[3] 日本的侦查实务中，警察为了侦查的目的往往滥用行政执法中的“留置”（允许进行保护留置或者预防留置至次日日落以前），以及《违警罪即决例》中的拘留（不是通过审判，而是由警察署长作出的最长达 29 日的拘留）。[4] 实践中，对于因盘查导致的检查等行政措施，虽然有违法行为行为的，但由于其违法行为并非重大，因此，日本的判例仍然认为该类证据不受非法证据排除规则的约束，依然能够产生证据效力。[5] 就这个意义上而言，日本对于警察通过行政手段取得的证据，在刑事诉讼中使用时是否应受非法证据排除规则的约束，主要是以该违法的性质是否严重作为评判标准，如果违法行为并不严重，则所取得的非法证据是能够产生

〔1〕 彭勃编译：《英国警察与刑事证据法精要》，厦门大学出版社 2014 年版，第 8～9 页（序言）。

〔2〕 [美]米尔吉安·R. 达马斯卡：《比较法视野中的证据制度》，吴宏耀等译，中国人民公安大学出版社 2006 年版，第 122 页（脚注部分）。

〔3〕 参见陈运财：《从警职法之制定探讨行政警察与司法警察作用之区别》，载《警察法学》2006 年第 5 期，第 13 页。

〔4〕 参见[日]松尾浩也：《日本刑事诉讼法》（上），丁相顺译，中国人民公安大学出版社 2005 年版，第 69 页。

〔5〕 参见[日]松尾浩也：《日本刑事诉讼法》（上），丁相顺译，中国人民公安大学出版社 2005 年版，第 50 页。日本的刑事诉讼法中并没有规定非法证据排除规则，而是在判例中确立了该规则。非法证据排除规则的对象是非法方法获得的物证，该规则的核心不是否定物证的证明力，而是否定该物证的证据能力，排除非法取得的口供则是自白规则的核心。参见《日本刑事诉讼法律总览》，张凌、于秀峰编译，人民法院出版社 2017 年版，第 6 页。

法律效力的。在德国的刑事诉讼中，也允许行政证据在刑事诉讼中使用，如公家机关（类似于行政机构）的证书或者鉴定书均可一般性地被朗读，《德国刑事诉讼法典》修正第一草案也将可朗读性扩张延伸至汽车之计速器之摘要记录、血型检验、血液中酒精含量并及其回溯计算之结果，以及医生就血液测验所做之报到等常属例行的鉴定报告，但复杂的或有争议的案件鉴定人需亲自到场出庭。[1] 在德国，对于刑事诉讼非法证据排除规则的表述是证据禁止规则，设置该规则的目的在于禁止国家以不计代价、不择手段、不问是非的方式发现真实。[2] 根据《德国刑事诉讼法典》第 244 条的规定，除不允许收集的证据之外，法官根据职权应该将证据调查延伸到所有对于裁判具有意义的事实和证据上。因此，在德国，行政证据若在刑事诉讼中使用，必须受非法证据排除规则的约束，只不过其表述为证据禁止规则而已。

但是，目前我国学界对此的关注还是不足的，甚至存在不太准确的理解。如有学者指出："无论是在英美法系国家还是大陆法系，行刑衔接案件中的证据使用并不是一个复杂的问题。"[3] 且这种观点在刑诉学界也产生了一定的影响，有些学者直接引用上述结论作为论证行政证据在刑事诉讼中使用的理由。[4] 从笔者对其他国家和地区的做法的分析来看，上述结论未必完全准确。尤其需要特别指出的是，我国的情况与其他国家和地区相比更加复杂。我国特有的"大行政法、小刑法"的立法模式以及公安机关侦查权与行政治安的权力配置使对该问题进行深入研究尤为必要。同时，数十部"两法衔接"行政规章导致行政证据在刑事诉讼中的使用问题更加复杂。

三、健全行政证据与刑事证据的衔接的制度设置

为了规范实践中大量存在的行政证据在刑事诉讼中使用时存在的虚置刑事诉讼非法证据排除规则的现象，应该健全行政证据与刑事证据的衔接机制。

---

〔1〕 参见［德］克劳思·罗科信：《刑事诉讼法》，吴丽琪译，法律出版社 2003 年版，第 434～435 页。

〔2〕 参见林钰雄：《刑事诉讼法》（上册），中国人民大学出版社 2005 年版，第 422～423 页。

〔3〕 董坤：《论行刑衔接中行政执法证据的使用》，载《武汉大学学报（哲学社会科学版）》2015 年第 1 期，第 59 页。

〔4〕 参见孙远：《行政执法证据准入问题新论——从卷宗笔录式审判到审判中心主义》，载《中国刑事法杂志》2018 年第 1 期，第 126 页。

（一）应该明确规定：行政证据在刑事诉讼中使用时，应该受刑事诉讼非法证据排除规则的约束

第一，只有明确规定行政证据转换为刑事证据时受刑事诉讼非法证据排除规则的约束，才能从根本上防止通过行政程序替代刑事侦查取证、虚置刑事诉讼非法证据排除规则的现象发生。由于行政证据在转换为刑事证据时不受刑事诉讼非法证据排除规则的约束，导致了两者在程序衔接上的错位。实际上，“不仅是因为在证据和程序之间保持一种清晰而又合理的区分的困难，而且更为重要的是因为证据问题需要置于背景——不同类型程序的多重背景和每种程序中的不同阶段——中来进行考虑。”〔1〕行政证据和刑事证据，各有自己的证据规则和取证程序规范，从严格意义上讲，“行、刑证据衔接归根结底是一个刑事诉讼法问题。因此，行政证据在刑事诉讼中的使用必须严格依照正当刑事法律程序的要求。”〔2〕因此，应该在立法上明确规定：行政证据转换为刑事证据时受刑事诉讼非法证据排除规则的约束。

第二，既吸收了其他国家和地区的先进立法和实践经验，也适当借鉴《中华人民共和国监察法》（以下简称《监察法》）的规定。在其他国家和地区，对于行政证据转换为刑事证据，要么是在立法上明确规定受刑事诉讼非法证据排除规则的约束，要么是由法官根据侵犯被追诉者权利的程度决定是否排除，而我国的制度层面却没有要求行政证据转换为刑事证据时应该受刑事诉讼非法证据排除规则的约束，这从一个方面也说明我们没有充分吸收其他国家和地区先进立法和实践经验。同时，虽然监察委员会不是行政执法机关，但是，《监察法》对于监察机关调查职务犯罪行为的立法规定值得借鉴。《监察法》对于监察人员调查取证时的程序控制，甚至比刑事诉讼还要严苛。对于监察机关收集的证据，在刑事诉讼中予以使用时，如果属于非法方法收集的，《监察法》第33条明确规定应当予以排除。从这个意义上讲，在行政证据转换为刑事证据这一点上，《监察法》的规定是值得借鉴的。

---

〔1〕［英］威廉·特文宁：《反思性证据——开拓性论著》（第二版），吴洪淇等译，中国人民大学出版社2015年版，第231页。

〔2〕程龙：《行政证据在刑事诉讼中使用问题研究》，法律出版社2018年版，第59页。

(二)立法、司法解释以及行政规章中应该明确限定行政证据在刑事诉讼中的使用范围仅限于实物证据,取消"等"字这一可作歧义性解读的字眼

第一,就法律解释这个角度而言,公安部、最高人民检察院、行政规章的扩充性解释以及刑诉学界大多学者的观点违背了立法者的本意。有学者指出,由于《刑事诉讼法》解释主体的多元化导致了诸多的矛盾之处,解决问题的途径只有强化立法解释。[1] 目前,全国人大常委会并没有颁行统一的立法解释来协调司法解释的矛盾,那么,只能根据立法者的原意来判定各个主体所作出的解释的效力,即"一个解释,只有当它揭示了这个文本被创制出来的真正的原因,才是有效的解释。这样的解释没有创造任何东西:它只是再现了(reproduce)使这个言说得以存在的那个意图的客体"。[2] 按照王利明教授的说法就是,"一方面,法律解释不能脱离立法者的目的,但是它应当是文本所表示出来的立法者的意图,解释者不能脱离这一意图随意进行解释。另一方面,法律的意旨也是法律解释的重要依据"。[3] 具体就行政证据转换为刑事证据的种类范围而言,全国人大刑法工作室以及郎胜主任均明确指出:第54条第2款"涉及的证据材料范围是物证、书证、视听资料、电子数据等实物证据。不包括言词证据。"从言词证据还是实物证据这个角度来看,除勘验笔录[4]属于上述证据中哪一类学界存在争议之外,鉴定意见、检测报告、检验报告、认定意见等属于言词证据则无异议。无疑,从法律解释这个角度来看,刑诉学界的学理理解、《检察院诉讼规则》《刑事案件程序规定》以及各个行政规章均与立法者的本意相矛盾,是不能产生法律效力的。

第二,"以审判为中心"的诉讼制度改革确立了法院解释的相对权威性。因为"如果可以肯定'审判为中心'的刑事程序结构,那么就应当肯定刑事诉

[1] 参见王敏远:《2012年刑事诉讼法修改后的司法解释研究》,载《国家检察官学院学报》2015年第1期,第160页。

[2] [美]安德雷·马默主编:《法律与解释:法哲学论文集》,张卓明、徐宗立等译,法律出版社2003年版,第8页。

[3] 王利明:《法律解释学》,中国人民大学出版社2011年版,第46页。

[4] 认为勘验笔录属于言词证据的学者有:陈瑞华、张保生、何家弘和刘品新等。参见陈瑞华:《刑事证据法学》,法律出版社2011年版,第209页;张保生等:《证据法学》,高等教育出版社2013年版,第46~47页;何家弘、刘品新:《证据法学》,法律出版社2008年版,第125页。主张勘验笔录属于实物证据的学者有:陈光中、张建伟等。参见陈光中:《证据法学》,法律出版社2011年版,第93页;张建伟:《证据法要义》,北京大学出版社2009年版,第280~282页。

讼的司法解释也应当遵循以司法为中心。”[1]尤其是司法解释之间发生分歧之时，只能以最高人民法院的司法解释为准，即“在任何有疑义的情况下，法院有权解释法律”。[2] 由于“以审判为中心”的诉讼结构赋予了最高人民法院司法解释的相对高位阶，且只有《刑事诉讼法司法解释》与《刑事诉讼法》第54条第2款的规定保持了完全一致。就法律规范的层级效力这个角度而言，《刑事诉讼法》的法律位阶位居司法解释和行政规章之上，因此，《检察院诉讼规则》《刑事案件程序规定》以及行政规章中扩张行政证据在刑事诉讼中使用范围的做法，是与“以审判为中心”的诉讼制度改革的目标背道而驰，不能产生法律效力。

综上所述，应该取消《刑事诉讼法》第54条第2款中“等”字的规定，同时修改《刑事案件程序规定》最高检司法解释以及行政规章中扩张行政证据在刑事诉讼中使用范围的规定，统一规定行政证据在刑事诉讼中使用的种类范围仅限于：物证、书证、视听资料、电子数据。

（三）完善刑事立案的审查与监督机制，规范公安机关在行政执法和刑事侦查之间的程序转换权

首先，降低和具体化刑事立案条件，将“认为有犯罪事实需要追究刑事责任”修改为“认为涉嫌构成犯罪”，废除“需要追究刑事责任”的要求。其一，立案时往往无法判断是否有犯罪事实。无论是刑法学界还是刑诉学界，对犯罪事实的理解，均是指行为人的行为符合犯罪构成为前提，“犯罪事实是一种围绕着刑法所规定的犯罪构成的诸多要素高度整合的综合体。”[3]立案只是启动刑事侦查的程序，要求犯罪构成的四要件或者三要件均已经清楚，显然难以达到。其二，“涉嫌构成犯罪”主要审查案件事实是否具体犯罪构成要件客观方面的要求，而对具体的涉嫌犯罪者及其主观心理动机，则是侦查的任务，而不是立案时就必须调查清楚的。其三，是否承担刑事责任是侦查、起诉和审判的任务。行为人的刑事责任年龄、是否具备刑事责任能力，只能在侦查、起诉和审判中予以判定，立案时往往无法判断；其四，“涉嫌构成犯罪”与犯罪嫌疑人的称谓保持一致。2012年修改《刑事诉讼法》时之

---

〔1〕 王敏远：《2012年刑事诉讼法修改后的司法解释研究》，载《国家检察官学院学报》2015年第1期，第146～147页。

〔2〕 [德]托马斯·魏根特：《德国刑事诉讼程序》，岳礼玲、温小洁译，中国政法大学出版社2009年版，第9页。

〔3〕 杨宗辉、刘为军：《立案侦查条件新论》，载《法商研究》2001年第2期，第91页。

所以将侦查阶段的被告人的称谓改称犯罪嫌疑人，是为了明确其只是被追诉者的地位，与“未经人民法院依法判决，对任何人都不得确定其罪”原则保持一致，而立案时即要求“有犯罪事实需要追究刑事责任”显然是与该原则以及嫌疑人的称谓相违背的。

其次，将初查纳入公安机关行政治安程序中。长期以来公安机关在刑事立案之前大多会进行初查，学界对此一直非议较多。就规范层面而言，虽然《刑事诉讼法》没有关于初查的规定，但《刑事案件程序规定》第 171 条、《立案意见》第二部分第 2 条中对适用初查的条件、措施、期限、追责机制、监督主体等均作了明确规定。在初查中，公安机关往往交叉使用行政治安措施，如通过口头传唤、留置盘问等行政强制措施变相进行初查，然后再予以刑事立案。

综上，将初查纳入公安机关的行政治安程序中，即可以解决长期以来饱受学者非议的初查失范行为。对此，制度层面可作如下规定：“无法确定为刑事案件或者行政案件的，应该依照行政案件的程序办理。公安机关在行政执法过程中，如果发现涉嫌构成犯罪的，应该予以刑事立案。”这样一来，也可以解决《行政案件程序规定》第 51 条逻辑上的不自洽：因为《刑事诉讼法》明确规定了刑事案件的立案条件，不具备立案条件的就只能依照行政案件的程序办理，而《行政案件程序规定》该条规定却是“可以”而不是“应该”，显然从逻辑上讲违背了《刑事诉讼法》的规定。

最后，健全公安机关行政治安案件转换为刑事案件的内外监督机制。公安机关在将行政治安案件转换为刑事案件过程中，均是在治安部门内部甚至同一人之间进行转换，无需撤销行政案件，缺乏任何内外监督机制。因此，应该健全公安机关行政执法案件转换为刑事案件的内外监督机制：其一，若公安机关对于受理的案件材料经审查决定作为行政治安案件处理的，办案人员应该制作书面不予刑事立案决定书，详细载明证据事实、法律依据等理由，报送公安机关的法制部门审批。法制部门批准后，将案卷材料复印送交检察机关、报案人、控告人、举报人。其二，对于公安机关行政治安立案的书面通知，赋予被害人、报案人、举报人等申请复议、复核的权利，对于复议、复核仍不服的，可以向检察机关提出要求对公安机关进行立案监督的申请。其三，各地公安机关与检察机关应该尽快建立“两法衔接网络信息平台”。最近，一些地方公安机关与检察机关之间已经开设了“两法衔接网络信息平台”，如 2005 年 2 月上海市浦东新区检察院首次开发了“行政执法与刑事司法共享平台”，这一尝试获得了最高人民检察院的高度肯定，现在已经在全国各地如雨后春笋般地遍地开花。[1] 从实施效果上看，检察机关通过“两法”衔接信息平台，可以切实有效地监督公安机关的行政治安和刑事立案活动。其四，对于行政执法机关办理的涉嫌犯罪的案件，应该规范公安机关提前介入的权限及其方式，通过“两法衔接网络信息平台”强化检察机关的外部监督。具体而言，立法以及行政法规中应该明确规定，公安机关提前介入行政执法案件原则上只是针对案件的立案标准、取证要求以及追诉标准提出指导性意见，除违法嫌疑人可能采取暴力抗法等情形外，公安机关一般不得具体介入行政执法案件的调查中。各地检察机关应该通过“两法衔接网络信息平台”，对行政执法机关办理的案件所可能涉嫌犯罪的，进行事前、事中和事后的监督。

（四）扩大犯罪圈，适当调整违法/犯罪二元一体的追究机制，建构与中国特色轻罪化诉讼制度体系相适应的侦查权配置

首先，将性质严重的行政违法行为入罪化，适当扩大犯罪圈。我国一直以来奉行的独有的“大行政法、小刑法”立法模式。这种立法模式造成的后果是刑法网“厉而不严”：犯罪网疏漏、刑罚处罚过严。日本学者甚至认为：“中国在法律体系上是彻底的非犯罪化。”[2] 对于我国刑法网疏漏的问题，刑法学界一直主张要向“严而不厉”转向：将一些严重行政违法行为纳入刑法的调整范围。[3] 同时，从我国刑法的立法的方向来看，已经接受了学界的共识，从1999年《刑法》修改采用修正案以来至2005年止，全国人大常委会一共颁行了9个修正案，其主要特点就是犯罪圈扩大化，将一些原本属于行政违法的行为入罪化。[4] 对此，笔者认为，立法上应该将可能被治安拘留的行政违法行为纳入犯罪圈。其理由是：其一，与我国扩大犯罪圈的刑事立法方向相一致。“刑事立法的实质就是犯罪化与非犯罪化，近年来，中国刑事立法活动较为活跃，从内容上看，虽然包括少量的非犯罪化，但主要还是表现

---

〔1〕 参见林中明、杨积林：《上海浦东新区：“两法衔接平台”创出新天地》，载正义网，http://www.jcrb.com，2015年8月31日访问。

〔2〕 ［日］西原春夫：《我的刑法研究》，曹菲译，北京大学出版社2016年版，第193页。

〔3〕 参见张明楷：《刑事立法的发展方向》，载《中国法学》2006年第4期，第21～22页；储怀植、何群：《刑法谦抑性实践理性辨析》，载《苏州大学学报（哲学社会科学版）》2016年第3期，第60～63页。

〔4〕 参见梁根林：《刑法修正：维度、策略、评价与反思》，载《法学研究》2017年第1期，第42～43页。

为犯罪化。"[1]具体而言,自1997年至2016年我国刑法新增了57个罪名,而只废止了5个罪名。[2] 其二,可以借鉴其他国家和地区先进的立法经验。例如对于所有类似于我国的治安处罚,除罚款决定由警察直接作出之外,原来属于治安制裁的监禁一律入罪化;美国的微罪(misdemeanor)最高刑期为20日,与我国合并执行的治安拘留的期限是一致的。因此,将治安拘留的行政违法行为纳入犯罪圈,也是借鉴其他国家和地区先进立法经验的结果。其三,将治安拘留纳入犯罪圈,是联合国刑事司法公约的要求。《公民权利与政治权利国际公约》(以下简称《政治权利公约》)第9条第1款明确规定:"任何人不得加以任意逮捕或拘禁。除非依照法律所规定的根据和程序,任何人不得被剥夺自由。"我国于1998年已经签署虽没有加入该《政治权利公约》,但我国政府郑重表示,中国会积极创造条件加入《政治权利公约》。将治安拘留纳入犯罪圈,正是创造条件加入《政治权利公约》的重要举措之一。

其次,适当调整违法/犯罪二元一体的追究机制,重构与中国特色轻罪化诉讼制度体系相适应的警察权配置。将一些严重的行政违法行为纳入犯罪圈,也应该探讨如何设计这类案件的刑事诉讼程序,因为"只有将刑法与刑事诉讼法密切联系起来,树立整体意识,立法才不会犯两法衔接不畅的错误,才能减少冲突,实现系统性整合。"[3]在美国,之所以赋予了警察一定的行政制裁权力,主要也是基于效益的考虑,因为不同性质的案件采取不同类型的程序处理有利于节约诉讼资源,行政制裁无需奉行严格的审判程序。[4] 2018年7月24日郭声琨同志在司法改革推进会上明确提出要"构建中国特色的轻罪诉讼制度体系"。2015年2月通过的《关于全面深化公安改革若干重大问题的框架意见》中指出:"要建设与中国特色社会主义法治体系相适应的现代警务运行机制,建立公安队伍专业化、正规化管理制度体系。"无疑,建构中国特色的轻罪化诉讼制度体系也要与公安队伍专业化、正规化管理体制改革向配套。但目前我国各级公安机关的治安部门几乎承担了所有

---

〔1〕 方泉:《犯罪化的正当性原则——兼评乔尔·范伯格的限制自由原则》,载《法学》2012年第8期,第111页。

〔2〕 参见徐伟:《改革开放40年来中国刑法结构的动态走势和变化规律》,载《深圳大学学报(人文社会科学版)》2018年第3期,第119页。

〔3〕 雷连莉:《刑法与刑事诉讼法关系再认识:困境及出路》,载《湘潭大学学报(哲学社会科学版)》2011年第6期,第63页。

〔4〕 Roger Bowles, Michael Faure, and Nuno Garoupa: The Scope of Criminal Sanctions: An Economic View and Policy Implications, *Journal of Law and Society*, Volume 35, Number 3, September 2008.

刑事案件的侦查工作,这样显然是与公安队伍的专业化、正规化建设的改革方向不相吻合的。

综上,笔者认为,应该将被治安拘留的行政违法行为入罪化,同时对公安机关治安部门二元一体的追究机制进行调整。即按照法定刑划分轻罪与重罪的界限,法定刑在两年以下有期徒刑的,由公安机关的治安部门进行侦查,其他重罪案件则由公安机关的侦查部门负责侦查。这样既解决了治安部门几乎承担所有刑事案件侦查的现实困境,有利于公安队伍的正规化、专业化建设,又可以防止公安机关借助行政治安程序替代刑事侦查,规避刑事程序控制、虚置刑事诉讼非法证据排除规则的失范现象。

刑事非法证据排除程序运行的动力角色及整合

孙洪坤　孙少炯*

党的十八届三中全会在完善人权司法保障制度中提出"严格实行非法证据排除规则";党的十八届四中全会在加强人权司法保障中提出"健全非法证据排除等法律原则的法律制度,加强对刑讯逼供和非法取证的源头预防,健全冤假错案有效防范、及时纠正机制"。这无疑将非法证据排除的重要性两次提到了党中央政策的高度。但自 2012 年《刑事诉讼法》及相关司法解释的修订实施,在近几年的司法实践中,非法证据排除程序却未能很好运行,真正能被排除的非法证据寥若晨星。鉴于此,2017 年 6 月 27 日,最高人民法院、最高人民检察院、公安部、国家安全部、司法部制定了《关于办理刑事案件严格排除非法证据若干问题的规定》。然而,遗憾的是,以往的立法及其司法解释和众多的学术研究都只关注国外非法证据排除规则的介绍、移植以及制度构建等问题,而对于实现中国刑事诉讼构造中非法证据排除程序的动力机制,却鲜有人关注。

---

* 孙洪坤,安徽大学法学院教授、博士生导师,法学博士;孙少炯,安徽大学安徽法治与社会安全研究中心研究员。

一、非法证据排除程序运行的动力障碍

(一)相抵牾的司法文化

非法证据排除程序运行不畅,反映出的一大问题是现阶段主流司法文化与非法证据排除程序之间的抵牾。"一切问题,由文化问题产生。一切问题,由文化问题解决。"[1]非法证据排除程序问题的解决也离不开文化问题。

司法文化是在千百年历史沉淀作用下形成的,存在于人们观念之中,并表现在行为之上的处理法律问题方式的总和。"善有善报、恶有恶报"的朴素正义价值观依然是民众心中信奉或追求的期望。因此,惩罚犯罪总能让受害者安心、观看者快心。

如何降低刑事错案率,是保障每位公民合法权益的应有之义。因此,在威严的刑事司法活动中,应唤醒每位公民自身的主人翁意识,发挥其监督非法取证行为的法律意识。法律是一门高超的技艺,这是从法律语言的专业性以及逻辑推理的科学性而言。法律的实体正义需要职业的法律思维通过亲力亲为的调查取证方作出裁判,由于"涉诉舆论反映的是大众思维,司法遵循的是法官的职业思维,两者的思维性质差异迥然",[2]因此,普通民众针对实体正义的监督或许不可期待,亦不太可取,然而,与抽象而复杂的实体正义需要专业思维方可触及相比,程序正义则是通过具体的可感观的程序行为与活动表现出来的,因此,程序正义属看得见的正义。公民司法文化的培育可以通过提高民众对程序正义的关注度而获得。民众通过对司法活动的程序进行监督,通过对诉讼程序的监督,促进诉讼的公开与透明,进而促进诉讼的文明与理性,再而促进审判的公平与正义。民意以此方式参与司法监督,不仅能提高社会监督的动力,而且能避免审判结果因民意喧嚣而受钳制。

(二)相对偏离的司法考核机制

公安机关通过破案率对侦查人员实行"破案有奖"的激励方式,致使公安机关追求迅速侦查、迅速破案,在这追求效率的激励机制下,容易诱发侦查人员知法犯法进行非法取证,造成刑事错案。在"张氏叔侄案"中,侦查机关利用"特情线人"袁连芳对张氏叔侄进行逼供与诱供,最终通过伪证方式

---

〔1〕 钱穆:《文化学大义》,台北,中正书局1981年版,第3页。

〔2〕 周安平:《涉诉舆论的面相与本相:十大经典案例分析》,载《中国法学》2013年第1期。

酿造了刑事错案。激励机制作为一把“双刃剑”，通过对“张氏叔侄案”的反思，应取消破案率等排名通报，禁止下达刑事拘留数、发案数、破案率、退查率等不科学的指标，而应注重和优化执法质量考核，提升侦查人员的能力素质。

法院的审判结果不仅影响公安机关与检察机关的考核情况，更决定了法院自身的考核结果。“司法实践表明，不彻底消除违法行为的利益性，就难以解决违法行为的泛滥问题，就难以实现正当程序与实质真实的和谐状态。”〔1〕

（三）律师参与受阻的辩护机制

侦查阶段律师的取证能力受到很大限制。侦查阶段是非法证据产生的源头，特别是讯问犯罪嫌疑人环节极易出现“刑讯逼供”等非法取证行为。为规范侦查行为，我国已推行全程录音录像制度，然而，实践证明该制度并未能完全解决“刑讯逼供”的司法顽疾。其实不难设想，全程录音录像制度是司法系统的内部监督机制，即便制度设计细致，在考核机制的刺激下，自我约束的道德自律遭遇利益的困扰，自我监督便极易遭规避而虚置。因此，有必要完善讯问时的律师在场权。律师作为犯罪嫌疑人的合法利益代表，作为一股外在的与侦查讯问截然相反的力量，参与到侦查活动之中，不仅能获得侦查机关是否存在非法取证行为的证据，而且能增强对侦查活动的监督，提高侦查源头的自净能力。

庭审阶段辩护律师申请启动非法证据排除程序的权利受到法官自由裁量权的制约。《刑事诉讼法》第58条规定：“法庭审理过程中，审判人员认为可能存在本法第五十六条规定的以非法方法收集证据情形的，应当对证据收集的合法性进行法庭调查。当事人及其辩护人、诉讼代理人有权申请人民法院对以非法方法收集的证据依法予以排除。申请排除以非法方法收集的证据的，应当提供相关线索或者材料。”该条规定目的在于防止辩护方恶意的“无聊申请”，但却成了阻碍非法证据排除程序启动的障碍。犯罪嫌疑人在被完全限制人身自由情况下，针对某些特殊的侦查行为以及侦查人员而无法提供有效的相关线索或材料；辩护律师因被侦查机关排斥，亦表现出线索与材料的提供无能。即便辩护律师提出非法证据排除申请，却也有可能因法官借理由不充分而驳回。因此，需要进一步明确辩护方的参与程序，

〔1〕 张建伟：《非法证据缘何难以排除——基于刑事诉讼法再修改和相关司法解释的分析》，载《清华法学》2012年第3期。

从而有效限制法官的自由裁量权。

二、非法证据排除程序运行的动力角色

证据作为诉讼活动的核心,是诉讼活动得以进行的基础。“在刑事诉讼领域中,对被告人的定罪量刑,无一不是依赖于证据的适用。但是,与此同时,我们也可以看到,证据问题也是导致刑事错案的罪魁祸首。”[1]同时,刑事司法活动从立案侦查、审查起诉到审理裁判,链接每一环节的韧带便是刑事证据。非法证据作为非法取证行为的结果,自立案侦查环节产生之后,途经审查起诉、庭前会议、庭审辩护、审理裁判等环节,如果非法证据未受合理排除,顺利进入裁判环节,并最终作为认定案件与衡量刑罚的根据,那么,刑事诉讼活动的“成品”,便极有可能是冤假错案。

将定案的非法证据加以排除,可能会造成具体个案实体正义的牺牲,致使犯罪分子得不到应有惩罚而逍遥法外。非法证据排除规则的适用,能通过否定性指引的方式反向激励侦查机关文明取证行为,通过文明而科学的侦查行动,确保刑事诉讼活动的实质真实与程序正义。那么,非法证据排除规则如何在司法活动各环节中汲取生成空间,获得排除的动力呢?需针对每一环节与非法证据排除的关系进行分析,探寻非法证据排除程序运行的动力角色。

(一)侦查机关:不可奢望的矛盾主体

侦查阶段是非法证据产生的源头,侦查机关针对非法证据是否存在排除的可能?理论上,侦查机关自身的监察制度以及检察机关针对侦查活动的侦查监督,能避免非法证据的产生。然而,在侦查行为主导下的诉讼活动,要求侦查主体主动排除非法证据恐怕存在难度。当然,不应该期待侦查机关主动排除非法证据,而应该将工作重心落实到如何规范侦查机关的侦查行为、避免产生非法证据上。

非法证据在侦查机关排除的可能性低的原因主要有两方面,一方面是由侦查工作在司法活动中的地位所致;另一方面是与侦查机关自身的考核机制有关。我国宪法与刑事诉讼法均将公检法三者的关系规定为“分工负责,互相配合,互相制约”,然而,侦查机关作为刑事诉讼的发起者,依然是刑

---

〔1〕 胡铭等:《错案是如何发生的——转型期中国式错案的程序逻辑》,浙江大学出版社2013年版,第71页。

事司法活动中的主导者。自 1997 年以来,公安机关已开始实行侦审一体制,这种侦审一体化趋势,削弱了公安机关针对非法证据排除的内部制约,“一员顶三员”(公安机关预审员、检察机关检察员、审判机关审判员)形容当下的现状虽然言过其实,但公安机关的预审工作对整个司法活动依然起着关键性影响,如“张氏叔侄案”中,杭州市公安局刑侦支队预审大队在侦查该案过程中,在没有明确物证与直接人证的情况下,依然作出侦查终结、移送审查起诉的决定。

侦查机关针对非法证据排除的态度,依然可见于侦查人员出庭作证的表现之中。在司法实践中,侦查人员出庭作证率偏低,以“情况说明”代之的做法盛行。在非法证据排除第一案——“宁波张国锡案”中,侦查人员便以“情况说明”替代出庭作证。“可以说,对于侦查人员不出庭的现象,司法机关在某种程度上已经达成了‘共识’,共同形成了对于侦查人员出庭的一种排斥的态度。”〔1〕这也从侧面反映出侦查机关对于非法证据排除的态度。

非法证据缘何能安然历经审查起诉、庭审调查等环节最终被法官所采纳呢?此问题的产生还需从公安机关的职能地位入手。我国当下的刑事诉讼活动,依然残留着严重的侦查中心主义的印痕,检察工作配合侦查工作,审判工作关照控诉工作。就某种程度而言,刑事司法活动的过程便是服务侦查工作、保证打击犯罪的过程。那么,公安机关角色的形成主要是由其职能定位决定的,公安机关是国家治安保卫机关的性质使其成为案件的主要“发现者”与“提供者”,自然拥有主动、优越的强势地位。同时,公安机关的角色地位很大程度上由历史因素所致。在中华人民共和国成立初期,为肃清残余敌人,镇压反革命分子,巩固来之不易的新政权,公安机关的职能显得格外突出,权力地位径直超越检察院与法院。

(二)检察机关:责无旁贷的首要主体

检察机关是非法证据排除责无旁贷的首要主体,《刑事诉讼法》第 55 条明确规定了检察机关监督公安机关的侦查行为,然而,在检察机关与公安机关的制约关系中,人民检察院审查案件,对于需要补充侦查的,可以退回公安机关补充侦查,也可以自行侦查。此外,检察机关并不拥有其他有效的制约手段。即便检察机关有权退回公安机关补充侦查,在侦查中心主义思维

〔1〕 潘申明、刘浪:《非法证据排除中侦查人员出庭作证制度研究》,载《华东政法学院学报》2014 年第 3 期。

渗透下,公安机关会以向检察机关复议或向上级检察机关复核等方式不间断地给予检察机关压力。从而造成侦查主导,检察迁就并服务于侦查的异化监督关系。以至于"即使刑事诉讼法规定了非法证据排除规则,也很难期待检察机关能够有所作为"。[1] 在检察机关的监督职能受到规避与侵害之后,指望检察机关保证非法证据排除程序的有效运行,只不过是望梅止渴。

公安机关将侦查终结的案件移送检察机关之后,检察机关在公安机关侦查的基础上提起公诉,进入此阶段后,案件诉讼活动的责任无疑落在检察机关肩上。如果说在侦查阶段检察机关与公安机关是监督与制约关系,那么在审查起诉阶段两者是统一战线上的盟友,关系由相互制约趋向相互配合。适用非法证据排除规则中,导致检察机关的追诉职能和法律监督职能的角色冲突更加明显。[2] 如果检察机关提起公诉的案件最终被法院判处无罪,或者未按检察机关指控的罪名与罪责进行审判,对检察机关的工作无疑也是一种非肯定性的评价。并且检察机关自身依然设定"无罪判决率"等绩效考核指标激励着检察机关的控诉工作能"如愿以偿"的方式取得胜利。因此,在审查起诉阶段的检察机关对于非法证据排除的态度依然是消极懈怠的。故而,在"张氏叔侄案"中,杭州市检察机关在"退回补充侦查"两次并未获得新证据的情况下依然坚持起诉,法院在既无物证又无直接人证的情形下,一审判决张辉死刑、张高平无期徒刑。

(三)审判机关:有所保留的主要主体

法院庭审是非法证据排除的最后环节,是非法证据能否最终排除的最后一道环节,也是防止冤假错案发生的最关键性环节。然而,"目前,非法证据排除程序基本停留在法庭审查的形式层面,并未实质性地进行排除"。[3] 2012 年《刑事诉讼法》规定了法院可以召开"庭前会议",对回避、出庭证人名单、非法证据排除等与审判相关的问题,进行了解情况,听取意见。在庭审过程中不仅有权裁量当事人及其辩护人、诉讼代理人提出的非法证据排除申请,而且可以依职权启动非法证据调查程序。然而,在庭审过程中,法官的行为却倾向于驳回辩护方提出的非法证据排除申请,而依职权主动启

---

〔1〕 刘计划:《侦查监督制度的中国模式及其改革》,载《中国法学》2014 年第 1 期。

〔2〕 参见陈卫东:《人民检察院适用非法证据排除规则若干问题的思考》,载《国家检察官学院学报》2013 年第 1 期;胡铭:《超越法律现实主义——转型中国刑事司法的程序逻辑》,法律出版社 2016 年版,第 250 页。

〔3〕 侯兆晓:《非法证据排除,究竟有多难?》,载《民主与法制》2017 年第 26 期。

动非法证据排除程序更是不曾出现。是什么因素阻碍了法院启动非法证据排除程序呢?

"在实际操作层面,法院既没有能力查明事实真相以支持辩方的请求,又因为不敢认定'可能存在违法取证行为'而不得不接受控方关于证据合法性的证明。"[1]在"张氏叔侄案"中,杭州市中级人民法院忽略杭州市法医学会出具的排除由死者王冬与犯罪嫌疑人张辉或张高平的DNA谱带混合形成的(2003)第125号DNA检测报告,浙江省高级人民法院仍以"本案中的DNA鉴定结论与本案犯罪事实并无关联,不能作为排除两被告人作案的反证"的态度,对非法证据采取默许的态度。

法院的行为依然可以在"侦查中心主义"思维中找到依据。法院对案件进行的审判行为,主观上是追求法律真实,保证公平正义,客观上却承载着对公安机关与检察机关工作的评价。公安机关的破案率、检察机关的无罪判决率都寄托在法院的审判结论之中。目前,在法院中立性不强的体制下,法院的裁判不得不顾虑公安与检察机关两者的态度。因此,法院主观上便会不自觉地倾向于经过检察机关审查之后的公安机关的侦查工作,这为法院怠于启动非法证据排除程序的深层次因素。

(四)辩护方:不遗余力的重要主体

辩护方是非法证据排除的天然倡导者,是最活跃的社会动力,只需为其扫清阻碍,提供环境,便会为争取非法证据排除而不遗余力。在2010年出台"两个证据规定"之后,最受欢欣鼓舞的群体无疑应属律师。律师可以通过申请非法证据排除,获得辩护上的主动性。然而,在非法证据排除规则实行以来,最沮丧的群体也应该是律师。非法证据排除规则逐步在我国法律规范中加以明确,给予辩护律师极大希望的同时也带给他们失望。甚至有些律师因为强烈申请非法证据排除而受到制裁。[2] 这无疑是给辩护律师的当头棒喝,制约着非法证据排除规则的有效实施。阻碍辩护方推动非法证据排除程序的因素,主要问题依然是现行辩护制度,体现在侦查阶段赋予辩护

[1] 吴宏耀:《非法证据排除的规则与实效——兼论我国非法证据排除规则的完善进路》,载《现代法学》2014年第4期。

[2] 如2011年9月22日,浙江省湖州市的"褚明剑案"中,辩护律师斯伟江在第一次开庭时要求启动非法证据排除程序,而被吴兴区法院"赶出"法庭。参见谢海涛:《湖州褚明剑案证据战》,载《新世纪》2011年第41期;2013年3月18日,吉林省吉林市的"王刚案"中,辩护律师王兴要求就非法证据排除发言,被船营区法院警告、训诫,强行"逐出"法庭。参见李蒙:《王刚案庭审侧记》,载《民主与法制》2013年第14期。

律师的实质性权利依然有限,以及庭审阶段律师的辩护权受到法官自由裁量权的制约。

在“张氏叔侄案”中,杭州市人民检察院针对与公安局侦查结论相左的DNA鉴定报告,采取了“不予采用”的态度,在张高平的代理律师王亦文据理力争下,最终得以呈堂,然而,一审法院却以“该份证据与本案无关”为由,再次规避了此份有利于张氏叔侄的无罪证据。进入二审后,二审法院认可了此份DNA鉴定结论,但介于无形的司法运行压力,采取了“本案中的DNA鉴定结论与本案犯罪事实并无关联,不能作为排除两被告人作案的反证”“鉴于本案的具体情况,张辉尚不属于须立即执行死刑的罪犯”的认定,进行了“疑罪从轻”的折中改判。因此,非法证据排除规则的生成空间,不仅需要在公权力机关的权力配置中获得机会,而且更需要通过权利制约权力的过程中汲取营养。2012年《刑事诉讼法》赋予了辩护律师更多的诉讼权利,意味着权利制约权力的增强,但是,在司法实践中,律师的权利依然得不到有效的施展,因此,需要从赋予辩护律师更有效的参与侦查(如赋予辩护律师讯问在场权)、申请非法证据排除的实质性权利。唯有激活辩护律师在辩护中的诉讼权利,非法证据排除程序方可汲取前进的动力。

三、非法证据排除程序运行的动力整合

(一)在深化司法体制改革中整合其动力机制

非法证据排除程序在司法活动中能否顺畅运行,除了从技术上进一步完善其自身缺陷外,进一步细化非法证据排除的启动时间、启动主体、排除范围、证明责任、证明标准,建立独立的审前非法证据排除前置程序,建立适用非法证据排除规则的指导性案例,还需要为非法证据排除规则的生存与成熟营造恰当的外部环境与助推力。毋需讳言,非法证据排除规则能逐步写入我国刑事诉讼法与党中央的文件中,主要是我国法治进程推动的结果,然而,若想发挥非法证据排除程序运行的动力之功效,必须先在深化司法体制改革中整合其动力机制。非法证据排除程序作为一项具体的法律制度与整个司法体制之间的关系,不仅是部分与整体的关系,而且是一对矛盾关系,司法体制能促进或制约非法证据排除程序的运行,同时,非法证据排除程序的运行效果对司法体制改革同样起着激励与制约的作用。换言之,司法体制与非法证据排除程序之间不仅是“唇亡齿寒”的依存关系,也是“一荣

俱荣”的激励关系。

影响非法证据排除程序运行的缘由多半可归结为司法体制因素。党的十八届三中全会决定中提出深化司法体制改革、建设法治中国。体制因素已成为阻碍我国法治健康发展的“瓶颈”,根据法治需要进行科学改革。因此,需要激发各社会阶层的动力,推动司法体制改革的步履。非法证据排除规则作为现代法治国家文明的象征,改善该程序规则运行环境的同时,也是逐步改革司法体制的过程。

(二)明确各主体、各环节排除的重点与方向

非法证据排除程序运行在司法实践中的疲软与无力,是欠缺动力机制的结果。如何激活非法证据排除程序的强劲动力,实现运送“非法证据排除程序法治”的人权保障,是刑事错案防止、纠错机制的重要途径。从各主体在非法证据排除程序中的角色分析可知,应区别对待各主体、激活各环节,将非法证据排除程序运行的动力进行整合,明确各主体、各环节排除的重点与方向。

总之,司法实践中,公检法三者之间的关系应重新检视,关于公检法三者关系的调整涉及司法权的配置问题,这需要进行科学的顶层设计。合理设计公检法三者之间的关系,不仅涉及权力与利益的再分配问题,而且还需要文明的司法文化辅以教化,从而改变不合理的诉讼习惯。

四、结　语

公检法三机关的制约与平衡关系,直接影响着非法证据排除程序的实施。非法证据排除程序恰好揪住了三机关利益环节上的神经,公检法的关系定位只有在宪法规范上重新调整,形成效率服从于公正,配合服从于制约,侦查服从于起诉,起诉服从于审判的“分工负责、互相配合、互相制约”的刑事司法职权配置模式。突出法院的中立地位,形成以司法裁判为核心,以检察引导侦查的理性回归,改变由公安机关主导的“侦查中心主义”,以证据属性作为案件审理的真正依据,非法证据排除程序方可获得累累果实。“非法证据排除规则应具备通过侦查机关收集的证据提出质疑,甚至最终予以排除而防止侦查人员的心证代替审判人员心证的作用,其对于实现审判中

心主义的功能应当不言而喻。”[1]从权利产生方式上看,辩护律师是诉讼当事人合法权益的代表,在构筑非法证据排除程序运行的多元动力机制上,需为辩护律师创造切实可行的条件,是激活非法证据排除程序动力机制的最佳选择。

---

〔1〕 易延友:《非法证据排除规则的中国范式》,载《中国社会科学》2016 年第 1 期。

“优先保护权利人”诉讼时效理念的困境[*]

霍海红[**]

引 言

21世纪以来，“优先保护权利人”逐步发展成为我国诉讼时效司法裁判甚至诉讼时效司法解释制定的指导理念，并可能甚至已经影响民事基本立法。无论是《最高人民法院关于审理民事案件适用诉讼时效制度若干问题的规定》（以下简称《诉讼时效规定》）的官方说明和释义书，还是各级人民法院的民事判决书，虽均不否认诉讼时效具有“督促权利人”之功能，但却都更强调在观念上和操作中作“优先保护权利人”的判断和选择。根据笔者有限的所见，本文所谓的“优先保护权利人”诉讼时效理念至少有三个表现。第一，在不违背基本法理的基础上，对诉讼时效制度的适用应作“有利于

---

* 本文已发表于《法制与社会发展》2019年第4期，属于国家社会科学基金一般项目“诉讼时效立法疑难问题研究”（13BFX079）的阶段性成果。

** 霍海红，浙江大学光华法学院教授。

权利人"的理解。[1] 第二,要防止诉讼时效制度成为义务人逃避债务的工具,防止违反依法依约履行义务的诚实信用原则。[2] 第三,要将"保护权利人"作为诉讼时效制度的价值取向、制度目标或立法目的。[3]

本文关注和反思"优先保护权利人"诉讼时效理念的主要原因有以下四点。第一,就理论而言,该理念可能颠覆人们对诉讼时效根据的基本认知。第二,就实践而言,该理念可能塑造诉讼时效司法实践的基本面貌和未来走向。第三,就立法而言,该理念可能甚至已经影响诉讼时效立法,毕竟《民法典》已部分吸收《诉讼时效规定》的规则,[4] 而后者的不少条文都是该理念

〔1〕 参见《最高人民法院民二庭负责人就〈最高人民法院关于审理民事案件适用诉讼时效制度若干问题的规定〉答记者问》,载《人民法院报》2008 年 9 月 1 日,第 3 版;江苏省无锡市中级人民法院(2017)苏 02 民终 1686 号民事判决书;江苏省常州市中级人民法院(2017)苏 04 民终 2221 号民事判决书;河北省石家庄市长安区人民法院(2016)冀 0102 民初 4526 号民事判决书;重庆市忠县人民法院(2016)渝 0233 民初 900 号民事判决书;江苏省盐城市阜宁县人民法院(2016)苏 0923 民初 4144 号民事判决书;黑龙江省海林市人民法院(2016)黑 1083 民初 167 号民事判决书;江苏省常熟市人民法院(2016)苏 0581 民初 14044 号民事判决书;江苏省阜宁县人民法院(2016)苏 0923 民初 4144 号民事判决书;江苏省镇江市中级人民法院(2015)镇商外初字第 00010 号民事判决书;江苏省高级人民法院(2015)苏商外终字第 00061 号民事判决书;浙江省杭州市中级人民法院(2015)浙杭商终字第 2037 号民事判决书;河北省沧州市中级人民法院(2015)沧民终字第 2466 号民事判决书;天津市宝坻区人民法院(2015)宝民初字第 3386 号民事判决书;浙江省衢州市中级人民法院(2015)浙衢商终字第 397 号民事判决书;湖北省崇阳县人民法院(2015)鄂崇阳民初字 306 号民事判决书;重庆市云阳县人民法院(2015)云法民初字第 00418 号民事判决书;湖北省崇阳县人民法院(2015)鄂崇阳民初字第 306 号民事判决书;山东省青岛市李沧区人民法院(2015)李民初字第 1929 号民事判决书;广东省高级人民法院(2014)粤高法民申字第 366 号民事裁定书;福建省泉州市鲤城区人民法院(2014)鲤民初字第 1742 号民事判决书;浙江省杭州市下城区人民法院(2014)杭下商初字第 02410 号民事判决书;浙江省高级人民法院(2011)浙商提字第 63 号民事判决书;江苏省滨海县人民法院(2010)滨民初字第 0495 号民事判决书。

〔2〕 参见《最高人民法院民二庭负责人就〈最高人民法院关于审理民事案件适用诉讼时效制度若干问题的规定〉答记者问》,载《人民法院报》2008 年 9 月 1 日,第 3 版;最高人民法院(2014)民二终字第 2 号民事判决书;江苏省阜宁县人民法院(2016)苏 0923 民初 4144 号民事判决书;重庆市忠县人民法院(2016)渝 0233 民初 900 号民事判决书;湖北省崇阳县人民法院(2015)鄂崇阳民初字第 306 号民事判决书;江苏省镇江市中级人民法院(2015)镇商外初字第 00010 号民事判决书;江苏省高级人民法院(2015)苏商外终字第 00061 号民事判决书;天津市宝坻区人民法院(2015)宝民初字第 3386 号民事判决书;浙江省衢州市中级人民法院(2015)浙衢商终字第 397 号民事判决书;广西壮族自治区南宁市中级人民法院(2013)南市民一终字第 247 号民事判决书;广东省东莞市中级人民法院(2013)东中法民一终字第 2170 号民事判决书;江苏省滨海县人民法院(2010)滨民初字第 0495 号民事判决书。

〔3〕 参见最高人民法院(2014)民二终字第 2 号民事判决书、山西省芮城县人民法院(2017)晋 0830 民初 271 号民事判决书、湖南省衡阳市中级人民法院(2016)湘 04 民终 217 号民事判决书、浙江省杭州市下城区人民法院(2014)杭下商初字第 02410 号民事判决书、浙江省温州市中级人民法院(2013)浙温民终字第 155 号民事判决书。

〔4〕 例如,《民法典》第 189 条就原样照搬自《诉讼时效规定》(2008)第 5 条。

的直接产物。[1] 第四,就样本而言,该理念提供了一个如何看待“道德与法律”之关系的典型和一个考察中国法律之独特面貌的机会。

一、“优先保护权利人”诉讼时效理念的形成原因

作为一种源于诉讼时效司法实践而又可能甚至已经影响诉讼时效立法的理论新动向,“优先保护权利人”诉讼时效理念必须被认真对待和慎重回应。而要做到这一点,首要步骤就是查找该理念的形成原因。

(一)作为“补漏措施”

20 世纪 80 年代以来,我国诉讼时效规则一直较为简陋和粗糙,无法满足实践的需求。1986 年的《民法通则》仅有 7 个诉讼时效条文(第 135 ~ 141 条),1988 年的最高人民法院《关于贯彻执行〈中华人民共和国民法通则〉若干问题的意见(试行)》(以下简称《民法通则意见》)虽对上述 7 个诉讼时效条文进行了细化和扩充,但也只扩充到 13 个条文(第 165 ~ 177 条),并且这 13 个条文只集中于最基本的问题,辐射范围相对有限。因此,在司法实践中,由法律未规定或规定模糊而导致的疑难问题或法律漏洞难以避免,司法实践迫切需要“简单、有效”的指导理念。作为在权利人与义务人之间进行利益衡量的“一刀切”的标准,“优先保护权利人”诉讼时效理念因其简单、直接的特质而常常较为有效(至少在个案中是如此)。例如,虽然现行法未对“撤诉后诉讼时效是否中断”作出明确的规定,且理论界与实务界对此也多有争议,但已经有法院直接以“优先保护权利人”诉讼时效理念来论证“中断”方案:当事人起诉后又撤诉,导致诉讼时效中断,对此作有利于权利人的理解,符合诚实信用原则的基本要求。[2] 该表述甚至被其他案件的上诉人一字不差地“引用”。[3] 需求会产生规则,也会产生理念,如果尚不存在规则,那么就需要用理念去填补。

(二)作为“矫正工具”

在不少实务界人士看来,部分诉讼时效规则对权利人极为不利,甚至常

〔1〕 例如,《诉讼时效规定》(2008)第 5 条(《民法典》第 189 条)和第 11 条(新《诉讼时效规定》第 9 条)都被认为是贯彻“优先保护权利人”诉讼时效理念的直接结果,参见最高人民法院民二庭编:《最高人民法院关于民事案件诉讼时效司法解释理解与适用》,人民法院出版社 2015 年版,第 104、219 页。

〔2〕 参见福建省泉州市鲤城区人民法院(2014)鲤民初字第 1742 号民事判决书。

〔3〕 参见陕西省太原市中级人民法院(2017)晋 01 民终第 2514 号民事判决书。

常成为义务人逃避债务或责任的工具。[1] 基于此种认知,在诉讼时效规则修改前,司法实践难免产生对临时性矫正措施的期待。作为诉讼时效适用的政策性指导的"优先保护权利人"诉讼时效理念,就常常被视为矫正问题规则、实现实质正义的必要工具。这一点在很多判决书的相关表述中可见端倪:我国诉讼时效期间相对较短,对权利人保护不利,相对于对权利的限制,对权利意识的培养、权利的保护和诚实信用原则的维护应居于基础性地位,在不违背基本法理的前提下,如果既可作有利于权利人的解释,也可作有利于义务人的解释,那么应作出有利于权利人的解释。[2] 可以说,诉讼时效期间过短的问题[3]支持和强化了相关时效规则对权利人进行"特别保护"或"提供优惠"的必要性。如果相关时效规则无法解决诉讼时效期间过短的问题,那么,"优先保护权利人"诉讼时效理念便会"挺身而出"并"大显身手"。

(三)体现"朴素道德"

国人的朴素道德情感和国内的不良信用状况为"优先保护权利人"诉讼时效理念提供了丰厚的土壤。在民法学者看来,诉讼时效本就是"从道德上看最弱的抗辩理由",[4]在中国法语境下,诉讼时效的道德性问题则更为突出和特殊。一方面,诉讼时效挑战了"欠债还钱"在国人心中的至尊地位,天然地容易遭遇人们(无论是当事人还是法官)的心理抵制。某判决书的表述就很有代表性:"此案虽然已超过诉讼时效,原告因此而丧失了胜诉权,但并不影响原被告双方通过其他合法途径来解决此笔债权债务纠纷。本院也奉劝被告:做人以诚信为本,欠债还钱理所应当,虽然你在本次诉讼中以超过诉讼时效赢得了抗辩权,但这并不意味着此笔债务就此消失,该还的钱还是要还的,恶意赖账可能会产生不良后果。"[5]另一方面,诉讼时效制度的部分规定欠缺合理性,甚至客观上成为恶意债务人的"保护伞",这使同情权利人

---

[1] 参见吴庆宝主编:《最高人民法院专家法官阐释民商裁判疑难问题·民事裁判精要卷》,中国法制出版社2011年版,第215页。

[2] 参见黑龙江省海林市人民法院(2016)黑1083民初167号民事判决书、天津市宝坻区人民法院(2015)宝民初字第3386号民事判决书。

[3] 虽然《民法典》将普通诉讼时效期间从《民法通则》的2年加长为3年,但问题依然存在。参见霍海红:《重思我国普通诉讼时效期间改革》,载《法律科学(西北政法大学学报)》2020年第1期。

[4] [德]克雷斯蒂安·冯·巴尔:《欧洲比较侵权行为法》(下),焦美华译,法律出版社2004年版,第655页。

[5] 河南省内乡县人民法院(2018)豫1325民初2924号民事判决书。

成为许多人的“下意识”。证据之一是,虽然诉讼时效为“督促权利人”而设,但判决书强调更多的反而是“防范义务人”:诉讼时效并非鼓励债务人想方设法地拖延义务的履行,也非鼓励义务人不劳而获;[1]诉讼时效不能成为义务人随意否定权利和违反诚信原则的理由;[2]不能任意扩大诉讼时效制度的适用范围而使其成为逃债的工具;[3]等等。如果要防范义务人,坚持适用“优先保护权利人”诉讼时效理念似乎是最简单易行的办法。

(四)体现“实用道德主义”之结果

黄宗智教授曾提出“中国法律‘道德、权利与实用’并用”的论断,该结论主要源于对我国民事调解、离婚、赡养、侵权、刑讯逼供、刑事和解等制度或实践的分析和概括。[4] 事实上,我国诉讼时效制度也是如此。“优先保护权利人”诉讼时效理念的出现和盛行证明,我国法律在承认诉讼时效有“督促”和“制裁”权利人的效果的同时,坚持对“欠债还钱”的朴素道德观念的“兼顾”,甚至“优先”追求这种道德观念。也许有人会指出,《民法通则》以来的诉讼时效制度常常对权利人不利,它不仅背离了“欠债还钱”的观念,还意外地成为恶意债务人的逃债工具。其实,这种状况并非由诉讼时效制度对“欠债还钱”观念的刻意背离所导致,而是由诉讼时效制度应服务于法律秩序和宏观经济目标这一优先考量所导致,在这种考量下,对“保护权利人”的考量被暂时压制了。[5] 然而,一旦宏观经济因素和法律秩序的影响相对弱化,对权利人不利就变得“忍无可忍”,“优先保护权利人”诉讼时效理念便自然地出现,以实现对权利话语与传统道德理想的兼顾。

二、“优先保护权利人”诉讼时效理念的理论悖论

作为一个基于实践需求并产生于实务界的法律理念,“优先保护权利人”诉讼时效理念是追求“实用主义”的结果,而非追求理论上的“逻辑自洽”的结果。指出“优先保护权利人”诉讼时效理念的理论悖论并非吹毛求疵或

[1] 参见云南省盐津县人民法院(2014)盐民初字第854号民事判决书。

[2] 参见重庆市忠县人民法院(2016)渝0233民初900号民事判决书。

[3] 参见浙江省衢州市中级人民法院(2015)浙衢商终字第397号民事判决书。

[4] 参见黄宗智:《中西法律如何融合?——道德、权利与实用》,载《中外法学》2010年第5期,第721~736页。

[5] 参见霍海红:《对我国诉讼时效期间的多维反思》,载《法制与社会发展》2008年第3期,第139~140页。

者小题大做,因为该理念实在非同小可:由于我国民事基本法中时效规则缺失严重,而《诉讼时效规定》等司法解释的作用又举足轻重,因此,在"实践先试"和"司法解释先行"的立法思路的指导下,一种流行的实务理念对理论和立法的影响不可避免。

(一)冲击诉讼时效根据

作为限制权利行使时间的制度,诉讼时效是对懒惰的制裁,"不保护"权利人的权利行使是正常效果。以督促和限制权利人为目标的诉讼时效制度,竟发展出一个"优先保护权利人"的指导理念,这很难说不是一个悖论。

无论是在大陆法系,还是在英美法系,关于诉讼时效根据(存在理由),"保护义务人"都被格外强调,甚至被唯一强调。[1] 这种"保护"包括两个方面:第一,避免义务人因时日久远而举证困难,并最终遭受不利益;[2]第二,时日久远会使义务人形成"权利人不再行使权利"的信赖,法律应保护这种信赖。为保护义务人的利益或信赖而限制权利人的权利行使,促进了法律秩序的稳定,产生了超越私人范畴的公益影响。过度强调"优先保护权利人",甚至将之上升到诉讼时效的立法目的和价值理念的高度,会使诉讼时效根据在内部产生混乱,毕竟,"优先保护权利人"与"保护义务人"和"督促权利人"难以被同时追求。

在《民法通则》制定时期,理论界普遍从稳定社会经济秩序、加速社会主义企业资金周转、巩固经济核算制、改善经营管理和提高经济效益、有利于人民法院审理案件等方面阐述诉讼时效根据。[3] 立法者也将诉讼时效的意义界定为:有利于稳定社会经济秩序,有利于促使权利人早日行使权利,有利于法院核查证据。[4] 总之,对于诉讼时效的正当性,我国一直强调从法律秩序、公共利益、宏观经济等角度来进行论证,而鲜少从权利人和义务人之间的私人博弈和利益平衡的视角来进行论证。随着法官依职权援用时效被

---

〔1〕 参见[德]梅迪库斯:《德国民法总论》,邵建东译,法律出版社 2003 年版,第 91 页;[瑞士]雷伊:《瑞士侵权责任法》,贺栩栩译,中国政法大学出版社 2015 年版,第 438 页。See Calvin W. Corman, *Limitation of Actions* Ⅰ, Little, Brown and Company, 1991, pp. 11 – 13; David Oughton, John Lowry and Robert Merkin, *Limitation of Actions*, LLP, 1998, p. 4.

〔2〕 参见王泽鉴:《民法总则》,北京大学出版社 2009 年版,第 492 页。

〔3〕 参见佟柔主编:《民法原理》,法律出版社 1983 年版,第 110 页;王作堂等:《民法教程》,北京大学出版社 1983 年版,第 125 页;凌相权、余能斌:《民法总论》,武汉大学出版社 1986 年版,第 204 页;中国政法大学民法教研室编:《中华人民共和国民法通则讲话》,中国政法大学出版社 1986 年版,第 234 页;孙亚明主编:《民法通则要论》,法律出版社 1991 年版,第 253 页。

〔4〕 参见顾昂然:《立法札记》,法律出版社 2006 年版,第 254 页。

彻底抛弃,[1]诉讼时效制度对秩序、宏观经济等目标的强调也相对弱化,“督促权利人—保护公益”的二元结构逐渐失衡,从义务人角度来论证诉讼时效根据,建立“督促权利人—保护义务人”的新二元结构迫在眉睫。[2] 过度和机械性地强调“优先保护权利人”,不仅会加剧旧结构的失衡,还会阻碍新结构的建立。

（二）否定时效抗辩权

作为“优先保护权利人”诉讼时效理念的表征,部分民事判决书的表述有否定“时效抗辩行为”之意,从而导致“不当”时效抗辩被“扩大化”。判决书常有如下表述:义务人提出诉讼时效抗辩是为减轻或规避义务,相对于对权利的限制,对权利意识的培养、权利的保护和诚信原则的维护应居于基础地位;[3]适用诉讼时效制度,既要坚持诚实信用原则,不能让诉讼时效沦为债务人故意逃债的合法工具,也要坚持适度审查原则,不能让诉讼时效形同虚设;[4]不能使为督促权利人行使权利而进行的限制最终成为纵容债务人不履行债务甚至是恶意逃债的工具;[5]等等。虽然恶意逃债的义务人的确存在,但不可笼统地否定义务人提出时效抗辩的行为。义务人提出时效抗辩的目的当然是想不清偿债务,但这正是诉讼时效允许和鼓励的,诉讼时效正是要利用人的自利本性来实现公益目标。

义务人的诉讼时效抗辩只在极特殊的情形下才可被直接否定,且否定的方式是引入诚实信用原则。从比较法上看,诚实信用原则已成为对援用时效进行合法性审查的“利器”。在德国,如果义务人曾给人造成一种“不准备行使时效抗辩权”的印象,或者故意或非故意地阻碍权利人及时提起诉讼,那么,义务人援用时效的行为将不被允许;[6]如果加害人通过其行为(如暗示很快会支付损害赔偿)诱使受害人未在时效期间内提起诉讼,那么,加害人不得以时效为抗辩。[7] 在日本,在公害关系、亲族关系、交通事故、劳动

[1] 参见《诉讼时效规定》第2条、《民法典》第193条。

[2] 事实上,很多制度都需要这种转型,参见霍海红:《论我国撤诉规则的私人自治重构》,载《华东政法大学学报》2012年第4期,第112~117页。

[3] 参见天津市宝坻区人民法院(2015)宝民初字第3386号民事判决书。

[4] 参见江苏省阜宁县人民法院(2016)苏0923民初4144号民事判决书。

[5] 参见福建省泉州市鲤城区人民法院(2014)鲤民初字第1742号民事判决书。

[6] 参见[德]拉伦茨:《德国民法通论》(上),王晓晔等译,法律出版社2005年版,第347页。

[7] 参见[德]多伊奇、阿伦斯:《德国侵权法》(第5版),叶名怡、温大军译,法律出版社2016年版,第258页。

灾害、预防接种、国家赔偿、消费者被害、劳动关系等领域，司法机关确立起了权利滥用或违反诚信原则的时效法判例。[1] 在美国，如果原告因依赖于被告的行动或表述而延迟提起诉讼，那么，法院可基于“禁反言”原则来禁止义务人提出时效抗辩，[2]原告还可提出“延迟提出诉讼是由于被告欺诈或虚假陈述”的抗辩。[3]

在我国，虽然《民法通则》第4条和《民法总则》第7条都明确规定了诚实信用原则，[4]但诚实信用原则介入诉讼时效的适用却鲜有实践和研究。我们在制度上一直极度强调对权利人的督促，但是却忽视了对义务人的归责。在实践中，即使义务人有不诚信的行为，法官通常也不以诉讼时效制度来直接和正面应对这些行为，而是更习惯于以迂回或间接的方式，达到否定义务人时效抗辩的实际效果：利用既有的裁量性规则（如延长诉讼时效）来保护权利人，[5]或者干脆在证据和证明等关键方面给予权利人特殊关照。但这样的做法存在两个问题。第一，间接或迂回的方式往往无法给不诚信的行为以“迎头痛击”，反而容易造成对相关时效规则的牵强适用。与之相反，以诚实信用原则来应对不诚信的行为，往往更加直接而有效，且这种正面应对的方式能够起到更好的“示范”和“导向”效果。第二，“模糊化”的处理方式既不易进行规范，也容易给人以“权利人占了便宜”的印象，在当事人主义诉讼模式下，这种处理方式还可能引发新的质疑。

目前，我国对诚实信用原则的适用基本限制在财产法领域，尤其是与维护交易安全直接相关的问题或事项。[6] 因此，将诚实信用原则引入诉讼时效领域，虽是不小的挑战，但也是杰出的贡献。对此，笔者有两点建议。第一，诚实信用原则介入诉讼时效领域，应当作为“例外”，而不宜频繁或过度地适用。诚实信用原则应当保持如下“心态”：平时默默无闻，与世无争，保持足够的谦抑，但该出手时就出手，绝不手软。这便要求法官在具体的案件

---

〔1〕 参见［日］酒井广幸：『损害赔偿请求における不法行为の时效』（新日本法规，2013年）243～252頁参照。

〔2〕 参见［美］多布斯：《侵权法》（上册），马静、李昊、李妍、刘成杰译，中国政法大学出版社2014年版，第492页。

〔3〕 See Calvin W. Corman, *Limitation of Actions* Ⅱ, Little, Brown and Company, 1991, p. 365.

〔4〕 《民法通则》第4条规定：“民事活动应当遵循自愿、公平、等价有偿、诚实信用的原则。”《民法总则》第7条规定：“民事主体从事民事活动，应当遵循诚信原则，秉持诚实，恪守承诺。”

〔5〕 参见杨标：《伤残四十四年后他如何能赢这场巨额赔偿官司》，载中国法院网，https://www.chinacourt.org/article/detail/2002/12/id/26100.shtml，2019年6月7日访问。

〔6〕 参见徐国栋：《民法基本原则解释》，北京大学出版社2013年版，第258～259页。

中对是否应当适用诚实信用原则进行细致而充分的论证。第二,最高人民法院应当着重确立一批适用诚实信用原则的诉讼时效指导案例,以纠正那种泛泛地将义务人提出时效抗辩指为不诚信的错误倾向,同时还能将诚实信用原则的介入“类型化”,以宣示诉讼时效制度是“讲道德”的。

三、“优先保护权利人”诉讼时效理念下的规则冲突

单纯或主要依据“优先保护权利人”诉讼时效理念来设定规则,未必能证成诉讼时效规则的合法性,反而可能造成时效规则之间或者时效规则与诉讼规则之间的冲突。

(一)诉讼时效规则与执行时效规则的冲突

关于分期履行债务的诉讼时效期间的起算,《民法典》第 189 条规定:“当事人约定同一债务分期履行的,诉讼时效期间自最后一期履行期限届满之日起计算。”该条文原样吸收了《诉讼时效规定》(2008)第 5 条的规定。全国人大常委会法制工作委员会的《民法总则》释义书充分肯定了《诉讼时效规定》(2008)第 5 条的实践效果,并指明,《民法总则》(现《民法典》)第 189 条的立法理由也继承和整合了最高人民法院的《诉讼时效规定》释义书[1]中的相关解释:这样的诉讼时效规则符合同一债务的特性;符合诉讼时效制度的立法目的;能够减少诉累、实现诉讼效率;能够促进交易、增加社会财富。[2] 不过,对这些抽象理由的论证均是从“优先保护权利人”的角度展开的:“在权利人有证据证明其权利存在的情形下,在诉讼时效问题的认定上,应倾向于作有利于债权人的规定,关于诉讼时效起算点的确认问题也不例外,显然,从最后一期履行期限届满之日起算诉讼时效期间更有利于保护权利人的权利”;“从最后履行期限届满之日起算诉讼时效期间有利于减轻权利人的举证责任、保护权利人的权利”;“有利于避免权利人频繁主张权利”;[3]等等。考虑到在《诉讼时效规定》之前,理论界和实务界均对分期履

---

〔1〕 参见最高人民法院民事审判第二庭编著:《最高人民法院关于民事案件诉讼时效司法解释理解与适用》,人民法院出版社 2008 年版。

〔2〕 参见最高人民法院民事审判第二庭编著:《最高人民法院关于民事案件诉讼时效司法解释理解与适用》,人民法院出版社 2008 年版,第 103 ~ 104 页;李适时主编:《中华人民共和国民法总则释义》,法律出版社 2017 年版,第 596 ~ 597 页。

〔3〕 参见最高人民法院民事审判第二庭编著:《最高人民法院关于民事案件诉讼时效司法解释理解与适用》,人民法院出版社 2008 年版,第 104 页。

行债务的诉讼时效期间的起算存在巨大争议,最高人民法院对该问题的若干批复所持的立场也不相同,〔1〕我们有理由相信,"优先保护权利人"诉讼时效理念对《诉讼时效规定》(2008)第5条的形成发挥了决定性作用。

早在30年前,执行时效规则就对分期履行债务的诉讼时效起算作出了不同的选择并延续至今。《民事诉讼法》第239条第2款规定:"法律文书规定分期履行的,从规定的每次履行期限的最后一日计算。"从全国人大常委会法制工作委员会的《民事诉讼法》释义书看,该条款与《民法典》第189条要解决的均为"同一债务分期履行"的诉讼时效起算问题,〔2〕不同之处在于,前者是"规定",后者是"约定"。从《民法典》第189条来看,对《民事诉讼法》第239条第2款不仅不能作"优先保护权利人"之理解,反倒可以作"不利于保护权利人"之解读。执行时效和诉讼时效之间的长期"二元并立"和"各自为战",导致民事立法和司法解释尚未关注两者的可能冲突。事实上,《诉讼时效规定》第5条和《民法典》第189条应当向《民事诉讼法》第239条第2款证成其正当性,包括指出后者存在的问题,甚至促使后者作出修改以便统一步调。原因有二:第一,《民事诉讼法》第239条第2款可以追溯到1982年的《民事诉讼法(试行)》,且理论界和实务界对此不存在争议;第二,从2007年《民事诉讼法》修正开始,申请执行期限已从"诉讼期限"转向"时效",理论界和实务界对此也达成了共识,均认为执行时效在性质上属于诉讼时效,〔3〕或者是诉讼时效之一种。〔4〕

(二)诉讼时效规则与举证时限规则的冲突

为走出"证据随时提出主义"的困境,2001年的《最高人民法院关于民事诉讼证据的若干规定》(以下简称《民事证据规定》)明确采纳了"证据适时提出主义"的立场,于第34条第1款规定了举证时限规则,即"举证失权"。根据该条款,"当事人应当在举证期限内向人民法院提交证据材料,当事人在举证期限内不提交的,视为放弃举证权利"。最高人民法院的释义书

〔1〕 针对该问题,理论界和实务界存在三种观点:(1)应从最后一期履行期限届满之日起算;(2)应从每一期履行期限届满之日分别起算;(3)应区分不同情况分别处理。参见最高人民法院民事审判第二庭编著:《最高人民法院关于民事案件诉讼时效司法解释理解与适用》,人民法院出版社2008年版,第104页。

〔2〕 参见全国人大常委会法制工作委员会民法室编:《〈中华人民共和国民事诉讼法〉条文说明、立法理由及相关规定》,北京大学出版社2012年版,第380页。

〔3〕 参见刘璐:《民事执行重大疑难问题研究》,人民法院出版社2010年版,第17页;江必新主编:《民事执行法律条文释义》,人民法院出版社2011年版,第90页。

〔4〕 参见江伟主编:《民事诉讼法》,中国人民大学出版社2013年版,第448~449页。

指出，在防止证据突袭、促进审限实施、提高诉讼效率、维护裁判稳定性等方面，举证时限规则被寄予厚望。[1] 不过，举证时限规则的实施状况很不理想，该规则在经历了三个“缓和”的步骤之后，几乎遭到了颠覆。第一，2008年的《〈最高人民法院关于适用民事诉讼证据的若干规定〉中有关举证时限规定的通知》将“故意或重大过失”作为举证失权的要件。第二，2012年的《民事诉讼法》第65条将是否失权交由法官来决定：当事人逾期提供证据的，人民法院应当责令其说明理由；拒不说明理由或者理由不成立的，人民法院根据不同情形可以不予采纳该证据，或者采纳该证据但予以训诫、罚款。第三，2015年的《最高人民法院关于适用〈中华人民共和国民事诉讼法〉的解释》（以下简称《民诉法解释》）第102条则几乎确立了“不失权”的原则：当事人因故意或者重大过失逾期提供的证据，人民法院不予采纳，但该证据与案件基本事实有关的，人民法院应当采纳，并依照民事诉讼法予以训诫、罚款；当事人非因故意或者重大过失逾期提供的证据，人民法院应当采纳，并对当事人予以训诫。至此，虽然我们对“证据适时提出”的提倡未变，且对因故意或重大过失而逾期举证予以罚款制裁，但严格的举证时限规则却并未获得承认。

虽然诉讼时效抗辩与举证时限规则的规定初衷类似，但诉讼时效抗辩援用的审级阶段限制却得到了充分的肯定。《诉讼时效规定》（2008）第4条（现第3条）规定：“当事人在一审期间未提出诉讼时效抗辩，在二审期间提出的，人民法院不予支持，但其基于新的证据能够证明对方当事人的请求权已过诉讼时效期间的情形除外。当事人未按照前款规定提出诉讼时效抗辩，以诉讼时效期间届满为由申请再审或者提出再审抗辩的，人民法院不予支持。”最高人民法院的释义书指出，该条款是将《民事证据规定》（2008）第32条（现第49条）“被告应当在答辩期届满前提出书面答辩”应用于“诉讼时效抗辩”的结果。虽然答辩随时提出主义被认为存在违反武器对等原则、引发诉讼突袭、影响庭审效率等弊端，[2] 但《民事诉讼法》对答辩随时提出并未作任何限制，尽管《民事证据规定》（2008）第32条看似突破性地确立了

---

[1] 参见李国光主编：《最高人民法院〈关于民事诉讼证据的若干规定〉的理解与适用》，中国法制出版社2002年版，第274～275页；最高人民法院民事审判第一庭：《民事诉讼证据司法解释的理解与适用》，中国法制出版社2002年版，第196～198页。

[2] 参见最高人民法院民事审判第一庭：《民事诉讼证据司法解释的理解与适用》，中国法制出版社2002年版，第183页。

"答辩适时提出主义",但它只是一个倡导性规范,目的在于"引导",尚谈不上"强制"。[1] 就像《民事证据规定》(2008)第34条第1款(已废除)遵循了"举证失权"的逻辑一样,《诉讼时效规定》(2008)第4条显然遵循了"答辩失权"的逻辑,只是二者都排除了"新证据"之例外情形。考虑到2012年的《民事诉讼法》的修正和2015年的《民诉法解释》的制定都未吸收《民事证据规定》(2008)第32条的"答辩失权"规则,《诉讼时效规定》(2008)第4条已经是较为"激进"的规则,其与《民事诉讼法》的"保守"立场形成了反差。

无论是对证据适时提出主义,还是对答辩适时提出主义,当前我国《民事诉讼法》都采取了保守的立场。二者的差别在于:证据适时提出主义在采取了失权的激进立场后又回归到保守的立场,变成准倡导性规范(毕竟还有作为例外的罚款制裁);而答辩适时提出主义自始属于倡导性规范,一直未能更进一步。《诉讼时效规定》(2008)第4条所规定的作为"特例"的诉讼时效答辩失权,为何能在如此激进、突破如此之大的情况下不引来任何质疑?如果要为此寻求一个合理的解释,我们必须突破《民事诉讼法》的思考框架:《诉讼时效规定》(2008)第4条虽以"答辩失权"的面目出现,但其之所以突破了答辩随时提出主义的框架,并不是因为答辩适时提出主义之程序正义观念获得了胜利,而是因为限制义务人提出时效抗辩符合保护权利人之实体正义的追求。其实,最高人民法院的释义书对《诉讼时效规定》(2008)第4条的核心论证有两点:第一,在程序意义上,《诉讼时效规定》(2008)第4条符合程序安定和权利对等原则,符合及时固定当事人争点之目标;第二,在实体意义上,《诉讼时效规定》(2008)第4条有利于保护权利人,维护传统道德观念,如《最高人民法院关于民事案件诉讼时效司法解释理解与适用》明确指出,诉讼时效抗辩权的行使会影响权利人权利的实现,尤其在权利人有充分的证据证明其权利的存在且我国时效期间较短的情形下,仅因时间经过就对权利不予保护有失公正,也不符合"欠债还钱,天经地义"的道德观念。在笔者看来,第一个理由并不具有决定性:答辩失权符合程序安定和固定争点等法理,与我们是否采取答辩失权,这是两个问题,否则,我们如何解释《民事诉讼法》虽然容忍了答辩随时提出主义,但却认可程序安定、及时固

[1] 参见最高人民法院民事审判第一庭:《民事诉讼证据司法解释的理解与适用》,中国法制出版社2002年版,第184页。

定争点等价值?[1]真正具有决定性的是第二个理由:如果采取"诉讼时效答辩失权",那么,义务人将不能在二审中再提诉讼时效抗辩,这反而有助于权利人权利的实现,并最终有助于实现法律效果与道德理想的统一。

因为贯彻"优先保护权利人"诉讼时效理念,《诉讼时效规定》(2008)第4条既突破了答辩随时提出主义,也突破了《民事证据规定》(2008)第32条"倡导性规范"之定位。但即使从实体法角度看,对"突破"的这种论证也存在困境。第一,《诉讼时效规定》的制定者在论证"保护权利人"的理由时,特别强调我国诉讼时效期间过短,但为何不干脆加长诉讼时效期间,以便一劳永逸地解决问题?何况因为诉讼时效期间过短,我们的诉讼时效制度的不少内容(如撤诉的诉讼时效后果、未定履行期限债权的诉讼时效起算等)不得不将错就错。第二,最高人民法院的释义书在论证"保护权利人"的理由时,对诉讼时效持贬抑态度,对义务人提出时效抗辩存有道德质疑,这显然并不符合诉讼时效制度的正常理念。究竟是诉讼时效的存在有问题,还是诉讼时效的具体规则有问题,这是两个问题。如果是前者,那么,就不应该只确立"优先保护权利人"诉讼时效理念,而应该废除诉讼时效制度;如果是后者,那么,我们就不能因噎废食,而应该探究如何体系化地改善诉讼时效规则。

四、"优先保护权利人"诉讼时效理念的实践风险

"优先保护权利人"诉讼时效理念既有理论上的悖论,规则上的冲突,也有实践中的风险。只是这种风险常常被忽视,其原因有二。第一,"优先保护权利人"诉讼时效理念被认为实践了实质正义的"伟大"目标,而其他"微小"的不足很难与该目标抗衡。第二,实践风险往往是就制度而言的,由于该风险超出了个案的解决,因此,其并不容易引发人们的关注,毕竟在许多国人的观念中,圆满解决个案才是硬道理。

(一)法律适用"不统一"的风险——以民事诉讼证明标准为例

我国《民事诉讼法》并未规定民事诉讼的一般性的证明标准。2015年的《民诉法解释》第108条第1款正式确认了"高度盖然性"标准:"对负有举证

---

[1] 事实上,即使《民事证据规定》(2008)第32条的制定者也不得不指出:"本条规定理论上可以给予较高的评价,但其实际效果如何,还有待于实践的检验。"最高人民法院民事审判第一庭:《民事诉讼证据司法解释的理解与适用》,中国法制出版社2002年版,第184页。

证明责任的当事人提供的证据，人民法院经审查并结合相关事实，确信待证事实的存在具有高度可能性的，应当认定该事实存在。”权威的民事诉讼法教科书将高度盖然性定义为：证明虽然未达到使法官对待证事实确信只能如此的程度，但已达到存在极大可能或非常可能如此的程度。[1] 虽然高度盖然性标准很抽象，既需要法官的心证过滤，也需要间接的制度制约，[2]但一般认为，其低于我国的“排除合理怀疑”之刑事诉讼证明标准（《刑事诉讼法》第55条），而显著高于美国的“优势证据”之民事诉讼证明标准。[3] 对于诉讼时效中断的证明标准，最高人民法院曾有一则判决明确持“降低”立场：债权人提供火车票、飞机票、住宿发票等差旅费单据，用以证明在诉讼时效期间内到债务人所在地向债务人主张了权利，该事由具有诉讼时效中断的效力，除非债务人能够证明债权人到债务人所在地系因其他事务。[4] 某些民事判决书甚至一般性地主张降低诉讼时效中断的证明标准：由于诉讼时效中断制度的设立目的在于阻却时效期间的进行，以使权利人获得更长的保护期间，因此，在适用该制度时，应作有利于权利人的理解，遵循优势证据规则，而不应严苛要求证据充分。[5] 客观地说，在诉讼时效中断事由上降低证明标准，在个案中可能更有利于实现实质正义，尤其在部分诉讼时效规则对权利人比较“苛刻”时，更是如此。

然而，“优先保护权利人”毕竟只是一种实务理念，而并非明文规则，是否适用以及如何适用并不确定，这无疑增加了法律适用“不统一”的风险。一般来说，降低或提高证明标准需要有明确的规定。《民诉法解释》第108条第3款规定：“法律对于待证事实所应达到的证明标准另有规定的，从其规定。”已有部分司法解释明确规定了“提高”或“降低”证明标准的情形。提高者如《民诉法解释》第109条规定：“当事人对欺诈、胁迫、恶意串通事实的证明，以及对口头遗嘱或者赠与事实的证明，人民法院确信该待证事实存在

---

〔1〕 参见江伟主编：《民事诉讼法》，高等教育出版社2016年版，第192页；张卫平：《民事诉讼法》，法律出版社2016年版，第243页。

〔2〕 参见张卫平：《证明标准建构的乌托邦》，载《法学研究》2003年第4期，第60～69页。

〔3〕 在美国，虽然某些特殊民事案件中的争议问题要求以明确的、使人信服的证据予以证明，但是民事案件的一般问题应以优势证据证明。参见［美］斯特龙主编：《麦考密克论证据》，汤维建等译，中国政法大学出版社2004年版，第655～656页。

〔4〕 参见最高人民法院（2003）民二终字第205号民事判决书。

〔5〕 参见江苏省南京市中级人民法院（2016）苏01民终360号民事判决书、山西省芮城县人民法院（2017）晋0830民初271号民事判决书。

的可能性能够排除合理怀疑的,应当认定该事实存在。"[1]降低者如《最高人民法院关于审理食品药品纠纷案件适用法律若干问题的规定》第5条第2款规定:"消费者举证证明因食用食品或者使用药品受到损害,初步证明损害与食用食品或者使用药品存在因果关系,并请求食品、药品的生产者、销售者承担侵权责任的,人民法院应予支持,但食品、药品的生产者、销售者能证明损害不是因产品不符合质量标准造成的除外。"从现行民事诉讼法规则看,法官未按"优先保护权利人"诉讼时效理念降低证明标准是严格执行规则的"榜样"。于是,在遵从法定证明标准与遵从"优先保护权利人"诉讼时效理念之间产生了冲突。

(二)"教条化"的风险——以判决论证与说服为中心

抽象和不确定是"优先保护权利人"诉讼时效理念的核心竞争力,也是其致命弱点。过度适用该理念容易导致判决论证过于简单和抽象,这与司法实践当前的境况和今后的任务并不相符。第一,由于我们处在诉讼时效规则相对简陋、需要通过司法实务积累经验和形成规则的阶段,因此,更需要鼓励对未规定或规定模糊的时效问题作深入和精致的论证,而非简单地以"优先保护权利人"诉讼时效理念来进行裁判,后者虽有助于解决个案,但对形成规则却是无益甚至有害的。第二,由于我们处在特别需要通过判决说理说服当事人的阶段,[2]因此,过度坚持"优先保护权利人"诉讼时效理念,会使当事人按照"是否有利于权利人"的简单化思路来理解和评价司法判决,最终反而不利于判决被当事人和大众所接受。

目前,"优先保护权利人"诉讼时效理念已非法官的独有观念,而是通过《诉讼时效规定》的官方说明和释义书、法官著述以及判决书等传递给了普通民众。就笔者所见,"优先保护权利人"诉讼时效理念已成为当事人上诉或申请再审的重要理由之一。例如,有上诉人称:虽然诉讼时效制度的立法目的包括督促权利人行使权利和保护交易安全,但对权利人的权利进行限制和对社会公共利益进行维护应有合理的边界,不能背离实质公正、否定权利本身,对于被上诉人在发回重审阶段才提出时效抗辩,法院不应支持;[3]

---

[1] 即使是明确规定的"特殊"证明标准,其合理性也有讨论的余地。参见霍海红:《提高民事诉讼证明标准的理论反思》,载《中国法学》2016年第2期,第258~279页。

[2] 最高人民法院甚至于2018年6月专门印发了《关于加强和规范裁判文书释法说理的指导意见》,该文件将裁判文书的释法说理分为阐明事理、释明法理、讲明情理和讲究文理等四个方面。

[3] 参见山西省忻州市中级人民法院(2016)晋09民终158号民事判决书。

涉案律师函是否到达对方公司的事实存在两种可能，对此应作有利于本方公司的理解，因为诉讼时效制度不能成为义务人逃避债务的工具，随意否定权利本身违反依法依约履行义务的诚实信用原则。[1] 有再审申请人称：法院在适用诉讼时效制度时，应平衡权利人与义务人的利益，如果存在对权利人的有利解释与不利解释，应作有利解释。[2] 如果法院的判决书和当事人的上诉书、再审申请书都以“优先保护权利人”诉讼时效理念来进行抽象的论证，那么，这显然无助于问题的澄清、规则的确立以及对当事人的说服。

五、从“优先”理念到“平衡”理念

作为诉讼时效司法实践的一种理论新动向和本土理念，“优先保护权利人”诉讼时效理念有其生成背景，起到了一定的作用，但也存在理论悖论、规则冲突和实践风险。本文主张，我国未来诉讼时效的理论、立法与实践都应摒弃“优先”理念，树立“平衡”理念，注重在民事立法和司法中追求权利人利益与义务人利益的精致平衡。当然，这种转变需要一个过程，尤其是在实践层面。在此过程中，一方面，我们要控制“优先”理念的负面影响；另一方面，我们要消解“优先”理念的作用空间。

（一）诉讼时效制度：摒弃“优先”理念，树立“平衡”理念

尽管“优先保护权利人”诉讼时效理念有一定的客观作用，但其不应成为诉讼时效立法和司法的指导思想。其实，“优先保护权利人”诉讼时效理念这种表述本身就具有悖论性：既然诉讼时效是使“权利人受限、义务人得利”的制度安排，那么，其必然涉及权利人受限的程度和义务人得利的多少，因而，其是一个如何在权利人与义务人之间“平衡”的问题，而不是“保护谁”和“不保护谁”的问题。所谓的“优先保护权利人”诉讼时效理念其实仍属平衡的范畴，是既有诉讼时效规则平衡不力后的“再平衡”，只是这种平衡方式过于机械和简单而已。

抛弃“优先”理念，确立“平衡”理念，关键是要正确对待诉讼时效理论和制度中“义务人”的角色与地位。要避免对义务人的偏见，尤其不能对义务人在诉讼时效规则框架内的正常逐利行为简单地、“一刀切”地作逃债、不诚信等否定性评价，防止诉讼时效理论、制度和实践走向背离时效规则精神和

〔1〕 参见广东省佛山市中级人民法院（2015）佛中法民二终字第1355号民事判决书。

〔2〕 参见山东省潍坊市中级人民法院（2016）鲁07民终395号民事裁定书。

纵容权利人懈怠的一面。我们可以在个案中利用诚实信用原则对具体义务人的不诚信行为直接进行评价和制裁,但不应对义务人整体进行道德矮化,因为在整体上否定义务人提出时效抗辩就是在否定诉讼时效制度本身。

本文反对将"优先保护权利人"作为诉讼时效制度的指导理念,不仅指向民事基本法和单行立法,也指向最高人民法院的司法解释。一方面,在中国语境下,司法解释本就是"中国式司法性立法"的主要形态;另一方面,作为实务理念的"优先保护权利人"诉讼时效理念本就包括两个完全不同的层面:司法适用层面和规则制定层面。法官们在法律没有规定或规定模糊时适用"优先保护权利人"诉讼时效理念作出判决,是一回事;最高人民法院在制定诉讼时效规则时贯彻"优先保护权利人"诉讼时效理念,则是另一回事。在此意义上,本文承认,在现阶段"优先保护权利人"诉讼时效理念有一定的作用空间,主要指向法官的具体裁判,而非指向司法解释的制定。

(二)控制"优先保护权利人"诉讼时效理念的负面影响

虽然本文主张摒弃"优先"理念树立"平衡"理念,但由于现实因素的制约,这种转变难以一蹴而就。首先,我国诉讼时效规则相对简陋的境况虽不断改善,但其精致化程度仍然有限,尤其是在民事基本法层面,这些诉讼时效规则尚不能满足司法实践的需求,诉讼时效规则的"规模化"和"体系化"程度也仍有很大的进步空间。其次,我国诉讼时效制度在许多细节层面都依赖于《诉讼时效规定》,载《民法典》的制定和修正也需要其提供"素材",而《诉讼时效规定》的不少规则本就以"优先保护权利人"诉讼时效理念为指导。最后,在一定时期内,诉讼时效的道德性难题在我国仍将继续存在,"欠债还钱"的观念是如此根深蒂固,以至于很难有其他观念可以与其抗衡。因此,现阶段法官在法律无规定或规定模糊时,以"优先保护权利人"诉讼时效理念来处理诉讼时效问题,其决策风险必然相对较小。

虽然不能期待一蹴而就,但我们要通过各种方式来降低"优先保护权利人"诉讼时效理念适用产生的负面效果,使其更像一种"规则",而不是"口号"。即使暂时不得不适用该理念,也要以一种"看得见"和"可控制"的方式加以适用。

其一,在运用"优先保护权利人"诉讼时效理念作出裁判前,要穷尽现行法规则,不能以抽象理念直接取代具体规则,除非有充分的反对理由。原因有以下两点。第一,"优先保护权利人"诉讼时效理念无论如何都只是一种"不得已而为之"的实务理念,而绝不是一个包治百病的万能规则。第二,在一个习惯于特殊考量、制度化程度有待持续提升的国度，强调对普遍性的遵从和对制度的信仰仍然别具意义。[1] 即使有所谓的“实质合理性”的需求，我们也更应该“把实质合理性尽可能地转化为可计量的形式合理性体系，并借助于这个体系来实现实质合理性的要求”。[2]

其二，即使要贯彻“优先保护权利人”诉讼时效理念，也不能机械地照搬“不违背基本法理，应作有利于权利人之解释”“有争议时，应作有利于权利人之理解”等政策表述，而是要进一步论证：为什么没有违反基本法理？会不会对相关时效规则产生影响？会不会产生不当激励？在法律未规定或规定模糊时，法官在适用“优先保护权利人”诉讼时效理念时，应将自己置于“立法者”的位置。在这方面，英美法的经验值得重视：“正如立法机关在创制制定法时要在势均力敌的利益中间进行协调一样，法官们在创设‘法官创制规则’时也是如此。可以说，在制定或修改规则的时候，每个法官实际上是立法大会、国会或者议会的一个缩影”。[3]

（三）加强立法：当务之急与长远之计

从长远来看，要摒弃“优先保护权利人”诉讼时效理念，强化权利人与义务人的利益平衡，关键是要减少该理念的生存土壤和作用空间。“优先保护权利人”诉讼时效理念只是在规则缺失时的权宜之计，其作用空间越大，诉讼时效规则的缺失就越严重。因此，大力加强诉讼时效理论研究，加快基本法层面的诉讼时效立法，既是当务之急，也是长远之计。

加强诉讼时效立法，应当注意如下“技术”问题。第一，务必保持规则间指导思想的协调一致，避免出现某一规则“苛责”权利人（如设定过短的时效期间等）而另一规则“纵容”权利人（如未定履行期限债权的时效从权利人主张时起算等）之矛盾情形。第二，在制定某一规则时，要综合考虑（如普通诉讼时效期间与相关诉讼时效规则的关系等），即使形式上各自为政，但内容上要统筹规划。第三，对于司法实践中的诉讼时效问题和难题（如撤诉的诉讼时效后果、持续性侵权的诉讼时效起算等）应加强研究，果断立法，而不是有争议就搁置，能通过立法解决的问题，不宜以司法解释甚至个案批复的方

---

〔1〕 参见霍海红：《证明责任配置裁量权之反思》，载《法学研究》2010 年第 1 期，第 105 页。

〔2〕 郑成良：《法律之内的正义：一个关于司法公正的法律实证主义解读》，法律出版社 2002 年版，第 147 页。

〔3〕 [美]弗兰克：《初审法院：美国司法中的神话与现实》，赵承寿译，中国政法大学出版社 2007 年版，第 290 页。

式解决。

结　语

“优先保护权利人”诉讼时效理念虽有现实原因和积极作用，但却存在理论悖论、规则冲突与实践风险等诸多缺陷，因而，本文主张摒弃“优先”理念，树立“平衡”理念，在立法和司法中竭力追求权利人利益与义务人利益的精致平衡。从“优先”理念转向“平衡”理念，一方面要控制“优先保护权利人”诉讼时效理念的消极作用，强化适用中的判决论证，避免简单化和抽象化，此乃权宜之策；另一方面要消除“优先保护权利人”诉讼时效理念的生存环境，加强诉讼时效立法，完善诉讼时效规则体系，此乃长远之计。

本文的基本结论及其论证，植根于如下几个基本立场：

第一，坚持“治本”原则。与其将错就错，不如知错就改。“优先保护权利人”诉讼时效理念的积极作用，主要是对诉讼时效的基础观念混乱、规则体系化程度低、规则缺失或扭曲等非正常状况的简单化应对。从长远来看，“优先保护权利人”诉讼时效理念的出现，与其说是解决问题，不如说是提出问题。

第二，坚持“规则”思路。本文着眼于大规模地建构精致的诉讼时效规则的使命，主张能用规则解决的问题不要适用抽象理念和原则，毕竟后者的可操作性和可控性相对较弱，适用不统一的风险相对较大。“优先保护权利人”诉讼时效理念看似操作简便，实则流于简单，其适用越广泛，被耽误改进的诉讼时效规则也就越多。

第三，坚持“以保护义务人为中心”的诉讼时效根据体系。[1] 作为诉讼时效的存在理由，“保护义务人”并非指诉讼时效只关涉对义务人的保护，而是强调以对义务人的保护为支点和载体，间接实现督促权利人、维护公益和秩序等目标，毕竟能够提出诉讼时效抗辩的是义务人，直接“得利”的也是义务人。在此意义上，“优先保护权利人”与“保护义务人”、“督促权利人”都是相悖的。

〔1〕 对此，笔者将以专文详述，参见霍海红：《诉讼时效根据的逻辑体系》，载《法学》2020 年第 6 期。

论建构我国行政诉讼的一般证明标准

徐庭祥*

一、多元论及其弊端

证明标准是一项重要的证明法制度，当负举证责任之当事人的证明使法官的心证程度达到法律规定的证明标准时，法官认定待证事实存在。理论上通说认为，我国行政诉讼应当采多元证明标准。笔者认为，作为通说的多元论有其弊端，应当通过建构我国行政诉讼一般证明标准予以完善。

（一）多元论的主张与理由

对于我国行政诉讼的证明标准，理论通说采多元论。[1] "根据行政诉讼的特点，《行政诉讼法》应当规定一个多元证明标准体系。"[2] "行政诉讼证明标准的多元性。不同的行政案件所涉及的权益大小及所适用的程序繁简各不相同，所要求的证明标准也不相同。"[3] 多元论以行政诉讼证明标准与行政程序证明标准存在对应关系

---

* 徐庭祥，西南政法大学讲师，法学博士。

〔1〕 我国持多元论的见解，有二层标准说、三层标准说、四层标准说等，文献中已有较多总结梳理，本文就不再赘述，具体可参见邓楚开：《行政诉讼证明标准再思考》，载《法治论丛》2010年第3期。

〔2〕 章剑生：《行政诉讼法修改的基本立场》，载《广东社会科学》2013年第1期。

〔3〕 马怀德、刘东亮：《行政诉讼证据问题研究》，载何家弘主编：《证据学论坛》（第四卷），中国检察出版社2000年版，第220~221页。

作为其理由,认为行政诉讼证明标准因应不同行政程序证明标准而呈现多元性,“行政诉讼证明标准是从行政程序证明标准转化而来的……由于行政诉讼证明标准与行政程序证明标准存在对应关系,行政诉讼证明标准自然也存在多元性”;[1]“由于行政案件的特殊性与多样性,证明行政案件事实的方式也具有多样性,不可能适用单一的证明标准”。[2] 由于主张行政诉讼证明标准多元,故多元论反对行政诉讼建构一般证明标准:“行政诉讼证明标准并不统一适用一个标准,而应根据行政行为的种类、性质及对当事人权益影响的大小等因素,来确定具体案件的证明标准。”[3]

就实践方面而言,普遍认为我国行政诉讼证明标准无明文规定,“制定行政诉讼证明标准的条件还不够成熟,因而决定暂不作规定”。[4] 而司法实践中实际按多元论适用证明标准,最高人民法院对行政诉讼证明标准的相关解读亦采多元论,“由于被诉具体行政行为的类型多样化,与刑事诉松和民事诉讼相比,行政诉讼证据的证明标准也不是单一的,因此因具体行政行为性质的不同而应适用不同的证明标准……从目前的审判实际看,对于涉及限制人身自由、大额罚没等对行政相对人人身、财产权益影响较大的具体行政行为的案件,可以比照适用类似于刑事案件的证明标准;对于行政裁决类行政案件和其他行政案件,可以比照适用类似于民事案件的证明标准。”[5]

(二)多元论的弊端

1. 造成证明标准适用混乱

笔者认为,多元论存在明显的弊端,首要的即是缺失法的安定性,造成我国行政诉讼证明标准适用的混乱。证明标准本属法律问题,应当采用法律的一般抽象形式,使当事人和法院均对证明标准有稳定的预期。“一般来说,为了避免法官滥用裁量权,保证法律适用的平等,并使诉讼结果具有可

---

〔1〕 马怀德、刘东亮:《行政诉讼证据问题研究》,载何家弘主编:《证据学论坛》(第四卷),中国检察出版社 2000 年版,第 220 ~ 221 页。

〔2〕 高秦伟:《论行政诉讼的证明标准》,载《证据科学》2008 年第 4 期。

〔3〕 高秦伟:《论行政诉讼的证明标准》,载《证据科学》2008 年第 4 期。

〔4〕 李国光主编、最高人民法院行政审判庭编著:《最高人民法院〈关于行政诉讼证据若干问题的规定〉释义与适用》,人民法院出版社 2015 年版,第 170 页。

〔5〕 李国光:《努力开创行政审判工作新局面,为全面建设小康社会提供司法保障》,载《最高人民法院公报》2003 年第 2 期。

预测性,证明标准由法律事先加以规定,或由判例形成约束性规则。"[1]而多元论实际将行政诉讼证明标准导向由法官依个案自由裁量:"肯定证明标准的灵活性,即法庭可以根据法律和本规定的有关规定,并考虑行政案件的性质、对当事人权益的影响大小等因素,在具体案件中具体确定认定案件事实的证明标准";[2]"法庭可以根据法律和司法解释的有关规定,考虑行政案件的性质、对当事人权益的影响大小等因素,在特定行政案件中具体确定认定案件事实的证明标准"。[3]

然而,将证明标准这一法律问题交由法官在个案中自由裁量,从而导致司法实践中出现相同类型的行政案件,适用的证明标准却不同的问题,也即"案由相同,证明标准不同"。有论者经统计发现,相同类型的行政案件,司法实践中会采用若干不同的证明标准:"司法裁判者在 15 种主要类型的行政案件中,对多数类型的案件适用的证明标准为 3 种到 4 种……可见,司法裁判者对于相同案由的案件,适用不同要求和难度证明标准的情形较为常见。"[4]这对我国行政诉讼的公正性产生不利影响:"证明标准不明确、不清晰、不统一,甚至相互排斥,导致审判者适用证明标准有较大或然性,不利于审判工作的有序开展,影响人民法院的权威和司法公信力。"[5]

2. 多元证明标准的内涵不明

多元论还存在证明标准内涵不明的问题。以"排除合理怀疑"标准为例,主张多元论者多将"排除合理怀疑"作为多元标准之一,"多元化的证明标准结构应如何构建?有学者曾总结学界的相关讨论,列举了'二标准说标准说''四标准说'等,但无论是何种主张,其中都可以看到'排除合理怀疑'的身影。"[6]然而,行政诉讼中"排除合理怀疑"标准的内涵并不清晰,其与刑事诉讼中的"排除合理怀疑"内涵是否相同存有疑问,理论上往往声明行

〔1〕 高秦伟:《论行政诉讼的证明标准》,载《证据科学》2008 年第 4 期。

〔2〕 孔祥俊:《行政诉讼证据规则与法律适用》,人民法院出版社 2005 年版,第 226 页。

〔3〕 李国光主编、最高人民法院行政审判庭编著:《最高人民法院〈关于行政诉讼证据若干问题的规定〉释义与适用》,人民法院出版社 2015 年版,第 173 页。

〔4〕 罗重海、禹楚丹、石瑞婷:《反思与重构:论行政诉讼证明标准的类型化构建——以 255 份裁判文书为研究样本》,载贺荣主编:《深化司法改革与行政审判实践研究——全国法院第 28 届学术讨论会获奖论文集》(下),人民法院出版社 2017 年版,第 1446 页。

〔5〕 罗重海、禹楚丹、石瑞婷:《反思与重构:论行政诉讼证明标准的类型化构建——以 255 份裁判文书为研究样本》,载贺荣主编:《深化司法改革与行政审判实践研究——全国法院第 28 届学术讨论会获奖论文集》(下),人民法院出版社 2017 年版,第 1442 页。

〔6〕 张力:《行政诉讼中排除合理怀疑的适用语境和路径》,载《证据科学》2015 年第 5 期。

政诉讼中的“排除合理怀疑”标准与刑事诉讼中的不同，但对行政诉讼中“排除合理怀疑”标准的具体内涵又语焉不详。例如有论者提出：“需要注意的是，行政诉讼中的排除合理怀疑标准总体而言要低于刑事诉讼中的排除合理怀疑证明标准，这是由两者的差异决定的，但是有关劳动教养的行政诉讼案件除外。”〔1〕照此观点，同一个“排除合理怀疑”标准，在行政诉讼、刑事诉讼、劳动教养行政诉讼中的内涵各不相同，由此折射的是行政诉讼证明标准内涵不清。这造成司法实践中多个案件虽宣称适用同一证明标准，然而实际适用的证明标准并不相同。〔2〕这一情况同样不利于行政诉讼的公开公正审理，“由于法定的合理的证明标准的缺失，实务中应用的证明标准多为法官的个人判断而不能为人们所了解，以至于对证据的操作就若明若暗，使人们对行政诉讼裁判的公正性产生怀疑。”〔3〕

3. 难以对证明标准的适用进行监督

多元论并未能阐明其各个标准的适用条件，从而造成了前述“案由相同，证明标准不同”的适用混乱，以及证明标准内涵不清的问题，从而将证明标准问题导向法官依个案自由裁量。这样的结果还会导致另外一个严重的问题，即造成对证明标准适用进行监督的困难。由于缺失统一明确的证明标准，上级法院无从判断下级法院适用证明标准是否正确，上级法院也可能恣意判断下级法院适用证明标准错误。在没有统一明确证明标准的情况下，以上两种情况都有可能发生，为法官恣意留下了较大的空间，事实认定是否正确与是否枉法裁判的司法责任也无所依凭，明显使我国行政诉讼证明标准制度的法治化水平受到不利影响。

二、建构我国行政诉讼一般证明标准的根据

多元论以行政诉讼证明标准与行政程序证明标准存在对应关系作为其理由，认为行政诉讼证明标准因应不同行政程序证明标准而呈现多元性。但笔者认为，此等对应关系并无法理根据，行政诉讼证明标准具有独立性，

---

〔1〕 参见曹恒民：《行政诉讼中证明标准的重构》，载《法学杂志》2012 年第 8 期。

〔2〕 参见罗重海、禹楚丹、石瑞婷：《反思与重构：论行政诉讼证明标准的类型化构建——以 255 份裁判文书为研究样本》，载贺荣主编：《深化司法改革与行政审判实践研究——全国法院第 28 届学术讨论会获奖论文集》（下），人民法院出版社 2017 年版，第 1444 页。文中即指出“证明标准相同，裁判结果不同”的情况。

〔3〕 曹恒民：《行政诉讼中证明标准的重构》，载《法学杂志》2012 年第 8 期。

应当建构我国行政诉讼的一般证明标准,即行政诉讼的证明标准应为一元标准,以统一法律的适用。

(一)行政诉讼证明标准应当具备法之安定性

建构一般证明标准的根据,首要的是法的安定性要求。证明标准属于法律问题而非事实认定,并无争议,“作为自由心证中认定事实之基准,应具有一般适用性,而非可任意背反”。[1] 德国通说即认为证明标准原则上必须固定化,“基于法律的安定性、预见可能性及平等性,此经证明之标准应抽象决定,如果证明度时相对的,即在个案中始决定证明度,上述之法律的安定性等无法受到确保”。[2] 我国亦有论者持此一观点:“基于法律的安定性、可预见性以及平等适用性等,证明标准应当抽象决定,行政诉讼的证明标准原则上必须固定化。”[3]因此,通过建构统一的一般证明标准,才能解决前述我国行政诉讼证明标准多元论带来的问题。

(二)行政诉讼证明标准具有独立性

笔者主张应当建构行政诉讼一般证明标准的另一个根据,是行政诉讼证明标准具有独立性。多元论主张行政诉讼证明标准与行政程序证明标准存在对应关系,并且显然认为行政程序证明标准决定行政诉讼证明标准,“行政诉讼的证明标准源于行政程序的证明标准”。[4] 有论者甚至认为行政程序的证明标准可以废止行政诉讼证明标准:“一旦行政证据制度得以确立,在行政诉讼中,法官就应当根据《行政程序法》的证据规则来审查行政行为,《行政诉讼法》及司法解释中关于行政证据的规范就应当寿终正寝了。”[5]然而,行政诉讼证明标准并非由行政程序证明标准决定,因为行政诉讼法与行政实体法间的关系具有特殊性。

1. 行政诉讼法的独立性决定证明标准的独立性

行政诉讼法与行政实体法的关系,与民事和刑事领域存在根本差异。民事实体法与刑事实体法是通过诉讼法来实施的,其法律效力是通过诉讼法来保障的。如果诉讼法只是实现实体法的程序法,那么诉讼法是从属于实体法的,诉讼法所适用的证明标准也依附于实体法的规定。但在行政领

[1] 姜世明:《举证责任与证明度》,厦门大学出版社 2017 年版,第 95 页。

[2] 吴东都:《行政诉讼之举证责任——以德国法为中心》,台北,学林文化 2001 年版,第 47 页。

[3] 吴振宇:《行政诉讼中的证据评价与证明标准》,载《行政法学研究》2004 年第 3 期。

[4] 解志勇、崔晓靖:《行政诉讼证明标准研究》,载《证据科学》2008 年第 4 期。

[5] 姬亚平:《论行政证据与行政诉讼证据关系之重构》,载《行政法学研究》2008 年第 4 期。

域中,行政实体法的效力在行政机关作出行政行为时就已经产生了,不需要通过行政诉讼法来实施,"事实上,合法行政行为的效力并不基于法院的裁判,而有其固有效力,不需要法院通过司法程序予以维护"。[1] 故行政诉讼法首要的不是实现行政实体法的程序法,行政诉讼的目的首要的不是维持或实施行政实体法的效力,而是对行政机关作出行政行为时适用行政实体法进行审查和评判,更多的是救济法和监督法,与行政实体法并没有类似民事与刑事领域中的从属关系,而是具有其独立的目的和功能,因此行政诉讼法具有独立性。进而,行政诉讼的证明标准亦并不依附于行政程序法为行政机关作出行政行为所设定的证明标准,而是具有独立性。

2. 独立的行政诉讼证明标准与行政程序证明标准的关系

行政程序中行政机关在作出不同的行政行为时,其适用的证明标准的确是多元的。以实践中多发的工商登记"形式审查"纠纷为例。《行政许可法》第56条等均规定,只要"申请材料齐全、符合法定形式",工商部门应当予以登记,这些被认为是工商部门只应"形式审查"的法律依据,其法律意义实际为采用较低的证明标准,其与《行政许可法》第55条规定的应当根据检验、检测、检疫的结果作出行政许可决定时适用的证明标准显然不同,也与《行政处罚法》第40条"行政机关必须查明事实;违法事实不清的,不得给予行政处罚"所确立的证明标准明显不同。

虽然行政诉讼证明标准与行政程序证明标准相互独立,然而我国实践中行政诉讼证明标准事实上对行政程序证明标准造成影响,也即行政机关为避免在行政诉讼中败诉,行政诉讼证明标准事实上会影响行政程序中证明标准的适用,"在行政诉讼中,某项证明标准的确立意味着行政机关在事实认定上需要达到同等的证明要求,否则法院将在判决中对其作出否定性评价"。[2] "在执法过程中就得考虑万一被诉至法院,如何能够赢得诉讼。那么,最好的方法就是在执法中按照诉讼法的标准要求自己。"[3] 因此,若在行政诉讼中采独立的一元标准需要回应这样的质疑:行政诉讼一元标准是否与行政程序中多元标准相冲突,从而造成行政机关在行政程序中事实上无法再适用多元标准,或者因在行政程序中合法的适用了多元标准却导致

---

〔1〕 江必新:《完善行政诉讼制度的若干思考》,载《中国法学》2013年第1期。

〔2〕 张力:《行政诉讼中"排除合理怀疑"的适用语境和路径》,载《证据科学》2015年第5期。

〔3〕 姬亚平:《论行政证据与行政诉讼证据关系之重构》,载《行政法学研究》2008年第4期。

在诉讼中败诉。

工商登记“形式审查”纠纷即为上述冲突的典型表现。为提高工商登记效率,《行政许可法》第56条规定了形式审查标准。但当市场监管部门形式审查的结果与实际情况不符,行政相对人或利害关系人以此为由起诉要求撤销工商登记时,市场监管部门以“申请材料齐全、符合法定形式”答辩往往使法院左右为难:一方面工商登记确与事实不符,另一方面市场监管部门形式审查确未违法,如果依据《行政许可法》第56条规定的形式审查标准裁判,则事实认定错误得不到纠正而违背实体正义,但如果按照高于形式审查标准对事实问题进行重新审查以纠正错误,市场监管部门往往又主张自己并未违法,若败诉则会造成市场监管部门对如何审查工商登记无所适从。笔者认为,上述纠纷实质就是行政诉讼证明标准选择问题,如果认为行政诉讼中也只应当形式审查,则是认为行政诉讼证明标准依附于《行政许可法》第56条设定的形式审查标准,而如果认为应当采用更高的证明标准以纠正事实认定错误,则是认为行政诉讼证明标准具有独立性。

然而,实践中法院较多的支持了市场监管部门的主张,致使事实认定错误无法得到纠正。例如“阳升集团有限公司与潍坊市高新技术产业开发区市场监督管理局工商行政处理纠纷案”[1]中,阳升集团以张帮举采取伪造该公司印章手段,在原工商局高新分局处登记设立潍坊分公司为由,起诉要求撤销潍坊分公司登记。在张帮举因伪造上述“阳升建设集团有限公司”印章,已被法院判处犯伪造公司印章罪的情况下,行政诉讼的一审、二审法院仍以形式审查为由,支持工商登记合法。那么,司法实践的这一多数选择,是否符合行政诉讼法的制度目的呢?笔者认为是不符合的。诚如前述,由于行政诉讼法与行政实体法关系的特殊性,行政诉讼法并不从属于行政实体法,故行政诉讼法追求区别于行政实体法的法价值,行政诉讼法首要的作为救济法和监督法,发现真实、维护实体正义、保障当事人合法权益等价值追求必然是优位的,故行政诉讼证明标准并不依附于行政程序证明标准,为了行政效率等而牺牲行政诉讼所追求的独立价值并无法律依据。相反,行政诉讼法及其证明标准的独立性,有宪法上的权力分立原则作为其依据。

实际上,司法实践中也有案例选择支持行政诉讼证明标准的独立性。

---

〔1〕 参见山东省高级人民法院(2015)鲁行再终字第5号行政判决书。

在“邱震钰、杨秀英与海南省工商行政管理局工商行政管理纠纷案”[1]中,最高人民法院经再审认为:

“即便工商行政管理机关作出该工商登记行为的材料齐全、符合法定形式,工商行政管理机关已经履行了形式审查的义务,在确有证据证明被诉工商行政管理机关作出的工商登记行为所依据的材料是虚假或错误时,也应确认违法。首先,确有实质错误的行政行为理应得到及时纠正。其次,《中华人民共和国行政诉讼法》第六十九条规定:‘行政行为证据确凿,适用法律、法规正确,符合法定程序的,或者原告申请被告履行法定职责或者给付义务理由不成立的,人民法院判决驳回原告的诉讼请求。’依法进行形式审查的行政行为,如果所依据的材料是虚假或错误的,显然不属于上述‘证据确凿’的情形,而应属于主要证据不足的行政行为。”

在该案中,最高人民法院认为即使在行政程序中采形式审查的标准,但在行政诉讼中应采区别于形式审查标准的“证据确凿”标准,从而实际认可行政诉讼的证明标准具有独立性,不受行政程序证明标准的决定。

仍需说明的一点是,独立的行政诉讼证明标准是否会反过来否定行政程序追求的行政效率等价值。仍以市场监管登记“形式审查”纠纷为例,独立的行政诉讼证明标准是否会使工商部门被迫提高市场监管登记程序中的证明标准?笔者认为,对这一问题的正确理解是:工商部门不应因行政诉讼采较高的独立证明标准,而提高市场监管登记程序中的证明标准,从而反而造成违背工商登记程序证明标准的结果,市场监管部门仍应按法律规定的“申请材料齐全、符合法定形式”来办理工商登记。而行政诉讼此时扮演着类似“事后审查”的角色,在大量的未发生争议的工商登记得以高效办理的情况下,对例外发生争议的适用行政诉讼独立的更高证明标准,将确有事实认定错误的市场监管登记予以纠正,从而形成前阶行政程序高效登记,后阶司法程序保障真实的良性机制。因此,独立的行政诉讼证明标准并不会否定行政程序的效率价值,而是应当建立配套机制,防止市场监管部门因为害怕败诉而被迫提高工商登记程序中的证明标准,例如,相关考评和指标应取消对工商部门尽到形式审查义务,但市场监管登记与事实不符而被撤销案件的负面评价,使上述良性机制得以正常运转。

综上所述,由于行政诉讼法与行政实体法的关系与民事和刑事领域存

[1] 参见中华人民共和国最高人民法院(2016)最高法行申1286号行政裁定书。

在根本差异,行政诉讼法不是行政实体法的实施法,而更多的是救济法和监督法,故行政诉讼法具有独立的制度目的和价值追求,也决定了行政诉讼的证明标准并不依附于行政程序中的证明标准,行政诉讼证明标准具有独立性。因此笔者认为,我国行政诉讼应当建构独立的一般证明标准。

三、两大法系差异背景下我国行政诉讼一般证明标准的法理定位

要建构我国行政诉讼的一般证明标准,则需阐明该一般证明标准的内涵。应以法律真实而非客观真实作为证明标准已是共识,由于人对已发生事实的认知能力有限,任何对客观性的宣称都可能只是表面上的客观性,[1]"在很多情况下,案件事实达到百分之百的客观真实对于诉讼活动而言,既是不需要的,也是不可能的"。[2] 故证明活动是应由法官依自由心证原则进行亦是公论,我国《最高人民法院关于行政诉讼证据若干问题的规定》第55条亦规定了自由心证原则。但法官自由心证的内容是什么,仍有研讨的空间,对此问题大陆法系与英美法系的认知存在差异,使得以规范法官自由心证为目的的证明标准之法理定位也在两个法系呈现差异。因此,我国行政诉讼要建构内涵清晰的一般证明标准,需在厘清其法理定位的基础上才能进一步阐明。

(一)证明标准法理的法系差异

1.英美法系的盖然性确信理论

盖然性确信理论认为,事实认定仍为法官的内心确信,但法官不是对待证事实为真实形成内心确信,而是对待证事实达到一定程度的盖然性形成内心确信:"主张盖然性证明论者认为,所有之证明均属盖然性证明,亦即,证明活动仅系为求得一盖然性之确信而已,非以对真实有所确信为目的。"[3]

盖然性确信理论在英美法系占据主导地位。以美国法为例,法律中主要有三种证明标准:(1)优势证据标准(preponderance of evidence)是美国民事诉讼的一般证明标准,其涵义为"某事的发生较其不发生有更高的盖然性";(2)排除合理怀疑标准(beyond a reasonable doubt)是美国刑事诉讼的

---

〔1〕 参见樊崇义:《客观真实管见——兼论刑事诉讼证明标准》,载《中国法学》2000年第1期。

〔2〕 马怀德、刘东亮:《行政诉讼证据问题研究》,载何家弘主编:《证据学论坛》(第四卷),中国检察出版社2000年版,第220页。

〔3〕 姜世明:《举证责任与证明度》,厦门大学出版社2017年版,第114页。

一般证明标准，其实质“证明达到一近乎确定的程度”；(3)“明白且具信服力的证据”(clear and convincing evidence)是前两个标准的一个中间标准，其涵义为“某事实的发生较不发生有非常高的盖然性”。[1] 可见，美国法中的三个证明标准，均是建立在盖然性的基础上的，故美国法认为，法官的心证内容是盖然性，“承认‘真实的发现乃一盖然性的问题’系诚实的、合理的且有益的；一个法体系应依所要达成的目的决定最佳的盖然性证明度标准”。[2]

盖然性确信理论的优点在于，其既坚持了自由心证原则，又使法官心证因盖然性的引入而呈现客观性，有利于证明标准的明确性、确定性和可操作性，有利于法官心证受客观化标准的规范。但盖然性确信理论亦遭到批评：首先，具体待证事实的盖然性无法确定，“在大多数情形中，证明结果的肯定性是无法计算的”；[3] 其次，盖然性确信理论使法官心证背离发现真实的目的，违反了诉讼法和实体法。

2. 大陆法系的真实确信理论

真实确信理论认为，证明标准并非盖然性数值，法官确信的内容不是某一待证事实有多大盖然性，而是某一待证事实为真实，也即法官凭个人内在观点，对于待证事实的真实性产生个人认同的无可回避感。真实确信理论是大陆法系的通说。

(1)德国

《德国民事诉讼法》第286条第1款规定：“法院应考虑言辞辩论的全部内容以及已有的调查证据的结果，经过自由心证，以判断事实上的主张是否可以认为真实。作为法官心证根据的理由，应在判决中记明。”在该条款中，明确要求以“真实”作为证明标准，理论上的通说也认为德国民事诉讼采真实确信理论，“《德国民事诉讼法》第286条要求法官的完全确信”。[4] 并且，德国联邦最高法院在著名的“安娜塔西娅真假公主案”[5] 判例中明确反对盖然性确信理论：“下面这一观点是错误的：即法院可满足于‘以肯定性为限的盖然性’，倘若由此将导致法官放弃对真实性获得确信。”[6] 此后，真实

---

〔1〕 参见黄国昌：《民事诉讼理论之新展开》，北京大学出版社2008年版，第86页。

〔2〕 黄国昌：《民事诉讼理论之新展开》，北京大学出版社2008年版，第87页。

〔3〕 [德]罗森贝克、施瓦布、戈特瓦尔德：《德国民事诉讼法》(下)，李大雪译，中国法制出版社2007年版，第837页。

〔4〕 [德]尧厄尼希：《民事诉讼法》，周翠译，法律出版社2003年版，第262页。

〔5〕 BGHZ 53,245.

〔6〕 [德]穆泽拉克：《德国民事诉讼法基础教程》，周翠译，中国政法大学出版社2005年版，第268页。

确信理论在德国占据主导。

就德国行政诉讼而言，虽然《德国行政法院法》规定自由心证原则的第108条第1款与《德国民事诉讼法》第286条第1款用语不尽相同，未有“是否可以认为真实”之用语，但德国理论上通说认为，德国行政诉讼与民事诉讼所采证明标准相同，也以“真实”作为证明标准。[1]

(2)日本

《日本民事诉讼法》第247条存在与《德国民事诉讼法》第286条第1款类似的“是否可以认为真实”之用语，故其理论上通说认为日本民事诉讼证明标准采真实确信理论。“法官对提供的一切资料依自由心证作出评判，直到确信当事人的事实主张，才认定该事实。所谓的‘确信’即指社会上普通人的不夹杂任何疑念的相信。如果不能确信变不能认定该事实，遵循立证责任分配原则，将不利结果归之于当事人某一方。”[2]

(3)我国台湾地区

我国台湾地区行政诉讼理论通说同样采真实确信理论，“在行政诉讼上以及税务诉讼上，一般通说认为应使法官完全确信其事实上之主张为真实之程度……亦即采取所谓‘原则的证明程度’……上述‘原则的证明程度’也可谓是采取‘真实确信理论’。”[3]

真实确信理论虽强调证明标准应为法官内心确信为真实，但其并非要意在将真实的确信完全交由法官个人任意决定，而是要求法官形成确信应借助一定的客观化工具，使其心证应能予以公开为外界知晓，并能依客观化的标准进行审查。因此，真实确信理论包含一重要内容，即如何通过客观化的工具来描述和表达对真实的内心确信状态，后文将对此进行论述。

(二)我国行政诉讼证明标准的法理定位——大陆法系的真实确信理论

笔者认为，我国行政诉讼一般证明标准应当以大陆法系通说的真实确信理论作为其法理基础，理由论证如下：

随着英美法系制定了大量的法典，大陆法系日益重视判例的作用，仅从法典与判例法的形式差异认知大陆法系与英美法系的区别，已经是一种

[1] 参见吴东都：《行政诉讼之举证责任——以德国法为中心》，台北，学林文化2001年版，第42页。
[2] [日]中村英郎：《新民事诉讼法讲义》，陈刚、林剑锋、郭美松译，法律出版社2001年版，第199页。
[3] 陈清秀：《行政诉讼法》，法律出版社2016年版，第534页。

误解。[1] 两个法系真正的区别在于法律形式差异背后法律适用方法的不同："大陆法的制度不同于普通法制度，犹如理性主义不同于经验主义，或演绎推理不同于归纳推理一样。大陆法的法律人推理自然地从原则到个案，普通法法律人则从个案到原则，大陆法法律人坚信三段论法，而普通法法律人则信奉先例。"[2]尽管大陆法系日益重视判例制度，英美法系也制定了大量的制定法，但两大法系在法律适用方法上的差异并未改变。[3] 以我国的指导案例制度为例，对指导案例的参照适用多是将指导案例的裁判要旨作为大前提，仍按三段论法予以直接适用，而非从指导案例具体事实出发所进行的类比推理。这一状况并非只有我国存在，"表明整个欧洲大陆'从案件到案件推理'艺术至今仍然如何不发达的另一个方面，是那里不加批评地使用在发表的判决前面所载的'判决要旨'"。[4] 此种大陆法系只取判例法之形式，未取判例法之类比推理思维实质的现象，也凸显了两个法系的根本差异。

受法律适用思维方法差异所决定，两个法系的诉讼制度也存在区别。有论者极具启发的将大陆法系诉讼制度称为"规范出发型诉讼"，将英美法系的诉讼制度称为"事实出发型诉讼"，"大陆法是从规范出来对待诉讼，而英美法是从事实出发来把握诉讼，正是两者思维出发点的不同，导致了两者在制度层面上的众多差异"。[5] 在大陆法系的规范出发型诉讼中，诉讼是从作为大前提的法规范出发去发现事实，因而大前提法规范中规定的"要件事实"是一个在先的绝对概念，小前提案件事实只能要么符合大前提要件事实，要么不符合。故大陆法系不承认要件事实在现实中存在中间状态，法规范要求现实与构成要件完全符合才会得以适用。因此，大陆法系以"真实"作为法官内心确信的内容，"罗马型诉讼规定必须查明原告主张的权利是否属实(规范出发型诉讼)……让法官确信其实，否则，法官便不会认可其权利"。[6] 在英美法系的事实出发型诉讼中，由于其是从事实中发现法律，故

---

〔1〕 参见[美]约翰·亨利·梅利曼：《大陆法系》，顾培东、禄正平译，法律出版社2004年版，第26～33页。

〔2〕 [德]茨威格特、克茨：《比较法总论》(上)，潘汉典等译，中国法制出版社2017年版，第464页。

〔3〕 关于英美法系判例法和制定法的关系，可参见[美]约翰·亨利·梅利曼：《大陆法系》，顾培东、禄正平译，法律出版社2004年版，第32页。

〔4〕 [德]茨威格特、克茨：《比较法总论》(上)，潘汉典等译，中国法制出版社2017年版，第474页。

〔5〕 [日]中村英郎：《新民事诉讼法讲义》，陈刚、林剑锋、郭美松译，法律出版社2001年版，第20页。

〔6〕 [日]中村英郎：《新民事诉讼法讲义》，陈刚、林剑锋、郭美松译，法律出版社2001年版，第200页。

英美法系对“事实”概念的理解并非以法规范为基础,而是以人对现实的认知状态为基础,是先有对事实的认知,而后才在事实中发现个案中的法。[1]故在人对现实的认知中,无可否认地存在“将信将疑”等认知事实的中间状态,从而英美法系区分“终极事实”(ultimate facts)和中间事实,中间事实意味着事实并非存在或不存在,而是呈现一定的盖然性。因此,英美法系认可将盖然性作为法官内心确信的内容,并以此设立证明标准,“所谓证据优越的盖然性,即指诉讼在本来事实中发现法的日耳曼型诉讼的(事实出发型诉讼)一种观点”。[2]

英美法系理论上认为以盖然性为内容设立证明标准,更符合其正义的观念,因为要么全有,要么全无的事实理念,将使得法院的事实认定要么正确,要么错误,而容许中间事实则可有效降低全有或全无所带来的错误判决,“支持以‘证据之优越’作为证明度标准的理由在于该标准优于其他任何标准的证明度,将错误判决的总体成本降至最低”。[3] 从该理由可以看出,英美法系的事实认定是要尽力发现适用于不同个案的法,是要尽力实现不同个案的个案正义,因此,认可各种不同盖然性的中间事实,以发现不同盖然性中间事实中不同的法和个案正义。

但大陆法系不同,大陆法系的正义已经由制定法预先设定,诉讼法的目的不是去发现个案中的法和正义,而是将制定法预先设定的正义实施到个案中,因此,大陆法系的诉讼法要解决的问题是法规范的要件事实存在或不存在,若存在则要将法规范规定的正义予以实现,若不存在则不适用法规范,这其中就是全有或全无,没有中间状态。因此,大陆法系以“真实”作为法官内心确信的内容,以“真实”作为诉讼的证明标准。

我国整体上属大陆法系,行政诉讼事实调查制度以查明法规范的要件事实是否存在为中心,只有法规范的要件事实被证明真实存在,才能适用法律,没有法律规定当要件事实呈现一定的盖然性时可以适用法律,只有当行政行为存在违法的事实时才会被撤销,而非行政行为有 90% 的可能违法即会被撤销。因此,笔者认为,我国行政诉讼的一般证明标准应定位在大陆法

---

〔1〕 关于英美法系判例法的具体推理过程,参见[德]茨威格特、克茨:《比较法总论》(上),潘汉典等译,中国法制出版社 2017 年版,第 472~473 页。

〔2〕 [日]中村英郎:《新民事诉讼法讲义》,陈刚、林剑锋、郭美松译,法律出版社 2001 年版,第 199 页。

〔3〕 黄国昌:《民事诉讼理论之新展开》,北京大学出版社 2008 年版,第 87 页。

系的真实确信理论，而非盖然性确信理论，简单将“优势证据”“排除合理怀疑”等英美法盖然性确信理论背景下的证明标准引入我国行政诉讼，不符合我国的实际。

四、我国行政诉讼一般证明标准的建构

将我国行政诉讼的一般证明标准定位在真实确信理论，则可在此基础上进一步建构一般证明标准的内涵。笔者主张，以我国《行政诉讼法》第 69 条规定的“证据确凿”作为制度资源，对“证据确凿”按真实确信理论予以阐释和建构，为其注入具体内涵，以作为我国行政诉讼的一般证明标准。

（一）以法定的证据确凿标准作为建构一般证明标准的制度资源

虽然普遍认为我国《行政诉讼法》未规定证明标准，但证明标准实乃一项诉讼制度无法回避的重要内容：“证明标准在公布的《行政证据规定》中虽然未作规定，但是在每一件行政案件证据的审查和运用过程中，证明标准都随时随地在发挥其重要作用，任何一个法官或者具有司法权的人员都不能回避证明标准问题。”[1]因此，实际上我国《行政诉讼法》在规定诉讼中的事实认定时不可避免地会涉及证明标准问题，否则法官何时能认定待证事实存在则无所依凭。笔者认为，《行政诉讼法》第 69 条即规定了法官认定事实时的证明标准，该条规定：“行政行为证据确凿，适用法律、法规正确，符合法定程序的，或者原告申请被告履行法定职责或者给付义务理由不成立的，人民法院判决驳回原告的诉讼请求。”可见，行政行为对事实的认定，要达到证据确凿的程度，才能被法院认为真实，此即典型的对证明标准的规定。

笔者于 2018 年 11 月 7 日在中国裁判文书网上检索包含“证据确凿”关键词的行政案件裁判文书，共找到 169, 560 个结果。可见，“证据确凿”已经是我国行政审判实践中广泛使用的法律概念。并且，在前述“邱某钰、杨某英与海南省工商行政管理局工商行政管理纠纷案”[2]中，最高人民法院明确将“证据确凿”作为证明标准予以适用。因此，笔者认为，“证据确凿”是我们建构行政诉讼一般证明标准的现有制度资源，没有必要另行创设其他法律概念或标准，以有利于统一认识，避免产生新的混乱。

---

〔1〕 李国光主编、最高人民法院行政审判庭编著：《最高人民法院〈关于行政诉讼证据若干问题的规定〉释义与适用》，人民法院出版社 2015 年版，第 170 页。

〔2〕 参见中华人民共和国最高人民法院（2016）最高法行申 1286 号行政裁定书。

然而，何为“证据确凿”仍有进一步予以阐释的空间，“证据确凿”本属不确定法律概念，能够通过理论阐释和司法适用对其注入新的内涵，亦并不造成违背“证据确凿”文义的后果。故笔者主张，基于真实确信理论对证据确凿标准的重构，为证据确凿标准注入真实确信理论的内涵。

（二）基于真实确信理论对证据确凿标准的建构

诚如前述，我国整体上属大陆法系，故笔者主张我国行政诉讼的一般证明标准应定位在真实确信理论，即应以法官内心确信为真实作为证明标准。但此种法官确信为真实的内心状态，应当能够予以公开为外界知晓，并能对其进行审查，否则将造成对真实的确信完全交由法官个人任意决定，从而造成法官恣意。因此，基于真实确信理论建构证明标准，其重要内容即对确信为真实的内心状态予以明确界定。

对确信为真实的内心状态予以界定，德国法的理论具有重要的参考价值。如前所述，《德国民事诉讼法》第 286 条第 1 款明确要求以“真实”作为证明标准，理论上的通说也认为德国民事诉讼采真实确信理论。德国实践和理论对《德国民事诉讼法》第 286 条第 1 款规定的确信为“真实”的内心状态究竟为何，通说采“实际生活中必要程度的确信”。该“实际生活中必要程度的确信”，为德国联邦最高法院所采，在前述“安娜塔西娅真假公主案”中予以确立：“法官在判断待证事实真伪时，必须产生在实际生活中必要程度之确信，使其心中怀疑沉默，但无需完全排除之。”[1]德国联邦最高法院的这一见解，被德国联邦行政法院采纳和支持，在著名的“土耳其人政治庇护案”[2]中，德国联邦行政法院指明依据安娜塔西亚案确立的“实际生活中必要程度的确信”进行裁判，故“实际生活中必要程度的确信”亦作为德国行政诉讼中“真实”证明标准的内涵。

德国司法判例提出的“实际生活中必要程度的确信”，为《德国民事诉讼法》第 286 条第 1 款规定的“真实”之法定证明标准提供了内涵，法官只要基于实际生活经验中获得的认知，从一般理性人的角度，能够确信待证事实存在，即可认为属“真实”，而无须达到基于专业知识之真实，例如无须达到鉴定人所认为之真实，“在裁判事实问题时，法官并不采用科学的基础，而是使

---

〔1〕 姜世明：《举证责任与证明度》，厦门大学出版社 2017 年版，第 118 页。

〔2〕 BVerwG NVwZ 1985. 658. 转引自刘建宏：《行政争讼证明度之研究——交通裁决实践诉讼程序中法院裁判证明度问题之检讨》，载《中原财经法学》2013 年 6 月。

用从日常经验中获得的认知”。[1] 并且,上述德国司法判例还对“实际生活中必要程度的确信”予以进一步阐释,即“使心中怀疑沉默,但无需完全排除”,从而使法定的“真实”标准之内涵更为丰满。

需要说明的是,德国有论者对“实际生活中必要程度的确信”引入盖然性予以解说,例如有提出“实际生活中必要程度的确信”为“以肯定为限的盖然性”、“高度盖然性”或“优势的盖然性”。[2] 但按德国联邦最高法院对盖然性确信理论的明确拒绝态度,这些理论对盖然性的主张,其价值只在于利用盖然性来对“实际生活中必要程度的确信”进行解说,而不是要将真实确信替换为盖然性确信,真实确信才是德国的通说。

笔者对“实际生活中必要程度的确信”有如下评价:首先,由于人的内心状态难以用语言准确界定,故上述德国主张采用描述的方式表达确信为真实的内心状态,已经具有足够的明确性,能够让人感知和共享其所欲描述和界定的内心状态,因此该主张具有足够的规范意义,能够作为法定的证明标准之内涵;其次,通过实际生活中的普遍理性,使法官内心确信相对客观化,其客观化程度足以使证明标准具备可操作性和可审查性,使我们能够用日常经验法则和逻辑规则对法官心证是否达到证明标准进行审查,并且该客观化程度又未使证明标准遁入盖然性确信理论甚或客观说,坚持了自由心证原则,较好的平衡了法官内心确信与法的安定性等价值之间的张力。

可见,上述德国主张成功的将德国“真实”之法定证明标准界定在了真实确信理论的区间,并又使“真实”标准具备了足够的明确性、确定性和可审查性,故笔者主张,将其亦作为我国行政诉讼“证据确凿”标准的内涵。因此,笔者将“证据确凿”界定为:证据确凿,指法官的心证达到实际生活中必要程度的确信,使心中怀疑沉默,但无需完全排除。基于此界定,笔者提出以“证据确凿”作为我国行政诉讼的一般证明标准。以此界定观之,笔者主张的证据确凿标准,其对证明的要求略低于我国《刑事诉讼法》规定的排除合理怀疑标准,因为我们对证据确凿的界定无须完全排除怀疑,仅可使怀疑沉默即可。另一方面,证据确凿标准明显高于2001年《最高人民法院关于民事诉讼证据的若干规定》第73条第1款规定的优势证据标准,仅一方证据

〔1〕 [德]穆泽拉克:《德国民事诉讼法基础教程》,周翠译,中国政法大学出版社2005年版,第267页。

〔2〕 参见[德]穆泽拉克:《德国民事诉讼法基础教程》,周翠译,中国政法大学出版社2005年版,第267页;吴东都:《行政诉讼之举证责任——以德国法为中心》,台北,学林文化2001年版,第48~49页。

的证明力有优势，但未达到实际生活中必要程度的确信，未能使怀疑沉默，法官未形成待证事实为真实的确信的，不能认定待证事实存在（2019 年 10 月 14 日修改后的《最高人民法院关于民事诉讼证据的若干规定》删除了这一规定）。

五、我国行政诉讼证明标准由多元论向一元分层论的转向

多元论片面地强调了证明标准的灵活性需求，故笔者主张通过建构一般证明标准，克服多元论给我国行政诉讼证明标准的法之安定性带来的不利影响，保障实体法的正确适用，保障诉讼法上程序正义的实现。然而，有时基于实体法或诉讼法的特殊考量，的确需要降低或提高证明标准。故有支持多元论的论者即从灵活性不足的角度对一般证明标准提出批评："在我国行政诉讼中存在着不同类型的行政纠纷，单一的证明标准缺乏灵活性、应变性，不能满足行政诉讼中出现的纷繁复杂的情况。"[1]"一元化的证明标准凸显了人们对事实认知的过度乐观，也在规范与事实之间刨出了一条深深的鸿沟。"[2]

然而，一般证明标准亦有增进灵活性的法理，即通过在例外情形中提高或降低一般证明标准，以缓解一般证明标准灵活性不足的问题。因此，我国行政诉讼可以在建构一般证明标准的基础上，辅以提高或者降低一般证明标准的法理，从而形成分层式的证明标准，能够在保证证明标准的法之安定性基础上，与证明标准的灵活性取得平衡。

但例外的提高或者降低一般证明标准，即例外的不适用一般证明标准，需要有正当理由，否则将导致一般证明标准被架空。笔者主张，由于决定证明标准的是实体法价值和诉讼法价值，因此，只有在实体法或诉讼法表明属于不适用一般证明标准的例外情况，才能提高或者降低证明标准，也即提高或者降低证明标准应有法律依据，一般证明标准的法之安定性与灵活性之间的平衡，应有法律来予以把握，除非存在需要司法填补的法律漏洞。此一观点理论上亦有所主张："证明减轻，服务于武器平等与程序公平的目的，原则上应当由法律明文创设；即便允许法官进行法律续造，也应当基于特别的

---

〔1〕 曹恒民：《行政诉讼中证明标准的重构》，载《法学杂志》2012 年第 8 期。

〔2〕 张力：《行政诉讼中"排除合理怀疑"的适用语境和路径》，载《证据科学》2015 年第 5 期。

合法授权和必要理由。"[1]"还是应当在特定的案件类型中,通过明示的实定法解释论之根据来降低证明度。"[2]因此,有必要阐明一般证明标准分层化的具体方式,以有利于司法实践。

(一)一般证明标准分层化的方式

1. 依法律规定

过高或过低的证明标准,造成实体法无法适用或过泛适用,违背实体法的目的,"值得注意的是,如果将证明实体法上请求权之要件事实,所必须之证明程度降低时,则意味着扩大请求权基础,其结果有关实体法规定之法律效果,竟以证据法自己为基础加以决定,实质上可能变相变更实体法规定,而有违反依法行政原则之虞"。[3] 因此,实体法或诉讼法会基于某种目的表明其提高或者降低证明标准的意图。例如,《反垄断法》第 3 条第 3 项规定的"具有或者可能具有排除、限制竞争效果的经营者集中"属于垄断行为。该条款"可能具有"之用语,即明显包含降低一般证明标准的意图。又如,《反垄断法》第 28 条规定:"经营者集中具有或者可能具有排除、限制竞争效果的,国务院反垄断执法机构应当作出禁止经营者集中的决定。但是,经营者能够证明该集中对竞争产生的有利影响明显大于不利影响,或者符合社会公共利益的,国务院反垄断执法机构可以作出对经营者集中不予禁止的决定。"该条款中第 1 句中"可能具有"之用语,亦明显包含降低一般证明标准的意图,而第 2 句中"有利影响明显大于不利影响"之规定,则显然包含提高证明标准的意图,经营者要将其"有利影响大于不利影响"证明至"明显"的程度,方能认可构成要件事实得以证明。再如,前述"政府信息不存在"争议中,依据《政府信息公开条例》第 20 条第 2 项规定,申请人仅需提交"申请公开的政府信息的内容描述",即可证明其所申请公开的政府信息存在,故该条款包含降低证明标准的意图。可见,法律通过多种表述方式,提高或者降低证明标准,我们在司法实践中应注意辨识。

法律可能基于多种理由提供或者降低一般证明标准。有的实体法取向于保障负举证责任一方主体,此时则应较一般证明标准有所降低,以有利于负举证责任一方,前述《政府信息公开条例》第 20 条第 2 项即是此种情况,

〔1〕 周翠:《从事实推定走向表见证明》,载《现代法学》2014 年第 6 期。

〔2〕 [日]高桥宏志:《民事诉讼法:制度与理论的深层分析》,林剑锋译,法律出版社 2004 年版,第 476 页。

〔3〕 陈清秀:《行政诉讼法》,法律出版社 2016 年版,第 534 页。

该条款基于利于负举证责任之行政相对人的目的降低证明标准。而有的实体法则取向于保障不负举证责任一方主体,此时即应较一般证明标准有所提高,以不利于负举证责任一方,前述《反垄断法》第28条第2句即是此种情况,为保障行政机关所代表的公共利益,该条款提高了经营者的证明标准。另外,法律还可能基于证明距离、武器平等、诚信原则等诉讼法目的提高或者降低证明标准,限于篇幅不再一一举例。

值得在此强调的是,基于行政程序的效率价值而对证明标准进行的降低,不能拘束行政诉讼,不在行政诉讼中产生降低一般证明标准的法律效果。前述工商登记"形式审查"纠纷中,《行政许可法》第56条等规定的"申请材料齐全、符合法定形式",亦具有降低证明标准的意图,但该规定是对工商登记行政程序证明标准的降低,并且决定该降低的是行政程序的效率价值,因此该规定对证明标准的降低对行政诉讼没有拘束力,此一类"形式审查"争议仍应适用一般证明标准,我们在司法实践中应注意辨识。

2. 依特殊证明规则

除了法律的明确规定,若干特殊证明规则被普遍认为包含降低证明标准的规范意旨。主要的是证明妨碍规则和法院酌定赔偿额规则。就证明妨碍规则而言,当有一方当事人存在证明妨碍行为时,证明妨碍规则的适用被认为有降低另一方当事人证明标准的法律效果。就法院酌定赔偿额规则而言,当赔偿额证明困难时,法院酌定赔偿额规则的适用被认为可使法院降低证明标准以认定赔偿额。我国行政诉讼均规定了这两项特殊证明规则,限于主题和篇幅,笔者拟另撰文述之。

3. 证明困境中的法院裁量

除前述两点有法律依据和法理根据,能够降低或提高一般证明标准的情形外,是否容许法官针对个案裁量降低证明标准,值得研讨。

德国行政诉讼理论上基本认可法院在例外情况下裁量降低证明标准,其理由在于司法填补法律漏洞之法理,也即一般证明标准在个别情况下将导致本应得到证明的事实因无法达到较高之证明标准而不能适用实体法,从而存在违背实体法调整该等事实的目的,此等情况下应容许法院填补一般证明标准的法律漏洞。[1] 司法填补法律漏洞之法理固属有理,可以支撑司法在个案中降低一般证明标准,但关键问题乃在于何等事实之证明可由

---

〔1〕 参见吴东都:《行政诉讼之举证责任——以德国法为中心》,台北,学林文化2001年版,第54页。

司法降低标准，若过于宽泛，将使一般证明标准相对化，破坏一般证明标准的安定性。因此，在德国实践中，仅有个别案件法院认定可降低证明标准：(1)受纳粹迫害之人或战争受害者对损害的证明；(2)寻求庇护人祖国发生的致使其寻求庇护的事实之证明；(3)拒服带武器兵役者的“良心决定”之证明。可见，德国判例中，仅将司法裁量降低证明标准限定在极少的特殊案件中，并且德国联邦行政法院明确否认当事人无责任的不能证明之概括情形，不是法院降低证明标准的理由。〔1〕

笔者赞同德国法上不容许将“当事人无责任的不能证明”之概括情形作为法院裁量降低证明标准的理由，也即此种情形不认为是一般证明标准的法律漏洞，以避免一般证明标准因该理由的泛化适用而被架空。在无法律依据的情况下，法院裁量降低证明标准的理由应较为严格，笔者认为，至少应当同时满足“受影响权益的重大性”和“事实就自身性质确难以证明”这两个条件。前述德国的三类案件，即是因历史久远难以证明且受影响权益重大(受纳粹迫害之人或战争受害者对损害的证明)，因无法返回祖国客观上无法证明且受影响权益重大(寻求庇护人祖国发生的致使其寻求庇护的事实之证明)或者属难以证明的主观内心动机且受影响权益重大(拒服带武器兵役者的“良心决定”之证明)，对我国司法实践具有类比参考的价值。

(二)一元分层论的应用：重新审视“廖宗荣案”

案例：廖宗荣与重庆市公安局交通管理局第二支队道路交通管理行政处罚纠纷案。〔2〕

基本案情：2005年7月26日8时30分，原告廖宗荣驾驶车小轿车，被告交警二支队的执勤交通警察陶祖坤示意原告靠边停车，指出廖宗荣在大溪沟嘉陵江滨江路加油站的道路隔离带缺口处，无视禁止左转弯交通标志违规左转弯。廖宗荣申辩自己未左转弯，警察未看清楚。陶祖坤认为廖宗荣违反禁令标志行车的事实是清楚的，遂向廖宗荣出具516号行政处罚决定书。廖宗荣不服，提起行政诉讼，请求判令撤销516号行政处罚决定书，理由为：认为516号行政处罚决定书是一名交通警察在仅凭个人主观臆断的情况下作出的，事实不清且没有证据。

〔1〕 参见吴东都：《行政诉讼之举证责任——以德国法为中心》，台北，学林文化2001年版，第57～59页。

〔2〕 参见《最高人民法院公报》2007年第1期。

一审法院判决："虽然只有陶祖坤一人的陈述证实，但只要陶祖坤是依法执行公务的人员，其陈述的客观真实性得到证实，也没有证据证明陶祖坤与廖宗荣之间存在利害关系，陶祖坤一人的陈述就是证明廖宗荣有违反禁令左转弯行为的优势证据，应当作为认定事实的根据。"一审宣判后，双方当事人均未提出上诉，一审判决发生法律效力。

廖宗荣案是支持我国行政诉讼采多元证明标准的重要案例。该案中，一审判决明确以优势证据作为该案的证明标准，其理由是道路上的交通违法之瞬时性造成取证困难，因此，必须降低证明标准，否则不利于维护道路交通安全秩序。该案的裁判要旨也得到了理论上的支持："廖宗荣案判决为道路交通行政处罚简易程序案件的司法审查，引入了优势证据标准。同时针对违章拐弯、压黄线、鸣喇叭、超速驾驶等等违反交通信号灯、交通标志、交通标线和交通警察的指挥等数量众多、情节轻微的行为，行政执法机关和人员在适用简易程序时，也可遵循优势证据标准。"[1]甚至出现主张认为在简易程序中行政机关不用收集证据："在廖宗荣一案中，法院放弃对行政机关认定事实的证据的审查，事实上肯定了在简易程序中，行政主体在不收集证据情况下，当场作出处罚决定的执法实践。"[2]但笔者认为，一审判决降低证明标准没有法律依据，从本文提出的一元分层论角度看，该案并不符合降低证明标准的法理和条件。

1. 一审判决降低证明标准没有法律依据

案前述一元分层论的观点，一般证明标准系法定，对其提高或者降低应有法律依据。就廖宗荣案而言，依据《行政处罚法》第 51 条，适用简易程序反而应当提高证明标准。《行政处罚法》第 51 条规定，"违法事实确凿"才能适用交易程序，相对于《行政处罚法》第 40 条规定一般程序中违法事实清楚即可处罚的证明标准，"违法事实确凿"显然要求更高。并且笔者认为，按照简易程序当场处罚的，行政机关仍须收集证据，只是法律未对证据的形式提出严格要求，行政机关工作人员凭借"眼见为实"亦可作为其形成内心确信的证据。但此时行政机关工作人员形成内心确信的证明标准并未降低，依前述《行政处罚法》第 51 条，应达到违法事实"确凿"的程度，方可当场认定

〔1〕 宋华琳：《当场行政处罚中的证明标准及法律适用》，载《交大法学》第 1 卷（2010 年）。

〔2〕 周欣：《从廖宗荣案论法院对行政行为的审查》，载《黑龙江省政法管理干部学院学报》2008 年第 2 期。

存在违法行为，并且显而易见的是，行政机关工作人员对其“眼见为实”的违法事实形成内心确信，此时的证明标准是非常高的，明显达到了证据确凿的心证状态。因此，简易程序的证明法意义并非降低证明标准，而是在证明方式和证据形式上允许行政机关采自由证明，无须严格证明，并且由于对证明方式和证据形式要求的降低，当场处罚程序的证明标准反而较一般程序有所提高。这才是按照《行政处罚法》上述的明确规定，对当场处罚程序的正确证明法理解。

《行政处罚法》第 51 条对简易程序提高证明标准，有其正当性。依据依法行政原则，行政机关本应先取证，后裁决，并且取证方式和证据形式应采用严格证明，以备日后依照法律对其进行监督。而由于交通违法之瞬时性造成取证困难，故无法苛求行政机关按照严格证明和法定证据形式收集证据，但此时并非意味着行政机关可以不取证，行政机关仍需取证，简易程序对当场处罚的规定只是允许行政机关采取法定证据形式之外的证明方式，本案查处交通违法中即是容许行政机关执法人员“眼见为实”。由于证明方式和证据形式约束上的放松，《行政处罚法》第 51 条对证明标准予以提高，行政机关工作人员只有在认为证据确凿时方能当场处罚，保障了查明事实、依法行政的实体正义，这一立法有其正当性，符合前述决定证明标准的证明法原理。因此，依据《行政处罚法》第 51 条的规定，简易程序的证明标准应当较一般程序更高，并且该做法是出于实体法目的的考虑，对行政诉讼具有拘束力，故廖宗荣案一审判决降低证明标准没有法律依据。

在没有法律依据的情况下降低证明标准，必有其不利影响。对简易程序适用优势证据标准的不良后果是：本应遵循《行政处罚法》明确规定的证据确凿标准，但却容许行政机关按优势证据标准作出当场处罚，从而大大扩张了当场处罚的适用范围，仅有优势证据即可当场处罚，从而实际上鼓励行政机关疏于调查取证，在对违法事实未形成内心确信时即可作出处罚，这明显不利于督促行政机关依法行政。理论上对该裁判要旨的支持将这种不利影响放大：“在此案的指导下，交通安全管理、治安管理以及其他具有相似性质的管理活动中，执法人员可以在不先行收集证据的情况下，直接适用简易程序对违法行为作出处罚，而无须担心其行为会因‘证据不足’

而被法院撤销。"[1]可见,理论上也陷入当场处罚应当放松,甚至取消对行政机关调查取证的要求之误解。其实不仅从上述《行政处罚法》的明确规定,单从一般人的普遍理性亦可得知,一般程序尚且要求查明事实后再作出处罚决定,当场作出处罚决定之简易程序必定是在违法行为之存在已无须质疑之情况才具有正当性。此等无须质疑的内心确信状态,岂是较低之优势证据标准所能达至。

2. 本案不属于需要法院填补一般证明标准漏洞的情形

诚如前述一般证明标准分层化之法理,如果存在法律漏洞,法院可在个案中裁量降低证明标准。那么"廖宗荣案"法院降低证明标准能否从司法填补法律漏洞的角度予以理解呢?是否不降低证明标准就会导致交通违法行为得不到查处的不公正结果?其实并非如此。笔者认为,在道路交通执法中"一对一证据"的情况下,通过引入表见证明(Anscheinsbeweis),即能使交警依据"眼见为实"认定的交通违法行为达到证据确凿的证明标准。

表见证明规则,是德国法通过判例建立起来的一项特殊证明规则,[2]是指法院基于由一般生活经验推得的典型事实经过,从一存在的事实,推断另一对于裁判具有重要性待证事实的证明方法。[3] 以"廖宗荣案"为例说明表见证明规则的适用:首先,由于难以苛求交警有更好的证明转瞬即逝违法行为的方法,故存在一个可由一般生活经验推得的典型事实经过,即交警在日常交通执法中,对转瞬即逝之交通违法行为,以交警"眼见为实"作为认定存在交通违法行为的依据,对被处罚人当场拦停予以处罚的,是因被处罚人确实存在交通该违法行为;其次,由于存在交警陶祖坤以"眼见为实"作为认定廖宗荣存在交通违法行为的依据这一事实,此一事实显然属于前述典型事实经过的表现形式,故基于前述典型事实经过,足以证明廖宗荣确实存在陶祖坤所指交通违法行为。

表见证明实际上属于一种特殊的推定,其是在自由心证的范围内,基于日常生活经验得出的典型事实经过,推定待证事实存在。故我国《行政诉讼

---

〔1〕 周欣:《从廖宗荣案论法院对行政行为的审查》,载《黑龙江省政法管理干部学院学报》2008 年第 2 期。

〔2〕 表见证明由判例发展而来,最初由德国帝国法院在 19 世纪的海洋冲突法中为"过错推定"创设,后由联邦最高法院承继。自 2005 年 4 月 1 日起,表见证明还被规定在《德国民事诉讼法典》第 371a 条第 1 款第二句中。参见周翠:《从事实推定走向表见证明》,载《现代法学》2014 年第 6 期。

〔3〕 参见毕玉谦:《试论表见证明的基本属性与应用功能之界定》,载《证据科学》2007 年第 15 卷。

证据规定》第68条第1款第5项规定，根据日常生活经验法则推定的事实法庭可以直接认定，即可以作为行政诉讼中表见证明的法律依据。理论上亦有主张认为行政诉讼中引入表见证明并不违反原理：“为了减轻行政机关于特定事件举证上之负担与困难，法院透过事实上推定、表见证明或当事人协力义务等立法明定法则之运用，使处分要件事实不致陷于真伪不明，避免举证责任裁判过度浮滥，仍不违反举证责任分配应抽象预定之法治国原则要求。”[1]表见证明的功能在于减轻负举证责任当事人提出证据证明的负担。被认为对难以直接证明的待证事实，在自由心证的范围内，能通过引入典型事实经过，同样使法官形成待证事实为真实的内心确信。

由于表见证明属于自由心证范围内的特殊推定，因此可以通过反证推翻表见证明。仍以“廖宗荣案”为例，如果当日交警陶祖坤并非日常交通执法，而是针对某一转瞬即逝的违法行为的专项查处行动，例如专为查处某一路口的违规掉头违法行为，则交警部门应事先准备好摄像等必要的搜证措施，此时再以难于搜证为由主张“眼见为实”，则并非日常交通执法中查处转瞬即逝违法行为的典型事实经过，不得适用表见证明规则。再如，有证据证明陶祖坤与廖宗荣之间存在利害关系，此次处罚是陶祖坤打击报复廖宗荣，则此时亦并非日常交通执法中查处转瞬即逝的违法行为的典型事实经过，不得适用表见证明规则。

由上述基于表见证据的分析，再来反观“廖宗荣案”的裁判理由，会发现实际上法院并未依据或者至少并未完全依据优势证据规则，而是一定程度的采用了表见证明，即并非单纯依优势证据规则以“陶祖坤陈述的证明力 > 廖宗荣陈述的证明力”作为事实认定理由，而是以“陶祖坤陈述的证明力 + 无利害关系 > 廖宗荣陈述的证明力”作为认定廖宗荣存在违法行为的逻辑，此“无利害关系”要素在法官事实认定中的作用，实际是表明并无反证推翻该案属于查处转瞬即逝违法行为的典型事实经过。可见，“廖宗荣案”实际采用了表见证明，并且由上述论说可知，不用采用较低的优势证据标准，依表见证明即能使交警依据“眼见为实”认定的交通违法行为达到证据确凿的证明标准。因此，并非不降低证明标准就会导致交通违法行为得不到查处的不公正结果，在法律没有规定降低证明标准的情况下，法院不应当裁量降

[1] 李建良：《道路交通违规举发通知单之法律性质、生效与效力》，载《兴大法学》第19期（2016年）。

低证明标准至优势证据。

3. 启示：一元分层论对一般证明标准拘束力的强调

由上述对“廖宗荣案”的分析可知，笔者提出的一元分层论实际上强调的不是证明标准灵活性，而是一般证明标准的规范性和拘束力，不能随意地以证明困难为由而不适用一般证明标准，只有在有法律依据的情况下才允许例外的提高或者降低一般证明标准，此与作为我国通说的多元论将证明标准导向法官自由裁量存在根本区别。

六、结　论

作为我国目前通说的多元论，片面地强调了行政诉讼证明标准的灵活性，忽略了证明标准属于法律问题的本质，造成证明标准适用混乱、内涵不清、难以监督等弊端。笔者认为，应当建构我国行政诉讼的一般证明标准，以保障行政实体法的正确适用和行政诉讼的公平公正。笔者主张，以《行政诉讼法》第 69 条规定的证据确凿标准为制度资源，将作为大陆法系通说的真实确信理论作为其法理基础，为其注入以引自德国法的“法官心证达到实际生活中必要程度的确信，使心中怀疑沉默，但无需完全排除”的真实确信内涵，从而为我国行政诉讼提供了明确的一般证明标准。在此一般证明标准基础上，辅以提高或者降低一般证明标准的法理，从而形成分层式的证明标准，能够在保证证明标准的法之安定性基础上，与证明标准的灵活性取得平衡。

预判确定性命题的证立与捍卫*

——以卢埃林法律现实主义观为线索

韩振文**

司法决策如何穿越错综复杂的影响因素，从而满足民众对纠纷解决的期待，是中外理论家及司法实务者一直探讨的核心议题。裁判的智慧并不像人们想象得那么简单，审判理论已经演变成为十分深刻而复杂的理论。[1]因为影响法官通往独立裁判之道的因子过于复杂，而且围绕错综复杂的影响因子之模型建构，如法律的、态度的、策略的等，似乎模糊了决策的精微确定性。虽然司法决策已变得错综复杂，但依照哈特的法实证主义理论来看，追求决策确定性不啻为法官义务的核心内涵。[2] 司法决策确定性命题，或者说预判的确定性命题如果能够站得住脚，就也许还能够拨开棘手错杂的决策迷雾。其实法律规定本身就是一种行为后果的预测，法治的一个标志性属性，就是司法裁判的稳定性、可预测性，而理论

---

* 基金项目：国家社会科学基金青年项目“庭审实质化语境下法官认知风格的测验及其改善研究”（18CFX004）阶段性研究成果。

** 韩振文，山东理工大学法学院副教授、法律系副主任，浙江大学法学博士后。研究方向：司法的认知科学、裁判方法。

〔1〕 参见[美]罗纳德·德沃金：《认真对待权利》，信春鹰、吴玉章译，上海三联书店2008年版，第118页。

〔2〕 参见庄世同：《法律的规范性与法官的义务》，载《中研院法学期刊》2014年第14期，第439页。

上司法裁判的可预测性所反映的是法律适用的确定性问题。[1] 但现在预判的确定性命题却愈发演变成了一种典型法律神话或高贵幻想，特别是现实主义法学、批判法律研究运动倡导的“规则怀疑论”“事实怀疑论”都在助长这种神话的神秘性，相对于始终关注行动中的法的权力动态及其支配下不平等的实质正义问题来说，预判难以确定与估量反而成为明智裁判之道的真谛。虽然“西方法学在中国”的修辞性声音不绝于耳，司法过程中又强调法律规范与其他社会规范“相结合”，倡导运用传统的整体、辩证、实质为特征的思维方式来消解法律规范的功能，预判不确定性弥漫于国内学界，但由于中华法系法律文化传统如成文法典、律条注疏，尤其是法家思想的继承复兴以及受近代以来大陆法系法教义学属性的本土化智识规训，司法作业者从整体上表现出严格“依法裁判”的克制主义姿态，裁判要诉诸事先予以本土化类型化的法教义，对规则与事实的怀疑尚不能动摇对决策结果保持一定程度上的可预测性与确定性。司法决策的确定性和可预测性也是法治社会民众对司法的合理期待与正当诉求。法律提供稳定行为期待的特定功能及确定性则意味着特定社会的人们有权利要求得到法律的保障，有权利要求法院或法官所做的法律决定具有确定性；就后者而言，也是指人们有权利要求法院或法官所做的法律决定具有可预测性。[2] 何况在当今信息全球化、人工智能化的时代，无论中西方的智慧法院建设都借助互联网、大数据加大探索，能够更准确地预判分析案件结果，并以此来决策行为。这也在证实预判确定性命题的深刻，反过来揭秘出“怀疑论”的浅薄。对此本文不打算对法律现实主义“怀疑论”的秘密进行揭露和批判，而是选取现实主义阵营中的杰出代表卢埃林，对其富有创建性的现实主义法律观进行描述解读，试图从“敌方”阵营中[3] 探寻证成预判确定

---

〔1〕 参见白建军：《法律大数据时代裁判预测的可能与限度》，载《探索与争鸣》2017 年第 10 期，第 95 页。

〔2〕 参见王夏昊：《从法教义学到法理学——兼论法理学的特性、作用与功能局限》，载《华东政法大学学报》2019 年第 3 期，第 79～80 页。

〔3〕 “敌方”阵营法律现实主义在对法律形式主义的反动中确立其法律不确定性命题，这种命题体现出来的实际上是一种“建设性的怀疑主义”，是一种对现实的更大法律确定性的寻求，进而实现对未来的确信，也即，相信未来社会是一个更善、更好的社会。参见周国兴：《法律不确定性命题——一个问题史的考察》，载《环球法律评论》2010 年第 6 期，第 29～38 页。卢埃林等“敌方”阵营的现实主义者认为，法律科学的任务是分析现实法律制度的功能及有效运转条件，形式主义错在裁剪法律实践的多样性，从少量先例中抽取规则的僵化逻辑推理，由此造成的司法混乱与法律不确定性的增长，这一普通法危机并没有消除，他们旨在回应这一普通法传统的内部危机。因此法律现实主义质疑法律形式主义有关法律确定性本质和范围的观点，并不反对法律实质上应该是确定的这一命题，他们诉诸社会科学的经验研究去发现现实法律确定性的源泉。参见周国兴：《法律形式主义的现实主义批判》，载《河南财经政法大学学报》2019 年第 1 期，第 22～30 页。

性命题的可能，这样也许更能捍卫这一法律命题的立场，以此来穿越纷繁芜杂的司法决策迷宫。

一、卢埃林的法律现实主义“中间道路”

（一）法律现实主义者中最浪漫的人

美国最伟大的法学家之一卡尔·卢埃林，在坚定强调现实的法律现实主义者中是位独特的人物。尤其是他对美国判例制度在上诉法院实际运作的持续研究极具影响力，是个近乎英雄般的知识分子野心家。其传记作者恰如其分地称他为“法律现实主义者中最浪漫的人、最为务实的法律理论家”，[1]因而也有很多人将他看作著名现实主义法学家中最有代表性的领军人物。卢埃林也自称为现实主义运动的“代言人”，具有强烈的司法改良倾向，其“浪漫”体现在不墨守常规比较灵活，根据时代情境依据日常所需作出判断，既能描述又能综合运用法律现实主义方法论，“既可作为一种方法的阐述，也可作为现实主义的一个范例”，[2]因而使其现实主义思想更具有建设性。

卢埃林的前期观点更符合正统的现实主义者“不予明言”或“无言之知”信条，把法律认定为法律官员实际处理纠纷时的所作所为，虽强调佳良的法律规则在司法决策中的参照作用，要不断增强法律的力量，但坚持认为司法决策具有不确定性，试图在法律中发现某种确定性的想法完全是一种幻想，法官或判例毋宁说是法律创造者而非发现者，制定法必须适应普通法，在法律中没有任何一般性规则达致可接受的预期。尽管这在某种意义上是难以忍受并特别令人不安厌烦的，[3]但他的观点在后期发生了转向，修正了前期较为激进的思路，通过借用社会心理学的概念工具，系统地提出了判决结果的相对合理的“确定性”或“可估量性”，任何关于规则的不存在或不可能的检验都是不正确的。他认为事实上全国范围内上诉法院的审理工作都是可估量的，当然不排除一些上诉案件结果存在不必要的不可估量性和可矫正

---

〔1〕 W. Twining, *Karl Llewellyn and the Realist Movement*, Norman: University of Oklahoma Press, 1973.

〔2〕 Fuller, *American Legal Realism*, 82 U. Pa. L. Rev. 430(1934).

〔3〕 比如卢埃林在前期1930年为法律学生出版的《荆棘丛》，多年来在很多法学家中变成了愤世嫉俗、不负责任地否认法律中的理想与指引的代名词。参见［美］卡尔·N. 卢埃林：《普通法传统》，陈绪纲等译，中国政法大学出版社2002年版，第456页。

的赌博因素。

(二)描述与统合最好现实主义的“中间道路”

卢埃林的后期转向并不代表是一种“改宗的”法律现实主义者的立场改变。相反,作为法律现实主义运动的主要干将,卢埃林在坚持“反概念”“反机械”的基础上,开辟了一条大胆追求情境感与审慎理性相兼容的“中间道路”,以寻求一种新的更为真实的判决结果确定性。卢埃林自己喜欢说,法律现实主义从来不是一种“哲学”,也不是试图提出完整的观点或者方法的现实主义“学派”,而是一门有效的技术。这种技术影响力极大,引发美国法学研究的范式转换,并推动司法能动主义的兴起。

一般来说,法律现实主义以“实践”的实用主义哲学为理论基石,是对抽象的逻辑推演的“形式主义的反叛”,是建立在早期对兰代尔“纸面规则”与“概念体系”等相关形式主义观点〔1〕的批判基础上,反对将关注焦点放在语词与“宣告”版本的司法过程性质上,抨击僵化的演绎型司法推理方式,而是分享着一种“经验的”实在态度与解决具体实际问题的能动的功能进路,确信法律规则本身并不能裁断具体案件,要运用行为科学知识方法来解决社会问题,从而不断解构着法律规则谱系的统一性与法律体系的确定性。更直白地说,现实主义者们是一个高度多样化的美国法律学者群体,并非铁板一块的忠实信徒或纯粹的理论流派。这场反抗法律形式主义的运动决定性地确立了美国法律文化发展的方向,赋予了美国法律文化自身独有的特点,从这次法律现实主义革命开始,美国的法律方法渐趋远离教义主义的样态。〔2〕 他们的观点包括从杰罗姆·弗兰克关于事实可知性的坚决怀疑论到昂德希尔·摩尔对实证调查的忠实承诺,从卫斯理·斯特吉斯的“知识虚无主义”到费利克斯·科恩的道德工具主义。事实上,法律现实主义之所以成为美国法律史上如此重要的一部分,原因就在于它有着如此多不同的有用线索,并且其中许多都以某种形式延续至今。〔3〕 这其中当然也包括庞德提出并为人熟知的“相对现实主义法理学”纲要。

---

〔1〕 美国法学家夏皮罗则将法律形式主义归纳为由司法克制、法律绝对确定、概念主义、裁判的非道德性所构成。See Scott Shapiro, *Legality*, Harvard University Press, 2011, pp. 241 – 242.

〔2〕 参见[荷]马丁·W. 海塞林克:《新的欧洲法律文化》(增订版),魏磊杰、吴雅婷译,中国法制出版社 2018 年版,第 37 页。

〔3〕 See Karl N. Llewellyn, *The Case Law System in America*, Paul Gewirtz ed. & introd.; Michael Ansaldi trans. Chicago: The University of Chicago Press, 1989, p. xv.

可以看出,法律现实主义者群体也有自己的代际身份,作为主要干将的卢埃林试图跨越这些纷繁线索,努力去描述和统合最好的范式性现实主义法律观。恰恰是这种“中间道路”的努力寻求,为正统现实主义思想带来了持久的改良性批判。对于卢埃林的现实主义来说,最重要的是关于法院及其方法的一套信念:案件并不仅仅是由法律规则和判例的演绎推理所决定的;为了理解司法决策,人们常常要预测法院的看法是什么;并且案例在社会实践与语境下出现与它们的决心高度相关。[1] 他从未否认过法官或明或暗的创设性功能和其对案件事实刺激的回应的司法过程性质,但也坚持克制的反省传统和谦逊审慎的态度,认为法院的创造要在现行理论学说所确定的范围内;他也从未否认过规则的存在或贬低其作用,而是注意到法官集体行动对单个法官独断造法的限制,[2] 从而能更清晰真诚地看待法律世界,特别是疑难案件这一重要现象的处理。疑难案件作为现代法律方法论处理的核心议题,不仅包括对法律内容的理解与法律适用存在困难争议的案件,而且包括事实认定意义上存在争议困惑的案件,[3] 比如出现案件事实真伪不明的事实认知状态,这两方面依然要忠实于法律而都不能不正当地偏离既有法律来裁判,尤其是后者更需要借助诉讼证据裁判规则、原则来解释评价。对此疑难案件的处理,需要认真对待卢埃林所持的司法态度与法治立场,认识到法官行为有思考有价值地受到法律约束,这是一项特殊的司法义务,对此才能作出公平公正地裁决。

卢埃林的现实主义“中间道路”,与正统的现实主义反对形式主义或原旨主义一样,并不强调规则文本、立法意图在司法决策中的决定作用,拒绝对法律下定义,而是预见到了其理念化面向上的承继者批判法律研究运动中的一些核心要素。但他也反对正统的现实主义粗糙版本所普遍持有的狭

---

〔1〕 See Karl N. Llewellyn, *The Case Law System in America*, Paul Gewirtz ed. & introd.; Michael Ansaldi trans. Chicago: The University of Chicago Press, 1989, p. xv.

〔2〕 卢埃林针对集体审理方式的优点谈到,公知的法庭在各个意见的冲撞中汇成集体意见,使集体审理的程序发挥到极致,平衡的效果是很显著的,预测的因素是有效的,拓宽了了解法庭有关常识的观点渠道,在行动中法官个人变得更为相像。参见[美]卡尔·N.卢埃林:《普通法传统》,陈绪纲等译,中国政法大学出版社2002年版,第263~264页。

〔3〕 实际上大多数疑难案件是事实认定意义上的疑难案件,这是由证据具有不完全性、非结论性、含糊性、不和谐性和不尽完美的可信性等级等特性所决定的。参见张保生:《事实认定及其在法律推理中的作用》,载《浙江社会科学》2019年第6期,第38页。

隘观察立场,拒绝这些版本对法律规则完全的一屑不顾。[1] 这些版本过分赞扬司法的自由裁量与普遍政治本性,认为法律从根本上就是高度不确定的,[2]司法决策的中立性是不存在的,仅是个人好恶与个性脾气的表现,甚至描绘出“裁判取决于法官早餐吃了些什么”这样的讽刺性漫画。因此他批评弗兰克关于“法律是多么不确定”“法律确定性是一个彻头彻尾的法律神话”“迷恋确定性只是成长过程中残留的‘恋父情结’反映”“预测未来判决的不可能性”等看法有过分“夸大”的嫌疑,[3]认为这并不符合真实的司法实践,而是承认法律的相对确定性,[4]并呼吁裁判智慧要将个人主观的偏好基本砍掉。

卢埃林后期描绘的“中间道路”确实是中庸平和的,他并不鼓吹司法决策是绝对矛盾的、极端不确定的,而是强调判例法制度中存在一些可被识别为“法律的”(the legal)的东西,因而应当重视法律系统自身的规范性归纳与结构形态,[5]根据规范目的来建构法律,并关注案件所呈现的可观察描述的有形之物,从中获得相对合理的确定性和可预见性,而且也需要有意识地使当前个案与先例保持适当的连贯性、合理的恒常性,这就消解了其前期的过激见解,保持着静态法源与动态个案规范的适度平衡。卢埃林拥抱的这种相对确定性,根源于权威判例法体系为法官裁量与约束这两方面的复杂相互作用提供了框架,可以在受过职业训练、有生活经验的法官可预见的反应

〔1〕 卢埃林的“怀疑规则”实为一种误解,他曾讲过我不是在争论说实体法规则没有意义,更无意主张将实体权利和规则从法律中排除出去。可见他并不否认规则作为法律的构成要素的重要性,他怀疑的只是“书本上的法”,只是要澄清规则在司法程序中的实际作用,旨在将人们从对以语词表达的规则沉溺中唤醒,以使人们回到现实生活中来。因此他认为适用于具体案件的实际规则是法官在将书面规则适用于所遇到的每个独特的实际纠纷时从对书面规则的重构中抽演出来。参见孙新强:《卢埃林现实主义法理学思想》,载《法制与社会发展》2009 年第 9 期,第 7 ~ 11 页。

〔2〕 例如,有学者指出模糊性以及由此所生发的不确定性是法律的一个基本特征。See Timothy A. O. Endicott, *Vagueness in Law*, Oxford University Press, 2000, pp. 1 – 2.

〔3〕 Llewellyn, *Frank's Law and the Modern Mind*, 31 Colum. L. Rev. 1931, pp. 82 – 90.

〔4〕 布莱恩·莱特在对法律现实主义辩护时也指出,法律现实主义者并不否认简单案件的存在,他们所支持的仅仅是一种局部的不确定性或弱的不确定性。See Brian Leiter, *American Legal Realism*, Dennis Patterson eds., *A Companion to Philosophy of Law and Legal Theory*, Second edition, Oxford: Blackwell Publishing Ltd., 2010, pp. 254 – 255.

〔5〕 卢埃林指出,社会意义上法的规范性归纳必须以某种方式被人们所接受,并对人们的行为有所影响。法的结构自己宣称自己的各种应当性,而不过问其任何部分或全部影响的固有的正当性或正义性:对遵守、服从、权威以及有效性的诉求,因为并且只因为,它是有关整体的公认的现存秩序的有效表达。See Karl N. Llewellyn, *The Normative, the Legal, and the Law-Jobs: The Problem of Juristic Method*, 49 Yale L. J. 8 (1940), p. 1364.

中发现。而自由裁量职责建立在有约束性的规则解释与先例原则所提供的识别范围之内,[1]并且裁量遵循一定的经验法则和法院惯例的限制,脱离不了理由论证与推理推导。应当看到,法律的确定性与模糊性是共存一体的,法律的模糊性不会给司法决策带来不确定性的危险。[2] 司法决策的可预见性与相对确定性,不一定非得给予其正面的规范评价,但确实有利于降低诉讼成本与节省程序耗费。例如,日本法院的科层诱因结构,形塑了可预测的私法体系,在许多私法议题上,并不追求完美解决实体纷争,而是着重于快速、一致解决纷争,法院判决也就非常容易预测,所以当事人常常选择和解,以避免诉讼的劳力、时间、费用。[3] 那些鼓吹司法决策极端不确定的糟糕看法,不断言说着法治的不可能性,稀释着法治的话语体系,忽略了自由裁量空间的真正约束价值,无视了普通法传统对承案法官依赖个人政治道德裁决的限制,“倾向于贬低我们时代司法行为的道德成就与这些成就的‘合法性’”,[4]过度偏离了自由裁量权的意义内核,破坏了据法裁判的节制信仰与法律的保守特质,最终会严重损害司法的权威性与法律意义的确定性,使民众对法院产生普遍而严重的信任危机,导致法治(理想)步入死亡的边缘。

二、证成预判确定性命题的可能理由

(一)对待预判存在的两种视角

对未决案件判决结果的概括性预测可以称为预判,其与最终判决结果可能存在偏差。也就是说,预判不能像自动售货机那样得到完全确定的结果,它只是参考信息而不可能代替最终结论,因而必然是或然性的、可废止

---

〔1〕 卢埃林认为,法院不是在“适用”法律规则,而是扩大或缩小它们;创造是不可避免的。先例原则本身就是两方面的,一方面它提供一种技术来缩小不受欢迎的先例,另一方面是扩大受欢迎的先例。对卢埃林来说,这些相互矛盾的技术都是“正确的”,而且,事实上它们的共存对于维持判例法体系的活力来说是必要的。See Karl N. Llewellyn, *The Case Law System in America*, Paul Gewirtz ed. & introd.; Michael Ansaldi trans., Chicago: The University of Chicago Press, 1989, p. xvi.

〔2〕 模糊性是法律的一个重要属性,它是无法被彻底清除的,甚至也很难绝对地说它一定是法律的缺陷,而且由模糊所生的这种不确定性并不总是一定会走向法治的对立面,只有当某些领域的规则缺位与法律的理想相违背才能算得上是构成“法治缺陷”,一条法律仅出现模糊还算不上是法治缺陷,法治也并不会因为某条法律是模糊的而变得不再可能。参见孙海波:《法条主义如何穿越错综复杂》,载《法律科学(西北政法大学学报)》2018 年第 1 期,第 23 页。

〔3〕 参见张永健:《社会科学式的比较法研究》,载《中研院法学期刊》2017 年第 20 期,第 219 ~ 225 页。

〔4〕 Karl N. Llewellyn, *The Case Law System in America*, Paul Gewirtz ed. & introd.; Michael Ansaldi trans., Chicago: The University of Chicago Press, 1989, p. xxii.

的。根据扮演角色的主体不同,预判可以从内在参与者与外在观察者两种视角来审视。内在参与者是直接解决纠纷的司法者,而外在观察者则可能是除司法者之外的所有裁决受众,包括律师、学者、检察官、一般公众等。无论从哪个视角来看待,他们都能本真地把握预判的存在,而且对法律实践非常有帮助。

从内在视角看,司法者面对待决案件并非直接按规范脉络的公理化体系而展开,而是在法律前见的基础上通过直觉机制对案件信息加工处理,得出初步推测或预断的结论,其思维过程姑且称之为司法预判或司法假定。建立在职业经验基础上的"直觉"使法官知晓需要对规则作出怎样的解释,法官之所以使用目的解释、社会学解释等方法,而不限于仅仅使用文义解释,主要原因就是面对疑难案件,法官已然对裁判结果及其后果进行了预判,并通过相对灵活的法律解释论证预判结论。[1] 预判由设证推理中得出,是从结论出发试图寻找最佳前提(解释)的推理,其中预测的结果来自司法者在案情信息不充分、不确定状态下的预感,本身具有似真性、可修正性。司法者身处全球化的信息时代,完全的法条主义观愈发不能满足多种可能生活的需要,特别在疑难案件中有必要适度预测判决结果带来的一般性利弊影响,这是一种"预断在先,合理化在后"的后果取向裁决思维范式,也就是目前国内学界热议的"后果主义论证/推理"或"结果导向的法律适用"。与其将整体性司法裁决建立在纯形式逻辑分析上,毋宁奠基于司法预判的完满性把握之上,而以法律前见作为必要条件的司法预判,藉由潜在的直觉加工机制来先行获取,其认知功用的发挥可提升司法决策的质量与效率,但也会导致偏差且无法完全消除,为此预判结论通过裁决规范(合法性证立)与司法论证(程序性证立)的方法检验后,可较好增强裁决的可接受性与公信力。[2]

从外在视角看,裁决受众对未来判决结果都会做出自我立场的观察预判。美国法律现实主义法学家基本都信奉法律是法院事实上将做什么的预言,认为法律本质在于预测对事实情境的司法回应,而非泛泛而谈或其他自

---

〔1〕 参见王德玲:《法律现实主义、后果取向与大数据——疑难案件裁判范式新探》,载《山东社会科学》2019 年第 5 期,第 104 页。

〔2〕 参见韩振文:《司法假定及其检验》,中国社会科学出版社 2017 年版,第 10 ~ 13 页。

命不凡的东西。卢埃林更偏好这种外在观察者所持的客观中立立场。[1] 在卢埃林看来,关键在于观察法律官员做什么,他们如何处理纠纷或者其他任何事务,以及观察他们的所作所为,从中寻找某种独特的规律性——这种规律性使人们有可能对法律官员及其他官员未来的行动作出预测。[2] 对法律官员的所作所为了解越深刻,预测(并非纯粹猜测)就越精确细微,因而为了预测就必须关注官员对事实及周围生活的反应。法庭要参照裁决受众对于可估量性的期待,运用理性和一些技巧处理相关的判例,并对于相关的法律规则进行检测甚至重塑,使法律规则总是处于不断变动的过程之中,以适应那些已经发生变化了的社会环境和社会需要。[3] 因而,在某种意义上这种外在视角可能更为重要,裁决受众会对动态的裁判行为过程产生更深刻的影响,也会对裁判结果保留一定期待与评价。

法律现实主义者视法律、规则为实现社会控制目标的工具之一,批评法律形式主义仅以规则为中心并不能为律师等提供准确预测法院将来司法行为的指引,而需要借助法律之外的社会科学的经验研究。贴上现实主义者标签的霍姆斯和卡多佐,也从外在观点论述过法律作为法院关于如何行为的预言概念,认为既定制定法和判例只是据以作出判决预测的考虑因素,只具有帮助观察、预测判决的手段之隐约意义。根据这种富有成效的法律预言概念,霍姆斯提出了观察法律的"坏蛋"立场。[4] 这种概念对裁决的主要受众律师来说,也具有重要的实践意义,从某种程度上说是不可或缺的。因为律师要为当事人提供专业的法律服务,就要经常琢磨法院的所作所为,并估量其在将来大概会怎样作出判决,以尽力说服法官或陪审团实现当事人合法利益的最大化。律师对胜诉的预期并非武断,他们的兴趣主要在于诉至法院案件的可能结果,避免败诉的不利后果。任何一位理性的律师必须查看已有的判例法、制定法和规章文本,以预测一位通常的法官会如何裁

---

〔1〕 卢埃林对此曾明确谈到,为了研究而暂时区分实然与应然,这样说的意思是,虽然价值判断在确立研究目标时,总是会有吸引力的,然而,在研究实然的过程中,观察、描述和确立所描述的事物之间的关系时,则应尽量不受观察者的主观愿望的影响,不受他希望或认为(在道德上)应该如何的影响。See Karl N. Llewellyn, *Some Realism about Realism-Responding to Dean Pound*, 44 HARV. L. REV. 1222 (1931).

〔2〕 参见[美]卢埃林:《荆棘丛》,明辉译,北京大学出版社 2017 年版,第 7 页。

〔3〕 参见刘剑:《可估量性:经由传统而实现的"神话"》,载《河北法学》2007 年第 1 期,第 5 页。

〔4〕 Oliver Wendell Holmes, *The Path of the Law*, 10 Harvard Law Review 457 (1897).

决，据此向当事人提供法律意见。[1] 而且，律师在法庭上的对抗性辩论也会提高对判决结果的可预测性。卢埃林对此精辟地道出，卓越的预测能力是一种由很强的判断力、丰富的想象力以及渊博的知识共同构成的合力；如果对法院判决结果作出恰当的预测，委托人会向你们支付费用，如果预测错误，委托人也会付费给你们，当然就不会有第二次了。[2] 因而，从这一角度审视特定纠纷的有意识裁决可视为一项“预测的艺术”，而非只是随意任性的产物。

（二）预判确定性命题的证成理由

以上从内外二阶视角审视并澄清了预判现象的存在，可以看出法律现实主义并未否认判决的可预见性，而是批判传统形式主义的实证法对判决结果具有因果上的决定性的主张，进而寻找法律以外影响判决的要素。此后的法政治学、法经济学、法社会学等则通过经验的实证方法确立司法决策模型，进一步寻求判决结果的可预见性。比如，当代新法律现实主义者们着力强调社会科学的经验研究和交叉学科研究的重要性，旨在发展出一种经验性研究范式，透析行动中法与书本上的法之间的差距，关注争议案件中法律官员和公众的实际行为，试图将法律理论和经验研究有效地勾连在一起，从而为理解法律和形成法律政策提供更为坚实的基础。[3]

接下来继续以卢埃林法律现实主义“中间道路”为线索，探寻预判确定性命题成立的理由。这条更真实的道路接受司法的自由裁量权，[4] 并赞赏角色形象、程序方法、公众意见以及健全的责任意识等传统的制约。在卢埃林看来，预判确定性命题相当于预测诉讼结果所依据的理由是明确的，要祛除荒谬的不可能，这主要由于操作技艺的约束、事实导向型决策和现实生活规范等理由而变得可欲连贯。

首先，法官和律师通过长期处理法律材料练就内化的“操作技艺”和其

---

〔1〕 参见［美］戴维·克雷因、格里高利·米切尔编著：《司法决策的心理学》，陈林林、张晓笑译，法律出版社2016年版，第258～259页。

〔2〕 参见［美］卢埃林：《荆棘丛》，明辉译，北京大学出版社2017年版，第141～142页。

〔3〕 参见周国兴：《法律形式主义的现实主义批判》，载《河南财经政法大学学报》2019年第1期，第30页。

〔4〕 卢埃林认为，这条道路的重要分析方法的象征性贡献在于，以其火眼金睛和持续不断的探究，逐渐清除了垂死的、可悲的误导人的正统的控制，它没有产生令人沮丧的，或对于虚无的辩护，或者浅薄的玩世不恭之结果，而是形成了对于仍然有着巨大生机与活力却为人所忽视的正统的真理的激赏、理解和现实中进一步的复活。参见［美］卡尔·N. 卢埃林：《普通法传统》，陈绪纲等译，中国政法大学出版社2002年版，第224～225页。

良知感觉，渗入审理工作的每一个方面，是预判确定性的有力来源。其次，正是对整体案件事实的理解和对事实情境的敏感指导和控制决策，而不是法律规则[1]在个案中产生正义感，会让类似个案达到类似结果，从而可以预测并确保案件得到公正的审判。现实主义司法最重要的贡献就在于恢复了案件事实在裁判过程中的主导性地位，裁判者应根据事实来检验法律、调整法律，甚至是要准备好改变法律。[2] 因而是法官洞察理解的新案件事实导向相应的法律选择，而非相反。最后，法律适用都与特定时代的生活密切相关，如果法律规范要为利益受到法律影响的人们的活动提供确定性，就需要法律规范随之进行持续的效果评估改变，以顺应不断演变的社会规范。以上三个理由可以说明预判的不确定状况在规范上可以被驯服。

对第三点关于法律规范要贴近现实生活规范的诫命，类似于埃利希提出的"活法"概念，适用于显著的问题情境类型，这一观点认为法律需要了解社会的发展法则，系统观察具体生活事实，并因应时代社会变迁作出调整，保持着对于敞开的生活世界的开放。因为法律规范之可被适用，不仅在于它由机关所执行或由国民所服从，而且还在于它构成一个特定的价值判断的基础和评价标准；这种法律上的价值判断是可以借助于事实而客观地验证的判断，与一个确定的社会现实并行；从相反角度看，当现实生活已不再与规范秩序相适应，这个规范秩序也就丧失了它的效力，至少在一定程度上如此，法律秩序的效力因而依靠它与现实的一致、依靠它的"实效"。[3] 这种法律规范随着境遇变迁而调整变动，不可避免地接受社会生活需要的检验，不仅在人类生活世界的能力所及范围内，而且更加接近人类本性与人类文化之需要，以此达到良法善治的目标。毕竟法律系统深深植根于现实生活世界并运作其中，一般性法律规范蕴含着立法者的价值预设与意义期待，而

---

〔1〕 卢埃林承认法律规则提供给法庭和律师大量合理的恒常性和指引，但为了获得指引，我们被迫依靠补充性或替代性因素：朴实耐用富有乡土气息的常识和情境类型的个案公正、以及人的敏感性、恒定性和洞察力。参见［美］卡尔·N.卢埃林：《普通法传统》，陈绪纲等译，中国政法大学出版社2002年版，第387页。对于案件事实引导司法决策的步骤，卢埃林谈到：(1)理解案件事实；(2)在理解案件事实的基础上作出决定；(3)为决定寻找法律上的理由；(4)撰写包含判决理由和权利构建的司法意见书。See Karl N. Llewellyn, *The Case Law System in America*, *Columbia Law Review*, *Vol.* 88, *No.* 5:1011, 1988.

〔2〕 参见唐丰鹤：《法律现实主义的司法裁判观》，载陈金钊、谢晖主编：《法律方法》(第17卷)，山东人民出版社2015年版，第60~61页。

〔3〕 参见［奥］凯尔森：《法与国家的一般理论》，沈宗灵译，中国大百科全书出版社1996年版，第51~53页。

立法与司法具有不对称性,司法活动占据着法律系统的中心地位,[1]它将一般性规范适用于具体个案,为社会生活提供稳定性规范预期的功能,保持着规范秩序与现实生活沟通的不断联结,满足社会大众对法治正义的期待可能性。

以上捍卫预判确定性命题的三点理据,或许只是一个模糊的轮廓。卢埃林其实做了更细化的阐释,体现在上诉法院中至少包括的14种稳定性因素,[2]分别为:(1)受过法律训练的官员;(2)权威性司法原则;(3)公认的高超技巧;(4)法官的职责;(5)单一正确的答案;(6)法院的单一意见;(7)来自下级法院的事实冻结记录;(8)预先限制、突出和拟定措词的审理;(9)法庭的对抗性辩论;(10)集体判决;(11)司法保障与诚实;(12)公知的法庭;(13)概论各时期风格及展望;(14)专业司法职位。[3] 这些稳定性因素在很大程度上调教了法官和法庭,并调和法官执行法律与追求公正的双重义务,有助于实现审理活动及其最终结果的确定可控目标,总体上增强了预判的精确性,使预测成为现实的技艺。同时,这一系列的稳定性因素融入预判确定性的三个理据中发挥作用,使上诉法庭能够合理满足法律共同体和法律产品消费者从内外视角作出预判的需求,随之降低社会生活的复杂性。

卢埃林为此感叹,这种持续的"确定性"是司法工作所能成就的最真实的确定性,是一种并非由逻辑演绎得出而是由社会力量相互冲撞所达到的确定性,按照人类的需要沿着偏离定理和文化历史所确定的路线运动,因而这种确定性不是静止不动的宇宙引出的逻辑结论,而是法律与生活相互作用所引出的合乎情理的恒常性。[4] 卢埃林的感叹也许会被弗兰克斥之为"恋父情结",但弗兰克极为悲观的想法却极易滑向无厘头的"美食法理学",对此上文提到过卢埃林对弗兰克的温和式批评。反过来讲,如果没有这些稳定性因素来满足预判确定性的需求,就会带来上诉法院运作中的信心危

---

〔1〕 对于司法活动的地位,哈贝马斯也有与之相似的观点,即法律范式首先是在法院的典范性判决中发现的,并且通常等同于法官默认的社会图景。参见[德]哈贝马斯:《在事实与规范之间》,童世骏译,生活·读书·新知三联书店2011年版,第487页。

〔2〕 这14种维护普通法法治传统的稳定性因素,有学者将其归纳为三类:法律职业、法律程序及司法制度。参见陈皓:《卢埃林:规则之治的怀疑与确信》,载《人民法院报》2018年1月19日,第6版。

〔3〕 参见[美]卡尔·N.卢埃林:《普通法传统》,陈绪纲等译,中国政法大学出版社2002年版,第18~69页。

〔4〕 参见[美]卡尔·N.卢埃林:《普通法传统》,陈绪纲等译,中国政法大学出版社2002年版,第219~220页。

机和精神劲头上的挫败感。

三、对预判确定性命题质疑的反驳

(一)来自于命题内部的可能质疑

上文提到预判确定性的三个理据之一是操作技艺,它来源于法官所受的职业训练,为确定性提供了有力来源,能够使法官对正当程序观念形成迅疾的反应,并享受这种司法技艺处理案件得到的愉悦感与自豪感。但操作技艺作为专门手艺与直觉法感,却未经深思熟虑与谨慎理性的探究,存在自身固有的弱点。卢埃林也认识到穿着法袍敲响法槌的法官们终究是人,在训练、能力、偏见、脾性、价值取向以及知识方面存在差异,甚至一直有懒散不诚实的法官存在。他批判纯粹的直觉技巧不是一种不可名状的艺术,依旧不那么可靠,并讽刺道一个上诉法官不是“巴浦洛夫的狗”,也不是“百足虫”,执业成功不会完全取决于运气、天分和不可分析的经验的综合。在他看来法律形式主义者由于缺乏情境感的支持,很有可能滥用操作技艺。如果法官只跟着感觉运气走,或只基于粗糙的法感情,那就会致使判决出现偏差,得出有讽刺意味的结论。法官要发现并确保保持平衡的哲学方法,要有清醒的自我评价、反思性调适,从而成为一个“优秀的马戏团演员”,成为一个真正的职业化、专业化人士。对此,卢埃林寄希望于“情境感”(又称“正义感”),源于法官对社会生活和日常规范的感知,提议法官要持续公开的运用情境感来感知社会的需求,在不脱离先例传统的前提下根据情境感区分细节。因为追求妥当的、良好的情境感是首要的、具有吸引力的,它是正确分析问题情境类型、得到好判决的关键所在,使法官能够很好地勾连法律规范与案件事实。

法官的这种操作技艺作用于适用法律与认定事实两项任务中,以不断拉近规范有效性与社会事实性之间的张力距离:对于前项任务,法官的这种操作技艺相对专业有效,在多样化法源内能够较为准确地检索发现与个案有关的裁判规范;对于后项任务,法官的这种操作技艺相对粗糙,需在证据基础上经过层层过滤筛选,辅之想象性重构而主观制造的假设事实,这样就使小前提判断的可错性较高。因而训练有素的资深法官操作技艺精湛,很可能称得上解决前项任务的专家,却总是不太擅长于解决后项任务,对于案件事实情境条件的变化不敏感。所以,在法庭这样的修辞学场景中,法官习惯于从原则或规则的教义出发，把案件事实问题尽量裁剪简化，以便规范化、格式化的处理。对于这一点，自称为实用主义者的苏力，结合影响性个案有过细致的分析。[1] 卢埃林也深刻洞见到每种解释事实的方法，无论是事实情境还是种类划分，都包含着一定程度的曲解。在他本人的国度中，法官适用法律，而由作为法律门外汉的陪审团决定事实，难免会作出不当的推论，最终得到的主观事实与原始事实之间距离甚远。[2] 陪审团对事实解释的曲解，容易蜕变为情绪化的决策者。目前，我国人民陪审员制度改革，将陪审员的参审职权调整为陪审员与法官共同负责事实认定问题，而法官单独负责法律适用问题，这也在一定意义上印证了苏力和卢埃林的说法。

如果我们从认知的双重加工模型来看待这种操作技艺，由于系统一的直觉技艺先行自动化案情加工，受到可得性与代表性启发式、后见偏见、锚定效应等谬误性直觉引导，从而产生扭曲思维的判断，预判相对地偏离于实际结论；过多的法外因素侵扰法官办案，会造成认知负荷超载、头脑变得疲劳迟钝，大大削弱操作技艺在两项任务中的作用。这就会导致预判产生极大的不确定性，进而有损司法的形象与权威。概言之，操作技艺本来应当为预判确定性提供有力来源，但却遭遇了来自理论内部同样有力的质疑与瓦解，使预判确定性陷入危险境地。

（二）对命题质疑的无声反驳

以上这种对预判确定性命题有道理的质疑，肯定会让人感到动摇，认为会不会走得太远而收获虚假的确定性？卢埃林本身也有所认识，比如上文提到的纯粹的直觉技巧不那么可靠，可能会增加预测的困难，但他从未作出明确的诊断反驳。其实，上文揭示的操作技艺的固有弱点并非是致命的，也就无法动摇预判确定性命题。而论述上诉法院 14 种稳定性因素之间的相互耦合作用，说到底就是在对这种缺陷质疑的无声反驳。

限于篇幅，笔者仅选取卢埃林最钟情、分量最重的第 13 种因素，即“概论各时期风格及展望”为例，作出简要的阐释讨论。无论是撰写判决意见还是审理过程中争议点的考量因素，其背后都隐藏或暗示着法官实际思考分析问题的思维方式，即司法风格。在普通法历史时期各风格中卢埃林最推

---

〔1〕 参见苏力：《当代中国法理的知识谱系及其缺陷——从“黄碟案”透视》，载《中外法学》2003 年第 3 期。

〔2〕 参见薛万宝：《卢埃林法律现实主义解读》，载易继明主编：《私法》（第 9 辑第 1 卷），华中科技大学出版社 2011 年版，第 274 ~ 275 页。

崇的是上诉法院特定时期内精致的“宏大风格”(与“程式化风格”相对)。[1]“程式化风格”强调法官严格遵循先例,忽略先例中蕴含的实质性理由,并对裁判的前瞻性要求保持缄默,也就能容忍严格遵循所可能产生的个案不正义结果,以此实现普通法体系的合法化。前文提到卢埃林是位建设性的现实主义者,其中明显的表征就是系统阐述宏大风格理论,旨在取代形式主义法学而建构出一种全新的法学范式。

宏大风格为裁判说理的风格,受到普通法法文化传统的制约,它主要诉诸理性和规范目的来实施法律,强调法官在具体事实类型中的情境感,注重融入职业经验和生活常识,而不是刻板地遵从先例与僵化地适用制定法规则。法官精湛运用操作技艺的情境感正是抓住了宏大风格的精髓所在。这一裁判风格的核心是主张情境主义的司法技术,颠覆普遍主义的形式推理,从而将法官的职业素养、直觉感知、社会常识、生活经验、商业惯例、民情民意等事实性因素也融入法官决策的过程之中。[2] 它是保证州上诉法院裁判结果具有可估量性的关键性因素,体现着司法技艺工作的统一体及其融贯特征,为将来裁判提供着指引,它修正了对操作技艺引发预判确定性命题的质疑。

尤其在首席法官中它颇受欢迎,庞德将其称为“古典时期”的风格。这是因为真正的宏大风格,是寻求世界中的理性和指引,这些理性和指引是足够清楚确定的,旨在指引未来更好规划的追求,而不能有意歪曲司法工作性质与不负责任的否认司法中的常识与理想;只有风格确立起来才能并入一个倾向于训练工作、思考价值判断,甚至是想象力的框架中,借此产生和确定边界,在边界内创造力能够找到出路,相反只要在上诉审理司法技艺中工作风格或者行事方式,不能在规则适用中成为有意识的和清楚的风格和方式,并且因此乐意一以贯之,只要结果的可估量性还未置可否,那么规则和判决是否包含智慧,就得全凭特殊的灵感是否降临于律师或法庭这样碰运气的事情了。[3]

---

〔1〕 卢埃林认为,美国上诉法院自19世纪初以来大致经历了三个不同的历史时期:1820年至1860年,是宏大风格占统治地位的时期;1860年至1910年前后是形式风格占支配地位的时期;第一次世界大战后,约在20年代初期,早期的宏大风格似乎又逐渐回潮占据了上风。参见孙新强:《论普通法的“宏大风格”》,载《法制与社会发展》2007年第1期,第125页。

〔2〕 参见王彬:《法律现实主义视野下的司法决策》,载《法学论坛》2018年第5期,第80页。

〔3〕 参见[美]卡尔·N.卢埃林:《普通法传统》,陈绪纲等译,中国政法大学出版社2002年版,第499~531页。

前面谈到法官们终究是人,是天使也是魔鬼,虽心向拥有超人技巧学识的赫拉克勒斯式法官而往之,但又不仅仅是食人间烟火的人,还是具有独特智识和耐心的人,会受到所处时代环境的公认社会价值观念、共享的司法伦理道德等制约,[1]当然也包括盛行的司法工作风格。法官们受宏大风格制约,表现出在裁判中追求正义与衡平、坦诚表明考虑的各种因素、灵活解释法律("出释入造")、传统继承与理念更新、手段与目的相和谐等特点与标志,达到一种"持法达变"的思维状态。比较而言,充分考虑案件所处的情境类型,引入人们共享的公共理性、常识、政策和公平感裁判案件的宏大风格,能使裁判结果获得更高程度的可估量性。[2] 用卢埃林的话来说,这些典型特点的实质在于"每一个现在的判决都应根据生活智慧来检验"。

卢埃林通过时间透视法,以大量原始的先例为样本,追踪检讨了从1939年至1959年以来美国诸州的上诉审理案件,提出实证考察报告:他找到了能够重温宏大传统的风格和品性的趋势或推动力,表明了当前此风格重新恢复增长,判决方法也在不断进步,许多案件的判决也是"可估量的"。虽然判决意见不能很好地描述裁判过程,但宏大风格带来的进步可以从判决意见(理由说明)上反映出来。与程式化风格的意见相比,宏大风格能提供更为可靠的预测法官将来判决的依据。其理由主要有两个:一是更多的影响裁判的因素被公开;二是有意识地对待这些因素的过程提高了它们以正常方式发挥影响的机会。换句话说,有意识地合理对待这些因素,比假装无视它们有助于减少不确定性、无规律性和武断性。[3] 卢埃林的这种跨越时间的检审,这种实事求是的现实主义态度,恰好体现出宏大风格并非一种出乎意料的天真复归,而是有着令人信服的社会根基加以滋养。值得注意的是,卢埃林也以夏延族印第安人处理纠纷的方式为根据,论证了宏大风格能实现真正的可估量性。[4] 卢埃林反对程式化风格,也认识到了它会误解并误导司法审判实践。与前后期的思想转向不同,对于普通法宏大风格的赞扬姿态,他是一以贯之的,始终坚定认为宏大风格为普通法的应有图景。

---

〔1〕 当考虑到某一时期的社会政策、社会价值标准以及法律共同体的职业教育、职业伦理追求和职业压力的时候,法律的确定性或某一判决的可预测性、可估量性就会大大增强。参见刘剑:《现实主义法律运动对中国法制建设的启示》,载《天津大学学报(社会科学版)》2011年第5期,第448~449页。

〔2〕 参见王德玲:《法律现实主义、后果取向与大数据——疑难案件裁判范式新探》,载《山东社会科学》2019年第5期,第103页。

〔3〕 参见孙新强:《论普通法的"宏大风格"》,载《法制与社会发展》2007年第1期,第135页。

〔4〕 参见刘剑:《可估量性:经由传统而实现的"神话"》,载《河北法学》2007年第1期,第5、10页。

法科学生、律师和法官应该意识到，普通法的宏大传统是我们真正的遗产，真正优良的、更为古老的司法风格，应该得到完全的、有意识的复兴，这对我们的法律以及法律工作的繁盛至关重要；在美国普通法的宏大传统中，所有人都对上诉法官充满了期待；在实际运用宏大风格时发现的技艺乐趣，而这正是我们古老的权利。[1] 卢埃林欣赏的同时代美国最高法院大法官卡多佐，就是这一司法风格复兴的典范，他足以唤起人们对这一复归事实的注意。可以看出，这种实际上已复兴的宏大风格，表现出它的功能美与合目的性，修复着操作技艺引发的对预判确定性命题的质疑，尽量减少着预测裁判结果的不确定性。值得注意的是，宏大风格不仅仅是防止不稳定性和矛盾以及寻求正义的最好手段，而且还是避免或减少分歧和不断创造和改进规则的有效方式。[2] 卢埃林提倡的宏大风格理论与他本人坚持的经验主义和价值相对主义立场存在一致性，这与自诩为刺猬型哲学家的德沃金所捍卫的价值一元主义立场形成鲜明对照。德沃金据此立场建构的整全性司法裁判理论，要求法官应像写章回体小说的作者那样把裁判实践看作价值融贯的整体，同时要求“政府对所有公民，必须要以一个声音说话、以一个具有原则性且融贯的方式来行动、把自己对某些人所使用的公平或正义之实质性标准，扩张到每个人”。[3]

如果我们再用认知的双重加工模型来观察，这种宏大风格类似于场依存、分析型的认知风格，[4] 可以形象地比喻为波斯纳法官式的狐狸（而非德沃金式的刺猬）。它作为系统二的重要组成部分，具有制度化的支持：一方面可以对系统一的直觉技艺引发的认知偏差进行检验纠正；另一方面，它处于整个决策心理机制的顶端，决定着法官对裁判影响因子的排序，会以构建故事的形式来调整事实与法律的分量从而实现因子间的认知融贯性，最终案件处理显现出同等情况同样对待的确定性局面。与宏大风格匹配的狐狸式法官，蕴含着本文一开始提到的实用主义特色：强调语境论、向前看的、反

[1] 参见［美］卢埃林：《荆棘丛》，明辉译，北京大学出版社 2017 年版，第 241 ~ 244 页。

[2] 参见沈宗灵：《卢埃林的现实主义法学》，载《法学研究》1990 年第 5 期，第 92 页。

[3] ［美］德沃金：《法律帝国》，李冠宜译，时英出版社 2002 年版，第 174 页。

[4] 场依存、分析型风格的狐狸式法官可能以一种经济分析式的灵活眼光评价案件事实、法律与作出裁判时的具体目标，在案情信息选择加工时，更容易受到外在信息表述方式的影响，考虑更多因素甚至采用多重标准，因而往往对法外特定情景的参照有较大依赖，行为反应特征是“流程导向”的，在细节加工任务上存在加工优势，也就善于找出案情间的相似性和差异性，并以一种实用主义的面向未来的眼光做出归纳判断，很好地跟随社会系统的发展轨迹，而不具体接受某一宏大理论或道德伦理原则的指导。

教义的、关注行动后果等。司法刺猬的法官对宏大抽象理论的预测能力抱有较高自信,热衷于确定性,以一种宿命式的方式看待世界,更愿意将个人信念与价值观引入案件而不是更敏感于案件事实和法律,因而他们的裁判意见比司法狐狸的更明确更好预测,但司法狐狸在预测中会作出更好的调整权衡,更敏感于案件事实和法律,并且更为准确。借助实验测量工具来实证测验法官的认知风格,可以发现场独立、整体型风格与场依存、分析型风格存在着并非稳健的个别差异,司法决策是以实践理性为基础的复杂思维认知过程,法官的目光要不断往返穿梭于事实与规范之间,并且事实认定对裁判思维起到前提性、关键性作用;法官内心蕴含着追求人权、自由、尊严的信念目标,推动着他们作出正当裁判。[1] 因而,普通法的这种司法风格借助认知心理学的智识工具进行深度剖析,甚至发生某种视域的融合效果,也能印证它消除了操作技艺引发对预判确定性命题的质疑。

四、结　语

司法者适用的法律不会总是为当前案件提供唯一的正确答案,[2] 甚至提供不了答案只能创制新的法律,但这表明的是司法裁判理论所坚持的法律不确定性命题,并不等同于预判不确定性命题。只要不确定的司法判决具有合法性、客观性和可预测性,法律的不确定性并不必然构成法治的缺陷,也不会给自由主义法治理想构成威胁。[3] 回到本文一开始设定的任务,从"敌方"法律现实主义阵营中选取领军人物卢埃林,以他坚守的"中间道路"法律观为线索而展开,探寻证成了预判确定性命题的存在及其正当理由,并对其来自命题内部的质疑进行了有力反驳,总的来说通过操作技艺、情境感与宏大风格,三者来共同保证命题可靠,可以说较好地完成了设定任务。从人物思想史与学科交叉的视角,继续捍卫了法律共同体普遍信奉的立场,以此穿越错综复杂的司法决策。卢埃林后期一直致力于在特定上诉

---

〔1〕 参见韩振文:《论我国法官认知风格的实证测验及其理性反思》,载《河北法学》2018 年第 1 期,第 105 ~ 108 页。

〔2〕 拥有专业技术的法官其工作环境与分析者们所预想的、反映在理想世界中的环境是相当不同的,他们实际工作时所处的复合多变的环境要复杂得多,实际上问题也很少简单到能够给出唯一正确答案,相反几乎总是存在着多个答案(或至少有多种得出答案的路径)。他们的优越性取决于他们区分相关和不相关信息的能力,而将合理分歧看作他们工作中或多或少不可避免的一部分。参见[美]戴维·克雷因、格里高利·米切尔编著:《司法决策的心理学》,陈林林、张晓笑译,法律出版社 2016 年版,第 301 ~ 303 页。

〔3〕 参见邱昭继:《法律的不确定性与法治的可能性》,载《政法论丛》2013 年第 1 期,第 90 ~ 91 页。

阶段追寻判决结果预测的相对确定性。简言之,追求一种更现实的预判确定性,于此观之,他与形式主义论者之间的理论分歧并没有我们想象的那么大。他指出预判确定性的功效主要在于:相对而言,这要远远超过任何神智正常的人从一个解决因各抒己见而导致争端的机制中可以期望的东西;绝对地看,这种可估量性足以使掌握法律技艺的人们对于种种可能性做出可利用和有价值的判断,同时,也足以使对于一个上诉案件的处理符合有效而令人满意的技能所要求的合理状态。[1] 套用德沃金的句式表达,这一命题所提供的,不是某些关于法官做什么的新奇理论,而是一种新的描述我们所知道的法官行为的方式。而且,这一新的描述方式的实质不是逻辑的,而是经验的和心理的。

其实卢埃林致力追寻的预判确定性对当代中国特色社会主义法治建设也颇具启发参鉴意义。虽然卢埃林追寻的预判确定性主要是在美国判例法体系下关照的,我国则主要以阶层构造的成文法体系为存在样态,但这种法文化的差异并不妨碍预判确定性命题的探索,两者都会追寻判决结果预测的相对确定性或可估量性。实际上,我国法院尤其基层法院的法官所处的尴尬境地并不能很好地对待这一命题,原因在于在"案多人少"的超负荷状态下,法官又被给予了太多的附加功能与使命期待,这样的外在压力与额外风险,会使法官很容易考量各种因素与受众偏好,并作出系统性地策略回应,比如如何平衡好法律效果、政治效果和社会效果的统一,虽然在一定程度上可以减轻压力与规避风险,但却带来极不确定的裁判,也就很难预测判断裁判结果。在全面依法治国成为时代主题的背景下,需要运用简约的法治应对复杂多变的社会,[2] 而司法体制深化改革作为法治建设全面推进的"排头兵",正在逐步加快信息化、人工智能与法院工作的深度融合,并借助各种智能辅助办案系统,建立类案参考及其关联案件强制检索机制,深入推进智慧法院建设。这为尴尬境地下审慎对待预判确定性命题提供了新的契机:从宏观愿景来说,这些改革都是在促进审判体系和审判能力现代化,预

---

〔1〕 参见[美]卡尔·N.卢埃林:《普通法传统》,陈绪纲等译,中国政法大学出版社2002年版,第2~3页。

〔2〕 当今时代是个"更大又更混乱"的世界,因为科技进步,我们的世界实际上愈是变小,看似棘手又全都纠缠不清的无数危机,就愈显得渗透力十足、复杂又愈势不可挡。参见[美]罗柏·卡普兰:《重回马可孛罗的世界:战争、策略与二十一世纪的欧亚大陆新变局》,王约译,马可孛罗文化出版社2018年版,第24~25页。

判确定性命题的捍卫有助于构建且增强我国的新法治体系话语和学术自信,形成“运用中国/汉语思维及其表达方式”的司法知识体系,并有助于加深理解司法裁判过程的性质,满足新时代人民群众日益增长的多元高质量司法需求;从微观方面来说,这些改革能使法院利用大数据对海量的案情信息进行全样本的深度分析,提供更充分有效的法官决策信息供给,同时激活法官使用指导性案例进行裁判的习惯,以便更全面准确地预测判断案件结果,也就是更高度精准地捍卫预判确定性命题,来确保司法裁判的品质与法律适用的统一。

审判权配置的现状、基本逻辑与重构*

——以员额制改革为视角

朱昕昱**

一、问题的引出

党的十八大以来，以习近平同志为核心的党中央高度重视法治在社会综合治理体系中的关键作用，全面推进依法治国建设。2014 年 6 月，中共中央深改组第三次会议通过《关于司法体制改革试点若干问题的框架意见》。同年 7 月，最高人民法院发布《关于全面深化人民法院改革的意见——人民法院第四个五年改革纲要(2014—2018)》。实现司法专业化和职业化成为新一轮司法改革的重要目标。为此，全国各级法院按照中央的统一部署，自上而下地积极推动员额制改革。所谓员额制，即按照特定标准统筹确定法官总数，以便集中行使国家审判权的制度。〔1〕 根据最高人民法院公布的统计数据，员额制改革前，全国各级法院共有工作人员约 34 万人，

---

* 基金项目：国家社会科学基金项目(14BFX002)；中央高校基本科研业务费专项资金项目(20720171006)；厦门大学田野调查基金项目(2019GF025)。

** 朱昕昱，厦门大学法学院诉讼法博士研究生，主要研究方向：民事诉讼法。

〔1〕 参见胡康生主编：《中华人民共和国法官法释义》，法律出版社 2011 年版，第 104 页。

其中在编法官19.6万人,约占全国法院总人数的58%。[1] 员额制改革后,各级法院在不超过中央划设的39%员额上限范围内遴选员额法官。目前,我国进入员额的法官总人数约为12.5万人。众所周知,“案多人少”的问题一直长期困扰着我国法院系统,而员额制改革后,近20%的原审判人员不得继续从事审判工作,这无疑加剧了审判人员与案件数量之间的张力。

在审判资源弥足珍贵的当下,合理配置审判权的重要性不言而喻。按照审判权配置的基本思路,审判权配置应当为两个步骤。作为公权力的审判权,其首先应当明确配置给何种机构。世界各国宪法都明文授权法院代表国家行使审判权。我国《宪法》第131条亦规定,人民法院依照法律规定独立行使审判权,不受行政机关、社会团体和个人的干涉。由法院行使审判权已成为共识。明确审判权的配置机构后,有待进一步肯认的问题则是:审判权应当由何种个体具体行使?毕竟,作为机构的法院无法行使审判权这样一种需要具体操作的实践性权力。最终,审判权不得不配置给审判人员,由审判人员通过个案中行使审判权,从而将抽象的审判权具象化。新修订的《法官法》第2条规定,法官是行使审判权的审判人员。从条文的规定不难看出,在我国,具体的个案审判权仅配置给法官。即只有经遴选入额的员额法官才有权行使审判权。尽管由法官垄断全部个案审判权因立法明文规定而获得了合法性。然而,当前审判权个体配置的合法性并不代表其理所当然地具备合理性。因而,有必要进一步追问的是:此种审判权个体配置是否合理?审判权配置应当遵循何种基本逻辑?

二、“完整化”——我国审判权配置的实然样态

(一)审判权配置的发展与变迁

审判权系指按照法律授权依法审理案件并作出裁判的权力,而享有审判权的个体则相应地称为审判人员。各国通常将行使审判权的司法人员统称为法官。我国关于审判人员的称谓则稍显混乱。中华人民共和国成立初期,社会各种职业往往被冠以“某某员”的称谓,如公务员、售票员、驾驶员等。因而,据此命名方式,从事司法审判工作,行使审判权的人被称作审判员。在全国各地法院初创时期,由于干部匮乏,能够抽出参与人民法庭案件

〔1〕 参见林娜:《案多人少:法官的时间去哪儿了》,载《人民法院报》2014年3月16日,第2版。

审判的干部人数很少。[1] 为补充审判力量,1954 年《人民法院组织法》首次设立了助理审判员制度。[2] 之后,审判员、助理审判员的称谓一直沿用至今。然而,在法律规范中,又存在法官、审判员混用的情形。《法官法》中同时存在法官和审判员的表述。依照修订前《人民法院组织法》(2006)第 33 条(现已删除)[3] 和《法官法》第 2 条,[4] 法官的范围包括审判员和代行审判员职责的助理审判员。

与审判员需由同级人民代表大会常务委员会任命不同的是,助理审判员仅需由本院院长提出,报审判委员会通过即可临时代行审判员职务。如果准照文义解释的方法分析,"临时代行"无疑表明助理审判员的审判权行使具有非固定性,其仅在特殊情况下充当审判员负责案件审理。然而,审判实践中,助理审判员审判权的行使常态化,其概括性地获得审判权,无需逐案获得审判权行使的个别授权。此外,审判员和助理审判员的职权基本趋同,两者皆可完整地行使审判权,有权审理各种类型的案件,既可以独任审理案件,又可以担任合议庭成员,甚至经院长或庭长指定后可以担任审判长。换句话说,助理审判员几乎完全等同于法官。[5] 不仅如此,实践中还普遍将助理审判员视为晋升审判员的必经阶段。员额制改革前,助理审判员基本上 1 ~ 2 年便可转为审判员。

员额制改革后,审判权的行使主体被进一步限缩。修订后的《法官法》取消了助理审判员制度。原有助理审判员的审判权被取消,不得继续从事审判事务,审判员成为仅有的可参与案件审理的法院工作人员。各地在落实员额制改革过程中,对于助理审判员基本采用全部转为法官助理的"一刀切"式处理政策。[6] 原有的助理审判员由有权参与案件审判的法官转为协

---

〔1〕 参见王怀安:《1954 年〈人民法院组织法的起草经过〉》,载孙琬钟、应勇主编:《董必武法学思想研究文集》(第七卷),人民法院出版社 2008 年版,第 11 页。

〔2〕 参见王庆廷:《法官分类的行政化与司法化——从助理审判员的"审判权"说起》,载《华东政法大学学报》2015 年第 4 期,第 72 ~ 81 页。

〔3〕 《人民法院组织法》(2006)第 33 条规定,有选举权和被选举权的年满 23 岁的公民,可以被选举为人民法院院长,或者被任命为副院长、庭长、副庭长、审判员和助理审判员。

〔4〕 《法官法》第 2 条规定,法官是依法行使国家审判权的审判人员,包括最高人民法院、地方各级人民法院和军事法院等专门人民法院的院长、副院长、审判委员会委员、庭长、副庭长、审判员和助理审判员。

〔5〕 参见傅郁林:《以职能全责界定为基础的审判人员分类改革》,载《现代法学》2015 年第 4 期,第 12 ~ 30 页。

〔6〕 侯猛:《〈人民法院组织法〉大修应当缓行——基于法官制度的观察》,载《中国法律评论》2017 年第 6 期,第 46 ~ 54 页。

助员额法官处理审判辅助性事物的司法辅助人员。至此，审判权被完整且单一地赋予员额法官，客观上将员额法官置于全职、全能、全权、全责的状态。[1] 长期以来，社会各界关于审判权和审判人员形成了一种固有僵化的思维定式，认为只有法官才有权审理案件，审判权只能完整地配置给审判人员。因此，我国审判权配置的基本逻辑是：要么将审判权完全不配置给某一范围的主体，要么将审判权完全配置给某一范围的主体。这种绝对二分的审判权配置模式造成尽管员额制改革改变了审判权配置的主体范围，即审判权由审判员和助理审判员共同分享变为审判员独享，但是审判权"完整化"配置的模式并不因之发生根本性变化。

（二）审判权"完整化"配置与"案多人少"

40 年的改革开放不仅使我国经济实现了跨越式发展，同样也使我国法院面临着日益严峻的诉讼爆炸危机。如何及时化解激增的案件成为法院亟待解决的难题。总体上，破解人案关系紧张的策略无外乎两种：一种是"向外"借助非诉纠纷解决机制，通过减少进入法院的案件总量缓解审判人员的办案压力；另一种则是"向内"通过强化审判案件管理，优化审判资源配置，借此提升审判质效。

2014 年 10 月，中共中央十八届四中全会审议通过《关于全面推进依法治国若干重大问题的决定》（以下简称《全面依法治国决定》），要求积极发挥调解、公证、仲裁等多元纠纷解决方式在纠纷解决中的作用。诚然，以人民调解和仲裁为代表的诉讼外纠纷解决机制在社会矛盾化解中发挥了一定作用。但不能否认的是，其承载的纠纷数量依然有限。一方面，人民调解纠纷数与法院受案数同步增长的事实客观印证了人民调解并未真正分流案件。另一方面，相比法院高企的受案量，仲裁较低受案基数使其发挥的解纷效果微不足道。[2] 虽然诉讼外纠纷解决机制日益受到关注，但可以预见的是法院受案量持续增加的现状短期内仍然无法得到彻底改善。

在法院内部，通过强化案件管理提升审判效率的努力已接近极限。域外国家民事一审案件基本 1 年以上才能审结。美国律师协会针对民事案件曾提出"12 个月内处理 90% 的案件，18 个月内处理 98% 的案件，24 个月内

---

〔1〕 参见傅郁林：《法官助理抑或限权法官？法官员额制改革后审判辅助人员的定位》，载《中国审判》2015 年第 17 期，第 45～46 页。

〔2〕 张榕：《法官员额制下诉讼分流机制之建构》，载《社会科学辑刊》2019 年第 3 期，第 156～163 页。

处理 100% 的案件”的管理目标,但实践证明几乎没有法院能实现此目标。[1] 反观我国,《民事诉讼法》设置了简易程序 3 个月、一审普通程序 6 个月、二审程序 3 个月这样严苛的审限规定。指标化的评价标准督促着法院在规定期限内结案。可见,我国的审判效率在世界上都属于先进水平。显然,以审判资源优化配置为进路成为破解“案多人少”一种可行路径。然而,审判权“完整化”配置模式却成为横亘在审判资源合理配置道路上的体制性障碍。

在案件持续涌入法院、审判人员数量减少的“一增一减”双重因素叠加下,员额法官承担的办案压力陡然增加。2015 年,最高人民法院院长周强在向全国人民代表大会作最高人民法院年度工作报告时指出,部分经济发达地区一线法官年人均办案量达 300 余件。[2] 现阶段,入额法官主要由院领导以及其他审判经验丰富、长期在一线从事审判工作的资深法官构成。法院院长、副院长等院领导名义上需要参加遴选,实际上则属于固定入额。[3]《法官法》第 2 条有关法官的界定同样暗示院领导“自动”入额。当然,能够成为院领导本身就是对其业务能力的认可和肯定,故而其入额符合法官精英化的改革方向。不过,在法院内部,院领导具有审判者和管理者双重身份,既要承担审判职责,又要参与行政管理。基于其特殊身份,2017 年 4 月,中央政法委发布《关于严格执行法官、检察官遴选标准和程序的通知》,为院领导划设了最低办案“红线”。基层法院院长办案量不得低于本院一线法官平均办案量的 5% ~10%,其他院领导不得低于本院一线法官平均办案量的 30% ~40%。即便如此,完成上述通知要求的办案量对于公务繁忙的院领导也绝非易事。因而,实践中出现院领导为完成考核办案量而挑选案件的现象,[4] 导致院领导办理的案件多为简单案件而非疑难复杂案件。

据测算,全国各级法院的院领导占法院编制职数的 20% 左右。[5] 院领

---

〔1〕 参见齐树洁主编:《美国民事司法制度》,厦门大学出版社 2011 年版,第 26 页。

〔2〕 参见周强:《司法权威待提高一些法官年人均办案 300 多件》,载人民网,http://lianghui.people.com.cn/2015npc/n/2015/0312/c394473-26681313.html,2019 年 9 月 18 日访问。

〔3〕 参见石晓波:《司法成本控制下法官精英化的改革出路》,载《法学评论》2017 年第 5 期,第 135 ~ 145 页。

〔4〕 参见宋远升:《精英化与专业化的迷失——法官员额制的困境与出路》,载《政法论坛》2017 年第 2 期,第 101 ~ 117 页。

〔5〕 参见张榕:《法官员额制下诉讼分流机制之建构》,载《社会科学辑刊》2019 年第 3 期,第 156 ~ 163 页。

导以外的其他普通入额法官事实上承担着本院多数案件的审判工作。较之员额制改革前，改革后的普通入额法官不仅承担起了原有助理审判员的案件审理工作，还额外承担着院领导相较普通法官的缺额办案量。审判权“完整化”配置要求任何案件都必须由员额法官亲自负责审理。依据司法改革方案，各地法院要实现法官∶法官助理∶书记员 =1∶1∶1 的配备比例，由法官助理从事审判辅助性事务、书记员从事非审判事务工作，从而让法官从繁杂的非审判核心事务中解脱，专心于案件审理和裁判等核心审判工作。此种法院人员分类符合法官精英化的改革逻辑。但是，逐年增加的法院受案量终将传导至普通法官，普通法官承担的案件总量增加必将导致普通法官承担的审判核心事务总量增加。当审判核心事务总量的增加远超司法辅助人员为法官减轻的工作总量时，毫无疑问案件的审理负担将超过普通法官的承受阈值。前述的分析还仅仅停留在理想化的事实推演层面，更遑论当前我国司法辅助人员的配置远未达到改革方案的要求，2～3 名法官共用 1 名法官助理成为多数法院的常态，其为法官分担的工作量实在有限。

（三）审判权“完整化”配置视阈下的法官助理

员额制改革作为一项系统性工程，其能否实现制度预设的司法精英化改革目标离不开配套制度的保障。因而，本轮司法改革通过立法形式正式确立了法官助理制度。其实，早在 2002 年 7 月，最高人民法院就发布了《关于加强法官队伍职业化建设的若干意见》，其中第 29 条规定试行法官助理制度，明确法官助理的身份地位和工作职责。2003 年，最高人民法院决定在全国法院启动法官助理试点工作。然而，囿于法官助理缺乏“名正言顺”的合法身份，绝大多数法院未设置法官助理岗位。[1] 此轮司法改革强调司法人员类型化管理，按照职责分工将司法人员划分为法官、法官助理和书记员，同时赋予法官助理法律身份。总体上看，我国法官助理的来源主要分为四种类型：（1）转任型法官助理；（2）招录型法官助理；（3）聘用型法官助理；（4）实习型法官助理。转任型法官助理基本来自改革前的助理审判员；招录型法官助理主要通过传统的体制内招录方式获得法院在编身份；聘用型法官助理则是由法院通过招考方式聘用的编外人员；实习型法官助理主要由

---

〔1〕 参见刘练军：《法官助理制度的法理分析》，载《法律科学（西北政法大学学报）》2017 年第 4 期，第 13～22 页。

高等院校优秀的研究生、博士生担任。[1]《法官法》第67条指出，法官助理制度承担着为遴选法官储备人才的功能，一改过去“助理审判员—审判员”的法官培养模式。由于前两类法官助理具有正式编制，因而仅有其存在转换为员额法官的可能。

受制于审判权“完整化”的配置模式，我国法官助理的制度设计天然地存在与法官衔接脱节的可能，导致法官助理向员额法官的身份转换略显突兀。诚如美国联邦最高法院首席大法官霍姆斯所言，法律的生命不在于逻辑，而在于经验。优秀法官精湛审判技艺的养成离不开经年累月的审判经验积累。丰富的审判阅历和人生经历使其对于案件的事实认定和法律适用有着更为精准的把握。试设想一名长期只从事审判辅助事务的法官助理，有朝一日转为从事审判核心事务的法官，在缺乏充分审判经验基础上实现身份的完美过渡，难度显然过大。[2] 然而，司法实践中存在法官助理未严格恪守从事审判辅助事务的岗位要求，僭越审判权的情形。办案压力的激增使得普通法官特别是基层法院的普通法官不堪重负，其必定另觅途径纾解审判压力。员额制改革后，全国地方法院开始逐步取消审判庭建制，改为由员额法官、法官助理和书记员组成的案件审判团队。这种团队化管理方式使员额法官自然而然地成为团队的核心。享有团队领导权的员额法官有可能利用权力将审判事务交由法官助理处理，从而实现审判压力的下移与二次转嫁。[3] 其直接后果是法官助理承担了本无权承担的审判事务。只不过此种审判权的行使方式更为隐蔽，当事人难以直接从裁判文书的内容中发现法官助理行使审判权的痕迹。这种违反审判权配置刚性规定的实务操作，背离了法官员额制“让审理者裁判，由裁判者负责”的改革初衷。

三、“差异化”——审判权配置的应然逻辑

员额制改革前，因助理审判员有权承办案件，审判权“完整化”配置下的法院系统并未真切感受到这种单一且僵化的权力配置模式的弊病，从而延

〔1〕 参见夏锦文、徐英荣：《法官助理制度改革需求与法治人才培养创新》，载《法学》2017年第12期，第29～36页。

〔2〕 参见李翎：《基层法院编制内法官助理制度的困境与对策》，载《西南政法大学学报》2019年第3期，第97～110页。

〔3〕 参见朱孝清：《司法的亲历性》，载《中外法学》2015年第4期，第919～937页。

缓了反思我国关于审判权配置基本理论问题的现实紧迫性。[1] 然而,员额制改革后,原本能够勉强应付案件压力的法院因审判力量的削减恐怕再难承受"案多人少"的重压。现实的压力倒逼改革者必须重新审视"审判权—审判人员"的逻辑关系。那么,审判权究竟应当如何配置?

(一)内生理性的"差异化"审判权配置

1. 案件多元与审判权配置"差异化"

全国法院每年受理的成千上万件案件中,既有当事人之间法律关系较为单纯、争议数额不大的简单案件,又有当事人之前法律关系复杂、涉及主体众多、争议数额较大的疑难复杂案件。审判资源"供不应求"已成为世界各国普遍面临的问题。正所谓"好钢用在刀刃上",审判资源的稀缺性要求法院在配置审判资源时应当差异化分配。审判资源应当更多地向复杂案件倾斜,从而在提升审判效率的前提下确保裁判文书质量。最高人民法院《关于进一步推进案件繁简分流优化司法资源配置的若干意见》提出的"简案快审、繁案精审"审判理念与此不谋而合。虽然我国《民事诉讼法》依照案件难易程度将进入法院案件分流至小额诉讼程序、简易程序和普通程序,实现了案件类型与审判资源的匹配,但这样的审判资源分配方案仍然不够彻底,未能充分实现审判资源的最优配置。

理想状态下,法院内部审判资源的分配路径应当是:首先,根据案件类型的不同差异化分配司法资源;其次,在具体的个案审理中,将司法资源差异化地分配给不同审判主体。目前,我国学界和实务界已充分认识到法院内部案件繁简分流的重要性,但尚未关注审判资源在审判主体间的差异分配。考虑到法院员额法官总量相对固定的客观事实,忽视审判资源的第二阶段分配必然出现通过遴选的精英化法官审理简易案例,造成审判资源的浪费。倘使所有案件全部由全权的员额法官审理,总量有限的审判人员要么更多地分配给简易案件,要么更多地分配给复杂案件。无论如何分配,都无法克服另一方获得的审判资源不足的情况。差异化配置审判权的核心在于扩大我国司法审判语境下法官的外延,祛除"法官 = 审判员"的当然结论,赋予员额法官以外主体有限的审判权。[2] 由此,不但契合审判权配置的基

---

〔1〕 参见傅郁林:《全责的法官与迷失的法官助理——修订后法官法的罅漏与弥补》,载微信公众号《中国法律评论》2019 年 9 月 2 日访问。

〔2〕 参见刘斌:《从法官离职现象看法官员额制改革的制度逻辑》,载《法学》2015 年第 10 期,第 47 ~ 56 页。

本逻辑,还因审判权授权主体范围的延展从根源上解决愈发严重的人案矛盾,扭转“案多人少”引发的法官助理职权异化。

2. 司法的精英化与大众化

法官专业化、职业化成为新一轮司法改革着力解决的问题,借此提升法官群体的职业荣誉感和职业认同感。精英化的法官在法律素养、实践能力、人文精神和人文品格等方面具有高度的卓越性。[1] 可以说,员额法官都属于精英法官。虽然应当承认员额制改革顺应了司法精英化的世界潮流,但受限于既有审判权“完整化”配置模式的束缚,法律未授权员额法官以外的主体行使审判权。这仿佛暗示我国已摒弃长期以来所秉持的司法大众化的司法政策。那么,我国是否已不再需要大众化的司法?

当事人对于司法的需求从来不是一元的。复杂案件当事人通常更期待法院提供专业化的司法服务。因此,法院能否提供专业的审判服务成为当事人选择诉讼的首要考量。相反,一般案件当事人则更加关注诉讼成本、诉讼效率。相对复杂案件当事人,其对于司法服务是否专业的敏感程度较低。一般简单案件占多数、复杂案件占少数的法院案件分布规律表明供给低成本、高效率的诉讼服务能够满足多数案件当事人的司法需求,同时也是我国司法便民利民服务宗旨的最佳体现。如果简单案件全部交由精英法官审理,难免给人以“杀鸡用牛刀”的感觉。因而,在当事人尚无法完全便利地利用司法接近正义的情境下,一味地追求司法精英化似有脱离司法实践本土土壤之嫌,显得过于理想化。司法需求的多元使得员额制改革不能简单地定义为司法精英化,[2] 大众化的司法在我国仍有存在的空间和必要。在司法精英化与司法大众化之间寻求平衡成为员额制改革应当重新审思的问题。而多元的司法需求使“差异化”配置审判权变得顺理成章。其充分发挥了精英法官审判经验丰富的优势,真正实现人尽其才。且被给予有限审判权的非员额法官解决了法官助理向法官缺乏过渡衔接的障碍。

3. 个案行使的具体审判权

前文的论证证成了审判权“差异化”配置的内在合理性。那么,审判权是否可以“差异化”配置?

---

[1] 参见谭兵、王志胜:《试论我国法官的精英化》,载《现代法学》200 年第 2 期,第 100～106 页。

[2] 参见傅郁林:《以职能全责界定为基础的审判人员分类改革》,载《现代法学》2015 年第 4 期,第 12～30 页。

此问题的回复要求我们从宏观和微观的不同视角理解审判权。法院审判案件的权力即为我们通常所称的审判权。这种宏观层面的审判权具有抽象性、概括性的权力特征。当事人只有透过个案的审理才能具体感知抽象的审判权。而微观层面的审判权则是指法官针对个案享有的裁判权力。通过两者之间的联系可以发现,微观层面的审判权是审判权的最基本单位,宏观层面的审判权是由若干微观层面审判权组成的集合。由此推之,宏观层面的审判权具有可分性,对其切割的主要目的在于将其内部的诸多个案审判权归纳整理后进行细化分类,使审判难度相近的若干个案审判权形成审判权簇,进而实现特定审判人员与不同审判权簇的配适协调,以达致审判权"差异化"配置的构想。当然,权力的切割应当以不妨碍权力的正常行使为原则。鉴于审判权"差异化"配置切割的仅是"最外层"的宏观性审判权,并未破坏微观审判权的完整结构,是故宏观审判权的切割不影响作为内核的微观审判权。

(二)审判权"差异化"配置的域外实践

"差异化"配置审判权已成为各国司法界的普遍共识。不论英美法系国家抑或大陆法系国家,其审判权都由多元化的主体所掌握。这一特征最明显的表征则是各国对于"法官"语义所作的宽泛性解释。在美国,任何有权行使司法审判职能的联邦司法系统官员均视为法官。因而,广义的美国联邦法院法官除了经由总统任命的"员额法官"外,[1]还包括拥有有限审判权限,有权独立审理轻罪刑事案件、小额民事案件的治安法官。正是因为治安法官的审判权被限定在特定案件领域,因而美国的治安法官又被称为限权法官。不同于联邦法官,治安法官的任命仅需地区法院法官投票通过即可,无需总统任命,不占用联邦法官名额。根据美国联邦最高法院公布的统计数据,2013 年,美国联邦法院系统共有治安法官 574 人,其总计审理无争议民事案件 15,804 件,轻微刑事案件 123,156 件。[2] 毫不夸张地说,联邦治安法官已成为美国基层纠纷化解的主要力量。

日本《法院职员定员法》规定的法官包括高等法院长官、判事、判事补、候补判事、简易法院判事。在日本,不同类型法官的审判权存在显著差异。

〔1〕 参见[美]琳达·格林豪斯:《大法官是这样炼成的》,何帆译,中国法制出版社 2011 年版,第 108 页。

〔2〕 相关的统计数据,参见美国联邦法院网,http://www.uscourts.gov,2019 年 9 月 18 日访问。

判事有权独立审理各种案件，而判事补和候补判事只能承办合议案件，不能独立审理案件。简易法院判事仅被准许审理简单案件，主要由退休法官和资深书记官组成。日本遵循“候补判事—判事补—判事”的阶梯式法官培养模式。

总结而言，域外的法官都不限于员额法官，不占用法院法官员额的限权法官与员额法官一样共同承担着审判工作，从而形成有序、高效的审判权配置体系，使通过审判实践锤炼的精英法官专注于审理具有统一法律适用、推动社会进步价值的案件，在优化审判效率的同时树立司法的权威与公信。

四、员额制改革话语体系下审判权的本土化再配置

（一）员额法官与法官助理共享的审判权

我国狭隘的法官外延制约着审判资源利用效率。因而，有必要对法官进行扩容。除员额法官外，何种主体可以配置有限的审判权？值得注意的是，在我国《法院组织法》早期的修改建议稿中，曾提出设立“候补法官”。依照修改建议的规定，“候补法官”不占用法院的员额指标。其参照原有助理审判员的任命方式，由本院院长提名，经审判委员会讨论通过后获得正式任命。但与助理审判员不同的是，“候补法官”一职仅在基层法院设置，但该意见未被立法机关采纳。此种“候补法官”很大程度上借鉴了我国台湾地区和日本的法官设置经验。尽管实践证明，这种非员额法官制度运行成效显著，但能否直接借鉴候补法官制度还需考量改革成本与风险以及司法发展水平。

不可否认，“候补法官”的设置同渐进式的法官培养相耦合，符合法官培养的客观规律。但我国目前尚没有另辟“候补法官”的必要。若引入“候补法官”，我国法官的转任路径由现在的“法官助理—员额法官”变为“候补法官—员额法官”。相应的，法官助理的功能将进一步纯化，专司审判辅助事务。此种变化隔断了法官与法官助理的转换通道，将导致法官助理朝职业化方向发展。然而，审判辅助性事务不同于其他辅助性事务，其对于法官助理的法律知识有着较高的专业性要求。非经法律专业训练的普通人恐将难以胜任此项工作。因而，法官助理大多要求通过国家统一的法律职业资格考试。法官助理过高的准入门槛致使符合条件的人员数量有限，而法官助

理特别是不具备法院编制的法官助理薪酬普遍偏低。因而,法官助理对于法律人才的吸引力不足。新设“候补法官”后,具有法院编制的法官助理基本转为“候补法官”,故法院需引进更多的法官助理填补空缺。而这在多数法院法官助理人手紧缺的当下亦难以实现。另外,增设“候补法官”意味着额外增加法院开支,加重法院的财政负担。综上,“候补法官”在我国短期内暂时无法实现。

既然“候补法官”难以同我国的国情相适应,那么不妨换个角度,通过改造法官助理制度实现殊途同归的效果。与其让作为储备法官人选的法官助理违反法律规定偷偷摸摸地以法官助理之名行审判之实,不如名正言顺地赋予特定法官助理有限审判权。此项创新举措的意义在于既分流了员额法官的办案量,又能使司法责任制得以真正贯彻和落实。赋权后的新法官助理制度采用了折中性的中间方案,汲取了原有助理审判员制度放权过松以及现有员额法官制度限权过紧的弊端。而法官助理等级化关乎有限审判权特定化赋予能否实现。为此,应建立等级化的法官助理制度,明确不同等级法官助理的具体权限。

(二)等级化的法官助理制度

法官助理按照从事审判事务内容的不同可分为普通法官助理、高级法官助理两个等级。普通法官助理在法官的主导下从事审判辅助事务,其不具有任何审判权。最高人民法院《关于人民法院法官助理管理办法(征求意见稿)》规定了12项法官助理职责。具体内容包括:(1)审查诉讼材料;(2)组织庭前证据交换;(3)代表法官主持调解;(4)办理代为诉讼的有关事宜;(5)接待当事人、代理人、辩护人;(6)调查、收集、核对证据;(7)办理委托鉴定、评估、审计;(8)协助法官采取诉讼保全措施;(9)准备与案件审理相关的参考性资料;(10)办理案件管理的有关事务;(11)草拟法律文书;(12)完成法官交办的其他与审判业务相关的辅助性工作。这12项任务除主持调解和草拟法律文书不宜由普通法官助理行使外,其余辅助性工作均可由普通法官助理承担。本质上,法院调解属于审判活动。因而,主持调解活动自然属于审判权的行使情形之一,遵照权力与职责相一致的原则,普通法官助理不得参与此项工作。在草拟法律文书问题上,虽然法官助理的该项职责没有逾越审判权的边界,但法律文书是审判人员内心思维活动的外化表达,由法官助理草拟后再交由法官指导、审核、把关所耗费的时间精力极有可能超过法官直接撰写法律文书,产生“1 +1 <2”的负面效果。[1] 且域外国家和地区法官助理的职责大多不含起草裁判文书。我国台湾地区的“法官”几乎不会将判决书交由“法官”助理撰写。[2] 裁判文书撰写在审判事务中的核心地位决定了该项工作仍应当由法官亲力亲为。

普通法官助理经过数年的历练并通过高标选拔过后,可转为高级法官助理。由于聘用型和实习型法官助理不具有法院编制身份,因而其不能为高级法官助理。仅有招录型普通法官助理具备转为高级法官助理的资格。高级法官助理因审判资历尚浅,所以其有权在员额法官的指导下审理小额诉讼案件、简易案件。此外,《民事诉讼法》还设立特别程序,专门审理非诉案件。非诉案件的非对抗性表露出审判人员无需梳理复杂的法律关系,其可直接交由高级法官助理处理。高级法官助理一般需要若干年的审判经验积攒才有可能转为正式的员额法官。“传帮带”式的学徒培养作为一种行之有效的法官培养和传承方式,难以被取代。[3] 高级法官助理作为员额法官的助理一方面能够获得员额法官的悉心指导,另一反面又能通过案件数量的积累实现审判经验“质”的飞跃。这种梯度型的法官培养模式承继了学徒制法官培养的精髓。根据《民事诉讼法》的规定,高级法官助理有权审理的案件全部由基层法院管辖。因此,仅各地基层法院有权配备高级法官助理。况且《全面依法治国决定》明确提出上级法院的法官一般应从下一级法院的优秀法官中遴选,故中级以上法院不必设置高级法官助理,仅需保留协助法官处理辅助性审判事务的普通法官助理。

---

〔1〕 参见吴思远:《法官助理制度:经验教训与难题突破》,载《法律适用》2016 年第 9 期,第 110 ~ 117 页。

〔2〕 参见薛永慧:《从台湾法官与司法辅助人员的关系看大陆法官员额制改革》,载《台湾研究集刊》2015 年第 6 期,第 78 ~ 86 页。

〔3〕 参见刘晨:《法院改革中制度移植的反思——从“法官助理”回归“助理审判员”想开去》,载《法治论坛》2009 年第 3 期,第 258 ~ 270 页。

从欧盟紧固件反倾销案胜诉执行看世界贸易组织法对欧盟判例法和行政调查的实用性

傅东辉*

引 言

中国在世界贸易组织诉欧盟紧固件反倾销措施案执行之诉的全胜，是中国在世界贸易组织争端解决实践中的最重大的胜利之一，是中国30年来应对欧盟反倾销首次突破欧盟对非市场经规则的滥用，取得了价格对比条款的胜诉，具有里程碑意义。经过世界贸易组织争端解决机制长达7年的诉讼程序，跨越了原审之诉和执行之诉，欧委会在世界贸易组织(执行审)上诉机构2016年1月做出中方胜诉裁决后40天内，立即撤销了对中国紧固件征收的反倾销税，使昔日年出口额10亿美元的中国对欧出口大宗产品紧固件，逐渐恢复了对欧出口。欧洲法院也在两家中国紧固件企业独立起诉的欧洲司法审查案中判决中方企业上诉胜诉。

但是，令人不解的是，在欧委会于2016年2月撤销了对中国紧固件反倾销税后，欧委会与欧盟普通法院却在

---

* 傅东辉，锦天城律师事务所北京分所主任，复旦大学硕士研究生校外导师，中华全国律协涉外业务委员会顾问，中国贸促会国际贸易摩擦顾问委员会主任，中国法学会世界贸易组织法研究会常务理事。

多个行政调查案和多个司法诉讼案中，全面抵制对其他对华反倾销案件适用世界贸易组织上诉机构在紧固件案判决的原则和法律解释，欧洲法院则对《反倾销协议》（Anti-dumping Agreement，ADA）第2.4条价格公平比较规则是否适用于新媒体企业（New Medie Enterprises，NME）保持沉默，避免做出构成欧盟法律渊源的司法判例。这令人对欧盟主张的多边主义充满疑惑。本文试图探索欧盟是如何在世界贸易组织多边主义和中国牌之间寻求平衡，如何在国家责任和独立行使司法职权之间实现其经济利益和政治目标的平衡，从中找出有用的规律，为减少中欧贸易摩擦增进双方合作提供必要的法律意见。

一、世界贸易组织上诉机构对中国诉欧盟紧固件案（执行审）的裁决

（一）世界贸易组织争端（执行审）上诉机构裁定中方最终全胜

欧盟对中国碳钢紧固件反倾销案从2007年发起原审调查至2016年中国在世界贸易组织争端解决机制最终获胜长达10年，从2009年违规征收高额反倾销税被诉诸世界贸易组织至2016年欧委会撤销征税也跨越了7年。漫长的时间让中国紧固件产业失去了10亿美元的欧盟出口市场，付出了沉重代价。在原审调查中，欧委会调查机关采用印度汽车紧固件企业（pooja forge Ltd.）的产品销售价格作为替代价与中国出口的普通紧固件价格进行不公正的价格对比，滥用了世界贸易组织反倾销的程序规则和实体规则，违规征收了高额反倾销税，平均税率达77.5%，虚构了中国产品比印度相同产品价格低77.5%的现代神话。

中国紧固件产业为维护自己的合法权利，于2009年请求中国商务部把欧盟紧固件案反倾销措施诉诸世界贸易组织争端机制。在世界贸易组织争端解决程序（原审）专家组和上诉程序，欧委会均被裁定部分违反世界贸易组织规则，迫使欧委会执行（原审）上诉机构裁定，进行再调查。但是，欧委会只是打算“走过场”，敷衍过关。在我方应诉企业宁波金鼎紧固件有限公司和常熟紧固件厂的充分举证和有力抗辩下，欧委会不得不部分纠错，把原平均反倾销税率从77.5%下降至54.1%。但是，欧委会并未彻底纠错，被中国按《关于争端解决规则与程序谅解书》（Understanding on Rules and Procedures Governing the Settlement of Disputes，DSU）第21.5条再次向世界贸易组织争端机制提起执行之诉。

在执行之诉中,(执行审)专家组再次裁定欧盟部分违规。经欧盟上诉和中国交叉上诉,通过131天的(执行审)上诉审理,(执行审)上诉机构于日内瓦时间2016年1月18日作出上诉最终裁决,裁定欧盟违规全败。

(二)上诉机构裁定欧盟对反倾销规则的滥用

在中欧双方交叉上诉的7个争议点中,上诉机构最终裁定中国在以下方面获得胜诉,欧盟则在以下方面违反了世界贸易组织《反倾销协定》规则:(1)欧盟把替代国企业产品特征信息作了违规保密处理,违反了第6.5条保密信息规则;(2)欧盟未及时披露替代国企业产品特征信息,违反了第6.4条知情权和第6.2条抗辩权;(3)欧盟未披露用于认定替代价的替代国企业产品特征信息,违反了第2.4条价格公平比较的程序性规则;(4)欧盟未把不同于替代国产品型号的中国部分产品出口价纳入倾销计算,违反了第2.4.2条倾销幅度计算规则;(5)欧盟以替代国企业为非利害关系方为由不提供非保密信息,违反第6.1.2条利害关系方违反非保密信息规则义务;(6)欧盟对影响价格可比性的成本差异未给予适当调整,违反第2.4条价格公平比较的实体规则;(7)欧盟在国内产业定义上违反了第4.1条,并因此违反了第3.1条损害认定规则。我们可以看到,中方在本案执行之诉中的核心诉求是欧盟滥用替代价,违反了倾销认定的实体和程序基本规则。(执行审)上诉机构最终裁定中方获得全胜,并要求欧盟撤销违规的反倾销措施。

(三)世界贸易组织上诉机构首次裁定欧盟对新媒体企业国家违规适用《反倾销协议》第2.4条

1. 围绕“替代价”与价格公平比较,(执行审)专家组裁定中方败诉的三项诉求

围绕着“替代价”与价格公平比较这一中方核心诉讼目标,中方输了三点诉求。根据专家组裁定:(1)中方未能证实,如果不能保证把印度公司提供的产品清单和特征信息及时让中国企业了解,欧盟就违反《反倾销协议》第6.12条规定的义务,也即违反替代国企业应履行利害关系方的义务,应根据《反倾销协议》第6.1.2条就产品特征信息向其他利害关系方及时提供非保密信息;(2)中方未能证实,如果不能把再调查的标准紧固件正常价值与标准紧固件出口价格进行比较,欧盟就违反《反倾销协议》第2.4条规定;(3)中方未能证实欧盟因拒绝对影响价格可比性的成本差异给予调整而违反了《反倾销协议》第2.4条的规定,专家组认为中方没有说明替代国企业

成本要素与中国企业成本要素差异对价格的影响,[1]其实,(执行审)专家组同意欧委会的主张,认为新媒体企业将永远证明不了价格可比性差异对价格的影响。欧委会还认为欧盟在对新媒体企业适用价格对比条例款的过去一贯做法和欧洲法院的先例与本案无关。这是很离奇的裁定。

2.(执行审)上诉机构否定专家组裁定,首肯对"替代价"应进行价格公平比较的原则

在(执行审)上诉裁定报告中,上诉机构重申了一条重要原则,即中国入世议定书第15条(a)只适用于正常价值的认定,但是并不涉及对出口价格的认定和分别裁决,也不涉及第2.4条正常价值和出口价格公平比较。[2](执行审)上诉机构认为,调查机关有义务分析是否应对影响价格可比性的各种差异因素进行调整,这从整体上首次确定了"替代价"适用的实体规则,这是中方获得的重大突破。根据这一原则,(执行审)上诉机构从以下三方面彻底推翻了(执行审)专家组关于新媒体企业国家影响价格可比性的成本差异不应给予调整的错误裁定。[3]

(1)印度替代国企业进口原材料的关税成本

(执行审)上诉中中方指出,替代国生产企业的80%原材料都是进口,依据替代国法律需支付原材料进口高额关税和其他进口环节费用,而中国企业从国内采购原材料,不需要支付相关进口关税和其他进口费用。[4] 但专家组却支持欧盟的观点,认为中国企业并非按市场经济原则运营,在选择替代国时可能应考虑该国对生产要素设定的各种税费,但一经替代国选定,各种税费就不再相关,如果对替代国税费给予调整,就会削弱"替代价"方法的适用,其中就包括对中国企业从国内获取廉价原材料的考虑,而替代国发生的原材料税费问题是替代国选择问题而非影响价格可比性的问题。

(执行审)专家组的认定是完全错误的,这是试图把替代国正常价值的认定标准以及"替代价"与出口国出口价格公平比较的规则完全游离于世界贸易组织反倾销协定一般规则之外,这是中国必须通过上诉赢回的重要诉求。

此外,(执行审)专家组还错误认为,即便欧委会要考虑税费问题,原调

[1] DS397(执行审)专家组报告,第8.2段。

[2] DS397(执行审)上诉机构报告第5.205~5.207段。

[3] DS397(执行审)上诉机构报告第5.198~5.253段。

[4] DS397(执行审)专家组中期报告,第7.210段。

查记录中也没有证据表明中国生产商证明了税费差异是如何影响价格可比性的。[1] 但是(执行审)专家组对欧委会在原审调查中给予税费调整的相反做法却没有提出任何质疑,例如,欧委会对中国企业出口产品进项税未退还部分从出口价格中作了扣减。(执行审)专家组完全采用了双重标准,违反《新争端解决规则与程序谅解书》第11条规定。

(执行审)专家组的错误认定最终被(执行审)上诉机构推翻了。一方面,(执行审)上诉机构认定《反倾销协议》第2.4条价格公平比较条款适用于所有反倾销调查,欧委会不能仅仅以采用了"替代价"方法而免除其对影响价格可比性的税收差异因素给予调整,除非这种调整导致退回到非市场经济的价格或成本扭曲状态。另一方面,(执行审)专家组认定中国对于税收差异调整没有实质性举证也是错误的,因为专家组错误认为中国市场盘条价格远低于其他市场而不能用来作调整的依据,这是错误地适用了《反倾销协议》第2.4条。[2]

(2)关于产品物理特征差异

执行审专家组认为销售的涉案产品可以分为两组:一组是按原产品编码(PCN)涵盖了产品物理特征差异,如涂层和铬处理、直径和长度,以及普通紧固件和特殊紧固件类别,但产品编码分类只能反映部分差异。对于产品编码无法反映的另一些差异,欧委会应该是掌握的,但没有客观审查,却认为中国企业没有举证证明这些差异以及这些差异对价格的影响。另一组是原产品编码涵盖之外的物理特征差异,如产品的追溯性、标准、废品率、硬度、抗挠强度、冲击韧性和摩擦系数等。这些差异通过替代国企业完全配合是可以获取的,但欧委会却把举证责任推给了中方企业。因此,(执行审)专家组支持欧盟的立场是完全错误的。事实上,欧委会在执行再调查中,已经部分接受了中国企业对影响价格可比性的成本差异的举证,例如部分认可了不同的涂层和铬处理并重新分类,部分接受按直径和长度分成大类,从而连续两次下调倾销幅度达23%。但是,这只涉及物理形态差异的一小部分,对于未予调整的多数差异,专家组把举证责任推给中国企业,这与专家组裁定欧委会没有披露替代国产品特征信息而违反了《反倾销协议》第6.4、6.2条和第2.4条是完全矛盾的。另外,专家组认为,中方未根据《反倾销协议》

---

〔1〕 DS397(执行审)专家组中期报告,第7.217~7.220段。

〔2〕 DS397(执行审)上诉机构报告第5.209~5.212段。

第6.6条提出违反信息准确性规则的诉求,也是十分牵强的。

在执行审上诉中,中国以《反倾销协议》第2.4条最后一句话的可能败诉作为此诉求的有条件上诉,由于(执行审)上诉机构维持了执行审专家组对《反倾销协议》第2.4条最后一句的裁定,因此,中方不再有上诉的必要性了。[1]

(3)关于其他成本差异

在执行审上诉中,中方还指出影响价格可比性的其他成本构成差异,包括"原材料耗用率""获取原材料途径"、"自产电力"、"电力能耗"和"人均生产效率"等5项成本差异因素,但(执行审)专家组支持欧委会拒绝给予调整,理由是:其一,中方提供的与欧委会往来信件证据只能证实中国出口产品与替代国的产品之间的成本差异,而未能证明这些差异是如何影响价格以及价格的可比性;[2]其二,欧委会认为此案采用的是替代国的内销价格而不是成本构成价,因此,拒绝接受对成本差异的调整;其三,欧委会更重要的一条理由,实际也是欧盟实施非市场经济规则的底线,认为对替代国企业和中国企业成本差异调整的目的,将部分破坏替代国方法,而这恰恰说明中国在紧固件案对欧盟滥用"替代价"的挑战已经部分达到了目的,至少中国使得自己的对手意识到被点中了命穴。

事实上,(执行审)专家组的裁定是错误的。一方面,在成本差异调整方面,欧委会不仅背弃了自己之前的一贯性实践,还背弃了欧洲法院的判决先例,但(执行审)专家组竟然认为这与本案无关!另一方面,欧委会在本案中对于质量控制的成本差异,在中方出口商的坚持下,作出了调整,(执行审)专家组却解释,质量控制成本和中国出口企业提出的其他成本差异不同,印度替代国企业存在质量控制而中国出口企业没有,专家组认为,质量控制成本调整是因为增加了产品制造的环节,因而影响到价格,而中国企业提出的成本差异只是耗用多少的差异。(执行审)专家组认为替代国原料耗用大、能耗高、生产效率低等,却对价格没有影响,这是奇谈怪论。这反映了(执行审)专家组对成本差异调整遵循的底线,凡是涉及"替代价"实体调整要求的,一概采取保守态度,基本拒之门,而在程序上则相对灵活,认为替代国正常价值与出口国出口价对比时信息应该更透明,程序应该更公正。形

〔1〕 DS397(执行审)上诉机构报告第5.244段。

〔2〕 DS397(执行审)专家组中期报告,第7.242~7.243段。

成了(执行审)专家组在“替代价”适用和公平比较上程序和实体的决然矛盾。

(执行审)上诉机构最终推翻了专家组的错误认定。一方面,(执行审)上诉机构认定《反倾销协议》第2.4条价格公平比较条款适用所有反倾销调查,欧委会并不能仅仅以采用了替代价方法而免除其对影响价格可比性的各种成本差异因素给予调整,除非这种调整导致退回到非市场经济的价格或成本扭曲状态。这是(执行审)上诉机构对于滥用“替代价”做法最根本的突破。上诉机构认为,对影响价格可比性的成本差异调整就是削弱“替代价”方法的说法是错误的,这是对《反倾销协议》第2.4条的错误解释。另一方面,(执行审)专家组认定中国对于成本差异调整没有实质性举证也是错误的,因此专家组不正确地认为中国出口商的“成本结构”不能反映市场价值,因为不能用来作调整的依据,这是错误地对第2.4条的适用。最后,(执行审)上诉机构指出欧委会在原调查中对于影响价格的质量控制文件成本差异已做了调整,认为无论这种差异是发生在另一工序还是发生在同一工序,都应给予调整。而且,(执行审)上诉机构确认欧委会过去确实曾对这种成本差异做过调整,因此(执行审)专家组认为不相干是错误的。据此,(执行审)上诉机构裁定欧盟败诉,因为欧委会没有正确分析中方提出的5项成本差异是否对价格可比性具有影响,包括“原材料耗用率”、“原材料获取途径”、“自产电力”、“电力能耗”和“人均生产效率”,也没有正确分析对其调整是否会重新引入扭曲的成本或价格。这是中方在替代价适用的实体规则上取得的最重大胜诉,将动摇欧盟迄今对华采取的大多数现有反倾销措施的效力。当然,上诉机构也为欧盟今后案件留了一点余地,认可了欧委会个案审查和分析的权利。[1]

(四)欧盟必须按上诉机构的裁定撤销反倾销措施

虽然上诉机构裁定中方获得部分争议点的胜诉,但因为这些胜诉点对案件具有至关重要性,因此,上诉机构要求欧盟撤销紧固件反倾销措施。根据世界贸易组织《关于争端解决规则与程序的谅解书》第22条,如果欧盟不执行世界贸易组织上诉机构裁决,我方可以申请报复措施。至此,从2009年7月31日中方向世界贸易组织争端机制起诉算起,历时7年,中国作为此案的原告走完了世界贸易组织争端案件的完整诉讼和执行程序,并最终获得

〔1〕 DS397(执行审)上诉机构报告第5.226~5.242段。

胜诉。

二、欧盟对世界贸易组织上诉机构对欧盟紧固件案裁决的合规执行

(一)欧委会撤销了反倾销税遵守了世界贸易组织上诉机构的裁决

从2016年1月18日世界贸易组织上诉审上诉机构裁定中方全胜,要求欧盟撤销对中国紧固件反倾销税,仅仅一个半月之后,2016年2月27日欧委会正式发布决定撤销了对中国出口紧固件征收了7年的反倾销税。这是中国自加入世贸组织以来,在多边争端中获得的最大突破。如果说中国入世主要是通过入世谈判,获得了国际普遍承认,那么,世界贸易组织中国诉欧盟紧固件案则是中国依据世界贸易组织法和争端赢得了国际普遍认可。

1. 欧委会执行世界贸易组织上诉机构紧固件案裁决的法律依据:世界贸易组织授权法[1]

2001年3月12日世界贸易组织上诉机构对印度诉欧盟床单反倾销案发出报告,裁定欧盟倾销归零计算违反世界贸易组织反倾销协定倾销认定规则,并且仅对部分损害指标的分析违反了损害认定规则。对此,出于欧盟对世界贸易组织承担的国际义务,立刻于当年7月23日通过了理事会第1515/2001条例,准备按世界贸易组织争端解决机构对反倾销和反补贴案的裁决报告对于与世界贸易组织规则不一致的欧盟双反措施采取可能的合规措施,亦称"世界贸易组织授权法",表明了欧盟在总体上维护世界贸易组织贸易法体系的立场。该法后经修改,由欧洲议会和理事会第2015/476号(欧盟)条例所取代(2015年3月11日颁布),为当年欧盟床单反倾销案纠正不合规的措施起到了重要作用。

世界贸易组织授权法的目的是当欧盟的反倾销或反补贴措施被世界贸易组织争端解决机构认定与世界贸易组织规则不一致时,可以使欧委会对争议措施快速复审并采取相应措施使之合规。为此,欧委会通过审查程序,可以采取以下一项或多项措施,如撤销或修改争议措施,或者采取其他适当的特别措施,以便能使欧盟措施与世界贸易组织争端机构裁决报告中的建议和裁定趋于一致和合规。

根据世界贸易组织授权法规定,为了采取合规措施,欧委会可以要求各

---

〔1〕 OJ L83,2015.03.27,p.6.

利害关系方为原审调查收集的信息给予补充,也可以进行临时复审或再调查。临时复审或再调查往往可以起到双重作用,可以为原审调查的错误裁决进行掩饰,使执行世界贸易组织争端机构裁决流于形式。换句话说,在世界贸易组织争端程序中的失利,有可能通过单边继续调查而得到补救。也可以真正纠错,使欧盟双反实践与世界贸易组织规则和裁决相一致。

根据世界贸易组织授权条例规定,考虑到世界贸易组织争端机构做出的相关法律解释,欧委会也可以针对非争议措施采取该条例允许的相关措施与世界贸易组织规则保持一致性。欧委会也可以经特别咨询程序在特定时间内临时中止非争议措施或经修订的措施。通过该世界贸易组织授权条例,欧委会实际上获得了对世界贸易组织法和世界贸易组织争端解决机构判例直接适用的权力。

2. 欧委会撤销反倾销税履行对世界贸易组织上诉机构(执行审)上诉裁决

欧委会对世界贸易组织上诉机构在欧盟紧固件案的裁决从总体上表示了执行的愿望,反映出欧盟对世界贸易组织国际义务的遵守。但是,欧委会在具体合规执行过程中则反反复复,欲进又退。欧委会在紧固件案对上诉机构的合规执行可以分为两个阶段。即对世界贸易组织争端(原审)上诉机构裁决的执行,和对世界贸易组织争端《关于争端解决规则与程序谅解书》第 21.5 条(执行审)上诉机构裁决的执行。第一阶段欧委会致力于合规执行"走过场",第二阶段欧委会被迫无条件合规。

(1)欧委会对紧固件案世界贸易组织上诉机构(原审)上诉裁决的合规执行

2011 年 7 月 28 日,世界贸易组织上诉机构发出报告裁决欧盟在以下方面违规:

①对非市场经济国家的出口生产商分别裁决以强制分别裁决审查为条件违反《反倾销协议》第 6.10 条和第 9.2 条。

②没有向中国生产商及时披露用以确定正常价值的产品型号信息,违反《反倾销协议》第 6.4、6.2 条和第 2.4 条。

③关于欧盟国内产业定义违反《反倾销协议》第 4.1 条

④关于倾销进口数量认定违反《反倾销协议》第 3.1 条和第 3.2 条。

⑤关于因果关系认定违反《反倾销协议》第 3.1 条和第 3.5 条。

⑥替代国生产商不提供非保密信息也未说明理由违反《反倾销协议》第

6.5条和第6.5.1条。

欧委会对于紧固件案世界贸易组织（原审）上诉机构裁决的合规执行喜忧参半：忧的一面，欧盟对于非市场经济国家企业强制进行分别裁决审查的立法规定被认定违规，被迫修改立法，政治影响较大，并且对于遭受其他反倾销措施的中国出口生产商如因强制性分别裁决审查受到负面影响，也应给予复审的机会，[1]涉及面比较大。喜的一面，虽然世界贸易组织争端解决机构裁决欧委会违反了世界贸易组织反倾销协议六方面的规则，但看不出足以导致撤销或实质性降低紧固件反倾销税的致命性。因此，欧委会做了充分准备"走过场"，却并没有认真考虑如何切实纠正其滥用非市场经济规则和替代价的错误。

中方的态度则正相反，不以小胜而气馁，抓住《反倾销协议》第2.4条最后一句话程序性小胜，在执行再调查中主动要求获悉必要的案件信息，并以此为基础，收集替代国产品价格与中方出口价格存在价格可比性的重要证据，例如，印度替代国企业产品有镀锌加工而中方没有，印度产品特征的重新组合对比存在明显影响价格可比性的差异等，导致平均倾销幅度下降23%，虽然欧委会不接受对其他因素影响价格可比性差异给予适当调整，但是，已经无法否认此案在价格公平比较上存在重大漏洞[2]中方紧紧抓住执行再调查期的最后一个半月，连续要求召开了4次听证会，对欧委会5次错乱矛盾的披露给了有力评论，终于导致把平均77.5%高额反倾销税下降了23%，虽然欧委会没有接受我方的所有价格调整请求和证据，但部分证明了漏洞的存在，为后来执行之诉在《反倾销协议》第2.4条价格对比诉求上的最终突破铺平了道路。理事会第924/2012号执行法规是欧委会对紧固件案世界贸易组织上诉机构（原审）裁定合规执行的记录，[3]也坚定了中方继续诉诸世界贸易组织争端解决（执行审）的决心。

（2）欧委会对紧固件案世界贸易组织上诉机构（执行审）上诉裁决的合规执行

2016年1月18日当世界贸易组织上诉机构对欧盟紧固件案执行之诉做出上诉裁决，判定交叉上诉合并的6项诉求欧盟全输，中方获得全胜，为欧

[1] Van Bael & Bellis, *EU Anti-dumping and Other Trade Defense Instruments* (Sixth Edition) 2019, Wolters Kluwer, p. 502, para. 4.

[2] 佚名：《欧盟紧固件执行案的漏洞被越"凿"越大》，载《中国国际商报》2012年7月16日。

[3] OJ L275, 10. 10. 2012, p. 1.

盟最终撤销对中国紧固件反倾销税奠定了基础。2016年2月27日,欧委会第2016/278号(EU)法规发布,正式撤销了对中国紧固件征收了长达7年的不公正反倾销税。

根据该法规,经过原审执行再调查后调整的措施是对抽样的中国出口生产商分别征收0、0~69.7%的从价税。同时,对合作但非抽样的中国出口企业的平均反倾销税定为54.1%,而对不合作的中国出口生产者的剩余关税则为74.1%,并且,这些措施还通过反规避调查被扩大到从马来西亚进口的被认定为中国原产地紧固件。

但是欧委会在该法规第10段最终确认世界贸易组织上诉机构裁决欧委会对此案原审裁定执行不合规,把6项违规之处合并为5项列入法规;

①《反倾销协议》第2.4条涉及对用于确定正常价值的替代国生产商产品特征的某些信息处理、涉及税收差异、获取原材料渠道差异、使用自产电有关的差异,原材料消耗率差异、电力消耗率差异和员工生产效率差异。

②《反倾销协议》第2.4.2条关于与替代国生产商的销售不匹配的出口交易。

③《反倾销协议》第4.1条和第3.1条关于国内产业定义和损害。

④《反倾销协议》第6.1.2条关于替代国生产者是否应被视为利害关系方,以及关于替代国生产商提供的产品清单和特征信息对中国生产者的披露。

⑤《反倾销协议》第6.4、6.2条知情权和抗辩权,以及第6.5、6.5.1条涉及替代国生产商产品特征相关信息的处理。

欧委会在法规第13段中指出:鉴于第(10)段中提到的认定结果,欧委会认为,根据世界贸易组织授权法第1(1)(a)条规定,对于第91/2009号(EC)法规所征收的反倾销税[经第924/2012号(欧盟)实施法规修订,并由第2015/519号(欧盟)实施法规维持的“争议措施”],将其废除是适当的。

根据法规规定,对紧固件反倾销税撤销将从该法规公布之日起生效,至此,欧盟紧固件案通过欧委会两次行政执行,终于使世界贸易组织上诉机构裁决在欧盟得到了实施。

(二)欧洲法院在紧固件案上诉中推翻一审法院判决裁定中方企业胜诉

2017年4月5日,在欧委会已经撤销对中国紧固件征收反倾销税一年多以后,欧盟法院对另一条战线上仍在经历欧盟司法审查的两个中国紧固件反倾销案做出了上诉判决，判决原告中国紧固件企业宁波金鼎紧固件有限公司和常熟标准件厂胜诉，对两案（C－376/15 P 和 C－377/15 P,）作出了上诉合并终审判决，欧盟法院上诉审推翻了欧盟普通法院一审对我方的不利判决，宣判对于这两家中国企业适用的反倾销措施自始无效，这两家中国企业在过去期间对欧盟出口所缴纳的反倾销税应该全部退回。

在本案上诉中，这两家中国紧固件企业提出了两个诉求，挑战欧盟长期对中国企业滥用替代国制度的普遍性实践做法，分别是：（1）欧盟把不同于替代国产品型号的中国产品出口价不纳入倾销计算（也就是排除出倾销计算），对中国企业部分出口产品采用了不公正的归零处理，虚增了倾销幅度；（2）欧盟对影响价格可比性的各种差异因素，包括成本构成差异，不公正地拒绝适当调整。

对这两项诉求，欧盟法院上诉审只审查了第一个诉求，就判决中国企业胜诉。对于中方第二个诉求则不再审理，适用了司法经济原则。因此，使第二诉求的结论石沉大海。虽然对于本案没有影响我方两企业上诉获胜并获得本案撤销反倾销税的目的，但对未来其他反倾销案件，欧盟法院则与世界贸易组织上诉机构保持了距离，没有把世界贸易组织上诉机构裁决形成的8项规则一一转换成欧盟法院的判例规则，使紧固件案世界贸易组织争端全胜的意义，在欧盟司法实践中大打折扣，留下一大空白。因为，在欧盟司法实践中，欧盟法院的判例是欧盟法的渊源之一，欧委会必须执行，但是，世界贸易组织争端机制的判决仅对涉案措施有直接效力，对于欧盟司法审查却无普遍的直接效力，使欧委会在其他中国反倾销案件种可以绕着走或拒绝执行。甚至使欧洲普通法院在最近部分对华反倾销案件中与世界贸易组织上诉机构大唱反调。

尽管欧盟法院紧固件案对中方企业的胜诉判决姗姗来迟，但仍然具有重要意义。紧固件案历经十年，经历了贸易救济的所有程序，无论是行政调查还是司法审查，是欧盟国内程序还是世界贸易组织国际准司法程序，欧盟法院上诉审判决是紧固件案所有程序的终点，它把中国在世界贸易组织争端机制的胜诉，转换成欧盟司法上的胜诉，形成了世界贸易组织和中欧之间，欧委会和欧洲法院之间的共识：欧盟紧固件案错了，并通过撤销税率纠正了本案错误的结果。

但是，本案值得我们深思的是欧洲法院的“司法政策”和政治取向。欧盟法院作为维护欧盟根本利益的最高司法机构，在监督对华歧视性反倾销立法和实践上不可能完全保持中立,除非欧委会在重大程序规则上存在瑕疵,这也是我方两家企业在一审败诉的根本原因。但是,在欧盟法院受理上诉过程中,世界贸易组织争端(执行审)上诉机构对同一案件相同诉求已经先一步裁决中方全胜,欧委会无条件地接受裁决并完全撤销了反倾销税,面对这种局面,欧盟法院将如何选择站队呢?

欧盟法院在上诉审选择判决我方企业胜诉并撤销税率(虽然反倾销税早已撤销),总体与世界贸易组织上诉机构和欧委会的立场保持了一致。但是,欧盟法院只选取了世界贸易组织上诉机构多项裁决之一作为判决中方企业胜诉的理由,对于世界贸易组织上诉机构裁决中形成的其他规则和纪律,欧盟法院却故意回避留下一大空白,为欧委会在对华反倾销实践中继续滥用"替代价"留了余地。这是因为,欧委会的实践不能直接违背欧盟法院已作出的先例判决,但世界贸易组织争端判例却对欧盟没有普遍和直接效力(除世界贸易组织专家组和上诉机构裁定的案件本身),除非欧盟法院把世界贸易组织专家组或上诉机构裁决规则都转化成欧盟法院先例规则,对于欧盟未来司法实践形成直接法律渊源,或者,由欧委会把世界贸易组织专家组或上诉机构在裁决中形成的规则纳入欧盟反倾销条例,成为欧委会反倾销实践必须遵守的立法规则。

因此,欧盟法院对紧固件案的上诉判决,虽然结束了长达十年之久的中欧紧固件之争,也反映了欧盟在总体上对世界贸易组织多边规则和判决的遵守。但是,欧盟法院同时又保持了认同欧盟长期以来对华歧视性反倾销的保守立场,这表现在欧盟法院对欧盟歧视性对华反倾销规则和对非市场经济规则滥用回避给予认定,这就是司法经济原则的负面作用。一方面,这避免了欧盟法院与世界贸易组织上诉机构的直接对抗,另一方面,欧委会又可以借口世界贸易组织上诉机构在裁定中形成的一些规则并没有被欧盟法院直接认可,缺乏直接效力,从而避免把世界贸易组织上诉机构在以前案例中的裁决规则直接引用到以后欧盟的案件。

因此,对于寻求欧盟司法救济的中国企业,应注重哪些世界贸易组织规则和世界贸易组织争端解决机构裁决形成的规则已被欧盟法院纳入了先例。这是诉诸欧盟法院胜诉的依据。反之,对于欧盟法院回避认可的世界贸易组织规则或世界贸易组织上诉机构的判例,那么,中国除了直接向世界贸易组织争端机制起诉和再诉,对于向欧盟法院提起诉讼是一条艰难的道路。

本案是关于欧盟对中国适用替代国制度最为重要的判例之一，是继紧固件案在世界贸易组织争端赢得全面胜诉之后，欧盟法院在司法上与世界贸易组织上诉机构裁决保持了不冲突的局面，并在欧盟法律体系中对于欧委会违规实践的一次司法纠正。对于欧盟法院已经有明确判决的规则，欧委会必须全面纠正，以避免在实施替代国制度的实践中再度违规，但也可寻找出新的办法。因此，中国应该及时总结应对欧盟反倾销的实践，在多个层面上主动出击，使今天宁波金鼎紧固件有限公司和常熟标准件厂得之不易的司法胜诉能够惠及整个中国对欧出口，在欧盟反倾销司法审查方面走出一条新路子。

三、世界贸易组织上诉机构对欧盟紧固件案的裁决能否适用欧盟对中国其他反倾销案

（一）世界贸易组织上诉机构禁止对新媒体企业滥用价格比较条款的系统和权威解释

世界贸易组织中国诉欧盟紧固件反倾销措施争端案从 2009 年起诉至 2016 年中国获胜迫使欧盟撤销反倾销税历经 7 年，如果从反倾销立案调查算起则长达 10 年。中国对欧盟出口紧固件 2007 达 10 亿美元，2016 年则基本为零，除了获得欧委会殊遇的少数欧盟在华紧固件企业之外。可以说，在中国经济发展最快的这十个年头，中国紧固件产业遭遇了特大反倾销灾难，而导致这场灾难的致命游戏规则就是反倾销调查中对正常价值认定的“替代价”规则。

中国获得欧盟紧固件案胜诉被视为中国应对国际反倾销的里程碑胜利，就是开创了对于非市场经济规则“替代价”滥用的首次突破，也唱响了中国入世议定书“替代价”条款“日落”的前奏。

其实，中国入世议定书中关于反倾销替代价的条款，只是中国入世和进入全球市场的一个交换条件，是对中国高速发展设置的一个障碍。然而，从反倾销立法角度出发，以中国非市场经济为由选择替代价为正常价值，本质上应该是中性的，而欧盟对华调查时，主观上企图借助“替代价”抬高中国产品的倾销幅度，这就构成了主观滥用，因而，也必然构成事实滥用，从而违反反倾销法的基本规则。这就是世界贸易组织上诉机构对欧盟紧固件案执行审裁决先例的重大意义。至少从法律上在以下四大方面澄清和解释了不能对新媒体企业滥用《反倾销协议》第 2.4 条价格公平比较规则：

(1)明确了“替代价”只能用于认定正常价值,只能替代新媒体企业出口生产者的国内价格和成本,[1]而绝不是一个无限制的例外,不允许以此为其他目的歧视中国,如认定出口价格或分别裁决,应适用世界贸易组织反倾销一般规则。[2]

(2)肯定了《反倾销协议》第2.4条价格公平比较条款适用于新媒体企业出口生产商,应尽可能建设性证明影响价格可比性的差异并给予价格调整的必要性,[3]只要使用非扭曲的市场数据来源,就应该对价格调整请求给予评估和准许。[4]

(3)上诉机构认为,替代国企业的产品特征信息要向新媒体企业出口生产商披露,否则违反《反倾销协议》第6.4条和第6.2条,第6.5条和第6.5.1条程序性规则,替代国企业不能违反利害关系方义务不提供非保密信息。

(4)上诉机构裁定欧委会违反《反倾销协议》第2.4条,因为欧委会没有分析中方提出的5项成本因素差异是否影响了价格可比性,也没有分析对其调整是否会重新回到扭曲的成本和价格。

如果欧盟紧固件案上诉机构判决中形成的原则和法律解释能够普遍适用于欧盟对中国所有反倾销案件,这将能够基本上阻止或实质性挫败欧委会对“替代价”条款的滥用,也将从根本上有助于实现“替代价”的彻底日落。否则7年紧固件案世界贸易组织争端历程和胜诉就只能惠及紧固件案本身,甚至无法帮助中国紧固件产业应对欧盟新一轮反倾销,那么紧固件案的胜诉就只是白白浪费时间。然而,情况正好是适得其反,世界贸易组织上诉机构在欧盟紧固件案判决中形成的规则和法律解释,其目前的作用恰恰被欧委会和欧洲法院认为局限于紧固件案本身,完全排斥了世界贸易组织上诉机构判决欧盟其他对华反倾销案发生应有的影响力。例如,2016年7月29日阿斯巴甜反倾销案的终裁,[5]2017年6月28日玛钢管件反倾销案再调查终裁,[6]以及2018年6月3日不锈钢无缝管日落复审案终裁,[7]这些案件的终裁都是发生在欧委会撤销了紧固件反倾销措施之后,但是,欧委会在这

[1] DS397(原审)上诉机构报告,第287段。

[2] DS397(原审)上诉机构报告,第290段。

[3] DS 392v(执行审)上诉机构报告,第5.222段。

[4] DS397(执行审)上诉机构报告,第5.231段

[5] OJ L204,2016.07.29,p.92.

[6] OJ L166,2017.06.28,p.23.

[7] OJ L63,2018.06.03,p.15.

些案件中一律任意地,蛮横地拒绝了中国企业对于影响价格可比性的差异因素提出的价格调整的请求。

（二）欧盟消极抵制世界贸易组织上诉机构对紧固件案裁决适用于其他对华反倾销案

综上所述,首先是欧委会接受了世界贸易组织上诉机构对欧盟紧固件案的裁决并以对该案撤销反倾销税立即完成了合规执行。在中国向世界贸易组织提起对欧盟紧固件案执行之诉时,中国有两家出口企业针对欧委会在同一紧固件案滥用价格对比规则向欧洲普通法院提起了诉讼,但一审遭到败诉。上诉后,2016 年 1 月等来了世界贸易组织争端的胜诉,但直到一年多后于 2017 年 4 月 5 日才获得欧洲法院上诉判决胜诉,推翻了欧洲普通法院对中方企业不利的一审判决,但对于中方两项诉求之一,诉欧委会滥用价格对比条款却被适用了“司法经济规则”,有意回避作出与世界贸易组织上诉机构相同的欧洲法院判例。致使虽然欧盟从行政到司法,终止了在紧固件本案对中国企业采取的歧视性和不公正的反倾销措施,但是,对于其他对华反倾销案件遇到同样的滥用价格对比条款时,却没有形成相关的司法判例,导致欧委会调查和欧洲普通法院审理案件“欧盟司法判例”可依。形成了欧盟对世界贸易组织上诉机构欧盟紧固件判例的全面抵制,使得欧洲普通法院与世界贸易组织上诉机构对着干,欧委会反其道而行之向后转,欧洲上诉法院则躲着走,有意避免对禁止滥用价格对比条款做出司法判例,实际上严重破坏了世界贸易组织贸易救济的法治局面。

例如,2016 年 7 月 29 日阿斯巴甜反倾销案的终裁,[1]欧委会系统拒绝了因成本构成因素差异影响价格可比性请求价格调整,这些列在终裁中影响替代国企业和中国企业价格可比性的差异因素包括:“生产工艺,售后服务,不同能源,产品监管要求,进口原材料税费,与销售相关的专利费,13 个月工资结构差异和包装材料区别。”[2]这些也被一审法院确认。[3] 欧委会拒绝的理由竟然是中方充分证实这些成本差异如何影响了价格可比性,尤其是没有证据表明客户始终如一地为这些成本差异支付不同的价格,在客户看来中国产品和欧盟产品都是一样的,并没有准备支付不同价格。[4] 令

〔1〕 OJ L204,2016. 07. 29,p. 92.

〔2〕 Commission Implementing Regulation (EU) 2016/1247,Recital 48.

〔3〕 欧盟普通法院一审判决(Case T－741/16),第 140 段。

〔4〕 欧盟普通法院一审判决(Case T－741/16),第 49 段。

人吃惊的是欧委会在认定倾销对中国企业进行价格对比时比紧固件案大大倒退了一步,用同一种理由拒绝了因成本构成差异影响价格可比性的所有价格调整请求。但是,既然欧委会仍然违反《反倾销协议》第2.4条规定,就必然出现各种漏洞和矛盾:例如,欧委会实际是拒绝了所有会降低倾销幅度的价格调整,但却采用了所有能提高倾销的价格调整,例如,中国产品出口增值税不予退还部分,[1]以及中国产品出口的直接销售费用。[2] 但是,对于欧盟产业的售后服务和包装材料差异影响价格可比性却不接受价格调整请求,真实原因就是因为会导致倾销下降。欧委会强调中方企业没有提供价差的证据,却恰恰忘了欧委会自己认定欧盟产品与中国产品在调查期平均价差保持在21%。[3] 显然欧委会的企图就是大倒退,不允许对中国企业适用《反倾销协议》第2.4条价格对比条款,把已被上诉机构驳回的诉求重新"捡"起来,这不是想与世界贸易组织上诉机构紧固件案判决公然对抗?这不是连世界贸易组织反倾销协议也反了?因为,既然《反倾销协议》第2.4条不应适用新媒体企业,那不等于说整个世界贸易组织反倾销协议就不能对中国实施?毫无疑问,欧委会已经从对适用"替代价"的偏执蜕变为与整个世界贸易组织反倾销规则过不去了。因此,欧盟对华反倾销政策还正是需要世界贸易组织争端机制给与帮助和警示。然而,很遗憾的是,中国企业把阿斯巴甜反倾销案告到欧洲普通法院,欧洲普通法院竟然采用了欧委会的原话驳回了中方针对价格公平比较的诉求,连审理和分析都没有。"没有证据"成了一审法院对价格公平比较诉求判决的代名词,[4]让人感到欧洲普通法院完全成了欧委会的附庸。[5] 在阿斯巴甜案上出现的全面倒退,同样发生在其他案件,显然这是欧洲法院正在形成的对付欧盟紧固件案上诉机构裁决的特殊"司法政策"。

2017年6月28日欧委会玛钢管件反倾销再调查案终裁,[6]欧委会同样系统拒绝了中国企业对因成本结构因素差异对价格可比性影响请求价格调整,包括都被世界贸易组织上诉机构明确裁定过的原材料获取渠道和生产

---

〔1〕 Commission Final Disclosure, Ammex 2, Para. 3. 5.

〔2〕 Commission Final Disclosure, Ammex 2, Para. 3. 5.

〔3〕 Commission Implementing Regulation(EU)2016/1247, Recital 76.

〔4〕 欧洲普通法院一审判决,Case T－741/16,2019.06.28,第141～143段。

〔5〕 欧洲普通法院一审判决,Case T－741/16。

〔6〕 OJ L166,2017.06.28,p.23.

效率等。欧洲普通法院一审在判决欧委会违反欧盟反倾销基本法第2(11)条(《反倾销协议》第2.4.2条)的同时却在价格对比条款上与世界贸易组织上诉机构想反,驳回了中方企业的诉求,[1]似乎世界贸易组织上诉机构对欧盟紧固件案的执行上诉判决全然不存在。

2018年6月3日对中国不锈钢无缝管日落复审案,[2]欧委会再次拒绝了中方企业所有因影响价格可比性而提出的价格调整请求,包括生产效率,贸易水平,销售佣金,成品率的差异等。这都是发生在欧委会撤销了紧固件反倾销措施之后,反映出欧盟有组织地对世界贸易组织上诉机构在对欧盟紧固件案判决进行全面和蓄意抵制,欧洲法院想走多远呢?

(三)欧洲法院不承认世界贸易组织法的直接效力,但欧盟不应对抗

欧盟是世界贸易组织的主要成员也是多边主义的支持者。欧盟对于世界贸易组织上诉机构在欧盟紧固件案裁决的抵制,来源于两个方面:其一,欧盟从1979年首次对华反倾销起40年中,已习惯"滥用"替代价,一时还转不过弯;其二,欧盟与大多数世界贸易组织成员一样,总体上排斥世界贸易组织法的直接效力。正是这两方面结合,形成了欧盟对紧固件案世界贸易组织上诉机构裁决的抵触和逆行。

世界贸易组织法的直接效力问题,主要指世界贸易组织法反倾销和反补贴规则能否被私人(包括自然人、法人及其他经济组织)所援引,在欧盟各成员国内法院或欧盟法院提起诉讼主张权利。关于世界贸易组织法在欧盟适用的直接效力问题,在《关税及贸易总协定》(General Agreement on Tariffs and Trade,GATT)时期,欧洲法院通过国际水果公司案就确立了拒绝赋予《关税及贸易总协定》1947直接效力的立场,世界贸易组织成立时,欧盟理事会在缔结世界贸易组织协议决定序言中对此作了申明:"就其性质而言,建立世界贸易组织的协议包括附件将不能在共同体或成员法院直接援引。"[3]欧洲法院则在葡萄牙诉理事会案中表明了态度。[4]

欧盟法院不承认世界贸易组织法在欧盟法律秩序中的直接效力,这与世界贸易组织大多数成员是一样的,主要基于两项理由:其一,是欧洲法院考虑到世界贸易组织争端解决,如果某项措施不符合世界贸易组织义务,并

[1] 欧洲普通法院一审判决,Case T-650/17。

[2] OJ L63,2018.06.03,p.15.

[3] Council Decision 94/800/EC 20.12.1994. OJ L336/1.

[4] 欧洲法院判决C-149/96 *Portugal v. Council*,(1999) ECR 1-8395。

不是只能停止实施该措施,否则将剥夺根据《关于争端解决规则与程序谅解书》第22.2条进行谈判寻求双方协议的权利。其二,是欧洲法院考虑到与其他贸易伙伴的互惠性。因此,欧洲法院倾向于通过对统一解释原则的运用赋予世界贸易组织法以间接效力。此外,欧洲法院又确认了纳卡基曼(Nakajima)案和欧共体炼油业联盟案(Fediol)这两个例外继续具有可适用性,承认世界贸易组织法在一定条件下的直接效力,即当欧盟机构有意愿履行一项世界贸易组织特别义务时,可以根据世界贸易组织法审查欧盟法的合法性,或者,欧盟某项措施明文援引了某项世界贸易组织相关条约特别义务。纳卡基曼案例外规则的运行,不是因为具有一致解释性的一面,而正是因为把欧盟立法措施与世界贸易组织法一致性解释缺乏这种可能性。其三,欧盟法院又发展出一种新的解释方法,不完全类同于一致性解释,而是由欧洲法院独立地根据欧盟法律给与新的解释,在宜家退税案中,[1]欧洲法院"独立"认定欧盟反倾销法不允许归零解释,而实际可能就是受到世界贸易组织上诉机构判决影响。

其实,欧洲法学界也提出了不少方案,其中伦敦学院大学法律系主任Piet Eeckhout教授提出了一条中间道路。Eeckhout教授在区分其反对直接效力的论点时,最终认为,如果一个案件已由世界贸易组织争端解决程序具体解决,则该裁决应具有国内效力:

在违反行为被确定的情况下,协议的约束性和合法性原则在我看来应胜过任何缺乏直接效力的情况。如果这些原则不仅仅是空谈,这可能是唯一可以接受的结果。不授予直接效力的理由——无论是协议的灵活性,还是立法机关与司法机关之间的权力划分,或是尊重适当的争端解决平台——在确定有违反行为的情况下就停止效力。

Eeckhout教授的观点是最令人注意的,因为它是一个中间立场,超越了美国和欧洲的直接效力理论,以平衡直接效力可接受性上的对立观点。梅纳德·希尔夫教授认为这至少是授予直接效力的最低标准。[2]

显然,无论是欧洲法院的司法实践,还是欧洲法学界的研究成果,欧盟虽然不承认世界贸易组织法和世界贸易组织争端解决机构判例的直接效

---

〔1〕 欧洲法院上诉判决C-351/04 *IKEA v Commissioners of Customs & Excise*(2007)ECR I-7723,[55]-[56]。

〔2〕 Lester, Mercurio, Davies, *World Trade Law*, 2nd Edition, Hart Publishing Ltd, p. 117.

力,却不能无视其存在,而且创造了多种方法保证欧盟法与世界贸易组织法的合规性,保持欧洲法院对欧盟法的解释与世界贸易组织上诉机构对欧盟法解释的一致性。欧盟作为世界贸易组织最主要成员之一,应该在维护多边主义和支持全球化发展方面做出更多努力,而绝不应向后转和往后退。《反倾销协议》第 2.4 条价格公平比较和对影响价格可比性的差异因素给予适当调整,这是世界贸易组织反倾销协议和欧盟反倾销条例中最重要的倾销认定基本规则,影响着对各国涉案出口企业反倾销税率计算的正确性,决定着企业成败的命运,也决定着中国企业是否受到歧视性的不公正待遇。反过来,无论是欧委会还是欧洲法院执行该规则种的"对"和"错"都将影响欧盟在全球的地位。因此,平衡好世界贸易组织法直接效力和间接效力的关系,纠正《反倾销协议》第 2.4 条价格公平比较条款对中国企业的违规适用,从而找到符合欧盟利益和世界贸易组织利益的新平衡点,是欧委会,欧洲法院和欧洲学术界应该努力的方向。我们也将在欧洲法院阿斯巴甜反倾销上诉案、[1]欧洲普通法院不锈钢无缝钢管案中拭目以待,[2]看欧洲法院如何选择"司法政策"方向。

〔1〕 欧洲法院上诉案 C-666/19。

〔2〕 欧洲普通法院一审案 T-307/18。

三、司法文明引领诉讼制度的改革方向

“以审判为中心”之“审判”涵义辨析

顾永忠*

2014年10月党的十八届四中全会决定历史性地提出“推进以审判为中心的诉讼制度的改革”，从根本上确立了我国刑事诉讼制度发展的方向。其后，理论界曾展开热烈的讨论，焦点集中于何谓“以审判为中心”等问题上。但由于各种原因，特别是2018年《刑事诉讼法》修改中吸收改革成果，确立了认罪认罚从宽制度，而对以审判为中心的改革在立法上没有作出回应，以致理论界围绕“以审判为中心”的讨论未能继续深入，成为一场未完成的讨论。笔者认为，理论界应当继续完成这场讨论以推动这项改革，因为它是涉及刑事诉讼制度发展方向的根本性问题，不容忽视。

一、问题的提出：因“以审判为中心”解读而产生

自四中全会决定提出“推进以审判为中心的诉讼制度改革”的重大命题后，理论界积极展开探讨，纷纷解读“以审判为中心”的涵义。其中代表性的观点主要有：

其一，“《决定》提出的‘以审判为中心’，我认为其内涵主要有两个方面：首先，是指审判在公诉案件刑事诉讼

* 顾永忠，中国政法大学法学院教授。

程序中,居于中心地位。……侦查、起诉毕竟都是为审判做准备的诉讼活动。而执行则是对法院审判结果——判决的兑现。可见侦查、起诉和执行都是围绕着审判中心而展开的。其次,是指在审判中,庭审(开庭审理)成为决定性环节。……庭审要真正成为审判的决定性环节,必须使庭审实质化而不能流于形式。……在庭审中,一定要做到控辩双方平等对抗,法庭居中公正独立地审理裁判。双方举证在法庭,质证在法庭,非法证据排除在法庭(必要时程序可相对独立),辩论说理在法庭,进而使案件的公正裁判形成于法庭。当然,以审判为中心重在第一审的法庭审理。"〔1〕

其二,关于以审判为中心的内涵,"可以从以下层面加以解读:首先,在职能意义上,只有审判职能才能最终决定被告人是否有罪以及处以何种刑罚,侦查、起诉、执行等其他职能不具有此项功能。其次,只有审判职能藉以运作的审判程序才能够在个案中实现国家刑罚权,侦查、起诉只是审判的准备程序。再次,就权力主体而言,审判职能只能由法院行使。最后,在权力运作层面,审判权的运作、审判职能的发挥必须以审判的方式进行,即被告人是否有罪,是否处以刑罚以及处以何种刑罚不能用行政化的方式决定。这也决定了要强调一审程序和庭审在发挥审判职能方面的核心作用。"〔2〕

其三,"以审判为中心的内涵有三:一是审前程序的侦、诉两种职能,即公安和检察机关要形成合力,执行控诉职能;二是要充分发挥刑事辩护职能的功能和作用,坚持有效辩护、实质辩护,充分行使诉讼权利;三是审判法官要坚持审判中心原则。做到兼听则明,认真听取控辩双方的意见,严格依法断案,作出公正裁判。"〔3〕

其四,时任最高人民法院副院长沈德咏在其文章里虽然没有直接解读"以审判为中心的诉讼制度"的涵义,但对"以审判为中心的诉讼制度改革"的内涵,作了如下阐述:"(一)推进以审判为中心的诉讼制度改革,其实质是在诉讼全过程实行以司法审判标准为中心。……也就是说,从刑事诉讼的源头开始,就应当统一按照能经得起控辩双方质证辩论、经得起审判特别是庭审标准的检验,依法开展调查取证、公诉指控等诉讼活动,从而'确保侦查、审查起诉的案件事实证据经得起法律的检验'。(二)推进以审判为中心

〔1〕 陈光中:《推进"以审判为中心"改革的几个问题》,载《人民法院报》2015年1月21日,第5版。

〔2〕 陈卫东:《以审判为中心:当代中国刑事司法改革的基点》,载《法学家》2016年第4期。

〔3〕 樊崇义:《"以审判为中心"的概念、目标和实现路径》,载《人民法院报》2015年1月14日,第5版。

的诉讼制度改革,无需也不会改变公检法三机关'分工负责、互相配合、互相制约'的诉讼原则。(三)不能把以审判为中心简单地理解为以法院为中心。'以审判为中心',是就侦查、审查起诉和审判这三个诉讼程序之间的相互关系而言的,而不是就公安、检察、法院三机关之间的相互关系而言的。"[1]

其五,时任最高人民检察院副检察长朱孝清在《略论"以审判为中心"》一文中,对于"如何理解'以审判为中心'"的问题指出:"第一,'以审判为中心'是指以审判特别是庭审作为诉讼的中心,同时也指法官是庭审的中心,但并不意味着在诉讼和庭审之外他们也是中心。简言之,在诉讼中,审判是中心;在审判中,庭审是中心;在庭审中,法官是中心。第二,以审判为中心与公、检、法在诉讼中互相配合互相制约、检察机关对审判活动实行法律监督等原则是并行不悖的。第三,以审判为中心表明庭审在查明事实、认定证据中的决定性作用,但并不意味着庭上证据与审前证据不一致时就以庭上证据为准。第四,以审判为中心是对诉讼制度的重要改革完善,但并不意味着刑事诉讼法要'大改写'。第五,'以审判为中心'是对'以侦查为中心'的否定,检察机关审查批捕、审查起诉也要谨防'以侦查为中心'。"[2]

综上可见,对于"以审判为中心"的内涵理论界的认识和表述是不尽相同的。而仔细研究上述"不同"之后,发现问题主要出在各方对于"以审判为中心"里的"审判"之涵义理解不同。要想统一认识,凝聚共识,需要对"以审判为中心"之"审判"的涵义进行深入研究,广泛交流。

二、理性分析:"以审判为中心"之"审判"指什么

"以审判为中心"里的"审判"指什么,理论界虽没有专门对此集中、深入讨论过,但从前面所述以及其他具代表性的观点可以看出,大致有"审判机关""审判阶段""审判程序""审判职能""审判活动""审判标准"等诸多解读,到底应当指什么,不妨一一分析,以求共识。

"审判机关"指专事审判权的机关,当然是指人民法院。尽管审判机关非常重要,在刑事诉讼中掌握生杀予夺之权,但如果说"以审判为中心"里的"审判"是指"审判机关"或者"法院",那么,"以审判为中心"就成了"以审判机关为中心"或"以法院为中心"了,这不仅在法律上讲不通,在理论上也难

---

〔1〕 沈德咏:《论以审判为中心的诉讼制度改革》,载《中国法学》2015 年第 3 期。

〔2〕 朱孝清:《略论"以审判为中心"》,载《人民检察》2015 年第 1 期。

以成立。在我国,从法律地位上看,人民法院和人民检察院均是宪法确定的国家机关:“人民法院是国家的审判机关”“人民检察院是国家的法律监督机关”。同时,各级人民法院和各级人民检察院都产生于同级人民代表大会,并对产生它们的各级人民代表大会负责。在此政治制度下,如果说“以审判为中心”就是“以审判机关为中心”或“以法院为中心”,在法律上是讲不通的,而且在理论上也不成立,因为人民法院行使的“审判权”是受到人民检察院行使的“法律监督权”监督制约的,何以人民法院是“中心”,人民检察院却成为“非中心”?正因为如此,当网络上有人发表文章表示“审判中心并非司改终点,最终应实现法院地位高于公、检两家”的观点后,〔1〕立即引起质疑和反对,有人直接撰文“批郝铁川关于审判为中心的论调”。〔2〕

其实,“以审判为中心”是不是以审判机关或以法院为中心的问题自从“以审判为中心的诉讼制度”一提出就成为一个广受关注并且非常敏感的问题。如前所述,时任最高人民检察院副检察长朱孝清在四中全会《中共中央关于全面推进依法治国若干重大问题的决定》(以下简称《依法治国决定》)公布后发表文章指出:“以审判为中心仅就各诉讼环节及职能主体在诉讼和庭审中的关系而言,而不能把它扩大到诉讼和庭审之外的场域,以为以审判为中心就是以法院为中心、以法官为中心。”〔3〕时任最高人民法院副院长沈德咏也撰文指出:“以审判为中心,是就侦查、审查起诉和审判三个诉讼程序之间的相互关系而言的,而不是就公安、检察、法院三机关之间的相互关系而言的。”“把以审判为中心简单地理解为以法院为中心,是对相关改革措施的一种误读。”〔4〕

那么,“审判阶段”可否成为“以审判为中心”里的“审判”,将其表述为“以审判阶段为中心的诉讼制度”?确有学者认为,“审判中心主义强调审判

〔1〕 参见郝铁川:《审判中心并非司改终点,最终应实现法院的地位高于公、检两家》,作者称“在讨论如何落实审判为中心思路的过程中,一些学者特意强调以审判为中心并不意味着公、检、法三个机关地位的变化,说白一点,以审判为中心并不意味着法院法官权力和地位高于公、检两家。我认为,现阶段的审判为中心的刑事诉讼制度改革,确实没有涉及公、检、法三家地位的变化,这体现了我国改革开放以来循序渐进、从易到难的改革策略。但从长远看,我们不能停留在审判为中心的诉讼制度模式而裹足不前,必须适时转向法院法官为中心的司法体制改革”。载搜狐网,http://www.sohu.com/a/168018546_671251,2019年5月19日访问。

〔2〕 参见李勇:《批郝铁川关于审判中心的论调》,载搜狐网,http://www.sohu.com/a/168171194_650721,2019年5月19日访问。

〔3〕 朱孝清:《略论“以审判为中心”》,载《人民检察》2015年第1期。

〔4〕 沈德咏:《论以审判为中心的诉讼制度改革》,载《中国法学》2015年第3期。

阶段的核心地位,即审判阶段是整个刑事诉讼的中心环节,审前阶段应当服从于并服务于审判阶段。"[1]仅从字面意义来看,"阶段"是一个表示时间长度的概念,是指事物发展过程的一段时间。在刑事诉讼中,所谓"侦查阶段""起诉阶段""审判阶段"也都是从"时间"意义上表示某一时间阶段进行什么诉讼活动。那么,作为表示诉讼活动时间进度概念的"审判阶段"能否成为"以审判为中心"里的"审判",即可以表述为"以审判阶段为中心的诉讼制度"这是值得研究的。"审判阶段"里的"阶段"与"侦查阶段""起诉阶段"里的"阶段"都属时间概念。在此情形下,提出何者为中心、何者为非中心不够准确、严谨。因此,不宜以"审判阶段"解读"以审判为中心"里的"审判"。

至于"审判程序"可以从两个方面来理解:一个是从静态意义上看,"审判程序"实为"审判的程序",它与侦查的程序或起诉的程序无异,都是指进行侦查、起诉、审判所依据的法定程序,虽然各个程序的内容有所不同,但"程序"本身也很难分出谁是"中心"、谁是"非中心"。对"审判程序"的另一个理解是从动态意义上讲,是指在刑事诉讼过程中,继侦查程序、起诉程序之后进行的审判程序。在此背景下的"审判程序"与"审判阶段"的涵义大体相同,只是表示刑事诉讼进入了审判程序的阶段了。那么,既然如前所述,"审判阶段"不宜解读为"以审判为中心"里的"审判",那么"审判程序"也是如此。

再来看"审判职能"可否解读为"以审判为中心"里的"审判"? 如前所述,理论界确有把"审判职能"理解为"以审判为中心"之"审判"的观点,即"只有审判职能才能最终决定被告人是否有罪以及处以何种刑罚,侦查、起诉、执行等其他职能都不具有此项功能""只有审判职能藉以运作的审判程序才能够在个案中实现国家刑罚权""审判职能只能由法院行使""审判权的运作、审判职能的发挥必须以审判的方式进行"。[2] 笔者不赞同以"审判职能"解读"以审判为中心"里的"审判"的涵义。这是因为审判职能与控诉职能、辩护职能是从诉讼构造的角度,对现代刑事诉讼的基本诉讼职能进行的理论划分,三者之间是并列关系,也是制约关系,并以等腰三角形的格局构成了现代刑事诉讼的基本结构。按照这种划分,控诉职能是由侦查和起诉共同组成的,并且由检控机关来行使。辩护职能则由被追诉人及其辩护人

---

〔1〕 叶青:《以审判为中心的诉讼制度改革之若干思考》,载《法学》2015 年第 7 期。

〔2〕 陈卫东:《以审判为中心:当代中国刑事司法改革的基点》,载《法学家》2016 年第 4 期。

行使,他们针对检控机关的指控依法行使辩护权。而审判职能则由处于中立地位的法官或法院来行使,表现为依照法定程序充分保障控辩双方的诉讼权利,查明案件事实,对被告人是否有罪、是否以及如何处以刑罚作出公正的裁判。在此理论观点下,如果认为“以审判为中心”里的“审判”是指“审判职能”,那么,“以审判为中心”势必变成“以审判机关为中心”或“以法院为中心”了!同时,如果以“审判职能”界定“以审判为中心”里的“审判”,审判与侦查的关系实际上就被掩盖了,因为“侦查”不是独立的诉讼职能,而是“控诉职能”的组成部分,由此将使“以审判为中心”的提出旨在解决审判与侦查、起诉的关系大大弱化。

此外,还有一个“审判标准”可否解读为“以审判为中心”之“审判”的问题。如前所述,有一种观点认为“推进以审判为中心的诉讼制度改革,其实质是在诉讼全过程实行以司法审判标准为中心”“也就是说,从刑事诉讼的源头开始,就应当统一按照能经得起控辩双方质证辩论、经得起审判特别是庭审标准的检验,依法开展调查取证、公诉指控等诉讼活动,从而确保侦查、审查起诉的案件事实证据经得起法律的检验”。〔1〕

对于上述主张有学者明确提出质疑,称此为“对以审判为中心的误读”,并指出:“有人认为为了贯彻以审判为中心,应当以审判标准作为侦查、起诉的标准,即在刑事诉讼全过程实行以司法审判标准为中心,即从刑事诉讼的源头开始,就应当统一按照审判标准进行活动,达到‘案件事实清楚、证据确实充分’的程度,杜绝案件‘带病’进入审判阶段,为此要改变那种审判、起诉、逮捕、立案证明标准降低的做法。这种认识是错误的,也会带来一些负面效果。”为此,论者从五个方面论证了自己的观点及其理由。〔2〕

在笔者看来,主张推进以审判为中心的诉讼制度改革,应当从刑事诉讼的源头开始就统一以司法审判的标准收集证据,提起公诉,接受审判的检验,是可以理解的,甚至是可以认同的,但对于认为“推进以审判为中心的诉讼制度改革,其实质是在诉讼全过程实行以司法审判标准为中心”并力图以此防止“带病”的案件进入审判的观点则不能苟同。

第一,我国《刑事诉讼法》自 1979 年制定通过迄今已先后修改过三次,许多内容已发生变化甚至是颠覆性的变化,但定罪证明标准始终如一,没有

〔1〕 沈德咏:《论以审判为中心的诉讼制度改革》,载《中国法学》2015 年第 3 期。

〔2〕 陈卫东:《以审判为中心:当代中国刑事司法改革的基点》,载《法学家》2016 年第 4 期。

变化。[1] 在此情形下，提出在以审判为中心的诉讼制度改革中，应当在刑事诉讼全过程统一司法审判标准，必要性何在？从司法实践中出现的冤错案件来看，确实大多存在审前程序没有达到定罪证明标准的问题，但是，究其原因并不是审前程序没有法定证明标准或者法定证明标准低于审判标准，而是办案机关没有严守法定证明标准。针对这一问题，应当强调侦查机关、检察机关在侦查、起诉中应当严格遵守法定证明标准，不能把没有达到证明标准的“带病”的案件移送、起诉到法院，而不是“实行以司法审判标准为中心”的改革。

第二，司法实践中冤假错案的发生不仅与审前程序没有达到法定证明标准有关，更与审判机关已经发现没有达到法定证明标准却降低标准予以定罪有关。对此，时任最高人民法院副院长沈德咏坦诚地表示：“现实的情况是，受诉法院面临一些事实不清、证据不足、存在合理怀疑、内心不确信的案件，特别是对存在非法证据的案件，法院在放与不放、判与不判、轻判与重判的问题上往往面临巨大的压力。”[2] 笔者充分理解法院的难处，但这不是靠“统一证明标准”所能解决的。而且如果确能如此，法院存在的意义又何在？

第三，主张在审前程序中“统一司法审判标准”，实质上是把“以审判为中心”改革的重点转移到审前程序了。按此逻辑，对刑事诉讼改革的重点就是审前程序特别是侦查程序而不是审判程序，那么“以审判为中心”岂不变成了“以审前为中心”？

质言之，“以审判为中心”之“审判”也不应理解为“审判标准”。

综上所述，既然“审判机关”“审判阶段”“审判程序”“审判标准”都不应解读为“以审判为中心”之“审判”，那么，只剩下“审判活动”一个选项了。

三、结论：“以审判为中心”应为“以审判活动为中心”

基于以上，笔者主张并赞同以“审判活动”解读“以审判为中心”里的“审判”的涵义。早在党的十八届四中全会召开前，笔者撰文解读最高人民法院在 2013 年 10 月第六次全国刑事审判工作会议上提出的“以庭审为中心”的

---

[1] 2012 年《刑事诉讼法》修改对何谓“证据确实、充分”从三个方面提出要求，并没有改变证明标准本身。

[2] 沈德咏：《我们应当如何防范冤假错案》，载《人民法院报》2013 年 5 月 6 日，第 2 版。

涵义时，就把庭审中心主义与审判中心主义联系起来分析两者的概念和关系。拙文认为，“庭审中心主义”实为对“以庭审为中心”的理论表述。“审判中心主义，在理论上是指审判活动在刑事诉讼全过程应处于中心地位和关键作用。”“审判中心主义主要是解决审判活动与侦查、起诉、刑罚执行活动的外部关系，即审判居于中心地位，而庭审中心主义则是解决审判机关内部如何进行审判活动的。”〔1〕在这里，“审判中心主义”是一种理论表述，转换为司法改革文件的表述就是四中全会决定提出的“以审判为中心”。

笔者主张并赞成以“审判活动”解读“以审判为中心”里的“审判”，是因为这样不仅可以克服以上种种不当的理解或解读，而且最能准确反映或体现“以审判为中心”的精神实质。一方面，审判活动不是法院单方的活动，而是控、辩、审三方依法共同参与的活动。而审判机关、审判阶段、审判程序、审判职能都不具有此属性或特征。另一方面，审判活动的目的是直接并最终解决被告人是否有罪、是否处以刑罚以及如何处以刑罚的诉讼活动，涉及定罪量刑两个方面，与刑事诉讼的目的关系最为密切，而侦查活动、起诉活动、执行活动等都无法与审判活动相比拟，审判活动自然应当成为刑事诉讼的中心。

“以审判为中心”实质上是“以审判活动为中心”，是指在包括侦查活动、起诉活动、审判活动、辩护活动、裁判执行活动在内的诸项诉讼活动中，审判活动是控、辩、审三方依照法定程序共同参与，并在法庭主持下对案件事实进行调查审理，并由法官或合议庭对被告人的定罪量刑问题作出裁判的活动。它与刑事诉讼旨在解决被追诉人的刑事责任的目的之间的关系最为直接和密切，因而成为以上诸项诉讼活动的中心，而侦查活动、起诉活动、辩护活动、裁判执行活动等则是服务并服从于审判活动的。

“以审判为中心”实质上是“以审判活动为中心”，还意味着以实质化的庭审活动为中心，正如有的学者所言“诉讼以审判为中心，审判以庭审为中心”。〔2〕其之所以如此，是因为审判活动相对于侦查、起诉、辩护、执行等诉讼活动的中心地位是通过实质化的庭审活动得以确立和实现的。没有以实质化的庭审为中心的审判活动，审判在刑事诉讼中的中心地位不可能确立，审判得以要求其他诉讼活动服务于、服从于它的正当性和权威性也无以产

〔1〕 顾永忠：《“庭审中心主义”之我见》，载《人民法院报》2014年5月16日，第5版。

〔2〕 朱孝清：《略论“以审判为中心”》，载《人民检察》2015年第1期。

生和存在。[1]

其实,“以审判为中心”是以实质化的庭审活动为中心的观点,也是对为什么刑事诉讼应当以审判为中心这一问题的实质回答。审判活动之所以应当成为刑事诉讼的中心,不仅因为审判活动是定罪量刑的终局性、决定性的活动,而侦查、起诉、辩护、执行等诉讼活动不具有这一属性,更重要的是审判活动具有其他诉讼活动不可与其比拟的程序公正性,以及由此对结果公正所具有的最大限度地保障性。后者恰恰是审判活动之所以能够成为,也应该成为其他诉讼活动的中心,以致其他诉讼活动应当服务于、服从于它的根本原因。它的诉讼价值体现在两个方面:其一,在诉讼程序的公正程度上,与其他诉讼活动相比它是最高的。首先,它是公开透明的,除法定的特殊情况外,审判活动一定要公开进行;其次,诉讼各方特别是控辩双方是充分参与其中的,双方在同一时空下,按照法定程序进行举证、质证、辩论,其中包括凡有必要时有权要求证人、鉴定人出庭作证,接受质证,用各自主张的事实,提供的证据,发表的意见力图说服、影响裁判者;最后,作为裁判者的法官或合议庭基于法庭调查呈现的案件事实和证据,根据法律的有关规定,对案件作出裁判。这一切充分体现了程序的公正性和正当性,是侦查、起诉等其他诉讼活动做不到的。其二,在诉讼结果的公正性上,由于以上所述诉讼程序的公正性和正当性,可以最大限度地防止冤假错案的发生,保障诉讼结果的公正性。

事实上,党的十八届四中全会《依法治国决定》关于“推进以审判为中心的诉讼制度改革”的论述已经包含对“以审判为中心的诉讼制度”涵义的解读,其中要求的“全面贯彻证据裁判原则,严格依法收集、固定、保存、审查、运用证据,完善证人、鉴定人出庭制度,保证庭审在查明事实、认定证据、保护诉权、公正裁判中发挥决定性作用”,讲的主要是庭审活动。

---

〔1〕 参见顾永忠:《“庭审中心主义”之我见》,载《人民法院报》2014年5月16日,第5版。

审判中心、庭审实质化与刑事司法改革

——基于庭审实录和裁判文书的实证研究

胡　铭*

“推进以审判为中心的诉讼制度改革”写入《中共中央关于全面推进依法治国若干重大问题的决定》，表明审判中心主义在我国当前已经成为一项基本共识，这对于刑事诉讼理论研究者来说，是一个极大的鼓舞。然而，对于我国刑事司法制度的完善来说，这仅是一个新的开端，如果不能从理论和经验层面深入解读我国刑事司法实践的现况与问题，以审判为中心容易沦为一种新的口号而难以在刑事司法改革的实践中真正起到引领的作用。本文尝试从审判中心主义的经验分析入手，以庭审为主要观察的场域并以庭审实录与裁判文书作为经验分析的样本，探讨我国确立审判中心主义的关键性障碍，并就稳健地推动以审判为中心的刑事司法改革提供一管之见。

一、两种刑事诉讼构造：侦查中心主义与审判中心主义

审判中心主义，又称以审判为中心，体现了刑事司法规律，是公正司法的必然要求，是严格司法的题中之义。[1]

---

* 胡铭：法学博士，浙江大学光华法学院教授，博士生导师。

〔1〕 陈光中：《推进“以审判为中心”改革的几个问题》，载《人民法院报》2015年1月21日，第5版。

审判中心主义虽然涉及司法制度的诸多问题，但从本质来看是一个刑事诉讼构造问题。所谓刑事诉讼构造，简言之，就是指刑事诉讼中控诉、辩护、裁判三方的诉讼法律关系。[1] 依据这三方关系，我们可以将刑事诉讼归纳为两种主要模式：侦查中心主义与审判中心主义。所谓侦查中心主义，是指刑事诉讼的过程以侦查为本位，案件事实是在侦查阶段查明的，起诉与审判仅是对侦查结果的二次确认。因此，侦查是刑事诉讼程序的核心环节，是决定案件结果的关键所在，犯罪嫌疑人一旦进入追诉程序便很少会被无罪释放，起诉和审判就像是对侦查的接力，并最终以侦查阶段形成的案卷笔录为基础认定被告人的罪责。具体表现为案卷笔录中心主义、[2]口供中心主义[3]和羁押中心主义，[4]这三者又紧密地联系在一起。即在整个刑事诉讼的过程，侦查中心将围绕着获得对控方有利的案卷笔录展开，有罪口供成为其中的关键之所在，为了获得口供又对被追诉人普遍采用长期羁押，甚至采用刑讯逼供等非法取证方法以获得对定罪量刑至关重要的口供，而审判沦为对侦查结果的简单确认。

与此不同，所谓审判中心主义，强调审判对于整个刑事诉讼程序的统摄作用，侦查程序只是审判程序的准备阶段，案件事实和证据的查证必须以控辩平等对抗、法官居中裁判的法庭调查程序为准。在审判中心语境下，整个刑事诉讼过程应当以司法权为中心，强调刑事审判（尤其是第一审程序）的决定性作用，事实证据调查、定罪量刑辩论、裁判结果形成均决定于法庭。其本质在于确立审判权威，通过控辩审之三角构造保持控辩双方地位平等，

---

〔1〕 刑事诉讼构造，又称刑事诉讼结构，是刑事诉讼法学中的一个基本理论范畴，该范畴之提出被公认为是刑事诉讼基础理论的重大突破之一。如此高评价的关键就在于刑事诉讼构造理论具有极强的方法论上的解释能力，将我们的研究重点引向了刑事程序的整体性框架。相关讨论参见李心鉴：《刑事诉讼构造论》，中国政法大学出版社1992年版，第7～16页；宋英辉：《刑事诉讼目的论》，中国人民公安大学出版社1995年版，第11～13页；[日]田口守一：《刑事诉讼的目的》（增补版），张凌等译，中国政法大学出版社2011年版，第53～58页。

〔2〕 案卷笔录中心主义在刑事诉讼中表现为：(1)侦查案卷是刑事诉讼程序的结点与核心，未经控辩双方质证和辩论的笔录类证据在开庭之前即可为裁判者所接触；(2)法庭调查之举证与质证通过宣读案卷笔录，而非人证出庭作证的方式进行，公诉方提交的案卷笔录被视为具有天然证据资格以及高度证明力的证据材料；(3)刑事法官在查阅、研读案卷材料的基础上作出裁判，公诉方提交的案卷笔录是定罪的主要依据。

〔3〕 所谓口供中心主义，是指刑事诉讼尤其是侦查程序围绕着获得被告人有罪供述展开，通过口供再获得其他相关证据，以形成有罪证据链条，在审判阶段主要表现为依口供可以定案，而无口供不可定案。

〔4〕 所谓羁押中心主义，又称逮捕中心主义，是指刑事诉讼中被告人处于普遍被羁押状态，以此保障侦查和其他诉讼行为的顺利展开，而批捕又与最终的有罪判决紧密相联系。

以法庭作为公正地解决国家权力与个人权利冲突的中心场域。具言之,这又囊括四个相互关联的论点:(1)在诉讼构造层面,即公、检、法三机关在以侦查、起诉、审判为己任的诉讼流程中,应当将审判作为刑事司法程序的中心环节,确立以法院审判为中心的三角构造;(2)在审判流程层面,即法官阅卷、审理、裁判等庭前、庭审及庭后行为中,应当以法庭审判为决定性环节,通过法官及合议庭的中心地位实现审判程序对于审前、审后程序的统摄作用;(3)在审理方式层面,庭审应去行政化,回归亲历性、中立性、判断性、终局性等司法的客观规律;[1](4)在审级体制层面,即一审、二审与再审的审级体制中,一审最为重要,其他审判程序之展开均需以一审程序为基础和前提。

二、审判中心主义的经验分析:基于庭审实录与裁判文书

对于我国刑事司法离审判中心主义究竟有多大的差距,需要通过经验分析来评估。在本文中,笔者尝试以中国法院网登载的刑事案件庭审实录和北大法宝收录的判决书为样本展开经验分析,从中一窥我国刑事审判的现实状况以及其反映出的侦查、控诉、辩护和裁判的多方关系。

方法论上主要有两个方面的考量:一方面,之所以选择中国法院网和北大法宝作为样本来源网站,是考虑到上述两个网站在国内同类网站中的优势地位。前者作为最高人民法院主办的网站,为我们提供了权威的海量庭审直播数据;后者是国内公认的目前最成熟、专业、先进的法律信息全方位检索系统。另一方面,之所以选择庭审实录和判决书作为分析的样本,是考虑到庭审是最能直接反映刑事诉讼构造的,通过庭审实录和判决书能够比较全面地反映我国刑事诉讼的实际情况。虽然庭审实录和判决书主要是记录了法庭上的信息和数据,但其仍然能够承载侦查、起诉等审前程序的时空延续。同时,毋庸讳言,这是考虑到研究的便利性。庭审公开和判决书上网为本研究提供了极大便利,而由于审前阶段的诸多信息特别是侦查程序处于秘密状态,使我们很难获得能够直接反映审前程序构造的材料。

(一)侦查与审判的紧密联结:以案卷笔录为主要审查内容的法庭调查

在此,本研究对中国法院网2011年10月至2014年11月登载的共计

---

[1] 参见顾永忠:《试论庭审中心主义》,载《法律适用》2014年第12期。

100 起刑事案件采用简单随机抽样的方法[1]进行取样(含简易程序审理案件 42 起,普通程序审理案件 58 起),然后对样本进行统计分析。

表 1　控辩双方举证的详细情况

	提出证据的案件数(起)		提出的证据总量(份)		平均每案使用量	
	控方	辩方	控方	辩方	控方	辩方
被告人供述和辩解	77	0	126	0	1. 26	0
被害人陈述	59	0	130	0	1. 33	0
证人证言	88	0	434	0	4. 34	0
鉴定意见	50	0	69	0	0. 69	0
物　证	56	0	145	0	1. 45	0
书　证	94	6	423	12	4. 23	0. 12
勘验、检查、辨认等笔录	58	0	119	0	1. 19	0
视听资料	6	1	6	1	0. 06	0. 01
其他证据	到案经过、工作情况说明、起赃经过、“110”出警记录等					

表 1 显示:

1. 控辩双方在举证能力上差距悬殊,控方具有强大的举证能力(背后是侦查机关的强力支撑),被告方鲜有针对案件明确提出证据。在 100 起案件中,被告方仅在 7 起案件中明确提出证据,涉及的证据种类仅限于书证和视听资料,且提出的证据材料基本不涉及案件定性,主要用以证明存在初犯、偶犯、认罪态度好、获得被害人谅解等从轻量刑情节。与此相对应,作为控方的公诉机关均提出了各类证据并形成完整的证据链条。虽然控方负举证责任的要求之下控方举证本应是一种常态,但辩方举证量如此少的状况客

〔1〕 简单随机抽样(Simple Random Sampling),也称单纯随机抽样,是按随机原则直接从总体 N 个单位中取 n 个单位作为样本,保证每个单位在抽选中有相等的中选机会。简单随机抽样是抽样中最基本也是最简单的方式,它适用于均匀总体,即具有某种特征的单位均匀地分布于总体的各个部分。在抽样之前要求对总体各单位加以编号,然后用抽签的方式或根据《随机数表》来抽选必要的单位数。在本研究中,抽样的具体步骤如下:进入中国法院网(http://www. chinacourt. org/index. shtml),点击“图文直播”首页,在直播查询中输入开始时间、结束日期、关键词。考虑到一审程序的重要性,以及为了便于统计,仅选取了一审刑事案件为样本。对于符合上述条件的案件,对总体各单位加以编号,然后用抽签的方式抽选 100 个案例。

观地反映了控辩双方举证能力的巨大差距。

2. 控方对各种证据的偏好有所不同,主要提交的是侦查机关提供的书面证据。其中,使用量最多的首先是证人证言,总共为434份,平均每个案件的使用量为4.34份。其次是书证,总共为423份,平均每个案件使用量为4.23份。这在一定程度上说明了书面证据在刑事审判中的重要性,再加上大量的口供也是以侦查笔录的形式呈现,使宣读侦查阶段获得的相关的书面证据成为庭审中的首要任务。

3. 从庭审实录记载的举证过程来看,无论是被害人陈述、证人证言笔录,还是现场勘查笔录、鉴定意见,控方全部采取宣读预审卷宗的方式进行。控方即使有所说明,也大多限于解释证据的来源、取证主体及证明内容,而证据的证据能力、证明力,以及其在整个证据体系中的价值与地位却鲜有提及或阐明。

4. 控方的举证方式客观上决定了法官难以在庭审过程中通过侦查阶段获得的证据(证据能力与证明力)形成有效心证。在法庭调查过程中,控方通常采取以下三种方式宣读案卷笔录:有选择的宣读方式、摘要式宣读、合并概括式的介绍方式。[1] 无论哪种宣读方式,法庭举证往往都只是一种主观意见陈述之过程,裁判者难以当庭判断控方提交的侦查阶段形成的笔录内容是否真实、合法,从而使法官在采纳证据和认定事实上不得不依赖庭前阅卷或者庭后阅卷。

(二)侦查行为合法性审查的缺失:案卷笔录证据能力的“天然”推定

庭审实录显示:法官对笔录类证据秉持一种“天然”推定的态度,既没有针对案卷笔录的证据能力进行专门审查,也没有对由此承载的侦查行为合法性进行司法审查。

---

[1] 有选择的宣读方式,指对于同一人证的多份讯问(询问)笔录,选取其中最有利于指控的笔录当庭宣读,而对其所作的其他书面陈述,则回避或拒绝出示。摘要式宣读方式,指对于某份案卷笔录材料,选取其中最有利于定罪的段落或章节进行宣读。在此种方式下,法庭调查往往迅速推进,而辩护方却难以提出有力的质证意见。合并概括式的介绍方式,指对若干证人提供的证明内容或证明价值相似的证言笔录进行概括和归纳,而不再直接宣读案卷笔录的原始内容。

表 2　被告方对各种法定证据提出异议的情况

	案件数量（件）	所占比例（案件数量/提出证据案件数）（%）	证据份数（份）	所占比例（证据份数/提出的证据总量）（%）
被告方提出异议的案件	29	0.29	78	0.05
被告人供述异议	14	0.18	16	0.13
被害人陈述异议	9	0.15	14	0.11
物证异议	1	0.02	2	0.01
书证异议	8	0.09	10	0.02
证人证言异议	17	0.19	30	0.07
鉴定意见异议	6	0.12	6	0.09

由表 2 可见：

首先，被告方针对控方提出的绝大多数证据（侦查阶段获得的证据）并未表示异议。在 100 起样本案件中，被告方提出异议的仅为 29 起，不到总量的三分之一；被告方提出异议的证据仅 78 份，占总量的 5%。通常的情况是："宣读证人××的证言。被告方是否有异议？无异议……公诉人提交的上述证据经法庭质证，合法有效，本院予以确认。"由此可见，对于案卷笔录之证据能力，被告方一旦提出异议，实质上被要求承担一定的证明责任。倘若无法提供有效证据证明己方的主张，则需承担异议无效之后果。从而使控方提交的侦查机关所做的笔录类材料如同推定成立的免证事实一般，被排除于待证事实之外，成为"天然"具有证据资格的裁判依据。

其次，各类证据受到质疑的比例呈现不均衡特征，被告方主要针对书面言词类证据提出异议。其中，针对证人证言的异议数量最多，共有 17 件案件中被告方针对 30 项证人证言笔录提出异议，占总异议证据数的 38.46%。我国新《刑事诉讼法》第 187 条虽然确立了关键证人出庭制度，但反观司法实践，在 100 起样本案件中，仅有 5 起案件中证人出庭，[1] 仅占案件总数的

〔1〕 这 5 个案件分别是：2013 年 6 月 4 日海淀法院"公司谎售 ipad2　法人代表同被诉"案；2013 年 9 月 17 日，海淀法院"被指网售假冒硒鼓　公司员工全面涉诉"案；2013 年 12 月 13 日，海淀法院"谎称信贷主任骗得现金古董两女子涉嫌诈骗被诉"案；2014 年 3 月 14 日海淀法院"擅自网载三千部小说涉嫌侵犯著作权"案；2014 年 7 月 24 日海淀法院"利用职务以权谋私 侵吞公款被公诉"案；2014 年 10 月 28 日海淀法院"自称大领导能办提职　诈骗他人百万办事费"案。

5%，占异议总数的17%。其中3起案件由控方申请，1起案件由法庭传召，辩护方申请的仅有1件。在以上5起案件中，被告方或者对证人证言无异议，或者虽提出异议但并未进行有效诘问，仅以揣测方式作出结论。5起案件中，仅有3起案件控方与辩护方对证人进行了交叉询问。也就是说，在大部分对证人证言有异议的案件中，由于证人未出庭，被告人及其律师无法对其进行有效质证，法官也就很难对侦查机关做出的书面材料的合法性和真实性做出有效审查。

最后，上述案例显示：被告方提出的为数不多的异议主要针对证据的真实性，且通常无法提供有效证据加以证明。在100起样本案件中，被告方在14起案件，共针对16份被告人供述提出异议，然而，没有任何1起案件中存在侦查人员出庭作证。在这种情况下，法官对侦查取证行为合法性、真实性的判断，几乎完全依赖于侦查机关出具的"情况说明""工作说明"等书面材料，即侦查人员就其职务行为的合法性所做的一面之词。法官以辩护方"没有提出相关事实和证据"为由，全部认可控方证据似乎就显得"理所当然"。

（三）侦查行为真实性的有限审查：案卷笔录证明力的优先性

在合法性审查缺位的情况下，法官对于侦查行为的审查主要是基于实质真实发现主义[1]的审查，且这种真实性的审查是十分有限的。这直接反映在：当书面的侦查案卷与被告人当庭供述、证人当庭证言以及其他书面证据存在矛盾之时，法官会如何抉择？在此，笔者通过下面三起经典案例进行经验分析。

1. 被告人当庭翻供。2009年吴英集资诈骗案中，[2]被告人吴英当庭推翻其在侦查阶段做出的供述笔录。从法院一审判决书来看，法官依然采信了吴英于侦查阶段作出的书面供述笔录，依据则是公诉机关当庭所宣读的被告人供述、被害人陈述、48份证言笔录以及借款协议书、借条、价格鉴定结论书等书证，经庭审举证、质证，所"证明的内容客观真实，能相互印证"。[3]虽然被告人翻供并不就代表侦查行为存在错误或违法违规现象，但至少说明其对起诉书指控的事实和罪名存在异议，在这种情况下，影响案件事实认

〔1〕 参见黄朝义：《刑事证据法研究》，元照出版社公司2000年版，第16页。

〔2〕 对吴英案的具体讨论可以参见胡铭：《程序法视域中的争议性死刑案件——吴英案引发的程序法思考》，载张仁善主编：《南京大学法律评论》2013年秋季卷，法律出版社2013年版，第295~312页。

〔3〕 《吴英集资诈骗案》，载北大法宝，http://www.pkulaw.cn/fulltext_form.aspx? Db = pfnl&Gid = 118314960&keyword = &EncodingName = &Search_Mode = accurate，2017年3月13日访问。

定的关键证人、鉴定人甚至侦查人员出庭作证实属应当。然而，由于目前我国刑事诉讼主要是一种“印证”证明模式，强调证据之“外部性”而非“内省性”，[1]因此，证明的关键在于获得具有信息同一性，并能够相互支持的证据链条。在这种情况下，法官的自由心证受制于证据间的客观印证，即使被告方当庭翻供、甚至裁判者本人已经从某些证据材料中对案件事实形成内心确信，但只要与相互支持的证据材料发生冲突，那么判决书通常会以控方提交的案卷笔录材料“能够相互印证”为由，直接决定被告人是否有罪的事实认定。

2. 证人书面证言与当庭证供存在矛盾。2001 年的吉海威涉嫌挪用公款案中，在法庭调查环节，公诉人通过当庭宣读侦查机关制作的十余份证人证言笔录进行举证。被告人对起诉书指控的事实及罪名有异议，辩护律师作无罪辩护，并申请法院通知三名证人出庭作证。虽然法庭同意了辩护方的请求，但是，在一审判决书中法院却拒绝采纳 3 位证人的当庭证供，坚持将公诉方宣读的证言笔录作为裁判依据。理由是：两名证人在“侦查阶段均作出了相反意思的陈述”，并且有其他证人始终否认此情节。[2] 该案显示，裁判者主要关心的并不是当庭证言与笔录证言的证据资格亦或真实性问题，而是何者在相关性和可靠性上更占优势，其逻辑前提是控方提交的案卷材料在真实性上可靠，并且具有更高的证明力。因此，即使在证人出庭作证的情况下，裁判者仍然可能拒绝采纳证人当庭所作的口头证言，而直接将侦查案卷笔录作为定案根据。

3. 笔录证据与其他证据存在矛盾。2013 年浙江张氏叔侄冤案中，一审判决书共罗列了 26 项证据，其中定案最为关键的 3 项证据均为笔录类材料：(1)张辉、张高平承认奸杀被害人的口供；(2)同监犯袁连芳(实际上是狱侦耳目)证明曾听到张辉提及犯罪事实的书面证言；(3)侦查机关出具的证实从未对张辉、张高平刑讯逼供之情况说明。与此相对应，法医的 DNA 检验报告指出死者 8 个指甲末端检测出的混合 DNA 和张辉或张高平的 DNA 对

---

〔1〕 龙宗智教授认为：证明的“外部”性强调一个证据外还要有其他证据，而“内省性”则指通过接触某一证据在事实判断者心中留下的印象与影响。参见龙宗智：《印证与自由心证——我国刑事诉讼证明模式》，载《法学研究》2004 年第 2 期。

〔2〕 《吉海威挪用公款案》，载北大法宝，http://www.pkulaw.cn/fulltext_form.aspx? Db = pfnl&Gid = 117448363&keyword = % e5% bc% a0% e9% ab% 98% e5% b9% b3% e5% 90% 89% e6% b5% b7% e5% a8% 81&EncodingName = &Search_Mode = accurate，2017 年 3 月 13 日访问。

不上。在具有较高科学意义与真实价值的 DNA 检测报告之下,一审法院依然认可了控方当庭宣读的各项证据,理由是"DNA 鉴定结论与本案犯罪事实并无关联,不能作为排除两被告作案的反证",并且,"因手指为相对开放部位,不排除被害人因身前与他人接触而在手指甲留下 DNA 的可能性。"[1] 从该案中可以看出,在案卷笔录中心主义的审理模式下,控方提交的案卷笔录被认为具有更高的真实性因而具有证据资格及充分的证明力,此种真实性一方面源于公权力机关(侦查机关和检察机关)的自有的权威性,另一方面则取决于证据之间的相互印证程度。本案中,袁连芳的虚假证言、被告人张氏叔侄的有罪供述等不真实、不合法的证据环环相扣,共同构成了一份"无懈可击"的侦查证据卷,此即印证的错误累加或错误扩大效应。[2] 在侦查行为合法性无法保障的情况下,在非法证据排除规则适用不彰的情况下,法官过于依赖侦查案卷中的所谓相互印证的材料,实际上是对口供的证明力的放大,是对侦查机关的一种盲信,其背后又是侦查权在我国刑事司法中的强势地位。

(四)审判对侦查的高度依赖:案卷笔录是法官裁判的主要依据

为考察我国刑事审判实践中法官判决之依据,笔者对北大法宝 2013 年 12 月至 2014 年 3 月登载的 100 份判决书同样采用简单随机抽样的方法进行统计分析(其中 50 起案件采取简易审理方式,50 起案件采取普通审理方式)。[3]

表 3　判决书中各项证据的使用情况统计

法官裁判依据	简易程序		普通程序	
	证据数量(件)	平均每案使用数量(件)	证据数量(件)	平均每案使用数量(件)
被告人供述和辩解	51	1.02	72	1.44
被害人陈述	40	0.80	87	1.74

〔1〕《浙江张氏叔侄强奸再审无罪案》,载北大法宝,http://www.pkulaw.cn/fulltext_form.aspx? Db = pfnl&Gid = 119235743&keyword = % e5% 90% b4% e8% 8b% b1% e5% bc% a0% e6% b0% 8f% e5% 8f% 94% e4% be% 84&EncodingName = &Search_Mode = accurate,2015 年 3 月 13 日访问。

〔2〕参见胡铭等:《错案是如何发生的——转型期中国式错案的程序逻辑》,浙江大学出版社 2013 年版,第 188 ~ 191 页。

〔3〕具体步骤如下:在北大法宝(http://www.pkulaw.cn/)的司法案例栏目进行检索:案由项目选择刑事,分类项目选择精选案例,审理项目选择初审。对于符合上述条件的案例,对总体各单位加以编号,然后用抽签的方式随机抽选 100 份判决书。

续表

法官裁判依据	简易程序		普通程序	
	证据数量（件）	平均每案使用数量（件）	证据数量（件）	平均每案使用数量（件）
证人证言	141	2. 82	367	7. 34
书 证	279	5. 58	328	6. 56
勘验、检查、辨认等笔录	48	0. 96	159	3. 18
物 证	48	0. 96	85	1. 70
鉴定意见	31	0. 62	37	0. 74
视听资料	4	0. 08	15	0. 30
其他（到案经过、户籍信息、情况说明、起赃经过、110 出警记录等）	99	1. 98	126	2. 52
总计	741	14. 82	1276	25. 52

由表 3 可以看出，在简易程序案件中，经过法庭质证并构成裁判依据的证据材料主要是侦查阶段做出的书证、证人证言以及其他证据材料（如到案经过、工作说明、情况说明、工作记录、户籍信息、起赃经过、110 出警记录）。其中，书证在 50 起简易程序案件中使用数量最多，共计 279 件，平均每起案件中使用 5. 58 份；其次，证人证言共计 141 份，平均每起案件中使用 2. 82 份；最后，其他证据材料共计 99 份，平均每起材料中使用 1. 98 份。在普通程序案件中，各项法定证据的使用数量均有所上升，经过法庭质证并构成裁判依据的证据材料主要是书证、证人证言以及勘验、检查、辨认等笔录。其中，证人证言在 50 起普通程序案件中使用数量最多，共计 367 份，平均每起案件使用 7. 34 份；其次，书证共计 328 份，平均每起案件中使用 6. 56 份；最后，勘验、检查、辨认等笔录为 159 份，平均每起案件使用 3. 18 份。对比可见，无论是简易程序亦或普通程序，侦查机关做出的以书面形式呈现的书证与证人证言均是法官裁判的主要依据，分别占认证总证据的 37. 65%、19. 03%、25. 7% 与 28. 76%。

在证人、鉴定人或侦查人员很少出庭作证的情况下,[1]裁判文书中大量使用并作为定罪依据的证人证言实际上就是侦查过程中制作的秘密、书面的证言笔录。同样,作为侦查案卷主体部分的被害人陈述、被告人供述或者勘验、检查、辨认等笔录,到案经过、工作说明等其他证据,均具有书面性。由此可见,在我国刑事司法中,控方移交的侦查机关做出的案卷笔录材料是法官裁判的主要依据,侦查案卷对审判结果具有决定性作用,这同样体现了侦控机关在刑事司法中在一定程度上是凌驾于审判机关之上的,审前程序比庭审更能决定被追诉人的命运,这也就清晰地展示了我国刑事司法离审判中心主义的差距。

三、审判中心主义缺失语境下的中国刑事司法

上述经验分析以庭审实录和裁判文书所记载的证据审查和裁判过程为研究内容,从点到面地展示了我国刑事司法中的侦查、控诉、辩护和裁判的关系,解释了我国刑事诉讼构造所具有的显著的侦查中心主义色彩,印证了我国刑事司法仍呈现出强职权主义的特点。当前,2012 年《刑事诉讼法》的实施和如火如荼的司法改革为我们推动刑事诉讼向审判中心主义迈进提供了绝佳契机,而侦查中心主义之现况与我们的改革目标显然是有较大距离的。在“改革审判委员会制度,完善主审法官、合议庭办案责任制,让审理者裁判、由裁判者负责”的改革思路指引下,[2]上海等地的司法改革试点,围绕着审判去行政化、去地方化,提升司法官保障和严格司法官责任等推出了一系列新举措。改革的方向是明确的,即努力使得法官主导下的“法庭”成为刑事诉讼的中心场域。然而,推进庭审实质化、对抗化的刑事审判方式改革真的能实现吗?我们有必要在审判中心主义的视阈中重新审视我国的刑事司法。

第一,案卷笔录中心主义与接力棒式的实质真实审查。上文的分析显示,我国刑事诉讼以侦查案卷笔录为中心是实现审判中心主义的直接障

---

〔1〕 笔者曾对鉴定人出庭问题做过专项实证研究,参见胡铭:《鉴定人出庭与专家辅助人角色定位之实证研究》,载《法学研究》2014 年第 4 期。

〔2〕《中共中央关于全面深化改革若干重大问题的决定》对此作出了明确规定。中央高层此前也曾多次强调围绕“努力让人民群众在每一个司法案件中都感受到公平正义”目标,牢牢把握司法为民、公正司法主线。在第六次全国刑事审判工作会议中,最高人民法院院长周强亦特别强调刑事审判应当坚持贯彻直接言词原则。参见张先明:《第六次全国刑事审判工作会议在京开幕》,载《人民法院报》2013 年 10 月 15 日,第 1 版。

碍。在当前的案卷移送与审查制度下，侦查案卷始终是刑事诉讼程序流转的结点与核心。一方面，在类行政化的诉讼结构下，侦查机关制作的侦查卷宗适用于刑事诉讼全过程，起诉与审判环节使用的证据卷基本形成于侦查阶段；另一方面，虽然检察机关在审查起诉阶段有可能会核实或补充部分证据，继而对侦查案卷中的证据卷进行调整与改变，但就整体而言，这种改变是补充性或辅助性的。由此可见，在我国刑事诉讼的司法实践中，侦查卷宗不仅是公安机关记录办案工作的书面材料，而且是链接侦查、控诉、审判三个环节的桥梁，是起诉与审判的实质性基础。换言之，刑事程序的流转及司法裁决的作出，都是以各种书面证据和文书材料构成的案卷为主要载体的。

于是，围绕着案卷笔录展开的接力棒式的实质真实审查使我国的刑事司法显然是呈现重心前移的状态，就好比接力赛中起至关重要作用的第一棒。一旦迈出侦查这一步，后面的程序可能就成了一种惯性而很难停下来，即审查起诉和审判阶段要想改变是非常难的，特别是我国有罪判决率高的现况下，〔1〕庭审的作用显得十分的有限。如张氏叔侄冤案中，检察官和法官在办案过程中实际上都已经有所怀疑，甚至办案法官明确表示不愿意做有罪判决，但要想否定侦查阶段所做出的结论很困难的，法官只做出留有余地的有罪判决。虽然很重视事实真相的查明，实践中却往往是取决于侦查阶段警察能够合法取证并作出高质量的案卷笔录，检察官和法官高度依赖侦查案卷笔录所查明的真相。从这一意义上来说，对于打击犯罪是最为高效的，而这却显然是违反司法规律的，也是不可行的。

第二，庭审虚无主义与庭外积极的实质真实审查。“普通法系的法学家认为其法律制度都是围绕庭审这个中心展开的，它是所有权利的产生源泉和标志，不能通过法庭的检验就不能被认为存在。”〔2〕上文的实证研究显示我国的庭审尚未建立直接言词原则和集中性原则，尚未实现以审判为中心，呈现的仍然是刑事诉讼阶段论和表现出庭审虚无主义的倾向。我国围绕着案卷移送制度的改革经历了反复和周折，这也从一个侧面证明了该问题的

〔1〕 参见孙长永：《侦查程序与人权》，中国方正出版社2000年版，第5页；高通：《论无罪判决及其消解程序——基于无罪判决率低的实证分析》，载《法制与社会发展》2013年第4期。

〔2〕 [法]皮埃尔·特鲁仕主编：《法国司法制度》，丁伟译，北京大学出版社2012年版，第165页。

复杂性,[1]无论是全案移送主义还是复印件主义的争议,无论是庭前阅卷、庭后阅卷还是庭审中的读卷,都体现出庭外积极的实质真实审查的冲动。

一方面,我们正在努力建立一个以公开审判为导向的刑事司法制度。最高人民法院正在努力扩大司法公开,这直接反映在《关于全面深化人民法院改革的意见》中,[2]该意见不仅强调了审判公开,还在33处用了“公开”一词,表明司法公开是各个层面的全面公开,对司法公开的重视程度由此可见一斑。另一方面,缺乏直接性的庭审即使公开了,亦非真正的司法公开。因为庭审公开要求的是所有证据不仅必须公开展示,而且必须通过交叉辩论的形式进行充分的考验,通过证人出庭和口头陈述来展示查明真相的过程。

从上文的实证研究中,我们可以看出我国的审判尚未真正实现直接言词原则和证据裁判原则,以案卷笔录为中心的审查方式使庭审呈现虚无化的倾向,而庭外的证据审查和阅卷等工作却是对案件结果起到决定作用的过程。这便使法官在刑事案件中的职能与警察、检察官有趋同的倾向,也就使司法改革中提高司法官准入门槛、实行司法人员分类管理乃至于司法去行政化,都很容易失去正当性和必要性的支撑。

第三,分工配合制约原则的异化。分工配合制约原则又称“分工负责、互相配合、互相制约”原则,是我国宪法和刑事诉讼法确立的调整公、检、法三机关关系的基本原则。[3] 从学理上来讲:(1)分工负责是前提,以保障各自权力的独立性;(2)互相配合是基础,以保障国家权力的有效性;(3)相互制约是核心,以保障法律适用的公正性。[4] 从历史上看,它是我国长期刑事司法实践的经验总结,也是1979年《刑事诉讼法》对“十年动乱”惨痛教训的

---

〔1〕 我国1979年《刑事诉讼法》所确立的“案卷移送主义+实质审查”的制度设计在实现庭审效率方面效果突出,但被认为是未能阻断法官预断,牺牲了审判公正;1996年《刑事诉讼法》修改吸收了英美法系起诉状一本主义的合理内核,确立了“复印件主义十形式审查”的制度设计,但是,这一设计并未实现立法初衷,出现了公正、效率“双输”的局面;2012年《刑事诉讼法》修改恢复了1979年全案移送的方式,与此同时保留了1996年的形式审查,两者的“嫁接”从理论上讲有助于弱化法官预断、促进司法的公正价值,但是能否在实践中取得预期的效果,还有待时间来考验。相关讨论参见吕升运、荣海波:《刑事案卷移送制度的演进及完善》,载《中国刑事法杂志》2014年第1期。

〔2〕 2015年2月26日,最高人民法院正式发布《关于全面深化人民法院改革的意见》(法发〔2015〕3号),并将之作为修订后的《人民法院第四个五年改革纲要(2014~2018)》贯彻实施。意见包括7个方面、65项改革举措,是指导未来5年法院改革的重要纲领。

〔3〕 参见陈光中、徐静村主编:《刑事诉讼法学》(第五版),北京大学出版社、高等教育出版社2013年版,第101~102页。

〔4〕 参见韩大元:《中国司法制度的宪法构造》,载《中国人民大学学报》2009年第6期。

深刻反思。[1]

上文的实证研究显示，在公、检、法三机关的关系方面，我国现行刑事司法体制事实上形成了以公安机关为优先的分工、配合与制约关系，与现代法治社会公认的诉讼理念、原则、制度不符，而且在刑事司法实践中造成侵犯人权、冤假错案等诸多负面影响。[2]

第四，公正审判权的保障不足与司法权威来源的单一化。公正审判与刑事司法有极密切的关系，牵涉人的自由、尊严、隐私甚至生命，也因此，公正审判权被公认为是公民应当享有的一项最基本的权利。从程序法来看，被追诉人是否能在诉讼过程中享受其法定权利对公正审判具有直接影响；从实体法角度看，审判的结果是否符合实体法规定也是公正审判的重要内容。

上述实证研究所揭示的情况表明，我国刑事司法中对于公正审判权的保障有所不足，特别是证据规则方面的缺失和被告人对质权保障的不力，使庭审很难成为展示看得见的正义的场域，使法庭审判的价值大大下降。如非法证据排除规则虽然已经写入了立法，但实践中有效排除非法证据的案件十分罕见，这使遏制非法取证和刑讯逼供的制度设计初衷仍然无法很好地实现。这就使司法公信力和司法权威性过度依赖于实体公正，而原本被认为应当支撑起司法权威的正当法律程序的缺位，使我们更加依赖于侦查机关对事实真相的查明。

四、走向审判中心主义的渐进式刑事司法改革路径

中国当前刑事司法改革的基本内容可以概况为：围绕更加充分有效地保护被追诉人的正当权利，合理界定公安、检察和法院的权力范围及相互关系，逐步形成符合司法规律、现代化且富有中国特色的刑事司法体制。[3] 其中，构建审判中心主义的诉讼制度可以成为一个主要抓手，以推动庭审实质化为突破口，并基于一种现实主义的进路，[4] 渐次展开我国的刑事

---

〔1〕 参见卞建林：《健全司法权分工配合制约机制的思考》，载《河南社会科学》2015 年第 1 期。

〔2〕 参见王超：《分工负责、互相配合、互相制约原则之反思》，载《法商研究》2005 年第 2 期。

〔3〕 刑事司法改革显然还涉及司法与政党、政府、人大等外部权力主体的关系，但这更多涉及的是政治层面的改革而非刑事司法内在的改革，因此，本文对上述问题未做探究。相关研究可以参见顾培东：《中国司法改革的宏观思考》，载《法学研究》2000 年第 3 期。

〔4〕 参见胡铭：《法律现实主义与转型社会刑事司法》，载《法学研究》2011 年第 2 期。

司法改革。

（一）如何实现庭审实质化：围绕对质权保障展开

审判中心主义涉及诸多层面的不同问题。在前文的分析中，庭审实质化显然是实现审判中心最为直接的问题，而当务之急是围绕对质权保障来展开庭审程序及相关制度的改革。

首先，对质权作为公正审判权的一个“基本要素”，是司法人权保障的一项核心内容，是“刑事审判中对被告的最低限度的保障”，[1]也是庭审鲜活起来的基础。我国刑事诉讼法对被告人的对质权并没有明确的宣示，法律与司法实践中对于证人出庭与否的考量，主要侧重于事实真相的认定，而对事实真相的认定又主要遵从职权主义原则，因此，并没有太多关注当事人的权利。作为被追诉人的一项基本权利，质证权不是强调证人都应当出庭或者聚焦于证人出庭率，而是关注以被告人对质权保障为中心的必要证人出庭问题，以便通过必要证人出庭接受质证改变庭审的证据审查方式和质证规则，通过体现对抗性的庭审承载刑事审判的实质化。为此，特别需要实行三项制度：(1)庭前证据开示制度；(2)强制传唤作证机制及证人拒绝作证的惩罚机制；(3)侵犯对质权的审判无效制。[2]

其次，对质权保障要建立在直接言词原则的基础之上。直接言词原则是刑事诉讼的一项基本原则，是指法官亲自听取控辩双方、证人及其他诉讼参与人的当庭口头陈述和法庭辩论，从而形成刑事案件事实真实性的内心确认，并据以对刑事案件作出裁判。直接言词原则是贯彻公开审理原则与自由心证制度的逻辑前提。作为一项证据法原则，直接言词原则的主旨在于对证据的法定资格作出限制，具体而言：(1)公诉方提交的案卷笔录原则上不得作为裁判之依据。直接言词原则不仅要求裁判者亲自接触证据，而且要接触证据的最原始形态，如当庭听取被告人供述、被害人陈述与证人证言，亲自查看物证、书证；(2)提供言词证据的被告人、被害人、证人和侦查人员应当出庭作证，接受控辩双方交叉询问；(3)被告人、被害人、证人在侦查机关所作的庭外陈述和笔录，原则上不具有证据能力。只有在例外的情况下，讯问笔录及其他书面陈述之朗读方属合法，并且此理由应当

---

〔1〕 参见[奥]曼弗雷德·诺瓦克：《〈公民权利和政治权利国际公约〉评注》(修订第二版)，孙世彦等译，生活·读书·新知三联书店2008年版，第343、356页。

〔2〕 参见易延友：《证人出庭与刑事被告人对质权的保障》，载《中国社会科学》2010年第2期。

公开。[1]

最后，有效辩护制度是实现对质权的前提条件。在国家公权力对犯罪嫌疑人的刑事审判中，倘若没有配套保护措施，那么以交叉询问为主轴的法庭审判对于欠缺法律专业知识的一般能力被告人而言，通常是弊大于利。“面对出庭检察官之凌厉攻势，被告若无辩护人之辅助或其辩护人特别无能者，等于是‘人为刀俎、我为鱼肉’，屈居下风。法官角色如何调整，影响诘问是否导致法庭沦为弱肉强食的杀戮战场，其中，法官能否善尽其诉讼上的照料义务，更是关键所在。”[2]对抗式的庭审对刑事辩护的实质化要求很高，也就是要确立有效辩护制度。有效辩护包括以下三层意思：(1)犯罪嫌疑人、被告人作为刑事诉讼的当事人在诉讼过程中应享有充分辩护权；(2)应允许犯罪嫌疑人、被告人聘请合格的辩护人为其辩护；(3)国家应保障犯罪嫌疑人、被告人自行充分行使辩护权，设立法律援助制度，确保犯罪嫌疑人、被告人获得律师帮助。[3]

此外，建立有效的案件筛选机制是实现对质权的保障措施。通过案件筛选机制以分流案件，才能为对抗性审理的争议案件提供充足的司法资源。新《刑事诉讼法》确立了统一的简易程序。从我国司法实践来看，犯罪嫌疑人在侦查阶段作有罪供述的比例约在90%以上，在法庭审理阶段，被告人当庭认罪的比例亦非常高。如在上文的实证分析中，被告人对起诉书指控的事实和罪名无异议的案件占案件总数的72%。由此可见，适用简易程序分流案件的空间较大。

(二)如何削弱侦查对审判的影响：从证明力切入，逐步走向限制证据能力

证据是刑事诉讼的纽带，上文研究显示，侦查案卷笔录在我国法庭上的通行无阻，体现了侦查中心，体现了侦查对审判强大的影响力，体现了侦查对刑事司法超强的驱驭能力。改变侦查中心、树立审判的权威地位，便需要改革证据法，采行证据裁判原则及其统摄的证据规则的科学化。证据裁判

---

〔1〕 例如，《德国刑事诉讼法》中，在三种情况下笔录证言可以当庭宣读：(1)证人、鉴定人或共同被告因客观原因无法出庭作证；(2)检察官、辩护人及被告人均同意法官讯问证人、鉴定人或共同被告所作的笔录；(3)当证人或鉴定人到场时，笔录只有在为了其帮助恢复记忆及确认或消除矛盾时，才得被朗诵之。

〔2〕 林钰雄：《严格证明与刑事证据》，法律出版社2012年版，第195页。

〔3〕 参见樊崇义：《“以审判为中心”的概念、目标和实现路径》，载《人民法院报》2015年1月14日，第5版。

原则主要是指犯罪事实的存否,取决于庭审中认定的证据,而侦查阶段收集的证据并非具有天然的证据能力。“所谓公正审判,关键是坚持证据裁判,遏制司法腐败光靠‘五个严禁’[1]之类的行政命令是不能奏效的,必须用精致的证据规则对事实认定的各个环节和司法行为加以规范。”[2]

证据裁判涉及证据能力和证明力两个方面,是审判制约侦查的关键所在,而从证明力切入是目前较为可行的改革进路。对于律师辩护率低、法官专业素质不高并长期存在实体真实探知主义的中国而言,立刻禁止使用控方提交的案卷笔录既无现实可行性,也无必要性。笔者认为,由案卷笔录中心向庭审中心的转型中,先从证明力切入,而不是直接否定证据能力,是一条符合我国司法实际的可能进路。即在刑事审判中,允许案卷笔录类证据适用,但降低其证明力。具体而言,应从三个方面限制案卷笔录类证据的证明力:(1)当案卷笔录与被告人当庭供述、证人当庭证言以及其他书面证据存在矛盾之时,法官不能在无明确理由并进行充分说理的情况下仍然认可前者,相应的理由应当在裁判文书中明确记载。(2)不能以被告人庭前的书面口供之间相互“印证”作为评判案卷笔录和被告人当庭供述的依据,无论庭前有几份书面口供,都应只视为一份证据。(3)当案卷笔录和法庭上的翻供都不能与其他证据形成相互“印证”的情况下,应明确当庭供述的证明力优先,这一点同样适用于证人证言。相应地,应在审前程序中践行检察官客观保障义务,庭审程序中确立法官对被告人的客观照料义务。[3] 正如兰博约所言:“正确的判决仰赖的是证据,而对抗式程序却将收集和提交证据的责任交给各执一词的当事方——他们的利益是胜诉,而非真相。”[4]

对于证据能力的规范是更为艰巨的一项任务,这背后又涉及侦查、控诉和审判的关系,尤其是体现对侦查行为合法性司法审查的非法证据排除规则的有效实现是难点所在。通过庭审排除刑讯所获得的口供,是当前实现

---

〔1〕 最高人民法院向社会公布“五个严禁”的规定。这“五个严禁”是指:(1)严禁接受案件当事人及相关人员的请客送礼;(2)严禁违反规定与律师进行不正当交往;(3)严禁插手过问他人办理的案件;(4)严禁在委托评估、拍卖等活动中徇私舞弊;(5)严禁泄露审判工作秘密。

〔2〕 参见张保生:《司法改革应遵循证据裁判规律》,载《法制与社会发展》2014 年第 6 期。

〔3〕 法官的客观照料义务,是指当被告无法通过自己的努力实现正当权利的维护,尤其是难以提出有利于己的无罪、罪轻证据时,鉴于他面临强大且专业的检察官,法官应实施有利被告的照顾措施,如依职权或申请调取有利被告的证据,询问证人引出无罪或罪轻的信息,甚至在特定条件下,进行庭外调查核实证据。

〔4〕 [美]兰博约:《对抗式刑事审判的起源》,王志强译,复旦大学出版社 2010 年版,第 312 页。

审判中心和庭审实质化的难点和重点,而不应一味追求排除的广度和深度,所谓全方位排除最终可能是都不排除或者排除一些无关紧要的证据而最终仍然认定为有罪。因此,当前改革的路径不应是急于通过司法解释扩大排除的范围,也无需急于推行"毒树之果"的排除,而是应该重点解决刑讯逼供获得的口供的排除问题。从2010年非法证据排除规则的明确确立到今天,我们仍然鲜见有效排除的案例,又何谈实物证据排除、全方位排除!只要有若干刑讯逼供获得的口供被排除并判处无罪的典型性案件,以形成示范效应,非法证据排除规则便能逐渐从纸面走向实践,排除的范围才能慢慢扩大。当务之急是以最高人民法院指导性案例的形式,遴选若干典型性案件,对实践形成具体的指导。

(三)如何提升司法权在刑事司法中的地位:优化分工配合制约原则

实现以审判为中心,最终需要提升司法机关尤其是法院在我国刑事司法中的地位。当前比较可行的进路是通过优化分工配合制约原则,先从技术层面逐步提升司法权在我国刑事司法体系内的地位。

首先,我们需要准确理解分工配合制约原则。"分工负责"体现的是三机关地位的独立性和权力的有限性;"互相配合"体现的是工作程序上的衔接关系;"互相制约"是三机关相互关系的核心价值要求。这一原则体现了两种服从关系:(1)在价值理念上,效率服从于公平、配合服从于制约;(2)在工作程序上,侦查服从于起诉、起诉服从于审判。[1] 也就是说,该原则强调的是在公、检、法三机关分工明确、地位独立的基础上,通过互相配合、互相制约的制度设计,以实现公正司法之目的,其核心在于建立合乎司法规律且行之有效的制衡关系。前文的实证研究显示,我国当前刑事司法中配合有余而制约不足;在制约中,侦查机关对公诉和审判的制约有余,而审判权对侦查、起诉的制约十分有限,检察机关对侦查的制约也还很不够。完善分工配合制约原则,便需要通过强化制约来提升审判权在刑事司法中的地位,以规范刑事司法行为、调整司法职权配置、加强权力监督制约。

其次,构建司法权对侦查权的有效制约机制,通过司法审查来对侦查权进行控制。以令状主义为代表的司法审查是现代法治国家普遍遵循的原则,在侦查程序中主要强调通过司法权制约侦查权,对警察强制性权力的合法性进行审查,保障公民个人的权利不受警察的强制性权力的非法侵害。

[1] 参见韩大元、于文豪:《法院、检察机关和公安机关的宪法关系》,载《法学研究》2011年第3期。

在侦查程序中该原则要求，未经司法官签署令状或审查，不得对公民实施拘留、逮捕等强制措施以及搜查、扣押、监听等强制性侦查措施，对于侦查中的强制处分，公民有申请司法救济的权利。我国现在只有对逮捕的司法审查，构建体系性的强制性侦查措施的司法审查机制仍然任重道远。

最后，将刑事诉讼中的检察监督主要定位于制约侦查权，应调整检警关系，采行检警一体化。检察监督应适应审判中心的要求，避免检察机关公诉职能和检察监督职能的角色冲突。同时，我国现行的侦查中心主义和警察主导侦查存在不利因素，难以满足检察机关有效指控与惩罚犯罪的需要，也无法适应侦查监督与保障人权的要求。[1] 在庭审中心和对抗式庭审模式下这些问题将更为突出。我国司法实践中已经开始摸索检警一体化模式，其实质是检察机关参与侦查权行使，而非检警机关在组织上一体化亦或两者角色混同。该模式与审判中心主义相适应，有助于提升侦查质量和强化检察机关在法庭上指控犯罪的能力。

此外，应关注法院内部的审判资源的配置，尤其是优化审判权与审判管理权的配置，以胜任相应的审判职能。审判管理权不同于审判权，其是指法院根据司法规律和特性，对诉讼活动进行管理、监督的权力，内容主要包括审判程序管理权和审判流程管理权。优化审判权与审判管理权配置的目标主要是合理界定审判职权并建立最佳权力结构和运行机制，进一步规范法官与审判组织、审判部门与综合管理部门的分工，加强对审判流程各环节的过程控制，正确处理独立审判与院庭长监督指导职能、审判权运行去行政化与法院管理成本控制和效益提升等关系问题。

五、结语

“我国法治正在从以偏重于学习和借鉴西方法律制度和理论为取向的追仿型法治进路，转向以适应中国具体国情、解决中国实际问题为基本目标，立足于自我发展和自主创新的自主型法治进路。”[2] 以审判为中心的改革也应在关注本土问题和实证研究的基础上展开，遵循上述改革进路。

庭审程序被称为“法律系统之分析的遁点”。[3] 我国刑事司法改革的一

---

〔1〕 参见刘计划：《检警一体化模式再解读》，载《法学研究》2013 年第 6 期。

〔2〕 顾培东：《中国法治的自主型进路》，载《法学研究》2010 年第 1 期。

〔3〕 [德]卢曼：《社会的法律》，郑伊倩译，人民出版社 2009 年版，第 169 页。

个重要目标便是围绕审判权打造看得见的正义,而实现庭审实质化并确立审判作为刑事司法系统之中心应成为主要抓手,并以此重新形塑公、检、法在刑事司法中的关系。由侦查中心走向审判中心,绝非技术层面的小修小补,而是对刑事诉讼构造的重新审视,是回归庭审实质化和重塑司法权威的需要。

招商引资政策纠纷的司法审查

——基于134份裁判文书的分析

胡若溟*

一、问题缘起与文献综述

招商引资是一种具有中国特色的政府行为,其基本模式是政府出面游说投资方在辖区内投资,政府的游说行为不仅包括让投资方了解本地的投资环境之外,还在于土地、税收等方面的优惠政策与相应的以政府公信力为基础的优惠承诺来吸引外部资本。[1] 20世纪80年代以来,尤其是中央和地方的“分灶吃饭”的“分税制”改革后,由于招商引资能够在短时间内增加区域经济总量,提升经济增长速度,进而增加地方行政官员在“GDP竞赛”中获胜的可能性,也因此招商引资成为地域经济竞争的重要手段。[2] 通过招商引资政策,作为市场监管者和治理者的政府和作为市场主体的企业之间被紧密相连,成为地方政企关系的重要组成部分。另一方面,作为监管者和治理者的政府有其自身以公共利益为基点的治理逻

---

* 胡若溟,浙江省社会科学院发展战略和公共政策研究院研究人员,法学博士。

〔1〕 参见王丹、刘洪生、徐静:《加入招商引资行为的税收竞争模型》,载《世界经济》2005年第1期。

〔2〕 参见李松玉、曲延春:《乡镇政府招商引资的行为逻辑及其治理》,载《山东社会科学》2012年第6期。

辑,而企业作为市场主体,主导其行为的是盈利为本的经营逻辑,因此政府与企业必然会就招商引资政策发生争议,而这种招商引资政策的履行与事实,以及其之后的争议的解决,都会对地方政企关系的良性发展产生重大影响,并会影响地方营商环境的塑成。可能正是因为这一重要性,学者们对招商引资进行了持续地研究,综合来看,既有研究主要集中在四方面:经济发展因子论、整体法治论、影响因果论以及政府决策论。

第一种和第二种都是宏观方面的研究,也即它们均是把招商引资作为经济发展和法治发展体系的一个因子来考察。经济发展因子论持论者如黄宗智,他把"资本"作为一种经济发展的要素,认为中国用国家体制优势,凭借廉价土地和劳动力以及税收等优惠(包括相对宽松的环境法规)来招商引资,[1]进而显著推动了中国经济的发展。第二种笔者称之为"整体法治发展论",代表性研究者如万江和韩业斌,他们主要关注的是招商引资和地方法治建设之间的关系,持论核心是构建两者的一种互为因果关系,即现在地方更加注重用法治竞争的方式来塑造一种产权的保障,进而来促进本地招商引资的发展,[2]而在招商引资中的被骗和失信行为也会损害地方的法治建设。[3] 第二种研究虽然与法治相关,但是,其本身还是经济发展因子论的延伸,就是用以法治保障经济发展这一思路的贯彻。

第三种和第四种主要侧重微观层面的观察。第三种是影响因子论,这类研究可以说是第一类研究在作用机理方面的具体化,它主要研究招商引资具体是怎么影响经济发展的,如耿曙于2015年提出了政府与外资间的"双向寻租"理论,认为这种机理一方面遏制了寻租活动的过分猖獗,另一方面诱使地方政府提供大量优惠,换取外资企业的投资落地;[4]经济学者对这方面的研究,尤其是定量研究更加深入,如杨守德等则通过对黑龙江省12个地市招商数据的测算,发现基于规模效用可变假设的数据包络分析方法能够弥补以往方法的不足,可以更加科学全面地评测招商效率。[5] 第四种类

---

[1] 参见黄宗智:《中国经济是怎样如此快速发展的?——五种巧合的交汇》,载《开放时代》2015年第3期。

[2] 参见万江:《中国的地方法治建设竞争》,载《中外法学》2013年第4期。

[3] 参见韩业斌:《地方法治建设的困境与出路》,载《哈尔滨工业大学学报(社会科学版)》2018年第3期。

[4] 参见耿曙:《政企关系、双向寻租与中国的外资奇迹》,载《社会学研究》2015年第5期。

[5] 参见杨守德、赵德海:《招商引资效率评测及招商项目甄选的一般方法》,载《首都经济贸易大学学报》2017年第5期。

型把关注点集中在政府层面，关注政府作为招商引资主体的如刘可等便对中国政府在招商引资决策中的特殊作用进行了考察，指出显著地影响“招商引资”计划的因素是当地的成本、外资企业的数量、国内企业所占的市场份额以及外资企业所占的市场份额。[1]

综上所述，我们发现，现有对招商引资的研究侧重于大格局的整体性研究，即将招商引资作为中国发展的因子对待，如“江中之水”一般，其核心仍在于“江”而非“水”，而微观研究也侧重行政机关的视角，关注行政机关的决策。这些研究都忽视了从整体的政权体系的视角来思考问题，即招商引资作为地方发展的总体战略，其不是政府一个部门的事情，而是需要立法、行政、司法，甚至是如今的监察多权协作的系统工程，忽视了立法和司法进路，对于招商引资的研究必然存在缺陷，尤其是企业权利意识增强和立案登记制改革便捷诉讼的大背景下，越来越多的政企招商引资矛盾会转移到法院，由法院作为国家司法机关进行裁决。这样，法庭就成了政企矛盾新的场域，而法院也由此参与到政企关系和地方治理中，而这些都会集中规范化地体现在判决书里，为我们研究法院在招商引资关系中的角色，并且以此判断法院在地方政企关系中的角色。

二、招商引资案件的整体考察

（一）样本选择与案件基本类型

由于“招商引资”这一语词具有双重特性，即规范的法律用语，如《东莞市招商引资重特大项目认定管理办法》和日常的政策性用语，因此为了确保案件检索的规范性，我们以中国裁判文书网为平台，以法院行政裁判文书的“法院认为部分”为关键词出现的检索位置，以“招商引资”为关键词进行检索，即只有法院在“法院认为”部分认定的案件才是最直接和最明显的招商引资案件，因为只有在“法院认为”部分出现，招商引资才在最大可能上代表了一种法律关系，而非一种事实性的文字或被附带的文字。同时，我们也选择了较有权威的“理脉”案例库作为补充。首先剔除样本库的形式重复案件，截至 2018 年 12 月 31 日，共得到原始裁判文书 228 件，剔除类案，同时存在一审、二审裁判文书的维持类案件，作为案件事实，不涉及案件实质争议，

---

〔1〕 参见刘可、高梦滔：《论中国招商引资过程中政府决策的合理性》，载《财贸经济》2005 年第 12 期。

单纯数据计算问题和不涉及政企关系，只涉及相对人和政府关于招商引资奖励争议的案件之后，共获得裁判文书134件。虽然这些裁判文书的样本相对庞大的案例库可能偏少，其样本的分析性也有赖于裁判文书的公开程度，但这些是最具有规范性的招商引资案件，我们能够从中提炼出最为精确的法院裁判思维，因此我们选取了年份、地域、领域，“招商引资”的援引与胜诉为分析因子。

需要说明的是，在样本文书中，招商引资案件一般分为两类。第一类是双方关系，即政府与企业就招商引资政策及后续履行产生争议，第二类是三方关系，这其中又分为两类：首先是公民与政府之间的争议，以企业为第三人，这类案件的源起是政府为了履行对企业的招商引资承诺，特别是提供建设用地等，而对公民的土地和房屋进行征收，进而发生的争议，如2016年陕西“周桂芳等人与礼泉县人民政府土地征收案”；其次是检察院与政府之间以行政公益诉讼为基础产生的争议，以企业为第三人，其源起为政府或及职能部门因估计到招商引资政策和企业利益，而未能严格履行法定职责，如“剑河县人民检察院与剑河县国土资源局怠于收缴土地出让金的行为违法行政公益诉讼案”。但就样本统计而言，这种案件类别除了“招商引资”的援引与胜诉率外，对于其他同级要素基本无影响。

（二）案件年份

裁判文书按年份分布如下：2009年1件，2013年2件，2014年15件，2015年12件，2016年36件，2017年44件，2018年24件，考虑到2014年推行裁判文书公开，2015年后均呈现稳定的上升趋势，可将其一直是一种较为稳定的，为政府所选用的政策工具。

（三）地域

裁判文书按地域分布如下：江苏21件、广东10件、河南10件、安徽9件、湖南8件、浙江7件、贵州7件、湖北6件、山西6件、山东6件、重庆5件、辽宁5件、陕西4件、甘肃4件、四川4件、吉林3件、北京1件、河北1件、内蒙古1件、黑龙江1件、附件1件、广西1件、海南1件、云南1件、青海1件。对比2017年GDP排名，GDP位居前10的广东、江苏、浙江、山东、河南、湖北、湖南均属于案例较多的地域，而GDP增速最快的贵州也案件较多，仅有山西和安徽属于GDP与案件数量对比的例外，可见招商引资的纠纷与经济发展呈现某种程度的正相关关系，招商引资在推动经济发展的同时也为政企关系带来了更多的隐患。

（四）案件领域

裁判文书按领域排布如下：治安3件、土地51件、林业2件、住建24件、食药监1件、农业1件、环保2件、经贸13件、其他9件、水利2件、人社3件、民政1件、外资1件、财政3件、乡政府18件。这些案件中，与常用的招商引资工具密切相关的土地，住建和经贸案件共88件，占样本总数的65.67%，可见涉及土地，规划建筑和经贸的招商引资优惠政策是其产生争议最大的领域。而值得注意的是，乡镇政府的案例共18件，在整体领域中位居第3位，考虑到乡镇政府面对更复杂的治理形式，其本身也有更为灵活的有效治理需求，[1]因此，这类案件的增多，也使我们不得不从“整体政府”和正式规则非正式规则冲突的方面对其加以思考。

（五）“招商引资”的援引与胜诉率

在134份样本中，企业在82份裁判文书中援引了招商引资作为其权利基础，仅在33件案件中获得了胜诉；而政府机关则在75份裁判文书中援引了招商引资，但除少数案件外，基本上是对企业诉求的回应，而其胜诉案件为68件，胜诉率约为91%；企业与政府同时援引招商引资的案件为69件。而除了6件公益诉讼案件外，法院援引招商引资均有企业或者政府在其主张中对此加以援引。

（六）小结

综上所述，从宏观分析上，我们可知：招商引资一直经久不衰，而且为地方政府所广泛采用，尤其是经济欠发达地区的政府；企业援引频率高，但是胜诉率低；企业援引时行政机关一般会援引，但行政机关援引时，除公益诉讼外，胜诉率高；法院一般不会单独主动援引，只是回应招商引资作为审查理由。也就是说从整体来看，招商引资是地方政府一直非常喜欢使用的经济发展政策，法官对于招商引资案件的审查热情并不高，在某种程度上也预示了其在招商引资司法审查中的地位。

---

〔1〕 参见付伟、焦长权：《“协调型”政权：项目制运作下的乡镇政府》，载《社会学研究》2015年第2期。

三、立足政策还是严守“法制”:司法审查各方主体逻辑的微观分析

(一)三方关系案件

其实就整体论,在三方关系案件中,无论是涉及公民的一般诉讼,还是由人民检察院提起的公益诉讼,政府与企业实质上形成了共同利益:政府为了完成对企业的招商引资承诺,保证企业顺利进驻,从而尽快产生经济效益,会以某种程度的违法行为推动招商引资落地,从而与坚守个体利益的公民,以及维护社会公共利益的检察院形成对立面,但由于检察院与公民角色利益的不同,两类案件中各方的逻辑亦有所不同,而法院作为两者主张的裁判者,其选择逻辑亦有所不同。

1. 行政公益诉讼:结果消弭与履行行为的逻辑争议

所谓行政公益诉讼,即针对侵害国家利益或者社会公共利益的行为,当法律上没有直接利害关系的主体,或者是有直接利害关系的主体但其不愿提起诉讼时,由法律授予没有直接利害关系的特定主体提起的非自利性诉讼。[1] 在行政公益诉讼中,虽然政府招商引资发展地方经济也是公共利益的体现,但检察机关被在公益诉讼的逻辑中被预设为“公共利益”的代言人,它的主张在此类情境下压倒了政府的公共利益主张,从而使得政府成了“单纯经济利益的代言人”,这种推论可以从公益诉讼的三方主体中得到印证:公益诉讼中,检察院的矛头并不针对企业,而是直接指向政府及其职能部门,攻击其只顾经济利益而枉顾社会效应与法定职权的履行,而政府为维护招商引资的效果,至少在规范意义上与企业形成了“捆绑”,并代替企业成为了检察机关的攻击目标。

首先,检察机关在诉讼主张中严守法律规定,强调维护结果是否得到消除,至于行政机关是否有消除违法结果的行为,在所不论。如“辽源市人民检察诉被告辽源市林业局不履行法定职责案”中,检察院认为:“公益诉讼起诉人向辽源市林业局发出了辽检行公建〔2017〕2号检察建议,建议其依法继续履行监管职责。但辽源市林业局仍怠于履职,致使被违法破坏的林地至今未能恢复原状,国家和社会公共利益仍处于受侵害状态。”[2]

其次,政府则强调其履行职责的过程性行为,并且在其论述当中具有非

---

〔1〕 参见刘艺:《构建行政公益诉讼的客观诉讼机制》,载《法学研究》2018年第3期。

〔2〕 吉林省辽源市龙山区人民法院(2017)吉0402行初59号行政判决书。

常明显地将“招商引资”作为行政机关履行职责具体方式的裁量要素，如“剑河案”中，剑河县国土局主张：“由于该县自然条件、社会环境和经济发展水平特殊，造成该县总体经济发展水平较差，招商引资难度大，招商一个项目到该县落地不容易。而剑河兴职汽车驾驶培训有限责任公司是该县招商引资局于2014年初引进的一个招商项目，且为无污染企业，特别符合该县产业发展。地方政府和相关部门应该为其提供一些宽松环境和便利条件。所以，被告在处理该公司违约时积极采取补救措施，这也是被告为企业提供服务和便利。”〔1〕

最后，法院在“过程”与“行为”两种导向中，选择了检察院的“结果”径路，从而严格保障形式法治。例如，还是在“剑河案”中，法院认为：“是否违法，应当进行法律评价。现论述如下：被告剑河国土资源局在国有建设用地使用权的转让过程中，未严格依照《中华人民共和国土地管理法》第55条的规定，在第三人缴纳土地使用权出让金等费用后，就将本案涉及的国有建设用地交与第三人使用……被告虽然多次以《出让价款催缴通知单》的形式书面向第三人追缴土地出让金，但是在多次催缴无果，并给予第三人相应的履行期限的情况下，也未及时按照合同约定向第三人追究违约责任。”

2. 一般诉讼

相较于公益诉讼，一般的行政诉讼是政府为了履行招商引资承诺，落实招商引资政策，在土地征收，房屋征收等方面以效率为导向，对公民权利进行的侵犯。在此类关系中，实质存在三方主体，即企业，公民，政府，公民要素的摄入，其实给法院裁判带来了更多的困难，而缺乏检察院这一法律监督机关的介入，也使得法院裁判思维更加微妙。

首先，就企业而言，无论是土地使用权还是规划许可，均主张所获权益的合法性，政府与公民之间的违法行为与己方无关，如在“付鹏飞等不服光山县城乡规划管理局行政许可案”中，作为第三人的金凯帝公司直接主张“该公司系依法提出规划许可申请”，意在撇清自己与政府违法之间的关系，避免代替政府成为公民敌意的承受者。〔2〕

其次，就公民而言，其并不关心所谓招商引资的“大局”，仅关心政府在落实招商引资政策时对合法权益的侵犯。还在“付鹏飞等案”中，作为招商

〔1〕 贵州省镇远县人民法院（2016）黔2625行初41号行政判决书。

〔2〕 河南省潢川县人民法院（2014）潢行初字第7号行政判决书。

引资涉及土地和房屋的所有权人,其认为:“被诉规划许可证对其四人的实体权利产生了不利影响,该局在作出许可前,应向其四人告知陈述、申辩或者听证权利。但该局未进行告知,属程序违法。”

再次,就政府而言,基本不会将招商引资明确表述为作出案涉具体行政行为的依据,从而至少在形式上遵循“依法行政”的逻辑,正如其在“付鹏飞案”中,面对公民的权利主张,其并未提及招商引资,而是将政策落实问题转化为法律适用问题,即“企业用地符合规划,未确认用地权属,未影响公民实体权利,以及企业申请程序合法”这两方面,从而以结果论进行抗辩,以合法性论述维护政策性的招商引资成果。

最后,就法院而言,在该类诉讼中其实面对的是一个“法律外表包装的政策实施问题”,表面上来看,法院是在处理政府与公民之间关于程序违法之间的法律争议,但其处理的效果会直接影响招商引资成果的合法性,因为一旦政府行为被判处违法,原则上案涉行政行为应该被撤销,连带企业也会因无法获得相关许可而无法落地。在这种情况下,法院采取了一种以“法律技术背书政策决议”的策略,其要点在于将“合法性与行为效力、权利救济分离”,即在审判中仅判定政府行为的合法性问题,对于涉及项目存续的行政行为效力与权利救济问题则分离处理,前者如“付鹏飞案”中的情况,判决指出:“鉴于海营路项目已由金凯帝公司实施数年,且已完成了道路贯通和部分改造工程,如果撤销被诉规划许可证将对公共利益造成损失,故应确认其违法并责令光山规划局采取相应的补救措施。”而“周桂芳案”中,面对公民新提出的赔偿请求,2000年最高人民法院《关于执行〈中华人民共和国行政诉讼法〉若干问题的解释》(以下简称《行诉法司法解释》)第71条第4款规定:“当事人在第二审期间提出行政赔偿请求的,第二审人民法院可以进行调解;调解不成的,应当告知当事人另行起诉。”该款规定赋予了法院以“调解+另案起诉”的方式代替审查的处理方式,但裁判文书中,法院对请求只是简单地“不予审查”,至于调解与另案起诉则并未体现,即其仅针对合法性进行了处理,而对实质的权利救济和行为效力问题则采取了回避的态度。

(二)双方关系案件

相较于上文所述的三方关系案件,更引起我们关注的是双方关系案件,因为这类案件在样本总数中占比最多,同时由于争议双方为企业和政府之间关于招商引资政策的直接争议,因此更加能够体现地方政企关系在司法中的样态,以及法院在处理政企争议时的角色。具体就各方主体的主张而言:

1. 企业：维系企业作为招商引资结果的既定事实

在政企争议中，企业的核心主张可概括为“要求维系企业作为招商引资结果的既定事实”，也就是说，无论企业享受招商引资政策时是否存在客观的违法情形，其都试图以招商引资政策和之后的招商引资承诺（以协议为载体）为基点存续其已经获得的土地、规划等权益。而其对“招商引资”作为法律概念的适用，也分为隐性要素和显性要素两类。

首先是作为显性裁量要素，即企业将“招商引资”政策或承诺作为直接的请求权基础主张权利，如在“肖世华诉水城县保华乡人民政府行政合同纠纷案”中，肖世华主张“采取边办矿边投资的方式兴办煤矿，是被告采取的招商行政手段，并不是原告可以随便使用的办矿方式”，试图以“政府认可该手段”作为请求权基础，使其未办理采矿权证等许可便投入生产的行为合法化。

其次是作为隐性裁量要素，相对于以政府行为作为权利基础的显性要素，企业在这类案件中引入“招商引资”并非是从中寻取直接的法律依据，而是希望借此作为案件背景，从而从其他方面影响法院裁量。如“开平特佳水龙头有限公司诉开平市环境保护局申请颁发排污物许可证不予答复案”中，原告对于“招商引资”的使用方式便是：“原告于 2005 年 6 月经开平市政府以月山镇电镀工业集中区招商引资而设立……被告及下属机构长期收取原告的排污费及污水处理费等各项费用，却以没有向环保部门报批环境影响评价文件，水污染防治设施未经环保部门验收已投入生产为由处罚原告。严重违反了行政许可法等有关规定，侵犯了原告的合法权益。”[1]

2. 政府：强调形式合法性

在微观视域下，政府的角色具有双重性，即其既是招商引资政策的发布者与实施者，政府，尤其是经济欠发达的偏远地区的政府为了招商引资必然会在土地使用、规划制定时给予企业一定的优惠，而正如上文“周桂芳案”和“肖世华案”等案中提到的，政府的优惠政策实际上游走于正式法律规则的边缘，实际上是一种为了治理绩效而变通正式规则的非正式行为。但另一方面，在“依法行政”的逻辑下，行政机关是法律制度的执行者与维护者，其必需遵守现行法律，尤其是法律中的强制性规定。但是，通过对样本文书中政府微观逻辑的分析，我们发现，政府在纠纷发生时的行为选择几乎高度一

---

〔1〕 广东省开平市人民法院（2014）江开法行初字第 8 号行政判决书。

致,即"以形式合法性否定政策履行性",其典型逻辑正如"郴州东江逸景营地旅游度假有限公司因不服被告资兴市人民政府、被告郴州市人民政府环保行政处罚及行政赔偿案"中,政府所表示的:"逸景营地项目虽然是资兴市人民政府招商引资项目,但其环保、规划建设也必须依法进行,未批先建行为既违法也违反《招商引资协议》的约定。"[1]而政府在两种角色之间选择"依法行政"的践行者而非"招商引资"政策的实施者的原因,虽然并非每份裁判文书均予以明确,但我们依然能从中了解一二,即很多案件中并非政府主动选择,而是屈服于其他压力性因素,尤其是源于土地和环保督察。如"逸景案"中,政府提交的处置逸景营地的证据之一便是"中共湖南省纪委驻省环境保护厅纪律检查组《关于核查中央环境保护督察组交办问题的函》(2017年8月7日)"。而未受到督查之前,地方政府对违法一直处于默认状态:"2014年10月,逸景项目正式投入运营,并逐步办理各项审批证照手续。"而台州永嘉百丈岩景区违建的解决,同样源于浙江电视台的曝光,在曝光之前永嘉县政府甚至以《会议纪要》的形式要求国土部门从轻处罚。基于此,我们可以发现,政府的角色转向,尤其是在诉讼中严守形式法治的态度,很大程度上源于外界的压力因素。

3. 法院的阶段审查路径:不断向政府倾斜的"三层次"审查

由于企业坚持政策落实,政府坚持形式合法性,法院需要在两种价值之间作出评判与选择,基于对案例的微观分析,虽然要素众多,但我们发现法院在多重的线头中依然隐约隐藏着一条"三层次"的审查方法,即认定——合法性判断——有限权利保障,而这种三层次的审查背后,是法院不断向政府倾斜的过程。

(1)认定:政策到行政性规范依据

法院首先需要认定招商引资政策是否能对本案产生影响,即是否能由治理政策转变为本案适用的规范性依据,即认定个案适用的政策性规范依据。为此,法院首先将单纯的招商引资政策排除在外,即企业主张权利的前提必须存在具有约束力的规范,如协议或承诺等,如易春公司案中,法院认为"招商引资案件纳入法院审理的前提是签署行政协议",从而排除了单纯的政策审查的可能性。其次,即使在存在约束性规范的情况下,其也需要是行政性的,即必须具备行政意志直接产生法效的行政性,如交家公司案中,

[1] 湖南省郴州市中级人民法院(2018)湘10行初53号行政判决书。

法院以“雨花办事处对此亦不具备决定力”为由否定了《承诺》的行政性。[1]

(2)结果确定的合法性审查

在认定招商引资政策已经由单纯的政策转化为协议、承诺等政策性规范依据时,法院会有意识的判断是否需要设置合法性审查这一环节,这一环节并非在所有案件中均存在,但一旦法院选择设置这一程序,那么法院便带有着明显的目的倾向——以合法性否定履行性,尤其是在土地和环保领域。而当法院设定这种合法性审查时,其一般用三种方式判断企业主张不具备合法性:

第一,明显抵触成文法,这是最常用的审查方式,如“骏驰公司案”中,法院认为“原告企业是否系招商引资项目,不能成为其不遵守国家城乡规划法律法规的事由”,即使是招商引资项目,其行为也不能违反成文法规定;[2]

第二,企业权益正当化的证据不足,即无证据问题证明企业权益主张,从而认定政府行为合法,如顺兴沙厂案中,法院认为:“(企业认为)其系招商引资项目,在昌吉市相关职能部门及镇政府备案,建设行为合法的意见……(但其)未提供证据证实该意见……不能证明建设行为的合法性。”[3]

第三,明知以政策为基础的行为违法而行为,如“肖世华案”中,法院认为:“肖世华作为拟办企业的负责人,对自己所申办的企业需要办理哪些证照,获取哪些合法手续是知道的,但兴达煤矿不是待办完相关手续后再开工,而是采取边投资、边办矿的方式,自己的这一错误行为不具有合法性。”[4]

(3)有限度的权利保障

以上两个环节,法院实际上都对政府进行了一定程度的倾斜,但行政诉讼依然有“保护合法权益”的目的下,即使在企业已经被否定合法性基础的情况下,法院依然会对其进行有限度的权益保障,而这种“限度”主要呈现出“拿钱买平安”和“口惠实不至”两种面向:

首先是“口惠实不至”,即相对人获得的除了形式上的胜诉判决外,无法通过诉讼得到任何实质性的实体权利保障。具体而言,相对人在这种面向中获得的“口惠”分为以下三种:第一,程序性权利,如“六枝特区福星电冶有

[1] 江苏省南京市中级人民法院(2015)宁行终字第443号行政判决书。

[2] 河南省郑州市金水区人民法院(2015)金行初字第88号行政判决书。

[3] 新疆维吾尔自治区昌吉回族自治州中级人民法院(2017)新23行终38号行政判决书。

[4] 贵州省六盘水市中级人民法院(2013)黔六中行终字第24号行政判决书。

限公司诉六枝特区人民政府行政不作为案”中，法院虽然认定政府有义务对福星公司办理土地证的申请予以答复的，但答复的方式包含“书面告知申请人不予登记的理由”，显然，这种对“答复请求权”的认可并不能使企业获得期待的土地登记。[1] 第二，实体性权利保护请求权的它案变现，相较于第一种方式，它虽然涉及了实体性权利，但是仅认可了企业的权益应当予以保护，即创设了一种针对企业权益的请求权基础，但它的“限制”在于请求权基础的创设虽然能使相对人在法律上基于此主张赔偿等保护，[2]但它却不能在本案中实现，只能在之后可能的赔偿判决中支持企业的主张，但后案的胜负却并不一定由本案决定。而第三种“口惠”则是对政府返还个案裁量权，在认可权益保护的基础上由政府具体决定权利实现的程度，如“湖南省富华水电有限公司与湖南省人民政府、湖南省江华瑶族自治县移民开发局行政批复争议案”中，虽然法院认为“涉案富华电站的形成具有特殊的历史、政策、等诸多方面因素，应按照尊重历史、照顾现实的处理原则，对行政相对人的信赖利益予以适度保护的认定本院予以支持”，但其将“适度”认定的裁量权返还政府，即使后续保护存在争议，也与本案无关。[3]

由此，无论是程序性权利还是实体请求权基础的认可，法院在这三种方式中体现的，是一种非常强烈的“推案”倾向，即仅希望本案裁判终结，将诉讼“送”出法院，留待他案解决，而非在本案中解决实体性的权益纠纷。

其次是“拿钱买平安”。相较于“口惠而实不至”，这种面向中的相对人得到的并非是无法即时兑现的后案权利请求权，而是现实的金钱补偿，但企业通过招商引资政策获得的土地等既得优惠则无法延续。这种案件背后一般蕴含重大公共利益，这种公共利益促使行政机关必须否定招商引资政策适用，而法院也不能认定此种“否定行为”违法，只能给予企业金钱补偿。如“绩溪县浙临公交有限责任公司诉绩溪县人民政府行政决定案”中，面对“绩溪县公交运营体制改革”的大局，法院虽然认可“招商引资”与“信赖利益保护”的双重正当性，但结果上只能承认“浙临公司的投资损失应当给予公平合理的补偿”，但于否定行为本身则“绩溪县人民政府的公交运营体制改革实施方案并不违反法律规定”。[4]

---

〔1〕 贵州省六盘水市中级人民法院(2014)黔六中行初字第18号行政判决书。

〔2〕 参见陈思融:《论行政诉讼补救判决的请求权基础》,载《中外法学》2016年第1期。

〔3〕 湖南省高级人民法院(2016)湘行终756号行政判决书。

〔4〕 安徽省高级人民法院(2013)皖行终字第00009号行政判决书。

(三)小结:背书思维与“应激”调适

以上我们从宏观和微观两方面考察了各方主体,尤其是法院对招商引资行政争议的态度。就考察结果论,企业均坚持招商引资政策对其营商行为的正当化支持,并强调其延续性;行政机关除了在行政公益诉讼中体现出对企业的庇护态度外,基本上体现出以“形式合法性”对抗“政策实施性”的态度。这两种难以调和的态度更加凸显了法院在招商引资政策司法审查中的地位,而面对逻辑的激烈冲突,中国法院的基本审查逻辑是:尊重行政机关主张,严守形式法治,并进行“应激”调整。具体而言,这种审查逻辑可作如下三点分解:

1. 背书:以法律逻辑“法律化”政府逻辑

无论政府背弃招商引资承诺的动机源自自身决策的变更还是环保督查等上级高压,法院的主流思维都是用将这种“背弃”行为以法律技术予以法律化,因此我们可以明显发现政府逻辑与法院逻辑内在的贯通性,只是法院采取的论证逻辑较之政府更加具有法教义学色彩,如在“永嘉县大若岩百丈瀑旅游开发有限公司与永嘉县国土资源局、永嘉县人民政府行政处罚案”中,法院便以“县级人民政府制定的政策措施亦不能违法相关的法律法规之规定”替换了政府“足以证明原告未经批准,非法占用集体农用地和基本农田进行开发建设的事实”之主张,[1]将是否“未批先建”的事实争议转换为“政策不得抵触法律”的法律适用问题,从而将政策实施争议法律化,进而以法律逻辑背书了政府逻辑。

2. 守序:严格遵守形式法治

与“背书”紧密相连的是法院在技术选择上的倾向,即法院在涉及招商引资政策的司法审查时,在绝大多数情况下都只会关注成文法律条文相较于招商引资作为政策的规范优位性,正如凯尔森“法律秩序”理论所言,法律秩序不是一个相互对等的、如同在同一平面并立的诸规范体系,而是一个不同级的诸规范的登记体系,一个规范(较低的那个规范)的创造为另一个规范(较高的那个规范)所决定,后者的创造有违一个更高的规范所决定层层递进,形成整个法律秩序的统一体,[2]而招商引资政策只是这种法律体系的下位概念之一,正如不同地区的法院均刻意强调的那样,“县级人民政府制

---

〔1〕 浙江省永嘉县人民法院(2015)温永行初字第116号行政判决书。

〔2〕 参见凯尔森:《法与国家的一般理论》,刘飞译,商务印书馆2013年版,第193页。

定的政策措施亦不能违法相关的法律法规之规定"，而这种对形式法治的恪守在土地和环保领域格外明显，法院在此类案件中均鲜明地表示：无论企业是否为招商引资政策的产物，均不能成为其不遵守国家城乡规划法律法规的事由或环境保护管理法律、法规的相关强制性要求和规定的理由。[1] 与此相对的是法院对实质法治要素的排除，其中代表便是信赖保护原则。[2] 作为源自域外的保护违法利益的实质法治国要素，企业在相当多的情形下援引该原则作为其权利基础，以维系违法政策下产生的权益，然而它们的主张几乎不为法院所接受，法院或者回避企业提出的信赖保护主张，亦或直接以合法权益保护排斥信赖保护，即使个别承认信赖保护，法院也难以跳脱"花钱买平安"的逻辑。

3."应激"调适

虽然法院在整体态度上尊重政府意见，在方法上也严守形式法治的界限，但不可否认的是，在出现某些刺激因素时，企业权益会有较大可能得到法院保护，这些因素包括：

第一，存在外在权威对企业的明确支持。这种外在权威的刺激是样本中企业胜诉的最强效的动因，尤其是企业获得上级政府的显著支持时，它将会直接影响法院的裁判思维，如"黑龙江省国土资源厅与哈尔滨方正县晶宝硅业有限公司行政许可案"中，法院便在裁判理由中直接表示"黑龙江省人民政府于2007年向省国土厅下发的《行政执法监督通知书》已表明广富山公司对该矿有投入，对采矿许可有异议"，从而使省国土厅败诉。

第二，单纯给付义务。如果企业的诉请仅涉及金钱给付义务，如承诺价款返还等，而不涉及土地等生产资料时，政府层面的反应会相对和缓，而法院在案件中将会有更大的保护意愿和解释空间，并以此建构"花钱买平安"和情况判决的事实基础。

第三，企业本身代表重大公共利益。这种因素主要存在于情况判决中，因此，这种刺激因素的源头在于企业利益与政府利益的合一，政府维护企业是处于当地经济发展和人民生活等要素，故而其与之前两种刺激因素相比，其更类似一种副产品。

---

〔1〕 参见河南省郑州市金水区人民法院(2015)金行初字第88号行政判决书和广东省开平市人民法院(2014)江开法行初字第8号行政判决书。

〔2〕 参见展鹏贺:《德国公法上信赖保护规范基础的变迁》,载《法学评论》2018年第3期。

至此,我们已经比较清晰地展现了中国法院在招商引资政策审查中面对企业和政府不同主张时的基本选择。但“公法领域的争议是政治争论的延续,公法其实是一种复杂的政治形式”,[1]考虑到招商引资作为地方政企关系的重要组成部分和典型范例,因此,塑成法院这种逻辑的,实际上是法院在招商引资关系中的三重基本角色。

四、法院在政企关系中的三重角色

在本文分析结论下,法院在政企关系中一般扮演着三重角色,即以裁判政企纠纷为基本角色,以保护政策变更,维护整体政府为核心角色,同时以维护企业合法权益作为补充角色。

(一)基本角色:裁判政企行政纠纷

基本角色定源于法院的规范定位,2015 年《行政诉讼法》将行政诉讼的首要目的界定为“解决行政纠纷”,因此,法院在招商引资行政诉讼中的首要功能相应也应该是“解决政企纠纷”。但从上文来看,法院在招商引资司法审查的基本角色应该是“裁判行政案件”而非“解决招商引资纠纷”,即法院既不想,也无法通过一纸裁判文书解决行政纠纷,很多时候只能够完成合法性的判断,进而完成法院最基本的任务(按照《行政诉讼法》的要求,只要法院完成了合法性的判断,法院便完成了最基本的任务),简言之,在合法性判断后,法院便可将个案送出法院大门,至少是该案审判庭大门,而上文分析中法院所采取的程序性审查方式,注重证据考察都说明法院具有明显的“推案”意图;而另一方面,只有极少的情况下,法院会对请求权予以提示,即可另案主张权利保护,但其本身也是一种推案。虽然法院也会对企业给予保护,但“口惠实不至”和“拿钱买平安”都说明,由于招商引资案件涉及金额较大,涉及的利益也较为复杂,法院的一纸文书显然不可能达到“纠纷解决”的目的。

(二)核心角色:保护政策调整,维护整体政府

法院在地方政企关系中的基本角色是“裁判行政案件”,而非“解决行政纠纷”,这种逻辑源自法院的裁判实践对行政诉讼法基本功能规定的“异化”,而产生这种异化逻辑的则是地方法院在地方的现实地位,而这种现实

[1] 马丁·洛克林:《公法与政治理论》,郑戈译,商务印书馆 2004 年版,第 8 页。

地位也塑成了地方法院在地方政企关系中的主要地位，即保证政策调整，维护“整体政府”。

1. 保护政策调整

如上所述，在法院对招商引资政策的司法审查中，最为明显的特征之一便是法院用法律技术背书政府决策，使政府背弃招商引资政策的行为合法化的审理逻辑，而这种特征也塑成了法院核心角色的第一种面向：保证政府政策变更的权威和自由。而这种角色面向塑成背后，还是中国独特的政法关系。

当下中国的司法制度首先侧重于“政策实施”类型，这种政策实施不仅包括对原有政策的实施，也包括对政策调整的实施。这种预设下的法院的行为逻辑不可避免地受到政治力量的影响，尤其是地方法院，虽然独立裁判案件，减少行政干预的改革使法院的自主性得以扩大，但在涉及地方政府核心利益的政策或决定上，法院仍然必须“尊让”，[1]在“GDP竞赛”模式下这种尊让的范围可能仅涉及以“经济建设为中心”的拆迁、规划等案件，但随着政府治理目标的多元化，这种尊让也逐渐延伸到社会稳定乃至环境保护等领域，而法院也必须选择适当的工具，在包含个案裁判的行政法治框架内为地方核心政策的执行提供法律保障。其次，相较于达玛什卡笔下更类似自我节制的中立裁判者形象，对“案结事了”的执着使中国法院意涵下的“纠纷解决”早已超越“依法裁判、厘定权利”的范畴，即使在不涉及政治与公共政策的实施的案件中，法官也不仅应关注法律文本的规定，还需考虑纠纷的实质解决与案件判决的可接受性等，避免个案裁判的法律问题转化为上访、缠诉等社会问题，而这种法律效果与社会效果兼及的“纠纷解决”要求也会影响法院对裁判工具的选择，即如何兼顾法律性与实效性。最后，正如学者所指出的，规制国家的兴起使得法院与其他规制部门之间在社会地位、预算分配和人力资源方面都存在不同程度的竞争关系，[2]无论在作为政治控制工具还是实现其他国家目的上，法院都需要展现自身价值，才能在治理中取得认同与话语权。而作为以审判为主要职能的法院，自身价值很大程度上取决于其是否能够通过个案裁判实现推动政策实施与促进纠纷解决，因此无

---

〔1〕 参见于晓虹：《策略性服从：我国法院如何推进行政诉讼》，载《清华法学》2014年第4期。

〔2〕 参见陈若英：《超脱或应对——法院与市场规制部门的竞争》，载《北大法律评论》2013年第1期。

论法院或者法官有多么崇高的理想，都必须在个案裁判中选择最能够推动上述任务实现的工具。而现实中的法院无论面对以上哪一个任务，都不是单纯建立在文本基础上的法律问题，都会与行政产生深刻的勾连：政策实施自不必说，司法系统尤其是地方司法系统与地方政府之间的关系即使在“人财物统管”改革下也依然可谓错综复杂，而离开了行政机关的配合，行政纠纷也很容易走向“案结事不了”。因此，中国法院职能的履行均需在不同程度上“尊让”行政，并求得行政的“尊重”，而这同样也是法院在个案裁判中选择法律工具的导向。因此，中国法院在处理政企纠纷时不得不尊重行政变更的自由。

2. 维护“整体政府”

除了“法律技术背书政策变化”外，法院审查逻辑另外一个明显特征是法院尤其注重维护上下级政府以及政府与部门之间的科层控制关系。其明显体现在两个事实中：

事实一：如果存在上级政策，法院便会毫不犹豫地保证上级政策的落实，尤其在土地和环保领域，一旦出现土地整治和环保督查，法院对招商引资政策的继续施行基本持否定态度。

事实二：企业胜诉的案件，多为政府招商引资，但其下属职能部门予以查处，法院此时倾向于政府，即在整体政府与部门专门职责之间选择维护“整体政府”的价值。

如果我们站在更加宏观的视角进行观察，上述事实其实分别从“上级政府与下级政府关系”“政府与职能部门”两方面证成了法院通过司法审判在政企关系中维护“整体政府”理念的角色。“整体政府”理念由英国学者佩里·希克斯提出，旨在建构一个超越层级和部门功能分工，以解决人民问题、为公众提供整合性公共服务为核心的政府，[1]该理念的核心打击对象便是政府及其部门之间存在的“碎片化”现象，而该理念的基本路径则包括在纵向上加强中央政府的控制力和在横向上强化部门之间的合作协调的整合。以此回看法院的逻辑，我们会发现，以“上下级政府关系”论，面对地方治理的实际需求，地方政府会以治理绩效为考量，在某种程度上变更作为正式规定的法律规范，而这也是招商引资政策优惠得以生成的空间，而上级，尤其是中央政府为了维护正式规则的权威性，则以督察等形式强迫地方政

[1] 参见骆梅英：《行政审批制度改革：从碎片政府到整体政府》，载《中国行政管理》2013 年第 5 期。

府对其前述政策予以纠偏，从而形成政企关系中的权威体制与有效治理间的冲突，[1]而法院在此之中所扮演的，正是对督察的强化权威体制的措施给予合法性加成，进而保证上下级政府形成"整体政府"，而非下级政府自行其是，以致损害权威体制。同理，"政府与职能部门"之间亦存在"整体政府"与"法定职责"之间的矛盾：国土或城管部门等部门查禁企业基于优惠政策所得的权益是在履行其法定职责要求，但执法行为的后果是企业权益受损，同样也会破坏以政府本级名义发布的政策，而在这种矛盾中，法院以宣告部门违法的形式保护企业权益，并以此维系政府政策的稳定性，其在另一方面的效果便是将职能部门的行为统一于政府本级的运作，使得部门本身不能脱离政府这一整体。

（三）附带角色：保护企业权益

最后，我们也不能否认法院同时具有的第三重角色，即保护企业权益的角色，尤其是在2015～2018年之间，最高人民法院先后出台了多份支持民营经济发展的政策、司法文件，显示了其对企业，尤其是民营企业权益的保护态度，但从样本中体现的实践来看，"保护企业权益"只是法院在政企关系中的附带角色。这种"附带"体现在：一方面，企业远低于政府的胜诉率，法院审理方式中对行政机关的步步退让，都让企业权益保护很难在具体实践中得到明显落实。另一方面，这种"附带"也意味着企业权益保护的获取在相当程度上附带于其他要素，如上级监督批文，重大公共利益等，也即企业权益保护只是法院扮演政策调整保护者与整体政府维护者时的附带产品，因此企业权益是否被保护存在极大的随机性，法院对企业的保护依然存在相当不足。

五、余　论

在世界银行发布《2019年营商环境报告》中，中国营商环境在全球的排名从2017年的第78位跃升至2018年的第46位，提升32位，首次进入世界前50强，其中司法指标持续全球领先。这种结果，尤其是司法方面的评价结果固然可喜，但无论是"执行合同"还是"办理破产"还是"解决商业纠纷"，都是政权处于中立位置解决民事主体争议的，而且很多是建立在司法行政

[1] 参见周雪光：《从"黄宗羲定律"到帝国的逻辑：中国国家治理逻辑的历史线索》，载《开放时代》2014年第4期。

力的高压推动基础上的,如“执行攻坚战等”,它们本质上是都是强化司法效率的结果,而本文的研究正是从另一方面证成:一旦涉及政府与企业之间的冲突,那么中国企业和政府便会处于不平衡状态,这说明我国的政企关系依然受到政府意志的强力影响,企业尤其是民营企业在市场中的权益保障依然存在较大的改进空间,应当具有的司法救济依然比较欠缺,社会主义市场经济建设依然任重道远。

执行体制改革背景下“执行员”的再解读*

雷　彤**

引　言

最新修订的《人民法院组织法》(2018 年 10 月 26 日公布,2019 年 1 月 1 日起施行)删除了关于“执行员”的原有规定。对此,全国人大内务司法委员会副主任王胜明在《关于〈中华人民共和国人民法院组织法(修订草案)〉的说明》中表示:“有关人民法院的执行权,经商有关部门,草案对此未作规定。党的十八届四中全会提出,推动实行审判权和执行权相分离的体制改革试点。目前,审判权和执行权如何分离,尚未达成共识,还在调研论证。人民法院的执行权主要规定在民事诉讼法中,现行人民法院组织法对法院的执行权也未作规定,草案维持现行人民法院组织法的规定,不影响法院的执行工作。”〔1〕只是执行权的性质内涵及运行方式与执行权行使主体的职责资格之间,虽然具有紧密的内在联系,但毕竟

* 本文系国家社科基金“‘分散型’民事执行程序研究”(17BFX049)和最高人民法院 2018 年度执行研究重点课题“执行监督程序相关问题研究”(ZGFYZXKT201830)的阶段性成果。作者感谢王亚新教授和陈杭平副教授对本文的修改意见。

** 雷彤:清华大学法学院 2015 级博士生,最高人民法院首批法律实习生。

〔1〕 载中国人大网,http://www.npc.gov.cn/npc/xinwen/2018-10/26/content_2064482.htm? muum_id=3761237,2018 年 10 月 27 日访问。

分属不同层面。《人民法院组织法》修订过程中,始终有不少声音呼吁保留“执行员”甚至增加规定执行机构。[1]

另一方面,或许出于对法院组织法“大修”的回应,最高人民法院院长周强于2018年10月24日向全国人大常委会作出的《最高人民法院关于人民法院解决“执行难”工作情况的报告》(以下简称《报告》)回避了“执行员”的提法。[2] 尽管现行民诉法明文规定“执行工作由执行员进行”。[3] 《报告》指出,“基本解决执行难”工作取得的成效有:“深化以法官为主导的执行团队模式改革”“建立以员额法官为主导,法官助理、书记员、司法警察等司法辅助人员组成的团队化执行工作模式。”

上述修法及改革动向带来的问题便是:在组织法删去“执行员”之后,如何重新定位《民事诉讼法》规定的“执行员”和实际从事执行工作的人员?本文以此为问题意识,试图厘清“执行员”在我国法律法规及实践中的内涵变迁,在此基础上尝试解读组织法删去“执行员”的可能理由。同时,面对“深化内分”的改革现状,[4]基于针对域外执行组织的细致分析,论证在民诉法规定的“执行员”中,应当明确执行法官与非法官执行人员的职责分工,进一步探讨执行体制改革背景下非法官执行人员的可能定位,以期为当前“执行团队化”“执行警务化”等改革方案的完善以及民事强制执行立法工作提供些许粗浅的见解,以供参考。

一、从“执行员”到“狭义执行员”

“执行员”最早出现于1954年《人民法院组织法》第38条。[5] 该法将其定位为与“审判人员”相对应的“其他人员”,规定“地方各级人民法院设执行员,办理民事案件判决和裁定的执行事项,办理刑事案件判决和裁定中关于财产部分的执行事项。”1979年《人民法院组织法》完整保留了这一规定。受其影响,1982年《民事诉讼法(试行)》第163条第1款规定:“执行工作由

---

〔1〕 参见侯猛:《〈人民法院组织法〉大修应当缓行》,载《中国法律评论》2017年第6期,第52页;万紫千:《体现时代要求巩固司改成果》,载《人民法院报》2018年6月21日,第4版。

〔2〕 《报告》“附件二:典型案例”使用了“执行法官”“执行干警”“执行人员”等。

〔3〕 关于负责执行工作的机构人员,现行《民事诉讼法》第三编在部分条文规定的是“人民法院”,部分则是“执行员”(第228、230、236、240、245、246、247、249、250条)。

〔4〕 参见谷佳杰:《中国民事执行年度观察报告(2017)》,载《当代法学》2018年第5期,第151页。

〔5〕 此前的执行机构及执行人员,参见童心:《民事执行改革研究》,人民法院出版社2010年版,第98页。

执行员、书记员进行;重大执行措施,应当有司法警察参加。”但1991年《民事诉讼法》第209条第1款仅规定:“执行工作由执行员进行。”[1]早期立法者将“执行员”理解为办理宽泛意义的执行工作且在职责资格上区别于审判员、书记员、司法警察等的法院工作人员,明显类似于外国法上处理执行事务并具有特定资格的“执行官”。[2]

关于“执行员”的规定可能是对苏联立法例的继受。[3] 当时的解说书认为,执行员制度是“为了在实际上保证法律的严肃性和极大权威”,使“人民法院已经发生法律效力的判决、裁定或调解书确定的民事责任”得到强制履行的“一种诉讼职能的组织制度保证”,具有“维护人民法院审判活动权威性”的重要意义。[4]

虽然明文规定法院可以配备专司执行的执行员,但从实践看,50年代中后期民事案件数量显著降低,又大多依调解结案,各地法院一般实行“审执合一”,谁审判谁执行。[5] 自20世纪80年代初期开始,社会主义市场经济迅猛发展,民事经济案件数量大幅增加,法院审判执行任务日益繁重,凸显出“案件审结后难以执行”的“执行难”问题。[6] 为应对不断增长的收案数量与结案压力,部分法院从1983年开始建立执行机构,设置独立于审判组织的“执行庭”“执行组”“专职执行员”。[7] 为回应实践需求,1991年民诉法规定“人民法院根据需要可以设立执行机构”。[8] 90年代以来,由于审判压力与日俱增,不少法院让无法胜任审判工作的人员担任执行员,反而在日渐严峻的“执行难”的同时又加剧了“执行乱”。[9]

---

〔1〕 删去“书记员、司法警察”系因“区别了执行员与书记员的不同职责,在提法上更为准确”。马原、唐德华编:《民事诉讼法的修改与适用》,人民法院出版社1992年版,第228页。但释义书认为:“根据本条的规定,执行员负责执行工作,书记员负责记录和其他事务性工作,重大执行措施,如强制迁出房屋和强制退出土地等,必须有司法警察参加,以防止出现抗拒执行的情况,保证执行工作的顺利进行。”唐德华编:《新民事诉讼法条文释义》,人民法院出版社1991年版,第354页。

〔2〕 参见江必新编:《比较强制执行法》,中国法制出版社2014年版,第106、134、204、295页以下。

〔3〕 《苏联法院组织法》第78条:“民事案件判决及裁定之执行及刑事案件判决关于财产上追索部分之执行,应由法院执行员办理之。”《苏联、各盟员共和国及自治共和国法院组织法》,王之相译,陈汉章校,新华书店1950年版,第24页。

〔4〕 参见冯采金、孙膺杰:《中华人民共和国人民法院组织法讲话》,群众出版社1980年版,第43页。

〔5〕 参见何兰阶、鲁明健编:《当代中国的审判工作》(下),当代中国出版社2009年版,第233页。

〔6〕 参见俞灵雨:《关于当前执行问题的几点思考》,载《人民司法》1991年第1期,第26页。

〔7〕 参见何兰阶、鲁明健编:《当代中国的审判工作》(下),当代中国出版社2009年版,第223页。

〔8〕 当时执行机构的人员力量十分薄弱,普遍存在“人员少、素质差、业务生疏、办案缺乏经验的问题”。齐树洁、马昌明:《完善我国强制执行立法若干问题的探讨》,载《法学评论》1997年第3期,第38页。

〔9〕 参见吴立果:《普通执行员成就中国法官第一贪》,载《廉政瞭望》2006年第1期。

为解决法院“执行难”问题，中共中央转发《中共最高人民法院党组关于解决人民法院“执行难”问题的报告》（中发〔1999〕11号）文件要求，应“加强执行队伍建设，改进管理体制”。据此，最高人民法院《关于改革人民法院执行机构有关问题的通知》（法明传〔2000〕437号）提出，一方面要在纵向上建立“高级人民法院统一管理协调”的执行工作机制；另一方面要“强化裁判职能，确保执行人员行使裁判权”，在横向上“探索裁判权和执行实施权相分离，裁判人员和执行人员分工负责、互相配合、互相制约的新机制”。[1] 由此，司法文件将立法上宽泛意义的“执行工作”分为“裁判事项”与“执行实施事项”，从而将法律文本上不具有法官资格的“执行员”的职权限定为“执行实施权”。《关于执行权合理配置和科学运行若干意见》（法发〔2011〕15号）第3项进一步将“执行员”的职权限缩为部分执行实施权。为区别于“执行法官”，本文将这种处理部分执行实施事项的“非法官执行人员”称为“狭义执行员”。

长期以来，我国执行组织改革以“究竟应将执行机构设置在法院内还是法院外”为核心议题。随着2015年至今审执分离体制改革试点工作的推进，围绕该议题的争论愈演愈烈，[2]形成了“彻底外分”“适当外分”“深化内分”三种模式。[3] 但是，如果从执行工作的内容性质与执行人员的职责资格之相关性这一视角来看，考虑到三种模式均认同“涉执行诉讼”的审判权[4]和执行审查（裁决）权[5]理应由具备法官资格的人员行使，[6]根本分歧便落

---

〔1〕 最高人民法院相关人士认为，我国执行工作兼有“执行救济行为”与“单纯的执行行为”，从而应依不同性质的执行权能来处理。参见高执办：《论执行机构内部的分权与制约》，载《人民司法》2001年第6期，第24页。

〔2〕 参见褚红军、刁海峰、朱嵘：《推动实行审判权与执行权相分离体制改革试点的思考》，载《法律适用》2015年第6期，第39页。

〔3〕 参见黄忠顺：《民事执行机构改革的深度透析》，载《法律科学（西北政法大学学报）》2016年第4期，第171页。

〔4〕 现行法明文规定的“涉执行诉讼”包括案外人执行异议之诉、申请执行人执行异议之诉、执行分配方案异议之诉、变更追加执行当事人中的异议之诉，不予执行公证债权文书之诉。

〔5〕 关于“执行审查权”与“执行裁决权”的辨析，参见乔宇：《论申请执行时效的适用程序——兼谈权力分工语境下的审执分立》，载《法律适用》2013年第4期，第72页。

〔6〕 “彻底外分说”同样认为“执行中的裁判行为是法院司法权的体现”。徐卉：《论审判权和执行权的分离》，载《中国社会科学报》2016年12月14日，第5版。但其主张的定性为行政权的“纯粹执行权”是否包含执行审查（裁决）权，仍待明确。“最彻底外分说”主张还应将执行审查事项的处理剥离法院。参见褚红军、刁海峰、朱嵘：《推动实行审判权与执行权相分离体制改革试点的思考》，载《法律适用》2015年第6期，第39页。因其改革成本最大而遭到反对。参见扈纪华：《“审执分离”的科学路径分析》，载《人民法治》2015年第7期，第15页。

脚于应否将执行实施权交由法院以外的部门及人员行使。也就是说，争论焦点恰恰在于应当如何安置实践中配置于法院执行局的非法官执行人员。立法者删去法院组织法上的“执行员”，正是因为这类人员的法律定位与审执分离体制改革的走向紧紧拴在一起。不仅如此，据笔者观察，还可能出于以下两个方面的根本原因。

第一，无论实践中还是理论上，执行员的法律地位一直以来就语焉不详，组织法上“一锤定音”的条件尚不成熟。尽管实务部门早就呼吁要尽快完善执行员制度，〔1〕但关于执行员的任职资格、任免程序、工作职责等，法律及司法解释却迟迟未出台专门规定。〔2〕实践中，执行员的身份多种多样，从（助理）审判员到书记员、从司法警察到事业编执行员，各地法院做法不一。〔3〕理论上，执行实施工作中，如何划分法官与执行员的权能等关键问题尚待澄清。

第二，更为重要的是执行工作的统一管理体制。正是上下级执行机构垂直管理机制引发了执行实施权应否归位于行政权的理论反思。〔4〕毫无疑问，上下级执行机构间的“统一领导关系”显然有悖于审判工作中上下级法院间的“独立监督关系”（新《人民修法院组织法》第 10 条）。实际上，应否将执行权保留在法院这一中心议题的争论焦点也恰恰在于，两种原理相悖的管理体制能否在统一的法院系统之内实现兼容，会否导致备受理论界诟病的“司法管理行政化”。〔5〕

总之，在理论实务界均未就执行实施权的性质、内涵及运行方式达成共识之际，以审判职能为基点而设计的法院组织法，〔6〕回避掉与审判权无直接关

---

〔1〕 参见王文平：《建议制定〈人民法院执行员暂行条例〉》，载《人民司法》2006 年第 11 期。

〔2〕 新近《法官法（修订草案）》征求意见稿删除了现行《法官法》第 52 条第 1 款“对人民法院的执行员，参照本法有关规定进行管理”。最高人民法院曾表示将尽快制定《人民法院执行员条例》，参见法发〔2009〕43 号。

〔3〕 “执行员多数具有法官职称。”岳彩领：《论强制执行审执分离模式之新构建》，载《当代法学》2016 年第 3 期，第 127 页；“法院人事管理上并没有形成执行员序列。”张永红：《审执分离体制改革的理论基础与路径选择》，载张卫平、任重编：《民事程序法研究》第 16 辑，厦门大学出版社 2016 年版，第 65 页。

〔4〕 参见张志铭：《民事执行权的制度安排》，载《人民法院报》2002 年 5 月 17 日，第 3 版。

〔5〕 参见汤维建：《关于破解“执行难”的理性反思》，载《学习与探索》2007 年第 5 期，第 93 页。

〔6〕 参见方斯远：《论〈人民法院组织法〉的修订原则、重点与限度》，载《中国应用法学》2017 年第 1 期，第 46 页。

联且可能会引发体系矛盾的人事问题,的确不失为一种意料之中的权益之计。[1] 况且,本轮司法改革的策略之一可以理解为经由"法官职业化"通往"法院去行政化"。[2] 那么旨在以立法形式支持并巩固司法改革成果的法院组织法修订工作,自然也会致力于消除可能干扰依法独立审判并埋下法院行政化隐患的各种因素。即便如此,不能忽视的是,与旧法截然不同,新《人民法院组织法》第1条将其立法目的界定为"规范人民法院的设置、组织和职权,保障人民法院依法履行职责"。[3] 这种表述凸显出人民法院的职权职责未必限于审判权,说明立法者并未排斥将执行权保留在法院的最终方案,更为条件成熟时在组织法上确立法院的执行实施权并在法院内部设立执行机构留下了空间。

以上梳理了"执行员"的身份资格及其职权职责在我国法律文本和司法实践中的内涵变迁,并解析了新修法院组织法删去"执行员"的可能理由。下文将借助比较法考察,就"执行员"在当前执行体制改革及民事强制执行立法工作中的可能定位展开解读。

二、比较法视野中的"狭义执行员"

正是出于对域外经验的借鉴,执行机构改革的最初方向就是将"执行员和执行法官区别开来"。[4] 司法文件也明确将"执行员"作为与"执行法官"相对应的概念(法发〔2011〕15号第3、4项),即本文指称的"狭义执行员"。

需要注意的是,从比较法的角度看,狭义执行员的身份多种多样,未必限于职业化执行人员而大致具有三种类型。第一,作为特殊公务员的"执行

〔1〕 立法者也可能是将"执行员"作为与"审判员"相对称的历史称谓。新法将"审判员"一律修改为"法官"之后(尽管极个别之处仍保留了"审判员"一词作为缓冲),当然也会删去"执行员"。

〔2〕 王亚新、李谦:《解读司法改革——走向权能、资源与责任之新的均衡》,载《清华法学》2014年第5期,第111页。

〔3〕 迄今为止的《法院组织法》第1条均与宪法保持一致,规定"中华人民共和国人民法院是国家的审判机关"。本次修订区分了人民法院在国家机构中作为审判机关的法律地位与人民法院应当依法行使的职权职责,或可谓一种立法理念的进步。

〔4〕 高执办:《论执行局设置的理论基础》,载《人民司法》2001年第2期,第27页。最高人民法院强制执行法起草小组认为,将"执行官"从"法官"队伍中分离出来是世界各国的通例。参见孙忠志:《关于〈民事强制执行法草案(第三稿)〉的说明》,载《强制执行法起草与论证(二)》,中国人民公安大学出版社2004年版,第26页。

官”“执法官”“法院执行员”“司法警察”“执达员”等;[1]第二,作为自由职业者的“执行师”“私人执行员”等;[2]第三,作为司法辅助人员的“司法辅助官”“司法事务官”“执行书记官”等。[3]

这种身份差异与各国强制执行法的历史传统息息相关。从法理上讲,根源于有关强制执行程序之“公益性”与“私益性”的理念区辨。如果偏重于强制执行程序的目的是实现债权人的私法权利这一面,则会将狭义执行员定位为债权人实现私法债权的“代理人”;如果偏重于强制执行行为可能会侵害债务人的合法权利这一面,则会将狭义执行员定位为国家为维护私法秩序而行使强制执行权的“代理人”。申言之,狭义执行员在我国法上的身份地位也应当取决于从历史传统与基本国情出发来确立的执行理念。

(一)制度概览:执行机关的多元制与一元制

狭义执行员的法律地位首先会因其能否成为独立的执行机关而有所不同。在让单一机关集约行使执行权能的“一元制”执行组织(我国、奥地利、俄罗斯),狭义执行员是执行机关的组成人员,对外代表执行机关处理执行事务;在由不同种类机关分担执行权能的“多元制”执行组织(法国、德国、日本、韩国),狭义执行员具有双重身份,既是独立的执行机关,又是具体的执行实施人员。[4]

一元制执行组织令执行机关能够统合实施针对不同执行标的财产的各种金钱执行程序,通过让执行机关依裁量确定执行标的财产及执行方法,防止债务人的个人生活或经营活动因债权人的恣意选择而陷入困境。[5] 但是,针对不同财产的查封及变价程序往往难以合并进行,特别是当债务人的

---

〔1〕 参见赵晋山:《日本执行官制度及其发展演变》,载中华人民共和国最高人民法院执行工作办公室编:《强制执行指导与参考》(2003 年第 2 集),法律出版社 2003 年版;黄金龙:《美国民事执行制度介绍》,载中华人民共和国最高人民法院执行工作办公室编:《强制执行指导与参考》(2003 年第 3 集),法律出版社 2003 年版;赵秀举、赵晋山:《德国执行机关简介》,载中华人民共和国最高人民法院执行工作办公室编:《强制执行指导与参考》(总第 8 集),法律出版社 2004 版;程丽庄:《俄罗斯联邦强制执行制度改革述评》,载中华人民共和国最高人民法院执行工作办公室编:《强制执行指导与参考》(总第 15 集),法律出版社 2006 年版;郑冲:《德国法院执行员制度改革之争》,载《比较法研究》2007 年第 6 期;赖来焜:《强制执行法总论》,台北,元照出版有限公司 2007 年版,第 133 页。

〔2〕 参见蒋惠岭:《执行员还是执行师》,载《人民法院报》2009 年 8 月 28 日,第 6 版;张永红:《英国强制执行法》,复旦大学出版社 2014 年版,第 8、46 页。

〔3〕 参见周翠:《中国与德国民事司法的比较分析》,载《法律科学》2008 年第 5 期,第 130、132 页;吴光陆:《强制执行法》,台北,三民书局 2015 年版,第 36 页;赖来焜:《强制执行法总论》,台北,元照出版有限公司 2007 年版,第 132 页。

〔4〕 参见于泓:《关于我国民事强制执行机构设置的构想》,载沈德咏主编:《强制执行法起草与论证(一)》,中国法制出版社 2002 年版,第 305 页以下。

〔5〕 [日]中野貞一郎、下村正明:《民事執行法》,青林书院 2016 年版,第 7、40 页。

各种财产四散各地时，由统一的执行机关实施各种执行程序，存在技术上的操作困难，也徒增执行程序的复杂性。[1] 为此，执行机关只有通过对执行实施人员的统一管理才能实现执行程序的顺利运转。多元制执行组织在按照财产的实体法属性及执行方法的内容对执行程序进行种类划分的基础上，将执行机关与具体执行程序相互对应，以此确保程序运行的简便迅速。[2] 但可能造成不够经济的后果。[3]

总体而言，两种执行组织各有利弊，采用哪种模式，由立法政策决定。可以说，两者的区别集中体现为执行管辖。多元制严格以财产所在地为管辖连接点，债权人只有明确财产所在地后才能启动执行；[4] 而一元制下，有时会以债务人住所地为管辖连接点，这就导致执行案件的受理机关与针对财产实施执行的机关发生分离（如我国台湾地区“强制执行法”第 7 条）。但若从执行工作的内容性质与执行人员的职责资格之相关性这一视角来看，两种组织模式没有太大差别。

（二）制度深描：狭义执行员在执行组织中的职能定位

早有观点指出，执行工作的内容性质与执行机构的设置之间紧密相关。[5] 必须注意，两大法系的执行程序在内容上显有不同，尤其体现为关于强制执行之制度目的与“执行依据”的不同理解。[6] 以下仅以大陆法系之日本法为例对这种相关性展开分析，重点考察狭义执行员在执行组织中的职能定位。

现有观点通常认为，执行权的多元性质决定了执行工作的事务分配与执行组织的分权制约机制，从而以“执行权配置模式”为理论框架来解读执行事务分配的一般规律。[7] 笔者认为，或许应当转换思维方式，与其说执行

---

〔1〕 最高裁判所事务总局『執行官制度の採用に伴う強制執行法規の改正に関する民事裁判官会同要録』（民事裁判资料第 82 号，1962 年）第 91 頁参照。

〔2〕 ［日］福永有利：《民事執行法·民事保全法》，有斐阁 2011 年版，第 18 页。

〔3〕 例如，债权人故意选择债务人的重要生产设备实施执行，导致债务人经营困难。参见近藤莞尔『民事訴訟論考（四）』（判例タイムズ社，1978 年）第 197、206、211 頁参照。

〔4〕 但债权人找不到财产时，可以启动与执行程序有所分离的“财产开示”或“财产明示”，依债务人住所地确定管辖。参见《日本民事诉讼法典》，曹云吉译，厦门大学出版社 2017 年版，第 379 页以下；［韩］姜大成：《韩国民事执行法》，朴宗根译，法律出版社 2011 年版，第 215 页以下。

〔5〕 参见王亚新：《强制执行与说服教育辨析》，载《中国社会科学》2000 年第 2 期，第 116 页。

〔6〕 在大陆法系，强制执行的目的是权利实现，执行依据必须载明执行债权，涵盖判决书、仲裁裁决书、公证书等，甚至本票、支票等未经公权力介入的私文书。而在英美法系，执行程序的目的是判决书的执行。据以启动并实施执行的文书是债权人依判决书申请法院制作并标明执行方法的执行令状。See Oscar G. Chase et al., eds. *Civil Litigation in Comparative Context*, Thomson/West, 2007, pp. 467 – 472. 具体研究，笔者已另文展开。

〔7〕 例如，陈杭平：《比较法视野下的执行权配置模式研究》，载《法学家》2018 年第 2 期。

权的性质决定了其作用方式,倒不如说是执行权的作用方式决定了其性质,或者说两者互为因果,共同指向制度功能的最大化发挥。[1] 以下将着眼于执行权的作用方式即执行程序/执行工作的内容,以当事人与执行机关之间的执行法律关系为抓手来探索新认知框架。

表 1　日本法上执行工作的内容性质与执行组织的人员安排

	作为执行机关负责处理的事项		配合其他执行机关处理的事项
执行法院 独任法官	裁判事项: ①对执行抗告的初步处理;②当事人对执行法院执行行为的“执行异议”的处理;③当事人对执行官的执行行为及其迟延的“执行异议”的处理;④债权人未依“程序费用预交裁定”预交费用时,裁定驳回执行申请或者撤销执行程序;⑤暂停执行的临时处分;⑥债务人死亡时选任特别代理人。	执行事项·裁判性执行事项: (1)金钱执行:①不动产强制拍卖/强制管理开始裁定;②对债权等财产权的扣押命令等。 (2)非金钱执行:①实现物之交付请求权的强制金裁定;②许可债权人行使债务人对第三人的物之交付请求权的命令;③实现作为/不作为请求权中授权第三人替代执行裁定和费用预付裁定,强制金裁定。	(1)执行官为执行机关时的裁判性执行事项(执行官所属地方法院为执行法院): ①对动产的金钱执行中,基于执行官的报告实施分配(由法院书记官负责);②节假日或夜间执行的许可裁定;③禁止扣押动产之范围的变更裁定;④扣押动产卖出方法的许可裁定等依特定文书作出的事项。 (2)法院书记官为执行机关时的裁判性执行事项(法院书记官所属简易法院为执行法院)小额诉讼债权执行案件转入一般债权执行程序的裁定。
执行官	裁判事项: 债权人不预交“程序费用概算额”时裁定驳回执行申请;执行开始后,预交费用不足时,应向债权人发出“预交费用通知”;执行官可以暂停执行直到债权人交纳费用。	执行事项·事务性执行事项: ①在债权人申请的场所搜查、占有动产;②非金钱执行中物之交付腾退的执行;③强制债务人退出不动产;④强制搬离不动产内的物品;⑤从债务人处夺取执行标的动产。	法定事项·执行法院为执行机关时的事务性执行事项: ①不动产金钱执行:现况调查、保管、内览、卖出的实施等;船舶执行中船舶国籍证书的夺取;②债权等财产权金钱执行中对债权证书的夺取,基于卖出命令卖出债权等。 裁定事项依法院的裁判处理的事项,如依授权决定成为替代执行的代履行人。

[1] 类似的思考方法参见张翔:《我国国家权力配置原则的功能主义解释》,载《中外法学》2018 年第 2 期。已有观点提示:应当从民事执行权行使过程所涉及的事项来考察执行权的性质。参见肖建国:《民事审判权与执行权的分离研究》,载《法制与社会发展》2016 年第 2 期,第 40 页。

续表

<table>
<tr><th></th><th colspan="2">作为执行机关负责处理的事项</th><th>配合其他执行机关处理的事项</th></tr>
<tr><td rowspan="2">法院书记官</td><td colspan="2">基于依小额诉讼(60万日元以下的金钱给付之诉,原则上一审终审,当庭宣告判决)作出的债务名义对债务人的金钱债权申请强制执行的案件(小额诉讼债权执行),依债权执行确定管辖,依申请由债务人普通裁判籍所在地(或被扣押债权所在地)的简易法院书记官作为执行机关负责执行。</td><td rowspan="2">法定事项・执行法院为执行机关时法院书记官的固有权限:(1)辅助执行法院的裁判性执行事项:①向登记机关嘱托或涂销登记;②公告、催告及通知;③决定及延长分配终期,制作分配表;④分配阶段的提存事项等。(2)较为简单的裁判性执行事项:①命债权人预交程序费用;②制作物件明细书,确定卖出方法,命执行官实施卖出、裁定事项、依法官命令处理的事务。</td></tr>
<tr><td>裁判事项:
申请人不预交费用时裁定驳回执行申请或撤销执行程序等。</td><td>执行事项・裁判性执行事项:
对标的债权的扣押处分等。</td></tr>
</table>

首先,日本法采多元制,执行机关涵盖"执行法院"(一般为地方法院独任法官),[1]"执行官"[2]和"简易法院书记官"。

其次,从上表呈现的认知框架可知,根据申请执行人(执行债权人)、执行机关、被执行人(执行债务人)之间的执行法律关系,执行工作可分为具有"等腰三角形"关系模式的"裁判事项"与具有"直角三角形"关系模式的"执行事项"。就前者而言,类似于民事诉讼中法院在原被告间居中裁判的诉讼法律关系,执行机关也居于申请执行人与被执行人间的中立地位,处理针对"违法执行"的异议或抗告、执行申请的立案受理等裁判事项。基于继受自德国法的指导思想即"强制执行中实体事项的归结必须依诉讼程序处理",[3]日式执行工作的裁判事项在范围上明显窄于我国"执行审查(裁决)事项"。[4] 就后者而言,与诉讼法律关系完全不同,执行机关与申请执行人

〔1〕 东京、大阪地方法院执行机构的网址为 http://www.courts.go.jp/tokyo/saiban/minzi_section21/index.html、http://www.courts.go.jp/osaka/saiban/tetuzuki_minji14/index.html。

〔2〕 参见[日]山本和彦:《执行官制度的比较法研究——以日本、法国、德国的比较为中心》,史明洲译,载《人民司法》2019年第10期。

〔3〕 [日]中野貞一郎、下村正明:《民事执行法》,青林书院2016年版,第192页注(1)。

〔4〕 实践中,法发〔2011〕15号第4项规定的"执行异议、复议、申诉"等"审查事项"不限于程序事项,时常牵扯到执行当事人及案外人围绕执行债权、执行标的财产等的实体争议,导致执行机关难免"以执代审"。

“站在一起”或者说处于同一垂直线上，共同针对被执行人为执行行为，采取类似行政强制的作用方式。[1]

由此可知，裁判事项因其司法性质，理应由法官负责。即便在多元制下，作为执行机关的狭义执行员也只能处理个别程序性裁判事项。无论多元制还是一元制，对于狭义执行员的违法执行或拖延执行，均由狭义执行员所属法院提供救济。这也侧面印证了主张将具有司法性的“执行审查（裁判）权”保留在法院的观点，符合执行程序的基本法理。

最后，按照执行事项的操作办法，可以将其划分为“裁判性执行事项”与“事务性执行事项”。前者指依“决定、命令”等法律文书来实施的执行事项；后者指依“搜查、夺取”等现实强制力来实施的执行事项。鉴于前者具有较强的司法性要素，一般将其交由“坐堂问案”的法官处理；而后者基本为事务性工作，由机动灵活的执行官处理。与基于当事人主张及证据材料认识复杂生活事实并进行法律适用的诉讼案件相比，执行案件的裁判性执行事项一般是基于既定书面材料的“定型化”判断。正因如此，面对“案多人少”矛盾，为让法官将精力集中于行使司法权的判断性工作，部分具有附随性、简单机械的裁判性执行事项被分配给了法院书记官等司法辅助人员。[2] 虽然多元制下由多种执行机关分别管辖各种执行案件，但每一种执行案件的程序运行往往兼有裁判性执行事项与事务性执行事项，需要法官与狭义执行员的通力合作。而在一元制执行组织模式中，这一点表现得尤为明显。

综上所述，根据从执行法律关系出发得出的认知框架，事务分配的标准在于执行工作中裁判性要素与事务性要素的比例。狭义执行员的职责资格也因其处理的执行事项偏重裁判性要素还是事务性要素而有所不同。事务性要素较强的执行事项一般交由适合外勤工作的专业执行人员；具有弱裁判性或辅助性的执行事项则交由司法辅助人员。从根本上讲，狭义执行员在执行组织中的职能定位，一方面源于凭借业务分工实现执行迅速化的理念要求，另一方面出于减轻法官工作负担的现实要求。当然，明确我国狭义

---

〔1〕 参见许士宦：《强制执行法》，新学林 2014 年版，第 10 页“侵害关系”。笔者初步认为，理论上的民事强制执行权表面上具有“直角三角形”关系模式，本质则为“依附于司法权的行政作用”。“依附性”表现为必须由具备“等腰三角形”关系模式的司法权提供民事强制执行正当性保障机制。从而实现以正当执行为前提的迅速执行。具体研究，笔者已另文展开。

〔2〕 参见［日］中野貞一郎：《民事執行法における執行機関》，载竹下守夫、鈴木正裕编：《民事執行法の基本構造》，西神田编集室 1981 年版，第 56 页以下。

执行员的身份地位,还应认真考虑中国特色社会主义执行理念的根本要求。

三、我国“狭义执行员”的可能定位

规范性司法文件和最高人民法院强制执行法起草小组基于“执行权分权运行机制”将民诉法上的“执行员”分为执行法官与非法官执行人员。〔1〕当前实践中,法院专门任命“执行员”的做法较为少见,多由法官助理、书记员、司法警察等实施执行。〔2〕不难想象,《法院组织法》删去“执行员”后,“执行员”已不再指称特定身份的法院人员,而转变为非法官执行人员的统称,即为本文指称的“狭义执行员”。以浙江、广西等地“执行警务化”试点工作为例,〔3〕原有执行员身份的人员已经或即将转岗。同时,配合法官员额制与法院人员分类管理改革,辅以“执行信息化”部署,“执行团队化”成为改革趋势。执行法官与身份各异的执行员组成“执行团队”,“以执行法官为指令核心,按照流程节点的难易程度流水化、协作式办案”。〔4〕

在法律修订及改革背景下,为解明执行员在我国执行组织中的可能定位,亟待澄清以下问题:第一,当前执行改革中,如何界定执行法官与执行员在执行实施工作中的职能分工;如何界定各种执行员之间的事务分配并对其进行分类管理;〔5〕第二,将来《民事强制执行法》上,是否有必要在法官助理、书记员、司法警察外增设“执行官”“执行师”等专职人员。以下将借助前述认知框架及比较法考察的结论对此展开探讨。

首先,“执行实施权”涉及的“控制、处分、交付和分配以及罚款、拘留措施”等实施事项可以理解为上表中的“执行事项”。有观点将其划分为“执行命令权”与“实施事务权”;前者为“做出查封、扣押、冻结、拍卖、变卖、以物抵债、分配等裁定的权力”,后者为实施该命令的权力;主张前者应为审判权而由执行法官行使。〔6〕本文认为,执行命令权以制作法律文书为工作内容,可理解为

---

〔1〕《强制执行法草案(第六稿)》(2011 年 3 月)第 8 条第 3 款规定“执行实施机构由执行员和书记员组成,负责执行实施事项”;而法发〔2011〕15 号第 3 项规定“执行实施权由执行员或者法官行使”。

〔2〕参见郝绍彬、黄志佳:《执行员制度期待实践创新》,载《人民法院报》2018 年 11 月 2 日,第 2 版。

〔3〕参见百晓锋:《中国民事执行年度观察报告(2016)》,载《当代法学》2017 年第 3 期,第 150 页。

〔4〕赵岩、梅宇、谢耀宗:《门头沟法院探索“1 + N + X”执行新模式》,载北京法院网,http://bjgy.chinacourt.org/article/detail/2016/06/id/1892978.shtml,2018 年 8 月 25 日访问。

〔5〕“深化内分”的实施路径之一即“对执行主体(人员配备)进行多元化分级改造”。曹凤国:《审判权和执行权“深化内分”模式研究》,载《法律适用》2016 年第 8 期,第 81 页。

〔6〕参见肖建国:《民事审判权与执行权的分离研究》,载《法制与社会发展》2016 年第 2 期,第 40、41 页。

“裁判性执行事项”而交由执行法官处理。但因具有“直角三角形”关系模式，与具有“等腰三角形”关系模式的审判权不同。为让执行法官将精力集中于案款分配、打击规避执行等疑难事项，部分弱裁判性执行事项及依靠信息化手段就能完成的简单事项可以在执行法官的指挥下交由法官助理、书记员处理。

其次，像实地搜查、扣押动产、强制迁出等“事务性执行事项”应交由适合外勤工作且能集约化调配执行装备的人员。考虑到辅助法官办理裁判性执行事项更加符合法官助理的职能定位，事务性执行事项应交由书记员和司法警察在执行法官的命令下处理。目前司法警察未被授予法定执行权，只能提供执行警务保障。[1] 如果要将原来的执行员转岗为司法警察，不妨考虑通过加强业务考核与资格认定，将其构建为“执行司法警察”，并在法律上授予执行实施权。

最后，关于《民事强制执行法》有无必要增设特定身份的执行人员，应当在信息化带来执行工作模式重大变革的背景下，结合针对各地法院执行工作的实证分析加以审慎考量。如果“执行团队化”不仅能起到解决“执行难”的良好效果，更能符合民事强制执行程序的运作规律，那么却无必要叠床架屋。

笔者认为，在一元制执行组织下，虽然可以通过员额法官对各种执行员的指挥，优化人员组合，实现繁简分流；但若人员安排完全依赖法官个人的“行政管理知识”，[2] 实质上难免回到“一个人负责到底”的传统工作模式。当前执行改革及立法工作只有按照执行实施工作的裁判性要素与事务性要素形成较为稳定的业务分工办法，形成“人员—职权—职责—绩效”的明确对应，才有可能真正实现“分段集约执行”的理想目标。另一方面，在执行工作难免牵扯实体争议的现状下，执行法官及法官助理确有必要在执行机构与审判部门之间双向流动。[3] 但是，应当对专司弱裁判性和事务性执行事项的书记员和司法警察实行单列管理，形成正规化、专业化执行队伍。为便于专门规定这类人员的任职条件、任免程序、工作职责、考核培训等，除“执行司法警察”的思路外，还可考虑将来立法上将其定位为具有特定称谓的法

---

〔1〕 法发〔2012〕23 号第 11 条规定“人民法院司法警察可以依法配合实施搜查、查封、扣押、强制迁出等执行行为”。

〔2〕 参见褚红军、刁海峰、朱嵘：《推动实行审判权与执行权相分离体制改革试点的思考》，载《法律适用》2015 年第 6 期，第 36 页。

〔3〕 实践中“审执部门认识不一致导致矛盾来回推诿”的情形很常见。参见王林清、张璇：《审判权与执行权分离模式之建构》，载《华东政法大学学报》2016 年第 5 期，第 144 页。

院专职人员。[1] 此外,在依程序分流原理从立法上将实体争议的处理剥离执行实施工作的条件下,为优化资源配置,提升执行效率,不妨探索在实现“因市场交易所生金钱债权”的执行实施案件中引入市场竞争机制,创设“执行师”等职业执行员,分担法院结案压力,化解“执行不能”风险。

结　语

新修《人民法院组织法》删去“执行员”,实则源于审执分离体制改革的最终方案尚未定调,更是因为“执行员”在我国法上的身份地位本来就暧昧不明而尚待澄清。有鉴于此,本文尝试从历史沿革和比较法的双重视角,一方面明确“执行员”在我国法上指称的是行使执行实施权的非法官人员;另一方面提出这类人员的核心职能应当界定为弱裁判性及事务性执行实施工作;进一步展望了执行员在当前执行体制改革及将来民事强制执行立法上的可能定位。毋庸置疑,只有在诉讼法层面厘定非法官执行人员的工作内容,才有可能在组织法层面明确这类人员的职责资格。执行组织的人员安排涉及执行机构改革的最终方案,更牵动着我国民事强制执行制度的总体设计,还需多元视角下的深入研究。

此外,本文从执行法律关系切入提出的新认知框架,除可用于解读执行工作的事务分配规律外,更关涉到围绕执行权本质及执行行为之诉讼/非讼性的学理检讨,其应用价值仍待挖掘。

〔1〕 由于送达工作具有类似事务性执行事项的特点,不妨由这类人员作为司法辅助人员负责。参见罗恬漩:《司法改革背景下送达困境与出路》,载《当代法学》2017 年第 3 期,第 140 页。

检察主导抑或审判中心：认罪认罚从宽制度中的权力冲突与交融[*]

闵丰锦[**]

一、问题的提出

“在司法实践中，‘认罪即定罪’、检察官量刑建议主导司法裁判成为常态，法官决策时高度依赖检察官提供的案件信息，极少会拒绝检察官的量刑建议，检察官实际上成为‘背后的法官’，其所承担的职责从‘预先审判’变为‘正式审判’，刑事诉讼的重心从法院审判阶段前移至审判前阶段。”随着认罪认罚从宽制度的入法施行，检察机关开始从刑事案件审前程序的主导者，逐步转化为认罪认罚案件的全流程主导者，通过“要求”法院一般都要采纳量刑建议、对被告人“毁约”上诉后同步抗诉等方式，行使认罪认罚案件审判阶段的主导权。如果说公安机关在错案终身追究责任制的巨大压力下，充分欢迎检察机关借由捕诉一体办案机制展开的审前主导，那么在法官保留原则“庇护”之下的法院，在认罪认罚案件定罪量刑权限被检察主导“全面入侵”后，不甘沦为“确认机关”与

---

* 基金项目：2019年度国家检察官学院科研基金资助项目“捕诉一体办案机制研究”（GJY2019D01）。

** 闵丰锦，西南政法大学法学院2016级诉讼法学专业博士研究生，重庆市南岸区人民检察院检察官助理，研究方向：刑事诉讼法、司法制度。

“盖章机关”，对检察机关试图主导认罪认罚审判程序产生了相当程度的触动与反弹。

最明显的权力冲突在于如何把握认罪认罚案件量刑建议“一般应当采纳”的法律规定。在认罪认罚从宽制度在个别地区的施行初期，个别法官在个案中以“主刑加减1个月、罚金增减1000元、缓刑考验期增减1个月”等略微调整方式，冠以自由裁量的名义而故意不采纳量刑建议，甚至不通知公诉人调整即直接判决，检察院随即抗诉，二审法院驳回抗诉、维持原判，求刑权与量刑权的冲突明显。在检察院看来，故意不采纳量刑建议有审判权的不当僭越之嫌，是审判权对检察权的“被动冲突”；而在法院看来，要求对有控辩合意性质的认罪认罚具结书照单全收有检察权的主导过度之嫌，是检察权对审判权的“主动冲突”。检察机关对认罪认罚从宽制度主导作用的提出，是否触动了法院定罪量刑权的“奶酪”？本文通过梳理认罪认罚案件中检察院抗诉法院不采纳量刑建议的案例，深入剖析其中存在的权力冲突现象，并结合认罪认罚从宽制度与以审判为中心诉讼制度两个维度，以找到认罪认罚案件中检察主导与审判中心的调和交融之道。

二、抗诉未采纳量刑建议的认罪认罚案件数据

（一）对认罪认罚从宽制度的适用分歧

1. 对“认罚”内涵理解不一致

数据显示，大连地区法院普遍认为“认罚”就要缴纳罚金，否则不能适用认罪认罚从宽制度。如辽宁省大连市经济技术开发区的一件盗窃案，一审法院以“被告人签署了具结书，但无法缴纳罚金”为由不适用认罪认罚从宽制度，被告人以量刑过重为由上诉，大连市经济开发区检察院以未适用认罪认罚从宽制度系法律适用错误为由抗诉后，市检察院撤回抗诉，二审法院准许撤回抗诉、驳回上诉。[1] 再如辽宁省大连市沙河口区的一件三人贩卖毒品案，一审法院以其中二人贩毒为求财、未缴纳罚金为由，对该二人不适用认罪认罚从宽制度、超出量刑建议判刑，检察院抗诉认为“是否交罚金不是认罪认罚从宽制度适用的决定性依据”，二审法院认为“求财类案件认罚要交罚金，该二人为经济利益而犯罪、现有证据不足以证明其确因经济困难等

〔1〕 参见辽宁省大连市中级人民法院（2018）辽02刑终334号刑事裁定书。

客观原因无法缴纳罚金，认罚缺乏事实依据”。[1]

2. 对是否适用速裁程序认识不一致

法院未适用速裁程序的最终量刑比检察院建议适用速裁程序的量刑建议还要轻，体现出法检在个案中对程序适用及量刑内容的双重分歧。如湖北省武汉市江汉区的一件盗窃案，检察院建议适用速裁程序，一审法院适用普通程序、比量刑建议从轻量刑，检察院抗诉认为，法院未采纳量刑建议、导致量刑偏轻，二审法院认为，本案属于“其他不宜适用速裁程序或者简易程序的情形”。[2] 又如湖南省浏阳市的一件交通肇事案，检察院抗诉认为“适用认罪认罚从宽制度却未采纳量刑建议，导致量刑畸轻”，二审法院指出“因被告人对量刑有异议，因此未适用速裁程序”，[3]适用简易程序的实际量刑低于建议适用速裁程序的量刑建议。再如福建省闽侯县的一件盗窃案，二审法院认为，一审法院在收到检察院适用认罪认罚速裁程序建议书后，立案当日即以“不适用速裁程序通知书”方式书面告知检察院，本案并非由速裁转化为普通程序，而是直接以普通程序立案，因此，未适用认罪认罚从宽制度。[4]

（二）对量刑建议的程序分歧

1. 法院未建议检察院调整，直接不采纳量刑建议

根据《刑事诉讼法》规定，当法院认为认罪认罚案件的量刑建议明显不当时，检察院有优先调整权。法院未建议检察院调整量刑建议而径行判决，多数中级人民法院认为只要判决结果正确，就只是不影响公正审判的轻微程序瑕疵，而非影响公正审判、需要发回重审的重大程序违法。在一审法院未建议检察院调整量刑建议而增加罚金1000元的二件案件中，检察院均以程序错误抗诉，其中辽宁省大连市中级人民法院认为“抗诉意见正确，系程序瑕疵，但原量刑无明显不当，被告人主动缴纳罚金，裁定驳回抗诉”，[5]而安徽省淮南市中级人民法院认为“抗诉意见正确，原判决违反了刑诉法第201条规定”，改判并采纳一审量刑建议，一审法院还要退回多收的1000元

---

〔1〕 参见辽宁省大连市中级人民法院(2019)辽02刑终174号刑事裁定书。

〔2〕 参见湖北省武汉市中级人民法院(2018)鄂01刑终156号刑事裁定书。

〔3〕 参见湖南省长沙市中级人民法院(2018)湘01刑终1005号刑事判决书。

〔4〕 参见福建省福州市中级人民法院(2017)闽01刑终875号刑事裁定书。

〔5〕 参见辽宁省大连市中级人民法院(2018)辽02刑终227号刑事裁定书。

罚金。[1] 河南省焦作市中级人民法院则对一件一审法院未建议检察院调整量刑建议而增加拘役15日的案件，认为“一审法院根据犯罪事实、情节，依据认罪认罚从宽制度和量刑规范化标准，判决并无不当，原审法院未书面建议人民检察院调整量刑建议，即作出判决，做法不妥”。[2] 河南省郑州市中级人民法院则对一件一审法院未建议检察院调整量刑建议而宣告缓刑的案件，认为“未经向公诉机关提出建议而直接适用缓刑，程序上确有不当之处，但其量刑结果、缓刑适用与罪责、认罪情节相适应，亦未造成‘影响公正审判’的后果”。[3]

2. 检察院不调整或调整后仍被认为明显不当

有最高人民检察院检察官指出：“变更后的量刑建议仍然明显不当，无疑是法院认为明显不当。此时，如果法院依法作出判决，检察机关对判决结果不认可，必然会启动抗诉程序，如何协调量刑建议权与抗诉权，需要检察机关审慎对待。”[4]“量刑建议明显不当”具有主观裁量的因素，可能导致认识不同，出现法院因自由裁量权的缩小，而人为故意“赌气式”不采纳量刑建议，对此检察院抗诉后往往被二审法院以一审法院行使量刑裁量权为由驳回。如天津市河西区的一件寻衅滋事案，一审法院认为5位被告人中的两人前科均系扰乱社会秩序类犯罪，不宜适用缓刑，并当庭及庭下均向检察院指出对两人量刑建议不妥，检察院均表示不调整量刑建议，一审法院判决后，检察院抗诉后被驳回。[5] 再如山东省平度市的一件妨害公务案，检察院建议有期徒刑10个月至1年，一审中因被告人赔偿，当庭调整为建议有期徒刑8个月至10个月，一审法院认为调整量刑建议后仍然明显不当，判处有期徒刑6个月，检察院抗诉后被驳回。[6]

3. 公诉人是否有权当庭口头变更量刑建议

鉴于各地检察机关权力清单不同，公诉人是否有权当庭口头调整量刑建议存在内部认识分歧。如重庆市彭水县的一件非法制造枪支案，一审法院当庭征求公诉人和被告人意见取得认可后判决，但检察院以公诉人无权

---

〔1〕 参见安徽省淮南市中级人民法院(2019)皖04刑终143号刑事判决书。

〔2〕 参见河南省焦作市中级人民法院(2019)豫08刑终172号刑事裁定书。

〔3〕 参见河南省郑州市中级人民法院(2017)豫01刑终724号刑事裁定书。

〔4〕 参见曹东：《论检察机关在认罪认罚从宽制度中的主导作用》，载《中国刑事法杂志》2019年第3期，第134～139页。

〔5〕 参见天津市第二中级人民法院(2019)津02刑终208号刑事裁定书。

〔6〕 参见山东省青岛市中级人民法院(2018)鲁02刑终580号刑事裁定书。

口头变更量刑建议为由抗诉,二审法院驳回抗诉。[1] 再如湖北省武汉市江汉区的一件盗窃案,一审开庭时公诉人当庭口头变更量刑建议,一审法院以此判决,但检察院以公诉人无权口头变更量刑建议、即使调整也应当庭后书面进行为由抗诉,二审法院认为公诉人代表检察院出庭有权口头变更量刑建议。[2]

(三)对量刑建议的内容分歧

1. 对量刑内容的沟通未达成一致

对于个案的沟通问题涉及同一区域的法检关系,因此,二审法院往往在支持抗诉意见的基础上,又裁定维持原判,体现出息事宁人的双赢思路。如辽宁省大连市沙河口区的一件故意杀人案,检察院抗诉认为一审法院超出量刑建议判决,二审法院认为"检察院与法院就量刑意见未达成一致,不应适用认罪认罚从宽制度办理,但一审法院将《认罪认罚具结书》列入证据,属于制度执行错误,但不影响最终量刑正确"。[3] 再如北京市海淀区的一件强制猥亵案,被告人主动投案,一审法院不认定自首而认定坦白,检察院抗诉认为"如实供述"在自首与坦白中的含义应当一致,二审法院支持抗诉、未认定坦白,但维持定罪量刑原判。[4]

2. 对量刑建议"明显不当"的认识分歧

虽然新《刑事诉讼法》并未将量刑建议"明显不当"单独作为不得采纳量刑建议的理由之一,但法院系统普遍将量刑建议"明显不当"纳入"其他可能影响公正审判的情形"而间接不采纳量刑建议。[5] 如四川省宜宾市叙州区的一件盗窃案,检察院量刑建议有期徒刑 7 个月、罚金 1000 元,法院以庭审认罪态度不佳、前科劣迹较多等为由,判决有期徒刑 8 个月、罚金 2000 元,检察院抗诉后被驳回。[6] 又如福建省福州市晋安区的一件危险驾驶案,检察院以有两个从重处罚情节为由建议判处拘役 4 个月,一审法院判处拘役 1 个月,抗诉后,二审法院认定了从重处罚情节,判处拘役 2 个月。[7] 再如江西省南昌市新建区的一件贩卖毒品案,检察院抗诉认为"多次贩卖毒品、情节

---

〔1〕 参见重庆市第四中级人民法院(2018)渝 04 刑终 15 号刑事裁定书。

〔2〕 参见湖北省武汉市中级人民法院(2017)鄂 01 刑终 1465 号刑事裁定书。

〔3〕 参见辽宁省大连市中级人民法院(2018)辽 02 刑终 58 号刑事裁定书。

〔4〕 参见北京市第一中级人民法院(2018)京 01 刑终 555 号刑事判决书。

〔5〕 参见胡云腾主编:《认罪认罚从宽制度的理解与适用》,人民法院出版社 2018 年版,第 113 页。

〔6〕 参见四川省宜宾市中级人民法院(2018)川 15 刑终 46 号刑事裁定书。

〔7〕 参见福建省福州市中级人民法院(2018)闽 01 刑终 983 号刑事判决书。

严重、系累犯,认罪认罚、预缴罚金,应在有期徒刑3年至7年范围内量刑,原审法院判处有期徒刑9年6个月,属量刑畸重”,二审法院支持抗诉,改判有期徒刑6年。[1]

3. 对刑罚执行方式的认识分歧

在危险驾驶案中,个别检察院与法院对是否适用缓刑认识不同,如酒精含量高反而适用缓刑、酒精含量低反而不适用缓刑。如河北省廊坊市广阳区的一件酒精含量292.7mg/100ml的危险驾驶案,二审法院驳回抗诉,认为“被告人认罪认罚,原审判决根据其犯罪的事实、性质、情节及认罪悔罪态度,依法判处其缓刑,并未违反法律禁止性的规定”。[2] 又如安徽省阜南县的一件酒精含量大于300mg/100ml,且发生交通事故的危险驾驶案,二审法院驳回抗诉,以坦白、预缴罚金、赔偿损失等认罪认罚表现,结合社区矫正评估报告,认可缓刑。[3] 再如河北省武邑县的一件酒精含量131mg/100ml、无证驾驶无牌拖拉机的危险驾驶案,检察院建议缓刑但一审法院判处实刑,经抗诉后二审法院改判缓刑。[4]

(四)通过裁判文书对求刑权与量刑权的关系释法说理

1. 量刑建议的程序职权不能对抗裁判职权

不少法院在个案裁判文书中,引用了最高人民法院胡云腾大法官的权威观点,“定罪量刑作为审判权的核心内容,具有专属性,检察机关提出的量刑建议,本质上仍然属于程序职权,是否妥当应由人民法院依法判决”。[5] 如山东省广饶县的一件危险驾驶案,检察院建议实刑,一审法院未要求检察院调整量刑建议而宣告缓刑,二审法院认为“量刑建议权是求刑权,对被告人的定罪量刑应由人民法院裁判决定”,“缓刑与实刑只是刑罚执行方式的不同,一审法院仍系在原公诉机关的量刑建议范围内量刑”,但又以一审遗漏从重情节而撤销缓刑。[6] 再如浙江省杭州市滨江区的一件强奸案,检察院抗诉认为性侵未成年人一般不应缓刑、未采纳量刑建议程序有误,二审法院认为:“对于认罪认罚案件,人民法院依法作出判决时,一般应当采纳人民

〔1〕 参见江西省南昌市中级人民法院(2018)赣01刑终581号刑事判决书。

〔2〕 参见河北省廊坊市中级人民法院(2018)冀10刑终407号刑事裁定书。

〔3〕 参见安徽省阜阳市中级人民法院(2019)皖12刑终78号刑事裁定书。

〔4〕 参见河北省衡水市中级人民法院(2019)冀11刑终60号刑事判决书。

〔5〕 胡云腾:《准确适用认罪认罚从宽制度,在更高层次上实现刑事司法公正与效率相统一》,载胡云腾主编:《认罪认罚从宽制度的理解与适用》,人民法院出版社2018年版,第8页。

〔6〕 参见山东省东营市中级人民法院(2019)鲁05刑终42号刑事判决书。

检察院指控的罪名和量刑建议,但检察机关的量刑建议仍属于程序职权,是否适当、是否采纳应由人民法院依法裁判。"[1]

2. 检察院量刑方法并不适当

个别法院在个案裁判文书中,详细阐述了检察院的量刑能力为何不足。以辽宁省沈阳市辽中区的一件故意伤害案和一件妨害公务案为例,一审法院在发函指出量刑建议明显不当、被检察院拒绝调整后,均比量刑建议增加2个月主刑,检察院抗诉称"该建议函没有指出本院量刑建议何处明显不当",二审法院说理透彻,认为量刑建议未按照最高人民法院量刑规范化文件规定的"量刑时应以定性分析为主,定量分析为辅,依次确定量刑起点、基准刑和宣告刑"的基本方法,说明上述量刑情节与量刑建议之间的具体量化关系;颠倒了"提出相对具体量刑建议并充分说明理由"而后"改变原量刑建议亦需说明理由"的基本逻辑顺序;原审判决符合法律规定及认罪认罚从宽制度设计初衷,亦符合"以审判为中心"刑事诉讼制度改革及各政法机关"分工负责,互相配合,互相制约"的基本要求。[2]

三、表象审视:求刑权与量刑权因何冲突?

(一)检察院量刑建议权的扩张

正如辩诉交易制度中作用最大的是检察官,借鉴辩诉交易合理元素而生的认罪认罚从宽制度中作用最大的也是检察机关,其提出的精确化量刑建议对被追诉人与法院有着双重刚性。随着认罪认罚从宽制度的施行,检察机关的量刑建议呈现出精确化趋势,基本上起到一锤定音的效果。立法沿革上,2016年11月11日最高人民法院、最高人民检察院、公安部、国家安全部、司法部《关于在部分地区开展刑事案件认罪认罚从宽制度试点工作的办法》(以下简称《试点办法》)规定:"人民检察院向人民法院提起公诉的,应当在起诉书中写明被告人认罪认罚情况,提出量刑建议,并同时移送被告人的认罪认罚具结书等材料。量刑建议一般应当包括主刑、附加刑,并明确刑罚执行方式。"2018年5月10日全国人大常委会对外公开征求意见的《刑事诉讼法(修正草案)》(以下简称《刑诉法一审草案》)将"一般应当"改为"可以":"人民检察院可以在起诉书中就主刑、附加刑、刑罚执行方式等提出

---

〔1〕 参见浙江省杭州市中级人民法院(2019)浙01刑终262号刑事裁定书。

〔2〕 参见辽宁省沈阳市中级人民法院(2018)辽01刑终310号、311号刑事裁定书。

量刑建议。犯罪嫌疑人认罪认罚的,应当在起诉书中写明,并随案移送认罪认罚具结书等材料。”2018 年 9 月 5 日全国人大常委会对外公开征求意见的《刑事诉讼法修正草案(刑诉法二次审议稿)》(以下简称《刑诉法二审草案》)又恢复了“应当”的用词:“犯罪嫌疑人认罪认罚的,人民检察院应当在起诉书中就主刑、附加刑、刑罚执行方式等提出量刑建议,并随案移送认罪认罚具结书等材料。”由此可见,立法者对量刑建议的明细化、精确化程度的认识不断加深,“一般应当—可以—应当”的措辞变化,反映出量刑建议从幅度刑到确定刑的精确化趋势。[1] 在此背景下,以被追诉人在审查起诉阶段与检察机关签署《认罪认罚具结书》为标志,以量刑建议精确化为特征,检察机关的起诉裁量权上升到一个前所未有的高度与强度,量刑建议的定案效力持续上升。

在立法技术上,法律中以“必须”“应当”“可以”等作为限定词,“一般应当”的措辞并不常见。《试点办法》首创法院“一般应当”采纳检察院量刑建议的基本原则,划定了五种例外情形,直接导致试点地区法院不少法官的不满。毕竟,在无罪判决率极低的国情下,定罪与否往往是检察院实际上“说了算”,如何量刑通常是法院的“自留地”,两者分工“不言自明”。为了应对以审判为中心的诉讼制度改革,检察系统开始提出“公诉人要在法庭上唱主角”[2]的口号,试图通过认罪认罚案件一般应当采纳量刑建议的法律规定来主导审判程序,甚至有检察人士认为:“在认罪认罚从宽制度中,检察机关在诉讼中不仅是承上启下的枢纽和监督者,而且是罪案处理的实质影响者乃至决定者,因而无论在程序上还是在实体上都居于主导地位。”[3] 即使有江西省人民检察院副检察长指出,“检察机关对认罚从宽的刑罚判决,应当充

---

〔1〕 对于“应当提出精确化量刑建议”的规定,全国人民代表大会宪法和法律委员会关于《中华人民共和国刑事诉讼法(修正草案)》修改情况的汇报指出:“有的常委委员、地方和社会公众提出,为鼓励犯罪嫌疑人认罪认罚,落实宽严相济刑事政策,对认罪认罚的案件,人民检察院应当依法提出量刑建议,并适当限制人民检察院调整量刑建议和人民法院不采纳量刑建议的权力。对于其他案件,人民检察院可根据具体情况决定是否需要提出量刑建议。”由此可见,量刑建议的精确化趋势是为了鼓励被追诉人早日认罪认罚,作出被追诉人同意的量刑建议就要“说了算”,在法院不可能逾越裁判角色介入协商的“红线要求”下,量刑建议对于被追诉人与法院的“双重刚性”,就显得尤为重要。

〔2〕 虽然法官是庭审的主持者,但控方才是主要的证据收集者和举证者,而公诉人是控方在法庭上的代表,在法庭上要唱主角,正因此检察机关的地位也随着庭审地位的变化而“水涨船高”。参见苗生明:《构建以公诉为主导的刑事指控体系》,载《国家检察官学院学报》2016 年第 1 期,第 16 页。

〔3〕 朱孝清:《检察机关在认罪认罚从宽制度中的地位和作用》,载《检察日报》2019 年 5 月 13 日,第 3 版。

分尊重和切实服从,除非法庭判决确定的刑罚有错误",[1]但如何判断刑罚是否错误?从认罪认罚具结书的控辩合意属性来看,公权力对被追诉人的承诺能否在审判阶段得以实现,直接关系检察机关的司法公信力,毕竟被追诉人亲身实践后与看守所其他狱友的交流反馈对认罪认罚从宽制度的宣传具有现身说法、无可替代的突出意义。但在如何在检察院求刑权与法院量刑权之间把握最大程度的一致性?如何既尊重检察院精确到主刑、附加刑、执行方式的量刑建议,又尊重法院的定罪量刑权?虽然卞建林教授认为,尊重和认可量刑建议与法院独立行使职权原则无涉,何况法院经审理认为量刑建议明显不当时有权依法作出判决。[2] 而在检察系统看来,检察机关不仅是天然的公诉机关,也是宪法规定的法律监督机关。[3] "'以审判为中心'的根本目的在于确保办案质量,实现司法公正,而绝不是法官想怎么判就怎么判。因此,要强化审判监督,防止极少数法官因对'以审判为中心'存在不正确理解而自以为是、主观擅断,从而监督法官谨慎用权、依法公正裁判。"[4]在此观念下,检察机关对认罪认罚案件的处理意见很大程度上决定了法院判决的内容,构建以审判为中心的诉讼制度也必须加强检察机关以抗诉为核心的审判监督工作。因此,在认罪认罚案件的审判阶段,宣判之前检察院通过公诉权的实质化、实体化行使对法院定罪量刑自由裁量权进行正面"限制",宣判之后检察院通过抗诉的审判监督方式对未采纳量刑建议的案件进行反面"限制",甚至出现了以往较为罕见、对法院高于量刑建议判决而抗诉的"抗重"现象。

(二)法院自由裁量权的限缩

笔者曾经对认罪认罚从宽制度试点初期的259件案件进行了分析:2017年,检察院适用认罪认罚从宽制度提出的量刑建议以幅度刑为主、以绝对刑为辅,其中缓刑、罚金刑以不具体建议考验期与数额为主,量刑建议较为笼统。[5]随着制度试点的日臻完善,尤其是检察机关主导认罪认罚从宽制度的能力提

---

〔1〕 张国轩:《"认罚从宽"的认定和实现方式》,载《国家检察官学院学报》2018年第5期,第124页。

〔2〕 参见卞建林:《认罪认罚从宽制度赋予量刑建议全新内容》,载《检察日报》2019年7月29日,第3版。

〔3〕 有学者甚至直言:"我们的宪法法律对于检察机关的定位在世界上都是最高的,是国家专门的法律监督者,在这个意义上宪法法律关于公检法的制度设计是以检察为中心的。"参见张志铭:《以审判为中心的政策取向和学理分析》,载《国家检察官学院学报》2016年第1期,第25页。

〔4〕 朱孝清:《略论"以审判为中心"》,载《人民检察》2015年第1期,第9页。

〔5〕 参见闵丰锦:《认罪认罚从宽制度的实践逻辑——基于259个试点案件的分析》,载《甘肃政法学院学报》2018年第2期,第112页。

升，量刑建议开始转向绝对刑，主刑、附加刑、执行方式均确定的量刑建议使法院的量刑裁量权近乎“消亡”，当然引起不少法官的反弹。以至于试点初期，法院系统对于认罪认罚起诉罪名与量刑建议“一般应当采纳”的“抵触”心态就初见端倪。如湖南省浏阳市的一件盗窃案，检察院提出了主刑、附加刑均确定的量刑建议，法院比量刑建议多判处 1000 元罚金，且被告人已经预缴罚金。[1] 再如天津市北辰区的一件故意伤害案，法院将指控罪名变更为故意杀人，并采纳量刑建议判处死缓，被告人认罪认罚却“轻罪名转重罪名”。[2]

量刑建议的精确化对法院而言是一把“双刃剑”，“从人民法院角度看，检察机关的量刑建议如果能够正确反映被告人的罪责，无疑可以大幅度提高诉讼的效率；但是，反过来讲，如果人民法院经审理认为检察机关的量刑建议‘明显不当’，则会导致控辩审三方的重复劳动并影响诉讼程序的顺利进行。”[3]一个必须看到的现象是，虽然不少检察官也并非主动或愿意“进犯”，但在认罪认罚案件中，精确化量刑建议将公诉权扩张到了极致，“判多久”的法官自由裁量权受到检察官的“侵蚀”而紧缩，庭审时间 5 分钟不到的速裁程序出现极简趋势。[4] 不少法官看来，“我的法庭听我的”，更何况“与法官相比，量刑毕竟不是检察官的‘主业’，检察官在合理量刑方面确实存在经验不足、能力有限的问题”，[5]以至于试点初期各地均由本地刑庭法官培训本地公诉检察官“如何量刑”。

以杭州市为例：“试点至今，杭州市两级检察机关针对适用认罪认罚案件采用确定型量刑建议占总适用数的 81.5%，幅度型量刑建议占总适用数的 18.5%，此举使人民法院接受量刑建议的采纳率大大提高，据统计，杭州市两级院认罪认罚案件量刑建议采纳率普遍在 95% 以上。”[6]但有杭州检察干警也不免担忧，“检察机关的求刑权与法官的自由裁量权始终存在博弈

---

[1] 参见湖南省浏阳市人民法院(2017)湘 0181 刑初 29 号刑事判决书。

[2] 参见天津市高级人民法院(2018)津刑核 25909134 号刑事裁定书。

[3] 吴宏耀：《凝聚控辩审共识优化量刑建议质量》，载《检察日报》2019 年 6 月 10 日，第 3 版。

[4] 如果被追诉人是自愿认罪认罚，那在实质上，从被侦查机关抓获的那一刻起，在被追诉人心中自己就是“有罪之人”，只是经过一定司法程序加以确认而已。这种经过确认的司法程序，就是适用认罪认罚从宽制度的诉讼过程，自愿认罪认罚的被追诉人理解、接受、信任、服从公安司法机关的处理，为个案的刑事司法追诉活动节约司法资源。

[5] 国家检察官学院刑事检察教研部课题组：《检察机关认罪认罚从宽制度改革试点实施情况观察》，载《国家检察官学院学报》2018 年第 6 期，第 140 页。

[6] 鲍键、陈申骁：《认罪认罚从宽制度中量刑建议的精准化途径与方法——以杭州市检察机关的试点实践为基础》，载《法律适用》2019 年第 13 期，第 40 页。

和冲突”，“检察量刑越精准，法官的自由裁量越受限。”[1]甚言之，不少地区的个别法官不服气、不顺心，在个案中故意“赌气式”将检察官的量刑建议作出轻微调整——通常为增减刑期1个月、增减罚金1000元、增减缓刑考验期1个月，或不通知检察院调整量刑建议直接不采纳，或在通知检察院调整后依旧不采纳量刑建议，非畸轻畸重，无任何实际理由，纯粹是为了体现量刑决定权而“找存在感”，为不采纳而不采纳。也因此，在试点地区的法院反弹下，《刑诉法一审草案》新增了一种不采纳的除外情形，将“量刑建议明显不当的”作为不采纳量刑建议的情形，但《刑诉法二审草案》又删除了这一项，可见其中存在的观念调整与认识分歧，以及背后隐约可见的检察求刑权与法院量刑权配置之争。如山东省青岛市黄岛区的一件容留他人吸毒案，一审法院以认罪认罚为由判处拘役5个月15日、罚金6000元，检察院抗诉认为未认定累犯导致量刑畸轻，二审法院认为本罪所判为拘役、非有期徒刑以上刑罚、因此不构成累犯。[2] 比累犯计算起点——6个月仅少15日而判决，显然不属于量刑建议畸重的明显不当情况，“因累犯而不能判处拘役”的求刑逻辑与“因拘役而不认定累犯”的量刑逻辑更陷入了一种各说各话的怪圈之中。

四、本质透析：检察主导与审判中心如何交融？

（一）“检察主导”与“审判中心”的冲突之因

樊崇义教授曾提出：“在以审判为中心诉讼制度改革下，检察院首先要准确定位。”[3]2016年3月最高人民检察院工作报告首次提出检察机关“充分发挥审前主导和过滤作用”，以作为检察机关推进以审判为中心诉讼制度改革的主要措施之一，“审前主导作用”是基于“以审判为中心的诉讼制度”之下的检察定位。在此观念指引下，北京市检察院正式提出了检察机关对审前程序的主导与审判程序的主体作用：“所谓‘两主’作用就是为了适应以审判为中心的刑事诉讼制度改革要求，检察机关必须发挥在审前程序中的主导作用、在庭审中指控和证明犯罪的主体作用，这是检察机关在新时期发

[1] 参见郭志平、史笑晓：《检察环节认罪认罚从宽制度的适用困境及完善路径———以杭州地区试点改革情况为样本》，载《杭州学刊》2018年第2期，第139页。

[2] 参见山东省青岛市中级人民法院（2016）鲁02刑终801号刑事裁定书。

[3] 参见樊崇义：《“以审判为中心”提出的背景与刑事检察工作应对》，载《国家检察官学院学报》2016年第1期，第11页。

挥公诉职能所面临的必然选择。”[1]

随着认罪认罚从宽制度的施行，检察机关的刑事诉讼主导地位开始从审前阶段扩展到审判阶段。“认罪认罚从宽制度下，检察机关的公诉裁量权得以进一步丰富和完善，公诉在刑事诉讼中的主导作用更为突出：主导认罪协商过程，主导决定多数案件，改变审判模式。”[2]周长军教授指出，适用简易程序、刑事案件速裁程序等“去庭审化”的程序分流，主要由作为“中枢神经系统”的检察机关来完成。[3] 某种程度上，认罪认罚从宽制度与以审判为中心的诉讼制度是一体两翼的关系。由于司法资源有限，将多数案件适用认罪认罚从宽制度快速处理所节约的司法资源，投入不认罪不认罚、适用正当程序——庭审实质化的少数刑事案件中。“以审判为中心”更多表现在被追诉人不认罪的案件上，而被追诉人认罪认罚的案件则因庭审虚质化，表面上体现不出更多“以审判为中心”的色彩，但本质上依旧是以审判为中心来发挥检察主导作用：“认罪认罚从宽制度，并没有改变刑事诉讼中的权力配置。”[4]“检察机关发挥主导作用的目的，就是为了使审判发挥好‘中心’的作用，使案件得到依法审判、公正审判。”[5]

诚然，“以审判为中心的诉讼制度改革”是十八届四中全会首次提出、中央司法机关共同具体意见，而“检察机关在认罪认罚从宽制度中发挥主导作用”只是检察系统提出，两者在效力层级上有所不同。但无论如何，“检察主导”概念的提出，对“审判中心”产生了一定冲击，也引起了刑事诉讼中“主导”与“中心”的话语争端与冲突疑问。虽然以审判为中心并非意味着以法院为中心、以法官为中心，但借此改革东风，法院、法官在以审判为中心诉讼制度中的地位大幅提升却是个不争事实。潜在层面上，检察机关曾经在立法过程中试图对认罪认罚从宽制度享有更大的主导权——据悉，立法过程中，检察机关在认罪认罚案件中的决定性地位“使法院诚惶诚恐”：他们担心能不能因为认罪认罚而作出不起诉的决定？对此，最高人民法院是坚决反对的，如果认罪认罚适用简易程序和特别程序，就会有百分之六十左右的案

[1] 北京市人民检察院编：《检察机关主导和主体作用例证指导》，中国检察出版社2018年版，第1页。

[2] 陈国庆：《刑事诉讼法修改与刑事检察工作的新发展》，载《国家检察官学院学报》2019年第1期，第26~27页。

[3] 参见周长军：《做优新时代刑事检察工作的路径探索》，载《人民检察》2019年第13期，第42页。

[4] 杨立新：《认罪认罚从宽制度理解与适用》，载《国家检察官学院学报》2019年第1期，第60页。

[5] 朱孝清：《认罪认罚从宽制度中的“主导”与“中心”》，载《检察日报》2019年6月5日，第3版。

件不经过审判,法院将会失去中心地位。"[1]检察机关对于审判中心的机制因应——检察主导,是否会反而影响甚至"冲击"审判中心?随着认罪认罚从宽制度的深入施行,以确定型量刑建议是否采纳为争论标志,检察主导与审判中心的话语冲突已经到了一个不得不调和的地步。

(二)"检察主导"与"审判中心"的交融之果

检察权与审判权的冲突现象并非鲜见,以曾经发生在某基层法检之间的逮捕刑罚要件认识分歧为例,便可窥见权力冲突之后的调和交融之道。2015 年,某区法院向区检察院发出《司法建议书》称,近期对容留他人吸毒案被告人不批准逮捕,导致判决后重新收监,涉毒案件社会危害性较大,无逮捕必要不捕既增加风险又浪费资源。区检察院详细列举了区法院去年多起容留他人吸毒案所判刑罚一般为"拘役 6 个月",不符合逮捕"可能判处有期徒刑以上刑罚"的法定要件,答复称正是以审判为中心,从少捕慎捕的角度出发,才调整了对该类案件审前阶段的强制措施适用,对不符合逮捕刑罚要件的案件依法相对不捕。最终,区检察院侦查监督部门与区法院刑事审判庭召开联席会议,双方明确对此类案件"6 个月"刑期不再选择"拘役"、改为"有期徒刑",逮捕刑罚要件"解决"后,本区容留他人吸毒案基本不再考虑逮捕必要性问题。[2]

由此可见,法检权力冲突的调和之道,应在具体问题中找到"共赢"的价值平衡点。笔者以为,应当通过求刑权与量刑权的平衡把握,以实现检察主导与审判中心在彼此尊重基础上的调和交融,共同促进认罪认罚从宽制度的蓬勃发展。

一方面,从审判中心的角度,法院应当认识到"确定型量刑建议与审判权并不实质冲突"[3]的基本逻辑,尤其是"在认罪认罚案件中,审判中心原则相对于检察主导作用而言,体现出一种备而不用的象征性意义",[4]"在案件

---

〔1〕 陈卫东:《2018 年刑事诉讼法修改的主要变动解读》,载陈卫东主编:《2018 刑事诉讼法修改条文理解与适用》,中国法制出版社 2019 年版,第 9 页。

〔2〕 参见闵丰锦:《以审判为中心背景下的逮捕之刑罚要件》,载《辽宁公安司法管理干部学院学报》2016 年第 3 期,第 33 页。

〔3〕 参见樊崇义:《关于认罪认罚中量刑建议的几个问题》,载《检察日报》2019 年 7 月 15 日,第 2 版。

〔4〕 即使是在认罪认罚的案件中,检察官对案件的主导或者称之为裁决处置权,仍然要接受法官的最终审核与认可,从而仍然体现了以审判为中心的基本原则,只不过法官的否决权只在法律明定的例外情形下方可行使,体现了一种备而不用的象征性意义。参见陈卫东:《刑诉中检察官主导地位:形成、发展与未来》,载《检察日报》2019 年 8 月 21 日,第 3 版。

事实和法律允许的范围内最大限度地尊重检察机关的量刑建议权,不宜轻易地认定量刑建议‘明显不当’,更不能不经量刑调整程序而直接作出判决",[1]亦要杜绝"赌气式"轻微不采纳量刑建议,[2]而应通过依法采纳或不采纳量刑建议的法定程序,同时加大释法说理与审判公开的双重力度,牢固树立司法正义的裁判底线。

另一方面,从检察主导的角度,检察机关应当认识到"法院对量刑具有最终裁判权,体现了以审判为中心的原则",[3]因此,在认罪认罚案件提出量刑建议时,应当参考本省尤其是本地法院的类案判决,综合运用"小包公"量刑软件等智慧检务手段,在量刑协商过程中充分听取被告人及其辩护人的意见,必要时提前征求和听取法院意见,加强对量刑建议精确化程度的把握,在充分尊重与遵循控辩审三方共同参与、法院依法作出的生效判决基础上,自觉将检察主导作用置于审判中心的诉讼制度框架之下。同时,也要在以审判为中心的诉讼制度中充分发挥以抗诉为核心的审判监督职能:"对量刑建议未被采纳,出现重罪轻判,轻罪重判,适用刑罚明显不当的,要依法抗诉,履行好审判监督职能;对不符合抗诉条件的,也要通过适当的工作途径及时将意见和建议反馈至审判机关。"[4]如河南省开封市祥符区的一件危险驾驶案,被告人一审庭审前出具悔过书,称"甘愿多交罚金来弥补我的罪责,希望能够对我宽大处理",主动缴纳9万元罚金,检察院抗诉认为罚金过高,当庭提供了一审法院自2017年10月至2018年6月共25份醉酒类危险驾驶案件的判决书,认定与同一时期危险驾驶罪同类判决相比,量刑不均衡、有失公正,二审法院支持抗诉,认为:"对罚金的判处还应综合考虑其犯罪情节、实际损害后果和原审法院同期同类案件对罚金数额判处的均衡性,故原判附加刑即罚金9万元量刑不当,改判为罚金5万元。"[5]

以C市法检系统对确定型量刑建议采纳分歧的调和途径为例,可见检察主导与审判中心的交融范本。在检察系统内部考核的要求下,C市基层检察院开始增加认罪认罚案件量刑建议的精确程度,逐渐引起了C市基层法

---

[1] 孙长永:《认罪认罚案件"量刑从宽"若干问题探讨》,载《法律适用》2019年第13期,第14页。

[2] 无论如何,"1个月主刑、1000元罚金刑、1个月缓刑考验期"都不应属于量刑建议的"明显不当",即使不当也不"明显",是"轻微不当",应当归结到量刑建议"一般应当采纳"的范围之内。

[3] 陈卫东主编:《2018刑事诉讼法修改条文理解与适用》,中国法制出版社2019年版,第221页。

[4] 曹坚:《瞄准三个维度打造量刑建议"刚性"》,载《检察日报》2019年6月10日,第3版。

[5] 参见河南省开封市中级人民法院(2018)豫02刑终209号刑事判决书。

院对“纯粹确认量刑建议”的普遍反感，试点之初量刑建议的采纳率不高，法院“故意”改判现象较为突出，基层法检之间协商无果，最终部分基层检察院以情况反映的方式内部层报至省级检察院，由省级检察院在全省统筹后，商情本省高级法院召开联席会议协调，以贯彻改革精神的名义，由本省高级人民法院将量刑建议采纳率纳入本省法院考核指标，内部规定“改变量刑建议，要逐案分析报上一级法院备查”，极大程度上解决了本省基层法院无实质意义的“故意”改判问题。此后，当个别案件中量刑建议存在轻微出入时，法官往往只是口头“指出问题，下次注意”，明显不当时法官也会提前沟通、提醒调整，基本不再刻意改变量刑，检察主导与审判中心踏入了彼此尊重的良性轨道。[1] 正如有重庆市检察院副检察长所言：“作为制度执行者、推进者的检察官群体，应全面深入领会改革要义，正确认识检察机关‘主导’与审判‘中心’的辩证统一关系，加强同法院的沟通协调、协同探索，扩大确定刑量刑建议适用范围，提升量刑建议精准度，将认罪认罚从宽制度价值实实在在体现在司法公正与司法效率的双赢上。”[2]

---

〔1〕 即便如此，C市仍然不能达到100%采纳量刑建议的程度。如在一件盗窃案中，C市N区法院对检察院“拘役四个月，缓刑六个月，并处罚金3000元”的量刑建议及适用速裁程序审理的建议，以简易程序审理后，判处“有期徒刑六个月，缓刑一年，并处罚金3000元”，经抗诉后，二审法院驳回抗诉，称法律并未规定检察院建议就必须适用速裁程序。但此种认识分歧现象越来越少，属于社会科学不同认识的合理范围。

〔2〕 李建超：《确定刑量刑建议的重庆实践》，载《检察日报》2019年7月29日，第3版。

刑事法律援助标准的改革

——从“门槛式”走向“阶梯式”*

邵　聪**

获得律师帮助的权利不应停留于纸面，而应该在制度保障下获得确切实现，这一观点逐渐得到学术界及官方的认同。2017 年 10 月 11 日，最高人民法院、司法部《关于开展刑事案件律师辩护全覆盖试点工作的办法》（以下简称《刑事辩护全覆盖试点办法》）的发布，标志着我国对于通过政府力量保障辩护权普遍实现的探索，已经正式展开。[1] 然而法律援助经费总是有限的，如何在资源有限的背景下实现援助数量的最大化，成为学界思考的重要问题。当下的主要应对思路为，对以前政府包办式的法律援助制度进行改革，强调社会和嫌疑人个人的参与，在给政府减负的同时扩大法律援助的范围。围绕这一思路，有学者提出改革法律援助主体，引入社会资金，扩充法律援助经费。[2]

---

* ［基金项目］本文系教育部 2015 年人文社会科学研究规划基金项目“刑事诉讼法实施问题与对策研究”（15YJA820003）的阶段性研究成果。

** 邵聪，苏州大学王健法学院讲师。

〔1〕 根据最高人民法院、司法部《关于开展刑事案件律师辩护全覆盖试点工作的办法》第 25 条、第 26 条的规定，这办法仅试行 1 年，而且是以试点省市自行选择全部或部分区域进行试点的方式展开，强制力度弱、覆盖范围窄、试行时间短，仍然是局部的实验。

〔2〕 参见谢澍：《刑事法律援助之社会向度——从“政府主导”转向“政府扶持”》，载《环球法律评论》2016 年第 2 期。

对该观点,笔者基本赞同,但本文从另一角度切入,认为应当改革刑事法律援助标准,通过将刑事法律援助标准从"门槛式"改为"阶梯式",实行多级别的嫌疑人与政府法律援助费用分摊制度,达到扩大法律援助覆盖范围的目的。

一、理想与现实:新的"全覆盖"理想与旧的"门槛式"标准

过去,辩护律师费用的支付,基本依靠被告家庭财产支撑,而非政府法律援助保障。1982 年《中华人民共和国宪法》第 125 条规定,"被告人有权获得辩护"。虽然被告人的辩护权很早就得到了国家根本性法律的认可,但一度主要依靠被告人自行争取,辩护律师的服务费用也主要依靠被告人自行承担。如果被告人家境困难,那么,除非其满足苛刻的法律援助标准,否则,将得不到律师的帮助。在国家财政极度紧张,有限的财力都被用来支持经济发展和维系政府运行的年代,作此选择也是不得已而为之。

如今,刑事辩护领域的"新理想"——依靠法律援助,实现刑事诉讼的辩护全覆盖,悄然开花结"果"。最高人民法院和司法部充当了司法改革的急先锋,在学术界还未对"刑事辩护全覆盖"进行广泛论证之际,率先出台了《刑事辩护全覆盖试点办法》,这标志着我国正式走向"国家保障辩护"阶段,即不仅承认被告人辩护权的存在,并且认为被告人得到律师辩护是实现司法正义的重要基础,国家有义务保障这项权利在的普遍实现。这种在人权保障领域进行的有益探索是必须要鼓励的,主要基于三个原因:首先,即使被告拥有超常的智商和极高的学历,如果他(她)是一个刑事法律上的门外汉的话,他(她)也需要律师在针对他的刑事诉讼中协助他,因为虽然他(她)可能是无罪的,但他(她)并不通晓如何证明自己无罪。事实上,即使是律师在卷入刑事诉讼时一般也会需要其他律师为自己辩护。刑事被告人对于辩护律师的需求是普遍的,自我辩护在刑事诉讼中面临精力不足、信息闭塞、专业不通等重重困难。其次,比照各国经验尤其是美国保障辩护权的发展历史,我国的经济社会发展和人权保障进步到一个时间节点——辩护权的普遍实现应当得到政府的保障不仅在理念上为社会所接受,在现实中也具有了实现的可能性。事实上,虽然美国宪法第六修正案很早就规定了"被告有权取得律师帮助为其辩护",但是政府保障被告人的辩护权却经历了很长的发展过程。首先,美国联邦最高法院在 1932 年确认了面临死刑指控的被

告人如果贫困的话,法庭应当为其指定辩护律师。[1] 其次,在20世纪60年代,美国联邦最高法院不断扩大为贫困被告人指定辩护的案件范围,逐渐加入重罪、轻罪、上诉案件、未成年人案件甚至一些非刑事程序案件。[2] 从经济发展水平来看,我国效仿美国20世纪60年代的做法,实现刑事法律援助范围的大幅扩张,是在经济条件许可范围内的。最后,我国的刑事辩护率尤其是委托辩护率一直较低,短时间内想要通过激励被告人多委托辩护律师来提高辩护率并不现实,只能是动用国家力量来试图提高刑事辩护率。

然而,新的刑事法律援助"全覆盖"理想大厦的入口处,依然横亘着旧的"门槛式"刑事法律援助标准——凡是跨进门槛的,均可获得免费法律服务,而未能跨进门槛的嫌疑人,必须自行承担全部辩护律师费用,否则将陷入无人辩护的困境。这一道"门槛",共有三个维度,分别是"刑罚严重"、"自辩不能"和"经济困难"。我国目前关于刑事法律援助标准的法律性文件,规定于2012年《刑事诉讼法》、2013年最高人民法院、最高人民检察院、公安部、司法部《关于印发〈关于刑事诉讼法律援助工作的规定〉的通知》以及2003年《法律援助条例》之中。这三份法律文件共同建构起了我国的"门槛式"刑事法律援助标准,笔者称其为"三个维度"和"两种层次":

所谓"三个维度",即"刑罚严重"、"自辩不能"和"经济困难"。"刑罚严重",是指嫌疑人可能被判处极其严重的刑罚,即无期徒刑或者死刑。可能判处的刑罚越重,嫌疑人个人的生命或自由就处于越大的风险之中,出现冤案的后果也更严重,自然越有必要给嫌疑人提供一个辩护律师,以保障他的权利,尤其是避免出现刑事冤案。"自辩不能",是指嫌疑人由于年幼或者认知、表达能力受损,没有自我辩护的能力,无法为自己提供最基本的辩护,在这种情况下,刑事诉讼"等腰三角形构造"的一角是缺失的,不仅程序正义无法实现,出现实体不公的可能性也大大增加,主要指嫌疑人是未成年人、盲聋哑人或者部分丧失认识能力和控制能力的精神病人。值得注意的是,我国刑事法律援助针对的是"自辩不能"之人,而非范围更大的"弱势群体",最明显的例子是仅将盲聋哑人纳入刑事法律援助的必然范围,而排除了其他高度残疾人群。"经济困难",指嫌疑人收入过低,无法依靠自己的力量支付

---

〔1〕 Powell v. Alabama, 287 U. S. 45(1932).

〔2〕 *State, County and Local Expenditures for Indigent Defense Services Fiscal Year* 2008,载美国律师协会网站,https://www.americanbar.org/content/dam/aba/administrative/legal_aid_indigent_defendants/ls_sclaid_def_expenditures_fy08.authcheckdam.pdf,2017年12月18日访问。

律师费用。经济困难的标准,由各省自行制定,一般参照各省低收入、最低工资标准或低保标准的一定倍数制定,分别有1倍、1.5倍或2倍等。目前已有20多个省份(自治区或直辖市)将经济困难标准定为低收入、最低工资标准或低保标准的2倍。[1]

所谓“两种层次”,即“硬性门槛(法定援助)”和“软性门槛(酌定援助)”两种。硬性门槛,即法定援助,是指根据规定嫌疑人无须自行申请法律援助,公检法机关有义务在其未委托辩护人时通知司法行政机关为其安排辩护人,[2]针对的是符合“刑罚严重”和“自辩不能”条件的嫌疑人。软性门槛,即酌定援助,是指嫌疑人仅是满足了“申请”刑事法律援助的条件,但申请后未必能得到官方机构的许可,针对的是符合“经济困难”条件的嫌疑人。从实证数据来看,我国刑事法律援助对象约70%属于法定援助,仅30%属于酌定援助,从侧面证明了要跨过软性门槛实际上并不容易。[3]

在实现辩护权主要“靠自己”的年代,“门槛式”的刑事法律援助标准是十分适合的,因为刑事法律援助的设置只针对这样一类比例极小的案件——如果辩护人缺位那么司法正义的实现将受到极其严重的影响,并且嫌疑人并没有或者无力聘请辩护人。既然针对的群体范围很小,而且是极端需要刑事法律援助的群体,那么自然没必要再进行烦琐的具体情况区分,直接进行全额援助即可。

如今,旧的理念较易更新迭代,新的成本却难由财政填补。《刑事辩护全覆盖试点办法》第2条规定,适用普通程序审理的一审、二审和再审案件,被告人没有委托辩护人的,法院应当通知法律援助机构指派律师为其辩护。我国当前适用普通程序审理的刑事案件约占总案件数量的20% ~30%。[4]

---

〔1〕《2016年全国法律援助工作概况》,载中国法律援助网,http://www.chinalegalaid.gov.cn/China_legalaid/content/2017-06/23/content_7216792.htm? node=40884,2017年11月22日访问。

〔2〕《最高人民法院、最高人民检察院、公安部、司法部关于印发〈关于刑事诉讼法律援助工作的规定〉的通知》第9条。

〔3〕顾永忠:《我国刑事法律援助的实施现状与对策建议——基于2013年〈刑事诉讼法〉施行以来的考察与思考》,载《法学杂志》2015年第4期。

〔4〕参见左卫民:《中国应当构建什么样的刑事法律援助制度》,载《中国法学》2013年第1期。上海市检察院相关课题组对基层检察院进行调研发现,简易程序和普通程序简化审案件所占比例已经超过70%,适用普通程序案件比例为30%左右。参见“刑事简易程序研究”课题组:《刑事简易程序扩大适用问题研究》,载《华东政法学院学报》2011年第3期。

从全国数据来看，我国刑事法律援助案件占总刑事案件数的比例大约为12%，[1]有学者统计出的2010年基层法院刑事法律援助比例为13.6%。[2]如果普通程序审理的刑事案件比例为25%，再加上1%的盲聋哑、部分丧失认识能力和控制能力的被告人以及4%的未成年被告人（法定援助被告人），那么，新的《刑事辩护全覆盖试点办法》规定下刑事法律援助案件占总案件比例就需要达到30%左右。这一比例是目前刑事法律援助比例的两倍还要多。此外，依照《刑事辩护全覆盖试点办法》的规定，适用简易、速裁程序审理的刑事案件，被告人没有委托辩护人的，人民法院需要通知值班律师为其辩护。更别提，进一步铺开的审前程序刑事法律援助支出。如此，刑事法律援助比例不但增长1倍以上，外加值班律师的费用，以及侦查和起诉阶段的法律援助费用，粗略估计起码要求我国当前的刑事法律援助经费增长两倍以上。而从我国法律援助经费的增长速度来看，基本是每年10%左右，突然要求增长200%，无疑严重超出了国家财政的可接受范围。

二、“门槛式”刑事法律援助标准面临的困境

（一）援助范围极其狭窄

过低的刑事案件辩护率（约为30%），长期以来制约了我国控辩平等和人权保障的进步。而前述情况出现的一个关键原因，在于我国刑事法律援助范围狭窄，前文已述，我国目前刑事法律援助案件占总案件数的比例约为12%左右。我国“门槛式”法律援助标准的一大特点，就是对进入门槛内的嫌疑人一律提供免费法律服务。这样做的好处是简单粗放、易于操作，这为获得援助资格的嫌疑人减小了经济上的压力。但最大的问题在于，当前我国法律援助经费总额有限，使其必须将“门槛”定得很高，以便将绝大多数嫌疑人挡在门槛之外。其实，即使法律援助经费总额有限，也可以通过构建“阶梯式”法律援助标准的方式，让“刑罚不那么严重”、“有部分自我辩护能力”和“贫穷但不够贫困”的那部分嫌疑人，通过自行承担不同比例的法律服务费用的方式，成为法律援助的对象，从而大幅提高法律援助的

---

〔1〕 2011年刑事法律援助案件为113,717件，全国刑事案件总数（一审、二审和再审）为947,706件，可以计算出法律援助案件比例为11.9%。从2012年开始，刑事法律援助开始计算侦查、起诉和审判三个阶段，也就是1个案件可以计算3次援助，法律援助案件总数占刑事案件总数的比例计算也失去了意义。

〔2〕 参见左卫民：《中国应当构建什么样的刑事法律援助制度》，载《中国法学》2013年第1期。

覆盖范围。

我国的法定援助对象,在刑事被告人中所占比例很小。首先,被告人是盲、聋、哑人或者是限制责任能力的精神病人,在刑事案件中的比例可能不到1%。其次,被判处死刑或者无期徒刑的被告人所占比例同样很低。根据《中国法律年鉴》公布的统计数据,实践中,判处5年有期徒刑以上刑罚的案件只占全部刑事案件的10%左右,那么,可能判处无期徒刑、死刑的案件预计3%都不到。[1] 最后,未成年人犯罪案件在全部刑事案件中所占的比例也不高,根据《中国法律年鉴》公布的统计数据,只占4%左右。[2] 而酌定援助的申请难度大,数量上大约仅占法律援助总数的30%左右。[3] 由此可见,我国刑事法律援助的范围是极其狭窄的。2012年《刑事诉讼法》虽然扩大了刑事法律援助的范围,将部分丧失辨认或控制能力的精神病人以及可能被判处无期徒刑的被告两类加入了法定援助的范围,但有学者发现,法律援助案件数量大幅增长主要是因为援助提前到了侦查阶段,计算方式改变(1个刑事法律援助案件最多可以被统计侦查、起诉和审判共计3次法律援助),实际援助的嫌疑人数量并无显著增长。[4]

表1　各国家(地区)刑事法律援助标准

国家(地区)	个人年收入标准(元)	其他标准
中国北京(2016)[5]	12,600	可能被判无期、死刑;未成年;盲聋哑;部分丧失认识能力或控制能力的精神病人

〔1〕 2013年、2014年、2015年,全国法院审理刑事案件被告人总人数分别为1,158,609人、1,184,562人和1,232,695人,判处5年以上有期徒刑至死刑的被告人数分别为125,015人、111,658人和115,464人,所占比例分别为10.8%、9.4%、9.4%。

〔2〕 2013年、2014年、2015年,全国法院审理刑事案件被告人总人数分别为1,158,609人、1,184,562人和1,232,695人,未成年被告人数分别为55,817人、50,415人和43,839人,所占比例分别为4.8%、4.3%、3.6%。

〔3〕 顾永忠:《我国刑事法律援助的实施现状与对策建议——基于2013年〈刑事诉讼法〉施行以来的考察与思考》,载《法学杂志》2015年第4期。

〔4〕 参见顾永忠:《我国刑事法律援助的实施现状与对策建议——基于2013年〈刑事诉讼法〉施行以来的考察与思考》,载《法学杂志》2015年第4期。该学者通过对29地刑事法律援助情况实证研究发现,虽然2013年刑事法律援助案件数量比2012年增长了59.6%,但主要是因为2013年1个案件同时统计侦查、起诉、审判3次援助,实际上案件总数中约有64%为审判阶段法律援助,从案件的横向覆盖面来说,仅增长了2.1%。

〔5〕 参见《北京市法律援助中心刑事法律援助申请须知》,载北京市法律援助中心官网,http://www.bjlegalaid.gov.cn/tabid/339/InfoID/11288/Default.aspx;《北京低保标准上调至月人均800元今年1月起实施》,载中国新闻网,http://www.chinanews.com/gn/2016/03-18/7802847.shtml,2017年12月3日访问。

续表

国家(地区)	个人年收入标准(元)	其他标准
美国纽约州(2016)[1]	196,611	不详
英国(2013)[2]	197,786	只要不在基层"治安法院"审判,都可获援助
荷兰(2012)[3]	193,913	不详
比利时(2012)[4]	111,301	不详
芬兰(2002)[5]	130,833	不详
瑞士(2007)[6]	不详	经诉讼部门劝说仍不聘请辩护人;私聘辩护人被解除委托或者拒绝委托,被告未在规定时间内聘请新辩护人;可能被处监禁4个月以上并且被告不具有必要辩护能力
法国(2002)[7]	103,545	不详

我国酌定援助所设定的"经济困难"标准,也是极为苛刻的。从国别比较的角度来看,无论是"经济困难标准"还是"其他标准",我国刑事法律援助都设置了很高的门槛。对比各国(仅统计2010年后有数据的国家)与我国(以北京市为代表)对于刑事法律援助年收入标准的要求,美国纽约州是我国的15.6倍,英国是我国的15.7倍,荷兰是我国的15.4倍,比利时是我国

[1] See 2016 New York State Office of Indigent Legal Services, *Criteria and Procedures for Determining Assigned Counsel Eligibility*, https://www.ils.ny.gov/files/Hurrell-Harring/Eligibility/Final%20Eligibility%20Standards/Eligibility%20Criteria%20and%20Procedures%20FINAL%20FULL%20April%204%202016.pdf,2017年12月3日访问。

[2] 参见英国 The Criminal Legal Aid (Financial Resources) Regulations 2013 第18条、The Criminal Legal Aid (General) Regulations 2013 第21条、英国政府网站:Work out who qualifies for criminal legal aid, https://www.gov.uk/guidance/work-out-who-qualifies-for-criminal-legal-aid; Legal Aid and How It Works, http://www.ppg-solicitors.co.uk/legal_aid.php,2017年12月3日访问。

[3] Bernard Hubeau, *Legal Aid in the Low Countries*, Intersentia Ltd. 2014, p. 38.

[4] Bernard Hubeau, *Legal Aid in the Low Countries*, Intersentia Ltd. 2014, p. 39.

[5] Richard Slovak, *Access to Justice in Central and Eastern Europe*, Columbia University Kht. 2003, p. 504.

[6] 《瑞士刑事诉讼法典》第132条,参见司法部法律援助中心编:《国(境)外法律援助法律法规汇编》,法律出版社2017年版,第404页。

[7] Richard Slovak, *Access to Justice in Central and Eastern Europe*, Columbia University Kht. 2003, p. 477.

的8.8倍,大部分都超出了15倍。如果以该国(地区)当年人均GDP除以刑事法律援助个人年收入标准,美国纽约州为2.2倍,英国为1.3倍,荷兰为1.6倍,比利时为2.5倍,芬兰为1.3倍,法国为1.5倍,[1]而我国北京市为9.1倍。[2] 如果说金额对比上的巨大差异还可以用我国经济不发达来解释的话,人均GDP与援助标准线比值的异常高企,则完全证明,即使是以我国的贫富标准来看,我国的刑事法律援助对于“经济困难”的要求也是极为苛刻的。从“其他标准”来看,我国刑事法律援助的范围同样狭窄。在英国,只要对被告人的审判不在最基层的“治安法庭”,被告人都可以获得刑事法律援助,而治安法庭一般只审判最轻的“违警罪”罪行。在瑞士,只要被告可能被判处4个月以上监禁刑并且法庭认为被告人自我辩护能力不足的,都会给被告指定辩护人。

狭窄的刑事法律援助范围,直接导致了刑事辩护率的低迷。有学者统计了日本的刑事辩护率,发现日本在20世纪90年代的刑事辩护率接近100%。这一接近“辩护全覆盖”的数据背后,有相当大部分是法律援助律师的功劳——日本地方法院61.7%的刑事案件都有国聘辩护人(法律援助律师)进行辩护。反观我国,刑事辩护率长期低迷,一般认为仅有25%~30%。[3] 背后,是法律援助律师的缺位,刑事辩护总案件数中仅有12%左右有法律援助律师的参与。着眼未来,“门槛式”法律援助标准覆盖范围窄的问题,恐怕不会随着经济水平的提高而自动解决。原因在于,不同于一般的实物商品会随着生产率提高而廉价化,法律服务由律师提供,其收费会随着经济水平的提高而水涨船高。无论是发展中国家还是发达国家,律师服务永远属于昂贵产品。

(二)中间群体受到忽视

“门槛式”的法律援助标准下,一刀切的不仅是获得援助的资格,还有获得援助的比例。既然只有一条标准线,也就不可能再对迈进门槛的嫌疑人进行援助比例的区分,而只能是全额提供援助经费。再结合我国当前相当有限的法律援助经费,我国只得把获得法律援助的“门槛”定得很高。这种情况下,产生了一大批被忽视的嫌疑人,他们就是所谓的“中间群体”。

---

[1] 参见IMF公布的各国历年人均GDP。

[2] 北京市2016年人均GDP为114,690元,参见《2016年北京各区GDP排行榜:北京各区人均GDP》,载中国产业信息网,http://www.chyxx.com/industry/201708/554699.html,2017年12月3日访问。

[3] 参见顾永忠编:《刑事法律援助的中国实践与国际视野》,北京大学出版社2013年版,第15页。

在我国“刑罚严重”、“自辩不能”和“经济困难”三个维度的门槛下，产生了三类被忽视的中间人群——分别是“重刑不到无期”、“低能但非无能”和“贫穷但不贫困”人群。第一类“重刑不到无期”，是指被告人可能被判处的刑罚在3年以上，已经进入了我国刑法传统上认定的重刑领域，其权利在刑事追诉过程中面临极大的风险，但是又不会被判处无期徒刑或者死刑，达不到我国法定的援助标准，从而被法律援助机构所忽视，在所有被告人中所占的比例估计有13%。[1] 第二类“低能但非无能”，指嫌疑人自我辩护能力低下，但并不属于法定的自辩能力缺失人群(未成年人、盲聋哑人或者部分丧失认识能力和控制能力的精神病人)，这类人主要指智商低下和学历过低的人群。如果说智商低于常人的嫌疑人所占比例还很小的话，文化水平属于文盲、小学或初中文化的嫌疑人可是大量存在的，大量没接受过九年制义务教育或者只接受过义务教务的被告人，在法庭上很难理解复杂的刑事诉讼程序和司法证明过程，为自己作出的辩护词在法官听来往往没有任何证明价值，很可能因此被错误定罪。第三类“贫穷但不贫困”的嫌疑人，他们在社会中属于一般意义上的穷人，并没有能力支付昂贵的律师费用，但是，在法律上却达不到法律援助所规定的“贫困标准”，最终失去了获得律师帮助的机会。由于我国规定只有净收入极其少的嫌疑人能够进入“法定贫困”的行列，因此，这一类嫌疑人才是大量存在的。以2016年的北京为例，只有年净收入低于12,600元的嫌疑人才有权申请法律援助，而该年度的市内企业年最低工资标准都达到了22,680元，也就是说除非嫌疑人无业，否则达不到“法定贫困”标准。

(三)绝对标准难以界定

如何找到一个绝对清晰的净收入分界线，分界线一边是完全无法负担刑事辩护律师费用的穷人，而差之毫厘，分界线另一边的嫌疑人则能够担负起刑事辩护律师的费用？同样，如何找到一条绝对的辩护能力分界线，分界线的一边是完全无法自我辩护的人，分界线的另一边就是真的有能力进行自我辩护的人？

---

〔1〕 2013年、2014年、2015年，全国法院审理刑事案件被告人总人数分别为1,158,609人、1,184,562人和1,232,695人，被判处3年以上有期徒刑至死刑的被告人人数分别为204,494、184,475人和189,384人，所占比例分别为17.6%、15.6%和15.4%，3年平均比例为16.2%。减去上文估计的该3年被判处无期徒刑和死刑被告人比例3%，最终估计被判处3年以上有期徒刑但不到无期徒刑和死刑的被告所占被告人总数比例，约为13.2%。

首先，就支付法律服务费用而言，区分有能力支付与无能力支付并无泾渭分明的界线。不同收入者对于律师服务的需求并不相同，最低收入者法律意识淡薄，对于律师服务的需求往往更弱，申请法律援助的比例更低；而收入稍高的嫌疑人文化水平相应较高，法律意识和维权意识更强，获得律师帮助的意愿也更强烈。有学者调研发现，享有最低生活保障待遇的人对法律援助的需求并不高，而真正需要法律援助的人往往经济困难但因不符合苛刻的经济困难标准而得不到援助。[1] 不仅对法律援助的需求无法用绝对的收入分界线衡量，真正的“经济困难程度”也无法用绝对的收入标准衡量。每个公民或者家庭要面临的支出情况不同，实际贫穷但并未达到“法定贫困”的个人或家庭，很有可能因为疾病、灾害以及家中多老幼等原因，而没有能力支付昂贵的律师费用。净收入与在法律服务方面的支付能力，并不能简单划等号，尤其是对于收入较低的公民而言。以北京市为例，可获得刑事法律援助的贫困标准线为年收入 12,600 元，但在当地昂贵的医疗体系下，小病动辄几千上万，一个年收入 15,000 元的被告，生一场病就可能负债累累，掏不出一分钱来聘请律师。

其次，自我辩护能力，同样无法划分出一条明晰的分界线。其一，日常生活中自我辩护能力超强的个人，在刑事诉讼中也会因为失去自由、精力不足、过度紧张等原因，自我辩护能力减损，这也是为什么尤其在美国，成为刑事被告的律师也会委托辩护律师，而不是自行辩护。其二，一般个人，在复杂的刑事诉讼法律、程序和证据面前，都是门外汉，并不具有足够的自我辩护能力。须知生活中的自我维护，和法庭上对于自身无罪的证明，其方法和程序完全不同，强行划一条线把大部分人归类为“自我辩护能力合格”并不科学。其三，即使我国目前采纳“自辩能力完整推定”，在这一推定的基础上区分出自我辩护能力不合格群体的范围，这种法定的自辩能力不合格群体的边界也处于紧张的变迁之中，并且是在不断扩张的。这一点，可以从法律法规对于自辩能力不足人群认定的历史变迁上体现出来，1996 年《刑事诉讼法》把自辩能力缺失因而需要“法定援助”的被告人确定为盲聋哑人和未成年人，2012 年《刑事诉讼法》加入了部分丧失认识能力或控制能力的精神病人，而 2013 年最高人民法院、最高人民检察院、公安部、司法部《关于印发〈关于刑事诉讼法律援助工作的规定〉的通知》又把一级或者二级智力残疾

〔1〕 参见郭婕：《论法律援助标准的建立与完善》，载《法治研究》2013 年第 4 期。

的嫌疑人加入了酌定法律援助的范围。可以预见的是,随着法律援助经费的增长和公民权利保护意识的加强,这个范围在将来会不断扩大,因为本来就没有绝对的分界线。

三、改革的新思路——“阶梯式”刑事法律援助标准

如果简单增加法律援助经费的方法不可行,能否换一种思路?即通过设计一种更科学、更精确的筛选标准,来代替原有的“门槛式”法律援助标准,以引进社会资金的方式弥补资金缺口?答案是肯定的。笔者认为,为了实现“刑事辩护全覆盖”的目标,构建一种“阶梯式”的刑事法律援助标准是合理的解决之道。

(一)“阶梯式”法律援助标准的含义

“阶梯式”刑事法律援助标准,是一种内部区分多个高低层级的法律援助标准,一般根据一种或多种指标,决定嫌疑人在获得法律援助的过程中需要自行承担多少比例的法律援助经费。如果说,“门槛式”法律援助标准就像跨门槛,跨过门槛的嫌疑人法律服务全免费,跨不过门槛的嫌疑人法律服务全自费。那么,“阶梯式”法律援助标准就像爬楼梯,嫌疑人根据自身的情况来翻越一层层阶梯,只爬上最低一层阶梯的嫌疑人需要自行承担大部分的法律援助费用,而爬上最高阶梯的嫌疑人则享有完全免费的法律援助服务。

根据笔者的设想,本着“最小改革成本”的原则,我国的“阶梯式”刑事法律援助标准不妨沿用原来“门槛式”刑事法律援助标准的三个维度来进行建构,即依据“刑罚严重”、“自辩不能”和“经济困难”建立三道阶梯,最后根据这三道阶梯的综合评估结果来决定嫌疑人需要自行承担的法律服务费用的比例。

(二)“阶梯式”法律援助标准的优势

阶梯式法律援助标准,最大的优势在于,能够在法律援助经费有限的情况下,实现援助范围的最大化。由于旧有的“门槛式”法律援助标准只能区分有资格或者无资格获得法律援助,因此,对获得法律援助的嫌疑人只能代为支付全额的法律服务费用,而阶梯式法律援助标准创设了数个层级,使对于经济条件稍好或者其他方面条件不太困难的嫌疑人,可以仅支付部分法律援助经费,其余由嫌疑人自行承担。这就相当于根据每个嫌疑人具体情况的不同,差异化地引入社会资金来解决法律援助经费的不足,是一种科学的“开源”过程。

阶梯式法律援助标准,更尊重嫌疑人的“意思自治”。根据笔者的设想,可以将需要法律援助的嫌疑人区分为“自动适用”和“申请适用”两种。对于未成年人、盲聋哑人、尚未完全丧失辨认或控制能力的精神病人和可能被判处无期徒刑、死刑的被告人,仍然按照当前的规定进行法律援助的“自动适用”,即公检法机关一旦发现的直接通知法律援助机构对其进行全额的法律援助。[1] 而有资格获得法律援助但需要自行承担部分费用的嫌疑人,需要“申请适用”,即需要自行向有关部门申请,获得批准后才享受法律援助。这种“申请适用”的优势在于,对于主观上没有获得律师帮助意愿的嫌疑人,不必浪费公共资源进行审核和援助,而对于那些确实希望获得律师帮助但又达不到前述“自动适用”法律援助标准的嫌疑人,则提供了一个可靠的机会。正如密尔所言,“对于一个人的福祉,本人是关切最深的……他人对于他的福祉的关怀……总是微薄而肤浅的……社会对于个人的关切总是部分的和间接的”。[2] 嫌疑人自身利益的最佳判断者,一般都是他自己,是否需要律师为其辩护,个中的利益衡量和感情抉择,不妨多交由嫌疑人自己去选择。

阶梯式法律援助标准,更有利于实现法律援助的“按需分配”。实践中,并非每个嫌疑人都对法律援助有需求。有学者在国内组织过免费的法律援助服务,发现农村区县未委托辩护律师的嫌疑人及其家属申请免费法律援助的人数过半,而在城市中心区这一比例不到五分之一。[3] 即使在全免费的法律援助服务面前,也有大量嫌疑人宁愿选择自行辩护。让条件不那么困难的嫌疑人承担部分法律援助费用,可以筛除大量对法律援助需求并不强烈的嫌疑人,只留下迫切需要法律援助的嫌疑人,将有限的法律援助经费用到真正需要法律服务的嫌疑人身上。

阶梯式法律援助标准,能够激励嫌疑人获取法律服务的意愿,切实提高我国的刑事辩护率。对于社会中的富人而言,牵涉进刑事诉讼之中,聘请律师为自己辩护是自然而然的事。但对于上文提及的“贫穷但不贫困”的嫌疑

---

〔1〕 2013 年最高人民法院、最高人民检察院、公安部、司法部《关于印发〈关于刑事诉讼法律援助工作的规定〉的通知》第 9 条规定,对于犯罪嫌疑人、被告人具有下列情形之一没有委托辩护人的,公安机关、人民检察院、人民法院应当自发现该情形之日起 3 日内,通知所在地同级司法行政机关所属法律援助机构指派律师为其提供辩护:(1)未成年人;(2)盲、聋、哑人;(3)尚未完全丧失辨认或者控制自己行为能力的精神病人;(4)可能被判处无期徒刑、死刑的人。

〔2〕 [英]约翰·密尔:《论自由》,许宝骙译,商务印书馆 2007 年版,第 91 页。

〔3〕 参见左卫民:《都会区刑事法律援助:关于试点的实证研究与改革建言》,载《法学评论》2014 年第 6 期,第 171 页。

人而言,并非如此。律师能否对刑事诉讼的最终结果和中间过程产生实质性的影响,他们心中没有确切把握,但需要支付的律师费用却是板上钉钉的,许多嫌疑人在考虑到收入微薄的情况下,放弃了聘请律师的想法。采用“阶梯式法律援助标准”,为这部分人支付一定比例的法律服务费用,嫌疑人容易在心理上产生“有便宜不占就是吃亏”的朴素想法,从而更有申请法律援助的积极性,由此也会推动刑事辩护率的提高。

更重要的是,阶梯式法律援助标准是一种更为科学的法律援助标准。前文已经提到,“刑罚严重”、“自辩不能”和“经济困难”三个维度的指标,本来就很难找到绝对的“一刀切式”分界线来区分“需要法律援助”和“不需要法律援助”两种状态。尤其是“经济困难”维度下,嫌疑人的收入与他支付法律服务费用的能力并非“对等关系”,而是一种“强相关关系”,收入稍高并不意味着个人的可支配收入一定更高,因此,门槛式法律援助标准将收入稍高但可支配收入更低的嫌疑人排除在法律援助的门槛之外,是十分不科学的。因此相比于“非有即无”的门槛式标准,“循序渐进”“逐步递减”的阶梯式标准更为科学。阶梯式法律援助标准,解决了在门槛式法律援助标准下,大量“中间人群”得不到法律援助的难题。

(三)“阶梯式”法律援助标准的域外经验

目前各国适用的“阶梯式”刑事法律援助标准,主要指“硬性阶梯式”法律援助标准,即法国、荷兰、比利时和芬兰模式。这种模式的特点在于以法律或者规章的形式明确规定嫌疑人收入与应承担的法律援助经费比例之间的对应关系,一旦确定了嫌疑人收入的多少,就可以确定其应承担的法律援助经费的比例,法官或者法律援助机构并没有裁量空间。表 2 是典型代表国家芬兰 2002 年针对法律援助的“阶梯式”门槛规定:[1]

表 2　芬兰 2002 年法律援助标准

单身人士月收入(元)	嫌疑人自费比例(%)	夫妻(每人)月收入(元)
5062	0	4283
6620	20	5062
7788	30	6230

〔1〕 Richard Slovak, *Access to Justice in Central and Eastern Europe*, Columbia University Kht. 2003, p. 504.

续表

单身人士月收入(元)	嫌疑人自费比例(%)	夫妻(每人)月收入(元)
9345	40	7788
10,124	55	8566
10,902	75	9345

从表2的数据来看,2002年的芬兰,如果是单身人士,只要其月收入不超过10,902元人民币,即可获得一定比例的法律援助;如果是由夫妻组成的家庭,则只要家庭收入不超过18,690元人民币,即可获得不同比例的法律援助;如果还另有抚(扶)养小孩或者老人的,每多1个受抚(扶)养个人,各法律援助比例的标准线上调1947元每月。

还有一种非典型的“阶梯式”法律援助标准,笔者称其为“弹性阶梯式”法律援助标准,主要适用于英国及北爱尔兰。英国对刑事法律援助的范围设置得十分宽松,基本可能被判处重刑的嫌疑人,都可以获得法律援助,但并不意味着都是免费的。英国《2013年刑事法律援助(刑事辩护费用回收令)规定》中明确指出,如果法庭在审判结束后审查被告人的经济状况发现有三种情况之一(现金超过3000英镑,或不动产价值超过100,000英镑,或个人年收入超过22,325英镑)的,法庭可以向被告收取最高全额的法律援助经费。如果被告未能提供资产信息,可能会被判处支付全部之前产生的法律援助费用。[1] 这种事后审查、回收法律援助费用的方式,法官拥有宽松的自由裁量权,可以决定被告人应回缴法律援助费用比例的大小,但实际上也是有一定规律可循的,因此,可称为“弹性阶梯式”法律援助标准。

四、“阶梯式”刑事法律援助标准的改革思路

(一)核心内容:架构梯级标准的三个维度

当前,我国决定是否给予嫌疑人刑事法律援助,主要基于三个方面的考虑,即“刑罚严重”、“自辩不能”和“经济困难”。基于最小化改革成本的考量,新的阶梯式法律援助标准同样可以从这三个维度展开:

---

〔1〕 参见英国The Criminal Legal Aid (Recovery of Defence Costs Orders) Regulations 2013第5、6、10、17条。

表 3　我国刑事法律援助阶梯式标准设想

嫌疑人自负比例（%）	可能判处刑罚	自我辩护能力低下	家庭年人均收入（以北京市为例，单位:元）
0	无期徒刑或死刑	盲聋哑人、未成年人、部分丧失辨认能力或控制能力的精神病人、智力残疾	12,600
50	10年以上有期徒刑	文盲或小学文化	12,600～25,200
75	3年以上有期徒刑	初中文化	25,200～37,800

根据笔者的设想，我国阶梯式法律援助标准下，原有的“酌定援助”事项将进入“法定援助”项下，亦即只要满足条件，嫌疑人都必然可以按照不同比例获得刑事法律援助，不再依赖有关部门的自由裁量，只是区分“自动适用”和“申请适用”而已。

我国刑法对于有期徒刑的量刑区间，有两个明显的分界线，即3年和10年。有学者统计，截至《刑法修正案（八）》，《刑法》451个罪名中有246个罪名规定有最高刑为3年以下（包括2年、1年以下），占所有罪名的54.5%，超过了半数，[1]而2015年全国法院判决刑事案件被告人生效判决中，判处3年以上有期徒刑至死刑的被告人仅占15.4%。[2] 从人数上来说，可能判处3年以上有期徒刑的被告绝对不到半数；从罪名数量上来看，最高刑罚超过3年有期徒刑的罪名不到半数；从学术界的传统观点来看，以3年有期徒刑为界限区分轻罪和重罪的观点得到众多支持。因此，以3年有期徒刑为一层阶梯来区分不同的援助比例，兼具实践意义和学理意义。另外，10年以上有期徒刑属于中短期有期徒刑与长期有期徒刑的分界线，一般仅适用于罪行比较严重，情节恶劣、人身危险性较大的罪犯，如危害国家安全罪、危害公共安全罪、侵犯公民人身权利、民主权利罪和贪污贿赂罪中如果存在数额特别巨大的、情节恶劣和社会危害性较大的。可能被判处10年以上有期徒刑的被告比例很小，而且人身自由处在极大的风险之中，为其提供半价的法律援助

〔1〕 郑丽萍：《轻罪重罪之法定界分》，载《中国法学》2013年第2期，第137页。

〔2〕 参见2015年中国法律年鉴，2015年全国法院审理刑事案件被告人判决生效情况统计表中生效判决总人数为1,232,695人，其中判处3年以上不满五年的被告73,920人，判处5年以上至死刑的被告115,464人，最后计算得出判处3年以上至死刑的被告所占比例不过15.4%。

并不为过。而可能判处无期徒刑或者死刑的嫌疑人,已经被当前刑事诉讼法纳入法律援助的范围,无需进行立法上的调整。

针对自我辩护能力为维度的阶梯,笔者在当前“自动适用”的援助人群中加入了“智力残疾”人群,这部分群体与盲聋哑人、未成年人、部分丧失辨认能力或控制能力的精神病人一样,对于社会一般事物的认知都有缺陷,要求其在刑事诉讼中进行自我辩护过于强人所难,不妨一同纳入公检法和法律援助机关需要主动识别和提供法律援助的群体范围内。由于这类被告在司法实践中同样比例极小,如此规定并不会明显增加援助成本。而对于学历不高的被告,同样需要提供刑事法律援助,因为学历的高低与被告对刑事程序的认识能力有很强的正相关关系。学历高的被告,典型如原南昌大学校长周文斌,法律知识丰富,表达论证清晰,逻辑条理严密,甚至在审判中能运用一些类似屈服点理论、高等数学概率论的理论等为自己辩护,表现出超高的自我辩护能力。[1] 反之,学历低的被告如实践中常见的文盲、小学和初中文化的被告人,所受教育极为有限,对于诉讼程序的认知能力低,表达能力差,有时只会翻来覆去强调自己是被冤枉的,即使是无罪的,也难以证明自己的清白。因此,不妨以学历为区分依据,为文盲和小学文化的嫌疑人提供50%自费的法律援助,而为初中文化的嫌疑人提供75%自费的法律援助。

而针对低收入嫌疑人的阶梯式分类,不妨沿用北京市做法,参照低收入家庭的认定标准执行,对于家庭年人均收入低于12,600元(北京市2016年的标准)的嫌疑人,仍然给予免费的法律援助。而对于家庭年人均收入等于或者高于12,600元,但低于25,200元的嫌疑人,给予50%自费的法律援助。对于家庭年人均收入等于或者高于25,200元,但低于37,800元的嫌疑人,给予75%自费的法律援助,即分别以低收入家庭认定标准的1倍、2倍和3倍设置三个阶梯,但要求所有以“经济困难”为由申请法律援助的嫌疑人必须自行证明自己的经济困难状况。在阶梯式的法律援助标准下,“经济贫困”的标准线从原有“低收入标准”的1倍上涨至3倍。但人均GDP与刑事法律援助个人年收入标准的比值,仍然还有3倍,与发达国家大约1.5倍的比值相比,条件并不宽松。

如果嫌疑人的个人情况表明,他同时满足“三个维度”标准中不止一个

---

〔1〕《律师解读周文斌案:无期改判12年背后发生了啥》,载腾讯新闻网,https://news.qq.com/a/20161221/038899.htm,2018年1月11日访问。

维度上的法律援助标准,则按照各维度上其需要承担的比例进行乘积计算,最终结果即为其需要承担的法律援助费用比例。比如,嫌疑人可能被判处3年以上10年以下有期徒刑、小学文化、个人年收入20,000元,那么其最终需要承担的法律援助费用比例为——75% ×50% ×50% =18.75% 。

(二)关键制度:明确援助申请的证明责任和虚报后果

实行阶梯式法律援助标准的关键,在于明确区分证明责任。第一类是无需嫌疑人自行证明,由公检法及法律援助部门主动识别和安排法律援助的人群。可能被判处无期徒刑或死刑、盲聋哑人、未成年人、部分丧失辨认能力或控制能力的精神病人以及智力残疾的嫌疑人,无需自行填写表格并提供证明材料,公检法机关一旦发现的,有义务在3日内委托法律援助机构为其提供法律援助。这种证明方式基本与当前规定一致,唯一的改动是加入了“智力残疾”人群。智力残疾的嫌疑人类似部分丧失辨认能力与控制能力的精神病人,往往在讯问和审判时候能发现明显的征兆,可以通过相应的鉴定进行鉴别,并且比例极小,由公检法和法律援助机构进行主动识别和安排援助,成本小且不麻烦。第二类是需要自行填写材料,提交证据以证明自身符合刑事法律援助条件的人群,包括所有以经济困难为由申请法律援助和其余需自行承担部分法律援助费用的嫌疑人。经济困难问题的证明,主要关于嫌疑人个人或者家庭的收入高低,官方很难证明嫌疑人到底是贫穷还是富裕,只有嫌疑人自己适合提交关于自己经济状况的条件。关于可能判处的刑罚,嫌疑人很少有能够了解自己涉嫌罪行与可能判处刑罚之间的关系的,因此需要检察官对嫌疑人进行此项信息的公开。为了节省程序成本,对于部分满足特殊条件的嫌疑人,可以免于证明而直接认定“经济困难”并给予法律援助。北京市规定,有五类对象可属此类,包括农村五保供养对象、领取最低生活保障金或者生活困难补助金的、在社会福利机构由政府供养的、重度残疾或者患有重大疾病且无固定生活来源的、人民法院给予司法救助的。[1] 美国纽约州规定任何正在接受或近期接受过任何公共援助(包括家庭援助、公共安全保障援助、营养补充援助、收入补充保障)的申请者以及6个月内接受过法律援助的申请人,都被视为法律援助的合格申请者,这

〔1〕 参见《北京市法律援助中心刑事法律援助申请须知》,载北京市法律援助中心官网,http://www.bjlegalaid.gov.cn/tabid/339/InfoID/11288/Default.aspx,2017年12月13日访问。

一规定可以借鉴。[1] 此外，如果审核机构发现嫌疑人拥有私家机动车辆、价值超过5000元人民币的可移动财产和股权、或第二套住房的，可以直接否决嫌疑人提出的法律援助申请。[2] 而关于教育程度问题，嫌疑人仅需要提供简单证明即可，可以由官方进行查证。

虚报收入和学历等材料，骗取国家法律援助经费，属于诈骗行为。骗取数额较大者，构成诈骗罪。我国《刑法》第266条规定，诈骗罪是指以非法占有为目的，用虚构事实或者隐瞒真相的方法，骗取数额较大的公私财物的行为。若嫌疑人故意编造申请材料，骗取国家法律援助经费以为己用，且数额较大，则完全符合诈骗罪的前述入罪要件，当以诈骗罪论处。但考虑到我国刑法适用较为谨慎，还可以在其他法律援助类法规、规章中规定，故意虚报申请材料，骗取法律援助资格的，可处罚金或15日内行政拘留，或两罚并处。骗取法律援助经费数额小，情节轻的，以行政处罚手段处理；骗取法律援助经费数额较大，情节严重的，以诈骗罪论处。

（三）保障机制：要求公检法承担信息披露和权利告知义务

新的“阶梯式”刑事法律援助标准下，需要公检法对嫌疑人及其家属进行可能量刑幅度的信息披露，即可能判处刑罚是否在3年以上或10年以上。除非进入起诉阶段，否则，嫌疑人及其家属常常弄不清楚嫌疑人具体涉及哪些罪名，即使了解了所涉罪名，也往往缺乏专业知识去了解这些罪名可能会判处多重的刑罚，更别说实践中还多有复杂的数罪并罚和共同犯罪问题。这就要求公检法机关办案人员及时向嫌疑人告知，其是否可能被判处3年以上或10年以上的有期徒刑。关于可能量刑幅度的信息披露可以采用表格形式进行书面通知，以确保留有程序性证据来证明公检法已经尽到信息披露的义务。信息披露无需进行详细的罪名列举和刑罚可能性分析，只需要给出简单的判断结果“可能判处3年以

---

〔1〕 See 2016 New York State Office of Indigent Legal Services, *Criteria and Procedures for Determining Assigned Counsel Eligibility*, https://www.ils.ny.gov/files/Hurrell-Harring/Eligibility/Final%20Eligibility%20Standards/Eligibility%20Criteria%20and%20Procedures%20FINAL%20FULL%20April%204%202016.pdf，2017年12月13日访问。

〔2〕 美国少数州规定，发现某些嫌疑人具备某些条件时，应当直接否决其法律援助申请。此类否决条件实例如下：亚利桑那州规定，发现申请人家中有财务价值超过自行聘请律师所需费用或者有机动车辆时；得克萨斯的科林郡规定，发现申请人拥有住宅所有权或者超过2500美元的财产（不包括家中唯一的机动车辆）时；佛罗里达州规定，发现申请人除拥有自居住宅和一辆价值不超过5000美元的财产外，还拥有超过2500美元的财产或者股权利益。See Brennan Center for Justice at New York University School of Law, *Eligible for justice: guidelines for appointing defense counsel*, https://www.brennancenter.org/sites/default/files/legacy/publications/Eligibility.Report.pdf，2017年12月3日访问。

下有期徒刑或其他更轻刑罚”、“可能判处3年以上10年以下有期徒刑”、“可能判处10年以上有期徒刑”或者“可能判处无期徒刑或死刑”即可。但是在此处，公检法机关工作人员有义务对量刑结果进行最悲观的预计并告知嫌疑人。

关于有权申请法律援助的权利告知，对于落实“阶梯式”法律援助标准是至关重要的，因为这种援助标准大部分情况下依赖嫌疑人主动提出法律援助申请，因此必须确保嫌疑人知晓其享有这项权利。权利告知的方式可以采用口头告知和书面告知相结合的方式，首先口头告知嫌疑人其享有获得律师帮助的权利，并且其在满足特定条件时可以申请法律援助；其次向其展示“阶梯式”法律援助标准的表格，由嫌疑人自行判断是否符合申请法律援助的条件。事实上，要求告知嫌疑人其享有申请法律援助的权利，在美国和欧盟国家已得到普遍认可。

美国在讯问犯罪嫌疑人前必须进行的权利告知，就是通过影视作品在全世界广为人知的“米兰达警告”(Miranda Warning)。[1] 米兰达警告的第三项内容，即包含“如果你付不起律师费，只要你愿意，在所有询问之前将免费为你提供一名律师”。欧盟近年公布了针对欧盟属国的“立法指导(directive)”，[2]要求“告知被羁押的犯罪嫌疑人，以口头以及书面的形式(通过“权利清单”的方式)，其享有的得到律师帮助的权利，得到免费的法律建议的权利，以及获取免费法律建议需满足的条件”。[3] 英国《1984年警察与刑事证据法执行细则C》规定：“羁押执行官必须……告诉已在警局被羁押或者面临羁押的人，其享有……在任何时候……根据第6条所享有的私下咨询律师的权利与获得免费的独立的法律建议的权利。”(第3条第3.1款)而第6条明确规定了律师在场权的内容，由此看来，英国应当是要求告知被羁押人其享有讯问时的律师在场权的。值得一提的是，口头通知尚不足够，英国还要求给被羁押人一张载有详细权利内容的书面通知(written notice)，以确保其知晓自身权利(第3条第3.2款)。[4]

---

〔1〕 *Miranda v. Arizona*, 384 U.S. 436(1966).

〔2〕 See Directive 2012/13/EU of the European Parliament and of the Council of 22 May 2012 on the right to information in criminal proceedings.

〔3〕 参见“Directive 2012/13/EU on the right to information”第3条和第4条。

〔4〕 参见《Police and Criminal Evidence Act1984 Codes of practice-Code C Detention, treatment and questioning of persons by police officers》，本文参考2014年最新修订版，载英国政府官网，https://www.gov.uk/government/uploads/system/uploads/attachment_data/file/364707/PaceCodeC2014.pdf，2018年1月13日访问。

"捕诉一体"与刑事检察改革

王敏远*

引　言

"捕诉一体"是检察系统近期对内设机构进行的一项改革。与其他的内设机构改革不同的是,这项改革引起了学术界和实务界的激烈争论。鉴于捕诉一体的改革不仅关涉检察机关内设机构的调整,而且与刑事检察工作以及刑事诉讼的相关程序与制度有密切关联,因此,对捕诉应否一体的原因等改革的关键问题,应当予以清晰界定;与此相关的理论问题也需要进一步探讨,尤其是捕诉一体在刑事检察工作中推行所需面对的问题,应予以妥善解决。我们需要从关于捕诉应否一体的探讨中,认识其对促进刑事检察工作的意义,以及对刑事司法发展的价值,以便通过讨论,推动相关问题的深入研究,使改革方案设定更加理性,促进检察工作的改革与刑事司法改革相协调,并使刑事检察的改革能够提升刑事司法的品质。

一、捕诉一体的争议点及其缘由

"捕诉一体"也称"捕诉合一",是指检察机关将其履

* 王敏远,浙江大学光华法学院教授。

行的批准逮捕的职能与公诉职能交由同一个检察官(或者检察官办案组)承担。捕诉一体是与捕诉分离相对的办案模式。虽然这是近来检察系统内设机构改革的一项内容,但"捕诉一体"或者分离,实践中的做法曾经有过数次变化,而且同一时期各地也有不同的做法,甚至不同类型的案件,捕诉是否一体也存在差异。[1] 对这个问题,学界曾经有过讨论,但影响有限。而自从2018年最高人民检察院主导的"捕诉一体"的改革方案提出后,"捕诉一体"引起了学界和实务界的广泛关注,并引发了赞成与异议者之间对相关问题的激烈争论。通过争论可以看到,"捕诉一体"的改革与司法体制、诉讼程序关系密切,且涉及的范围十分广泛。因此,透过"捕诉一体"的讨论深入研究这些问题,对于认识检察机关在新的时代背景中更好地履行其在刑事司法体制中的职责,具有重要意义。在此,我们首先梳理争议问题的焦点与意见分歧的缘由,这使我们之后的探讨可以在清晰的语境中进行。

(一)关于"捕诉一体"的争议焦点

在梳理关于"捕诉一体"的争议焦点之前,有必要对其中重要但并无异议的问题予以澄清。人们在这场争论中并无异议的重要问题主要有两个:一是"捕诉一体"的含义,二是"捕诉一体"对诉讼效率的积极意义。所谓"捕诉一体",是指检察机关负责审查批准逮捕工作与起诉工作的办案主体的合一。显然,这个含义表明,"捕诉一体"并不是批捕和起诉这两个办案环节的合一,更不是逮捕条件与起诉条件的合一。明确这一点,就可以将那些基于对"捕诉一体"的误解而进行的讨论,诸如将"捕诉一体"理解为批捕和起诉这两个工作环节的合一而进行的讨论,排除在我们的关注之外。至于"捕诉一体"对提高刑事检察工作的效率所发挥的积极作用,如因为负责批捕和起诉工作的检察官的合一,可以使这两项工作在检察机关内部更加协调,并有助于提升检察机关与侦查机关的工作效率、解决检察机关案多人少的问题等,迄今为止,未见争议。明确这一点,使我们在梳理争议的焦点时,可以撇

---

[1] 例如,即使在全国检察机关大多采用捕诉分离模式的那些年,未成年人刑事案件的办理,检察机关却已经采用了"捕诉一体"的模式。参见高旭红:《最高检:未检捕诉监防一体化办案模式符合未检工作规律》,载正义网,http://news.jcrb.com/jxsw/201505/t20150527_1510452.html,2019年5月3日访问。这种"捕诉一体"的模式有向涉及知识产权类刑事案件等专业性突出的案件蔓延的趋势。参见《2017年检察机关保护知识产权十大典型案例》,载《检察日报》2018年4月26日,第2版;《成立金融检察工作室"侦捕诉防"一体化办理》,载人民网,http://politics.people.com.cn/n1/2016/1206/c1001-28926819.html,2019年5月4日访问。虽然这些"捕诉一体"的含义与现在所进行的"捕诉一体"的改革,在内容上存在差异,但却有基本的共性。

开关于“捕诉一体”的并无争议的效率问题，以便专注于有关捕诉工作的效率与刑事诉讼公正的关系等这些存在争议的问题。

“捕诉一体”的争议焦点，即对此项改革的异议以及对异议的批判这两种意见争论的着眼点。虽然争论的具体内容很多，但焦点主要集中在三个方面：一是“捕诉一体”与刑事诉讼的基本原理的关系；二是“捕诉一体”对逮捕和起诉质量的影响，以及对刑事辩护的影响；三是“捕诉一体”对检察权的影响。梳理“捕诉一体”的争议焦点，既需要理清异议者的意见，也需要关注赞同者对异议的批判。

异议者认为，批准逮捕属于司法权，其重要特征是中立性；而提起公诉，则是代表国家追诉刑事被告人的刑事责任，因此，“捕诉一体”将司法权与追诉权交由同一主体行使，导致诉讼职能冲突与角色冲突，这与现代刑事诉讼的基本原理不合；由于逮捕有助于提高追诉成功率，因而追诉主体倾向于更多地采用逮捕措施，而“捕诉一体”将使其得到批准逮捕的权力，从而将导致提高逮捕率；并且，批准逮捕的主体与公诉主体的合一还会影响刑事辩护在诉讼的这两个阶段的实际作用；况且，我国的批准逮捕权由检察机关掌握，原本就已有“正当性”受到质疑的问题，而将批准逮捕主体与公诉主体合一，更加剧了其批准逮捕之权的正当性问题，因此，“捕诉一体”的模式应予以否定。〔1〕

而肯定者认为，我国宪法规定了批准逮捕和提起公诉这两项职责均由检察院承担，而刑事诉讼法并未规定批捕和起诉这两个职责应由检察院中的不同的检察官承担，因此，“捕诉一体”并不违反相关的法律；而由于其符合我国的实际，且对现阶段促进我国刑事检察工作，提升检察机关对侦查的监督力度和效果，降低逮捕率、提高起诉的质量，解决检察机关案多人少的矛盾，均有积极意义。为此，应肯定“捕诉一体”的改革。〔2〕

（二）意见分歧的缘由

关于“捕诉一体”的争议，具体情况当然超出上述内容。但对我们在此的探讨来说，重要的不是详尽概括其争议点，而是在厘清争议焦点的基础上进一步分析其争议的缘由，以便为之后的研究奠定基础。在我看来，其争议

---

〔1〕 这是对那些反对“捕诉一体”这项改革观点的简要概括。反对者的详细论述，参见祁彪：《百家争鸣：法学家眼中的“捕诉合一”》，载《民主与法制》2018年第36期。

〔2〕 参见祁彪：《百家争鸣：法学家眼中的“捕诉合一”》，载《民主与法制》2018年第36期。

的缘由主要集中在关于捕诉关系的观念、"捕诉一体"的结构功能以及不同捕诉关系所产生的实践效应三个层面。

捕诉关系的观念问题,关涉"捕诉一体"的正当性,这是个基础性问题。否定"捕诉一体"的观点认为,批准逮捕与公诉职能完全不同,因而主张不应由同一个主体承担。这种观念当然是有理由的。现代刑事诉讼强调逮捕应由行使司法权的人决定,这就是使羁押具有正当性的司法令状主义。为此,联合国《公民权利和政治权利国际公约》(以下简称人权公约)第9条第3款和第4款作出了专门的规定。[1] 而赞成"捕诉一体"改革的人则认为,审查批准逮捕与审查起诉,都具有司法(审查)性质,并无司法属性与行政属性之别。这两项审查活动,都在侦查过程中有把关作用,检察官在审查中的角色带有中立性,需要认真贯彻客观义务。检察机关在办理案件的不同诉讼环节,其角色也非一成不变:检察官行使侦查权之时,是警探角色;在审查批准逮捕和审查起诉过程中,则是法官角色;在法庭审判中出庭支持公诉,是控告者角色。因此,检察机关在审查批准逮捕和审查起诉过程中,与法官的作用并无二致。另外,审查起诉与审查批准逮捕一样,都具有司法权性质,难以清楚划分为批准逮捕就是司法权,而审查起诉就是行政权。[2] 这种认识也具有相应的观念和制度支持,尤其是在大陆法系传统的国家中。[3]

关于不同捕诉关系的结构功能,赞成与反对"捕诉一体"者的观点也截然不同。持反对意见者认为,"捕诉合一"制度侵蚀了审查逮捕检察官的中立性,影响检察机关的宪法定位。因为公诉权是行政权,而审查批捕权是司法权。将两者赋予同一检察官行使会使两种权力发生混同,导致审查批捕与公诉的同质化。其次,"捕诉合一"会削弱检察机关的内部制约,可能降低案件办理质量。审查批捕与公诉由两个部门行使,可以形成检察内部的制约;而这两个部门的"合一"会消减其内部制约关系,减少案件监督的程序,

---

〔1〕 该条第3款规定:任何因刑事指控被逮捕或拘禁的人,应被迅速带见审判官或其他经法律授权行使司法权力的官员,并有权在合理的时间内受审判或被释放。第4款则规定,任何因逮捕或拘禁被剥夺自由的人,有资格向法庭提起诉讼,以便法庭能不拖延地决定拘禁他是否合法以及如果拘禁不合法时命令予以释放。

〔2〕 参见张建伟:《"捕诉合一"的改革是一项危险的抉择?》,载《中国刑事法杂志》2018年第4期。

〔3〕 检察官在审查起诉与提起公诉后的角色差异,在现代刑事诉讼中普遍存在,大陆法系国家的检察官尤其突出。这源于"检察官会在提起一项指控前,审慎地评估获得定罪的可能性,但是他一旦做了起诉决定,检察官就扮演了指控者的角色,进而说服法官给被告定罪……"。参见[德]托马斯·魏根特:《换了名字的法官:比较视野下的检察官角色》,载[美]艾瑞克·卢拉、[英]玛丽安·韦德主编:《跨国视角下的检察官》,杨先德译,法律出版社2016年版,第362页。

从而可能增加冤假错案的概率。最后，作为公诉案件的控诉方，检察机关同时行使逮捕审查权和公诉权，一定意义上会压缩辩护空间和机会。[1] 而赞成“捕诉一体”者则认为，“捕诉合一”能提高效率，解决实际办案过程中“案多人少”的现实问题；并且，“捕诉合一”能够强化检察官对侦查过程的监督，方便其在证据收集和程序推进等方面引导侦查行为；同时，“捕诉合一”有利于律师辩护，保障人权。因为在“捕诉分离”的情况下，负责审查批捕和审查起诉的检察官往往不是同一个人，辩护律师可能需要说服两个人；而在“捕诉合一”的模式下，辩护律师只需要说服一人即可。最后，“捕诉合一”可以提高检察官的专业能力，因为承办检察官需要同时掌握审查批捕和审查起诉的专业知识。[2]

关于捕诉的不同关系会对刑事诉讼实践产生怎样的影响，这原本是一个事实问题，不应存在争议。然而，即使是对此问题，意见分歧也是十分明显。赞成“捕诉一体”的人以一些地方前几年实行“捕诉一体”模式后批捕率下降、起诉质量得到提升等情况为依据，陈述“捕诉一体”在实践中产生的积极效应；[3] 而反对“捕诉一体”的人则多以推论来说明，追诉者因为指控的需要而更容易倾向于采用羁押措施，因此，必将导致批捕率上升；并且，由于“捕诉一体”在审查起诉时因为不易自我否定，同一个检察官在批捕之后决定起诉就将难以避免，因而容易产生起诉质量下降的结果。[4]

这两种截然不同的意见，看着各有其理，且各有根据，但却均存在难以服人的问题。因此，我们需要另辟蹊径对此分析，来揭示问题究竟何在。

二、影响捕诉关系的相关因素

由上述可见，对“捕诉一体”的改革持赞成与异议者，几乎完全针锋相对，而不同的观点又似乎各有其理，且展现了“捕诉一体”的改革完全超出了检察机关内设机构变化的范围，而与我国的刑事司法体制、刑事诉讼制度存在密切的关联。为此，我们应当将探讨超越现有范围及其结论，使研究更加

[1] 参见祁彪：《百家争鸣：法学家眼中的“捕诉合一”》，载《民主与法制》2018年第36期。

[2] 参见叶青：《关于“捕诉合一”办案模式的理论反思与实践价值》，载《中国刑事法杂志》2018年第4期。

[3] 参见邓思清：《捕诉合一是中国司法体制下的合理选择》，载《检察日报》2018年6月6日，第3版。

[4] 参见祁彪：《百家争鸣：法学家眼中的“捕诉合一”》，载《民主与法制》2018年第36期。

具有现实针对性。我们不仅需要对这两种不同的观点进行解剖,并应进一步结合相关的现实情况,对"捕诉一体"的争议问题展开更加广泛而深入的研究。

(一)争议问题剖析

从人们关于"捕诉一体"的争论中可以看到,赞成与反对的意见虽然针锋相对,但并不在同一个"频道"上,却又存在暗合的地方。例如,关于"捕诉一体"的正当性问题,反对者所依据的是从司法原理上看,批准逮捕的应当是具有中立性的法官;从其正当性根据上讲,则应以联合国人权公约的规定为据。而对"捕诉一体"持赞成意见者则认为,我国的检察官本身就具有追诉犯罪的职能与批准逮捕、审查起诉的职能,即一身二任的身份由我国法律所确定,因此,"捕诉一体"的正当性毋庸置疑。然而,对赞成者和反对者的观点及其论证来说,存在必须面对但却共同回避了的问题,即对比联合国人权公约关于羁押应当经由法官审批方具有正当性的规定,在我国的检察机关批准逮捕的体制下,是否因为"捕诉一体"或者分离,性质就完全不同了呢?对赞成者来说,因为我国检察机关承担着具有行政权性质的追诉职责与具有司法权性质的审查批准逮捕、审查起诉职责,因而人权公约所要求的司法令状就不再是问题了?而反对者的观点则隐含这样的观点,只要捕诉分离,我国检察机关批准逮捕就可以符合司法令状的要求。由此,人权公约所要求的司法令状问题就将不复存在?显然,两种观点将是否符合人权公约所要求的司法令状问题,都转化成是否"捕诉一体"的问题,而对我国法律赋予检察机关批捕权与人权公约的"矛盾",却因此而被替换了。

实际上,人权公约所规定的司法令状,原本有两个关键点,即行使司法权的人通过司法程序审查刑事羁押。争议的双方因为未对此充分认识,而使"捕诉一体"的正当性问题的争议,使这两个节点被程度不同地忽略了。显然,"捕诉一体"的正当性问题的关键点在于,我国检察机关一身二任的身份可以满足司法令状所要求的正当性需要吗?如果能,那么,捕诉是否一体就不再是问题?如果不能,捕诉即使分离也解决不了问题。但遗憾的是,激烈争论的双方,都未正面应对这个问题。更重要的是,"捕诉一体"正当性问题的另一个关键点也被忽视了,而这与司法令状的重点究竟何在的问题密切相关。人们通常将司法令状的着眼点放在作出决定的法官的身份上,实际上,这是不够的,司法令状的重点还在于程序上,即批准或者决定逮捕不仅应当由行使司法权的人掌握,而且应当经过司法性质的程序。[1] 就此而言,争论的另一个关键点就应在于,"捕诉一体"与审查批准逮捕的程序,两者关系如何。或者说,"捕诉一体"是否会对审查批准逮捕程序的司法性质产生不利影响。就此而言,我们需要充分肯定我国检察机关这些年为解决批准逮捕的正当程序问题所做出的努力,[2]并在此基础上探讨,"捕诉一体"对这种努力会有怎样的影响。可是,对这个关键问题,对立的双方却并未充分展开讨论。

由于忽略了上述这两个关键点,就使双方在"捕诉一体"的正当性问题上的对立及其争议,因为并不在同一个频道上而显得无的放矢。

需要对争论深入分析的另一个重要问题是捕诉关系的结构功能。"捕诉一体"与捕诉分离作为两种不同的模式有何不同的结构功能,本应是个易于达成共识的问题。然而,令人奇怪的是,关于这个问题却也是泾渭分明,其中的缘由耐人寻味。例如,相对于捕诉分离的模式,"捕诉一体"对批捕和起诉质量的影响究竟如何?对这个问题,如果只是看对立双方的意见及其推论过程很难辨别其高下。持反对意见者基于逮捕法定条件低于起诉的法定条件,因而认为批捕之后的案件不起诉本应是正常的,而"捕诉一体"因为批捕与起诉主体的同一,而使批捕之后不起诉将导致自我否定;因为逮捕与起诉的同质化容易产生降低起诉质量的后果,或者将导致逮捕条件超过法定要求以至于产生与起诉条件相同的结果。而持赞同意见者则认为,正因为"捕诉一体"的模式,使批捕的检察官可以对侦查进行动态监督、指导其及时弥补可能产生或已经产生的收集证据和固定证据等方面的问题,更有利于使侦查终结移送起诉案件的质量得到保障;况且,"捕诉一体"并未导致批准逮捕和审查起诉这两个诉讼环节合一,因此,批捕环节并未取代审查起诉的程序,当然也就不会产生起诉质量下降的后果。

---

[1] 正是在这个意义上,笔者一直主张,满足人权公约关于司法令状的需要,重要的不仅是羁押应当经由法官或者行使司法权力的官员审批,而且,应当经过司法的程序进行审批。如果此说成立,我国目前所规定的法官决定逮捕,实际也不符合司法令状的要求,因为,我国的刑事诉讼法并未就法官决定逮捕设定相应的司法程序。参见王敏远:《论我国刑事诉讼中的司法审查——以侦查中的强制性措施的司法审查为例的分析》,载《贵州民族大学学报(哲学社会科学版)》2015 年第 1 期。

[2] 关于我国逮捕程序的程序改造(又被称为诉讼化改造)人们已多有讨论,参见闵春雷:《论审查逮捕程序的诉讼化》,载《法制与社会发展》2016 年第 3 期;陈国兴《对审查批捕进行诉讼化改造》,载《检察日报》2013 年 2 月 6 日,第 3 版。实践中也有很多有益的探索,参见陈卫东:《审查逮捕听证改革实践价值与理论基础》,载《检察日报》2019 年 4 月 15 日,第 3 版。

此外,关于“捕诉一体”对刑事辩护等相关问题的影响究竟如何,意见也完全对立。由此可见,“捕诉一体”的功能问题,也与“捕诉一体”的正当性问题一样,已经成为一个由立场决定观点、由观点确定论据的意义,从而导致争议的双方各说各话。这种各说各有理的状况显然很不正常。而澄清这个问题原本应该并不难,只要看看“捕诉一体”的实际效应,并以此对比捕诉分离的实践效应,结论就将一目了然。令人难解的是,关于“捕诉一体”和捕诉分离的实践效应,认识的分歧依然存在且十分显眼。

“捕诉一体”的实践效应,如果从2018年最高人民检察院推行“捕诉一体”改革开始算,至今所经历的时间太短,即使有效应也难以作为评估“捕诉一体”改革效应的足够充分的根据;然而,关于捕诉分离的实践效应的说法可能更可疑。〔1〕 例如,自20世纪末实行捕诉分离模式之后,逮捕率如同之前捕诉合一的情况基本相同,一直居高不下,且质量问题仍然难解。〔2〕 虽然随着2012年新修改的《刑事诉讼法》的实施,尤其是自十八届四中全会以来的司法改革,我国的逮捕率明显发生了变化,〔3〕但是,需要看到逮捕率下降与捕诉分离与否的模式几乎没有关系,而主要是由于其他相关条件发生了变化,例如,人们对逮捕功能的认识、关于羁押率的价值判断发生了转变;再如,《刑事诉讼法》所规定的逮捕条件、相关程序发生了变化,尤其是实际部门关于逮捕的考核指标发生了变化。〔4〕

通过上述分析可见,如果只是局限于捕诉关系的正当性、捕诉关系的结构功能以及不同捕诉关系模式的实践效应,那么,由于争议的双方均由赞成与反对的立场决定观点,并作为分析的根据,以至于双方的说理均难以服人。因此,我们需要超越这样的争论对此进行研究。

(二)新的司法体制和诉讼体制对捕诉关系的影响

笔者认为,无论是关于捕诉关系的正当性问题,还是关于捕诉关系的结

---

〔1〕 我国检察机关的捕诉分离开始于1999年。参见洪浩:《我国“捕诉合一”的模式及其限度》,载《中国刑事法杂志》2018年第4期。

〔2〕 居高不下的逮捕率以及逮捕质量问题,以及由此引起的刑事诉讼中的其他问题,一直受到学界和实务界的诟病。参见杜颖:《审查逮捕工作的现状及改进》,载《重庆交通大学学报(哲社版)》2014年第6期。

〔3〕 就笔者调研中获悉的情况来看,以往羁押率很高的广东和浙江等省,近两年来也有了很大的变化,批捕率已不足80%。

〔4〕 关于影响逮捕率因素的研究,参见马静华:《逮捕率变化的影响因素研究》,载《现代法学》2015第3期。

构功能问题,以及关于不同的捕诉关系的实践效应问题,赞成与反对“捕诉一体”的双方,尽管意见对立、争议激烈,但却并未触及到问题的关键。为此,我们需要将“捕诉一体”问题讨论,扩大范围并调整重点。

在我看来,相对于其他因素,我国新的司法体制以及检察工作面临的新局面,对捕诉关系由分离转向一体,具有更加直接的现实作用力。因此,应对此予以更多的关注与讨论。这里所说的新的司法体制,主要是指司法体制中员额制和司法责任制两个方面的新情况。

1. 员额制。检察机关的员额制,就是通过选拔的方式将检察院内部的人员分门别类,具体分为三个类别:检察员、助理检察员、检察行政人员。其中,只有入额的检察员才属于办案的检察官,其他两个类别的人员则属于检察工作的辅助人员。在此背景下,因为员额制使可以办案的检察官人数减少,检察机关案多人少的矛盾就更加突出,因此,同一个案件的批捕和起诉工作分别由两个员额检察官负责,对检察院来说显然已经难以承受。而检察机关面临更多的新任务,诸如更多的承担提起公益诉讼的任务等,使以往的检察工作主要偏向于刑事的局面需要调整,检察机关的内设机构为此进行的调整,这使捕诉分离更加难以维系,“捕诉一体”因此是必然的选择。

2. 新的司法责任制。完善司法责任制,旨在强调谁办案谁决定、谁决定谁负责,以促进办案人员的责任心,提高办案质量,这对“捕诉一体”的改革也有重要推动作用。由于批捕与起诉工作的质量问题对检察机关而言是个整体,因此,为了落实检察机关的司法责任制,并借此使案件质量在检察工作环节得到更有效的保障,就需要实行“捕诉一体”。

除了新的司法体制对“捕诉一体”的改革所具有的上述重要影响,新的诉讼体制对捕诉关系的调整也有重要的影响。这主要反映在两个方面。

一方面,由于职务犯罪等原来由检察机关直接侦查的刑事案件,大多交由国家监察部门调查处理,待其调查终结移送起诉,方才进入司法程序。这促使检察机关办理这类案件时需要采用“捕诉一体”的模式,以便能够适应与监察机关办案的衔接。根据《刑事诉讼法》第 170 条的规定,检察院审查监察机关移送起诉的案件,不仅需要审查起诉,同时,对监察机关已经留置的犯罪嫌疑人应当先行拘留,并应在 10 日内作出是否逮捕等强制措施的决定。显然,刑事诉讼法的这个要求,使检察机关必须实行“捕诉一体”。

另一方面,由于新的《刑事诉讼法》规定的认罪认罚从宽制度,使检察机关在认罪认罚从宽的案件中承担了更重的责任且面临一些新的情况,因此需要采用“捕诉一体”的模式适应这个新的制度。例如，根据《刑事诉讼法》第 81 条第 2 款的规定，检察机关在审查批准逮捕时，就需要掌握犯罪嫌疑人在此阶段是否认罪认罚的情况，以作为确定其可能发生社会危险性的重要参考因素。而此时案件尚处于侦查阶段，鉴于此时的认罪认罚情况需要与起诉阶段相协调，因此，“捕诉一体”可以使诉讼不同阶段中的认罪认罚从宽得以协调。

当然，无论是新的司法体制还是新的诉讼制度，只是表明了实行“捕诉一体”化的重要性与必要性，却并未由此而解决“捕诉一体”化的正当性。因此，“捕诉一体”的正当性问题，仍是个需要解决的问题。对此，需要另寻解决之道。

三、与“捕诉一体”相关的问题分析

如前所述，“捕诉一体”的正当性仍然是个有待解决的问题，但从人们以往的讨论情况来看，这个问题不易解决。我认为，或许需要超越捕诉关系才能解决其正当性的问题，即只有解决好与“捕诉一体”相关的问题，才能使“捕诉一体”的正当性问题得到相应的解决。鉴于“捕诉一体”的正当性问题主要集中在权利保障与职权制约这两个方面，我们试从这两个方面展开论述。

（一）“捕诉一体”与权利保障

“捕诉一体”虽然对诉讼效率的作用毋庸置疑，但其备受质疑的主要原因是对权利保障会有不利影响。赞成“捕诉一体”改革的人对这种质疑并不认同，且认为“捕诉一体”更有利于权利保障。然而，因为“捕诉一体”使辩护律师原本可以面对两个检察官（审查批捕的检察官和审查起诉的检察官），因而可以在诉讼的两个阶段面对两个不同的检察官分别陈述辩护意见，变成只能向同一个检察官在审查批捕和审查起诉两个阶段表达辩护意见，这两种不同的模式对辩护权的保障效果的影响，孰高孰低，难以判断。当然，对改革者来说，更应有责任证明其有利于保障权利，而不是与质疑的意见各说各话。

鉴于人们目前难以直接证明“捕诉一体”的模式对保障权利究竟是否超越了捕诉分离的模式，因此，我们需要换个思路以说明这个问题。例如，看看多年来采用“捕诉一体”模式办理未成年刑事案件的情况，或许会对此问题能产生新解。众所周知，在未成年人刑事诉讼案件中，检察机关采用“捕诉一体”的方式履行职责，由对办理未成年人刑事案件具有专业水准的同一个检察官统一负责批捕和起诉工作，被认为更有利于实现对未成年人权益的特殊保护和专业化办案的特别要求。最高人民检察院甚至为此专门作出规定：“在检察机关统一业务应用系统中按照捕、诉、监、防一体化模式，逐步完善设计独立的未成年人刑事检察业务流程、未成年人刑事检察文书和统计报表，建立以办案质量和帮教效果为核心，涵盖少捕慎诉、帮教挽救、落实特殊制度、开展犯罪预防等内容的未成年人刑事检察独立评价机制，引导和促进全国检察机关未成年人刑事检察工作科学、全面发展。”〔1〕因此，如果说更需要重视权利保障的未成年人刑事案件需要通过“捕诉一体”的模式办理，那么，这至少更能说明“捕诉一体”对权利保障确实有积极促进作用，至少对加强权利保障不至于形成阻碍。

当然，这并不能直接说明“捕诉一体”在保障权利方面就具有特殊的结构上的优势，因为，我们更需要看到，在未成年人刑事诉讼中，权利保障之所以取得了更好的效果，不仅由于采用了“捕诉一体”的模式，更因为检察机关和侦查机关、法院等不同部门密切协作，为此投入了更多的资源、付出了更多努力。由此，我们可以得到启发，为了促进权利保障，仅采用“捕诉一体”是不够的，还应当为此做更多的事情，有关各方应当进行更多的努力。例如，应当建立健全审查批准逮捕的“听证”程序，使被刑事追诉者的权利，尤其是刑事辩护权在此时能够得到更加充分的保护。此外，其他相关的诉讼主体，如辩护律师，也需要适应“捕诉一体”的模式，付出更多的努力，以便在新的模式中提高权利保障的效果。

（二）“捕诉一体”与权力制约

关于“捕诉一体”对权力制约的影响，毫无疑义，检察机关内部的监督会有所削弱。由于审查批捕和审查起诉系同一个人（或者同一个办案组），因此就缺失了在不同的诉讼环节由不同的检察官把关的内部监督环节。当然，这种内部监督环节的缺失的效应还有待检验，或许，并非如同想象中那么严重。毕竟，即使捕诉分离，因为这种分离只是检察机关内部的分离，且这两个部门由同一个检察长负责，其实际制约效果不仅有限并往往很可疑。

---

〔1〕 参见最高人民检察院2014年12月2日颁布的《关于进一步加强未成年人刑事检察工作的通知》第6条的规定。

然而,另一方面,还应当看到,因为“捕诉一体”的改革,撤销了专门履行侦查监督职能的机构与专门履行公诉职能的机构,将这两个机构合并,其结果虽然使公诉职能得到了强化,但却难免使侦查监督受到影响。

当然,“捕诉一体”使侦查监督职能受到影响的问题需要分析。就侦查过程的监督来说,很难确定这种影响一定就是不利影响,因为“捕诉一体”也有便利检察官对侦查的同步监督和动态监督的功能,其价值也不应否定。然而,原来属于侦查监督部门负责的立案监督,则肯定会受到不利影响。设想一下,“捕诉一体”模式中的检察官对手头经办的案件需要全力以赴,怎会有余力去过问那些并未进入侦查程序的立案问题?怎么履行其对应当立案而不立案的情况进行监督的法定职责?因此,可以断言,如果不采取特别的措施弥补“捕诉一体”对立案监督所带来的影响,检察机关履行这项职责的工作,必将导致严重削弱,甚至有使立案监督的法定职责被忽视的可能。而立案监督这项法定的职责,自 1996 年修改《刑事诉讼法》后,这些年来对促进侦查机关履行法定的侦查职能,促使其对应当立案而不立案的案件进行侦查,从而实现促进其侦破刑事案件、打击犯罪的目标,发挥了重要的积极作用。

实践表明,确实有大量的应当立案而未立案的刑事案件,因为没有立案而未进入侦查程序,当然也就不可能进入批捕程序,更未移送起诉,因此需要通过立案监督促进对这些刑事案件依法立案侦查。时任最高人民检察院检察长曹建明在 2018 年 3 月 9 日向全国人大就检察工作所做的报告中介绍,全国检察机关 5 年来通过立案监督督促侦查机关立案 9.8 万件、撤案 7.7 万件,追加逮捕 12.4 万人、追加起诉 14.8 万人……”[1]由此可见,立案监督在促进侦查机关准确、及时追诉犯罪中,发挥了极为重要的积极作用。我认为,刑事诉讼的最高境界应当是按照刑事程序法的要求办理刑事案件从而实现不枉不纵。显然,“无冤”只是刑事司法的最起码的要求,是现代刑事诉讼的底线,但却不是刑事诉讼的最高境界。不枉不纵作为最高目标虽然难以实现,但是,加强立案监督却有助于更接近这个目标。因此,立案监督只应加强,不应放松,更不能因为“捕诉一体”而放弃,这是我们在“捕诉一体”改革中应当妥善解决的问题。

---

〔1〕 参见曹建明检察长在 2018 年 3 月 9 日向全国人大就 5 年来的检察工作报告,载新华网,http://www.xinhuanet.com/politics/2018lh/2018－03/09/c_137027667.htm,2019 年 8 月 7 日访问。

余　论

关于“捕诉一体”的改革，需要研究的问题还有很多。例如，司法责任制虽然是催生“捕诉一体”改革的重要因素，然而，这对于解决目前存在的批准逮捕中的问题会产生怎样的影响，需要研究。众所周知，实践中逮捕条件的异化问题，即逮捕的实际条件不同于法定条件，并非个别现象，但这与捕诉模式关系不大，而主要与错捕的责任问题未能得到妥善解决密切相关。因此，以往审查批捕中出现的将逮捕条件拔高到与起诉条件相当的程度，问题的原因虽然不能简单归因于捕诉是否一体的模式，但是，“谁办案谁决定，谁决定谁负责”的司法责任制下，批捕之后不起诉的责任问题如何解决，则是“捕诉一体”改革中应当关注的问题。因为，在这种责任制的“压力”下，检察官更会倾向于拔高批捕的标准，以免承担因批捕后案件不能起诉所要承担的责任。因此，逮捕后不起诉的责任问题，尽管早就存在，但是，“捕诉一体”毕竟使之更加突出。

再如，“捕诉一体”的改革对检察官的客观公正义务有何影响，也是一个新的问题。1990 年联合国第八届预防犯罪和罪犯待遇大会通过的《关于检察官作用的准则》明确规定，检察官在履行其职责时应当遵循客观公正的原则，对检察官在刑事诉讼中的客观公正义务提出了诸多具体而明确的要求。对各国的检察官来说，承担客观公正义务确实不易。而对“捕诉一体”的改革来说，检察官的客观公正义务更将经受与捕诉分离模式有所不同的更加严峻的挑战，这应当引起重视并设法予以妥善解决。

诸如此类的问题还有不少，尤其是随着“捕诉一体”改革的推进，实践中还会产生难以预料的新问题。因此，我们不应因为“捕诉一体”的改革大局已定而放松对问题的研究。另一方面，以往批捕实践中有益的探索不应中断，所获得的经验应当注重总结和予以制度化。例如，审查逮捕程序的“司法化”改革，对于检察机关行使批捕权的客观性、正当性，具有十分重要的价值，需要不断推进。因此，这样的探索和经验总结，不能因为“捕诉一体”的改革而忽视，而应进一步加强。

现代司法精神与认罪认罚从宽制度的再省察

——基于检察机关内部认同为矢量的诠释*

杜宴林　谭　彧**

引　言

2014年10月，中共十八届四中全会通过了《中共中央关于全面推进依法治国若干重大问题的决定》，其中"优化司法职权配置"这一部分提出了"完善刑事诉讼中认罪认罚从宽制度"。这是我国首次提出完整意义上的"认罪认罚从宽"制度，并提出了实现案件繁简分流，提高司法效率、优化司法职权配置的总体要求，也就是"未来的刑事诉讼程序将区分为两大类型：一是被告人不认罪案件的诉讼程序，二是被告人认罪案件的诉讼程序。"〔1〕2016年9月3日，第十二届全国人大常委会第二十二次会议通过《关于授权最高人民法院、最高人民检察院在部

* 基金项目：本文系国家社科基金重大专项项目（17VHJ007）、国家社科基金重大项目（2015MZD042）、教育部人文社会科学研究专项项目（18JF210）的阶段性成果。

** 杜宴林，吉林大学理论法学研究中心/司法文明协同创新中心教授、博士生导师，研究方向：法理学、法哲学和司法学；谭彧：吉林大学法学理论博士研究生，专业方向：法学理论。感谢谭彧博士提供一手实务资料。

〔1〕 张相军、顾永忠、陈瑞华：《检察环节认罪认罚从宽制度的适用与程序完善》，载《人民检察》2016年第9期。

分地区开展刑事案件认罪认罚从宽制度试点工作的决定》授权最高人民法院、最高人民检察院在北京、天津、上海、重庆、沈阳等18个城市开展刑事案件认罪认罚从宽制度试点工作。这标志着认罪认罚从宽制度作为新一轮司法改革的核心举措正式走上历史的前台，也标志着提高司法效率、优化司法职权配置改革业已加速启动。

尽管如此，我们必须给予清晰的认识。事实上，正如学界所普遍认识到的：该试点办法主要是偏重程序法的价值倾向，并没有规定全面、具体、细致的实体从宽规则，[1]尤其是缺乏检察人员内部认同、内在驱动层面的实证考察，这显然不利于其实践运行。事实上，这也是近年来学界普遍呼吁现代法律德性转向及其中国意义的关键之所在。[2] 基于此，本文选取中级和基层检察机关进行发放调查问卷，对象包括承担公诉任务部门的人员，员额内检察官、检察辅助人员及其他未进行员额制改革的人员，力图准确把握：第一，试点地区原承担公诉任务的部门人员对认罪认罚从宽这一制度出台的看法；第二，认罪认罚从宽的内容可以拓宽的维度；第三，试点地区人员对于是否意愿适用更加简便的速决程序处理案件；第四，探讨检察机关职权配置扩充的现实可行性，并在此基础上反思、解构其不足，最终为认罪认罚从宽制度的运行提供一种基于内部认同、内在驱动的矢量状况的可供参考的模式，拓宽相关改革的思维和路径。道理很简单，“徒善不足以为政，徒法不足以自行”，激发和调动相关司法人员的认同和参与才是制度运行的根本。

一、我国认罪认罚从宽制度的基本定位分析与假设

关于认罪认罚从宽制度，从定位上讲，目前有两种截然不同的观点：一种观点认为，认罪认罚从宽制度最终落脚点在“从宽”，是我国既有自首、坦白、立功从宽形势政策的延续，因而完全可以视作是新时期宽严相济刑事政策的落实和对原有从宽制度的重述；另一种则认为，该制度是类似于英美法系的辩诉交易制度：控辩双方以相对平等的姿态进行协商，以从宽处理来换取被告人的认罪、认罚，从而快速实现定分止争，案结事了的目的。

显然，后者的理解更值得关注，因为它更加突出了现代司法参与即正义

---

〔1〕 参见左卫民：《认罪认罚何以从宽：误区与正解——反思效率优先的改革主张》，载《法学研究》2017年第3期。

〔2〕 参见杜宴林、胡烯：《现代法律德性转向及其中国启示》，载《法学》2018年第10期。

的精神,[1]即要求体现对被告人主体地位的尊重,认罪认罚从宽体现了被告人的主体地位,保障其人格权利;也符合现代协商性司法的发展潮流和方向:[2]强调控辩双方以相对平等的姿态进行协商,以从宽处理来换取被告人的认罪。这无疑也是其作为"优化司法职权配置"举措的初衷之所在。而且随着中国社会逐渐步入"诉讼社会",[3]各类诉讼案件急剧增加,认罪认罚从宽制度的出台,客观上也有利于案件的繁简分流,减轻法院的压力,解决日益突出的案多人少的矛盾。这表明,在目前现有的刑事诉讼规制下,"认罪认罚从宽制度的基本价值和功能在于为简易程序和速裁程序的适用提供正当化机制和动力机制,提高其适用率,从而在行动层面优化司法资源配置,就这一点而言,认罪认罚从宽制度服务于纾解案件压力的目标,这是它所具有的外在价值。"[4]也凸显了现代司法精神。

但是,众所周知,我国属于传统的纠问式大陆法系国家,刑事案件的最终决定权隶属于法院,现有的认罪认罚从宽制度的设计均是基于简化中间程序而出台的,案件最终的流向也指向了法院。"法官的角色是由制度塑造的,而不是一个具有永恒内核和固定界限的社会活动。法官作用的大小随着社会和时代的不同而变化。"[5]这使现代司法控、辩、裁三方诉讼构造无疑失衡,尤其是在监察体制改革的大背景下,检察机关的侦查职能已然退位,其主责已彻底回归到公诉环节,传统上检察机关对于法院有力的法律监督权力和地位,也因此流于形式:理论上的检察监督仍然还可能继续存在,但具体效果显然不会太好,其权力配置的科学性显然在实践上值得怀疑。

这一点我们可以从与认罪认罚从宽制度相类似的坦白从宽刑事政策可窥见一斑。坦白从宽,其本意是鼓励犯罪分子积极认罪以赢得轻判,同时也节约司法成本。但实际情况却是,由于认罪是侦查人员讯问时认罪,但裁决却是由法院作出,这一权力配置使得判决往往很难得到相当的从宽处罚,也就很难产生本来意义上的激励作用,所以,现实中不少人选择不坦白,甚至

---

[1] 参见杜宴林:《司法公正与同理心正义》,载《中国社会科学》2017年第6期。

[2] 参见马明亮:《协商性司法:一种新型的司法模式》,载陈兴良主编:《刑事法评论》第17卷,中国政法大学出版社2005年版。

[3] 张文显:《现代性和后现代性之间的中国司法——诉讼社会的中国法院》,载《现代法学》2014年第1期。

[4] 魏晓娜:《完善认罪认罚从宽制度:中国语境下的关键词展开》,载《法学研究》2016年第4期。

[5] [美]罗伯托·曼戈贝拉·昂格尔:《法律分析应当为何?》,李诚予译,中国政法大学出版社2007年版,第162页。

抗拒的侥幸心理:如果没有证据,最后只能放人,此即民间戏称的“坦白从宽,牢底坐穿;抗拒从严,回家过年”。这当然是一种应该予以拒斥的不正常现象,也说明我们在制定这项刑事政策时缺乏相关权力科学配置的考量:侦察和裁决的权力配置如何才能较好的科学、合理。这也就是说,权力的科学配置、优化和均衡并凸显现代司法精神才应是当下中国认罪认罚从宽制度出台的基本定位。[1] 基于同样的理由,我们的研究认为,有必要赋予检察机关相应的裁量权,是优化司法权配置凸显现代司法精神的可行之道,一方面,有效平衡法院目前过于集中的裁量权,促进权力配置的均衡化、科学化;另一方面,发挥认罪认罚从宽制度的内在驱动机制,适度节省诉讼资源和诉讼成本,促进司法资源的优化。

二、认罪认罚从宽制度运行的实证研究:数据来源与变量选择

2016 年 3 月,海南陵水法院对事实清楚、证据充分,被告人自愿认罪,适用法律无争议,依法可能判处 1 年半以下有期徒刑、拘役、管制或者缓刑的刑事案件,试点“认罪认罚从宽”制度。至此,认罪认罚从宽制度正式试点运行。此后,随着这一制度逐渐推广,各试点地区与非试点地区相继总结相关的数据与经验,并且陆续下发了相关的文件,让这一制度更加鲜活了,获得了广泛的关注。其通常的做法是,检察机关提出适用认罪认罚从宽制度建议,并与犯罪嫌疑人、被告人签订认罪认罚具结书后,检察机关再提出建议量刑幅度或是建议确定刑期,最终由法院决定是否适用认罪认罚从宽程序进行庭审。这样试点运行的机理表明,其主要目标是引向具体的程序量化和刑期如何减少上,因而毫不奇怪的是,有些地区甚至只把认罪认罚从宽制度限定在公诉环节,并制定了相关的各项规定。[2] 至于其制度内涵及局限、制度运行困境等方面的关注,即使有,也聊胜于无,尤其是主要承办案件的中、基层检察干警的立场和态度对制度运行可能带来困境的关注,则少之又少。这显然就是本文关注的焦点,毕竟“徒善不足以为政,徒法不足以自行”。

为此,笔者选取了深圳、广州、大连、沈阳等几个地区作为基础调研地

---

〔1〕 参见魏晓娜:《完善认罪认罚从宽制度:中国语境下的关键词展开》,载《法学研究》2016 年第 4 期。

〔2〕 例如,西安市在试点过程中,先后制定了《刑事案件认罪认罚从宽制度试点工作实施细则》《常见犯罪量刑建议指引》《社区矫正调查评估量化办法》等文件;黑龙江省齐齐哈尔市建立“1 + N”机制。

区,通过问道网针对以上地区的公诉部门人员发放电子问卷调查,通过匿名填写的方式由网络传回,保证了数据的真实性与填写的完整性。我们首先申明,这些数据仅表明检察人员对该制度的看法和观点,并不涉及认罪认罚办案数量及结果数据的情况。这些数据无疑能有效解释该制度的运行状况。我们优先运用课题组收集的数据,交代一下调查问卷体现出来的基本信息、问题结构与变量选择,如表1、表2所示。

表1　调查问卷所包含的基本信息描述

类 别	基本描述
问卷样本	通过问道网共回收调查问卷1034份
单位级别	地市级占比18.18%,区县级占比81.82%
性 别	男性占比40.91%,女性占比59.09%
年 龄	25~35岁占比72.73%,36~45岁占比27.27%
入额情况	入额人员与未入额人员各占50%
教育情况	大专或者以上法学专业占比95.45%,非法学专业占比4.55%

表2　调查问卷体现出来的变量选择与问题结构

问题类别	具体描述
检察人员的认知态度方面	对认罪认罚从宽持肯定或者是否定的观点
检察人员的认知内涵方面	具体包括对制度的理解、制度的内涵和外延方面的设计
检察人员的认知期待方面	具体包括制度的构建、建议以及展望

三、认罪认罚从宽制度运行的实证结果

众所周知,认罪认罚从宽制度的出台,实际上和本轮其他司法体制改革一样,也是顶层设计后从上而下的试点运行。这样的改革方法与策略的优势在于易于推开,但也存在明显的弊端,那就是一线也即中/基层实际承办案件的检察人员的态度与立场容易被忽略,从而影响制度运行的实效。按照法国学者让—马克·夸克的看法,这某种意义上也应当成为认罪认罚从宽制度正当性基础的重要来源和指标。[1] 本次调查问卷也反应出这个突出

[1] 参见[法]让-马克·夸克:《合法性与政治》,佟心平等译,中央编译出版社2002年版,第33~35页。

的问题。

（一）受访者对认罪认罚从宽制度的认识

从表 3 显示的调查数据可以看出，对于认罪认罚从宽这一制度，绝大多数的检察人员是了解的，仅有 9.09% 的人员选择了不了解，说明这一制度的推广和落地具有现实性，也容易得到检察人员的支持和应用。但有 13.64%

表 3　对认罪认罚从宽制度的认识

<table>
<tr><th>问题类别</th><th colspan="3">观点表述</th></tr>
<tr><td rowspan="2">是否了解认罪认罚从宽制度</td><td colspan="2">了解</td><td>不了解</td></tr>
<tr><td colspan="2">90.91%</td><td>9.09%</td></tr>
<tr><td rowspan="2">出台是否有现实意义</td><td colspan="2">有</td><td>没有</td></tr>
<tr><td colspan="2">86.36%</td><td>13.64%</td></tr>
<tr><td rowspan="2">与坦白从宽是否是同一制度</td><td colspan="2">基本一致</td><td>不是</td></tr>
<tr><td colspan="2">54.55%</td><td>45.45%</td></tr>
<tr><td rowspan="2">是否是解决纠纷的方式</td><td colspan="2">代表国家诉讼解决纠纷</td><td>与民事解决纠纷的方式没有本质区别</td></tr>
<tr><td colspan="2">72.73%</td><td>27.27%</td></tr>
<tr><td rowspan="2">检察机关的作用（多选）</td><td>提高诉讼效率</td><td>增加了认罪自愿性审查的负担</td><td>与坦白制度重合</td></tr>
<tr><td>63.64%</td><td>31.82%</td><td>27.27%</td></tr>
</table>

的受访者认为认罪认罚从宽制度的出台没有现实意义，主要原因是认为这一制度与坦白从宽制度很大程度重合，甚至高达 54.55% 的受访者认为其与坦白从宽制度基本一致；还有一个因素就是考虑到检察机关对认罪自愿性的审查又重新增加了新的负担，因而普遍对检察机关在这一制度的运行上究竟能起到多大的作用存在认识上的相反观点。

值得一提的是，这份数据中认为认罪认罚制度提高诉讼效率的百分比是 63.64%，对此我们必须予以正确认识。正如学界所认识到的，从根本上讲，任何诉讼程序的设立和完善首先应该是为了保障被追诉人认罪认罚具有自愿性和参与性，而程序效率提高只应该是一个附属追求的目标，因为这才符合现代司法的根本精神。认罪认罚制度概不例外：“程序的效率化并不应当是认罪认罚从宽制度的基本内核，而只是这一制度的附随效果，至多是一个从属性目标。”[1]不仅如此，如前所述，这一制度直接增加了检察机关对认罪自愿性审查的强度，并显然需要程序和时间双方面的保证，因而其对诉讼效率的提升显然不是看起来那样好。

这再次表明，凸显现代司法主体参与精神，优化司法资源配置才应当是认罪认罚从宽制度设置的第一要务，否则必然影响中/基层实际承办案件的检察人员的内部认同及其相应的内在驱动，也自然影响该制度的顺利运行。

为了进一步加深对此的理解，我们有必要正确认识围绕表3数据而衍生出来的几组相对应的概念：

1. 外部激励还是个人权利的觉醒？

有86.36%的受访者表示认罪认罚从宽制度的出台有现实意义，并且有54.55%的受访者表示这一制度与坦白从宽制度的设计基本一致。尽管如此，我们必须清醒认识到，两者并不等值，坦白从宽即只要如实供述所犯罪行即可得到法律层面的从轻处罚，这之中，有着明确的预期利益这一外部激励是其关键所在，这一点有点类似于西方的辩诉交易制度。但认罪认罚制度则并不完全具备这种预期利益的明确性：“在职权主义的影响下，有时从轻或从宽处理成了国家对被告人的一种‘恩惠’，被告人并没有讨价还价的余地，难以称之为‘协商’或是‘交易’。”[2]因而毫不奇怪的是，“在普通案件中，被告人认罪认罚后仍旧要接受法庭的全面审理，这与英美法系国家在辩诉交易中被告人能够获得的程序性利益的辩诉交易制度有着根本的不同”。[3] 如果这里有什么可称道的明确性，那只能说主体意愿的明确性，即主体自愿选择了认罪认罚这行为，至于说是否从宽，并不明确。

所以，认罪认罚从宽制度，从被告人层面来讲，也应该更多地体现保障被告人的合法权益，指向是人的主体性参与即正义这一现代司法精神：赋予被告人权利选择的前置条件，突出被告人的主体权利，包括被告人程序的选择权和对自身受何种程度的处罚的决定权，从而体现对被告人主体地位的尊重。当然鉴于刑事案件性质上的独特性，这种权利正如贝卡利亚所指出的那样——“为了不使刑罚成为某人或某些人对其他公民施加的暴行，从本质上来说，刑罚应该是公开的、及时的、必需的，在既定条件下尽量轻微的、

---

〔1〕 左卫民：《认罪认罚何以从宽：误区与正解》，载《法学研究》2017年第3期。

〔2〕 樊崇义、李思远：《认罪认罚从宽程序中的三个问题》，载《人民检察》2016年第8期。

〔3〕 樊崇义、李思远：《认罪认罚从宽程序中的三个问题》，载《人民检察》2016年第8期。

同犯罪相对称的并由法律规定的"[1]——应当是法定的权利,仅此而已。

2. 是程序细化还是优化司法职权对提高诉讼效率起了决定作用?

"迟来的正义非正义",这句古老的法律谚语往往作为追求法律效率的代名词。表中数据显示,63.64%的受访者认为认罪认罚从宽制度有效地起到了提高诉讼效率的作用。但也正如前文所述,实践操作中越来越把这一制度引向程序性细化的从轻幅度与量刑刑期的缩短上,而很少甚至没有考虑如何凸显现代司法精神、优化司法职权配置这一层面的问题。这显然是个问题。谁都承认,怎样合理分配司法职权,形成均衡的分工制约机制,确保司法权得以有序而顺畅的运转,直接关涉到公正的及时实现进而也影响到效率的提升——一种规则功利主义意义上的效率表达。[2] 基于此,认罪认罚从宽核心体现的只能是实体上的选择权、参与权,这其中精要在于司法权的优化配置的决定性意义和作用的期待和确认。

3. 减轻了侦查机关还是检察机关的举证责任?

关于这个问题,理论界和实务界一致认识是,认罪认罚案件中,在侦查环节适用的前提条件是犯罪嫌疑人认罪,其可以选择向侦查机关提供证据以降低对自己的处罚,但这并不是说侦查机关可以不搜集、调取证明案件事实的证据,它必须履行自己的相关职责。当然由于赋予认罪认罚的犯罪嫌疑人、被告人向侦查机关提供证据的权利,以换取降低对自己的处罚,可以减轻侦查机关的举证责任,进而也极大地提高了案件的审结率。

而就检察机关而言,刑事司法仍应当坚持"案件事实清楚、证据确实充分"的证明标准,但因为被告人认罪认罚,控方在证明被告人应受刑事制裁的过程中证明责任当然会发生相应的变化。但这一变化主要体现在减轻控方审查起诉、准备公诉活动、参与庭审举证、质证等方面的负担,但不意味着降低证明标准或者取消庭审程序。[3] 因而检察机关的举证责任并没有降低,控、辩、裁三方诉讼构造及其相应的参与权的现代司法精神得以维持。

事实上,这也是我国的认罪认罚从宽制度与西方辩诉交易制度的本质区别,也符合现阶段我国刑事诉讼法关于证明责任的规定,我国认罪认罚从

---

〔1〕[意]切萨雷·贝卡里亚:《论犯罪与刑罚》,黄风译,北京大学出版社2014年版,第47页。

〔2〕关于规则功利主义的阐释,请参见[英]约翰·穆勒:《功利主义》,唐钺译,商务印书馆1957年版。

〔3〕参见陈卫东:《认罪认罚从宽制度研究》,载《中国法学》2016年第2期。

宽制度仍然坚持了客观真实与法律真实的辩证统一。[1] 因而无论在什么诉讼阶段，司法机关都必须对基本事实进行"实质审查"。这显然不同于辩诉交易制度，而近似于德国认罪协商制度，又各具特色。[2]

4."花钱买刑"还是法定减刑？

认罪认罚中的认罚从字面理解有两层含义：一是对刑事处罚予以认可，二是愿意缴纳罚金。基于此，人们难免有这样的质疑，是否用缴纳罚金就可换取更低的刑罚？从表3的调查数据显示，72.73%的受访者表示认罪认罚代表的是国家诉讼解决纠纷的形式，而27.27%的受访者表示其与民事解决纠纷的方式没有本质区别，也就是说，认罚从宽这一制度不免被人质疑其花钱买刑，其个案的公平正义性自然令人质疑。这也从反证角度表明，必须优化职权配置，凸显现代司法参与即正义的精神，调动各方尤其是被该制度所一再忽视的检察人员的积极性，积极就认罪认罚从宽的标准、基础和原则达成基本共识，以确保认罪认罚从宽在原则框架下运行。个中道理就在于认罪认罚从宽制度，如前所述归根结底侧重于程序价值，"程序能够为人们反思正义提供一定的理论空间和理论进路，但依据何种标准、基础和原则来反思正义，程序却是无能为力的"，[3] 因而必须调动各方尤其是被忽视检察人员的参与积极性，对话协商，达成和确立最基本的操作标准和规则，也即某种程度上关于该制度实施的罗尔斯式重叠共识，[4] 而非简单的格雷式的权宜之计。[5]

5.突破还是符合刑法基本原则？

罪刑法定、适用刑法人人平等、罪责刑相适用三原则是我国刑法的基本原则，体现了现代司法对人的平等、尊严和价值等主体地位的确立和保障精神。认罪认罚从宽制度是否符合也如此？其一，罪刑法定原则。认罪的前提是有罪可认，对于侦查机关的侦查要求并没有放松，只是对于一些轻缓刑案件而言，由于犯罪嫌疑人认罪认罚，将认罪认罚减轻处罚作为其放弃正式

---

〔1〕 客观真实与法律真实相结合的具体解读，参见陈光中主编：《刑事诉讼法》，北京大学出版社2016年版，第173～175页。

〔2〕 参见陈光中：《认罪认罚从宽制度若干重要问题探讨》，载《法学》2016年第8期。

〔3〕 杜宴林：《司法公正与同理心正义》，载《中国社会科学》2017年第6期。

〔4〕 John Rawls, *The Idea of an Overlapping Consensus*, Oxford Journal of Legal Studies, 1987, 7(1), pp. 1－25.

〔5〕 参见［英］约翰·格雷：《自由主义的两张面孔》，顾爱彬、李瑞华译，江苏人民出版社2002年版，第5页。

审判的一种激励机制。这种激励机制在客观上也起到了程序上的案件分流作用,但罪刑法定原则本身仍然得以维持。其二,适用刑法人人平等原则。这种平等在司法过程的要求就是,法官根据具体案件情况和行为人的行为对社会危害的严重程度等情节做出符合内心的真实判断,并在法定刑的量刑幅度内宣告相应的刑罚,而不受任何人为的非法因素的干预。认罪认罚也不例外,它也是法定刑范围内依据社会危害程度做出相应的裁决。这表明,对于犯罪嫌疑人、被告人来说,认罪认罚从宽仍然体现了法律面前人人平等这一价值追求。其三,罪责刑相适应原则。这不仅要看犯罪的客观危害性,而且要结合行为人的主观恶性和人身危险性,审慎选择适用相应的刑罚。认罪认罚从宽也必然遵循这一原则,包括起诉是否合理以及必要,起诉如何裁量、量刑建议,等等,均体现了罪责刑相适应的原则。

除此之外,认罪认罚从宽制度也符合比例原则。“在现代法治国家,比例原则是公法的帝王条款。”〔1〕“在刑事诉讼中,对于部分认罪认罚的轻微案件,可相应做出罪处理,包括不立案、撤销案件、不起诉、附条件不起诉、宣判无罪等。这可视为是对比例原则的适用。〔2〕

总之,认罪认罚从宽通过犯罪嫌疑人、被告人对案件事实的认识,赋予其高度的主体性、参与性等现代司法精神,在充分权衡利弊和充分了解自身的选择后果后,认罪认罚,从而有利于简化诉讼程序,缩短诉讼进程,达到案件及时的处理。只有厘清以上认识上的问题,才能使一线检察人员认识到认罪认罚从宽制度是符合历史发展潮流和现代司法基本精神,从而放下顾虑,依法实施该制度。

(二)认罪认罚从宽制度的认知内涵范围

从表4中,我们可以清晰地看出从事一线办案的人员对认罪认罚从宽制度的内涵定位。

表4 认罪认罚从宽制度囊括的范围

	基本描述		
认罪的含义（多选）	对起诉事实的表态	对程序的选择	放弃公开审判权
	100%	72.73%	13.64%

〔1〕 陈新民:《德国公法学基础理论》(下),山东人民出版社2001年版,第389页。

〔2〕 熊秋红:《认罪认罚从宽的理论审视与制度完善》,载《法学》2016年第10期。

续表

<table>
<tr><td></td><td colspan="12">基本描述</td></tr>
<tr><td rowspan="2">认罚的含义（多选）</td><td colspan="6">对起诉的认可</td><td colspan="6">同意判处罚金</td></tr>
<tr><td colspan="6">100%</td><td colspan="6">72.73%</td></tr>
<tr><td rowspan="2">从宽的含义（多选）</td><td colspan="3">实体从轻</td><td colspan="3">程序从简</td><td colspan="3">降低指控</td><td colspan="3">减少罪名</td></tr>
<tr><td colspan="3">100%</td><td colspan="3">90.91%</td><td colspan="3">36.36%</td><td colspan="3">27.27%</td></tr>
<tr><td rowspan="2">适用阶段（多选）</td><td colspan="4">侦查阶段</td><td colspan="4">审查起诉阶段</td><td colspan="4">审判阶段</td></tr>
<tr><td colspan="4">45.45%</td><td colspan="4">81.82%</td><td colspan="4">81.82%</td></tr>
<tr><td rowspan="2">适用类型</td><td colspan="6">以刑法分则罪名划分</td><td colspan="6">以法定刑划分</td></tr>
<tr><td colspan="6">45.45%</td><td colspan="6">54.55%</td></tr>
</table>

从表4可知，对于这一制度的具体内涵方面，检察人员的理解还是比较宽泛的，不仅局限于现在试点地区对认罪认罚从宽制度的定位，而且在实践中有更深层次的理解，其中，认为认罪代表对起诉事实的表态占比100%，也就是说认罪应是指承认自己的罪行，包括刑事侦查、审查起诉和庭审程序中犯罪嫌疑人、被告人如实供述等行为，以及对侦查和审查起诉部门指控的犯罪事实予以接受或认可的行为。72.73%和13.64%的比例还选择认定认罪应包括对程序的选择和放弃公开审判权。而现在的试点地区的案例指导，并没有包括这两方面。这说明，实际调查问卷反映出来的问题是对于认罪的犯罪嫌疑人或者被告人，除了承认指控的犯罪事实外，也应包括对程序选择的权利这一现代司法精神，以换取更简便快速的审理和更加轻缓的刑期。

而就认罚的含义而言，占比100%的受访者认为该制度代表了对起诉的认可，占比72.73%同意判处罚金，前者表明，检察人员仍旧是站在裁决方的角度看问题的，认为被告人对于认罪认罚应采取的态度是认可，就是指对定罪量刑没有争议。后者则进一步表明，检察人员认为认罚不仅包括主刑认罚，甚至包括传统意义上属于附加刑的罚金也可作为核心刑罚措施，当然这种认罚如前所述，需要弘扬现代司法各方参与、协商共识的精神，确立基本标准，以避免行“化钱买刑”之实，而且这种认罚目的从本体论上讲仍然仅在于:“阻止罪犯再重新侵害公民,并规诫其他人不要重蹈覆辙。”[1]

而就从宽这一项而言,理论上大多认为应当包括实体和程序两个方面,“‘从宽’,应该理解为兼具实体性和程序性”。[2] 这种观点从以上的调查数据中得以证实。数据显示:实体从轻占比100%,程序从简占比90.91%。此外,还有两项数据值得注意:降低指控占比36.36%,减少罪名占比27.27%。这两个比例显示出其与从宽中的实体从轻和程序从简的表象具有相当大的差距,检察人员只是试图一种更加简便程序进行操作。

这表明,这两者是否可以作为量刑情节,和在行刑阶段宣告执行缓刑或是较少刑罚的执行,如减刑、假释、社区矫正等是否属于同一位阶,显然不能武断视之,值得进一步探讨;这两项内容同时还说明了在具体的操作中,受访者有意把认罪认罚从宽制度向国外的辩诉交易制度借鉴内容的尝试,虽然如前所述,当前我国的认罪认罚从宽制度并没有这方面的内容。至于具体适用方面,数据显示,包括两方面的内容,一是具体的适用阶段,二是适用的案件类型。侦查阶段适用占比45.45%,审查起诉阶段适用占比81.82%,审判阶段适用占比81.82%。在适用案件类型方面,认为应以刑法分则罪名划分占比45.45%,应以法定性划分占比54.55%。

值得注意的是,数据还显示,认罪认罚从宽这一制度是否贯穿于刑事诉讼的全过程是有一定争议的,在侦查阶段适用这个选项占比45.45%,但实际试点单位的运行中并没有体现出这方面的数据。

上述研究表明,以职权配置优化和现代司法的主动性和参与性精神为视角进行认真审视,其基本结论是,检察人员更愿意尝试一种更加宽泛的认罪认罚从宽制度。

(三)对认罪认罚从宽制度外在程序价值的新期待

表5　对程序价值的表态

	基本描述	
是否提高诉讼效率	大幅提高	作用不大
	59.09%	40.91%

[1] [意]切萨雷·贝卡利亚:《论犯罪与刑罚》,黄风译,北京大学出版社2014年版,第42页。

[2] 陈卫东:《认罪认罚从宽制度研究》,载《中国法学》2016年第2期。

续表

	基本描述	
建立更加快速简便的速决程序	有必要	没有必要
	81.82%	18.18%
建立更加快速简便的速决程序的原因（问答形式）	诉讼过程烦琐 54.55%	
	法庭开庭形式化 63.64%	
	法院案多人少 45.45%	
	轻型化案件没有必要浪费诉讼资源 27.27%	

从表 5 可以看出，现有的认罪认罚从宽制度虽然在一定程度上简化了诉讼程序，但是没有从根本上解决轻刑案件与重刑案件的分流，在程序上仍旧混合在一起，不利于这项制度的进一步拓宽适用。尽管如表 3 所示，有 63.64% 的受访检察人员认为提高了诉讼效率，但其中 59.09% 的受访者认为大幅度提高了诉讼效率，有 40.91% 的受访者认为其对诉讼效率的提高有作用，但作用不大，这一方面说明制度建构本身不足以体现优化资源配置及其相应的现代司法精神，另一方面体现出了现今检察人员对提高办案效率的迫切愿望。

个中道理也不难理解。自新一轮的司法体制改革以来，检察机关面临员额制改革、司法责任制改革、职务犯罪侦查权转隶、自身宪法地位的确立、检察职能的扩展等的多重考验。职务犯罪侦查权的转隶对检察机关法律监督机关的宪法自身定位带来一定冲击，迫使检察机关寻求更多更广泛的职能扩展。从各地的实践状况来看，未成年检察职能、民事行政检察职能、公益诉讼职能和认罪认罚从宽职能变成了检察机关扩充的新职能增长点。从上表中可以看出，一线检察业务人员对于目前运行当中的认罪认罚从宽制度存在更高的要求、期待能有更进一步的提高诉讼效率的方法，而不仅是“隔靴搔痒”的以更加烦琐的形式来简化庭审程序。

那么，能否结合检察机关自身的职能定位，对认罪认罚从宽制度作出维度上的扩展，建立更加快速简便的速决程序，把轻型化案件在检察机关予以终结，这显然值得期待，但前提必须是坚守现代司法精神、优化职权配置为核心要义。

四、结论及其延伸性解读

经过上面的分析，我们无疑可得出如下实然性认识，而这些认识对于进一步完善该制度,无疑具有指向性意义。

(一)基本结论

1. 检察人员对认罪认罚从宽制度持相对持重和守成态度。这主要体现为,受访者认识到该制度设计的着重点在于:凸显现代司法主动性、参与性精神、优化司法资源配置、提高诉讼效率、实现案件的繁简分流这一大方向上。但是,对于制度本身的运行方面,则体现出要求正式裁量权的角色定位需求。的确,从现代司法精神来看,检察机关作为刑事法律的执行者和承接者,在法律上应当赋予其相应的裁量权。作为一种优化司法资源配置的制度设置,认罪认罚从宽制度也不例外。同时,因为没有统一成型的共识性制度方案可供参考适用,并且认罪认罚从宽制度与相关从宽的法律制度之间存在制度架构上的重合,这对于认罪认罚从宽制度的适用造成了障碍,两方面叠加使检察机关对该制度的运行还是相对持重和守成。

2. 以职权配置优化和现代司法主动性、参与性精神予以认真审视,检察人员更愿意尝试一种更加宽泛的认罪认罚从宽制度,这也解释了该制度运行困境的成因和在我们看来可能完善的出路。我们可以对照另一项检察机关参与程度较高的制度——不起诉制度,就可窥知一二。众所周知,不起诉制度是我国刑事诉讼中一种审前分流程序,它对于保障人权,优化职权配置,节约司法资源,实现诉讼经济的原则起到了重要作用,而同样秉承类似优化职权配置以及相应的现代司法精神的认罪认罚从宽制度,完全可以借鉴不起诉制度的程序规范,实体上以认罪和控辩协商为基础,构建新的审前分流机制。[1] 一方面,关于量刑从宽的问题,目前的基本现状是,"《试点办法》对从宽幅度不作任何规定,而是以量刑指导纲要的特别细化规则(试点地区的实施细则)为基本,规范实体从宽的具体事项,将其作为办理案件所适用的最直接的、具有事实约束力的依据"。[2] 例如,2017 年,杭州市中级人民法院发布《刑事案件认罪认罚从宽制度试点工作量刑指引》,明确了认罪认罚案件中"从宽"的幅度:案件具体情况不同,可以从宽处罚的比例也不同,根据量刑指引,最高可依法减少基准刑的 30%,并且规定,越早认罪认罚,越可能得到更大的从宽处罚幅度。

---

〔1〕 参见冯喜恒:《刑事处罚令程序中的量刑协商——德国的实践及其对我国设立认罪认罚从宽制度的启示》,载《浙江理工大学学报(社会科学版)》2016 年第 2 期。

〔2〕 黄京平:《认罪认罚从宽制度的若干实体法问题》,载《中国法学》2017 年第 5 期。

这种从宽处罚的细化有利于具体办案人员的实际操作。道理很简单，细化从宽幅度的规则过程，某种意义上就是拓展制度资源的过程。[1] 但认罪认罚这一制度则被圈定在了量刑从轻这一范围之内，只要进入到检察机关的案件，如果犯罪嫌疑人、被告人认罪认罚，就均可以适用认罪认罚，量刑从轻、从宽处罚机制，但如前文所述，没有更进一步体现出这一改革中弘扬现代司法精神、优化司法资源配置、调整诉讼结构这一初衷，需要加以改变。

另一方面，与对待认罪认罚从宽制度持守成和持重态度一样，检察机关对于同样适用“从宽”的不起诉制度也是“审慎乃至保守地适用不起诉制度”。[2] 从不少试点城市的反馈来看，检察机关内部对可能适用不起诉制度的案件把关相当谨慎，一般不会轻易作出不起诉决定，往往是由较高级别领导批准决定。学界普遍认为，在当前不起诉权力的分配方面仍然由较高级别领导批准的情况下，我国已经形成了刑事简易程序、刑事案件速裁程序、刑事和解程序、刑事普通程序在内的多层次、多元化的刑事诉讼程序体系，但检察机关也还应当抓紧构建与多层次、多元化诉讼程序体系相适应的公诉模式。[3] 这一点无疑也应适用于与之极其相似的认罪认罚从宽制度。也就是说，应当区分检察机关有权对案件进行裁量的案件和进入到法院下一步诉讼程序的案件，分门别类进行针对性处理，以优化司法资源配置、调整诉讼结构。对此，北京海淀区经过试点调研已进行了有益的尝试，认为：“司法资源配置单一的问题，需要通过丰富刑事诉讼流程模式选择加以解决。构建普通程序、简易程序、速裁程序等相配套的多层次刑事诉讼制度体系，已成理论界和实务届的共识。”[4] 基于同样的理由，我们认为，还有必要根据检察机关是否有权对案件进行裁量划分为两类，包括程序上的裁量和实体上的裁量，使刑事案件从实体上和程序上两个方面化繁为简。也就是说：“变原有的‘审判分流’为‘起点分流’，走出单纯地缩短审理周期、扩大程序适用范围或新增简化审理程序类型的固有范式。”[5]

---

[1] 参见黄京平：《认罪认罚从宽制度的若干实体法问题》，载《中国法学》2017 年第 5 期。

[2] 宋善铭：《认罪认罚从宽制度典型样态运行的实证分析》，载《河北法学》2017 年第 5 期。

[3] 参见庄永廉、张相军、顾永忠、陈瑞华、刘传稿：《检察环节认罪认罚从宽制度的适用与程序完善》，载《人民检察》2016 年第 9 期。

[4] 北京市海淀区人民法院课题组、鲁为、范君、廖钰、李静：《关于北京海淀全流程刑事案件速裁程序试点的调研——以认罪认罚为基础的资源配置模式》，载《法律适用》2016 年第 4 期。

[5] 步洋洋：《认罪认罚从宽视域下刑事简化审理程序的本土化省察》，载《法学杂志》2019 年第 1 期。

(二)延伸性解读与制度完善

所以,赋予检察机关一定的司法裁量权是解决以上问题的出路。其一,检察机关由来已久的不起诉制度已经赋予检察机关特殊类案件的司法裁量权,对于检察权的体例不会带来新的冲突。其二,有利于检察机关切实参与到认罪认罚从宽这一制度之中,调动检察机关的积极性,符合现代司法参与即正义的精神。具体操作模式建议如下:

1. "为了强化认罪认罚在审判前程序中的程序分流功能,可以考虑进一步扩大刑事和解制度和附条件不起诉制度的适用范围,取消不起诉案件由检察长或者检察委员会决定的规定,对于作出罪处理的案件,赋予公安机关和检察机关一定的处罚权,如责令赔偿、道歉、缴纳一定数额的罚款、接受社区监督、禁止在一定时间内从事某种职业或某项活动等,赋予当事人不服不起诉决定时向人民法院申诉的权力。"〔1〕在此基础上,可以借鉴德国的处罚令程序,〔2〕赋予检察机关更多的司法裁量权,对《刑法》规定的3年以下有期徒刑的轻缓刑案件,被告人认罪认罚,可以适用检察机关下达决定书的形式终结诉讼程序,以达到从"起点分流"的作用。

2. 细化案件进入到检察机关后的诉讼程序,也就是自侦案件侦查环节和公诉案件审查起诉环节,整合刑事和解制度、刑事诉讼简易程序、轻微刑事案件速裁程序、庭前调查制度,对于犯罪嫌疑人和被告人认罪认罚的情况采取告知加确认模式,确立检察机关程序过滤与正式裁判的地位,使一部分案件在检察机关终结。其一,案件进入到检察机关后,在告知程序中引入认罪认罚模块,对于3年以下轻缓刑案件,犯罪嫌疑人、被告人自愿认罪认罚,检察机关根据案件的性质、被害人的可接受程度、社会公众利益、法治宣传等考量,有权决定案件是否进入庭审程序。这实际上是检察机关对公诉权的一种处分。其二,对于犯罪嫌疑人、被告人自愿认罪认罚、被害人无异议、不损害公共利益等考量的案件,直接由检察机关下达处罚决定书送达至法院。法院收到全部案卷材料审查签批后即时生效。同时在法院对处罚决定书签批前,设立一定的后续救济程序,允许对检察机关的处罚决定书提出异

---

〔1〕 熊秋红:《认罪认罚从宽的理论审视与制度完善》,载《法学》2016年第10期。

〔2〕 《德国刑事诉讼法》第407条第1款规定:在刑事法官审理的程序中及属于舍芬庭管辖的程序中,针对轻罪依检察院书面申请,可以不经法庭审理以书面处罚令确定犯罪行为的法律后果。如果检察院依据侦查认为无法庭审理比喻奥,应当提出此申请。申请应当针对特定的法律后果,提出申请即为提起公诉。

议，即不适用认罪认罚程序，走法庭的庭审审判程序。其三，对于其他案件，适用现在的试点地区的做法，由检察机关启动认罪认罚从宽程序，在庭审中，发挥检察机关的主导作用，引导简化庭审程序，对案件的最终判处提出从宽的量刑建议。

司法体制改革中的差异化：内涵、缘由与进路

吴卫军*

一、问题之提出

党的十八大报告提出，要“进一步深化司法体制改革，确保审判机关、检察机关依法独立公正行使审判权、检察权”，及至十八届四中全会通过《中共中央关于全面推进依法治国若干重大问题的决定》，新一轮司法体制改革的浩然之势已经成型。本轮司法体制改革以中央顶层设计为先导，自上而下在全国范围内铺成开来。数据显示，从2014年1月22日至2018年8月29日，中央全面深化改革领导小组先后召开了38次会议，通过的涉及司法改革的文件有48个之多，[1]其中绝大多数文件直接指向司法体制改革。此后的两次中央深改领导小组会议和三次中央深改领导委员会会议又先后通过了8份司改文件，可以说司法体制改革的“四梁八柱”已经搭建，改革实践正逐步向纵深推进。

站在客观立场理性审视，不难发现本轮司法体制改革的同质化特点十分鲜明，而差异化色彩不彰。一方面，

---

* 吴卫军，法学博士，电子科技大学法律系教授，主要研究领域为刑事诉讼法学、司法制度。

〔1〕 参见周强：《最高人民法院关于人民法院全面深化司法改革情况的报告》，载中国法院网：https://www.chinacourt.org/article/detail/2017/11/id/3036918.shtml，2020年11月1日访问。

从顶层设计的文本看,中央深改领导小组(中央深改领导委员会)历次会议通过的司改文件大多没有区分法院、检察院,或者将两者并列,例如,《关于司法体制改革试点若干问题的框架意见》《设立跨行政区划人民法院、人民检察院试点方案》《关于领导干部干预司法活动、插手具体案件处理的记录、通报和责任追究规定》《关于进一步规范司法人员与当事人、律师、特殊关系人、中介组织接触交往行为的若干规定》等就是如此;另一方面,顶层设计之下各地的改革实践,无论是以员额制为核心的司法人员分类改革,还是人财物省级统管,亦或构建司法责任制、推行司法职业保障机制建设,法院与检察院几乎秉持同样的步骤和方法,差别甚微。在我们看来,这种同质化的改革取向既有深刻的法理根基,更内生于现实的社会土壤,因而具有毋庸置疑的合理性与正当性。然而,不容忽视的是,对改革同质化的过分追求和侧重,可能遮蔽对更具体、更实际问题的洞察,在相当程度上阻隔改革成效的集聚放大,不利于改革的深入推进。正是基于这样一种理论预设,本文拟就什么是司法体制改革中的差异化,为何要进行差异化改革,以及如何构建差异化改革思路等问题略加探讨,以期总结既有改革经验,凝聚各方共识,消弭认识分歧,回应司法体制改革实践对司法理论的挑战。更为重要的是,对差异化之认知,还关乎后续司法体制综合配套改革的韧性与张力,应予认真考量和直面应对。

二、何谓差异化?

现代汉语词典中,“差异”与“差别”同义,指“不相同的地方”。[1] 在哲学与社会科学领域,差异是一个重要的理论范畴,有不同的表述与理解。如黑格尔指出,“同一”“差别”不是孤立的,而强调“异中之同”“同中之异”;[2] 德勒兹则认为,差异是一种异质共存状态,并非对立和冲突。[3] 基于“差异化”一词使用场景的不确定性,司法体制改革中的差异化可做不同理解,如可以理解为国内不同地域之间的改革差异化、司法机关不同层级之间的改革差异化、同时代不同时间段之间的改革差异化、司法活动不同领域之间的改革差异化等。在本文中,除非另有所示,司法体制改革中的差异化专指基

---

〔1〕 中国社会科学院语言研究所词典编辑室:《现代汉语辞海》,商务印书馆2012年版,第134页。

〔2〕 贺麟:《黑格尔的同一、差别和矛盾诸逻辑范畴的辩证发展》,载《哲学研究》1979年第12期。

〔3〕 参见宋涛:《德勒兹与黑格尔“差异”思想比较及当代意义》,载《贵州民族大学学报(哲学社会科学版)》2013年第3期。

于法院系统与检察系统的内在特质,两者在改革内容、方式、方法、时序等策略方面存在诸多不同,应分别设计,以期改革功效之最大化。

从历史脉络与现实逻辑出发,理解改革差异化的内在意蕴,至少应包含以下几个维度:

首先,司法体制改革中的差异化是一个具有中国特色的法治命题,不能脱离现实国情进行解读。在欧美法律语境中,尽管有少数国家,如德国,将检察官称为“站着的法官”,将检察机关行使的职权视为“准司法权”,但主流观念是把司法等同于审判、司法机关等同于法院。[1] 例如,《美国法律辞典》在解释“司法部门”一词时认为:“‘司法部门’一词可以指一般意义上的法院系统,也可以指任职于各种法院的法官。……相关的词‘司法的’(judicial)指的是那些从属于法官职位的东西。”[2]这种理解是西方理论的必然产物,与其政治体制高度契合。因而这些国家的司法体制改革一般指向审判机关改革,故不存在法院系统与检察系统改革差异化的问题。然而,在我国的政治体系与法律框架中,人民法院、人民检察院统称司法机关,审判权与检察权均属司法权,由此出发,无论是司法体制改革,还是司法工作机制改革,都涵盖了法院系统与检察系统两个方面。正是在这一特定的时空维度中,提出与论证司法体制改革中的差异化才具有重要的学术意义和现实价值。

其次,司法体制改革中的差异化是相对于改革同质化提出的理论命题。作为司法系统的不同分支,法院与检察院在我国政治架构中具有同等地位,作为司法体制改革的推动者与实践者,它们有同等的价值取向与目标设定——“努力让人民群众在每一个司法案件中感受到公平正义”。正是在这样一种理念的导引下,本轮改革中法院系统、检察系统之改革才具有高度同质性,一系列举措如员额制、司法责任制、人财物省级统管等,均没有严格区分法、检两家。此外,法院系统、检察系统面临问题的共性特征,如司法地方化、司法行政化、司法职业大众化等,也导致了改革举措的同质化。然而,这并不能成为忽视改革差异化的借口,更不能替代对改革差异化之追求。因为,法院与检察院行使司法权的内容有别,组织体系迥异,现实境遇也各不相同,因此,在改革过程中必然面临是否差异化、如何差异化的问题。更为

〔1〕 参见[日]伊达秋雄:《刑事诉讼法讲义》,政文堂昭和四十三年刊行,第15页,转引自张建伟:《刑事司法体制原理》,中国公安大学出版社2002年版,第11页。

〔2〕 [美]彼德·G.伦斯特洛姆编:《美国法律辞典》,樊翠华等译,中国政法大学出版社1998年版,第22页。

重要的,与本轮司法体制改革相伴而生的国家纪检监察体制改革,已然对检察机关的职能职责产生了重大影响,这种影响必然投射在检察体制改革的方方面面,使之呈现出与法院改革迥异的秉性。

最后,司法体制改革差异化与改革同质化是共生互补的协同关系。在同质化与差异化不可或缺的现实背景下,如何理解两者关系显得尤为重要。关于差异化和同质化,米歇尔·福柯曾经深刻地指出:“如果思想以差异的方式来领会差异,而不是寻求差异之下隐藏的那些共同因素,那又如何?”〔1〕从唯物辩证法的视角看,同质化与差异化共处于一个系统中,两者是对立统一的共生关系。一方面,两者存在着相互斗争、相互排斥的对立关系,寻求司法体制改革中的差异化,则必然意味着对同质化的悖反和抗拒;同理,过于强调改革的同质化,必然导致差异化问题被忽视。另一方面,两者又互为前提、互相影响,甚至在一定条件下相互转化。司法体制改革中,没有同质化,差异化自然也无从谈起,反之亦然,因而两者互为前提。与此同时,同质化与差异化之间没有绝对的界限,常常是同质化中孕育着差异化,差异化中内生着同质化的基因,两者相互影响,存在相互转化的可能性。申言之,“当异质性因素聚集于一个整体,而这个整体与这些构成因素既相互区别又不可分离时,概念的统一性或一致性就发生了”。〔2〕例如,就员额制改革而言,法检系统都立足于司法职业化的共同目标,都通过确定比例、框限条件、层层甄选的方式对司法人员进行分类管理,同质化特征明显。然而,在具体推进过程中,最高人民法院、最高人民检察院在各自的纲领性文件《最高人民法院关于全面深化人民法院改革的意见》《人民法院第四个五年改革纲要(2014—2018)》、《最高人民检察院关于深化检察改革的意见(2013—2017年工作规划)》(2015年修订版)中却对相同问题给予了不同的关注度;从改革的结果看,法院系统存在的离职人员增多、案多人少、诉讼效率下降、办案人员不堪重负等问题明显比检察系统突出,引发的争论也更多。〔3〕

〔1〕[法]米歇尔·福柯:《哲学剧场:论德勒兹》,李猛译,转引自汪民安主编:《生产:德勒兹机器》(第5辑),广西师范大学出版社2008年版,第197页。

〔2〕陈永国:《代前言:德勒兹思想要略》,载陈永国编译:《游牧思想——吉尔·德勒兹、费利克斯·瓜塔里读本》,吉林人民出版社2011年版,第4页。

〔3〕参见陈瑞华:《法官员额制改革的理论反思》,载《法学家》2018年第3期。

三、为何差异化？

在司法体制改革进入新时代的背景下，法院系统、检察系统差异化改革的迫切性与必要性日益凸显。这既源于我国审判机关与检察机关的宪法定位，也是我国司法体制走向精细化的必由之路，同时也还有深刻的理论基础和现实土壤。

首先，从宪法维度审视，我国宪法对法院、检察院的不同定位是两者改革差异化的根基。1982年《宪法》明确规定，“中华人民共和国人民法院是国家的审判机关”“中华人民共和国人民检察院是国家的法律监督机关”。由此出发，两者虽同属司法机关，但法院依法行使审判权、检察院依法行使法律监督权。审判权与检察权虽然同为司法权，差别显而易见。这不仅鲜明体现在《法院组织法》《检察院组织法》《法官法》《检察官法》及三大诉讼法的相关条文中，而且还是学界的共识，即便相关论著在分析问题时有意无意忽视了两者之间的差别。例如，孙笑侠认为，司法权本质上是判断权，具有被动性、中立性、形式性、稳定性、专属性、法律性、终极性、交涉性、审级分工性与公正优先性等特征。[1] 但事实上，这些特征都是对法院内在特点的揭示，并不完全适合于检察权，如被动性、中立性、审级分工性等就是如此。

因此，法院系统、检察系统体制改革的差异化是宪法规定的必然结果，这在实践中得到了某种程度的确证与认可。例如，司法责任制改革是全面深化司法体制改革必须牢牢牵住的“牛鼻子”，在这一问题上，法院系统强调“让审理者裁判、由裁判者负责”，故而才有了探索新型审判组织模式、改革裁判文书签署机制、完善专业法官会议等改革举措。[2] 就检察机关而言，虽然也强调“谁办案谁负责、谁决定谁负责”，提出健全内部办案机构，实行独任检察官或检察官办案组的办案组织形式，但独任检察官、主任检察官必须对检察长负责，服从检察长的统一领导，“强调突出检察官主体地位与检察长统一领导检察院工作相统一、明确检察官权力与强化监督制约相统一，确

[1] 参见孙笑侠：《司法权的本质是判断权——司法权与行政权的十大区别》，载《法学》1998年第8期。

[2] 参见李少平：《深刻把握司法责任制内涵　全面、准确抓好〈意见〉的贯彻落实》，载《人民法院报》2015年9月25日，第2版。

保放权不放任、有权不任性”。[1] 这与上级人民法院监督下级人民法院的组织体系明显不同。可以说，在中国国情下，作为根本大法之《宪法》型构了法院系统、检察系统体制改革差异化的时空维度，这是不容质疑的重要场景和必须遵循的基本规则。

其次，从理论层面分析，差异化是我国司法体制走向精密化的必然选择。司法公正离不开法律适用的精确性，而精确性的法律适用必须以精密化的司法体制为依托。现代刑法学鼻祖贝卡利亚曾经指出：“应当用几何学的精确度来解释法律的问题。因为这种精确度足以制胜迷人的诡辩、诱人的雄辩和怯懦的怀疑。”[2]长期以来，日本刑事司法制度以程序精密和结果精准著称，学者松尾浩也称之为“精密司法”，其最明显的标志就是高达99%的有罪判决率。陈卫东分析认为，日本精密司法强调整个司法结构设计的精密化、司法程序运行过程的精密化，并以此来保证司法程序的合法性、司法结果的正确性乃至司法本身的正当性及正义性。[3] 在我们看来，司法机关设计的精密化是司法体制精密化的应有之意，没有精密的司法体制，再精密的司法程序也无法发挥应有的效果。

改革开放以后，随着国家法治建设的日臻完备，司法在化解社会纠纷、维护国家稳定、实现公平正义中的作用日益凸显。与此同时，在从温饱型生存向小康型生存跨越的背景下，民众的法律意识与权利观念也不断增强：“在现实性上，社会法律意识的增强必然意味着司法功能承受着巨大的压力，司法功能在效率、公正等方面均要接受正在日益增强的法律意识的检验和批判。”[4]特别是随着中国特色社会主义进入新时代，在社会主要矛盾已经转化为人民日益增长的美好生活需要和不平衡不充分的发展之间的矛盾的背景下，司法日益不能满足民众对公平正义的需求，出现了一定程度上的“应对失灵”。[5] 由此，为了满足民众对公平正义的更高追求，司法的提档升级与提质增效势在必行，要从以往的“粗糙司法”走向“精密司法”。精密司法意味着应在深刻洞察审判机关、检察机关内在机理的基础上实现权

---

〔1〕 曹建明：《最高人民检察院关于人民检察院全面深化司法改革情况的报告》，载最高人民检察院网站，http://www.spp.gov.cn/zdgz/201711/t20171102_204013.shtml，2020年11月2日访问。

〔2〕 [意]贝卡利亚：《论犯罪与刑罚》，黄风译，中国大百科全书出版社1993年版，第7页。

〔3〕 参见陈卫东：《司法如何精密——写于〈刑事诉讼法〉再修改之际》，载《法制日报》2006年1月5日，第9版。

〔4〕 程竹汝：《司法改革与政治发展》，中国社会科学出版社2001年版，第124页。

〔5〕 吴卫军：《司法改革原理》，中国人民公安大学出版社2003年版，第60～65页。

责明晰、分工合理、内外顺畅、高效廉洁，意味着必须转变旧有的司法机关完全一体化的观念认知，还意味着必须改进司法体制改革中近乎同质化的制度设计，充分关照法院系统、检察系统的不同需求，出台差异化的改革举措。

最后，从实践角度考察，差异化还是解决我国司法体制改革现存问题的客观需要。党的十八大以来，司法体制改革成效显著，但也存在一些不容忽视的问题。在宏观层面上，有论者指出主要表现为司法逻辑与社会逻辑的矛盾十分突出、制度不协调的情况较为明显、司法责任加重与司法资源不足的矛盾亦显突出、司法队伍建设问题较为突出。[1] 在微观层面上，一些改革举措的合法性、正当性、长效性颇受争议。如万毅认为，当前检察改革存在三个突出问题：一是在检察机关办案组织和办案方式司法化改革的口号下，盲目引入法院的合议制工作机制，造成"检察官法官化"；二是错误理解和定位检察长负责制，排斥、否定检察官独任制，抹杀了检察官独立行使检察权的主体地位，造成"检察官手足化"；三是面对犯罪形势发展专业化的趋势，匆忙成立各类专门化的办案机构，固定检察官的办案类型，导致"检察官专门化"。[2] 我们认为，这些问题之所以产生，除了少数地方司法体制改革中"政绩观"的影响外，更重要原因在于对法院系统、检察系统各自的特殊性认识不够，忽视了改革设计中的差异化问题。就此，已有不少学者在反思改革现状的基础上，提出了司法体制改革中应当重视司法机关各自的特殊性。如张智辉认为，检察改革中应当重视检察机关的特殊性研究，设计符合检察权内在要求的运行机制；[3] 龙宗智也强调要对检察机关贯彻司法责任制的特殊性予以关注。[4] 当下，在司法体制改革顶层设计"四梁八柱"已搭建完成，进入"精装修"的关键阶段，在坚持中央统一领导、坚持司法体制改革整体推进的基础上，还应兼顾法院系统、检察系统的个性化需求，探寻两者差异化的基本策略、实现路径、具体思路，这既是兴利除弊、革故鼎新的重要选择，也是解决改革过程中各种现存问题的客观需要。

---

〔1〕 龙宗智：《司法改革：回顾、检视与前瞻》，载《法学》2017年第7期。

〔2〕 万毅：《检察改革"三忌"》，载《政法论坛》2015年第1期。

〔3〕 参见张智辉：《立足司法体制改革检察学应重点研究四个问题》，载《人民检察》2013年第5期。

〔4〕 参见龙宗智：《加强司法责任制：新一轮司法改革及检察改革的重心》，载《人民检察》2014年第5期。

四、如何差异化?

司法体制改革中的差异化具有必然性,如何构建差异化改革策略则是一个理论性、实践性兼具的复杂命题,也是一项复杂的系统工程。从我国当前现实条件和客观情况出发,司法体制改革差异化在宏观层面至少应从以下几个方面发力。

首先,应当处理好改革中差异化与同质化的关系。如前已述,司法体制改革中的差异化与同质化是共生互补的协同关系,妥善处理这一关系是构建差异化改革策略的前提。

一方面,在司法体制改革中,同质化始终居于主导地位,是主干与趋势,差异化则发挥协同作用,是分支与干流。这既源于审判机关与检察机关同属司法机关的宪法定位,也与我国司法机关面临的体制性、结构性共性矛盾密不可分。例如,就司法机关的地方化而言,法院、检察院同样长期面临人财物受制于地方党委、政府的尴尬境遇,因而顶层设计推出的同质化改革举措,如人财物省级统管,成为化解这一共同症结问题的基本方法;只有在此基础上,才会涉及省级法院与省级检察院在管理各自下属机构上的差异化问题。同样的道理,即便入额法官、检察官在法院、检察院有差异化的资源配置,但实现司法公正是两者共同的价值诉求,因而"谁办案,谁负责"的司法责任制就成为法院系统、检察系统体制改革的共同选择。与此同时,还应重视差异化与同质化之间的相互影响与相互趋同。如在职务犯罪侦(调)查权转隶监察委后,检察机关面临内部机构的重大调整。媒体披露的信息显示,截至2019年年初,最高人民检察院内设办案机构已整合为9个检察厅,张建伟将其称之为从刑诉专业化道路向刑法专业化道路的转变,[1]我们认为,这一变化契合了最高人民法院内设机构的基本逻辑,是一种典型的由差异化转向同质化的表现,成为映照差异化与同质化关系的镜鉴,值得深思。

另一方面,基于同质化与差异化失衡的现实状况,未来司法体制改革应更重视差异化问题,以期实现两者的均衡推进、同频共振。如前已述,本轮司法体制改革在中央统一领导下展开,改革举措具有鲜明的同质化特点,这与顶层设计需关注焦点和统揽全局的决策思路密不可分,正当性显而易见。但与此同时,法院系统、检察系统的差异化问题尚未引发足够重视,导致失

---

〔1〕 参见谭畅:《重塑最高检》,载《南方周末》2019年1月17日,第A3版。

衡情况较为明显,如员额制改革后,入额法官、入额检察官负担均衡度差异较大就是典型的例证。因此,为确保司法体制改革的内在张力,应当在坚持顶层设计"规定动作"的基础上,为法院系统、检察系统改革的"自选动作"预留空间,允许最高人民法院、最高人民检察院根据各自资源禀赋,出台差异化的改革举措,在异同相糅、间性共融中实现从"失衡"到"均衡"的重要跨越,避免同质化改革中的虹吸效应和零和博弈。令人欣喜的是,这在实践中已有了良好开端,一个最新的例证是,2019 年 1 月 23 日召开的中央全面深化改革委员会第六次会议明确指出,"要处理好政策顶层设计和分层对接、政策统一性和差异性的关系"。由此可见,在改革逐渐步入深水区、打响攻坚战的背景下,包括司法体制改革差异化在内的政策差异性问题已引起决策层的高度重视,必将成为下一步全面深化改革的重要内容并逐步加以落实。

其次,应当立足司法机关对司法公正的不同侧重落实改革的差异化设计。"努力让人民群众在每一个司法案件中感受到公平正义"是我国司法体制改革的基本目标,也是探寻司法体制改革差异化的基础。英国哲学家培根曾经指出:"一次不公的(司法)判断比多次不平的举动为害尤烈。因为这些不平的举动不过弄脏了水流,而不公的判断则把水源败坏了。"[1]在这个意义上,司法是社会公平正义的最后防线与关键屏障。然而,不同主体基于不同立场审视:"正义有着一张普洛透斯似的脸,变化无常、随时可呈现不同形状并具有极不相同的面貌。当我们仔细查看这张脸并试图解开隐藏在其表面背后的秘密时,我们往往会深感困惑。"[2]同为司法机关的法院、检察院,尽管都将司法公正作为最终价值目标,尽管也有相同的宪法地位和近似的组织体系,但对司法公正的解读与践行却有差别化的基本立场。

就法院而言,其拥有纠纷解决程序与纠纷解决结果的双重处置权,因此行使司法权时应当兼顾程序公正与实体公正,实现两者并重;就检察机关来说,其行使的公诉权、抗诉权、批捕权、诉讼监督权等在本质上均表现为程序性权力,对实体正义的认知和纠偏也是通过诉讼程序展开的,自然更加关注程序正义。由此出发,司法体制改革中应当正视这一差异,在制度设计方面

---

〔1〕[英]培根:《论司法》,载培根:《培根论说文集》,水天同译,商务印书馆 1983 年版,第 193 页。

〔2〕[美]博登海默:《法理学、法律哲学与法学方法》,邓正来译,中国政法大学出版社 1999 年版,第 252 页。

有所区别。即便是对程序公正的践行,法院、检察院也有不同的实践侧重。比如,除审委会讨论决定的案件外,法院院长、庭长对其未直接参加审理案件的裁判文书不得进行审核签发,也不能以口头指示等方式变相审批案件。与此同时,检察视角中的司法责任制也重视检察官的独立办案,但受制于"检察一体化"的组织架构与检察长负责制的决策机制,检察长(分管副检察长)有权对独任检察官、检察官办案组承办的案件进行审核,可以要求检察官复核或提请检察委员会讨论决定,也可以直接作出更变决定;所有以人民检察院名义制发的法律文书,检察长(分管副检察长)既可自行签发,也可授权检察官签发,检察官应当服从检察长的指挥与命令,这体现了不同于法院系统的程序正义观。

再次,应当通过重视检察改革的特殊性来凸显司法体制改革中的差异化。中国现代司法制度是"西学东渐"背景下清末维新变法之产物,与此相关的司法理论也深深打上了"舶来品"的烙印。1949 年以后,在学习借鉴苏联经验的基础上,我国逐步形成了有自身特色的社会主义司法制度,这主要表现为法院、检察院并列的二元化司法体系。在此背景下,司法权等于审判权加检察权、司法机关等于审判机关加检察机关成为一以贯之的基本理念。改革开放后,西方国家司法理论与实践成为完善我国司法制度的重要镜鉴。然而,如前已述,欧美有关司法改革的讨论基本围绕法院和审判权展开,检察机关及其改革并未被纳入其中,这在相当程度上影响了学界探讨司法体制改革的理论倾向。加之,实践中法院需要直面纷繁尖锐的社会矛盾,需要在非此即彼的对立中裁断是非曲直,因而面临的问题更多、引发的争议更大,故我国司法体制改革更多从法院立场、针对审判权行使中存在的弊端展开,检察体制改革的特殊性并未被特别关注。

党的十八大以后,司法体制改革向纵深推进,但仔细省查,大多数改革举措都是以法院为坐标和参照系展开的,检察改革的特殊性被淹没其中。比如,司法人员分类管理改革实施后,尽管存在一些争议,[1]但依据最高人民法院、最高人民检察院领导的讲话精神和各地司改文件之规定,入额法官、入额检察官以外的人员没有独立办案权;院、厅长的领导角色主要体现为行政性的保障、服务、管理,由此产生的领导责任一般不涉及案件处理的对错;法官助理、检察官助理只能从事辅助性的司法事务。我们认为,就法

〔1〕 参见赵晨熙:《非员额法官审案,效力几何》,载《法治周末》2019 年 2 月 27 日。

院系统而言，这一规定遵循了司法规律，是司法职业精英化的集中体现，因为审判权行使讲究亲历性和中立性，法官必须独立判断、居中裁判，经过甄选的入额法官具有较高素质与能力，是裁判权的直接行使者和责任承担主体，故应独立办案；法官助理作为辅助人员，辅佐入额法官开展工作，应当服从法官的管理和指示，不享有独立办案权。但就检察系统而言则并非如此，检察长负责制的基本逻辑决定了检察官必须服从检察长的指令权、移转权和代理权，检察长要对入额检察官办理的案件承担责任，且该种责任并非简单意义上的领导责任和政治责任，还指向案件的最终处理结果，是一种实质意义上的主体责任，这与法院形成了鲜明的对比。因而绝对排斥检察官助理（特别是具有检察员身份的检察官助理）独立办理案件在逻辑上难以自洽。由此，应当在资源配置、权能赋予方面对法官助理与检察官助理有所区分，以符合各自的内在机理。类似情况表明，同质化改革举措并未充分考量法院系统、检察系统面临的不同境遇，针对性、精准性、实效性有待提升。在此认识之上，从中国司法语境的实际情况出发，司法体制改革差异化应更加重视检察机关的特殊性，进而根据检察机关面临的特殊问题设计有别于人民法院的改革举措。

最后，应当遵循司法规律，在准确界分司法逻辑与行政逻辑的基础上推进改革。规律，一般指事物之间稳定的、必然的、本质的联系，司法规律是长期司法经验的总结和提炼，应当成为司法体制改革的基本遵循。作为司法机关的法院、检察院，不仅应当遵循共同司法规律行使司法权，而且其自身的体系架构、运作机制、资源配置也应符合各自的内在规律。由此出发，差异化的改革举措应当进行精细化设计，以下试以员额制和人财物省级统管改革为例略加分析。

就员额制改革而言，关于入额法官、检察官在中央政法编制中的比例，中央统一设定了不超过39%的标准，但这并不完全符合法院与检察院的实际需要。在司法体制改革与工作机制改革同步推进的背景下，独立办案的法官、检察官数量大幅减少，案件压力日益增加。不过相比而言，法院面临的形势更加严峻，经济增长与社会发展引发的纠纷日益增多，立案登记制全面推行催生的案件受理条件放宽，导致大量案件涌入法院，入额法官的压力越来越大，这在大中城市的基层法院体现得尤为明显。与此同时，随着刑事、民事公益诉讼制度的建立与诉讼监督内容的不断拓展，入额检察官也面临一定的办案压力，但刑事案件数量相对稳定与职务犯罪侦（调）查权转隶后刑事检察事务相对减少的客观情况，预示着检察官在改革后可能更为从容淡定。不仅如此，由于检察权更多体现为程序性权力，一般不会直面尖锐的利益冲突与对立的纠纷双方，因而检察官可能面临的错案追究风险更低，社会压力也更小；法官则不同，既要重视办案过程中的程序正当，更需注重纠纷处理结果的实体正确，同时还要兼顾维稳体制下案件处理的社会影响，其职权行使的复杂性、敏感性强，风险与压力也相对更大。因而，从整体上衡量，入额法官的比例应适当高于入额检察官比例，法官入额标准也应高于检察官入额标准，乃至于法官的薪酬待遇、职业保障机制也不能与检察官完全相同。然而，从目前各地改革实践看，这方面的差异性并未体现出来，"一刀切"的改革倾向比较明显，尚需在今后不断加以完善。

就人财物省级统管而言，要注意法院系统与检察系统改革举措的合理区分。汉密尔顿认为："就人类天性之一般情况而言，对某人的生活有控制权，等于对其意志有控制权。在任何置司法人员的财源于立法机关不时施舍之下的制度，司法权与立法权的分立将永远无从实现。"[1]尽管这是从立法权与司法权关系角度进行的阐述，但同样适用于审视上下级司法机关之间的关系。从理论上分析，统管背景下，省级法院、检察院对地方各级法院、检察院的人、财、物有了实质性的话语权，这无疑会强化司法系统上下级之间固有的行政化色彩。就检察系统而言，依据《宪法》《检察院组织法》之规定，上下级之间的领导关系主要体现为业务上的指挥权与下级检察长的提名权，省级统管改革无疑会进一步强化这种领导关系，但这与"检察一体化"的层级架构并不矛盾，故省级统管改革不存在理论障碍和引发操作困境的忧虑。但就法院系统来说，《宪法》《法院组织法》规定上下级法院之间是监督与被监督关系，这种关系主要体现为以二审终审制度、审判监督程序为纽带的复审机制。因而，省级统管改革在法院系统具有特殊性和复杂性，并不能与检察系统等量齐观。从改革的实际推进看，各地法院、检察院省级统管改革困难较多，问题较突出，如骤增的人事工作量与有限人事管理能力之间的矛盾、经费需求与省级财政能力之间的矛盾，等等。[2] 实际上，这只是问题的一方面，另一方面还在于，如果不能充分关注法院、检察院对司法逻辑

---

〔1〕［美］汉密尔顿、杰伊、麦迪逊：《联邦党人文集》，程逢如、在汉、舒逊译，商务印书馆1980年版，第398页。

〔2〕参见左卫民：《省统管法院人财物：透析与前瞻》，载《法学评论》2016年第3期。

与行政逻辑的差异化需求,不能透彻体认法院、检察院在人财物管理方面面临问题的特殊性,改革举措不仅不能实现预期的效果,反而可能会引发新的问题和困境。

五、初步的结论

法国思想家皮埃尔·布尔迪厄在《区分:判断力的社会批判》一书中通过各种社会统计调查和时尚采样,指出各种所谓文化品位、生活趣味等文化消费其实是各阶级内部相互斗争的场域,深刻揭示了社会中的差异化是必然的,并将走向不同方向。[1] 尽管布尔迪厄有关差异化的洞见并非针对司法制度,但其对社会机理的深刻揭示却有重要的启迪意义。

本文对我国司法体制改革差异化的内涵进行了初步揭示,指出差异化是一个具有中国特色的法治命题,与同质化是共生互补的协同关系。与此同时,本文认为,宪法对法院、检察院的不同定位是两者改革差异化的基础,而差异化改革是我国司法体制走向精密化的必然选择,也是解决司法体制现存问题的客观需要。在此基础上,本文提出了应当关照法院、检察院系统面临的不同境遇采取差异化策略,这意味着应妥善处理好改革差异化与同质化的关系,要立足法院、检察院对司法公正的不同侧重出台改革举措,要在改革中特别重视检察体制改革的特殊性,同时还要遵循司法规律,在准确界分司法逻辑与行政逻辑的基础上推进改革。本文对司法体制改革中的差异化"是什么"——"为什么"——"怎么办"的分析进路尚具有一定的初步性,提出的观点也可能失之浅薄,但如果能够证成差异化问题在司法体制改革中确实重要,引发学界对该问题之重视,进而开启深入研讨的序幕,则本文的目的已经达到。因为,长期以来,不仅实践中体制改革的策略设计主要是以法院为依托的,即便是学术研究也不例外,如上海交通大学课题组在对上海司法改革成效进行评估时,绝大部分指标设计以及全部实证调研工作都指向了法院系统,相关评估结果也只针对法院改革,虽然文中也论及检察改革,但也仅限于理论层面的分析评价。[2] 我们认为,司法改革实践已对现有理论提出了更高要求,只有充分体察司法体制改革差异性问题的重要性,

---

〔1〕 参见[法]皮埃尔·布尔迪厄:《区分:判断力的社会批判》,刘晖译,商务印书馆2015年版,第365页。

〔2〕 参见上海司法改革成效评估的实证研究重大课题组:《中国司改上海样本成效实证评估(上、下)》,载《东方法学》2018年第4、5期。

并在此基础上守正出新，才能提振改革格局的进一步突破上升。

最后，需要强调的是，司法体制改革过程中荦荦大端的改革举措，无论基于同质化还是差异化的考量，都应特别重视法院系统、检察系统之间的合力协作、统筹推进，确保形成高效的有机系统。“所谓有机系统，就是其各组成部分之间具有内在联系而相互制约的整体。”[1]法院、检察院是司法有机系统的组成部分，两者之改革依存度高、耦合性强，既相互影响、相互作用，又相互牵扯、相互制约，必须基于系统论的理念有序展开，借以实现改革效果的最大化。

[1] 陈宴清、王南湜、李淑梅：《现代唯物主义论》，北京大学出版社 2017 年版，第 328 页。

四、学术漫谈：诉讼制度与司法文明

胡云腾（二级大法官、最高人民法院审判委员会原副部级专职委员、第二巡回法庭庭长）致辞

大家上午好，非常荣幸能够在本次高端论坛上发言。王敏远教授让我来谈谈司法改革，在我看来更具体的是谈谈程序法，谈谈中国一项重大的司法改革——巡回法庭的改革及其所取得的成就。党的十九届四中全会刚刚闭幕，本届会议的主题是“坚持和完善中国特色社会主义制度，推进国家治理体系和治理能力现代化”。在全国上下学习贯彻十九届四中全会精神的新形势下，本次会议的重要性和必要性不言而喻。

党的十八届四中全会的关键词是“法治”，十九届四中全会的关键词是“制度”，就是中国特色社会主义制度。十九届四中全会上，党首次系统地把中国特色社会主义制度梳理成十三个方面的制度体系，并谈到了这些制度所蕴含的巨大优越性，以及如何建设、完善这些制度的要求和做法。对照五年前十八届四中全会的决定和十九届四中全会的决定，可以看出我国的法治建设、制度建设又取得了巨大的飞跃。在法治化的要求下，很多举措已经凝结为制度，我们现在就是要坚持这些制度，并使之不断地完善。

巡回法庭是党的十八届四中全会确定的重大司法改

革举措之一。习近平总书记在十八届四中全会中说明了四个问题,其中一项就是巡回法庭制度的改革。巡回法庭制度的改革既涉及法院的审判制度、组织制度,同时也涉及程序制度。在此,我将谈一谈这个制度所取得的进展,以及我们应该如何看待、评价这个制度。

党的十八届四中全会决定建立巡回法庭后,最高人民法院于2015年1月先设立了两个巡回法庭,在2016年底又设立了四个巡回法庭,目前已共有六个巡回法庭,基本上实现了巡回法庭在全国的全覆盖。除北京周边的六个省之外,现在最高人民法院受理的案件绝大多数都由巡回法庭来审理。这些案件审理得如何,巡回法庭制度在促进公正司法、高效司法方面到底取得了哪些成果,我今天向在座的各位作个报告。我想从实证的角度来讲一讲巡回法庭这项改革给我们国家的司法带来的变化,尤其在落实习近平总书记提出来的"坚持公正司法,努力让人民群众在每一个司法案件中都能感受到公平"方面的贡献。

巡回法庭设立至今已经有5年时间,在我看来,这是一项取得了重大成就的司法改革。但理论界和实务界对其存在两种质疑。第一,有人认为,设立巡回法庭后,国家的司法成本实际上增加了,最高人民法院的法官和工作人员疲于奔命,到全国巡回,法院内部也出现了一些不同的声音。第二,有人质疑设立了巡回法庭以后,六个巡回法庭在不同的地方办公办案,是否会影响国家司法标准的统一。关于这两个问题,我在此作出回应。

首先,第一、第二巡回法庭设立以后,给群众带来了巨大的诉讼便利,节约了司法成本。第一巡回法庭设在深圳,管辖两广、福建和海南四个省。第二巡回法庭设在沈阳,管辖东三省。每年每个巡回法庭的办案经费大概是1000万元,但通过统计,巡回法庭为东三省的老百姓节约的交通费用大概是6000万元,这还没有算上住宿等其他花费。粗略估算,如果第二巡回法庭不设在沈阳,东三省人民都到北京来申请再审或者二审的话,总费用大概超过一亿元。类似的,深圳周边四省的成本估算更是惊人。所以,当我们评价司法改革的成就时,不能只看国家付出的成本,更要看为老百姓节约了多少诉讼成本、时间成本。这个统计成果用事实说明了司法改革在"以人民为中心"的理念下所作出的卓越贡献。其次,对法律适用标准上可能存在不统一的质疑与实际不符。目前,全国法院的信息化已经走在世界前列,包括发达国家在内的许多国家的大法官,都认为我们的信息化建设已经远远领先于很多西方发达国家。我国现已形成全国办公办案一张网,这为司法统一提供了扎实的基础。巡回法庭设立之后,每一个巡回法庭辖区内的法律适用标准得到统一。如果说巡回法庭设立之前,全国有31个标准的话,现在就变成了6个标准。此外,所谓统一并不是完全一致,例如,各地盗窃罪的标准是不统一的,关于毒品的定罪量刑标准也是不统一的,不统一才是从实际出发的一种表现。因为各地的实际情况不同,只有相对的统一才符合我国的司法实际,才符合司法公正。因此,笔者认为,巡回法庭在方便当事人诉讼、纠正冤假错案、促进司法标准的统一方面发挥了巨大的作用。

党的十八届四中全会提到的程序改革,即诉讼程序改革给司法实践带来了重大变化。冤假错案有效防范和及时纠正机制是否已经健全?2019年10月,在最高人民法院召开的第七次全国刑事审判会议上,巡回法院所提交的两个典型案例足以证明这一机制已经建立。这两个分别发生在贵州和延安的案子都是故意杀人案件。在被害人、侦查机关、公诉机关一致认为嫌疑人为杀人犯的情况下,延安市中级人民法院和遵义市中级人民法院经审理发现,这两个案子都存在证据不足的问题,不能认定犯罪嫌疑人有罪。合议庭向审委会提出被告人无罪的意见,审委会也采纳了这一意见,这体现了合议庭对司法责任制的深刻理解。法院最终顶住各方的压力,宣告被告人无罪。在两个案子的真凶落网之后,主审法官表示,在司法责任制下,如果判错了案,法官要自己承担责任,同时,政法委不能干预办案,法院要独立判案。这两个案件足以证明,党的十八届四中全会提出的健全冤假错案有效防范和及时纠正机制已经落实,司法改革的成就有目共睹。当我们评价改革成果时,一定要用事实说话、用数据说话、用案例说话。

最后,我想强调,当我们评价司法改革的进步和成果时,一定要深入实际,结合国情,如此才能得出有说服力的观点和结论。

谢谢大家!

黄生林(浙江省人民检察院党组副书记、副检察长)致辞

大家上午好!

很高兴在这天朗气清的深秋时节受邀参加法治与改革国际高端论坛。首先,我衷心感谢主办方浙江大学的热情邀请,也代表浙江省人民检察院贾宇检察长对论坛的举办表示热烈的祝贺,对各位嘉宾表示热烈的欢迎!

论坛的主题是"法治与改革",这是一个既有理论高度又有实践深度的重要课题,也是当下中国最突出的主题。习近平总书记在庆祝改革开放40周年大会上的重要讲话指出:"变革和开放总体上是中国的历史常态。"正是在改革开放进程中,我们党对改革与法治关系的认识日益深入,依法治国成为中国共产党领导人民治理国家的基本方式。

党的十八届三中全会将司法体制改革确定为全面深化改革的重点领域之一,对司法体制改革作出全面部署,改革力度之大,程度之深、范围之广,在我国司法史上是少见的。对于检察机关而言,司法体制、监察体制和以审判为中心的刑事诉讼制度"三重改革"叠加,以及刑事、民事、行政"三大诉讼法"和人民检察院组织法的相继修改,使检察事业经历四十年未遇之大挑战,也面临四十年未遇之好机遇。面对新形势,最高人民检察院张军检察长

提出,检察机关应增强“四个意识”,坚持“四个自信”,做到“两个维护”,立足新时代人民群众对民主、法治、公平、正义、安全、环境等提出的更高要求,积极适应反贪转隶、检察职能调整,坚持讲政治、顾大局、谋发展、重自强,采取一系列主动跟进的思路举措,使转隶成为法律监督全面协调充分发展的转机,继续推进各项检察工作稳步向前。全省检察机关按照中央、省委和最高检的部署要求,结合自身实际,扎实推进各项改革工作,司法责任制改革基本落实到位、检察人员分类管理改革圆满完成、办案组织建设不断完善、检察职业保障得到加强,司法质量、效率全面提升,检察队伍革命化、正规化、专业化、职业化程度进一步提高。

刚刚闭幕的十九届四中全会《中国共产党第十九届中央委员会第四次全体会议公报》指出,要坚持和完善中国特色社会主义制度,推进国家治理体系和治理能力现代化。其中一项重要的要求是,坚持和完善中国特色社会主义法治体系,提高党依法治国、依法执政能力。为了贯彻落实党中央的指示精神,浙江省检察机关将始终把握“稳进”大局,依法保障经济社会持续健康发展,同时将按照中央、省委和最高检部署,扎实开展司法责任制综合配套改革,并以内设机构改革为契机,加强民事、行政、公益诉讼检察办案力量,把“四大检察”全面协调充分发展落到实处。此外,我们还将充分发挥浙江省在互联网建设和应用方面的优势,深化智慧检务建设,统筹研发智能辅助办案和管理系统,促进科技创新成果同检察工作深度融合,助力提高司法质量、效率、公信力。

随着检察工作的转型发展,检察机关的专业能力已不能很好地适应新时代检察工作的需要。张军检察长多次指出,向外部借力、借智,是破解检察监督力量和专业能力不足的重要方法。为此,最高检创造性地推进检校合作,2019 年 8 月 30 日,张军检察长在北京给 16 个研究基地授牌,浙江大学被授予“最高人民检察院检察基础理论研究基地”。为进一步加强我省检校合作深度,实现优势互补、互惠互利,同年 9 月 20 日,浙江省人民检察院和浙江大学光华法学院就合作共建研究基地达成共识,揭开了检校共建、互相交流、共同培养高层次法律人才的序幕。

今天,“法治与改革国际高端论坛”邀请到了国内外诉讼法学研究的一流学者和从事司法实务工作的一线人员。我们不仅可以总结改革开放以来法、检系统和整个司法体制改革的宝贵经验,还可以充分听取丰富的国际经验,继续不断推进我国的司法改革,为实现党中央提出的宏伟目标做出贡献。同时,作为司法实务界的代表,我很高兴看见近年来实务和理论之间的互动越发频繁,理论研究为解决实务问题不断提供新思路,实务操作也为总结理论提供新的样本和经验。借此机会,我希望与会嘉宾对我们检察机关的工作多提宝贵意见,也希望各位专家多倾听实务人员的想法,以此共同描绘法治和司法文明的建设蓝图。

最后,再次欢迎各位嘉宾来到美丽的杭州。预祝论坛取得圆满成功,愿各位嘉宾乘兴而来,尽兴而归。

谢谢!

蒋惠岭（国家法官学院副院长）发言

司法改革从心路历程来说分为两大步，一是接受理论，二是采取行动。我国司法改革的实施情况分为两大步，第一步是四梁八柱的重新构建，构建的范围较广、步骤较多、影响较大；第二步是司法体制的综合配套，由无数小的步伐组成。今天从三个方面对这五六年来的司法改革做简单汇报。

第一，回顾四梁八柱的改革。司法改革的覆盖范围涉及司法制度的每一个角落。十八届三中、四中全会提出的改革任务中，司法任务涉及众多。中央确定的四项基础改革：一是司法人员的分类管理，确定的目标是赋予法官、检察官区别于普通公务员的身份；二是司法人员的职业保障，法官地位的独立需要相应的保障，否则就相当于缘木求鱼；三是司法责任制，改变一贯以来在传统管理体制下形成的类似于行政化的运行模式，以及当中存在的不符合司法客观规律的做法；四是法院、检察院的人财物省级统管。这四项基础改革之外，四梁八柱还包括法院组织框架的重新构建，法院、检察院资源配置的重大调整以及诉讼体制的改革，特别是以审判为中心的刑事诉讼制度的改革。

目前，四梁八柱的实施成效远远没有达到完善的程度。例如，省级统管制度的落实仅迈出了一小步；司法人员的分类管理依然处在纠结、难以切割的阶段；司法责任制的基本要求是审理者裁判、裁判者负责，目前的操作还有相当大的空间；职业保障方面，中央从“不准打招呼”，到职业保障、身份保障，甚至包括工资保障等都采取了相当多的措施，但离法官、检察官真正从内心感觉到自己拥有充分保障，能够依照宪法和法律独立行使审判权和检察权的程度，还有很大距离。

第二，从党的十九大到十九届四中全会，都明确提出要深化司法体制的综合配套改革，中央认识到四梁八柱后面的综合配套任务更加繁重，所以，提出了完善审判制度、检察制度，全面落实司法责任制，完善律师制度，加强司法活动监督，让人民群众在每个司法案件中感受到公平正义的目标。具体的综合配套改革措施，目前全面涉及到各个部门的安排是 2019 年 5 月中央依法治国委员会通过的关于政法领域改革的整体方案。该方案对整个综合配套改革做了全面的部署：一是建设完备的司法组织，即组织基础；二是完善队伍建设管理体系；三是完善司法权力运行机制；四是完善司法改革事务的管理制度，即服务和保障；五是完善纠纷化解体系，解决问题；六是建立公共法律服务体系，这是中国建立新型公共服务体系的重要部分；七是要实现现代科技和司法工作的深度融合。党的十九届四中全会也提出，深化司法体制综合配套改革要逐步化实现，这个安排的完成仍然需要相当长的时间。

第三，综合配套改革里诉讼制度的改革中，刑事诉讼制度改革被放在首位，同时也涉及民事诉讼制度、公益诉讼制度、多元化纠纷解决机制改革等。刑事诉讼制度中，中央提出了常见犯罪证据标准指引的建立，完善补充侦查不起诉和撤回起诉制度，完善庭前会议制度，规范庭审调查、量刑程序，落实证人出庭制度，包括证人、侦查人员、鉴定人等，还有刑事辩护的全覆盖试点；另外，值班律师、刑事申诉、涉案财物的集中管理，甚至规定了检察院在整个纠纷化解体系中应当发挥，或者可以发挥的特有作用。民事诉讼制度改革中，中央提到小额诉讼制度范围的扩大，以及与简易程序、普通程序的衔接，能否扩大独任制适用范围等。诉讼收费制度，也被纳入这一轮民事诉讼领域的综合配套改革。改革还涉及检察机关对民事、行政案件的检察监督问题。中央对公益诉讼也提出了改革措施，特别是在程序规则方面提出了不少要求。

关于多元化纠纷解决机制的改革，2019 年 1 月，中央在政法工作会议上，明确提出要努力坚持非诉纠纷解决机制挺在前面，这是一项比较高的要求，法院系统也做了很多工作。党的十九届四中全会和 2019 年 1 月的政法工作会议上都提到了社会治理新格局,即共建、共治、共享,这不仅是对政治工作提出的要求,也是对治安工作、管理工作,特别是对司法工作提出的要求。我们应当在中央社会治理新格局的部署下,来重新考虑下一步综合配套工作的安排。

最后,中央强调司法改革要一张蓝图绘到底。从 1954 年确立了中国基本的司法框架之后,改革开放 40 多年来从未停止过探索。之前这五六年的改革重新构建了司法制度的四梁八柱,后面的综合配套改革要跟上,但这是一个长期的工程。中央在党的十九大、十九届四中全会部署的,2035 年要基本实现构建“法治国家、法治政府、法治社会”的目标,2049 年要实现国家治理体系和治理能力现代化。司法改革的道路很长,我相信不管是实务部门还是学界都会竭尽全力来共同完成这个目标,真正建成公正、高效、权威的社会主义司法制度。

卞建林(中国刑事诉讼法学研究会会长、中国政法大学教授)发言

谢谢主持人,大家上午好。

我注意了一下,我们这个单元没有确定的主题,从第二单元开始,都有分议题。我就围绕我们整个会议的主题"诉讼法与司法文明"谈两个问题。

一个是今年(2019 年)是《刑事诉讼法》制定 40 周年,在这个重要的时间节点上,我们从事刑事诉讼法研究的人有这样的责任需要对《刑事诉讼法》进行认真地回顾与梳理,所以,我本人也积极地参与其中,最近我从不同的视角去讲。解决《刑事诉讼法》,例如,今年(2019 年)是《刑事诉讼法》制定 40 周年,回顾了《刑事诉讼法》制定以来的发展与成就,对存在的问题进行反思与展望。但显而易见的是,在有限的时间里不可能把这 40 年回顾完。蒋安杰主任问我能不能用一段话把刑事程序法治 40 年的发展、成就做个概括总结。我觉得这个任务很繁重,我觉得 40 年我们成就确实很大,包括我们的制度在发展、程序在完善。但最重要的变化,实际上是我们观念的变化、理念的变化。所以,40 年后的今天,大家来评价刑事诉讼法和认识刑事诉讼程序发生了根本的变化,而且难能可贵的是全社会凝聚了共识。过去,我们对刑事诉讼法的认识是打击犯罪、惩罚犯罪的工具,是专政的一个

重要组成部分,是“刀把子”的重要组成部分。所以,包括我们1979年的《刑事诉讼法》,尽管条文不多,但体现了整合一切资源,调动一切积极因素,服务于查明事实真相,不让一个犯罪分子逃脱法网的法制思想。现在我们认识到尽管打击犯罪的任务很重要,但《刑事诉讼法》还有一个更重要的任务,它规范国家专门机关参与惩罚犯罪的活动,通过对公权力的规范来保障公民个人的权益。所以,至少我们现在达成共识是惩罚犯罪与保障人权并重,特别是2012年《刑事诉讼法》的修改,把尊重与保障人权入了法,作为《刑事诉讼法》一个重要任务。过去我们传统观念认为,我们诉讼法是为实体法服务的,刑事诉讼法是实现刑法的工具。我们除了打击犯罪、保护人民之外,还要保证刑法的正确实施,这个很重要,但不是全部。也就是说,如果在这样的一个视角来界定《刑法》和《刑事诉讼法》的关系,把我们的作用发挥到极致,也就是为了保证刑法的正确实施,说到底就是一个工具、一个手段。从1997年至今,可以说我们诉讼理论界通过自己的努力,为自己的学科赢得了独立的地位。我们除了工具价值、手段价值之外,还有独立的价值,从某种意义上说,程序的独立价值高于、优于工具价值。所以,我们程序本身不能为了惩罚犯罪不择手段,一定要来规范查明犯罪、惩罚犯罪权利的应用。所以,我们一方面要保证刑法的任务实现,同时程序本身要体现独立的重要价值,使我们逐步地实现程序的现代化。

过去我们都认为诉讼法是办案的操作规程,只是技术性的东西。所以,我们就讲要加强它的可操作性,尽量详尽、明了、确定。但实际上我们现在对它的认识发生了很大的变化,如果单纯把诉讼法看成是一种操作的规程,那我们就大大贬低了程序法的价值。美国的大法官曾经说过,正是程序区分了法治和恣意的人治之间的区别。欧洲大陆国家有个法律先哲说过,他在评价资本主义确定法治的时候,他认为两个东西居功至伟:一个就是契约,也就是合同,它在确定市场经济理论居功至伟,因为市场经济讲平等主体;另一个就是程序,程序在确定整个法治社会、法治国家里面居功至伟。也就是说,法治就是规则自治,程序就是最大的规则。而我们过去只要一进入刑事诉讼,公安机关一跟你打交道,你马上就从好人变成坏人,你就丧失了法律对你的一系列的保护。1979年是最典型的,我们不区分犯罪嫌疑人和被告人,我们逮捕时叫人犯,拘留时叫现行犯,刚刚采取强制措施给你有罪推定。我们一直到1996年才体现了疑罪从无的精神,同时正式区分了犯罪嫌疑人和被告人。所以,这个观念的变化应当是我们40年刑事诉讼法治取得的最大变化。

第二个问题简单谈一谈诉讼法和司法文明。张保生教授两次给大家阐释了司法文明的含义。当初我们申报“国家 2011 计划”司法文明协同创新中心，我也荣幸地在刘保生校长的带领下参与了设计、申报，列出了五大任务，近几年非常卓有成效的工作，开展司法文明指数的实证调查，投入了大量的人力物力。从一定意义上讲，五大任务也好，十大指标也好，实际上就是从不同的角度来界定、来诠释司法文明的含义。我个人认为，我们搞诉讼法研究，特别是搞刑事诉讼法研究，可以从三个方面来初步探讨诉讼法与司法文明的关系。

第一，诉讼法或者诉讼文明是司法文明的核心构成或者是重要的内容。司法文明首先要有文明司法，刘保生教授讲的十大指标里有很多内容都和诉讼密切相关，尤其是和刑事诉讼法联系密切。我记得开始我们探讨的时候，包括和刘保生教授和张文显老师都探讨过，司法文明或者文明司法到底针对什么，我们有司法公正、公正司法、严格司法，实际上文明司法到底有什么含义？我们要遏制刑讯逼供、杜绝刑讯逼供，我们要防止冤假错案。文明司法最重要的体现对人，包括犯罪嫌疑人、被告人和服刑的罪犯这三类诉讼主体的尊重，承认它的诉讼主体，包括对人格的尊严以及其他权利的尊重。举例说，当初国际货币基金组织前主席在纽约陷入司法纠纷，两个美国警察架着他，戴着手铐的手居然没有被遮挡上，西方舆论一片哗然，说美国太野蛮了、太不文明了，舆论没有指责美国警察没有依照程序办案，但是，美国警察的这个做法太野蛮了，根本不是 21 世纪法治或者程序所需要的。包括我们中国过去，我们比较热衷于公开批捕、公开宣判、公开执行，特别是死刑的判决，就是要极大地夸大、渲染死刑的威慑力，让人们去观看血淋淋的场面，这样才能发挥死刑所带来的威慑力。我们经过几次对《刑事诉讼法》的修改，逐步地要求执行死刑要文明，要减少罪犯的痛苦，所以，我国《刑事诉讼法》执行死刑除枪决外，还增加了用注射的方式执行死刑，我们对规范死刑做了一系列的努力。

第二，诉讼文明是司法文明一个重要的检验。如果司法文明包含的内容博大精深，那么，直观感性的首先还是看诉讼程序，尤其是我们刑事诉讼程序，因为刑事诉讼主要是国家公权力与个人公民的权利的一种博弈、一种对抗。毫无疑问，国家是强势的，国家掌握着军队、警察、法院、监狱等暴力机器，所以，我们诉讼的进程必然地会短期限制甚至剥夺国民依法享有的某些基本权利，一方面我们要严守程序，另外，我们还一定要使公权力行使过程当中要做到文明。我记得在前几年检察机关作出了一些有益的探索：反贪局的人当时到嫌疑人的家里去带人，爱人没有回来，就他在监督孩子做作业，本来警车可以开到楼下将人带走，那会给孩子心理带来多大的创伤？反贪局的人很注意爸爸在辅导孩子做作业的温馨的场面，警察悄悄地对孩子说爸爸的朋友来看他，把他叫过来谈话，等他爱人回来了，警察再把他带走。警察的这种行为体现了文明司法，体现了理性、平和、文明。

第三，诉讼文明会促进司法文明。我们如果加深了对司法文明的研究和了解，那么我们在诉讼法的修改当中，在司法改革过程当中，我们要注意到还有一个文明的重要指标，还有一个文明的重要参数，而不是光强调我们要有法必依。慢慢地刑事诉讼法能够进一步向民主化，还有文明化发展，使中国特色的刑事诉讼制度确确实实能在全世界有一席之地，甚至能够骄傲地走出去推广我们的经验。其中有一个重要的因素就是由于司法文明的倡导，特别是由于司法文明协同创新中心的努力，使我们除知道公正、权威、高效，还有文明的价值取向。

彭伶(中国法学会研究部副主任)发言

首先非常感谢主办方的盛情邀请,让我有难得的机会向各位前辈、师长和青年才俊学习。我们知道,公正正义是人类文明的标志,是衡量一个国家或者社会文明发展的标准。我们这个论坛的主题是"诉讼法与司法文明",而程序正义正是司法文明的一个非常重要的标准。为了契合这个论坛的主题,我演讲的题目是"互联网时代的程序正义再思考"。

我主要思考了6个方面的问题,但由于时间关系,这6个方面不可能都涉及。首先,我关注到再审与程序正义的问题,这是源于汤某兰案件的再审的思考。大家都知道,汤某兰案件是一个非常极端的悲剧。11年(2008年)前年仅11岁的汤某兰被她的亲人和乡亲联手欺辱,那些本应该爱护她、保护她的人最后成为侵犯她的噩梦。由于当时司法的及时介入,有罪的人得到应有的惩处,汤某兰重新开始了新的生活。但没有想到的是,在11年以后,这个案子又被翻了出来。这源于部分媒体的偏见,再加上网络时代媒体的放大效应,给法院带来了很大的压力,导致这个案件迅速启动再审程序,一共进行了半年的再审审理,最后审理的结果是驳回了几个原审的犯罪人的申诉。这次再审体现了当时媒体的舆论对司法的施压。

汤某兰案中有许多值得我们关注的地方,比如说,在网络时代,媒体对于司法的影响越来越大,但我关注的一点是,我们再审的提起与案件当中的被害人的保护。也就是说,在对于犯罪人的权益保护的同时,被害人的权益保护处于一个什么样的位置?我们可以看到法院在再审过程中做了非常扎实和细致的工作,从法院迅速启动再审程序,走访原案件犯罪地,发生地的一些村民的证词,还有犯罪人的证据等,做了大量的笔录。我关注就是主审法官跟汤某兰整整聊了 14 个小时,使汤某兰不得不回忆记忆当中最不想回忆、最痛苦的话题。

1985 年 11 月 29 日联合国大会通过的《为罪行和滥用权力行为受害者取得公理的基本原则宣言》,在对于受害人的权利保护中有一条就是保护受害人的隐私,那么,我们的司法程序也应当为了这个目的来设计相应的规则和程序。但是,我们在目前现有的情况下,我们可以看到司法程序在这方面是存在缺失的,审判程序的提起应该是发现已经生效的判决裁定有错误,并且有证据证明确有错误,我们才提起再审,但是,在汤某兰案件提起再审当中,我们没有看到有确凿的证据证明这个判决是有错误的,而只是因为舆论强烈的压力导致法院不得不迅速启动再审程序。

我的疑问是:在我们整个刑事诉讼程序中,我们对于正当程序的描述、对于程序正义的解读,都是围绕不让无罪的人受到刑事追究,但是,再审的程序应该跟一审和二审有所不同。在经过一审、二审之后,被告人的犯罪事实得到证据的确认,法院已经作出有罪的判决,即判决的作出是建立在证据确凿充分的基础之上,在这种情况下,没有确凿证据证明被告人无罪或轻罪的情况下,不应该启动再审程序,在再审过程中,对于受害人权益保护应该要放在第一位。

为什么我们的再审很多是书面审?在这个案件中尤其是 11 年前汤某兰还是未成年人,遭遇这么痛苦的经历还要再找出来,舆论当时讲寻找汤某兰,后来有一些后续媒体已经发现寻找汤某兰的事情有非常多的问题,所以,提出很多的质疑,但是,我们可以看到最后的结果是汤某兰还是不得不再次回忆她不愿意回忆起的往事。在汤某兰案件再审时我们看到了提出申诉的这些犯罪人他们没有达到他们的目的。法院维护了法律和当事人的尊严及自身的声誉,但是,在整个刑事诉讼再审程序中,最无辜的受害人汤某兰的权益受到了最严重的损害。所以,这就是我想要考虑的第一个问题。

第二个是我们的职业要求跟程序正义的问题。

职业要求我们要对这个案子以快播案的方式来解读，我们知道，刑事诉讼是非常专业的工作，所以，我们有了法律职业资格考试，经过考试之后我们才能当法官、当检察官，做律师，这是没有疑问的，所以，当我们在每一个刑事案件的诉讼过程中，我们的对抗的双方一般是公诉人跟律师，他们在职业的素养方面是对等的，所以，这也是为什么我们能获得公众信任，以及尊重法官的权威性，最重要的一个理由，就是因为他们的专业性。

但是，在快播案当中我们发现一个重要的问题，那就是证据提取的程序正义的问题，这里面涉及很多的专业的知识，当时快播案的直播可以说是网民一边倒地为辩方律师喝彩，对于公诉人的诟病，所以，我们需要考虑的是，公诉人的技术对于程序公正的影响。我们现在进入了科技及互联网时代，技术对于司法的影响越来越明显，在这种情况下，公诉人有一定的公立性，公诉机关代表着国家执行起诉，并行使法律监督的职责。

在这种情况下，公诉人的职业素养直接影响到对于这个案件的恰当与否，比方说，在起诉的恰当与否涉及被追诉人或者是被告人的公平问题，所以，我认为在刑事诉讼的程序中，张保生老师讲司法文明衡量的标准，我个人认为在互联网时代，我们应该考虑是否应该将技术、科技、知识纳入我们的法律职业资格考试当中，丰富公诉人或者是法官的知识储备，这样有利于我们的程序公正真正能够实现。

第三点，我关注的是互联网时代的侦查取证与程序正义的问题。前不久美国披露了关于外国情报监视的判决，结论是美国联帮调查局对于美国公民的数据违宪，里面涉及的程序问题是什么呢？时任美国联帮调查局局长搜集了 2017 年 3 月 7 万多封的电子邮件电话号码和其他的数据识别信息进行了广泛的搜索，这个搜索侵犯并不是案件当中的监视的外国人，而是对于美国公民的权利进行了侵害，所以，最后法庭判决美国联邦调查局违宪。这是美国的 702 监视的项目，在美国罕见得到这样的判决。

回头来看我们在科技时代，比如说，我今天用我的手机写文章，用我的手机做 PPT。现在一部手机里面存储了我们很多的个人信息，当一个案件发生的时候我们扣押了犯罪嫌疑人的手机，手机里可能有很多跟案件毫无关联的信息，导致整个侦查或者对犯罪嫌疑人扣押的范围在扩大，侦查的范围已不限于传统的刑事诉讼当中讲的与案件相关的证据，我们没有征得手机所有人的同意，将手机所有跟案件无关的信息都搜集了。这涉及我们侦查的范围问题，也涉及程序正义的问题。

最后一个算法歧视与程序正义的问题。算法本身存在歧视设计,这是美国的例子,在两个案件当中的毒品犯的嫌疑人,左边这个大家认为风险指数非常高,但实际上,犯罪嫌疑人服刑之后再也没有犯罪,右边这个人认为风险指数很低,但是,犯罪嫌疑人服刑之后三次再犯。这是因为算法设计的问题,算法的歧视导致了对他(她)的评价不公,乃至后续对他的处理所包括采取的措施都是不太公平的,在我们以后也会涉及这些问题。

以上就是我的一点浅见,不当之处请大家批评指正。

谢谢大家。

James Bacchus(浙江大学包玉刚讲座教授、世界贸易组织上诉机构前主席、美国中佛罗里达大学全球事务杰出大学教授)发言

我非常荣幸地受邀参加本次会议,每一次来总是能够和很多新老朋友碰面。在涉及中国的法治方面,我非常乐意能够同大家一起分享自己的观点。

今天的论坛主题是司法文明。在这里,我要结合自己的国际法专业背景来阐明自己的观点。从事律师工作也好,亦或其他法律顾问方面的工作也好,首先都需要明确工作的前提:什么是"文明"?"文明"即人们通过共同生活的方式,来构建起一个共同的社会和共同的文化。迄今为止,世界上存在多种多样的文明,包括人类这一特定的种族文明。

那么,"司法文明"指的是什么意思呢?我认为,"司法文明"是这样一种文明:它是一个关乎人们如何生活在文明社会中的预先判断,这些判断往往由事先选择了遵守一致规则的人们来作出。在这样的文明社会里,人们都能够受到平等的对待,且他们都很懂得如何平等地遵守这些规章制度。"司法文明"是这样一种制度:在这个文明社会里,必须遵循公正、和平的原则,而不能依靠胁迫或其他武力手段,它作出的决定会影响到所有人。因

此,“司法文明”蕴含着法治的文明。在司法文明制度的框架下,我们要按照法治的原则来行事和开展工作。一方面,世界上各个民族和国家通过国际法治原则展开合作,体现出各自国家的独特之处。另一方面,我们要依据国际规则和国际制度来实现有效治理,而不能依靠强权制度。只要世界上有不同的国家,只要人类生活在不同的文明里,我们就需要国际合作,需要国际协议的规制。关于司法文明的国际协议在早些年就有了,甚至在几千年前的中国古代就存在这样的协议。

在过去的几个世纪里,我们认为国际合作是一种最佳的治理方式。如果国际上有一套通行的规则和制度,并且存在相配套的公正的司法体系,那么,国际法治就可以真正实现。在西方文明和东方文明之中,我们都面临着共同的挑战,之所以会面临共同的挑战,是因为尽管东西方有不同的文明,但都主张人类有着相同的本性,引用17世纪一位英国学者的话来描述:国家的本质是残忍、残酷,统治者需要建立起一种强有力的体系来有效地结束混乱局面。

在中国这个有着十分悠久文明历史的国家,我们可以看到中国人民凭借自己持之以恒的努力来构建起一种持久和平的社会秩序,这有助于应对各种混乱局面的挑战。因此,我们可以达成这样一种共识:在讲到东西方文明时,都有必要采取法治手段加以解决。可以说,今天比以往任何时候都更需要国际合作,也比以往任何时候都更需要借助国际法治法则,而不是国际权力法则。

举一个当下紧迫的例子——全球范围内应对气候变化的挑战是不能通过单打独斗来实现的,如果没有国际合作,应对气候变化的目标就无法实现。2016年,国际社会就已经达成了一个非常重要的协定——《巴黎协定》。《巴黎协定》经实施的几年里,全球温室气体的排放比之前增加了10%,没有丝毫下降的趋势。这警示我们,全球变暖的态势正在进一步恶化,这样会进一步损害到我们的文明社会。拿海平面上升的例子来说,我们清楚地知道,在这星球上的所有可到之处,海平面正在逐渐上升,威胁到了我们的文明社会。在我认知的范围内,就有两个地方正在受到海平面上升的巨大威胁:一处是我的家乡——美国的佛罗里达,另一处则是中国的沿海地区。

再举一个例子来说,如果缺少国际合作,就无法对全球经济进行公正、有效的治理。刚才我听了一些学者的报告,他们阐述了在中国不同地区的经济发展程度和司法文明指数之间存在一定的关联性。我想这一点如果放到全球来看,都是放之四海而皆准的准则。如果我们要实现全球良性发展的局面,就必须要制定出一个全球文明发展的体系。

我想再引用另外一个例子。大家知道,联合国千年发展目标一共有 17 个,其具体项下的每个目标的实现都需要每个国家来遵守,这些目标被称作联合国可持续发展目标,旨在 2030 年实现。当然我们可以看到,在 2015 年建立的这些目标是非常有必要的。除此之外,国际社会还有其他专门应对气候变化的目标,以及更多囊括各个领域的各种各样的目标,如为社会提供更好的医疗社会保障,实现更好的男女平等。这些都是联合国设定的目标,需要我们在更高的层面上展开充分的国际合作。同时我们还需要建立起一种有效的治理结构,该结构能够支持我刚才提到的上述 17 个乃至更多的发展目标。当然,这些都需要在法治的框架下进行。

有了这些例子,我们可以推测,除非世界上各个国家、各种文明能够找到共同的立场,以及共同契合点开展国际合作,否则,这些目标就不可能最终取得成功,而寻找共同点,也取决于每个国家的实际行动。归根结底,我们作为一个共同的人类群体,面临着共同的难题。在彼此间相互独立的文明中,我们每个国家都应该认识到,要让各自国家的司法文明得到进一步的发展,就必须实现国际合作。只有通过这种途径,我们才能够应对这个充满挑战的时代;只有通过各个国家司法文明的协同合作,才能够应对 21 世纪的挑战。因此,我们必须找到一种可行之策,才可以超越并将目前彼此间独立的司法文明结合成亟需的国际司法文明,在该领域达成共识。

在应对气候变化方面,我们已开始通过《巴黎协定》建立一个经商定的国际框架,每个国家都应该严格遵守这个框架并采取行动。在应对全球经济的问题上,我们已经有了一个长期存在的国际贸易规则框架,我们必须坚持和认同这些规则,同时必须就 21 世纪所需的修订规则和新规则达成共识。此外,在应对目前这个缺乏外国直接投资规则的全球经济时,我们必须开始构建所需的更广泛的全球规则框架。

当下,最重要的是在国际规则的监督下,在现有的和新的国际司法文明合作模式中,我们必须团结一致,以努力实现联合国近 200 个成员一致同意的 17 项全球可持续发展目标。我们所有的、彼此间相互独立的文明都亟需全球司法文明,这是目前贸易、投资和其他经济领域关注的焦点之一,它和我们对气候问题的关注以及与日俱增的其他环境和生态问题是不可分割的。

最后，我想说的是，上述的要点和精神是非常重要的，这也是联合国《2030年可持续发展议程》所传递的信息。司法文明，在未来几年的发展过程中，需要依靠更高层次、涵盖更广领域的国际合作，把全球不同国家的人类作为总体来对待。只有这样，我们才能够协同起来、合作起来，共同应对21世纪面临的难题。这应当是未来全球司法文明的精髓所在。

谢谢！

川出敏裕(日本东京大学法学政治学研究科教授)发言

谢谢主持人,很荣幸参加此次大会并发言。我此次演讲的主题是:日本刑事审判中的国民参与制度,即裁判员制度。该制度于2009年5月在日本正式启用。接下来我将介绍这一制度的主要特点,并讨论它对日本刑事审判产生的影响。

裁判员制度的特点包括以下几点:

第一,由6名裁判员与3名法官组成混合审判庭,审理严重的刑事案件并共同裁决。每个特定的案件都会重新选择裁判员。

第二,审判庭审理的案件,涉及两类犯罪:(1)可能被判处死刑或无期徒刑的犯罪;(2)受害人因故意犯罪而死亡的犯罪。

第三,符合上述条件的被告不得拒绝适用该制度。反之,如果案件不符合条件,则被告不得主动要求适用。

第四,最终判决以多数票作出,其中包括至少一名法官和一名裁判员。

裁判员有资格审理案件的数量:

2018年,地区法院共受理1090起案件。这一数字占当年地区法院正式审判的案件总数(69,028件)的1.6%。在被起诉的13,715起案件中,抢劫造成伤害的案件数量最多。

为了集中进行审判,必须事先制定有效的审判计划。当起诉符合裁判员审判庭审判条件时,所有案件都将进入审前程序。为了使审判能够连贯、系统、迅速地进行,法院需查明案件的基本情况,确定需检查的证据及方式。将裁判员审判庭处理的案件与专业法官处理的案件进行比较,由于裁判员参与审判是集中进行的,其准备工作必须更加谨慎。因此,对于裁判员参与的案件,审前程序往往会花费更多的时间。但是,一旦审判开始,便会连续进行几天,因此,实际花费的时间比专业法官做判决要短得多。

在审议过程中必须实现裁判员的自主性和有效参与,至少应包括一名法官和一名裁判员,以防止法官无视裁判员的意见。调查结果显示,关于审判中的发言,2018 年有 79.5% 的受访者认为很"容易讲";关于讨论,77.5% 的受访者认为他们可以进行充分讨论。总体而言,法官们对审议的行为十分谨慎。

从 2019 年 6 月底迄今,在 12,276 人中有 11,915 人被定罪,105 人被无罪释放。在被定罪的 11,915 人中有 37 人被判处死刑,234 人被判处无期徒刑。

国民参与量刑是整个制度的重要特征之一。在日本,《刑法》规定的惩罚范围很广。在以前的案件中,专业法官通过整合先前的判决形成了不成文的量刑标准。具体来说,就是根据犯罪的性质、类型和罪犯的不同,建立起一套约定俗成的刑罚体系。在裁判员制度中由计算机数据库提供图表和其他数据,在同类罪行的判决中已经形成了一些判刑趋势。

将裁判员审判与法官审判进行比较的,一个显著的特点是对缓刑案件的适用监督率更高。从 2008 年 4 月至 2012 年 3 月,专业法官对 374 名被指控符合裁判员制度条件的人处以缓刑;其中 131 人(35.0%)被置于适用监督之下。另一方面,在 2009 年 5 月至 2019 年 6 月期间,在裁判员审判中被判缓刑的 1628 人中,有 1103 人(53.3%)被置于适用监督之下。因此,在裁判员审判中,适用监督的比率明显更高。通过对裁判员审判和法官审判在某些类型犯罪量刑模式的比较,我们可以看到两种趋势。

第一点,裁判员小组往往对性犯罪给予更重的处罚。

第二点,对于其他类型的犯罪,裁判员制度下的判决往往比专业法官的判决,涉及的范围更广;裁判员对犯罪嫌疑人往往判处较重的刑罚。

截至 2019 年 6 月底,被选为裁判员候选人的人数总计 476,515 人,共有

344,075 人参与审判,出场率达到 72.2%,这表明公众对国民义务越来越重视。

现在,已经有足够的候选人使针对每种情况可以选择合适的裁判员。因此,其组成通常可以涉及社会各个层面。

超过 95% 的裁判员对他们参与审判的经历持积极看法,尽管他们起初不一定愿意成为裁判员。因此,该项制度促进了公众对司法制度的了解,提高了司法公信力。

Michael P. Scharf(美国凯斯西储大学法学院院长、教授)发言

辩诉交易包括指控交易和减刑交易,也即检察官同意降低指控的严重程度和/或指控的数量,或是请求法院减刑,以换取认罪和/或合作。就历史沿革而言,辩诉交易是美国 20 世纪 20 年代的一项创举。在 1971 年 *Santobello v. NY* 案中,美国联邦最高法院宣布辩诉交易不仅具有合宪性,而且是美国司法系统的一个重要特征。如今,美国 97% 的重罪案件都是通过辩诉交易解决的。诚然,辩诉交易也存在弊端,2015 年在美国现有记录的误判案件中,其中 44% 是涉及辩诉交易的。在 2017 年 *Lee v. U. S.* 案中,美国联邦最高法院裁定,如果被告人未被告知因持有毒品而被判处 1 年刑期后,将被遣返回国,则认罪协议无效。

辩诉交易具有降低诉讼成本、提高审判效率、集中资源办理重大案件、避免长时间的审前羁押、防止受害者遭受审判创伤、协助检察官对更严重的同案犯定罪等优势。在弊端方面,辩诉交易可能会诱使无辜者承认自己没有犯下的罪行;而被告人即使未遭监禁,也可能被驱逐出境;同时可能会鼓励检察官过度指控,以及忽视被害人的处境;此外,辩诉交易还可能被用来掩盖警察的不当行为;使重刑犯提前得到释放。

随着时代的发展,辩诉交易正逐步走向世界。最近,国际非政府公正审判组织在对 90 个国家的研究发现,20 世纪 90 年的时候只有 19 个国家使用了某种形式的辩诉交易,而目前则达到 66 个国家。而在这些国家中,通过辩诉交易处理的案件数量超过以往的 3 倍。2018 年,日本以修改《刑法》的方式允许辩诉交易,但将谋杀和性犯罪排除在外。

在国际刑事法院方面,国际刑事法庭最初拒绝进行辩诉交易,认为这与其自身任务相悖,但随着不断增长的案件量,也开始接纳辩诉交易。起初,他们只采用减刑交易,但在比利亚那·普拉夫希奇(in Plavšić)案中,处理前南斯拉夫问题的国际刑事法庭允许进行指控交易——同意撤销种族灭绝罪的指控并作出相对较轻的判决,以便换取被告对一项迫害罪(危害人类罪)的认罪。在托多罗维奇(Todorovic)案中,前南斯拉夫国际刑事法庭检察官同意指控危害人类罪而不是种族灭绝罪,作为回报,被告人撤销了他对检察官绑架和虐待的指控。在一篇题为《以公正换取效率》的文章中,我认为,指控交易可能违反国际社会对严重国际罪行提起诉讼并作出相应判决的责任精神,并且破坏了过去法庭作出的公正判决。2017 年,在处理 2012 年破坏廷巴克图(Timbuktu)考古遗迹的指控时,国际刑事法院首次接受了艾哈迈德·法基·马赫迪(Ahmad Al Faqi Al Mahdi)的认罪协议,并判处其 9 年徒刑。

本土化的"辩诉交易"正在中国逐步建立。1996 年中国迈出了第一步,为应对日益增长的案件数量,修订了《刑事诉讼法》,对依法可能判处 3 年以下有期徒刑、拘役、管制、单处罚金,事实清楚、证据充分的轻微刑事案件引入"简易程序"。这与辩诉交易有两个方面的不同:其一,尽管程序加快,但并未排除审判的必要;其二,检察官没有裁量权。紧接着相关的试点项目正在中国稳步推进。2016 年 9 月 3 日,第十二届全国人大常委会第二十二次会议通过《关于授权最高人民法院、最高人民检察院在部分地区开展刑事案件认罪认罚从宽制度试点工作的决定》,这一为期两年的试点计划,在北京、上海和重庆等 18 个城市开展刑事案件认罪认罚从宽制度的试点工作,允许犯罪嫌疑人认罪以换取较轻的刑罚。2018 年 10 月,第十三届全国人大常委会第六次会议颁布了修正后的《刑事诉讼法》,使辩诉交易模式在中国得以制度化。2019 年 10 月,最高人民法院、最高人民检察院、公安部、国家安全部和司法部发布《关于适用认罪认罚从宽制度的指导意见》,对适用辩诉交易的基本规则和前提条件进行了规定。在中国模式下,对自愿认罪、同意检察官的犯罪指控和量刑建议并签署具结书的犯罪嫌疑人和被告人,将给予减轻处罚。在最高刑期为3年的案件中,该模式鼓励被告人认罪以争取罪名较轻的指控。这一模式实施以来,在适用辩诉交易的情形中,83.5%的案件都在15天内由法院完成判决,而在18个试点城市中,45%的刑事案件都是通过辩诉交易得以解决的。

在辩诉交易研究过程中,以下问题依然值得思考:第一,适用辩诉交易的案件仅包括轻微犯罪还是可以涵盖更为严重的经济犯罪?第二,辩诉交易应当避免的被告人包括未成年人、智障人士,没有律师代理的人或可能受到身体或精神胁迫的人。第三,应当允许的辩诉交易类型:不应支持指控交易。对犯罪嫌疑人或被告人的宽大处理不仅要考虑认罪情况,还要考虑其在其他刑事事项上的合作程度,如退赃还物,与被害人和解,获得被害人的宽恕等。第四,辩护律师在辩诉交易中的作用。2019年10月,最高人民法院、最高人民检察院、公安部、国家安全部、司法部发布的《关于适用认罪认罚从宽制度的指导意见》采取措施确保犯罪嫌疑人和被告人获得有效的法律援助服务,并允许法律援助机构向人民法院和人民检察院以及看守所派遣律师。第五,法官在辩诉交易中的作用:法官加大对案件的介入并加强对案件的审查,将减少辩诉交易的滥用。法官必须确保被告人了解他的权利和辩诉交易的后果,其中包括对移民身份的影响。法官必须审查辩诉交易的自愿性,以及案件证据材料的真实性和充分性。

Sharma Rajesh（墨尔本皇家理工大学全球城市与社会研究员、教授）

你们好！我每次来参加这个会议，都能够给我一个非常好的题目，这次让我来考虑如何阐述司法管辖区这方面的实践。今天会议讨论的更多是关于实践诉讼法和司法文明。这次的会议题目是"诉讼法与司法文明"，所以，我此次主题主要是针对中国法院的背景之下调解达成的和解协议。

《新加坡公约》和《纽约公约》是非常相似的，讲的是如何来执行已达成的调解协议。这些调解协议是来自另外一个国家的调解，例如，牵涉跨国方面的调解或者是其他方面的解决方式。很长一段时间以来，我们缺乏这种法律。也就是说，对国际的企业来说，他们越来越多的运用其他方法，诸如包括用调解来解决纠纷。《新加坡公约》正是为了填补一些诉讼方面的空白，是执行调解产生的和解协议的一个新的公约，允许直接调解所产生的和解协议，类似于《纽约公约》。由于有时法律不能调查是非曲直，抵制这个公约的理由是非常有限的。我们可以看到，《新加坡公约》，46 个国家于 2019 年 8 月 7 日于新加坡签署了《新加坡公约》。仅在那天之前，只包括美国、中国、印度、马来西亚、韩国、菲律宾等国家在内的 23 个国家确认将签署《新加坡公约》，而一些小国家也签署了协议，包括斐济；而一些重建进程国家也进行了签署，包括乌克兰、东帝汶等国家，而伊朗和白俄罗斯这两个国家保留了意见。后来又有 5 个国家签署，目前总共有 51 个国家签署了《新加坡公约》。虽然新加坡政府方面说预计会有 23 个国家签署，但事实上，在正式签署那一天就有 40 个国家签署，这样的签署情况比《纽约公约》要好得多，《纽约公约》签署的第一天只有十几个国家。

一些大国，包括美国、中国、印度都签署了《新加坡公约》，美国总统特朗普总统是非常另类的总统，他从来不派代表来签署这种公约，但中国首先说要签署《新加坡公约》，后来美国也就表示要签署，印度立即召开内阁会议，作出签署决定。所以，总的来说，签署国家代表了全球三分之二的人口。虽然伊朗和白俄罗斯持保留意见，但有 51 个国家签署《新加坡公约》。为什么很多国家会签署呢？因为他们签署《新加坡公约》后，将看到国家将取得更多的新进展，这对于这些国家来说是非常好的消息。但是，澳大利亚并没有签署，这虽然令人感到疑惑，但澳大利亚是否签署并不十分重要。签署《新加坡公约》是否可能使一些国家增添了额外负担呢？事实上并不是这样的。《新加坡公约》和《纽约公约》是同样的简洁扼要，规定内容非常相似且清楚。

《新加坡公约》制定的规则，促进和解协议的执行，能够迅速处理此类案件。本来人们认为《新加坡公约》讲的是国外调解协议的执行，但并未将这一点纳入条约中。我们可以看到《新加坡公约》讲到整个调解协议执行方面，另外一个国家可以来进行执行。第二点非常关键，这个调解的协议本身是一种结论性的结果，也就是说，这是一个最终的决定，不能够再适用其他的解决方法，如反诉或者仲裁等。一旦一个国家的裁决生效，调解协议生效以后，很多国家将来讨论关于目标、有效性、定义，还有方法。自从 2010 年开始，我本人一直参与关于《新加坡公约》草案的起草，从 1958 年开始，我们发现，法院所作出的判决会得到当事方的承认。为什么法院的决议可以非常很好的自动就被当事方接受？为什么《新加坡公约》一些调解协议就不能够得到承认呢？我们必须对此有一个很好的了解。正如澳大利亚的法官所说，正是由于《新加坡公约》，未来将会有这样一个对于争议的解决的不同方法。也就是说，澳大利亚是否应当按照和过去不同的方式来工作。

其实，调解产生的和解协议并不少见，我们的合同违约纠纷已经通过调解解决，这不只是一个合同的协议，而是一个通过调解产生的和解协议，不是一个传统意义上的谈判，是由调解员来辅助的一种谈判。实际上这就是由双方是通过争议解决途径来达成的共识，如果双方都认可这种协议，执行将相对容易。通过调解产生和解协议，法院将不再被允许调查细节了，当事人也不可以再去法院请求判决，大家都必须接受这个问题已经被裁决，不能再被审查或者是再去被审理了的事实。这就是《新加坡公约》的一个显著特点。需要一个全球性的司法文明来解说这种争端解决协议应该如何执行。调解产生的调解协议，应该被认为是最高人民法院已经作出的判决，证明争议已经解决了。认可调解为争端的解决这样的过程，《新加坡公约》规定了很多调解的过程。因此，《新加坡公约》带来了一个新的争端解决的途径，它必须要得到一个很好的执行，必须要要求双方认可这样的一个争端解决的最终的结果。

我们希望从正确的起点开始，有很好的开始，这就是成功的一半。希望今后的法院对它进行很好的研究。